中国社会科学院老学者文库

宪法起信论——宪法文定集成

On the Awakening of Constitutionalism of Faith:
Collection of Handpicked Constitutional Essays

陈云生 ◎ 著

中国社会科学出版社

图书在版编目(CIP)数据

宪法起信论：宪法文定集成／陈云生著．—北京：中国社会科学出版社，2015.10

ISBN 978-7-5161-6882-0

Ⅰ.①宪… Ⅱ.①陈… Ⅲ.①宪法-中国-文集 Ⅳ.①D921.04-53

中国版本图书馆CIP数据核字(2015)第208497号

出 版 人	赵剑英
责任编辑	任　明
特约编辑	乔继堂
责任校对	董晓月
责任印制	何　艳

出　　版	中国社会科学出版社
社　　址	北京鼓楼西大街甲158号
邮　　编	100720
网　　址	http://www.csspw.cn
发 行 部	010-84083685
门 市 部	010-84029450
经　　销	新华书店及其他书店
印刷装订	北京市兴怀印刷厂
版　　次	2015年10月第1版
印　　次	2015年10月第1次印刷
开　　本	710×1000　1/16
印　　张	34
插　　页	2
字　　数	611千字
定　　价	95.00元

凡购买中国社会科学出版社图书，如有质量问题请与本社营销中心联系调换
电话：010-84083683
版权所有　侵权必究

自　序

相信每一位有所成就的学问人都渴望出版个人文集，本人亦不例外。但于我个人而言，出版这本文集踌躇颇多。这是因为：第一，37年的专心治学，虽无多少力作可言，但连篇累牍、长长短短的文章细算之下竟累积二百多篇，其中本人觉得颇下些功夫又可以拿出手的文章、专论也多达一百多。而这一百多篇中光是二万、三万乃至五万字数的长论文竟也有十篇左右，要在总字数多达二百多万字的文章、论文中精选由赞助出版单位给定的30万字，应当是一件很容易的也很愉悦的事。然而，由于我个人人性中的弱点在这次选编文集过程中再次显露，使本来很容易的事变得很难，而原本是一件很愉悦之事变得很纠结。首先，要在二百多篇文章和专论、总字数达二百多万中选出14篇合计30万字的专论，就要直接面对大量的文稿由于不能入选而被迫放弃。"敝帚"尚且"自珍"，此乃人之常情，更何况自己舍弃的是花了37年的心血苦心钻研的学术成果，不忍之心难于言表。其次，本人原计划出版个人《全集》，且已经付诸编辑。但出版个人《全集》也是难下决心，一者是个人目前正处在第三次学术生命的巅峰时期，研究欲望强烈，新的选题迭出，欲罢不能。近十年来，每年五至七篇专论总是能发表的，两至三年出版一本专著也成为常态。现在就出个人《全集》，若干年后，势必要出个人《续集》或《补集》，作为有些偏执的理想主义者的本人，更希盼出版一部个人完整的《全集》。二者个人现在出版个人《全集》，由于获得出版资助显然无望，所以也面临很大的出版所必须面对的资金压力，此乃"欲上不能"，纠结的心境同样难于言表。这种纠结的心态困扰我几年之久，直到最近才最终作出决断：先集结自己认为最有代表性的重量级专论，以文集的形式先行出版。

关于这本文集，还有两点需要说明。

（一）论文的遴选本着如下一些思路：

第一，只选精的，不选一般的。坦率地说，本人的全部论文以及著作，并非全是精品，但自我体认还是有些精品，这次遴选的论文都是自我认定的精品。至于一般性的文章、论文特别是20世纪80年代初为宣传当时的"新宪法",即现行的一九八二年宪法所写的释义性的短文,主要是为适应当时向广大公众宣传"新宪法"的需要,自觉学术品性不高,但也自视有一定的价值。对这部分文章待日后有机会出版个人《全集》的时候,再酌情考虑有选择性地收编一些,那些毕竟为我的学术生涯留下的足迹,已经历史地成为我全部学术生命的一个组成部分。

第二,只选长的,不选短的。由于文集字数的限制,所以精选本人全部文论中一部分较长的论文集结出版。本人治学一向秉持立意创新、打造精品力作的精神,务使自己要做到细推物理、探幽钩玄。本人在写作中一贯拒斥下武断的定义之类的断语。对于我个人来说,诸如"违宪就是违反宪法"之类的话语是绝然不可以接受和说出的,因为我认为这类话语不仅是同义反复,也丝毫不能增加学术品位,更不能引发任何学术兴趣。为此,本人一向认为上乘的学术论文是一定要有一定的体量来保障的,论文是说理而非简单地说事,一定要言之成理,持之有故,不论则已,一论就要说深论透,让读者明白其中的道理,尽管读者可能有不同的见解。常见一些论文所提出的问题比其能说明的问题还要多,就可能被认为是一个败笔,至少不是上乘之作。当然,上述治学精神和写作态度只是个人的体认,事实上是否真的做到了,则需另说。

需要进一步说明的是,这里的长与短只是个人的认定,具有很强的个人随意性。一般说来,以一万汉字为基准,少于万字的,在我的学术层面上就被视为"短文",而长于万字的,则将其视为"长文"。但这只是相对而言,绝非一个严谨的认定。在本人的学术文论中,少于万字的,自然是多数;但长于万字的,也不在少数,还有几篇在3万、5万、8万、12万字乃至一篇最长的专论竟达16万字。在此次选编的论文中,一般是选用1—3万字的"长文",其实只是取其中等的长度。这样做的直接好处是各篇文章体量大体相等,看起来比较整齐划一,因为人们通常将"七长八短"视为不规则、不协调的体现。现在这样,使整个文集看起来较为整齐和协调。需要再重申一下的是,这种选编的思路主要关注的是其形状,取其学术之"体美"之底蕴是也。

第三,只选宪法学专业的,不选非本专业的。本人治学既不抱定"述而不作",也不秉持终老一生的"一文主义",认为那些都是学术大家或一代宗师们才能做的。本人只是普通的学问人,虽说入道37年都坚守自己的宪法学专业,但宪法学博大精深的理论构成都也需要其他众多学科的理论支持或补益，包括哲学、政治学、社会学、人类学、伦理学，等等，更不待说法学中的各个学科了，特别是其中的法哲学和法理学。基于深入宪法学研究的需要，本人的学术研究涉猎的范围较广，其中包括法哲学和法理学、人权理论、政治学、人类学，等等。本人并不认为这是"不务正业"的表现，实属对宪法学研究的助益、拓展或建立交叉学科的需要，其中有些论文也是个人着力打造出来的。但此次选编的专论中还是以宪法学为主。无庸讳言，出版的个人文集希望更彰显个人在宪法学专业的成就和造诣，而不是一个博而不精的"杂家"。

第四，只选多学术层面的，不选单一的。每一个时代都有特定的主题和话语，学者们的研究紧扣时代主题和话语，也是具有社会责任的体现。只不过有些学者对此的理解和把握显得过于偏颇，从而丧失了科学品位上的独立自主性。此其一，再有就是学者个人的研究领域和兴趣也是一个由个人自由选择的问题。或形而上或形而下、或理论或实践、或历史或现实、或超前或未来，等等，全凭个人学术旨趣来选择。本人在学术领域和兴趣上并不"从一而终"，在宪法学专业的范围内涉猎面广，这次选择论文，尽量照顾个人这种研究旨趣，尽量多收一些多层面的论文。一为彰显个人学术研究的特点，二是为满足读者多层次学术好奇心。

第五，只选有代表性的，不选重合的。为了说清说透某种理论或观点，同一主题有时会在不同的场合或以不同形制的文章、专论在各种不同的期刊、杂志上发表，这是学术界常见的一种现象，本人就存在这种现象，像宪法监督、反腐败、反酷刑、反宪法规则决定的法律效力、法律监督的价值与功能、检察权的定性与检察机关的定位等论题，就曾以各种形制在各种不同的期刊、杂志上发表，甚至还集结成为专著出版。在此次选编论文集时就面临一个选哪一篇的问题。好在本人自信待选的同一主题的期刊文章、杂志论文中总有一篇能集中、全面地反映了个人的学术理论或观点，换句话说，就是最具有代表性。此等论文当然是作为首选。读者将在这本文集中见到的15篇论文，可以说都是最能代表本人学术观点的论文。

第六，只选各个时期的，不选同一时期。如果像通常每十年为一个时期划分纪元单元的话，在本人37年不间断的学术生涯中，差不多经历了四个时代，其中经历了20世纪80、90年代和21世纪头十年这三个完整的十年代。就个人学术成果而言，以20世纪90年代和21世纪头十年最丰硕，其中可选编的论文自然相对多一些。但考虑到为了全面反映本人的学术研究历程，并作为历史和时代的记忆，所选论文跨越了自20世纪80年代至今的各个时期，而没有只在最近十几年我个人更觉得满意的几十篇论文中选取。凭实而论，心中颇感遗憾。不过，此等缺憾只好留待日后找机会再弥补了。

（二）《宪法起信论》书名的选定及说明

本文集最初选定《宪法文定》作为书名。鉴于《文定》作为文集的书名在当代鲜有所见，故需要予以说明。

有必要先交代书名的来历。"文定"的书名在现代特别是当代几乎被学术界遗忘了。"文定"，原意为"经过删除选定的文集"。据史料称：明末清初著名的思想家、史学家、诗人黄宗羲学识渊博，著述宏富，对天文、地理、历算、乐律等造诣颇深，尤长史学，并开创了浙东学派。一生著述大致依史学、经学、地理、律历、数学、诗文杂著为类，多至50余种、300多卷，其中最为重要的有《明儒学案》、《宋元学案》、《明夷待访录》、《孟子师说》、《葬制或问》、《破邪论》、《思旧录》、《易学象数论》、《明文海》、《行朝录》、《今水经》、《大统历推法》、《四明山志》等。黄宗羲字太冲，一字德冰，号南雷，别号梨洲老人，人称梨洲先生。浙江余姚黄竹浦人。他生前曾自己整理编定《南雷文集》，又删订为《南雷文定》、《南雷文约》。清康熙二十七年，黄宗羲将旧刻《南雷文集》等文集删削修改，定名《南雷文定》，重行刊刻。清初诗人靳治荆曾任安徽歙县知县，对黄宗羲甚为仰慕，自谦晚学后进，任内与黄宗羲互有诗文往还。在黄宗羲重新刊刻《南雷文定》时，由靳治荆作《〈南雷文定〉序》以报。其中言道："（先生）于是尽汰其等身之著，而约存若干首，汇为一编，名曰'文定'。"从中可以推出，"文定"者含有两层意思，一为"文集"或"诗集"，二为是经过"删除选定"的。

至于本人何以要选定"文定"作为自己的文集的书名，既是偶然，也是情境使然，更是应然。

说偶然，是因为自己在偶然的情况下发现有此书名，那是在2005年本人在浙江宁波大学讲学时，在广阔的校园内有条"浙东学派路"（记得不准确），该路两边每间隔几十米就有一石碑刻文分别介绍明末清初浙东学派各大家的简历及著述。就是在那条路上我发现在黄宗羲的碑文介绍上赫然刻记《南雷文定》的书名。当时就给本人留下深刻的印象，后来一直念念不忘，并立下凤愿，日后自己出文集就以"文定"为名。

说情境使然，是因为自己有一种强烈的"为尊者讳"的内心认同。由于自青少年时期读书起，就熟知、精读马克思主义的经典作家、革命伟人和大师级的文化名人的《全集》、《选集》、《文选》，潜移默化之中形成了一种莫名的强烈印象，似乎只有那些高山仰止的思想家、革命领袖和鸿儒巨擘才有资格出以此书名而编辑的《全集》或《选集》，而这种编辑又不是个人随意而为，多为国家官方权威的学术机构才有资格从事这类编辑工作。至于常人，至少在先前时代极少见到有出个人，特别是由本人编辑并出版《全集》或《文集》的。当然，这只是历史既存状况给自己留下的印象，绝不是也不应当就认定出《全集》或《文集》就是经典作家、伟人和文化名人们的专利。国家实行改革开放之后，很多文化名人包括一些准文化名人们都纷纷出版了个人的《全集》、《选集》或《文选》等，这就证明了上述的"为尊者讳"完全是不必要的，也不符合时代的开放和平等的原则和精神。不过，也常常见诸坊间以《某某自选集》的书名出版个人的文集，我猜想，用一个《自选集》的书名，除了表明是自己编辑成书的过程以外，或许还有一些上述的"为尊者讳"方面的考量也未可知。无论怎样，本人直到眼下还没有勇气冲破本人为自己设下的"禁忌"牢笼，至今还是极不情愿地为自己编辑的文集取名《文集》或《自选集》。

所谓出于"应然"的另一个理由，就是由黄宗羲先生选用所用《南雷文定》的书名（是否是"第一次"使用我不敢确定）所含的成书本意，就是要有"经过删除选定"的编辑程序。前面引用靳治荆先生《〈南雷文定〉序》中所言："尽汰其等身之著，而约存若干首，汇为一编。"总之要有删除之后的选定这个程序。从这个先人约定的前提条件上看，本人这部文集从两方面满足了这个条件，一是被动无奈的，在37年的学术生涯中，作为做人"另类"的一个应付出的代价，就是居无定所，成了一个处于权威范围之外的"边缘人"，在那个由单位分配住房的年代谁会在意你是否安居的问题。在长达十多年的时间都是以单位储物间、楼道的角落和办公室的一角为全家的安身立命和治学之所，所受不便、干扰不说，就是无处存放书籍、文稿之类的东西，又在出国进修、讲学期间的几经变换，原来四处保留的一些文稿、书籍和文字资料又大半遗失了；加之自己正处在人生低谷阶段，绝想不到日后还能苟延至出版个人文集的人生和治学结局，所以对个人的文稿等资料并没有进行精心保存，只是个人还有很强的敝帚自珍的惜物之心，所以总算保留了相当大的一部分，且大部分重复文稿经由发表所以还是保留下来了。这就是遗失后幸存下来的文稿。

二是自己删除的部分文稿。因为并不是全集，所以删除一些在内容上不很重要的文稿，尽量编辑一部分本人认为重要的文稿，当是在情理之中，相信所有他编或自编文集的学人都会这么做的。此外，客观上造成删除部分文稿的原因，就是出版社的要求，不论是出于成书的品质要求，还是由于那只"看不见的手"在后面捣鼓，总之作者只能遵从，即使是极不情愿地顺从，也必须照办。所以最终就是"经过删除选定的文集"，又是宪法专业，是为"宪法文定"。这就是书名的来历。

然而为书起名之事并未到此结束。此书稿在荣获得"老年科研基金评审委员会"批准资助的同时，也提出更改书名的要求。我虽然不清楚是何原因，但相信该委员会的专家们肯定是出于多方面的利好考虑，也体现了对老年科研基金使用的负责精神，当然也包括对著者本人的学术惠顾。于是我稍有迟疑后便立即奉命重新思考为书稿起名的问题。

巧逢三个学术机缘会聚在一起，又促成了新的书名——《宪法起信论》——的拟成。

先说第一个学术机缘。社会学家艾尔·巴比认为，社会科学研究主要有三个的基本的、有用的目的，即探索、描述和解释。对于任何一项严肃的社科研究成果来讲，这都应当是最基本的底线要求，否则就难称得上是符合科学规范性要求的成果。但如果我们还要把思路延展下去，这三项标准似乎并不能使我们得到学术满足，还有研究的目的，所要达到的研究目标及其旨归，更需要研究者加以关注。这就是中国学术界目前正大力倡导的"问题意识"。目前中国社科学术界的研究的现状，即使不是普遍，至少有相当高的比例的研究论文、专著缺乏问题意识，尤其缺乏明确的"问题意识"。有些著述或许在探索、描述和解释方面很见长，但细察之下，并没有使读者深切地了解这种探索、描述和解释究竟为了什么？究竟要达到什么研究目的？是要解决一个或一些理论上的难点，还是为了破解实践上的一个困局？抑或兼而有之？正是在这一最终的旨归上，分出了有关著述的品位高下。

就笔者个人而言，在长达40年宪法学研究的历练中，逐步体悟到上述"问题意识"的重要，并在创作中践行这种研究理念。读者或许不难从本文定收集的每一篇文论中体悟到经探索、描述和解释或隐或显蕴含的研究旨归。长期以来，笔者个人都是在踌躇满志的研究状态下沿着这条研究进路蹒跚而行的，并以此获得极大的学术心理满足，乃至对这种研究状态及其成果甚为享受。然而，这却导致了对宪法学研究的专业性与中国现实宪法知识的普及性的相互关系出现了一些误判，以致在中国无论在社会层面、政治层面乃至法学专业层面均存在宪法专业知识普及性的严重缺失状态，在很长时期内浑然不觉。这种学术思路和历程的确值得认真地加以反思。

造成上述误判既有主观原因，也有客观原因。在主观原因方面：

一是误以为在1982年宪法制定前后，特别是在该部宪法颁行后的三五年间，学术界特别是宪法学术界的集体努力，坊间也协力在出版、发行等方面作出了巨大的贡献，使"新宪法"的内容和精神、原则得到很高程度的普及，一时间，"宪法是国家根本大法"竟成为人们耳熟能详的政治法律话语。因此误以为在中国社会各方面宪法知识普及性问题已经得到解决。事实证明，这种对宪法普及情势的判断具有很大的盲目性。

第二个机缘是对宪法学的专业性也存在盲目性的误判。以为在现时的法学教育专业化、体系化程度很高的国家教育体制内，每个有志于法学专业学习的学子们必定受到了良好的宪法专业知识的教育，至于非宪法学专业的部门法学科的教师和研究人员，特别是其中成了名的学者，更是应当具有程度相当高的宪法专业知识的素质。然而，就在几年前围绕有关在制定的部门法中是否应当写上"依据宪法制定本法"的引言问题展开的学术大讨论，犹如一声炸雷震醒了我辈"梦中人"。原来在对"宪法是国家的根本大法，具有最高的法律权威和地位"这个举世公认的宪法学入门知识，竟被法学界一些成名的学者所难以理解和接受。本来，要不要写上"依据宪法制定本法"，只是一个有关立法技术问题。写与不写均在两可之间，但是，即使不写，宪法作为国家根本大法的地位也是不能被动摇的，制定的部门法无论其法律地位多高，多重要，都不能违背宪法的原则和内容规范。然而，对于这样一个底线级学术问题，竟在中国法学界引发一场风生水起的辩论，真是令人唏嘘！

然而，有关宪法的最高法律权威和法律地位问题的异见在2013年5月，又以极端的高调再次唱响中国学术界的天空。其主唱的主力军是几位非法学更非宪法学专业的其他学科的学者。他们以"闯入者"的姿态在宪法学阵地上横冲直撞，如入无人之境，大有"横扫千军如卷席"之势。只不过这一次并非直接针对宪法的权威和地位，而是拿"宪政"说事，论者在对"宪政"拼尽全力"起信险肤"（《尚书》语）的同时，也将一盆盆脏水劈头盖脸般地泼向"宪政"。本来，"宪政"就是中国语境下对西语的"constitutionalism"的转译的结果，学术界约定俗成，其实完全可以用"宪制"、"立宪政体"、"民主政治"、"宪法体制"等词语代而用之。在中国能否用"宪政"一词以及能否实施"宪政"，本来可以在学术层面进行平等交流和讨论，以达成共识供政治层面考量看是否纳入中国特色理论体系中去。然而，有关的学者并不想这么做，而他们那样做的结果除了扰乱视听、误导舆论、干扰正常的宪法学术研究秩序以外，正如一位宪法学权威学者所一针见血地指出的那样，他们攻击的目标实际上正是中国现行宪法。

以上围绕中国宪法和宪政展现的负性学术动向，可以用"不信"这个词语的意蕴加以涵括。"不信"者，"不相信之谓也"。如何面对和摆脱中国法治和法学术星空中弥漫的对宪法的无识、漠视、轻视乃至反对的这一困厄局面，应当是宪法学界义不容辞的学术责任，每个有志于弘扬宪法的学人都应当勇敢地作出这个责任担当。

第三个是机缘是笔者本人还算较早地认识到中国迄今为止还存在的对宪法"不信"的困顿状态，于2012年写了《宪法文化的启蒙》一文，反复强调对宪法应予相信和尊重的种种理由。该文发表后受到法学术界一定程度的关注，说明法学术界对此学术困顿状态有同感。以后，我又相继发表了《宪法文化的自觉》和《宪法文化的超越》两篇论文。但总觉得对于"信"的起始意义来说显得有些超前。为此，原计划中有关宪法文化的系列文章中的其他各篇，于迟疑之中未予跟进动笔。原因之一就在于计划中的专论对于"起信"宪法的底蕴来说，似乎有过于"奢侈"之嫌。时至今日，一个"起信"宪法的念头如系绳之卵始终悬挂在本人的学术心头。

以上三个机缘巧遇而合，在笔者的宪法学研究中产生了一个强烈的有关"宪法起信"的意念，这种意念历久弥坚，总有一种以适当方式表达出来的学术冲动。正当此时，恰似应了中国传之历久弥新的诗句"柳暗花明又一村"的哲理意境，一个不期而遇的良机突兀地来到我面前，"老年科研基金评审委员会"的专家们坚持改变原书名的要求，恰似天赐良机。细审之下，在我经心选编的全部文论中，贯穿背后的一条连续不断的红线，不正是让读者相信宪法、信赖宪法、依靠宪法，进而达到尊重和遵行宪法以至将来信仰宪法这样的意念吗？一想到此，现在的书名犹如一道力闪，突然照亮了笔者的学术心田。《宪法起信论》的书名即刻如钉子一般铁钉下来，与此同时，始终悬着的学术之"卵"也稳稳地落在了笔者的学术心间。

然而，如果思虑到此为止，也只能视为守住了宪法学研究的学术底线。不难设想，一部严肃的宪法学术作品只让人"相信宪法"就能得到学术满足了。从学理的层面上看，还应当也必须在宪法理论上狠下功夫，进行探赜索隐、钩深致远，更至显微阐幽、极深研几的研究。只有这样，方显宪法学精研的学术本色。在这方面，笔者不仅深有体悟，而且在自己的全部宪法学研究的生涯中始终勉力践行。本文集收录的各篇专论不论效果如何，但总能证明我在这方面追求的良苦用心。如果是这样，那么接下来的问题是，现在的书名能涵括这类精深的宪法理念吗？我的回答是能。不仅能，而且极恰当地体现了我在宪法学研究中对宪法义理的苦苦探索以及孜孜以求。

答案就在"信"的意解上。"信"字古训有多义,"相信"只是其一。"信"另有一义通"伸",即有"伸展"、"延伸"之意。《易经·系辞下传》有"屈信相感"和"尺蠖之屈,以求信也"的彖文,即是此意之用。《尚书·盘庚上》亦有言:"起信险肤",即"伸说危险和肤浅",也用其"伸"之训意。此外,佛学经典《大乘起信论》中有释家阐释的三种"发心",其一是"信成发心",即得信成就而发其心,就是起始于"相信";"发心"之二是"解行发心",即真如法中深解现前所修离相,以知法性体而发心,即用"伸"意或"微密纤察"的意义;至于"发心"之三是"证发心",即以依转识说为境界,而此得证者无有境界而发心,更是在"伸"意或"微显阐幽"的意义上而使用的。(详见王建光文:《菩提之心的"发起"与"守护"》,载《中国社会科学报》2015 年 1 月 7 日)

如此说来,《宪法起信论》的书名不仅涵盖了为宪法争"信"的创作初衷,更蕴含了笔者在近 40 年宪法研究中对宪法精义及其伟大实践真谛的极深研几的追求。两相得而宜彰,一切尽蕴含在《宪法起信论》的书名之中。古人云:"一名之立,旬月踟蹰",此真然也!

为一个书名竟费了如此多的笔墨,无非是借"名"发挥罢了,终归还是让读者相信宪法,信赖宪法,还要深深地理解宪法,更不要忘记的是,努力践行宪法。

以上可能只是笔者个人的粗鄙之见,信不信由你!反正我信,不仅"起信"而且"重信",乃至"深信不疑"。

是为自序。

作者于北京寓所半步斋书房

2015 年 3 月 26 日

目 录

第一篇 论宪法实施的组织保障 …………………………………（1）
    一 宪法实施的组织保障在宪法保障中的地位和作用 …………（1）
    二 加强宪法实施的组织保障是现代宪制发展的基本趋势 ……（3）
    三 新宪法对我国监督宪法实施机关的新调整及其意义 ………（11）
    四 大力加强全国人民代表大会常委会对宪法实施的监督 ……（16）

第二篇 权利相对论
    ——权利和（或）义务价值模式的历史建构及现代选择 ……（22）
    一 对权利和（或）义务的价值态度及模式的形成 ……………（22）
    二 权利和（或）义务价值模式的历史建构 ……………………（24）
    三 当代西方法哲学关于权利和（或）义务价值的多元评价及
       选择 …………………………………………………………（49）
    四 评价和启迪 ……………………………………………………（56）

第三篇 关于反腐败的几点思考 ……………………………………（74）
    一 反腐败面临的严峻形势 ………………………………………（74）
    二 应当更深刻认识反腐败斗争的政治性 ………………………（78）
    三 反腐败是一项社会工程 ………………………………………（81）

第四篇 当前亚太地区和各国宪法发展的基本态势及未来展望 …（85）
    一 导言 ……………………………………………………………（85）
    二 当前亚太地区和各国宪法发展的基本态势 …………………（86）
    三 亚太地区和各国宪法发展的未来展望 ………………………（90）

第五篇 被告人的权利和反酷刑 ……………………………………（96）
    上篇：被告人的权利 ………………………………………………（96）
    一 签署了一系列国际公约，加强与国际社会的合作，共同
       为反对一切形式的酷刑和其他残忍、不人道或有辱人格的
       待遇或处罚的行为和现象而斗争 …………………………（97）
    二 加强国内立法，强调保护人权和禁止酷刑 …………………（97）
    三 加强执法监督，查处了一大批有关酷刑的案件 ……………（102）

四　加强社会公众特别是社会舆论的监督 ………………… (103)
　下篇：反酷刑 ……………………………………………………… (103)
　　一　应当首先实现在酷刑概念上的观念转变 ……………… (104)
　　二　正确认识中国反酷刑斗争形势及存在的主要问题 …… (107)
　　三　加大反酷刑斗争的力度 ………………………………… (109)
　　四　加强对国家司法工作人员的培养、教育 ……………… (110)

第六篇　"宪法人类学"的创意与构想 ……………………………… (114)
　　一　对宪法和宪政以个人权利为本位的哲学基础的反思 … (114)
　　二　"宪法人类学"创立的必要性 ………………………… (119)
　　三　"宪法人类学"创立的可能性 ………………………… (124)
　　四　关于"宪法人类学"的学科构想 ……………………… (135)

第七篇　大赦研究
　　　　——重识一项被遗忘60年的宪政制度 …………………… (140)
　引言 ………………………………………………………………… (140)
　　一　"大赦"的概念与性质 ………………………………… (141)
　　二　"大赦"的价值与功能 ………………………………… (152)
　　三　当代续存或重构"大赦"制度的现实基础 …………… (156)
　　四　将"大赦"形塑为宪政更始的机制 …………………… (167)

第八篇　民族文化自治历史命运的转折与引进设想 ……………… (170)
　　一　文化之于民族的意义 …………………………………… (170)
　　二　民族文化自治的历史命运转折 ………………………… (173)
　　三　"民族文化自治"的价值蕴含 ………………………… (179)
　　四　民族文化自治在中国的引进及其构想 ………………… (196)

第九篇　法律监督的价值与功能 …………………………………… (204)
　前言 ………………………………………………………………… (204)
　　一　现时法律监督理论研究中方法论检视及相应分析 …… (205)
　　二　现时法律监督理论研究中学科基点的审视与反思 …… (210)
　　三　价值哲学和作为方法论的价值方法 …………………… (212)
　　四　功能的意义和作为方法论的功能方法 ………………… (218)
　　五　法律监督的积极价值 …………………………………… (221)
　　六　法律监督的积极功能（职能） ………………………… (229)
　　七　在检察学中引进和建构价值——功能方法论 ………… (240)
　　八　法律监督的价值预期和功能实现 ……………………… (242)

目 录

第十篇 宪法为什么是重要的
　　——基于西方"二元政治"的立宪主义原理的解读 ……………（246）
　　一　西方传统的和现代的政府理念 ………………………………（247）
　　二　"二元政治"体制的设计 ………………………………………（249）
　　三　"二元政治"的司法保障机制 …………………………………（253）

第十一篇 再论宪法为什么是重要的
　　——基于从高级法到宪法至上的知识背景和历史经验的
　　　　解读 ……………………………………………………………（256）
　　一　从"先有罗马法，后有宪法"说起 ……………………………（256）
　　二　宪法的高级法知识背景和成长经验 …………………………（259）
　　三　宪法至上地位的实体确认 ……………………………………（264）
　　四　反思性体悟 ……………………………………………………（265）

第十二篇 中国宪法价值目标的阶段性转变与终极价值目标的确定
　　——改革开放三十年中国宪法的历史性进步 …………………（267）
　　一　宪法作为多价值的文件载体 …………………………………（267）
　　二　改革开放三十年中国宪法的阶段性价值目标和终极价值
　　　　目标 ……………………………………………………………（269）
　　三　实现和谐社会的终极价值目标必须重视利用宪法手段和
　　　　宪政安排 ………………………………………………………（276）

第十三篇 反宪法规则决定的法律效力问题之由来：理论与实践 ……（278）
　　一　西方宪政、宪治发达国家创造出来的成熟的宪法发展机制 …（278）
　　二　新兴国家宪政赖以存在和发展的历史的、社会环境的局限性 …（280）
　　三　政治权力限制与反限制的悖论 ………………………………（283）
　　四　强国论和决策论影响下的政治权力运作 ……………………（284）
　　五　理性的政治决策也会导致"反宪法规则的决定" ……………（288）
　　六　心理上非理性导致宪政行为中的"反宪法规则决定" ………（290）
　　七　结论 ……………………………………………………………（291）

第十四篇 宪法文化的启蒙、自觉与超越
　　——感怀现行宪法颁行三十周年述作 …………………………（294）
　　一　宪法文化的启蒙 ………………………………………………（295）
　　二　宪法文化的自觉 ………………………………………………（301）
　　三　东西方宪法文化的超越 ………………………………………（318）

第十五篇　宪法、法治理论与实践 ……………………………… (324)
　　一　检察理论应当重视吸纳宪法理论和宪政学说的学养元素 …… (324)
　　二　农业行政执法问题研究 ……………………………………… (355)
　　三　宪法和宪政视阈下的诉讼监督——试析省级人大常委会通过的
　　　　相关《决议》、《决定》 ……………………………………… (381)
　　四　回归司法理性，稳妥推进改革——地方检察调研报告 …… (393)

第十六篇　宪法学作为整体新型智库的创意与构想 ……………… (414)
　　一　宪法学作为整体新型智库的价值预估 ……………………… (415)
　　二　宪法学作为整体新型智库的哲理意义上的"场域"题设
　　　　及其意义分析 …………………………………………………… (420)
　　三　宪法学作为整体新型智库的学科、学理优势 ……………… (425)
　　四　宪法学作为整体新型智库研究的彰往及其过往经验总结 …… (427)
　　五　宪法学作为整体新型智库"场域"的察来路线图和现实
　　　　路经选择 ………………………………………………………… (433)

第十七篇　民族区域自治的远古史影及其价值蕴含
　　　　　　——基于优秀民族文化的探源研究 ……………………… (438)
　　一　探源研究的意义与价值 ……………………………………… (439)
　　二　民族区域自治的远古史影及其意义分析 …………………… (442)
　　三　继承和发扬优秀的传统民族文化的价值，加强民族理论
　　　　研究，坚持和贯彻民族区域自治制度 ………………………… (476)

第十八篇　宪法学"时空转向"与"时空宪法学"的建构期待 ……… (481)
　　一　宪法学"时空转向"的理论背景 …………………………… (482)
　　二　现实的社会科学的"时空转向"的一般趋势和成就 ……… (488)
　　三　宪法学"时空转向"的学理意义和科学价值 ……………… (498)
　　四　宪法学具体的"时间转向"和"空间转向" ………………… (511)
　　五　"时空宪法学"的建构期待 ………………………………… (518)

编后感言 ……………………………………………………………… (527)

第一篇　论宪法实施的组织保障

加强宪法实施的组织保障是现代宪制发展的基本趋势，本文对这种趋势及世界各国实施宪法保障的组织形式做了较系统的介绍。

本文指出，我国新宪法将全国人民代表大会及其常务委员会规定为我国监督宪法实施的机关，是我国在宪法保障方面的一个重要发展，并对这一规定的根据进行了论证。要加强全国人民代表大会常务委员会对宪法实施的监督，必须逐步建立和完善必要的违宪审查制度。

在加强社会主义宪制和法制建设的今天，深入理解我国确立的新的宪法保障体制，进一步研究和探讨我国宪法实施的组织保障，具有重要的理论和现实意义。本文仅就此谈一些粗浅的意见。

一　宪法实施的组织保障在宪法保障中的地位和作用

所谓宪法实施的组织保障，就是在一个实行宪制的国度，通过某种专门的或兼有相应职能的机构或组织来监督宪法的实施，以保障宪法和宪制不受破坏，充分发挥宪法作为国家最大的法的效能，维护统治阶级的利益。

因此，要研究宪法实施的组织保障，是出于宪法本身的重要性。宪法是国家的根本法，它最集中、最全面地体现了统治阶级的意志，是把统治阶级的根本意志提升为国家意志的最重要的法的形式。宪法通常规定有关国家和社会的一系列根本问题，是一切立法的基础和依据，任何其他法律，以及依据法律而制定的法规、条例、章程、实施细则、办法、措施等，都必须与宪法的基本精神和条文规定相一致。可见，宪法在现代国家的政治法律生活中处于最重要的地位，它所发挥的作用，是其他政治文件和法律所不能比拟、无法取代的。正因为如此，统治阶级在一般情况下，对维护其阶级利益的宪法是很珍重的，把它视为从政的法宝、治国的总纲，不仅采取各种积极有效的措施贯彻执行，而且还采取各种必要的防范措施保证其不被违反和破坏，其中建立相应的机构或组织监督宪法的实施，就是对宪法实施最有力的保障措施。

加强宪法实施的组织保障也是我国宪制建设的基本经验之一。我们党有尊重法制、实行宪制的长久的革命传统。党所领导的新民主主义革命的过程，就是新民主主义宪政发展的过程。早在土地革命时期，就颁布过《中华苏维埃共和国宪法大纲》，抗日时期发布过《陕甘宁边区施政纲领》；1946年又通过了《陕甘宁边区宪法原则》；1949年新中国成立后，中国人民政治协商会议制定和通过了《中国人民政治协商会议共同纲领》，作为我国的临时宪法。1954年，我国召开了第一届全国人民代表大会第一次会议，正式通过和颁布了我国第一部社会主义宪法，宪法颁布后的最初几年，由于当时党的指导思想的正确，党和国家对宪法权威的尊重和对宪法实施的重视，国家机关、社会组织、广大人民群众对宪法的认真遵守和执行，使宪法得到了较好的贯彻实施。同时，由宪法确定的监督宪法实施的全国人民代表大会，在保障宪法实施方面也发挥了一定的作用，它每年如期开会，就贯彻实施宪法所需要的各项法律以及与贯彻实施宪法有关的各项重大问题进行审议，作出各种决议；它还听取国务院、最高人民法院、最高人民检察院所做的工作报告，检查和监督它们的工作。正是因为各方面，包括监督宪法实施的全国人民代表大会本身都做了大量有益和有效的工作，才使1954年宪法真正发挥了国家根本大法的作用。

我国的宪制建设也有极为沉痛的教训。由于20世纪50年代后期党和国家的指导思想发生了越来越大的偏差，作为国家根本法的宪法逐渐受到轻视，到了"文化大革命"时期，更受到林彪、江青两个反革命集团的践踏和破坏，宪法成了一纸空文。宪法上一系列正确的原则被抛弃，国家生活陷入一片混乱，人民群众和广大干部的民主权利和人身自由毫无保障，甚至以宪法的庄严程序选举产生的国家主席也惨遭迫害致死。我国1954年宪法之所以遭到如此残酷的破坏，原因很复杂，其中最主要的还是"文化大革命"的指导思想完全错误。"文化大革命"被认为是所谓的在无产阶级专政下继续进行的"一个阶级推翻另一个阶级"的"政治大革命"。这和宪法确定的建设社会主义和繁荣各项社会主义事业的目标是根本对立的。由于宪法妨碍"文化大革命"的进行，所以被弃置一旁。1954年宪法的被破坏，还有一个重要的原因，就是长期以来在党政关系上存在一定的偏差，由于片面地理解和对待党的"一元化"领导问题，以党代政的现象普遍存在，党没有能从各方面保证国家权力机关、行政机关、司法机关和各种经济文化组织有效地行使自己的职权。

作为最高国家权力机关的全国人民代表大会，也没有树立起应有的权威，尽管宪法规定它有权监督宪法的实施，但它在宪法遭到废弃和破坏的严重历史关头，难以采取积极有效的措施加以制止，而且它本身也受到严重的干扰和破坏。我们现在研究宪法实施的组织保障，其意义不仅在于加强监督宪法实施机关本身的建设，完善和健全有关的制度，而且还在于要切实尊重监督宪法实施机关的权威，创造各种必要的条件，让它充分有效地行使这项职权；不仅平时能这样做，非常时期也能这样做，这是对社会主义宪制建设应有的要求。

二　加强宪法实施的组织保障是现代宪制发展的基本趋势

　　新宪法对于新的监督宪法实施机关的确立，总结了我国宪制建设的经验，也注意汲取了世界各国宪制建设的经验。

　　现代的宪法和宪制，是资产阶级革命的成果。如英国的宪制，就是在1688年"光荣革命"之后逐步确立下来的。但英国却始终没有制定一部具有统一书面文书的成文宪法。英国宪法是由一些成文法规、普通法、习惯法、法院判例、著名法学家的学理解释等组成，人们通常称之为"不成文宪法"。所以英国实际上没有根本法和一般法律的区别，所谓宪法不过是指一般法律中的某些原则和内容，宪法制定与修改的程序也与一般法律完全相同。这一特点，决定了其立法机关在宪制中占有特别重要的地位，英国议会能随时修改、补充宪法的内容。以圆滑著称的英国资产阶级总是根据客观情势的需要，通过议会的立法活动来达到维护宪法和宪制、巩固资产阶级统治的目的，所以英国的议会实际上担负了保障宪法实施的任务。由于英国是最早建立宪制的国家，它的这种宪法保障的组织形式对整个资产阶级宪制有很大的影响，在很长的一段时期内，欧洲的法、比、意等国都采用这种形式。

　　资产阶级的议会是资本主义国家的立法机关，有些同时又是制宪机关。因为议会的主要职权是立法，最明确立法的意图，最了解法律的真谛，由它来解释法律，当然比较准确、可靠；同时，资产阶级议会是按三权分立的原则设置的，在国家权力机构的体系中占有重要的地位，它可以利用立法手段和其他措施来保障和监督宪法的实施，因此可以认为，利用议会保障宪法的实施有一定的权威性和有效性。

　　这种宪法保障形式的缺点是缺乏连续性。因为立法机关的主要职权就是制定法律，不可能把主要精力和时间用于监督宪法的实施；立法机关又是以集会的形式行使职权的，这在时间上也受到了限制；同时，议员们来自全国各个地区、各个行业，其社会经历、法律知识等个人条件也会影响他们行使这项职权；此外，更重要的是，资产阶级议会通常都是由不同的政治派别和利益集团的代表人物所组成，占主导势力的政治派别或利益集团，就可能出于私心和偏见，以自己的优势地位作出违反实际的判断和裁决。这一切，都在很大程度上限制了议会在监督宪法实施方面的作用。有鉴于此，资产阶级统治者为了维护自己的统治地位和阶级利益，除了允许立法机关在不同程度上继续发挥保障宪法实施的职能外，近几十年来又纷纷设立专门的监督宪法实施的机关。

美国独立后于1787年在费城制定了美国宪法，这是世界公认的第一部正式的成文宪法。美国独立前虽然是英国的殖民地，但它的宪制发展却与母国大相径庭。它最早创立了司法审查制度。所谓司法审查，也叫违宪审查，是由司法机关通过司法程序审查和裁决立法案或行政命令、行为是否违宪的一种制度。这项职权由美国联邦最高法院行使。该院在审理案件过程中，如果认为联邦国会和各州议会通过的立法案，以及总统等行政官员的命令、行为有违宪情事，可以作出违宪宣告，凡被宣告违宪的法案、命令等便不得执行，从而失去效力。这种监督宪法实施的形式，在宪法保障体制中是比较特殊的，因此被一些资产阶级学者誉为人类宪政史上的"一大发明"。

司法审查制度，从理论上说，是资产阶级三权分立和制衡原则的产物；从实践上说，是英帝国通过枢密院司法委员会对殖民地立法实行审查制度的继承和发展。早期美国各州内也有不少司法审查的先例，这无疑对后来的违宪审查制度的确立有着重要影响。但是，1787年的美国宪法并没有把法院的司法审查权明确地规定下来，当时甚至尚未建立联邦的司法机构。资产阶级法学家普遍认为，美国司法审查制度的确立是由立国初期著名的联邦法院首席法官约翰·马歇尔"强夺"[1]来的，他在任职的35年内，为最高法院写下了许多有名的判词，例如他在著名的马伯里诉麦迪逊一案的判词中说："我们以为起草宪法者，必以宪法为国家的最高法律，因此在成文宪法之下，法律违宪无效，乃是当然之理。"[2] 经马氏及其同事的共同奋斗，司法审查权才最终确立下来。

---

[1] [美]罗伯特·库什曼编：《主要的宪法判例》，普兰蒂斯—霍尔出版社1977年新泽西版。
[2] [美]爱德华·科文：《马夏尔与美国宪法》，曹文彦译，世界书局1960年版。

司法审查制度在一定程度上维护了资产阶级分权和制衡的原则，尽管最高法院在其全部历史中只宣布过一百多件联邦立法案及几百件各州的立法案无效，这在美国全部立法案的总数中是微不足道的，但对立法机关却起了一定的牵制作用，使议会在制定法律时不能不倍加审慎，务使法案充分反映资产阶级的愿望和根本利益，并严格遵守立法程序，考究立法技术，使法案在形式上尽可能做到无懈可击，以防法院否决。此外，最高法院的法官在任职前大多数是出名的律师，有些还是著名的法学家，司法经验和法律知识都比较丰富，又有终身任职的保障，由这样的机构负责维护宪制，是具有一定可行性的。

司法审查制的缺点：第一，是它的事后审查方式。美国往往在一项法律施行了很多年以后，才作出违宪的宣告，这就必然损害了已经确定下来的法律关系。第二，是它的间接审查方式。法院只能在审判具体案件过程中对有关的法律进行审查，即使一项法律或总统的行为明显违宪，只要没有引起诉讼，其有效性就不会受到任何挑战。第三，是所谓的"政治问题"。举凡宪法上授予立法或行政部门的权力，就是"政治问题"，法院对此是不能过问的。但究竟何为"政治问题"，至今没有明确的界说。事实上，法院往往利用"政治问题"避免自己卷入违宪的困境。第四，是法院的裁决出尔反尔，前后矛盾。由于政治斗争形势、阶级力量对比情况的影响，再加上法官个人的利益关系、知识水平等各方面条件的限制，其判决常常前后矛盾，迄无定准。第五，尽管联邦法院具有较大的权威，法官个人的地位也比较崇高、优越，但终究不过是掌权的大垄断资产阶级集团手中的工具和仆从，关于违宪或合宪的判决，不得不在很大程度上受其背后主使势力左右，这就是在历史上常常出现同一法案在此时宣告有效而在彼时宣告无效（或是相反）这样反常现象的根本原因。从以上情况不难看出，美国联邦宪法法院在保障宪法不受违反方面所发挥的作用绝不像某些资产阶级法学家所宣扬的那样超然和绝对。虽然如此，美国司法审查制度在资本主义宪制中还是产生了不小的影响，除了有64个国家直接、间接地效法这个制度以外，现代很多资本主义国家纷纷建立各种形式的专门机构来保障宪法的实施，或许就是从美国的司法审查制度中受到的启发。

第一次世界大战以后，世界形势发生了很大变化，殖民地半殖民地人民的民族解放运动和资本主义国家内的革命运动蓬勃发展，资本主义经济陷入更严重的危机。资产阶级为了维护自己的统治，采取各种措施强化资产阶级专政，其中包括相继制定或修改它们的宪法，并建立专门的机构监督和保障宪法的实施。

这期间宪制建设的重要发展,就是创设了专门维护宪法的宪法法院。首先提出这一主张的,是奥地利出生的规范法学派代表人物汉斯·凯尔森。在他的影响下,最早于1920年在奥地利设立了宪法法院,捷克、西班牙等国亦相继设置,据目前世界上142部成文宪法统计,现在已有36个国家设有宪法法院(其中不包括南斯拉夫宪法法院)。

宪法法院的违宪审查活动,各国不尽相同,归纳起来,大致有以下三种:第一是"抽象的原则审查",也叫"预防性审查",它是以法定的程序对某项法律在颁布前进行审查,以确定其是否违反宪法。第二是"宪法性控诉"。如在西德,任何公民均能以基本法所保障的基本权利或其他权利受到侵犯为理由,对有关法律向宪法法院提起违宪诉讼。第三是通过审理具体案件对有关法律进行审查。

资产阶级宪法法院在维护资产阶级宪制方面起了重要作用。例如西德宪法法院自1951年正式建立以来,已经受理了大量的案件,在25年内,共受理了三万件宪法性控诉案,其中判决违宪的法律、法令有四百多件。此外,到1977年止,还公开发表了55个重要的判决意见。事实证明,宪法法院已经成为阶级统治的得力工具,在资本主义世界的政治法律生活中越来越显示出它的重要作用和突出地位。

此外,还出现了一种比较典型的形式,这就是宪法委员会或宪法会议。建立这种组织的典型国家是法国。法国于1799年曾一度设立一个名为"护法元老院"(Senat Conservateur)的机构,负责审查法律违宪问题。但这个机构存在的时间不长,也没有真正发挥作用。事实上,法国在历史上一直没有设立一个稳固的机构负责保障宪法,直到第四共和国才创设一个叫作宪法委员会的机构担负保障宪法的责任,但这个委员会只是一个过渡的形式,到第五共和国才确立一个专门的机构,这就是宪法会议。其成员由九人组成,每三年更换三分之一,此外,历届前任共和国总统为宪法会议终身当然议员。该机构的主要职权就是对法律的审查权。

宪法会议目前虽然还处在试验阶段,但已形成了自己的特点。首先,其成员是由国家最高领导人任命的,统治者可以选择最优秀、最忠实的法律专家担任宪法会议的成员,使该机构熟谙法律,精通自己的业务,从而具有较高的工作效率;其次,宪法会议采取的是预防式审查制,使法律的制定和颁布更为稳妥,在实际上起到了预防违宪的作用;最后,宪法会议的裁决具有强制力,保证了这个专门机构的权威性。

宪法会议的最大缺点是能够提起审议法律案件的范围太窄，按照原来规定，全国只有四个人，即总统、总理、两院议长可以提起审议。1974年通过对宪法的修改，扩大了范围，60名国民议会议员或60名参议员也可以提起审议。但较之美国、西德等国，范围仍嫌太小。还有，宪法会议实行的是预防审查制，对于已经颁布实施的法律的违宪问题，却没有必要的事后补救办法，法律一经颁布，法院是照用不误的。法国的法官与美国的不同，在审理案件中，一向回避法律是否违宪的问题。这较之宪法性控诉的审查方式，是一个很大的弱点。

还有一些国家是由几个国家机关共同担负宪法保障职责的。如瑞士，就是由联邦议会、联邦执行委员会、联邦法院共同行使宪法保障权，此外，宪法又规定，联邦法律与联邦命令除必须经两院批准外，还实行"人民表决，或采用，或否决"。在这种制度下，法律的审查权实际上是由几个国家机关和公民共同行使的。

社会主义国家虽然只有六十多年的历史，但在社会主义宪制建设上却积累了经验。十月革命以后，列宁领导制定和颁布了第一部社会主义宪法，即1918年的苏俄宪法，宪法保障即于此时产生。苏联1924年宪法对宪法保障的规定比1918年的宪法又前进了一步。该宪法规定，监督宪法实施的机关除了最高国家权力机关——苏维埃代表大会及其主席团之外，还有最高法院。苏联的法律审查权的行使和美国不同，苏联中央执行委员会主席团认定某一文件违宪时，在多数情况下并不废除它，而仅限于对问题进行解释或者向相应机关提出关于采取措施使这种文件和宪法相一致的建议。事实表明：这些机关在监督1924年宪法的实施，解决苏联最高权力机关与加盟共和国最高权力机关之间的关系以及在协调它们的活动方面，曾起过重要的作用。1936年宪法对监督宪法实施的机关又做了调整，监督宪法实施的职能都集中于最高国家权力机关，而在各加盟共和国、自治共和国则集中于本身的最高权力机关，最高法院不再行使审查法律的权力。与1924年以后的情况相类似，在通常情况下，最高苏维埃及其主席团将所发现的加盟共和国规范性文件与联盟的宪法和法律相抵触的方面通知加盟共和国，并要求采取措施清除这种抵触；必要时采取法令的形式，就有关问题通过特别决议。苏联的这种监督宪法实施的组织形式对第二次世界大战后建立的各社会主义国家都有直接的影响，我国1954年宪法也规定由全国人民代表大会监督宪法的实施。

社会主义国家的最高权力机关是代表人民行使国家权力的机关，享有极大的权威和尊严。由这样的机关负责监督宪法的实施，可以充分地发挥这种监督作用的权威性和有效性。但由于最高国家权力机关都是以举行代表会议的形式开展工作，人多不便集会，也不便讨论问题；而且每次会时有限，所要讨论、审议的问题又很多，同样不能拿出很多的精力和时间去处理有关宪法实施的问题；会议一结束，代表们又分散到全国各个地区、各个部门工作，这种监督活动就自然中断；一些代表缺乏必要的法律知识，也会影响对这项权利的行使。所有这一切说明，由最高国家权力机关监督宪法的实施，本身是有局限性的，它不能保证宪法的实施经常处在最有效的监督之下，在有些情况下，还容易流于形式，使宪法的实施实际上处于没有密切监督的状态。有鉴于此，一些社会主义国家也在开始探索新的监督宪法实施的组织形式，它们在保证最高国家权力机关的全权地位，以及对宪法实施问题有最高和最后决定权的情况下，通过建立相应的专门机构，要么单独负责、要么协助最高国家权力机关，加强宪法实施的监督工作。在这方面南斯拉夫和罗马尼亚的尝试，为社会主义国家的宪制建设提供了有益的经验。

南斯拉夫1974年宪法确定建立联邦宪法法院。南斯拉夫宪法法院是一种维持宪制和法制的法院。它的任务是受理任何单位和个人对议会、政府、政府各部门所通过的法律、条例、决议等文件是否违反宪法和法律提起的诉讼，保障宪法和法律的贯彻执行，保持全联邦和全国各种法律文件的一致性。南斯拉夫宪法法院与美国式的司法审查制和资本主义国家的宪法法院相比较有以下几个特点：

第一，从组成看，南斯拉夫宪法法院自成体系，全国共有九个，即联邦、六个共和国、两个自治省各有一个。联邦宪法法院的成员由议会选举的议长和13名法官组成。从每个共和国选两名，每个自治省选一名，参加南斯拉夫宪法法院。院长和法官由选举产生，任期九年，不得连任。这种产生办法较之任命制无疑更加民主。法官任期有限，并不得连任，可以防止权力过于集中，避免形成专断的局面；而任期较长，又不能在届满之前随便被解职，则有利于法官们积累经验，减少外界的干涉，独立地行使宪法审判权，使宪法法院成为一个稳定的政治法律机构。

第二，从职权范围看，南斯拉夫宪法法院也比美国最高法院和西德宪法法院广泛得多。除了主要负责审查法律之外，还享有：中央和地方、国家机关及社会政治共同体之间的权限争执裁决权；停止生效的法律和社会政治共同体机关的条例等文件是否符合宪法和法律的评定权；就有关宪制和法制问题向议会报告，并向共和国议会提出的建议权；对主管机关实施宪法、法律及其他文件的监督权；就共和国宪法和省宪法是否同联邦宪法相抵触提出看法；停止可能违宪或违法的社会政治共同体机关的法律、其他条例或一般文件实施的中止命令权。

这些职权都是监督宪法实施、维护宪制不可缺少的方面，而这些又都是其他国家所没有的。

第三，从审查方式和工作程序上看，南斯拉夫宪法法院更加合理和有效。

首先，不直接撤销违宪的法律，而是将裁决提交主管议会，有关的议会有义务进行协调或消除矛盾。这样可以有效地维护议会的立法效能，增强其责任感，避免了像美国那样由于最高法院的专擅而形成的与立法机关正面冲突的局面。

其次，宪法法院并不是事事推给议会，它可以废除和撤销社会政治共同体机关除法律以外的条例等文件与宪法和法律抵触的条款，这对提高宪法法院的工作效能很有利。

再次，只废除或撤销与宪法或法律抵触的条款而不是废除或撤销整个文件，避免了立法上的浪费。而在美国，只要认为有关法律哪怕只有一点违宪，整个法律即被宣布无效而不管其他部分是否合理或可用。

还有，从有权提起宪法性诉讼主体的范围看，在南斯拉夫也是非常广泛的，包括几乎所有的政府机关、社会团体、政府官员及公民，这样可以调动社会上各种积极力量共同担负监督宪法实施、维护宪制的责任。

最后，更重要的是宪法法院可以自己提起评定是否符合宪法和法律的诉讼，这是美国最高法院和其他国家的宪法法院所不能拥有的权力，可以极大地调动宪法法院监督宪法实施，维护宪制的主动性和积极性。

第四，从裁决的效力看，南斯拉夫宪法法院的裁决有国家的强制力作保障。南斯拉夫宪法规定："南斯拉夫宪法法院的决议有约束力，务须执行。如有必要，则由联邦执行委员会保证南斯拉夫宪法法院决议的执行。南斯拉夫宪法法院可以因宪法法院的决议未予执行而要求对有关的人采取措施。"这对于维护宪法法院的权威，保障宪法不受违反和破坏有着特别重要的意义。相比之下，美国最高法院和行政部门常因代表不同的党派或利益集团而处于尖锐的对立状态，它的违宪裁决也可能得不到执行；况且这种违宪宣告，只是表明该项法律在本案中不适用，不能从根本上撤销该项法律，也不能强制其他机关或法院今后不再适用该项法律。

南斯拉夫宪法法院自成立以来，受理了大量的机关、单位和公民对议会、政府、各部门所通过的法律、条例、决议等文件违反宪法和法律提起的诉讼，经裁定，及时修改或废除了一些违宪或违法的法律或文件，及时地把议会或政府的错误纠正过来，并起到监督预防的作用。这样就有力地维护了宪法和法律的尊严，保护了人民和自治组织的权力，也提高了议会和政府的威望。事实证明：南斯拉夫宪法法院作为社会主义国家监督宪法实施的一种可能的组织形式，不失为一个大胆的尝试，值得认真地研究和借鉴。

在罗马尼亚，则是尝试以宪法委员会的形式来协助最高国家权力机关监督宪法的实施。宪法规定大国民议会是最高权力机关，它的重要职权之一就是"对宪法的实施情况执行一般监督。大国民议会单独决定法律的合宪性"①。在对法律的合宪性的保障确定基本原则以后，又致力于找出一种组织形式，以确保大国民议会以最适当的条件来履行此项职权。为了使对宪法的保障成为大国民议会的一个经常注意的事项，在每届立法机关任期内创设一个常设委员会，由选举产生，其职权包括做一些准备性工作使最高权力机关便于执行监督宪法实施任务。这个机构先是叫宪法委员会②，后又改为宪法和法律委员会③。

该机构在监督宪法实施方面的主要职责是：对法律是否符合宪法，向大国民议会提出报告或意见；对具有法律效力的命令以及部长会议的决定，按照大国民议会的工作规程，审查其是否符合宪法。

该委员会具有如下两个特点：

第一，该委员会不是凌驾于或平等于而是从属于最高权力机关的一个常设机构，它不能自己决定一项法律、命令或决定是否符合宪法，更不能代替大国民议会或国务委员会作出决定，只能从事准备性工作，不能采取强制的方式。它的活动方式是提出报告和意见。这对于保持最高权力机关的全权地位，充分发挥大国民议会保障宪法的积极性具有重要意义。

第二，该委员会在监督法律是否符合宪法的范围内，可以在主管机关采取法律行为以前从事活动，也可以在其后进行活动；即是说，既可以进行预防式审查，又可以进行事后审查。其预防式审查现在进行得很普遍。因为维护和加强法律的权威，要求经常地注意避免辩论它是否符合宪法；另外，法律一旦实施以后，必然会产生一些具体的法律关系，而在法律制定以前，事先已经审查其是否符合宪法，就可以避免既得权益在日后有被推翻的危险。这一点正是罗马尼亚宪法保障体制中富有积极意义的特点。

---

① 罗马尼亚宪法第43条，第14款。
② 1965年8月21日的宪法规定。
③ 1975年3月21日第2号法律对宪法所做的修正。

通过以上对资本主义和社会主义宪政发展和宪制建设的简略回顾，我们不难看出，现代宪制建设确实存在一种基本的发展趋势，这就是有越来越多的国家倾向于或致力于建立专门的机构来监督宪法的实施，以保障宪法不受法律和其他具有法律规范性文件的违反，也不受人为的违反和破坏，借以维护宪法和宪制的权威和尊严，最终达到巩固阶级专政、维护统治阶级利益的目的。宪制建设之所以有如此的发展趋势，其根本原因在于：由于阶级力量对比关系的变化和社会生活的日益复杂化，宪法作为国家的根本法在国家和社会生活中的地位和作用越来越受到统治阶级的重视。统治阶级已经不满足于只是制定宪法和一般地加以实施，而是致力于采取切实有效的手段和措施加强宪法的实施和保证宪法不受违反和破坏。专门建立或授权一个有权威的、能经常开展工作的机关具体负责监督宪法的实施，被认为是加强宪制建设必不可少的重要环节。及时把握和深入研究世界各国宪政发展和宪制建设的基本发展趋势和普遍经验，从中得到启发和借鉴，对于加强我国的社会主义宪制建设，健全和完善我国监督宪法实施的组织形式，是有一定裨益的。我国新宪法之所以在这方面有了明显的变化和发展，与新宪法的制定"注意吸取国际的经验"①，自然是分不开的。

三　新宪法对我国监督宪法实施机关的新调整及其意义

新《宪法》在序言中明确指出："宪法是国家的根本法，具有最高的法律效力。全国各族人民、一切国家机关和武装力量、各政党和各社会团体、各企业事业组织，都必须以宪法为根本的活动准则，并且负有维护宪法尊严、保证宪法实施的职责。"这就把"维护宪法尊严、保证宪法实施"规定为国家和社会的所有单位以及全体人民应尽的法律责任和社会义务。在《宪法》总纲第五条又明确规定社会主义法制建设的根本原则是："国家维护社会主义法制的统一和尊严。"法制统一，最根本的是统一于宪法，社会主义法制建设必须以宪法为核心，任何法律和具有法律规范性质的文件都必须以宪法为立法基础和依据。为此，第五条第一款明确规定："一切法律、行政法规和地方性法规都不得同宪法相抵触"，这是法制统一的绝对要求。为了维护社会主义法制的尊严，同条第二款又特别规定："一切国家机关和武装力量、各政党和各

---

① 彭真：《关于中华人民共和国宪法修改草案的报告》。

社会团体、各企业事业组织都必须遵守宪法和法律。一切违反宪法和法律的行为，必须予以追究。"这对于维护法制的尊严来说，也是绝对的要求。为了维护法制尊严，还必须同特权现象进行坚决的斗争，新《宪法》也在第五条第三款明确规定："任何组织或者个人都不得有超越宪法和法律的特权。"在国家机构一章中，除了规定全国人大及其常委会作为监督宪法实施的机关（这将在下面详细讨论）以外，还在第九十九条规定："地方各级人民代表大会在本行政区域内，保证宪法、法律、行政法规的遵守和执行。"这些规定表明：在我国，为了保证宪法的实施，就要动员和组织全国、全社会的一切积极力量，共同担负起这项责任，这种极其广泛深厚的组织基础和群众基础，就是我国宪法实施的根本保障。

这些规定，不仅我国前三部宪法没有，就是在世界各国的宪法中也不多见，充分表明了我国宪政建设和宪制发展的长足进步。

除此以外，新宪法在保障宪法实施方面还有一个重要的发展，就是对监督宪法实施的机关做了相应的调整。明确规定全国人民代表大会和全国人民代表大会常务委员会是我国监督宪法实施的机关。

这一决定的根据，我以为主要有以下三点：

第一，它是与我国政治制度的特点相适应的。新宪法在总纲第二条明确规定："中华人民共和国的一切权力属于人民。"为了保证人民能够行使这项权利，在同一条又规定："人民行使国家权力的机关是全国人民代表大会和地方各级人民代表大会。"这表明：人民代表大会制是我国的基本政治制度。在这种制度下，由各级人民代表大会代表人民统一地行使国家权力，它不仅有权就国家一切带根本性的问题作出决议，而且在国家机构中居于最高的地位，全国人民代表大会的这种最高的地位和尊严，是任何其他机关所不能比拟的，它在国家政治生活中的作用也是任何其他国家机关所不能取代的。既然我们已经明确承认宪法是具有最高法律效力的根本法，那么，监督宪法的实施就是国家政治法律生活中最重要的事务之一。处理这一重要事务的职权理所当然地应由全国人民代表大会亲自担负。我们不是"三权分立"的国家，我们的国家权力集中于各级人民代表大会，无法想象，还能建立什么其他的机构凌驾于最高国家权力机关之上，或行使超越它的职权。

第二，这是加强全国人民代表大会的建设和扩大全国人民代表大会常务委员会的职权的重要内容。为了确实保障全国人民行使当家做主的权利，把全国人民代表大会建设成为能够领导全国人民进行社会主义现代化建设的坚强领导机关，新宪法规定从各方面大力加强全国人民代表大会的建设。由于全国人大代表人数较多，不便经常进行工作、行使职权，在宪法修改过程中，曾经设想减少人数。但是，我们的国家大、人口多，有56个民族，两千多个县，各阶级、各阶层、各民族、各地方、各方面、各政党在全国人民代表大会中都需要有适当数量的代表，否则就会影响全国人民代表大会的代表性。从这一情况出发，新宪法决定将原来属于全国人民代表大会的一部分职权交由它的常委会行使，扩大全国人民代表大会常委会的职权和加强它的组织。由于全国人民代表大会常委会是全国人民代表大会的重要组成部分，所以扩大它的职权和加强它的组织，正是加强了全国人民代表大会的建设。这是本着一切从实际出发的精神作出的符合我国国情的决定，是新宪法一项引人注目的新发展。

第三，全国人民代表大会常务委员会也是比较适宜担负监督宪法实施职权的机关。如前所述，全国人民代表大会常委会是全国人民代表大会的常设机构和工作机构，是全国人民代表大会的重要组成部分。这样的性质和法律地位决定了它在国家机构系统中享有比较崇高的权威和尊严，在国家的政治法律生活中能够发挥巨大的作用和影响。同时，它也完全有能力负起这项责任。它的组成人员具有广泛的代表性，能充分反映全国人民的意愿和要求；它的成员人数稳定在比较适中的200人左右，便于召集会议，讨论问题；它每两个月举行一次法定的常委会会议，便于经常性地开展工作；立法是它的主要职权和经常工作，因此它的成员的法律知识和立法经验都比较丰富，而且它的法制工作委员会和全国人民代表大会的法律委员会还可以有力地协助它做好这方面的工作；此外，由于宪法还同时赋予它行使许多与监督宪法实施有关的职权，使它可以采取各种相应的措施和步骤做好这一工作。从以上分析可知，尽管全国人民代表大会常委会不是专门从事监督宪法实施的机关，但它确已具备履行这项职权的充分条件。它对于监督宪法的实施是完全能够胜任的。

新宪法的这一发展意味着，我国在经过多年的实践和探索以后，终于找到了一条适合国情的、具有中国特色的监督宪法实施的组织形式。它兼有最高权力机关以及立法机关监督宪法实施的长处，又具有专门机关监督宪法实施的优点。也就是说，它既保持了前者的权威性和有效性，又保持了后者的专门性和经常性；同时，也避免了双方各自存在的局限性。这是一个两优相兼的监督宪法实施的制度。这样的制度能够保证我国宪法得到很好的贯彻实施。

当然，从政治的意义上说，宪法实施的最根本保证在于党的领导，在于党的指导思想的正确。这首先是由宪法本身的性质所决定的。古人说："徒法不足以自行"，法是由人去执行的，因此法的作用的大小也就决定于人对法的态度。现代国家的宪法，说到底不过是占统治地位的阶级及其执政党实现其阶级专政、维护其阶级利益的工具。所以，宪法的兴废，最终操在统治阶级及其执政党的手里。我国是人民民主专政的社会主义国家，我国新民主主义革命的胜利和社会主义事业的成就，都是中国共产党领导中国各族人民，在马克思列宁主义、毛泽东思想的指引下取得的。在长期的革命和建设过程中，已经结成由中国共产党领导的，有各民主党派和各人民团体参加的，包括全体社会主义劳动者、拥护社会主义的爱国者和拥护祖国统一的爱国者的广泛的爱国统一战线。我国宪法是中国共产党的路线、方针、政策的具体化、法律化，又是人民意志的体现。在我国，中国共产党的领导是宪法实施的根本保障，党的指导思想是否正确，党的各级组织和党员是否在宪法和法律范围内活动，是宪法能否起作用的关键。1954年宪法之所以被弃置，其根本原因便是由于党在一个时期内，特别是在"文化大革命"中的指导思想不正确，党自己没能模范地遵守和执行宪法。这一沉痛的教训充分说明了党的领导对于保障宪法实施的决定作用。如果失去这个前提条件，不论多么权威、专门的机关，都不可能真正发挥作用。

现在，我们党已经从过去的错误和"文化大革命"的灾难中汲取了教训，深刻认识到：宪法的权威和尊严关系到政治的稳定和国家的命运；出于这样的认识，从粉碎"江青反革命集团"以来，特别是党的十一届三中全会以来，党的重要文件和中央领导同志的讲话均反复强调党的组织和党员尊重和遵守宪法和法律的重要性。十一届六中全会通过的《关于建国以来党的若干历史问题的决议》明确指出："党的各级组织同其他社会组织一样，都必须在宪法和法律的范围内活动。"新党章也明确规定："党必须在宪法和法律范围内活动。"胡耀邦同志在党的十二大报告中讲得更为清楚："从中央到基层，一切党组织和党员的活动都不能同国家的宪法和法律相抵触。"基于这样的认识，我国宪法的实施才有了根本的保障。

学术界有一种意见认为，只有建立类似宪法法院或宪法委员会一类的专门机构，宪法的实施才有保障。这种看法的产生可能与对"违宪"的不同认识和理解有关。"违宪"一词出现很早，《后汉书》说："绳以法，则伤惠，私以亲，则违宪。"由于我国古代的"宪"是指普通的法律，所以那时的所谓"违宪"，实际上即指"违法"。现代意义的"违宪"（unconstitutional）概念最早出现于英国17世纪的宪政大辩论中，但在立宪较早的一些国家中，它的意义却不尽相同。

在英国，由于宪法是不成文的，议会所通过的一切立法案，均可看作宪法的一部分，故议会通过的所谓违反宪法的立法案，即相当于其他国家的成文宪法修正案。所以英国人有时指责议会所提出的立法建议以及议会所通过的新法律违反宪法，这种指责的确切含义不过是认为：该项建议或法律与过去所接受的宪法原则、成文法、惯例、国际法甚或通常所接受的道德标准不相符合，但却并不认为是"非法"的。议会既然已经通过了法律，法院就务必执行，如欲停止其实施，必须由议会自行议决废除。

在法国，"违宪"的最初意义是：某一项延长议会任期的法案尽管显然违反宪法的条文，但依据法国宪法的精神，该法案仍不能被指责为无效。由于法国很早以前就已经确立了司法权不准侵犯立法权的原则，所以法院也从来没有以违宪为借口，而拒绝执行议会通过的任何法律。但在法国的政治场合中，每逢讲到违宪，一般都含有谴责的意思。当然，法国人的这种违宪观念在现代已经有了改变，他们不再认为议会所通过的法律可以不受审查，更不认为宪法是可以受法律侵犯的。法国自第四共和国开始设立专门的审查法律是否违宪的机构，就是这种观念转变的反映。

美国所谓的违宪是有特殊含义的，它一般指国会通过的法律案或总统等行政官员的行为及其所发布的行政命令不得违背宪法的规定，如果一旦被法院判决宣布违宪，该法律或行政命令、行为便不再执行，从而使其失去效力。因为国会按照宪法的规定本无权制定该项法律，结果竟然制定了，这就是国会的越权行为，所以是无效的。行政命令、行为也是这样。但是应当指出："违宪"一词在美国并不包含谴责的意思，也不一定意味着该项"违宪"的法律不好，恰恰相反，在所谓"违宪"的法律中，有些往往具有民主、进步色彩，只是因为它们系由国会越权制定的方才无效。美国这种违宪观念保留至今，并对许多资本主义国家的宪政产生了重要影响。

由于宪法规定的内容十分广泛，又因为一般法律和其他具有法律规范性质的文件，都是直接、间接地依据宪法制定的，所以从广义上说，一般的违法行为都是直接、间接的违宪行为。但对广大公民来讲，他们中的违宪行为首先是违法问题，而这种违法行为是通过国家司法机关依据有关法律予以制裁的。在这种情况下，他们的违宪行为一般也是通过他们依法受到制裁而得到纠正的。政治学和宪法学所说的违宪，一般是从狭义上使用的，即用来指法律或其他具有法律规范性质的文件违反了宪法，或是指各国家机关的主要负责人员以公职名义所从事的活动或所发布的命令、指示违反了宪法（后者有时并不一定直接构成违法行为）。这类违宪问题主要是通过前述的有权机关或专门机关处理的。这类"宪法性诉讼"自然有其不同于普通司法程序的特殊程序，有关人员所负的责任也主要是政治上的或道义上的，而不是法律上的。当然，如果有关人员同时构成了违法行为，在受到政治上的、职务上的处理后，并不排除他们继续接受司法机关依法给予的制裁。人们通常所认为的违宪，当即这种狭义上的违宪。

上述关于"违宪"概念的理解同样适用于我国。从新宪法关于全国人民代表大会和全国人民代表大会常委会监督宪法实施的规定的基本精神以及它们所有权采取的相应措施来看，我国的违宪也是指法律、行政法规和地方性法规违宪，以及各国家机关主要领导人员的违宪。由于过去相当长的一段时期内，在理论研究和法律实践上均不重视违宪问题，造成一般舆论往往倾向于对违宪做扩大范围的解释，并且总是希望对宪法的保障也像对刑法等法律的保障一样，由专门的机关负责处理这类案件，倘有人违宪，就要由这种机关"开庭审判"作出像触犯刑律那样的相应处罚。由于全国人民代表大会和全国人民代表大会常委会不具有这样的职能，因而对宪法的实施能否得到切实的保障也便发生了疑问。这样的看法显然与目前国际上公认的"违宪"概念不尽符合。而且宪法的实施是否得到保障，也不能以是否有专门机构以审判方式进行直接的刑事审理为判断的标准。如前所述，对于一般人的违宪行为，因为已包含在违法行为之中，司法机关当然会依法进行审处；宪法规定全国人民代表大会和全国人民代表大会常委会除监督法律、行政法规、地方性法规不得和宪法相抵触以外，主要是管辖国家机关或国家机关主要负责人员的违宪行为。这便保证了上述两个机构，不致分散精力，陷于细小烦冗的诉讼事务，而能集中力量关注重大的违宪情事，对于保证宪法的实施显然是十分有利的。

四 大力加强全国人民代表大会常委会对宪法实施的监督

宪法保障，更为重要的，是一个法律实践问题。这就需要全国人民代表大会和全国人民代表大会常委会以卓有成效的工作作出回答。为此，特别应当加强全国人民代表大会常委会对宪法实施的监督。

第一，要牢固地确立全国人民代表大会常委会作为最高国家权力机关和立法机关的法律地位。新宪法第五十七条和第五十八条分别规定："中华人民共和国全国人民代表大会是最高国家权力机关。它的常设机关是全国人民代表大会常务委员会。""全国人民代表大会和全国人民代表大会常务委员会行使国家立法权。"这两条规定确切地表明了全国人民代表大会常委会的法律地位,特别是明确规定它行使国家立法权,这在我国宪法上还是第一次,表明它的法律地位又有了新的提高。同时,新宪法还规定了一些与它的地位相称的重要职权,如解释宪法,解释法律,监督国务院、中央军事委员会、最高人民法院和最高人民检察院的工作,撤销国务院制定的同宪法、法律相抵触的行政法规、决定和命令,撤销省、自治区、直辖市国家权力机关制定的同宪法、法律和行政法规相抵触的地方性法规和决议,等等。在国务院、中央军事委员会、最高人民法院、最高人民检察院的性质、地位的规定中,也明确规定:国务院是最高国家权力机关的执行机关,是最高国家行政机关,它必须对全国人民代表大会负责并报告工作,在全国人民代表大会闭会期间,对全国人民代表大会常委会负责并报告工作;中央军委对全国人民代表大会和全国人民代表大会常委会负责;最高人民法院和最高人民检察院也都要对全国人民代表大会和全国人民代表大会常委会负责。这些规定表明:作为人民行使国家权力的最高机关的全国人民代表大会和全国人民代表大会常委会,在国家的政治法律生活中发挥着重要的影响和作用;同时,它在国家机构的体系中的地位也是最高的,任何其他国家机关都不能同它平分秋色,更不允许分庭抗礼。我们不是三权分立的国家,大权是集中于全国人民代表大会和全国人民代表大会常委会的。在我们的社会主义制度下,全体人民在根本利益上是一致的,全国人民代表大会和全国人民代表大会常委会代表人民统一地行使国家权力;同时,也设立相应的行政机关、审判机关、检察机关和武装力量的领导机关,以便分别行使国家行政权、审判权、检察权、武装力量的领导权,但这是分工,不是分权。其他国家机关都要服从全国人民代表大会和全国人民代表大会常委会,对它负责,受它监督。当然,由于行政机关、审判机关、检察机关、武装力量的领导机关的性质和任务不一样,全国人民代表大会和全国人民代表大会常委会对它们的监督的作用也不尽相同。行政机关作为全国人民代表大会的执行机关,是根据全国人民代表大会和全国人民代表大会常委会的原则规定进行具体工作的,全国人民代表大会和全国人民代表大会常委会对它的监督要比对其他机关的监督更多、更直接一些。宪法明确规定国务院要对全国人民代表大会负责并报告工作,而对其他三个国家机关,则只规定负责,没有规定报告工作,这就灵活一些。但是如果全国人民代表大会或全国人民代表大会常委会要求它们报告工作,它们就必须报告,不得拒绝。不论是报告工作还是不报告工作,都必须对最高国家权力机关负责,不能各行其是、各自为政。这就是中央各国家机关之间应有的正确关系。正确认识和处理好这种关系,充分尊重最高国家权力机关的权威地位和尊严,是保证全国人民代表大会常委会同全国人民代表大会一起做好监督宪法实施工作的必不可少的条件。

同时,正确处理好党政关系,也是保证全国人民代表大会和全国人民代表大会常委会做好这项工作必不可少的条件。我们党经过思想政治上的拨乱反正,已经深刻认识到过去那种党政不分、以党代政、不重视国家权力机关建设的倾向给党和国家带来的种种弊病。《关于建国以来党的若干历史问题的决议》中明确指出:"党在对国家事务和各项经济、文化、社会工作的领导中,必须正确处理党同其他组织的关系,从各方面保证国家权力机关、行政机关、司法机关和各种经济文化组织有效地行使自己的职权。"胡耀邦同志在党的十二大报告中进一步明确指出:"正确解决党对政府机构的领导和对企业事业单位的领导问题,是机构改革中一个很重要的问题。党的工作和政府的工作,企业事业单位中党的工作和行政、生产工作,必须适当分工。""党的领导主要是思想政治和方针政策的领导,是对于干部的选拔、分配、考核和监督,不应当等同于政府和企业的行政工作和生产指挥。党不应包办代替它们的工作。"这种党政之间应有的正确关系完全适用于党和最高国家权力机关之间的关系。几年来,全国人民代表大会和全国人民代表大会常委会所以能如此卓有成效地开展工作,和中国共产党的大力支持和正确处理党政关系是分不开的。可以认为,加强和改善党的领导,是保证全国人民代表大会和全国人民代表大会常委会切实行使监督宪法实施的职权的关键。

第二,大力加强全国人民代表大会常委会本身的建设。为了充分发挥最高国家权力机关的作用,新宪法从各方面对加强全国人民代表大会和全国人民代表大会常委会的组织和建设进行了规定。其中涉及全国人民代表大会常委会的主要有:

规定全国人民代表大会常委会的组成人员不得担任国家行政机关、审判机关和检察机关的职务。这不仅保证了相当数量的专职委员,用他们的全部精力和时间专心做好常委会的工作;而且也有利于常委会对行政机关、审判机关和检察机关的监督。

规定设立由委员长、副委员长以及秘书长组成的委员长会议，负责处理常委会的重要日常工作。这是按照民主集中制的原则建立起来的集体领导体制。因为全国人民代表大会常委会所讨论和审议的都是重大国事，必须十分审慎，由委员长会议集体负责处理重要的日常工作，可以充分发挥集体的力量和智慧，有效地避免了由于个人专断所可能造成的失误。

规定全国人民代表大会设立的民族委员会、法律委员会、财政经济委员会、教育科学文化卫生委员会、外事委员会、华侨委员会和其他需要设立的专门委员会，在全国人民代表大会闭会期间，受全国人民代表大会常委会的领导。由于各专门委员会的职权是负责研究、审议和拟定有关议案的，因此具备充分条件可以有效地协助全国人民代表大会常委会做好监督宪法实施的工作。

规定了全国人民代表大会常委会组成人员必不可少的权利，如有权依照法律规定的程序分别提出属于全国人民代表大会和全国人民代表大会常委会职权范围内的议案；有权依照法律规定的程序提出对国务院或者国务院各部委的质询案。

目前，新宪法的上述规定已得到了认真地贯彻和执行。全国人民代表大会常委会的组成人员已经不再兼任行政机关、审判机关和检察机关的职务，原在党政各方面领导工作的一些德高望重、经验丰富的老同志已转到常委会方面工作，并且又增加了一些专家和知识分子，这就大大加强了常委会的力量；委员长、副委员长以及委员长会议都在依法忠实地行使自己的职权：常委会会议如期召开；各专门委员会也相继建立并开展工作。所有这些都使全国人民代表大会常委会具备必要的工作条件，使它能够顺利地行使全国人民赋予它的监督宪法实施的职权。

第三，逐步建立和完善必要的违宪审查制度。要保证全国人民代表大会和全国人民代表大会常委会正确地行使监督宪法实施的职权，就必须建立必要的工作制度和程序。所谓违宪审查制度，就是有关审查法律、行政行为、命令等是否符合宪法的一切环节或程序，包括谁有权提起违宪诉讼或动议；谁有权进行审查，如何作出违宪或不违宪的宣告，如何进行违宪制裁，等等。新宪法中有关这一内容的规定，可以作为制订这一制度的法律依据。如宪法第四十一条规定："中华人民共和国公民对于任何国家机关和国家工作人员，有提出批评和建议的权利；对于任何国家机关和国家工作人员的违法失职行为,有向有关国家机关提出申诉、控告或者检举的权利,但是不得捏造或者歪曲事实进行诬告陷害。"这其中当然包括提请审查违宪问题的建议或对违宪人员的控告或检举。对于这类建议、控告或者检举,全国人民代表大会或全国人民代表大会常委会必须查清事实负责处理。此外,《中华人民共和国全国人民代表大会组织法》第九条规定:"全国人民代表大会主席团,全国人民代表大会常务委员会,全国人民代表大会各专门委员会,国务院,中央军事委员会,最高人民法院,最高人民检察院可以向全国人民代表大会提出属于全国人民代表大会职权范围内的议案。"第十条规定:"一个代表团或者三十名以上的代表,可以向全国人民代表大会提出属于全国人民代表大会职权范围内的议案。"第三十二条规定:"全国人民代表大会各专门委员会,国务院,中央军事委员会,最高人民法院,最高人民检察院,可以向常务委员会提出属于常务委员会职权范围内的议案。"这些议案中自然也包括有关提请违宪审查的议案。对这些议案,该组织法也分别做了处理程序的规定。对各国家机关提交的议案,规定"由主席团决定交各代表团审议,或者交有关的专门委员会审议、提出报告,再由主席团审议决定提交大会表决"(第九条)。对于代表团或代表提交的议案,"由主席团决定是否列入大会议程,或者先交有关的专门委员会审议、提出是否列入大会议程的意见,再决定是否列入大会议程"(第十条)。对于提交常委会的议案,"由委员长会议决定提请常务委员会会议,或者先交有关的专门委员会审议、提出报告,再提请常务委员会会议审议"(第三十二条)。该组织法还明确规定各专门委员会工作任务之一,就是"审议全国人民代表大会常务委员会交付的被认为同宪法、法律相抵触的国务院的行政法规、决定和命令,国务院各部、各委员会的命令、指示和规章,省、自治区、直辖市的人民代表大会和它的常务委员会的地方性法规和决议,以及省、自治区、直辖市人民政府的决定、命令和规章,提出报告"(第三十七条)。对于重大的违宪案件,按照宪法第七十一条的规定,全国人民代表大会和全国人民代表大会常委会认为必要的时候,可以组织关于特定问题的调查委员会,并且根据调查委员会的报告,作出相应的决议。宪法还相应的规定了全国人民代表大会和全国人民代表大会常委会有权罢免各中央国家机关的主要负责人。

宪法还规定"法律和其他议案由全国人民代表大会以全体代表的过半数通过"(第六十四条)。《全国人民代表大会组织法》也规定:"常务委员会审议的法律案和其他议案由常务委员会以全体组成人员的过半数通过。"

（第三十一条）以上这些规定，已足以构成违宪审查制度制定的原则。应当看到，违宪审查是一件意义重大、性质特殊的工作，没有相应的具体工作制度和程序是难以准确、协调、持久地进行的。我们应当在实践中摸索经验，逐步建立和完善起一整套适合我国国情的违宪审查制度和程序，从制度上保证全国人民代表大会和全国人民代表大会常委会更好地担负起监督宪法实施的职权。

载于《中国社会科学》1984年第6期

第二篇 权利相对论

——权利和(或)义务价值模式的历史建构及现代选择

在当代世界范围内（我国当然也不例外）都面临重新选择、整合、建构法律权利和（或）义务价值模式的历史任务。从价值哲学的立场，对迄今为止全部人类文明发展史上已经建构的法律权利和（或）义务价值模式做一较系统的总结，并力求从中发现某些变化、转换的规律性及发展趋势，对于我们建构具有时代特点、适合国情的权利和（或）义务价值模式，无疑具有重要的历史启迪作用。

一 对权利和(或)义务的价值态度及模式的形成

从价值哲学的立场来看，法律上的权利和义务无疑具有特定的价值。简而言之，其最基本的价值就在于权利和义务主体需要的满足，即利益的实现。一切人类社会行为的真正价值就在于始自人类的自然需要，进而发展成为社会需要的满足。社会需要的满足是以利益这一社会形式表现于现实生活中的，因而利益的实现就是一切人类社会行为的真正价值所在。人类法律行为是人类社会行为总结构中的一个重要组成部分，而权利和义务又是法律的基本构成要素，所以权利和义务的价值，或其终极的目标或好处，无非就在于人的需要的满足或利益的实现，一切人类社会行为的价值毫无例外地都是利益的实现，差别只是在于它们工具性的功能不同及作用的大小不等。法律工具的功能在于它的确认性、普遍性及强制性，因而其作用是巨大的，是其他社会工具所不能取代的。法律上权利和义务除具有法律工具的一般性功能以外，还具有直接针对性的规范功能，即为了把人的各种利益，包括个人利益、群体利益、社会利益直接整合、熔铸成为法律上的权利和义务，使之成为全社会一体遵行的具有强制性的社会行为规范。人（在阶级社会中主要是作为阶级的人）为了实现自己的利益和目的创造了法律权利和义务体系，同时就赋予它某种意义，使法律权利和义务变成一个充满意义的客观世界。

人生活在充满意义的法律权利和义务的世界里，不仅能被动地接受权利和义务价值体系的刺激而形成权利和义务的价值意识，包括价值心理和价值观念，而且能够通过人脑的反思能力对权利和义务的价值体系进行反思。反思是更深刻的反映、认识、理解和瞭悟，它比直观感受更能深刻地把握和认识权利和义务的内在价值。人通过反思能力获得权利和义务价值意识的过程，就是人认识权利和义务价值的过程，是人对权利和义务这一人的创造物进行价值肯定和价值还原的过程，也是人的生理生物机制接受和认同权利和义务价值的过程。权利和（或）义务的价值模式也可简称为权利和（或）义务模式，包括体系模式和意识模式。

任何社会的法律权利和义务都是按一定的体系、规则、程序排列起来的，具有有序化和定型化的特点。这种特点不仅具有外在结构性的意义，即便于人们了解、认知、掌握、熟记、遵从和执行，而且具有深刻的、内在的价值指导和定向作用。立法者即国家和社会的掌权者在按照自己的利益和意志建构权利和义务体系的过程中，实际上对各种权利和义务的特质、功能、利弊等进行了有意识的价值衡量、筛选、确认、吸收、抑制、排除、扬弃，把认为对掌权者有价值的权利和义务规范化、制度化、定型化。因此，在法律权利和义务的条文规定及其外在结构体系的背后，甚至在不成文的规范体系背后，都蕴含着掌权者关于权利和义务的价值取向及潜在的权利和义务的价值意识。权利和义务实际上是在一定的社会政治法律情境下，被掌权者内聚和整合为一种权利和义务的风范和风格，一种权利和义务的价值目标、理想和追求，一种权利和义务的心理和行为模式。一句话，即权利和义务的价值体系模式。

权利和义务价值一旦定型为一种体系模式，它的价值功能便会不断地得到强化以实现现实化、社会化。现实生活中的人们总要自觉不自觉地受当地占统治和主导地位的权利和（或）义务价值体系模式的影响。个人的价值思维和价值选择的方向性，迟早要与在社会上占支配地位的权利和（或）义务价值的特定的兴趣、志向、偏好和倾向性趋于一致。结果，一定社会条件下的个人和群体在主观倾向上表现了共同的权利和（或）义务价值偏爱，形成全社会一体的权利和（或）义务价值意识模式。

权利和（或）义务价值意识模式具有权利和（或）义务价值心理定式和价值意识定向作用。它不仅仅是消极被动地接受权利和（或）义务价值体系模式的影响与作用，而且具有能动性的作用。一个国家、一个社会一旦形成一种稳固的权利和（或）义务价值意识模式，就会成为人们的权利和义务的价值指南与权利和义务的价值的参考系统，指导人们进行权利和义务的价值思维、选择和价值理想的追求，并指导人们按照既定的价值目标和方向进行权利和（或）义务价值体系的发展和再创造，把权利和（或）义务价值体系模式不断推向新的台阶。权利和（或）义务价值体系模式和价值意识模式就在这样的交互影响和作用下协调发展，共同促进权利和（或）义务价值的实现，满足人们对权利和（或）义务价值的追求。一个国家、一个社会的权利和（或）义务层积累、沉淀得越持久、越厚重，其结构体系越严密、越稳固，也就越能起到模式风范和定向作用，从而就使人的权利和（或）义务的价值意识取向越具有规定性和方向性。反之也是如此，权利和（或）义务的价值意识的取向越稳固、越确定，就越能起到模式的风范和定向作用，也就越有利于权利和（或）义务价值体系模式的积累和完善。

权利和（或）义务价值意识模式已经越出了纯粹个体的权利和（或）义务价值意识的范畴，从而具有更一般的、更普遍的社会权利和（或）义务价值意识的意义。这种社会的权利和（或）义务价值意识源于个体，但高于个体的权利和（或）义务的价值意识。一个国家，一个社会总是自觉不自觉地、强迫地或是感化地用社会的权利和（或）义务价值意识影响和制约个体的权利和（或）义务价值意识，各社会成员迟早都要接受和认同这种具有普遍意义的社会权利和（或）义务价值意识，实现个体与群体、社会的权利和（或）义务价值观念顺应。因此，研究社会中的权利和（或）义务价值体系模式和价值意识模式历史发生、演进的规律性及其发展趋势，对于人们树立科学的权利和（或）义务观，并进行正确的权利和（或）义务价值判断和选择，完成个人在法律权利和（或）义务价值中的自我实现和超越，以及建构科学的、理性的社会权利和（或）义务价值体系模式和意识模式，都具有重要的理论和实践意义。

二 权利和（或）义务价值模式的历史建构

无论是权利和（或）义务价值体系模式还是价值意识模式都已超出了个体权利和（或）义务体系和价值意识的范畴，具有一般的、普遍的和抽象的品格。于是便存在着这样一种可能性，即运用人类高度的抽象思维能力把这种"模式"概括和抽象出来并用极其简括的语言把它们表述出来。所幸的是，前人和当代人获得的政治学和法律学研究的丰富成果已为我们打下了这种概括和表述的基础,依据这一基础,笔者把全部人类历史中的权利和(或)义务价值体系的和价值意识的"模式"概括和表述为以下四种类型:一、混沌(前)权利和义务价值体系模式和价值意识模式;二、权利本位的价值体系模式和价值意识模式;三、义务本位的价值体系模式和价值意识模式;四、权利相对论的,即权利和义务并重的价值体系模式和价值意识模式。这四种模式既具有各自独立的特质,又表现了一定的历史相关性和连续性。此外,还存在一些中间形式。

(一) 混沌(前)权利和(或)义务价值模式

人类最初的社会是原始社会,与这个社会相适应的是权利和义务价值体系和权利和义务价值意识的混沌状态,即前权利和义务价值体系和前权利和义务价值意识状态。严格说来,这种状态还不能称为"模式"。按照上述分析,"模式"是人们在经过价值评价和判断后,循着一定的价值目标和方向,有意识地创造和建构起来的。原始人的意识显然还不具有这种价值评价和判断的能力,更谈不上有意识地去创造和建构什么"模式"问题。考虑到这种状态的普遍性以及研究的一贯性,我们姑且把它称为"模式",实际上是指具有"模式"的意义。

著名的人类学家摩尔根把人类的史前史分为三个时期——蒙昧时代、野蛮时代和文明时代。他还根据生活资料生产的进步,把前两个时代中的每一时代分为低级、中级和高级三个阶段。恩格斯肯定并在自己的研究中沿用了这个分期法。[①] 蒙昧时代的低级阶段是人类的童年。在这个阶段,人类还居住在热带的或亚热带的森林中,主要以采集植物的果实、坚果和根茎作为食物,人与自然界的联系还十分薄弱,虽产生分节语言,但没有发音分明的语言。"思想、观念、意识的生产最初是直接与人们的物质活动,与人们的物质交往,与现实生活的语言交织在一起的。"[②] 由于人与自然界、人与人之间的狭隘关系以及语言的不发达限制了人们的眼界,所以"意识起初只是对周围的可感知的环境的一种意识,是对处于开始意识到自身的个人以外的其他人和其他物的狭隘联系的一种意识。同时,它也是对自然界的一种意识,自然界

[①] 参见恩格斯《家庭、私有制和国家的起源》,《马克思恩格斯选集》第4卷,人民出版社1972年版,第17—23页。

[②] 《马克思恩格斯选集》第1卷,人民出版社1972年版,第30页。

起初是作为一种完全异己的、有无限威力的和不可制服的力量与人们对立的……这是对自然界的一种纯粹动物式的意识（自然宗教）"[1]。这种初民的意识虽然是朦胧的、低级的，但在人类的进化史上却有非凡的意义，它最初把人与动物区别开来，把人类对社会的意识同"纯粹畜群的意识"[2] 区别开来。但这种意识毕竟还处于对外界感知的复合阶段，还不可能上升到理性的认识。从蒙昧时期原始人能够制造和使用简单的工具这一点来看，说明他们已经具有初步的价值意识，即意识到打磨、制造简单的劳动工具对他们的生存具有什么样的意义。但这种工具制造并不是出于价值的反思，只是出于一种实用的目的，是为了满足自己及其同类的生存需要。这只是一种萌芽状态的价值意识。考古学研究证明，人类发展到蒙昧时期的中级阶段，也只具有一定的抽象思维能力，且十分低下。人类的抽象思维能力是在蒙昧时期的高级阶段即旧石器中晚期才发展起来的。从这个时期创造的各种物质文化和精神文化上看，人类已经有了初级形式的价值观念，但不是高级的价值抽象思维形式，还不具备价值判断的能力，而是一种非理性的、非价值抽象的心理状态和思维形式。这就是原始人的前价值观念。原始人的权利和义务价值观念是在蒙昧时期的中级阶段产生的，并构成了总体前价值观念的一部分。

人类的前权利和义务价值观念是在前权利和义务价值的基础上产生的，是前权利和义务价值在原始人头脑中的反映。人类的前权利和义务价值是在人类最初的社会组织——氏族中产生和发展起来的。氏族是在人类蒙昧时代中级阶段发生，在高级阶段继续发展起来的社会组织。在氏族组织中，原始人以血缘关系为纽带结合在一个社会组织内，共同劳动、生活、抵御外侵和侵略其他氏族。为了使氏族成为能协调共同行动的组织，就需要通过一定的规则来调整氏族成员之间的关系。这些关系由于得到大家的共同遵守，逐渐积累、沉淀、凝结、聚合为原始社会的习俗。氏族内的一切争端和纠纷以及其他公共事务，在大多数情况下，都是由历来的习俗调整的。根据摩尔根对北美印第安人易洛魁氏族的观察和研究，每个氏族内部都盛行以下的习俗：

1. 氏族推选一个酋长（平时的首脑）和一个首领（军事领袖）。所有的氏族成员，无论男女，都参加选举。

2. 氏族可以任意撤换酋长和军事首领。仍由男女共同决定。

3. 氏族的任何成员都不得在氏族内部通婚。

---

[1] 《马克思恩格斯选集》第1卷，人民出版社1972年版，第35页。
[2] 同上。

4. 死者的财产转归其余的同氏族人所有，它必须留在氏族中。

5. 同氏族人必须相互援助、保护，特别是在受到外族人伤害时，要帮助报仇。

6. 氏族有一定的名称或一套名称。

7. 氏族可以收养外人入族，并用这个办法吸收他们为整个部落的成员。

8. 宗教仪式都是和氏族联系在一起的。

9. 氏族有共同的墓地。

10. 氏族有议事会，它是氏族的一切成年男女享有平等表决权的民主集会。

以上各项习俗都直接、间接地同氏族成员的权利和义务相关联。就是说，作为社会规范的习俗是通过氏族成员共同遵守和执行他们的权利和义务而实现其功能和作用的，如同现今的法律是通过社会成员共同遵守和执行他们权利和义务而实现其功能和作用一样。从今人的观点来看，原始氏族中的易洛魁人至少有以下的权利和义务，这就是有选举和撤换酋长和军事首领的权利；继承财产的权利；收养外人入族的权利；在氏族议事会中有平等表决的权利。有不得在氏族内部通婚的义务；同氏族人相互援助、保护和实行血族复仇的义务。尽管易洛魁人还不可能意识到他们的行为具有权利和义务的意义，但是他们的行为实际上具有权利和义务的意义。在巨大的氏族习俗力量的驱动下，他们自然地而不是被迫地按照习俗的要求从事某些行为或不从事某些行为，从而使氏族社会在极其艰难的环境中生存和发展起来。这就是原始人权利和义务的根本意义和价值。值得注意的是，摩尔根对印第安人行为的权利和义务给予了充分的肯定，他指出："它的全体成员都是自由人，都有相互保卫自由的义务；在个人的权利方面平等，不论酋长或军事首领都不要求任何特权；它们是由血族关系结合起来的同胞。自由、平等、博爱，虽然从来没有表述为公式，却是氏族的根本原则，而氏族又是整个社会制度的单位，是有组织的印第安人社会的基础。"① 恩格斯在《家庭、私有制和国家的起源》一文中，也曾多次肯定和分析易洛魁氏族风俗中的权利和义务的意义和价值。② 恩格斯还在该书中具体分析了希腊人和罗马人氏族的特征。他的研究表明，原始希腊人和罗马人也有与印第安人大体相同的权利和义务。他还指出："氏族，直到野蛮人进入文明时代为止，甚至再往后一点（就现有资料而言），

---

① 转引自《马克思恩格斯选集》第4卷，人民出版社1972年版，第84页。
② 参见《马克思恩格斯选集》第4卷，人民出版社1972年版，第24、36、37、40、46页。

是一切野蛮人所共有的制度。"① 这表明，人类原始社会的习俗及其蕴含的权利和义务具有普遍的意义，尽管它们的内容和形式可能有很大的差异。

从以上分析可以看出，人类初民还在其童年时代就具有权利和义务意义的社会行为了，就是说，他们的社会行为已经具有权利和义务的价值。但是，原始人并没有意识到他们行为的权利和义务意义、价值，更谈不上有意识地利用自己的权利和义务去实现某种有价值的目的，他们甚至还分不清什么是权利、什么是义务。生存环境对他们是严酷的，为了生存，他们必须每日去劳作、去追逐、去厮杀，一切矛盾和冲突都要按照历来习俗的要求去解决。他们从不想甚至无暇去想一想他们行为的意义，只是机械地顺从习俗的要求和约束。世界对他们来说是马马虎虎的，他们就是站在这个马马虎虎的背景下进行生产和社会的实践。他们行为的直接动机便是自身及其他氏族成员的自然生理需要，即维持自身及其他氏族成员的生命及延续。果腹及获得其他一些必要的生存条件，便成为他们行为最直接的功利考虑了。至于对自己权利和义务的价值，他们是根本不加考虑的。正如恩格斯所指出的："在氏族制度内部，权利和义务之间并没有任何差别；参加公共事务，实行血族复仇或为此接受赎罪，究竟是权利还是义务这种问题，对印第安人来说是不存在的；在印第安人看来，这种问题正如吃饭、睡觉、打猎究竟是权利还是义务的问题一样荒谬。"② "……在野蛮人中间，像我们已经看到的那样，不大能够区别权利和义务。"③ 这说明，原始氏族社会还没有形成明确的权利和义务结构与权利和义务价值体系，无论是权利还是义务，都是自然地熔铸在氏族社会的习俗中的。正如恩格斯所指出的："……在社会发展的这一阶段上，还谈不到法律意义上的权利。"④ 因此，原始人也就根本不能获得明确的权利和义务价值意识，他们的关于权利和义务价值的意识还处于不自觉的、模糊的状态。总之，无论是原始人的权利和义务价值体系还是权利和义务价值意识都处于一种朦胧的、混沌的状态，对此我们可以称之为混沌权利和义务价值体系和混沌权利和义务价值意识，即人类前权利和义务价值体系和前权利和义务价值意识，因为他们在人类原始社会是普遍存在的，因此我们认为它们具有"模式"的意义。这是人类社会第一个或者说是童年的权利和义务价值体系与

---

① 参见《马克思恩格斯选集》第4卷，人民出版社1972年版，第80页。
② 《马克思恩格斯选集》第4卷，人民出版社1972年版，第155页。
③ 同上书，第174页。
④ 同上书，第37页。

权利和义务价值意识"模式"。它们本身是低级的,但它们对整个人类社会的权利和义务价值体系与权利和义务价值观念的发展和沿革却具有重要的基础意义,人类的其他权利和(或)义务价值体系与权利和(或)义务价值意识的模式就是在这一基础上发展和建构起来的。

(二) 权利本位价值模式的历史建构及衰落

从世界范围来看,古代的欧洲及近代的欧美都对权利的价值表现出特别的偏好。这种偏好,在权利的价值体系及价值意识的选择和建构上都有明显的表现倾向。这种偏好和倾向经过长期的积聚、沉淀、整合逐渐定型为一种模式。对这种模式,理论界通常称之为权利本位。

这里的古代欧洲主要指古希腊和古罗马两大奴隶社会的时代。古希腊并没有发展出明确的权利观念。柏拉图、亚里士多德等先贤从来不讨论权利问题。只关注法律正义的论述。不过,一批自称"智慧的教师"、史称诡辩学派的学者最早创立了自然法理论,他们认为国家和法是个人意志表示的直接结果,是人们相互间自觉缔结的契约的产物。国家和法律是人类自己设立的,其任务是保障公共安全以及满足公民的私人利益与保障他们的权利。早期的诡辩学派的领袖之一普洛塔高勒(Protagoras)还把人的价值提到很高的地位,宣称作为个体的人是衡量一切事物的尺度。不过,当时的法律制度处在初创阶段,权利观念也刚露端倪,还不具备建构权利本位价值模式的历史条件。

权利本位价值模式的初创是罗马法和罗马法学家的杰作。罗马法是古罗马整整一个历史时代法律体系的总称,经过长达十多个世纪的演变,最后定型。罗马法的根本特点就在于它创立了一个权利规范的体系,设定了自由民的各项权利,并对这些权利规定了调整和保护机制。正如恩格斯指出的:"其实是罗马人最先制定了私有财产的权利、抽象权利、私人权利、抽象人格的权利。"[①] 罗马人的权利价值偏好,主要就是从这些法律特点上体现出来的。

罗马法的产生和发展是与罗马法学家的思想和活动分不开的。罗马法中显见的权利价值偏好,部分地是罗马法学家们竭力主张、宣扬和倡导的结果,是他们权利价值偏好的法律表现形式。

最终完成并逐步完备起来的权利本位的价值模式建构的,是近代欧美各先进国家。资本主义的生产关系为权利本位的价值模式的建构打下了必要的社会经济基础(这在下面还要分析),而促成近代欧美建构权利本位价值模式

---

① 《马克思恩格斯全集》第1卷,人民出版社1956年版,第382页。

的决定性因素之一,便是古典自然法思想。①

古典自然法的产生,从根本上说来就是日渐发达起来的资本主义生产关系在法律思想上的必然反映。它是欧洲中世纪一系列深刻的社会变革、思想解放、民族国家的兴起乃至科学进步的产物。在社会方面,一种新兴的社会势力——资本主义在封建主义的壁垒中产生并逐渐发展起来,新兴的资产阶级代表新的生产力和社会发展方向开始登上社会的舞台,为了摆脱封建主义的压迫和束缚,自由发展资本主义,他们发动了对封建主义及其制度的斗争。在经济领域,他们强烈反对和攻击封闭的、落后的封建经济制度及其伴生的农奴制和行会制,在政治领域反对封建特权和专制。在这一斗争中,世俗的、个人主义的和自由主义的力量和思潮得到了显著的发展,这就是自然法学派产生的社会基础。

在意识形态领域,当时已兴起了一场影响深远的思想解放运动。随着宗教改革以及随之而来的基督教世界的分裂,产生了对上帝的旨意以及私人道德新的观念和多种可供选择的价值标准。其间从14—16世纪持续进行的长达三个世纪的文艺复兴运动,它的主导思想就是资产阶级人文主义。针对中世纪神学以神为中心贬低人的地位和价值等观念,人文主义者提出尊重"人性"、"人的尊严"、人的"自由意志"等主张,反映了新兴资产阶级要求获得"个性解放"的愿望。这是人类历史上一次重大的思想解放运动,为自然法学派的诞生奠定了思想基础。

随着大批民族国家的兴起,新的社会阶级结构、新的国家间的关系也需要适应一些新的原则予以调适。这种理论需要也促成了古典自然法思想的发展。

自然科学的飞速发展及取得的一系列重大成果所促成的自由探讨的学风,也引导人们对社会和法律、道德等社会现象重新进行审视和评价,自然法学就是这种重新评价的产物。古典自然法学派在权利方面实现并最终完成了权利本位价值观的历史性转变。以往的权利观,即奴隶主和封建主的权利观是以贬低人的地位、价值,蔑视人的尊严、自由意志为客观基础的。他们的思想家及其各种理论着力强调的是人的社会性,即人应按照理性的支配,去尽他们身份和地位决定的他们应当尽的社会责任,而不是寻求个人的权利和享受。中世纪庞大的神学体系和经院主义哲学体系就殚精竭虑地教导人们去顺

---

① 笔者根据自然法产生的时期不同,将其分为三类。古代的称为"原始自然法",近代的称为"古典自然法",现代的称为"现代自然法"。

从上帝，做上帝——实际上是教俗封建主统治者的奴仆，以此来维护封建主的统治秩序。而古典法学派的功绩恰恰就在于把这样的观念彻底地颠倒过来了，他们着力强调的是这样一个原则，即人的"自然权利"、个别志向和幸福的观念应当占据主导的、支配的地位。人的社会性应当让位于人的主体性。这种人的主体性、个人的志向和幸福及权利的主张和要求不可避免地把人引向自由主义倾向。古典自然法学派诸子在完成和实现这种权利价值观革命性变革的过程中都作出了自己的贡献。格劳秀斯把权利提到很高的地位，以致把权利和国家的目的性联系起来，认为国家就是一群自由人为享受权利和他们的共同利益而结合起来的完全的联合。霍布斯主张每个人都有权做任何事，获得利益是合法与否的唯一尺度。斯宾诺莎认为每个个体都有最高的权利可以为所欲为，每个人应竭力保护其自身，不顾一切，只有自己，这就是自然的最高法律和权利。洛克和孟德斯鸠则致力于寻找出某种政治法律机制以确保人的"自然权利"免受政治法律权力的损害。"有限政府"及"权力分设与制衡"就是其中最重要的机理。卢梭坚信存在着个人的"自然权利"，尽管他同时强调集体"公意"的至高无上性。

如果说自然法学家历史地发挥了确立和弘扬人的自然权利的主力军作用，并最终把这面旗帜插上了权利价值崇尚的顶峰，那么，同期的或后期的其他哲学和法学流派的学者们也为把这面旗帜牢固地固定在权利价值崇尚的顶峰上或多或少地作出了自己的贡献。尽管他们信奉极不相同的法律和道德哲学。例如德国的先验主义哲学家康德把"自由"这一概念作为其道德和法律哲学的核心，把法律自由视为人根据人性而具有的唯一原始的、固有的权利，认为每个人都是独立的，是他自己的主人。英国哲学家和社会学家斯宾塞主要的法律思想是人的"平等、自由"，一方面每个人都有为所欲为的自由，另一方面也不要侵犯他人的平等、自由。

从14世纪的文艺复兴运动开始，到19世纪末20世纪初资本主义自由发展阶段结束，这长达几个世纪的漫长历史中，主要由几代自然法学家及其他学派的法学家、思想家的共同努力，终于在西方建筑起了一幢宏伟的自然权利哲学大厦，成为在社会上占主导地位的法律价值意识模式。它的确立，必然对资本主义的法律制度乃至整个资本主义制度产生重大而深远的影响。

权利本位的价值模式是在"自然权利"的思想法典化，即建立权利本位的价值体系模式之后才最终建构完成的。

最早体现权利价值崇尚的法律性文件是《美国独立宣言》，该《宣言》一开头便申明美国民族的独立与平等的地位是由"自然法则"和"自然神明"所规定给予他们的,并郑重宣布:"我们认为这些真理是不言而喻的;人人生而平等,他们都从他们的'造物主'那边被赋予了某些不可转让的权利,其中包括生命权、自由权和追求幸福的权利。为了保障这些权利,所以才在人们中间成立政府。"该《宣言》以如此明白、确定的言辞申明人的自然权利的存在并把这种权利的保障与国家的目的性联系起来,足以表明它对人的权利价值的崇尚。毫无疑问,这是建构以权利为本位的权利价值体系的重要开端,并直接影响了美国宪法的权利价值体系。

1787年颁布的美国宪法,完全是按照自然法学派的思想,特别是洛克和孟德斯鸠的政治设计起草和通过的。该宪法浸润着权利价值的崇尚态度,使它成为一部建构以权利为本位的价值体系的重要法律文件。它的权利本位的价值体系主要体现在两个方面:一是规定了一套完整的权利体系,而缺乏相应的义务体系,对权利保护有加,而对义务则置之度外。这种反差绝不是制宪者们的无知或疏忽,恰恰相反,这正是他们刻意追求和精心设计的,是他们自然权利崇尚的价值观在宪法文件上的必然反映。二是以相对严格的禁止性规范而不是一般性的授权规范来规定公民的权利。如规定:"人身保护令状的特权不得停止之";"公权剥夺令或追溯既往的法律不得通过之";"无论何州,不得行使下列权力:……通过公权剥夺令,追溯既往的法律或损害契约义务的法律",等等。所有这些,都淋漓尽致地体现了制宪者们的权利价值偏好。我们有理由认为,美国宪法是一部体现权利本位主义价值观的宪法。

权利本位主义的价值观也充分体现在法国大革命后制定的一系列重要的法律及法律性的文件中。其中当首推1789年通过的《人权和公民权宣言》,该《宣言》以自然权利学说为指导,庄严宣布人和公民具有"自然的、不可剥夺的和神圣的"权利。人生而平等:任何政治结合的目的都在于保存人的自然的和不可动摇的权利;自由、财产、安全和反抗压迫是最基本的人权,等等。所有这些规定都是基于对自然权利学说的信仰,笃信人权的天然性、不可剥夺性和神圣性,彻底地体现了对权利价值的崇尚和偏好。

法国后来相继制定了十多部宪法,其中大多数都继承和发扬了《人权宣言》的人权原则,为法律体系内的权利本位主义的价值模式的最终确立作出了重大贡献。此外,那个时代最早(1804年)以完备的、统一的成文形式颁布的民法典——《法国民法典》,也以当时盛行的自然法理论为指导思想,刻意对人的实际上是资本占有者的自然权利从民事法律关系方面给予无微不至的关怀和保护。

权利本位主义的价值观在当时的欧美各国都有广泛的影响和传播,随着许多国家法典的制定与实施，终于使权利本位主义的价值体系在西方世界逐步确立起来了。

随着西方资本主义自由发展阶段的结束和垄断阶段的到来，权利本位的价值模式最终完成了它的历史使命，走完了它作为"模式"的漫长的发育、成长、成熟、定型的向上发展的旅程，并开始了被怀疑、抨击、动摇以致衰落的向下倒退的旅程。揭示这一过程及其社会动因，当会对我们关于权利和（或）义务价值的思考有些重要的启迪。

当资本主义还处于上升和自由发展的时期，各种社会危机就频频出现。事实表明，资本主义社会并不像当初资产阶级抱着崇高的社会理想进行反封建专制革命时所期待的那样成为永久的"理想王国"。如何引导资本主义社会走出社会悖论的怪圈？于是资产阶级及其理论代表开始重新审视其社会赖以建立的思想、政治、法律的理论基础。一些传统的观念，包括作为启蒙思想的自然法思想开始受到挑战。各种新的观念、思想相继提出，还开列了一系列的救世药方。其中关系到权利义务观念转变的，是以孔德为代表的法律实证主义思想。法律实证主义是哲学上的实证主义在法律范围和法学领域的反映和表现。主要代表人物是法国的孔德和英国的斯宾塞。孔德把人类社会历史的发展在本质上看作人类精神或知识的发展。他把这个发展过程分为神学、形而上学和科学三个阶段。他认为形而上学阶段所崇尚的自由、平等、人民主权等政治观念，都是一种不确定的原则，除了造成思想和知识上的混乱以外，不能起到任何建设性作用。他自诩发现了人类精神发展的根本规律，创立了以社会团结为中心思想的社会学，认为"团结支配着社会"，表现出了强烈的反对个人主义倾向。在法律关系上，他彻底否认个人权利，不承认人的任何权利，如果说有权利的话，那就是尽义务的权利，人们生来要尽义务而且一生都要尽义务，一切个人权利都应该被消灭掉。"任何人除了始终有权尽自己的义务以外，没有任何权利。"[①] 正是从他开始，揭开了19世纪中后期和20世纪初期西方国家对权利本位价值模式的反思和批判的序幕。由孔德开创并发展了的法律实证主义到19世纪末演变为社会学法学的形式。主要代表人物有奥地利的冈普洛维奇、埃利希，德国的科勒、韦伯。他们关于权利和义务及它们价值的观念，在特定历史条件下推动了对传统的自然法的价值哲学进行根本性变革的进程。社会学法学到20世纪初进而发展成为社会连带主义

---

① 转引自〔苏〕K. A. 莫基切夫主编《政治学说史》上册，中国社会科学院法学研究所编译室译，中国社会科学出版社1979年版，第336页。

法学，主要是由法国的狄骥创立的。他认为，不论是何种社会形态，也不论它们之间的差异有多大，都存在这样一种基本的"社会事实"，即"人是生活在社会之中，并且只能生活在社会之中。组成社会的个人只有适合社会存在的规律，才能使社会存在下去"①。这种社会事实就使"人们是在社会中联合，并且始终是联合的"②，并"表现出社会连带或社会相互依赖的一件重大事实"③。同孔德的"社会团结"思想必然导致否定个人权利的结果一样，狄骥的"社会连带"思想也必然导致否定个人权利。他明确表示："我曾说过大革命为我们从罗马时代和盛行烦琐哲学的中世纪带来的个人主义的、主观主义的和形而上学的法律结构，已经不合时宜，今天在个人和集体之间所产生的如此复杂和多种多样的关系，已不可能受旧时范围的约束，必须彻底从法学中排除法的实质、权利主体、主观权利的形而上学的观念，彻底排除这个形而上学的观念是争论不休而毫无结论的根源。我曾补充说，只有这样一种规律才是，并且始终将是不可争辩的，即它必须以社会本身为基础，并为同一集团的人规定某种积极和消极的义务，但这些义务并不涉及人们意志的实质，只是在义务被违反的时候才以它在集团中所发生的反应作为制裁。"④ 为了贯彻其否定人的主观权利、弘扬社会义务的主张，狄骥对基于个人主观权利赖以确立的个人主义学说进行了猛烈的批判。他指出："自然人是孤立的，生来就有自由的，与人隔绝的，并且具有这一种自由，这一种独立性所构成的权利，这是一种毫无现实性的抽象说法。事实上人生来就是集体的一个成员；他总是在社会中生活，而且也只能在社会中生活，讲到权利基础的一切学说，无疑地必须以自然人作为它的基本论点，但自然人不是18世纪哲学家们所说的孤立而自由的人，是按照社会连带关系来理解的个人，我们必须肯定：人们不是生来就有自由和平等的权利的，但他们生来却是集体的一个成员，并且由于这个事实他们有服从维持和发展集体生活的一切义务。"⑤ 他进而指出："人不可能把他自己没有的和他进入社会以前不可能有的权利带进社会中来。他只能在进入社会之后才拥有权利，因为他进入了社会就和其他的人们发生了关系。鲁宾逊在他的孤岛上就因为他是孤独的，所以没有权利，当他与他人接触到一起的时候才取得了权利。如果有权利可言，人只有在他

---

① ［法］狄骥：《宪法论》，钱克新译，商务印书馆1959年版，第52页。
② 同上书，第63页。
③ 同上。
④ 同上书，第7—8页。
⑤ 同上书，第153页。

成为社会的一员以后，并且因为他是社会成员，才有权利。当人尚未参与一种社会的时候，他可以有事实上的权利，但他却没有并且也不可能有权利，因为他缺少了整个权利的基本要素之一，消极的主体。"① 从中不难看出，狄骥对传统的自然权利学说持何等鲜明的否定和批判态度。

从法律实证主义到社会连带法学对自然权利学说所持的权利价值崇尚的价值观进行的持续不断的否定和批判，已在相当广泛的范围和很深的程度上促成了传统权利价值崇尚的衰落进程，引发了从传统的个人本位向团体本位法律价值观的根本性转变。这种转变已在法学术界得到广泛的承认和肯定。

此外，历史法学派也为这场挑战和批判注入了很大的推力。20世纪兴起和发展起来的法律现实主义，特别是斯堪的纳维亚的法律现实主义，以及目前正在美国盛行的法律批判运动，对传统自然权利的观念及其价值都做了较为激烈的挑战和批判。

对传统的权利本位价值模式进行挑战和批判的，不仅来自西方学术理论阵地内部，而且来自我们熟知的马克思主义的批判。马克思主义关于对资产阶级抽象的自由、权利及其实质的批判也从根本上动摇了自然权利学说的根基，促进了权利本位价值模式衰落的进程。如果只从理论的批判立场就得出我们上述的结论，自然是不完全的、不充分的，甚至这结论本身还可能引起争议。但如果我们从法律实体规范方面做进一步考察，会给我们的结论提供更有力的佐证。不能否认，主要体现权利义务价值态度的国家宪法，自20世纪20年代以来，确实存在着基本权利的范围愈趋扩大，具体的权利规定愈趋细密的趋势。但同样不容否认的是，也存在着反向发展的趋势。在许多更新的或新制定的宪法上，都对基本权利的内容和行使规定了诸多必要的限制，甚至对传统上一向被认为是绝对权的财产权也规定了诸如必须促进公益等限制，此外，传统宪法一向不屑一顾的义务规范体系也正式登堂入室，不仅被置于与权利规范体系同等的地位，而且做了许多具体的规定。更值得注意的是，关于权利和义务相互关系的规定也有了重大发展，甚至规定某些规范体系既是权利又是义务，两者不可分离，合二为一。

（三）义务本位价值模式的历史建构

从世界范围看，至少在东西方，义务本位的价值模式比权利本位的价值模式辐射的范围还要广泛，历史也更久远而长久。无论权利本位的价值模式

---

① ［法］狄骥：《宪法论》，钱克新译，商务印书馆1959年版，第155页。

有过何等荣耀的英雄时代，可在我们中国——一个古老的文明大国却从未落地生根。而义务本位的价值模式既在欧洲中世纪，也在我国有着长久的建构历史。

在中世纪的欧洲，封闭的、自给自足的生产关系、上下森严的阶级等级、专制的政治结构是义务本位的价值模式形成的根本的社会原因。而强大的渗透中世纪欧洲一切领域的基督教势力、教义、神学思想及教会法长期的导向和影响，则是义务本位的价值模式形成的另一个重大的社会和观念因素。这些因素不仅直接影响和促进了义务本位的价值模式的建构，而且使其走向了片面化、绝对化的绝境，泯灭和扼杀了义务本位价值模式本来的理性和社会性意义。它通过绝对地崇尚神性、贬低人性，崇尚天国、贬低世俗，崇尚信仰、贬低现实，崇尚顺从、贬低反抗，崇尚责任、贬低权利，使中世纪人们的头脑僵化、社会呆滞，使整个社会变成毫无生气的社会僵尸，严重地阻碍了社会生产力的发展和社会的进步。新兴的资产阶级之所以在中世纪欧洲封建社会的全盛和走向衰亡时期就相继掀起文艺复兴运动和启蒙运动，并最终在17、18世纪爆发了推翻封建专制统治的资产阶级大革命，从政治法律方面来说，就是对这种义务本位的价值模式实现的对人们思想不可忍受的禁锢的反抗活动，压制愈紧，反抗愈烈。在中世纪欧洲的社会舞台上之所以能导演出像文艺复兴运动和启蒙运动这样宏伟、悲壮的话剧来，并最终树立起资产阶级的人权旗帜，归根结底就是封建专制思想，包括义务本位的价值模式长期对人们思想禁锢和压制的结果。

如果说中世纪欧洲的义务本位的价值模式由于带有浓厚的宗教色彩而多少具有神秘性、偶然性，那么，我国的义务本位的价值模式由于建立在世俗的基础上而具有典型的社会意义了。这是我国古代义务本位价值模式建构区别于中世纪欧洲的最大之点，也是它的根本特点之一。

我国古代义务本位的价值模式的建构一以贯之，从未间断，横亘奴隶社会和封建社会两个时代。在奴隶社会生产关系和阶级结构的基础上，通过宗法等级制度和思想、神权政治思想、礼治和德教、"天人合一"的自然观等因素的综合作用，建构了我国奴隶社会时代的义务本位的价值模式。宗法制度在夏商已具雏形，经过周初的"大封建"而逐步完备起来。在全国形成以血缘关系为纽带的金字塔式的贵族等级结构，国王高居这个金字塔的顶端，以下依次是诸侯、卿、大夫、士等。在每一个家庭内，也以长幼、男女的序列分为父子、兄弟、夫妇等严格的等级制度。

我国宗法制度是以汉族为主体的中华民族在以土地和农耕为民生本位、

以先祖为类本位和以血缘家庭为群体本位的基础上形成的。既经定型，势必对法律关系的价值取向产生巨大的影响。宗法等级制度是暗中以下述原则为前提和出发点的，即承认人们在血缘关系上的自然差别，并使这种差别固定化和制度化。它在家庭、家族内的父子、兄弟之间，以及推及国家和社会范围内的君臣、尊卑、上下之间设定差别和界限，并不可逾越。它对不同身份的人设定不同的权利和义务，并使这些权利和义务片面化，即不相对应。权利人所享受的权利并不是以自己履行相应的义务为前提条件，而是以义务人履行义务的状况为转移，义务人履行的义务越多、越充分，权利人所享受的权利也就越多、越充分。在这种宗法制度下，各级奴隶主贵族为了加强对广大奴隶和平民的控制，确保自己世代相袭的经济上、政治上的利益和特权，就不断地强调和重视幼对长、卑对尊、下对上的效忠和服从。义务本位的价值取向就在这种重视和强调中得到加强。

宗法思想在培育和促进义务本位的价值取向方面尤其发挥了重要作用，其主要内容是"亲亲"和"尊尊"。所谓"亲亲"，就是家族内各成员之间要相互亲爱。但这种爱既不同于后来资产阶级在平等基础之上的相互之爱，也不同于基督教所倡导的爱一切人的"爱"。这种亲爱对不同身份和地位的家庭成员有不同的内容和要求，这就是"父慈、子孝、兄友、弟恭"。所谓"尊尊"，是就人们的社会关系而言的，要求臣民尊敬君主、下级奴隶主尊敬上级奴隶主、平民尊敬贵族、奴婢尊敬主人。"尊尊"原则是"亲亲"原则在社会和国家范围内的延伸和适用，也是奴隶主阶级倡导和推行的调整社会上人际关系的行为准则和道德规范，目的是想通过强调臣民和奴隶等的单向的尊敬和顺从义务，使社会保持稳定与和谐。无论是"亲亲"，还是"尊尊"，都是单向地强调和重视义务。其结果，必然会引导人们的价值观念向着义务本位的方向转化。

奴隶主阶级提出和发展的神权政治思想，目的在于利用虚无缥缈、神秘莫测的"天命"欺骗、愚弄、威吓广大奴隶和平民，使他们慑服"天帝"的神威，从而俯首帖耳地听从"天帝"的子孙，即世俗奴隶主贵族统治者以上天的名义"恭行"的"天命"和"天罚"。这种带有神秘色彩的愚民政策，对于民智初开甚至未开的古代奴隶和平民来说，能够发挥有效的欺骗和愚弄作用。通过长期的欺骗宣传和以强力为后盾的贯彻执行，遂在民众中逐渐培养起听天由命、逆来顺受的奴性和驯服、忍让的心态，这种情形和心态很自然地构成了义务本位价值模式的心理基础。

礼治和德教是建构义务本位价值模式的重要因素。"礼"泛指一切典章制度和行为规范,包括政治、经济、军事、司法、职官、宗教、教育、婚姻家庭、伦理道德、风俗习惯等各个方面,是奴隶主统治者定社稷安江山须臾不可不用的法宝。"礼"作为奴隶社会最基本的社会规范和行为准则,就其实质来说,不是法律意义上的社会规范和行为准则,而是道德意义上的社会规范和行为准则。它所浸润的精神不是法律意义上的,而是道德意义上的应当做什么和不应当做什么。我国的奴隶社会不是建立在自然法和神学的基础上,而是建立在"亲亲"、"尊尊"的伦理道德的思想基础之上的。道德精神滋养了整个社会的肌体。道德规范极其广泛,差不多涵盖了社会生活的方方面面。要贯彻"礼",除了强制执行的一面以外,还要贯彻德教。奴隶主统治者在社会上大力提倡和鼓励良善的道德培养,教导人们通过树立良好的品格而端正自己的行为举止,即随时注意和保住自己的面子,要抑制自己的欲望,变得无知无求,实现自我忘却,个人与家庭和社会相比,前者是末位的,后者是本位的,一个人不仅要诚心地"亲亲"、"尊尊",而且要自觉地阻碍和压制与"礼"的要求不一致的行为,从而维护社会的秩序与和谐。因此,实行礼治和德教的结果,势必把人们的价值观念引向义务价值崇尚的方面,最终在奴隶社会建构起义务本位的价值模式。

古代"天人合一"的宇宙观在义务本位价值模式的建构中也发挥了一定的作用。在我国古代,以土地和农耕为本位的生产方式决定了人们对自然,即"天"的极大关注和依赖,并因此产生了对天的尊崇、敬畏,渴求认识、顺应等错综复杂的感情。人格神和自然神的观念同时产生和并存的现象,就是这种错综复杂感情的反映。可见,我国古代虽有尊天为神的事实,但并没有发展到超自然的、独立的神的体系或界域的地步。无论是人格神还是自然神,都没有与自然脱离联系,都是自然界在人们头脑中的反映,尽管是虚幻的反映。与西方古代欧洲相反,即使从人格神的立场上看,也不认为整个人类乃至万物都是由天帝创造的,所谓"有绒方将,帝立子生商"[1]、"天命玄鸟,降而生商"[2]之类的说教,至多表明"天"创造了人间君主,而不是创造整个人类及世间万物。天帝始终作为一个至高无上的神存在,而不是造物主。至于从自然神的观点来看,不仅不认为人是天帝创造的,相反认为人是自然界生成的,"有天地然后有万物,有万物然后有男女,有男女然后有夫

---

[1] 《诗经·商颂·长发》。
[2] 《诗经·商颂·玄鸟》。

妇，有夫妇然后有父子"①。人既生于自然，立于自然，就要顺应自然。如果说我国古代人格神的观念就在一定的程度上表明了"天人合一"的思想，那么，自然神的观念更是明确地表明了这种"天人合一"的思想。这是与西方的"天人相分"或"神人合一"完全对立的自然观体系。"天人合一"的宇宙观在建构义务本位价值模式中起了重要的导向作用。人既然生之于自然，又在自然界中安身立命，就必须协调好与自然界的关系。而这种协调行为又不可能要求自然界即天来主动作出。因为无论是代表天的至高无上的精神存在的人格神，还是自我守常的自然神都不可能体恤和满足人类的欲望和要求，后世儒家宣扬的"民之所欲，天必从之"②，"天视我民所视，天听我民所听"③，"天地之生万物也，以养人"④，等等，只不过表述了人类一厢情愿的愿望罢了。我们的祖先对天的博大和威力是有清醒认识的，他们希望天能赐福，广施博济，但又不抱不切实际的奢望和幻想。要想与天保持和谐的关系，只能从人类自己的方面作出努力，甚至要作出必要的牺牲。人类不仅要敬天、尊天、服天命，还要顺应天，法天地、法四时，"与天地合其德，与日月合其明，与四时合其序"⑤。这样才能做到与自然界保持和谐关系。可见，"天人合一"的思想自然而然地把人们的思想导向顺应、服从、甘愿作出自我牺牲的价值崇尚的方向。当这种价值观用于观察和处理社会关系时，就又引导人们以社会群体为本位考虑和处理人与社会群体的关系，牺牲个人，利益群体，使个人顺应和服从群体的愿望和要求。很显然，这样做的结果必然导致义务本位的价值倾向。总之，上述各种因素综合作用的结果，最终使义务的观念深入社会成员思想意识的底层，成为全社会共同的价值偏好和价值选择目标。于是，义务本位的价值模式最终在我国奴隶社会中建构起来了。义务本位的价值模式在我国封建社会又得到了进一步的强化。这种强化，主要是由在整个封建社会占主导和支配地位的儒家思想促成的。

　　儒家思想是一个庞大的理论体系，渗透到政治法律、伦理道德、人生观、自然观、认识论等各个领域。特别是在儒法合流、儒家思想法典化、引礼入法、以经释法、引经断狱之后，儒家思想更是深刻地影响和渗透到我国古代法律制度及法律思想。使义务本位价值模式得到强化的，主要是由于儒家的

---

① 《周易·序卦》。
② 《左传》三十一年。
③ 《孟子·万章上》。
④ 《春秋繁露·服制象》。
⑤ 《周易·乾卦·文言》。

正名、仁本、忠恕的思想及重德礼教化的功用。"正名"是儒家关于社会的总体政治构想和设计。其基本内容和目标就是要实现"君君、臣臣、父父、子子"。① 其意是君臣父子等所有人员各依在社会和家庭中的名位尽其所应尽之事，享其所应享之物或利益，各守名分和礼仪，行不逾距。这便是儒家心目中的理想社会。贵贱、尊卑、长幼、亲疏、智愚、贤不肖、能不能无别的社会，是儒家不可思议的甚至是深恶痛绝的社会。儒家认为，世上的万物本来就不是整齐划一的，"物之不齐，物之情也"②。并认为"斩而齐，枉而顺，不同而一"，才是合理的秩序。此种哲学观推及社会，就是要首先承认贵贱、尊卑等分野，然后确定他们之间的关系，并用道德、礼仪等观念上和制度上的规范把这种关系固定下来。无贵无贱、无尊无卑，社会地位平等，生活方式相同，维齐非齐，强不齐为齐，反而有悖于事物的本来面貌和规律，既破坏了社会的和谐，又违反了社会应有的秩序。按照这个政治设计，个人被看作社会有机体的一个成员，处于一定的位置。但儒家并不把个人作为优先考虑的对象，优先考虑的是社会的整体利益。个人虽可享受某种权利或特权，但不是个人主张的结果，也不是对个人对权利要求或主张的一种法治意义上的认可或确认。我国古代虽有"权利"一词，但不是独立的法律概念。我国古代实际上就根本没有个人"权利"的概念。今天研究古代法借用"权利"概念，在古代实际上是指一种道德要求，是社会责任或义务的一种曲折的反映。地位高的人所享受的"权利"实质上就是地位低贱的人所履行的义务。只要臣属对君主表现出忠诚，子女对父母表现出孝敬，这就是安分，亦即对君主或父母的义务的完成。只要做到这一点，儒家的社会政治设计，即其心目中的理想社会就已实现，所以无必要也不可能再发展或强调个人的权利观念或主张了。可见，通过儒家"正名"这种社会政治设计，在不断受到强化的社会上的、伦理道德上的、法律上的责任或义务观念的浸染、熏陶以及礼、法等实体社会规范的约束及磨炼中，义务本位的价值模式便自然而然地、顺理成章地建构起来了。

仁本思想在义务价值模式的建构和强化过程中也发挥了重大作用。"仁"有很多含义，其中重要的是"爱人"③。但这种爱人的观念既不同于我国古代墨家的兼爱以及杨朱的为我不为他的偏爱，也不同于西方基督教的爱一切人

---

① 《论语·颜渊》。
② 《荀子·荣辱篇》。
③ 《论语·子路》。

的兼爱、资产阶级的博爱，以及基于个人本位的自私自利的爱。它是一种情感与实践的密切结合，始于主观上爱人的情感，终于客观上爱人的实践，实践既包括个人道德修养的实践，又包括社会及政治生活的实践，这就是：仁者先培养其主观上之仁心，然后根据其能力由近及远地身体力行，始于在家之孝悌，终于博施济众，天下归仁。《大学》开宗明义写道："大学之道，在明明德，在亲民，在止于至善。"这里指的就是自明其明德，然后推己及人，最后达到尽善尽美，即仁的理想境界。仁，即爱人，本身就包含和体现了利他主义的精神和价值。饶有兴味的是，古人在创造文字时，就在仁字的字形上注入了上述的意蕴。《说文解字》说："仁，亲也，从人从二。"亲近、顺从他人以致多人，就是爱人，爱人就意味着不能光顾自己，而必须考虑和照顾他人的愿望和利益。可见，这是从利他主义的立场出发来考虑和处理人与人之间的关系和利益，当社会通过这样的伦理道德、政治法律的观念和行为规范去教导、约束社会成员的思想和行为时，便会自然而然地在社会上建构或强化个人义务本位的价值模式，而不是权利本位的价值模式。

忠、恕是儒家高度重视和极力倡导的道德原则和标准。在义务本位价值模式的强化中发挥了重要的影响作用。从字面看，中心为忠，如心为恕，准确地反映了这两个字的基本含义。忠是竭诚尽己以与人，恕是推己之心以度他人之心，即"己所不欲，勿施于人"。儒家经典说："忠恕违道不远，施诸己而不愿，亦勿施于人。"① 一个人如能为他人竭尽自己的职责和能力，又能将心比心，设身处地为他人着想，这在儒家看来，就是具有完善的人格和高尚的道德。儒家是特别看重忠恕在修身、培养道德中的地位和作用的。曾参对孔子的学说做了如下精辟概述："夫子之道，忠恕而已矣。"② 不难看出，忠、恕在本质上也是一种利他主义的价值倾向。我国封建社会义务本位价值模式的强化，部分地得助于忠、恕等社会伦理道德观念的弘扬和实践。

儒家的重德礼教化的作用在巩固和强化义务本位价值模式方面也发挥了重要影响和作用。儒家心目中的理想社会，不仅在于让人享有充裕、华美的衣食，而更注重人们品性和德行的修养，从而达到天下止善归仁的崇高境界。作为封建社会规范的德、礼，其道德意义实质上就是道德义务感或责任感。这种义务感或责任感既可以表现为一个人的道德本性，即所谓仁心、忠、孝等品性的修养和释放，这是道德的内在价值；同时，还可以表现为维护社会

---

① 《中庸》。
② 《论语·里仁》。

的统一、秩序与和谐的社会和政治工具价值，即所谓仁行、仁政、仁民、止善归仁等仁的实践，这是道德的外在价值。儒家的道德学说，把这两种价值体系有机地结合在一起，并发挥得淋漓尽致。儒家确认一个人通过修身正己便能够培养良善的品格，从而端正其举止。这其中就暗含着通过某人自己的品格修养来约束其行为的意蕴。但儒家的学说并不只是修身养性的工具，它还坚持"亲民"或"仁民"，即以己推人，使天下之人率相同化，从而实现天下归仁、止于至善的社会理想。可见，儒家的道德观的中心观念是自我忘却，被称为他律的道德观。这既不同于近代西方以个人为本位的自律道德观，又不同于中世纪欧洲神学的道德义务观。儒家的只允许为他人、为社会而不能为自己的道德要求，必然把人们的价值观念引向义务本位的偏好和崇尚的方向。

此外，儒家并不都是专事空谈的书生，他们中的许多人利用自己在仕途中的有利地位积极地参与了立法和司法实践，为把法这一社会工具更好地为实现儒家的社会理想服务做了不懈的努力和尝试。不仅把儒家经义成功地融会贯通到法律的体系中去，而且还以司法造法的形式直接把儒家的经义法律化，从而进一步加速了儒法合流的进程，并大大地扩充了法律的体系及运用。无论是引礼入法，还是以经释法、引经断狱，在客观上都成了把儒家经义中的恭服的道德义务原则和价值转变为义务本位价值模式的一种最直接、最便当的形式和途径。其在建构和强化义务本位价值模式中的地位和作用，应当给予充分的评价。

总之，在我国的奴隶社会，由于社会生产关系和阶级结构、宗法等级制度和思想、神权政治思想、礼治和德教、"天人合一"的自然观等因素的综合作用，自然权利的观念即使不是完全没有，至少也是受到严重抑制，始终得不到发展的机会。相反，上述几种因素则从各个方面培育和滋养了义务的观念，给予其充分发展和弘扬的天地，经过长期的沉淀、聚合，最终使义务的观念深入社会成员思想意识中的底层，成为全社会共同的价值偏好和价值选择目标，于是，以义务为本位的价值模式最终在我国奴隶社会中建构起来了。由于我国后来的封建社会与奴隶社会的天然继承关系，这种义务本位的价值模式不仅没有中断发展进程，而且通过以孔子、孟子为首的儒家把上述奴隶社会的各种思想和观念有系统地整理、编纂和发扬光大而形成理论化的儒家思想，从而使义务本位的价值模式在系统的理论基础上、在新的社会条件下进一步得到确认和强化。这种发展进程又稳定地持续了两千年，直到近代的"五四运动"，其根基才真正受到有力的冲击，但直到新民主主义革命胜利以前，并没有完全中断其发展进程。至今我们仍然不时地感到这种义务本位的价值模式影响的深远。

(四) 权利和（或）义务并重的价值模式的建构

在当代，包括我国在内的社会主义国家在新的社会基础和理论基础之上，建构了一种全新的、尽管还不是明确和完善的权利和义务价值模式，这就是权利和义务并重的或称为权利相对论的价值模式。在第二次世界大战以后，在苏联及东欧国家也曾建构过大抵类似的权利和义务并重的价值模式。

这种价值模式的现代建构主要是马克思主义权利义务观指导的结果。权利和义务价值并重是马克思主义权利和义务观的核心。马克思主义的经典作家及他们的继承人通过对共产主义社会理想的精心设计，通过对社会主义的经济基础和社会阶级结构的周密探讨和观察，通过对以往人类社会一切有价值的权利学说的总结和批判继承，创造性地提出和发展了马克思主义的权利义务观，其核心就是权利和义务价值并重的一致观或相对观。

寻求从封建桎梏的束缚中解放出来，争取平等的权利，一直是资产阶级社会革命的根本目标。这一目标的思想基础，就是尊崇人的权利价值、贬低人的义务价值的古典自然法思想。马克思主义的权利和义务价值并重的观念首先表现在：马克思、恩格斯所规定的工人阶级的社会主义革命的根本目标，不仅在本质上完全不同于资产阶级社会革命的根本目标，而且在对权利和义务价值的评价和选择方面，也与资产阶级的评价和选择存在着一个重大的区别。即这两位导师都把争取平等的权利和义务作为工人阶级社会主义革命的根本目标之一。马克思最早在1871年的《国际工人协会共同章程》中就明确规定："工人阶级的解放斗争不是要争取阶级特权和垄断权，而是要争取平等的权利和义务，并消灭任何阶级统治。"[①] 恩格斯在1891年针对德国社会民主党的《爱尔福特纲领》中的不正确提法，"提议把'为了所有人的平等权利'改为'为了所有人的平等权利和平等义务'等等。平等义务，对我们来说，是对资产阶级的平等权利的一个重要补充，而且使平等权利失去了道地的资产阶级含义"[②]。这里更明确地表述了革命导师对义务价值的看重，把它与权利的价值放在平等的地位上。斯大林在他著名的《关于苏联宪法草案》的演讲中，把"劳动是每个有工作能力的公民按'不劳动者不得食'这一公式履

---

① 《马克思恩格斯选集》第2卷，人民出版社1972年版，第136页。
② 《马克思恩格斯全集》第22卷，人民出版社1965年版，第271页。

行的义务和光荣职责"① 作为苏联宪法草案的主要基础的"社会主义的原则"和"已经争取到和已经实现的社会主义的基本准则"之一，而这些"原则"和"准则"构成苏联新宪法草案的一个特点。从革命导师这些意见不难看出，在马克思主义的权利和义务观中，义务的价值与权利的价值被看做同等的重要。这是马克思主义权利和义务观中的一大特点，这说明革命导师在确立这种观念时，从一开始就找到了正确的出发点。而这一正确出发点的找到，部分地是由于马克思主义经典作家科学地总结、批判地吸收以往法哲学家的艰苦探索，所积累的经验的结果。

权利和义务之间的关系问题，这是任何权利观的核心内容之一，也是区分各种不同权利观的分水岭。马克思主义的权利和义务价值并重的观念，归根结底是由于正确地看待和处理权利和义务之间的关系所体现的。权利和义务是两个并立的、独立的概念，各自具有特定的价值，但是，两者又不能截然分开，存在内在的有机联系。忽视或否认任何一方，都会造成价值关系的倾斜。一切权利价值侧重法哲学或义务价值侧重法哲学恰恰是看不到权利和义务两者之间的内在有机联系，从而走向误区的。马克思主义的权利和义务价值并重的法哲学之所以科学，也恰恰就在于革命导师敏锐地洞察了权利和义务之间这种内在的有机联系，并用极其简括的语言恰当地把这种关系表述出来，还在有关的规范性文件中确认下来。这就是马克思在1871年的《国际工人协会共同章程》中所作的著名论述："没有无义务的权利，也没有无权利的义务。"② 这就恰当地体现了权利和义务之间的内在有机联系，是马克思主义权利和义务价值并重的法哲学观念最科学、最准确的表述。

列宁从社会与自由的关系方面阐述了上述马克思主义的权利义务观。他说："生活在社会中却要离开社会而自由，这是不可能的。"③ 社会作为一个整体，无疑体现和代表着集体的利益，而自由体现和代表着个体的利益。个体利益不可能离开集体利益而存在，个人不能离开社会而自由。

毛泽东忠实地继承并发展了马克思列宁主义，对权利与义务内在的有机关系也有精辟的论述，他在《关于正确处理人民内部矛盾的问题》一文中明确指出："我们的这个社会主义的民主是任何国家所不可能有的最广大的民主。……所谓有公民权，在政治方面，就是说有自由和民主的权利。但是这

---

① 《斯大林选集》下卷，人民出版社1979年版，第400页。
② 《马克思恩格斯选集》第2卷，人民出版社1972年版，第137页。
③ 《列宁全集》第10卷，人民出版社1958年版，第28页。

个自由是有领导的自由,这个民主是集中指导下的民主,不是无政府状态。"这种恰当的、精辟的分析,表明了他所持的权利和义务价值并重的法哲学立场。

邓小平在指导我国新的历史时期社会主义现代化建设的过程中,对权利和义务及其相互关系问题给予特别的关注,还直接针对权利和义务的实质及其相互关系问题做了深刻的论述。在《坚持四项基本原则》一文中,就明确地、直接地阐明了权利和义务之间的关系问题。他指出,在社会主义制度下,个人利益要服从集体利益,局部利益要服从整体利益,暂时利益要服从长远利益。个人利益和集体利益是统一的,局部利益和整体利益是统一的,暂时利益和长远利益是统一的。我们必须按照统筹兼顾的原则来调节各种利益的相互关系。如果相反,违反集体利益而追求个人利益,违反整体利益而追求局部利益,违反长远利益而追求暂时利益,那么,结果势必两头都受损失。他指出:"民主和集中的关系,权利和义务的关系,归根结底,就是以上所说的各种利益的相互关系在政治上和法律上的表现。"[①] 这就明确地指出了权利和义务的实质及其应有的相互关系。

总之,马克思主义的经典作家及他们的继承人通过对权利和义务的本质的深刻把握,通过对社会主义经济基础和上层建筑的精微调查,提出了科学的权利和义务的价值观,其核心是权利和义务价值并重的观念。这一观念不仅为社会主义国家处理权利和义务之间的关系问题提供了根本的指导思想,而且为社会主义法学关于权利和义务问题的研究,打下了重要的法哲学基础。

我国法学在马克思主义法学理论基础的指导及在长期受苏联的法律体系和法学思想的影响下,无论学术界是否明确地意识到,客观上存在着权利和义务价值并重的法哲学评价态度。它的典型表述形式就是"权利和义务的一致性"或"权利和义务不可分离"。下列的一些法学著述或许能支持上述观点。在我国一部较早的宪法讲义中,曾专门论述过"我国公民的权利和义务的一致性"问题。指出:"在我们国家里,人民是国家的主人。人民和国家之间的关系是一种完全新的密切的关系,这种关系具体表现在公民权利和义务的一致性上。国家赋予公民广泛的权利,公民向国家忠实地履行义务,这两方面的结合,就使国家和人民像血肉般地联系在一起。"[②] 这是从人民和国家

[①] 《邓小平文选》,人民出版社1983年版,第162页。
[②] 中央政法干部学校国家法教研室:《中华人民共和国宪法讲义》,法律出版社1957年版,第268页。

密切关系上分析权利和义务的一致性的。该讲义还从个人利益和集体利益的关系上进一步分析这种一致性："公民享受权利和履行义务，具体体现为个人利益和集体利益融合在一起。因此，在实际工作中，必须在不违反集体利益的前提下，充分注意对个人利益的照顾。如果忽视公民权利、强调公民义务，就会忽视公民的个人利益，就不能够充分发挥每一个公民的政治积极性和劳动热情，实际上也会影响到国家的利益；如果片面强调公民权利，忽视公民义务，就会直接妨害国家利益，因而，公民的个人利益也会失去保障，这也是显而易懂的道理。"①

在《法学概论》一书中，作者指出："只有权利没有义务，或只有义务没有权利，都不能形成具体的法律关系。二者互为条件，相互制约，既对立，又统一。"② 这是从法律关系的密切联系方面来分析这种统一性的。该书还从社会主义制度的本质方面进一步分析这种统一："只有在社会主义制度下，由于消灭了剥削阶级和剥削制度，实现了生产资料公有制，在人类历史上又一次出现权利和义务的统一，每个公民都依法享有权利，也依法承担相应的义务，人们在法律上才真正居于平等的地位。"③ 作为高等学校法学试用教材的《宪法学》，从三个方面论述了公民权利和义务的一致性。第一，宪法要求公民享有宪法和法律规定的权利，同时必须履行宪法和法律规定的义务。第二，表现在某些权利和义务的彼此结合上。比如劳动权、受教育权，既是公民的权利，又是公民的义务。第三，我国公民权利和义务的一致性，还表现在权利和义务彼此相互促进上。④

《公民的基本权利和义务》一书，从法理上论述了权利和义务的一致性，指出："任何一个公民，有权利就有义务，行使权利就要履行义务。从法理上说，权利和义务是一对相互对应的法律规范，它们的关系十分密切。"⑤ 该书还以权利和义务相对应的形式论述具体的权利和义务。例如"自由、民主权利和相应的义务"，"公民有劳动的权利和义务"，"公民有受教育的权利和义务"，等等。在另一部名为《权利和义务》的著述中，作者虽然并非十分明确，但隐含着从价值评价的角度论述权利和义务的一致

---

① 中央政法干部学校国家法教研室：《中华人民共和国宪法讲义》，法律出版社1957年版，第269页。
② 刘升平等：《法学概论》，甘肃人民出版社1983年版，第211页。
③ 同上书，第213页。
④ 法学教材编辑部《宪法学》编写组：《宪法学》，群众出版社1933年版，第396—397页。
⑤ 张友渔：《公民的基本权利和义务》，天津人民出版社1987年版，第30—31页。

性。它指出:"我国公民行使权利和履行义务,不仅具有同等重要的意义,而且彼此起着互相促进的作用。"① 在一部法理学著作中,作者还试图从目的论的角度论证权利和义务的一致性。它指出:"在这里,公民享受权利和履行义务,利益是一致的,都贯穿着一个共同的目的:巩固和发展社会主义制度,促进国家的富强,保障人民的幸福。"② 另一部法理学著作则从权利和义务密不可分的工具性价值方面论述它们在建立法律关系中的作用,说法律关系"是通过法律上规定的权利和义务把人们联系起来的关系。由于权利、义务是统一的,一方享受权利,一方就要承担义务,或者双方既享受权利又承担义务,这样就建立了联系"③。

笔者在自己的一部著作中也较明确地表述了这种权利和义务价值并重的法律观念。"在我国社会主义制度下,权利和义务是同等重要的,两者相辅相成,没有无权利的义务,也没有无义务的权利。只有确实实现和保护公民的合法权益,才能激励公民更自觉地履行自己应尽的义务,创造出更多的物质财富和精神财富,从而使国家繁荣,人民幸福。那种只重视教育公民履行法定的义务,而不重视实现和保护公民法定权利的想法和做法,显然是与上述权利义务之间统一的、相互促进的关系相违背的,实际上这是把公民的权利义务关系分离和对立起来的一种表现,这在理论上是站不住脚的,在实践上是有害的。因此应该尽力和尽快克服。"④

以上的引述,只是这类著述中极小的一部分,不过有一定的代表性。著述者们尽管不是非常详尽,特别是没有从价值评价和分析中论述权利和义务的一致性,但在承认这种一致性方面却取得了相当一致的共识,并且还从不同的角度、各个方面做了一些论证,具有一定的说服力。权利和义务并重的价值态度在我国现行法律规范体系中已有初步但较为明显的反映,我们可以说在我国已经和正在建构权利和义务并重的价值模式的雏形。

权利和义务价值并重的评价倾向明确地体现在现行宪法规范体系内。主要有以下几方面:

首先,现行《宪法》在第三十三条明确地规定了公民在法律面前一律平等的原则。平等的原则是社会主义宪制和法制的重要原则,是体现公民权利

---

① 李步云等:《权利和义务》,人民出版社1986年版,第44页。
② 吴大英等:《中国社会主义法律基本理论》,法律出版社1987年版,第296页。
③ 孙国华:《法学基础理论》,天津人民出版社1988年版,第342页。
④ 陈云生:《民主宪政新潮——宪法监督的理论与实践》,人民出版社1988年版,第284页。

和义务一致性关系的一个重要方面。早在 1954 年宪法中就确认了这一原则，在现行宪法中再次作出规定。要实现公民在"法律面前，人人平等"的原则，就必须反对任何形式的特权。所谓特权，就是有些公民享受宪法和法律规定以外的权利，这些特权的享受，会损害国家和集体的利益，以及其他公民的合法权益，因此必须加以反对。为此，现行《宪法》在总纲第五条规定："一切国家机关和武装力量、各政党和各社会团体、各企业事业组织都必须遵守宪法和法律。一切违反宪法和法律的行为，必须予以追究。任何组织或者个人都不得有超越宪法和法律的特权。"

其次，现行《宪法》在公民的基本权利和义务一章的开头还明确地规定："任何公民享有宪法和法律规定的权利，同时必须履行宪法和法律规定的义务。"这一规定表明公民享受权利和履行义务是不能分离的，享受权利必须以履行义务为前提。这就突出地体现了公民权利和义务的一致关系。

再次，现行宪法既规定了我国公民能够享受的广泛的权利和自由，又规定了必不可少的义务。从权利来说，我国公民最大最根本的权利，就是管理国家的权利。《宪法》首先在总纲中明确规定："中华人民共和国的一切权力属于人民。"这是我国的国体，由人民当家做主是国家制度的核心内容和根本准则。为了切实保障人民的这一民主权利，还规定了两种必要的途径，一是通过人民代表大会制度行使权力。《宪法》规定："人民行使国家权力的机关是全国人民代表大会和地方各级人民代表大会。"我国的各级人民代表大会都是由人民直接、间接选举产生的，既有广泛的代表性，又能集中处理国事，是保证人民当家做主的最适宜的政权组织形式。二是通过其他的民主形式实现人民对国家的直接管理。《宪法》规定："人民依照法律规定，通过各种途径和形式，管理国家事务，管理经济和文化事业，管理社会事务。"这一规定表明，我国人民除了通过各级人大行使管理国家的权利外，还有权依照法律规定的其他途径行使这一权利。这是我国社会主义民主的重要表现。此外，宪法还在公民的基本权利和义务一章对公民的个人权利、自由，以及义务做了规定。从第三十四条起至五十条止，分别规定了公民享受的政治、经济、社会和文化等方面广泛的自由和权利。同时规定公民有维护国家统一和全国各民族团结，遵守宪法和法律等各项基本义务。宪法的这些规定表明，我国公民享有广泛的权利和自由，同时也负有多方面的义务。不能只享受权利，不履行义务，当然也不能只履行义务，不享受权利，必须把两者密切地结合起来。《宪法》第五十一条还明确规定："中华人民共和国公民在行使自由和权利的时候，不得损害国家的、社会的、集体的利益和其他公民的合法的自由和权利。"这一规定突出地强调了正确享受和行使自由和权利的必要性。行使自由和权利是为了使自己获得多方面的社会利益和幸福，同时也是为了更好地促进国家的、社会的、集体的利益和其他公民的合法的自由和权利，而不是损害这些利益，这就提出了不得滥用自由和权利的必然要求，这一条的规定，正是体现了这一要求。还有，宪法第四十二条、第四十六条分别规定公民有劳动的权利和义务，有受教育的权利和义务。权利和义务在劳动、受教育这些问题上浑然成为一体，不能再分割。这是现行宪法关于公民权利和义务一致性的最突出的体现，是关于公民权利和义务规定的显著发展。

此外，在我国民事权利的体系中，例如财产所有权以及与财产所有权有关的财产权、债权、知识产权和人身权等权利中，都具有相对性，这在我国《民法通则》以及其他民事法律规范体系中都有相应的规定。

三 当代西方法哲学关于权利和（或）义务价值的多元评价及选择

由于时代的进步和社会情境的变迁，加之人们的价值评价与选择更趋理性化，导致人类原来建构的部分非理性的法律权利和（或）义务的价值模式，不是解体，就是走向衰落。当代在世界范围内正在面临重构或整合适合时代和国情要求的新的权利和（或）义务价值模式的历史任务。正确地把握当代西方法哲学关于权利和义务价值评价与选择的多元性及其发展趋势，对于完成上述历史使命不无裨益。

（一）权利价值的侧重与偏好

在人类历史上，对权利价值的侧重与偏好有着长久的历史，从古希腊时代起，就已见端倪。在古罗马更有了长足的进步，罗马法就是人类历史上出现的第一部权利规范体系法，体现了罗马奴隶主对权利价值的崇尚和偏好。随着欧洲中世纪基督教神学和经院哲学逐渐在社会上占据主导和支配地位，原来由罗马法所体现的奴隶主阶级的权利价值偏好随之被神学和经院哲学所体现的教俗封建主阶级的义务价值偏好所代替。世俗社会变成了神的世界，人性变成了神性。在封建壁垒中逐渐发展壮大的新生资产阶级代表着未来社会的发展方向，为了冲破封建社会对人的思想禁锢和对生产力的束缚，为资本主义的自由发展打开通路，资产阶级的先驱者先后开展了以人文运动、文艺复兴运动、启蒙运动为阶段的思想大解放运动。针对中世纪神学以神为中心，贬低人的地位和价值等观念，人文主义者提出尊重"人性"、"人的尊严"、人的"自由意志"等要求和主张。启蒙学者更是不遗余力地鼓吹人的与生俱来的、不可转让的"自然权利"。资产阶级革命成功以后，就利用自己手中掌握的国家权力，在自然权利哲学的基础上建构了恢宏的法律大厦，把资产阶级对权利价值的特别偏好用法律的形式确立和固定下来。在资本主义自由发展时期，资产阶级终于在人类历史上建构起了完整典型的权利本位的价值模式，包括体系模式和意识模式。

究其本源，自然权利观念是为找回泯灭的人性和长期失落了的人的社会主体性而由资产阶级启蒙学者发明和创造出来的。如果撇开严格的科学基础，只就其社会动因和功用方面来评价，这本是可以被接受的，并没有什么不好。事实上，自然权利学说无论在资产阶级革命的舆论准备和发动过程中，还是在资本主义自由发展时期，都确实起到了非常巨大的社会效用。然而，由于资产阶级对权利价值评价的非理性因素和偏激心理，在对权利的偏好、崇尚积淀、聚合、定型为"权利本位"以后，其体系和意识越来越封闭和模式化。个人权利价值评价和选择的单向性使个体利益与群体、社会利益原本保持平衡的天平向着有利于个体倾斜。一方面把个人的利益、志向和幸福强调到至高无上的程度，另一方面又对群体和社会的利益、志向和幸福给予相当程度的甚至完全的忽视。其结果，不仅造成个体与群体、社会利益的失衡以及相互关系的紊乱，而且扭曲了人性，造成极端个人主义和私利膨胀的腐败现象和各种消极后果。事实表明，权利本位的价值模式内在固有的矛盾性，决定了它从来不是也不应该是人类权利和义务价值选择的理想模式。当然，我们并不也不应该否认权利本身内在的多价值性。

权利本位的价值模式自 19 世纪中叶，遭到来自两方面的严重挑战和批判。一方面是来自马克思主义。马克思主义的创始人通过对资产阶级抽象的自由、权利及其实质的批判，从根本上动摇了权利本位价值模式的根基——自然权利学说。另一方面来自西方法哲学内部。从 19 世纪上半叶孔德开创并发展了的法律实证主义，经 19 世纪末社会学法学，再到 20 世纪初狄骥创立并发展的社会连带法学，对权利本位价值模式开展了持续不断的挑战和批判，甚至完全否定了权利的观念和价值的存在。此外，历史法学派也为这场挑战和批判注入了很大的推力。在这一系列的冲击下，从 19 世纪中期到 20 世纪初期，自然法理论在西方失去了往日的生机和荣光，走向低潮，权利本位的价值模式也不可挽回地衰落下去。然而，进入 20 世纪以后，随着自然法理论在一定范围内得到复兴，对权利价值的侧重和偏好的评价和选择态度也表现得相当积极，在 20 世纪前期，主要表现为新康德自然法；在中期表现为拉斯韦尔的政策学；在最近几十年，则表现为罗尔斯和德沃金所代表的新自然法哲学。

18 世纪康德的道德和法律哲学的核心是所谓"自由意志"。他认为，"自由意志"是唯一的一种属于人人都有的天生的"固有权利"。新康德自然法的主要代表人物是德国的施塔姆勒。同康德一样，他也重视和强调人的"自由意志"。一个人的自由意志，绝不受制于他人的专制权力，社会的每一个成员都应当被看成一种目的，而不应当被当作他人主观专横意志的对象。任何人也不应当只把他人当作实现自己目的的手段。这种对"自由意志"的强调就显示了对自由、权利价值的侧重和偏好态度。意大利的韦基奥极为尊重人的人格和价值，认为人的绝对价值、平等自由以及其他的权利、自由原则都应当在司法制度中得到确认。德国的拉德布鲁赫的法哲学思想，认为个人自由必须得到法律的确认，国家完全否认个人权利的法律是绝对错误的法律。

总之，新康德自然法的基本倾向仍然是个人的自由意志、权利、自由等传统的自然法思想，其基本的价值偏好也仍然是个人的自由和权利。

美国学者拉斯韦尔和麦克杜格尔发展了一种政策法学。这种政策法学代表了一种价值理论。他们认为保护个人的尊严应作为社会政策的最高目标，并主张在世界范围内建立共同体，共同体成员在其中广泛地参与价值的分配和享受。这种以尊重个人尊严为最高价值和社会目标的学说，毫无疑问是权利价值偏好与崇尚的一种表现形式。

罗尔斯的权利价值崇尚和偏好集中体现在他的代表作——《正义论》中。在他试图在现代化外壳下复活社会契约论和康德的先验哲学，并试图取代边沁和密尔的功利主义的努力中，提出了自己关于正义的两个原则："第一个原则：每个人对与其他人所拥有的最广泛的基本自由体系相容的自由体系都应有一种平等的原则。第二个原则：社会的和经济的不平等应这样安排，使它们被合理地期望适合于每一个人的利益；并且依系于地位和职务向所有人开放。"[①] 概括地说，第一个原则就是平等自由的原则，第二个原则是机会的公正平等原则和差别原则的结合。为了调节上述原则之间可能发生的冲突，他又规定了两个"优先"的原则：第一个原则优先于第二个原则；第二个原则

---

① [美]罗尔斯：《正义论》，何怀宏译，中国社会科学出版社 1988 年版，第 56 页。

中的机会公正平等原则优先于差别原则。同康德一样，罗尔斯认为"自由"就是没有拘束。他还试图赋予个人自由和尊严的价值以一种独立的地位，并构成他的理想社会模式的一个基本的正义原则。所有这一切都表明了罗尔斯强烈的个人权利和自由的崇尚和偏好态度。

美国学者德沃金提出的权利论在当代已造成了广泛的影响。他的权利论的核心思想是人人均享有得到"平等关怀和尊重的权利"，这种权利是平等的自由观支配下人人应当享有的权利。德沃金还致力于找出什么是公民应有的权利，为了保障这些权利得到实现，应当承认某些非正式法律渊源的、超然的权利、正义和公平的一般原则的存在。他把权利推到至高无上的地位，即使国家也不能剥夺，只能认真对待和加以保护。从中不难看出，德沃金对权利的偏好和崇尚态度是很鲜明的。

（二）义务价值的侧重与偏好

当代西方法哲学对义务价值的侧重和偏好也有相当的表现。在欧洲中世纪神学和经院哲学的体制下，人与社会的实质性关系以人与神、世俗与天国的扭曲和折射的形式维系和展现着。为了突出神和天国的价值和主体性，就必须竭力泯灭人性和世俗的价值。教俗封建主通过长期地向人们灌输对上帝的信仰、忠诚、忏悔、恭顺、献身、无欲无求的"罪感"世界观以及通过教会法对所谓宗教"异端"的野蛮镇压，终于在中世纪欧洲建构起义务本位的价值模式，泯灭了人的尊严、权利的价值以及世俗社会的主体性，直到资产阶级发动一系列的思想解放运动以及建立以自然权利学说为基础的法律制度，义务本位的价值模式才彻底解体，权利本位的价值模式终于取而代之。

但是，通过法律义务所体现的人与社会的关系以及与此相应的社会责任，并不会也不能随着义务本位价值模式的解体而消失。权利本位的价值模式无论怎样把个人的主体性和价值强调至极，都不可能消弭或取代人的社会关系和社会责任的必要性和重要性。它总会像幽灵一样伴随人类社会的始终，斩不断，理还乱。即使在权利本位价值模式横空出世、大昌其道的时代，这种人与社会赖以维系的基础和调适机制也在不停地困扰陶醉于权利价值的追求和享受的人们，迫使他们去反思、去探求。从19世纪中叶起，西方的法律实证主义、社会学法学、社会连带法学在向自然权利观念进行挑战的同时，也热情地阐发和弘扬了义务的价值。

历史法学派，20世纪兴起和发展起来的法律现实主义，特别是斯堪的纳维亚的法律现实主义,对传统的自然权利观念及其价值也做了较为激烈的批判。

继狄骥之后,美国社会法学者庞德又创立了在西方有强大影响的社会学法学。他的理论的核心是社会利益理论。他认为社会是至高无上的,社会利益要高于个人利益。他还主张在20世纪,应当用更加广泛地承认人类的需求和社会利益的新发展、新变化来改写19世纪绝对的个人权利的历史,他认为,现阶段法律的内容应着重社会利益而不是个人利益,法律的目的主要不是最大限度的自我维护,而主要是最大限度地满足社会需要。

(三) 权利和义务价值并重

西方法哲学——无论是古典的、近代的或是现代的——似乎存在着一个长久不变的现象,即法哲学家们、思想家们在对法律关系进行评价和选择的时候,不是倾向权利一边,就是倾向义务一边,这种倾向性还往往走向极端,变成绝对的单向性。很难发现其中的思想家、哲学家、法学家对权利和义务的价值进行综合的平衡和选择,尽管从法国的《人权宣言》开始,甚至还可以追溯到更早时期的个别古典自然法学家的自然权利思想(例如洛克、孟德斯鸠等)中,对公民和人的权利和自由设定了某些限制。但这种限制往往是就如何协调平等权利主体之间的关系这个非常实际的问题作出的,并非出自对权利和义务价值及其相互关系的理论领悟。熔铸于古典自然法学家及早期资产阶级政治家灵魂中的,依然是个人自然权利至高无上的价值及不可移易的地位。及至19世纪中后期及20世纪初期,经法律实证主义者和社会法学家的挑战和严厉抨击,上述权利价值观终于从其至高无上的座位上被拉了下来,这显然是一个带根本性的价值观念的转变。但遗憾的是,出于各种原因,法律实证主义者和社会学法学家们没有对权利、义务的本质、价值及相互间的应有关系作出科学的阐释,最终滑向义务价值崇尚的极端。20世纪的法律现实主义和利益法学虽力倡对法律现象中的利益关系进行政策分析和利益平衡,但也没有对各种利益的法律表现形式,即权利、义务的本质、价值及其相互关系作出科学的分析和说明。这种状况在20世纪中,特别是现代终于有所改变。

第二次世界大战以后,在德国、奥地利迅速复兴了一种"价值侧重法哲学",主要代表人物是科因。价值侧重法哲学尽管重视和侧重古典的个人主义和经济自由主义的价值,但也有修改,并不认为个人权利可能得到无限的、绝对的实现。个人权利要服从促进公共福利所必要的某些限制。价值侧重法学基本的价值侧重倾向仍然明显地在于权利的一方，但明确地否认个人权利的无限性和绝对性，并主张权利的行使要受公共利益的限制。这种观点无疑是值得赞许的。不过，这种观点对法律权利、义务价值观念的变革意义不能估计过高。

当代美国著名法哲学家博登海默致力于创立一种新的法理学，即所谓"统一法理学"或"综合法理学"。他主张用综合的因素包括社会、经济、心理、历史、文化等以及各种价值分析来认识和解释法律问题，并认为任何单一的、绝对的因素都不能说明法律现象。其代表作是《法理学——法哲学及其方法》。

在《法理学——法哲学及其方法》一书中，我们发现，作者用了大量笔墨对自由、权利的本质和价值进行哲学阐释，却没有对义务的本质和价值进行必要的法哲学分析。可见，传统的自然权利、自由理论依然给他的法理学打上了烙印。从这个意义上说，把他的价值态度放在前述的权利价值侧重的范畴也许更适当些。不过，我们又觉得，或许是他的综合法理学方法适用的成功，使他在对自由、权利的本质及价值做哲学分析时，完全没有给人留下像以往那样偏执、迷误、片面、极端的感觉和印象。在通过与相关因素进行的综合分析中，他对自由、权利的范围与界限始终保持清醒的认识。这在众多的法学流派与思潮中是独树一帜的，也是难能可贵的。为此，我们把他的价值态度放在这里分析，或许是适当的，至少是可以理解和接受的。

博登海默首先把自由等价值放在人性中考察，认为自由植根于人性中的个人主义成分，自由感迫使人类去从事那些旨在发展其能力和促进其个人幸福的有目的的活动。人类痛恨那些没有正当理由便破坏上述目的的对自由的限制。人性中还同时具有共有成分，它是与个人主义倾向相互补充的。人类需要社会交往，这能使其生活更充实，更有意义，同时避免孤寂感和失落感。人性中的个人主义倾向使他能够实现自我设计，共有倾向使他得以在自我之外设计自己，并意识到完全依靠自己的努力是无法实现他自己所珍视的那些价值的，他需要同类的合作及联合努力。人性中的这两种成分在法律上的表现就是个人权利和公共利益。他认为这两者的关系是辩证的，既不能取消也不能走向极端。他说："大多数人所具有的个人动机和社会动机的辩证的相互作用，似乎对任何极端的个人化政策或社会化政策都予以了限制。历史表明，要求承认个人权利的欲望在任何时候都不可能完全从人的头脑中消除。另外，似乎也没有一个社会能够消除公共利益的观念，因为它根植于人性的共有成分之中。"① 在正文的第 51 节，他又进一步指出："要求自由的欲望无疑是人类所具有的一种普遍特性。"② "人们都具有实现他们人格的潜力的强烈欲望，也都具有建设性地利用大自然所赋予他们的能力的强烈欲望。"③ 但是，他又指出，承认对自由权利的要求植根于人类自然倾向之中，那么我们无论怎样也不能把这种权利看作绝对的和无限制的权利。为了社会福利，自由必须受到某些限制。如果自由不加限制，那么任何人都会成为滥用自由的潜在受害者。"人们出于种种原因，通常都乐意使他们的自由受到某些对社会有益的控制。他们愿意接受约束，这同要求行动自由的欲望一样都是自然的，前者源于人性的社会倾向，而后者则植根于人格自我肯定的一面。"④ 在谈到自由与社会福利的关系时，他指出："每个社会秩序都面临着分配权利、限制权利范围、使其与其他（可能相抵触的）权利相协调的任务。'共同福利'这一术语是一个不无用处的概念工具，它是用来标明外部界限的，而在分配和行使个人权利时决不可以超越这一界限，以免全体国民遭受严重损害。"⑤ 他认为在个人权利和社会福利之间创设一种适当的平衡，是关系到社会正义的一个重要方面，个人权利的实现固然深深地植根于人格的需要与倾向，但对权利进行某种限制同样也是公共利益的需要。他明确指出："在这些情形下，正义要求，赋予人类自由、平等和安全应当在最大程度上与共同福利相一致。"⑥

当代西方法哲学关于权利和义务价值的多元评价与选择中，还有两种法学思潮值得注意。一是美国和斯堪的纳维亚的法律现实主义，另一个是美国的批判法学运动。法律现实主义实质上是一种独特的法律研究方法，即一种考虑法律问题的特殊方法。美国现实主义法学家提出，在立法和审判具体案件时，首先应进行政策分析，立法者、法官和律师都应注意对某一争议中的利益关系进行政策分析。其次要找出公认的社会价值，并在此基础上进行政策分析。再次，进行利益平衡。在有关的利益和公认的社会价值被确认后，决策者就应当在各种利益之间进行平衡并作出适当的决定。这种对社会价值进行政策分析并在此基础上平衡利益的法哲学态度，显然没有预设的对权利

---

① ［美］埃德加·博登海默：《法理学——法哲学及其方法》，邓正来等译，华夏出版社 1987 年版，"作者致中文版序言"，第 4—5 页。
② 同上书，第 274 页。
③ 同上书，第 275 页。
④ 同上书，第 276 页。
⑤ 同上书，第 269—297 页。
⑥ 同上书，第 297 页。

或义务的偏好态度。从这个意义上说，美国的法律现实主义对个人和社会利益的法律体现形式，即权利和义务采取了不偏不倚的，或者说并重的价值评价态度。

斯堪的纳维亚的法律现实主义则从另一个角度体现了它对权利和义务的不偏不倚的价值态度，即对包括权利、义务、违法、犯罪、责任等在内的法律概念都进行抨击，认为这些概念只能在"主观良心"中起作用，不可能具有客观的意义；离开补救和强制执行措施来谈论权利是毫无意义的。

美国的批判法学运动是自20世纪70年代末兴起的法学思潮，目前正大行其道。批判法学的思想渊源之一是法律现实主义，它实质上是一种对美国传统法律思想和法学理论的批判思潮。其中对传统的自然权利等法律概念的意义和作用的贬低，就我们的研究来讲，具有法律价值的评价和选择的意义。美国现行法律制度和传统法学理论是建立在自然权利和自由主义的自然法学说的基础之上的，而自然法学说正是权利价值崇尚的思想和理论渊源。从这个意义上讲，美国的批判法学就具有我们研究意义上的权利价值的否定意义。还值得注意的是，批判法学的批判矛头还指向传统自然法学以外的其他法学，包括罗尔斯、德沃金的新的正义、平等、权利等观念。它表明，当代一些法学家为复兴自然权利观念所做的艰苦而又巨大的努力刚刚有可能使法律权利、义务价值的天平向着有利于权利价值崇尚的一方倾斜的时候，就遭到了有力的批判和挑战。当然，我们应当注意到，批判法学思潮目前方兴未艾，尚未明确形成某种法律价值评价系统，更看不出来有义务价值的偏好及崇尚的倾向。可见，批判法学思潮目前只具有权利价值偏好和崇尚的批判和否定意义，还不是这里所指的权利和义务价值并重的法律价值评价态度。

四　评价和启迪

（一）权利本位是最适于资本主义自由发展时期的价值模式及其功过分析

资本主义是以商品生产，而且是以完全、彻底的商品生产形式为其根本的经济特征的，商品生产关系和经济基础就必然地要求商品的生产者和交换者要有自由的人身，并且要有充分的意志自由从事商品的生产和交换。自由竞争和"弱肉强食"便成了资本主义发展的铁的原则。为了给资本主义的自由发展打开通道，资产阶级往往采取激烈的革命行动推翻封建专制的压迫和束缚，这就是资产阶级革命一般都来得比较坚决和彻底的根本原因，在取得政治统治权以后，资产阶级便把一切封建的、宗法的和田园诗般的关系破坏殆尽，并无情地斩断束缚人们思想和行动的一切封建羁绊。可见，资本主义的商品生产关系必然要求自由主义的价值观与之相适应，而个人权利本位的价值体系和价值意识便成了一切可能的价值体系和价值意识中唯一可供选择的形式。如果说，在奴隶社会关系和封建社会关系中由于某些历史的和意识形态等偶然因素或许能产生某种程度的权利价值的倾向和偏好，那么，在自由资本主义社会关系内，则个人权利本位的价值模式便成为必然的要求和唯一可供选择的模式了。这就是为什么资产阶级在登上历史舞台以后，特别是在资本主义自由发展时期如此热衷地倡导、弘扬和力行自然法学说和自然权利理论的根本原因。离开了自由资本主义这块沃土，个人权利价值模式绝不能焕发如此的生机。可见，权利本位的价值模式完全是适应自由资本主义的经济基础和社会关系发展和完善起来的。两者水乳交融，密不可分。这又给了我们另一个启示，即在其他的社会形态，例如像我们这样的社会主义社会，要倡导甚至力主建构权利本位的价值模式，则需要对其与现存的社会经济基础和社会关系的适应性给以科学的、令人信服的求证和说明。

全面地评价权利本位价值模式的功过有利于确定正确的价值坐标。权利本位的价值模式在人类历史上起过很大的进步作用。承认人的权利，崇尚人的自由，在本质上就是承认和崇尚人自身的价值和人的主体性，亦即承认和崇尚人的现实性和主体性。这本身就具有根本性价值观念变革的意义，特别是在神学和经院主义哲学占主导和支配地位的社会环境里，其意义更显得突出。因为神学和经院主义哲学的基本体系是以神为中心建立起来的，它们尊崇神的无上权威，认为神无所不在，无所不能，而世俗的人在神面前是微不足道的，只能做神顺从的羔羊。为了突出神的地位和价值，就要不遗余力地贬低人的地位和价值。可见，承认并进而尊崇人的地位和价值，就是对神学和经院哲学的叛逆和反抗，就是找回长期失落了的人的社会主体性，这本身确实具有巨大的社会主体性变革的意义。

权利本位的价值模式还在资产阶级革命过程中起过巨大的革命鼓动作用。在革命成功以后，它在意识形态领域里进一步加固了反抗封建专制主义思想和其他禁锢人们头脑的防线，对防止封建复辟和巩固新生政权发挥了重要作用。在资本主义自由发展阶段，人的主体性的追求，人的尊严、价值的崇尚最大限度地实现了一个自由主义的社会时代，为资本主义在各方面的高速发展开辟了广阔的通道。

权利和自由价值的追求和崇尚还导致了种种防止专制、专横、压迫、腐败和无政府主义的政治设计。人民主权、有限政府、代议制、权力分设及合作、制约与平衡、宪法监督等都是为了保障和促进人的权利和自由而设计和建立起来的基本政治制度。

权利和自由价值的崇尚必然要求法制化、定型化。古典自然法学派的最大功绩之一，就是发现了权利、自由的价值与法律之间的天然关系。为了促进对权利和自由的平等法律保护，资产阶级开创了一个前所未有的法制化时代。

以上说明提示我们：绝不应该对个人权利本位的价值模式简单地加以否定。不仅要恰当地评估它在促进人类历史进步方面的作用，而且要认真地分析它在某些方面的合理因素，这对于我们建构社会主义的权利和（或）义务价值模式不无启发和借鉴作用。

同样值得注意的是，个人权利本位的价值模式在人类历史上也造成了一定的社会弊害和消极后果。人类自脱离动物界以后，就具有基本的社会属性。任何人都必须生活在一定的群体和社会内，不可能孤立地生存和发展。这样，同处于一个群体和社会范围内的每个人都必然与他人、与群体、与社会发生某种联系和关系，而且这种联系和关系只有以某种适当的、合乎规律的方式维系，才能保持个体、群体、社会之间的相互适应及总体的和谐与秩序。这是人和社会存在和发展的一个基本规律，是不以人的意志为转移的。背离了这一规律，个人的潜能就不可能得到充分的发挥，社会的和谐与秩序也就不可能得到必要的维持，其结果，个人和社会都不能得到充分的发展和进步。资产阶级提出和倡导的自然权利理论，它所处心积虑建构起来的权利本位的价值模式就不是维系这种和谐关系的恰当形式。它暗中是以下列观念为前提的，即我就是我，我个人就是社会至高无上的存在，是有最高的价值和终极的目的性，为了实现自我这种至高无上的存在、最高的价值和终极的目的性，便宣称自己拥有与生俱来、不能转让和不可剥夺的"自然权利"，并可以用一切手段去实现自我利益。正如我们在前面指出的，有的自然法学家竟露骨地提出人为了自己的权利可以为所欲为的结论。这样我们便会看到如下情形，即在个体与群体、社会之间的关系上出现了明显的有利于个体的倾斜。这显然不是调适上述关系的恰当方式。一方面把个人的利益、志向和幸福强调到至高无上的程度，另一方面又对群体和社会的利益、志向和幸福给予相当程度的甚至完全的忽视，其结果必然冲破个人与群体、社会之间的利益平衡，造成两者相互关系的紊乱，最终导致社会弊害丛生和各种消极后果。在资本主义社会的发展史上，伴随着社会生产力的飞速发展，滋生和泛滥着极端自由化、无政府主义、严重犯罪、社会道德的沦丧、人际关系的疏远、家庭的解体、尔虞我诈、不正当竞争、贫富悬殊和两极分化、性病流行等腐败和消极现象。造成这一后果的重要原因之一，恐怕就是权利本位价值模式导向的结果。很显然，我们对权利本位价值模式这种消极后果不能低估，更不能忽视。倘使要在我们的社会倡导建构这种模式，则需要就如何防止和消除其必然带来的社会弊害和消极后果作出必要的论证，权利本位价值模式最终完成了它作为模式的历史使命。

笔者清醒地意识到，上述关于权利本位的内在倾向性及由此造成的消极结果最容易引起诘难。论者会辩论说，权利本位不是无限制地膨胀个人权利，更不是忽视个人对他人、对社会的责任和应尽的义务，但笔者仍然认为，"本位"的内在含义就在于这种倾向性和单向性。一如我国古代建构的义务本位价值模式只强调个人对社会、家庭的单向责任，而不顾及个人的权利，甚至根本就缺乏权利观念一样，就本来意义的或典型意义的权利本位的价值模式来说，其内在的底蕴就在于突出甚至绝对化个人权利的至高无上性。如果说众多的学术论述及既存和现实的权利义务规范体系都多少兼顾了这两方面的话，依笔者的意见，一如在前面所论述的那样，已不是典型意义上的权利本位了。我们倾向认为，权利本位作为一种价值模式在西方随着主要资本主义国家自由发展阶段的结束和垄断阶段的到来，已经完成了它的历史使命，走完了它的漫长的作为"模式"的发育、成长、成熟的历史旅程，不可挽回地走向了衰落。现在在西方盛行的，充其量不过是权利价值模式的某种中间形式，或者说，正处于某种新的模式的选择和重构的起点。权利本位是一种没落的法律价值观，莫说在我国，就是在西方再倡导这种价值观也是不合时宜、没有出路的。我们的责任不是指导人们向后看，去复兴那些已经丧失生命力的、走向衰落的法律价值观，而应当着眼未来，去建构适应我们时代需要及国情要求的新的法律价值观。

权利确实是一种多价值的美好事物，实现个人的权利价值无论过去、现在还是将来都不失为一种高尚的价值追求和享受。不过，请切记，在你陶醉于权利价值实现给你带来的种种利益和幸福时，切不可忘记实现个人权利价值的自我超越，小心不要误入权利给你划定的悖论怪圈。

（二）义务本位的价值模式在历史上发挥了一定的进步作用

我国义务本位价值模式建构的基础是社会一体化的要求和需要。奴隶主阶级也好，封建主阶级也好，为了维护他们的政治特权和经济剥削利益，总是优先考虑作为阶级的整体利益，即以家族和国家为代表的整体利益。作为奴隶主阶级和封建主阶级的思想和理论代表的儒家，忠实地秉承其所代表的阶级的利益和意志，精心地设计了一整套缜密的社会蓝图以及建筑这一蓝图所需要的各种部件、材料和可操纵性工具，如家族、国家和德礼、政刑等。这样，整个社会和国家犹如一架缓慢但协调运转的机器，整体利益便是这架机器的动力源和发动机。这样一架为了实现家族和国家整体利益而设计、制造和运转的机器，其产品只能是集合主义或团体主义，而不可能是分散主义或个人主义。是否可以认为，偏好、崇尚团体主义，创造和确立团体主义，正是义务本位价值模式和价值意识模式的历史功绩，是它为人类的法律文明史所做的独特贡献。

从这种社会性导引出团体主义的原则和精神，是包括中华民族在内的全人类在漫长的历史进程中创立和发展起来的。我们中华民族在差不多与西方世界隔绝的条件下，创立、发展和运用了团体主义的原则和精神，不仅创造了我们伟大祖国灿烂的古代文明，而且为全人类现代文明特别是我国自己现代文明的发展提供了宝贵的历史经验以及部分可资借鉴和继承的优秀的文化、文明遗产。团体主义的原则和精神凝聚着中华民族先祖们对人性、对人际关系、对社会的稳定与协调的思考与认识，是他们一代又一代对人类本身、对社会的价值以及人与社会和自然关系的细微观察、苦苦求索和执著探究的结果。这种团体主义的原则和精神对人类社会的发展无疑会发生重要的影响作用。从某种意义上说，马克思、恩格斯对社会主义社会和未来共产主义社会的构想和设计，无论是以公有制为基础的经济结构、以民主集中制为基础组织起来的无产阶级政党和国家政权，以致将来在消亡以后社会的组织形式，还是高尚的社会主义公德和大公无私的高度的共产主义情操和觉悟，无一不浸透和体现集体主义的原则和精神。即使在我国正在进行社会主义现代化建设的今天，培养公民的集体主义的原则和精神仍然是建设高度的社会主义精神文明的首要目标和繁重的任务，作为我国古代文明、文化遗产一部分的团体主义和群体意识，与我们今天所要树立的集体主义和群体意识尽管在内容和形式上不尽相同或根本不同，但是，作为一种观念价值的偏好和崇尚，毕竟是相通的，更何况有些团体主义的内容，如爱国主义、中华民族的认同感和归属感等，更是应当继承和发扬光大的。当然，团体主义和群体意识对社会的弊害和消极后果同样不可忽视，否则就很难理解传统义务本位的价值模式为什么最终会随着其社会载体走向衰败以致消亡的历史归宿。

传统义务本位的价值模式的最大社会弊害和消极后果是它严重地造成了作为社会成员的个人的价值被忽视和泯灭，以致对社会的主体，即全民族价值观念和民族性格造成了一定的消极影响。本来，我国的奴隶主阶级、封建主阶级及它们的思想、理论代表儒家对社会及其运动规律的观察与研究，从一开始就是从作为无可辩驳的社会存在的个人出发，从自己息息相关的父母、夫妻、兄弟姐妹等亲属出发，从自己密切联系宗族、邻里、乡里、君主臣属、师长弟子、主仆等人际关系出发，观察人、研究人，通过探求和调适人与人之间的关系来探求和调适社会的发展规律和社会关系。早在两三千年前，我们的先祖就以这样科学的态度和立场来探索社会的运行规律及调适社会关系，堪称人文科学史上的奇迹。与此相对应，在地球另一面的人类古文明发祥地之一的西欧，那里的人类及其先哲们对社会规律的探求，从一开始就把目光集中在人与智能的关系、人与理性和正义的抽象原则的关系、人与先验的自然法或绝对精神的关系、人与神或上帝的关系、人与自然的关系，等等。一般说来，他们不太重视探求人本身及人与人之间的关系，如果探求的话，也偏重于人与人之间的财产关系或契约关系，至于人与人之间除财产关系或契约关系之外的社会关系，如亲属、宗族等人身关系，君臣、主仆、师徒等从属关系等，如果不是完全被忽略的话，至少也是不被重视的。这种社会价值倾向从古希腊柏拉图的"哲人政治"、古典及近代自然法思想、罗马法的价值风尚、中世纪基督教神学和经院哲学中都可以明显地感觉出来。西欧以及近代的北美，之所以能创造和发展出发达的自然科学以及确认和保障人与人之间的平等的财产关系、契约关系和人身关系的法律制度，上述的观察社会的立脚点和出发点便是一个重要原因。当然，从人文科学的整体科学性和历史进步性来说，上述成就也是非常宝贵的，它们对人类社会的发展和进步起过非常巨大的作用，这是我们必须予以客观评价和肯定的。但是，我们同时不得不指出，西欧整个人文科学中关于人以及人与人之间关系的观察和探究的被忽视，不能不说是其一大缺陷。及至欧洲人发现并认识这一缺陷，已经为时很晚（相对于中国人来说），待他们从十三四世纪发动文艺复兴为标志的人文主义运动开始补这一课起，其间经过三四个世纪，直到十七八世纪资产阶级革命成功才算补完这一课。欧洲人最终把人从神的虚幻世界中解放出来，还其世俗的本来面目，并确立了人在社会中的主体地位，寻找回了许多世纪被失落和泯灭了的人的价值，尽管这种人的价值又是以个人权利本位的倾斜形态被肯定和确认下来的，但它较之人的价值的失落状态，毕竟是一个历史性的飞跃和空前的进步。与此相对，我们中华民族的先祖从一开始就找到了观察和探寻社会运行和发展规律的正确立场和出发点,而且这种观察和探寻又以特定的方法和思维模式一直稳定、持续地进行,在两三千多年的漫漫历史长河中从未间断。从这一方面来说,我们中华民族的先祖在人文科学的研究中没有发生像欧洲人那样的历史性失误与迷惘。在我国的历史上,之所以没有发生欧洲那样的以找回失落的人的社会价值为宗旨的人文运动和启蒙运动,是因为历史的发展没有给我国提出这样的要求。无论是从社会科学方面来看,还是从历史发展方面来看,缺乏文艺复兴一类的人文运动或启蒙运动那样的历史过程,本身并不一定是缺点。我们在充分看到和注意克服上述各种社会弊害和消极后果的同时,也应当充分看到和重视上述可资借鉴和批判继承的有利方面。我们的先祖关于人文科学的立场、出发点、方法、积累的知识总体为我们在新时期以新的立场、观点和方法所做的开拓性研究和权利义务价值模式的建构打下了良好的、必要的历史基础。

但是,我们不无遗憾地看到,我们的先祖们毕竟不都是"贤于尧舜"的圣人。他们虽然找到了人文科学的正确的历史出发点,但毕竟不能摆脱阶级的偏私性和历史的局限性,最终没有走出历史划定给他们的怪圈。历史无情地嘲弄了他们,他们本意虽然想尽量找到人的社会主体地位和价值,但是最终在他们手里失落了人的社会主体地位,泯灭和沦丧了人的特别是个人的价值,窒息了人的天性和潜能的发挥,把社会引向固定、呆板、僵死、毫无生气的模式。这就是我国奴隶主阶级、封建主阶级以及它们的思想、理论代表儒家的历史悲剧。

儒家及其代表阶级心目中的理想社会就是一个有差等的社会,即把不同社会出身和家庭辈分的人之间的社会差异和自然差异固定在社会和家庭的格局中,任何人都不得越位。为了保持这个格局的稳定、秩序与协调,每个人都只能做他应做的事,包括从家庭和社会中获得利益,以及为家庭和社会尽他的责任,任何人都不得逾矩。为了实现这样的理想社会,儒家及其代表阶级精心地设计了一整套伦理道德原则及礼仪规范,并希图通过强调道德教化和礼仪规范的作用,同时辅之以政、刑来实践他们的政治设计。我们便不难发现,这样的政治设计及其实现的方法本身就存在以下严重的,甚至是致命的弱点:

首先,这样的政治设计是建立在不平等的社会基础之上的。基于社会分工不同的人与人之间的贵贱的差别,在我们今天看来,主要就是阶级之间的差别。把阶级之间的差别肯定和固定下来,势必使社会上一部分人,实际上是以一定社会阶级形态存在的一部分人永远处于政治统治和经济剥削的地位,而使社会上的另一部分人，即以一定社会阶级形态存在的另一部分人永远处于被统治和被剥削的地位。这种把人的社会阶级差别固定下来的社会政治设计是由当时的社会经济基础，即奴隶主阶级和封建主阶级占有土地和其他主要生产资料，以奴役劳动或地租形式剥削没有或很少土地和生产资料，甚至没有人身自由的奴隶和农民所决定的，也是与之相适应的。奴隶主阶级和封建主阶级为了满足本阶级的穷奢极欲，必然残酷地压迫、奴役和剥削奴隶级和农民阶级。而奴隶阶级和农民阶级由于经济上的贫困和政治上的无权，被迫接受奴隶主阶级和封建主阶级的压迫、奴役和剥削，过着悲惨的牛马不如的生活。这样低下的社会地位和穷困的生活境遇使他们不可能过正常的人的生活，不可能享受正常人的体面和尊严。这就造成了他们人格的缺失乃至沦丧，由于他们占社会人口的绝大多数，这就实际上造成了社会主体的人格缺失和沦丧。在这样的社会中，一小部分人的幸福建立在大多数人的痛苦之上，一小部分人的荣誉、尊严的保持是以大多数人人格的缺失和沦丧为代价的，这样的社会必然充满着矛盾和冲突。在我国的奴隶社会和封建社会中，绵延不断的奴隶反叛和农民起义就是这种阶级矛盾和冲突激化的表现。可见，我国的奴隶主阶级和封建主阶级及它们的思想、理论代表儒家虽然找到了以人为基准从事社会政治设计的正确的历史出发点，但却把这种社会的基础设计在充满激烈对抗和冲突的火山口上或地震源地带上，因此决定了它们必然倾覆的命运。

其次，上述政治设计的本身就包蕴了作为社会成员个人的价值的失落。在上述政治设计中，优先考虑的是社会的整体利益，是全社会的统一、秩序与协调。个人是按照社会整体的需要设计的，社会不关心个人是否应当享受哪些权利和利益，也不关心个人是否有机会和条件去实现个人的价值，只关心个人怎样为实现全社会的价值作出贡献，还关心如何使个人自觉地与社会相顺适，并防止个人滋扰，妨害社会的统一、秩序与和谐，这样的政治设计必然使个人的价值遭到贬低，使个人没有自我设计和自我实现的余地，从而严重地窒息和妨碍个人潜能和才智的发挥。在这样的社会中，个人就像棋盘中的一颗棋子，只能被动地被弈棋者所驱使、所利用，毫无自主性、能动性的发挥。这样的社会必然要陷入呆板、停滞、僵死、毫无生气的格局。这种政治设计所造成的个人价值失落的消极后果是极其深远的，至今我们仍然在相当程度上被它困扰。社会主义现代化建设需要发挥每个社会成员，即社会主体的主动性和积极性。为此，在服从全局和整体利益的前提下，应当鼓励和支持社会成员个人积极的奋斗和进取，抑或允许个人在一定范围内的自我实现或自我设计。应当说，经过十多年的改革开放，人们的思想观念有了很大的改变，唯贤是举、唯能是用、破格重用被越来越多的人所理解、所接受，对于国家表彰和重奖有突出贡献的个人的举动也视为本应如此、理所当然，这些都是人们观念转变的良好开端和进步。但是，我们不能不看到，传统的观念和习惯势力在这方面还是根深蒂固的。即使在处理好与社会实现的关系的情况下，搞自我设计和自我实现也往往不被理解和接受，在提干、评职称等方面要论资排辈，更是社会普遍存在的现象，尽管有时人们对此怨愤得痛心疾首，但要认真改起来却又实在难。这一切都表明，传统社会的政治设计所造成的个人价值的失落对我们现实社会的影响是多么巨大，轻视个人价值的观念早已植根于人们的潜意识中，以致成为人们固定的思维模式，自觉不自觉地用来观察和处理问题。可见，要树立适应新时代要求的个人权利观念、个人价值观念，就必须认真、严肃地对待传统的强调个人义务、忽视个人价值的观念。

再次，实现传统政治设计的方法及其运用，进一步加速了个人价值的失落。前已指出，实现传统政治设计的方法主要是道德教化和礼仪规范，同时辅之以政刑。实行道德教化要先从修身立德开始，然后由近及远，由爱人到爱物；实行礼仪规范也要求尊卑贵贱上下人等各行各的礼，各守各的礼，不擅越、不逾矩。无论是人伦道德原则还是礼仪规范，都是以承认和固定人与人之间在社会出身和家庭辈分方面的自然差等为基础的，这就使占社会人口绝大多数的具有卑贱身份的人的价值遭受了贬损。

还应看到，儒家的道德教化和礼仪规范的方法在历代儒家手里发生了很大的变化。总的说来，越是到后代儒家手里，该方法越有恶化的趋势。儒家的道德教化和礼仪规范的方法在孔孟时期还是充满着辩证精神和相对原则的，所谓"君君、臣臣、父父、子子"，"父慈子孝"，"兄友弟恭"等，就是说，君主要像君主的样子做事，臣子固然应当对君主尽忠，但君主也应当待臣属以礼；父亲要像父亲的样子做事，子弟固然要对父母尽孝，但父母也要对子弟示以慈爱和关心；弟弟应当恭敬兄长，但兄长也要友爱弟弟，这些都表现了一种辩证的、相对的伦理道德原则和礼仪规范。可是，这些到了汉代儒家手里，经董仲舒的"三纲"加以强化，反倒泯灭了原来所具有的辩证的和相对的精神，变成了片面化和绝对化的人伦纲常。夫为妻纲，妻子就完全从属于丈夫，只能对丈夫尽妇道并把自己变成生儿育女的工具，至于丈夫应对妻子负什么样的责任，则完全不必考虑，打骂、休走、出卖的权利都掌握在丈夫手中。父为子纲，就是让儿子完全顺从老子、听命老子，教育、生计乃至婚姻等一切事宜全由老子安排，竖子有过，可任由老子打骂，甚至亲自或交付官府杀之；儿子对老子只能恭敬顺从，即使受了责罚，也不准埋怨。君为臣纲，就是要臣子绝对效忠君主，勤于王事，即使君主要臣子去死，臣子也不准有怨恨，而且要看作一种恩赐。就这样，原来还多少有些辩证和相对精神的人伦关系就变成了单向的、固定的人伦纲常关系了。儒家思想再传到元、明理学家手里，特别是经朱熹等人的"存天理、灭人欲"的理学改造和强化以后，其原来的思想观念又有了显著的变化，差不多完全泯灭了原来的辩证和相对精神，而变成了僵死的教义。在这种理学观念下，个人相对于社会和群体来说，不仅仅是一个无足轻重的附属品，进而变成了一个不值得认真考虑和对待的事实存在。既然个人连任何一点欲望都不能有，也不允许得到任何满足，那么个人的存在对他本人来说，就没有任何意义和价值可言了。在这种观念下，个人除了绝对顺从群体，片面地向社会履行自己的义务以外，剩下的就只有无欲无求、麻木不仁、浑浑噩噩、毫无灵性的躯壳了。其结果就是人的天性及价值差不多完全被泯灭和沦丧了。

除了传统的政治设计及其实践方法本身所包蕴的上述导致人的价值泯灭和失落的历史必然性以外，在实施的过程中，义务价值在实际上又得到格外的重视和反复的强调。上述政治设计既然在整体上浸透了群体价值精神，那么它的实现除了强调义务的价值和途径以外，则别无他途，这是在本质上体现了群体价值精神的政治设计的必然的、绝对的要求。事物总是按照其自身的规律发展的。在我国传统社会漫长的历史长河中，统治阶级及它们的思想、理论代表总是利用各种途径和形式，千方百计地强化人们的义务意识和实践，最终在我国牢固地建构起义务本位的价值模式。这种模式作为巨大的社会习俗力量和思维定式，必然会对社会产生广泛而深远的影响，潜移默化地支配世世代代人们的意识，左右人们的社会行为和举止。直到如今，我们仍然能够深深地感到这种影响的广泛和根深蒂固。如管理工作中不适当地强调集中统一而不注意充分发挥地方、单位和个人的主动性、积极性，法律是"管老百姓"的"治民"观念和法律目的论中的"避罪远罚"观念，等等，都多少反映着人的主体地位和价值失落的消极影响。少数国家公务人员中那种不负责任，互相扯皮、"踢皮球"，得过且过，贪图清闲、安适，不思进取，不求有功但求无过的思想和作风，干部使用和提升中的论资排辈，勤不奖、懒不罚等行为，也都是轻视、忽视人的主体地位和价值的反映。至于在一般民众由广泛存在的安于现状、不求进取、得过且过、听天由命、唯命是从、依赖等待、个人迷信、权威崇拜、清官经世救难等观念和行为，更是直接反映了人的自身价值失落的消极影响。所有这些观念与行为都与现代社会所需要的民主观念、平等观念、时间观念、效率观念、竞争观念、市场观念、信息观念、科学技术观念、人才观念等不相适应，是我们进行社会主义现代化建设的主要思想和观念障碍之一。我们对此必须从思想上引起高度重视，并下大的决心和气力加以破除，否则社会主义现代化建设就难以顺利进行。

总之，我们对我国传统社会形成和建构的义务本位的价值模式应当进行全面的、历史的分析和评价，既不应全面肯定，也不应全面否定。对它建构我国古典团体主义和群体意识，从而对我们的社会、国家和民族曾发生过的广泛而强大的凝聚、聚合、稳定、协调等作用的历史功绩，应予以充分的肯定，并将其视为我们民族的文化遗产，在新的历史条件下加以继承、充实和发扬光大。对它导致人作为社会主体地位的沦丧和价值的泯灭，以及对人的天性和潜能的扼杀与窒息，从而对我们的社会、国家和民族的发展与进步所发生的广泛而深远的阻延、停滞、保守、僵化等作用的历史过错，也必须予以正视和重视，并在新的历史条件下对其不良内容和消极影响加以转变、清除，代之以新思想、新观念。

（三）我国权利和（或）义务价值模式的选择与建构

我国已经和正在建构权利与义务并重的价值模式，但充其量只是个雏形，远非完备和定型。问题还在于，目前我国法实务界，特别是立法界还没有把关于在我国建构什么样的权利和（或）义务价值模式的问题提到议事日程上来，甚至对这个问题的性质及其重要性还没有引起重视。至于在法学术界，也存在着同样的现象，不仅没有形成共识，甚至存在不同的看法和相左的意见。因此，我国在建构权利和义务并重的价值模式方面还面临着艰巨的任务，还要做大量的学术研究和实际工作。

首先，应认真研究和正确对待马克思主义关于权利和义务关系的经典公式。"没有无义务的权利，也没有无权利的义务"，这是马克思主义为我们确立的有关权利和义务相互关系的经典公式。正如前面所指出的，这是马克思主义经典作家通过对共产主义社会理想的精心设计，通过对社会主义的经济基础和社会阶级结构的周密探讨和考察，通过对以往人类社会一切有价值的权利学说的总结和批判继承而提出来的。我们信奉它、遵循它，并不是出于迷信和教条主义态度，而是因为它本来就科学、就正确。在社会主义社会，个人利益和社会利益基本一致并相互依存。作为这两种利益的法律体现的权利和义务，彼此间只能建立统一、协调和不可分割的关系，不可能再有其他的选择。不能设想，无论是权利价值侧重的权利和义务关系，还是义务价值侧重的权利和义务关系，都能与社会主义条件下个人利益和社会利益的基本一致相适应。因此，承认权利和义务价值并重，并把这两种法律价值有机地结合和协调起来，这是社会主义条件下唯一适用的，也是理想的权利和义务及其相互关系的价值模式。社会主义的法哲学以及法律制度的建立和发展，从一开始就有这种科学的马克思主义的权利和义务价值观做指导思想，这不能不说是一个有利的，甚至是得天独厚的条件。

但是，我们也必须看到，马克思主义毕竟是行动的指南，而不是教条。马克思主义的权利和义务的价值观只是我们建构社会主义权利和义务价值模式的理论基础和指导思想，而不是理论上的教条。因此，我们也必须反对那种对马克思主义的权利和义务的价值观采取教条主义的态度，反对那种贴标签式的、简单的生搬硬套的做法。那种以为马克思主义的经典公式是万能的法宝，随手可用，一用就灵的想法和做法，也是非常错误的。我们应该注意克服以往那种自觉不自觉地表现出来的教条主义态度。进一步解放法哲学研究者的思想，充分发挥他们个人研究的主动性和积极性。

除了应当克服上述教条主义的态度外，还应当以马克思主义的权利和义务价值观为指导，深入地开展对权利和义务的辩证统一关系的研究。马克思主义的上述经典公式只是一个科学的结论，为我们在这方面的研究指明了方向，它不能也不应该代替社会主义法学在这方面的深入研究。事实上，要真正理解这个公式，不对有关的问题进行深入的研究也不可能。下述的各种问题，或许就应该深入地进行研究：权利和义务的本质、本源是什么？权利和义务作为主体行为的种类和尺度是什么？权利和义务的目的、职能、任务，即价值功能是什么？何以比较权利和义务之间价值的大小？怎样理解和处理权利和义务之间的对应与非对应关系？何以理解权利和义务之间的法律关联？除了法律的关联之外，是否还有社会的、政治的、经济的和哲学等因素的关联？诸如此类的问题都是我们理解权利和义务统一关系问题所必需的。至于从认识论、本体论乃至形而上学等理论层次上对权利和义务现象进行更深入地研究，更有广阔的未开垦的处女地。

义务本位价值模式的影响是我国在社会主义条件下建构权利和义务并重的价值模式的主要观念障碍。我国古代建构的义务本位的价值模式具有几千年不间断的发展史，它在国民的心理和社会行为方面，以及在国家立法、司法等方面都有广泛的影响。我们在前面的评论中曾指出，义务本位的价值模式的最大弊端恰恰就在于它造成了个人主体地位的衰落，个人权利的沦丧。

这种衰落和沦丧在现时条件下，以现代的形式存在和展现于我们社会的肌体内，影响社会生活的方方面面。而我们的社会主义现代化建设，不仅需要大力提倡和弘扬人们的集体主义观念和社会责任感，也需要充分发挥每个社会成员个人的主动性和积极性。现在的问题是，一方面我们正在致力于找到和发展出有效激发个人的主动性和积极性的机制；另一方面，义务本位的价值倾向还在实际上广泛地影响着我们的法律观念、法律生活的各个方面。问题还在于：对这种义务本位的观念对我国的法律生活和法制建设所实际造成的或潜在造成的损害，至今还没有被人们所深切地了解并引起相应的警惕。正是由于前面所指出的模式潜在的支配人们行为的巨大作用，这种义务本位的价值模式的广泛而深远的影响，构成了影响我国包括重构权利和义务并重的价值模式的社会主义法制建设的主要观念障碍。努力克服这种障碍，尽量缩小这种观念的影响，是全社会特别是法学工作者所面临的长期而又艰巨的任务和义不容辞的历史使命。这就需要进一步加强义务本位价值观的理论研究，提高全社会对它的认识水平，能清醒地认识它在现实法律生活和法制建设中的表现和危害，并通过全社会的共同努力来克服它的消极影响。当然，对义务本位的价值模式所造成的那些有利于维护集体主义原则的积极因素，也应当注意发挥它的影响和作用。

我国目前还同时存在着权利价值侧重的倾向，建构权利本位的价值模式的呼声也时有所闻。这是有其历史和社会原因的。从历史上说，权利本位的价值模式有着久远的建构历史，尽管它已走向衰落，但不容否认的是，它无论作为实体还是观念形态仍然有着广泛而深远的影响。在我国法制的现代化建设中，一些学者寄希望于借助权利本位的价值模式来改造我国的法律观念和结构，以期进一步加强社会主义法制建设的愿望和设想，也是可以理解的。同时，也应看到，通过权利本位的倡导，或许能在一定程度和范围上改变传统义务本位的影响，使公民原本容易受到忽视和侵犯的合法权益得到较大的保障。从这个意义上说，倡导权利本位价值观的种种努力是值得赞扬的。但是，正如本文在前面曾详细分析过的，权利本位的价值模式甚至已经不适应垄断的资本主义社会，是一个走向衰落的价值模式。在讨论如何建构社会主义的权利和义务价值模式时，我们不能不注意到这样的历史事实和经验。我们认为，以权利和义务并重的价值模式来建构我国未来的法律结构和制度，才是唯一正确的选择。

如果我们关于在我国建构权利和义务并重的价值模式的分析和设想被承认和接受的话，我们马上就会意识到我们正在面对严重的困难和挑战。除了观念和立法层方面的以外，理想与现实之间的反差是我们绝不能忽视的重要方面。一方面，正如刚刚指出的那样，我们的国民还受着义务本位价值模式广泛而深远的影响；另一方面，在观念变革和对外开放的情况下，还同时存在着权利和义务之间的分离或背离的现象。既包括普通民众的一般分离，又表现为国家机关和国家公务人员的特殊分离。

"一般分离"在少数公民身上表现为个人主义和极端个人主义。一些公民往往把个人利益摆在第一位，甚至不惜损害集体和国家的利益来满足个人利益。还有极少数人从严重的个人主义发展到极端个人主义。他们为了满足一己的私利，不惜采取各种不正当的手段损害他人的、集体的和国家的利益。极端个人主义发展的结果往往导致犯罪。目前我国在各方面存在的严重的犯罪活动，从法律及法律观念上说，就是犯罪分子在权利和义务上严重背离的必然结果。

在当前，"绝对自由"的观念和要求也有相当的表现。一些人认为"自由"就是想说什么就说什么，想干什么就干什么，只有这样才是"真正的"自由。"绝对自由"的观念与要求还必然导致无政府主义、虚无主义，否定必要的权威和集中，个人高于一切，鄙夷一切，藐视一切，玩世不恭，不遵守国家的宪法和法律，不遵守各项规章制度，不服从命令，不听从指挥，有令不行，有禁不止，等等，其结果也往往导致违法犯罪。

"特殊分离"是指国家机关、国家公务人员在行使职权、职务时表现出来的权利与义务的分离。主要表现为官僚主义和权力滥用。国家机关是根据国家管理的需要，由人民或人民代表机关通过各种方式选举产生的公共事务管理机关，代表国家，最终代表人民实现对国家的管理。国家机关对国家的领导和管理主要是由国家公务人员具体的职务活动实现的。当然，国家公务人员作为公民，也具有相应的公民权利和义务。但是，作为国家公务人员，还负有职责上的权利和义务。这里的"特殊分离"，指的就是这种职责上的权利与义务的分离。

这种分离最主要的表现之一就是官僚主义，具体表现为高高在上，脱离群众，脱离实际，讲排场，摆门面，说假话、空话，弄虚作假，思想僵化，墨守成规，办事拖拉，不讲效率，不负责任，不守信用，公文旅行，互相推诿，敷衍塞责，不关心群众疾苦，以致官气十足，动辄训人，压制民主，欺上瞒下，专横跋扈等。

在国家机关和国家公务人员的有关公职的权利和义务的分离中，危害之大、后果之严重莫过于权力的滥用了。而在我国目前，权力滥用的现象已经发展到相当严重的程度了。主要表现为权钱勾结、以权谋私、打击报复，等等。在当前反腐倡廉的斗争中，我们不仅要同各种滥用权力的腐败行为作坚决的斗争，还要彻底打破各种形式的公职上的关系网，彻底破除官官相护的腐朽陋习。否则，廉政终究不过是一个嘴上天天喊的口号，根本不能在现实生活中实现。

总之，现实社会上无论是公民或法人表现出来的一般分离或权利滥用，还是国家机关、国家公务人员表现的权利和义务的特殊分离，特别是其中的官僚主义和权力滥用，都与我们建构权利相对论的价值体系模式和价值意识模式的理想目标形成了强烈的反差。不正视这些权利和义务背离的现象，并下决心、花大力气去克服这些现象，我们就不可能顺利地建成权利相对论的价值体系模式和价值意识模式。在目前，我们对这些权利与义务分离或严重背离的现象，从社会治安、社会风气以及廉政建设等方面已经有了充分的认识，但在权利和义务价值体系模式和价值意识模式的建构方面还没有引起足够的重视，特别是对权力滥用对我们社会的整体利益和公民个人权利两方面所造成的极大的危害，缺乏应有的警觉。这种状况如不尽快改变，我们不仅不能有效地完成目前整肃社会治安、社会风气以及政风的紧迫任务，而且会延误我们建构理想的法律关系的价值体系模式和价值意识模式的长远目标。因此，在当前，我们在把上述的整肃任务纳入维护社会秩序、稳定大局等政治总战略考虑的同时，也要自觉地纳入我国当前及未来的权利相对论的价值体系模式和价值意识模式的总战略考虑之中。只有这样，我们才能找准建构这种理想模式的正确出发点，才能做到对症下药、有的放矢。同时，也为我们当前在整顿社会治安、打击严重的刑事犯罪和经济犯罪活动、严肃政纪、整顿政风、加强廉政建设等方面的综合治理提供一条法律的，确切地说，一条权利和义务价值体系模式和价值意识模式的途径。

（四）权利价值崇尚复兴的前景未必乐观

传统的自然权利观念自 19 世纪末 20 世纪初走向低潮绝不是偶然的，除了其表现出的时代滞后性，即不适应西方现代社会的新情况、新变化以外；更主要的是由于这种权利价值内在的非科学性和非理性。它不是调适个人与社会相互关系的适当的价值评价系统。人类社会的发展总是循着自我内在的规律前进，它迟早总会摈弃一切妨碍其正常运转的价值评价系统。权利价值偏好和崇尚的价值评价系统不可避免地使个人的利益、志向和幸福先于和重于社会的利益、志向和幸福，因而压抑和阻碍了社会利益的光大，最终也会影响到个人利益的满足和更高的追求。因此，权利价值偏好和崇尚的价值评价系统和观念迟早都会被排除。现代自然权利复兴的努力尽管涂上了现代的色彩，但其基本的价值评价观念依然没有脱离传统自然权利观念的窠臼。尽管他们用"固有的"、"应该的"表述代替原先的"天赋的"、"与生俱来"的表述。如果自然权利观念的复兴还不能为自己找到新的法哲学基础，又不能有力地遏止其他法学思潮和流派的有力挑战和抨击，它恐怕就没有乐观的前途。当然，我们这里指的是自然权利，乃至一般权利的偏好及崇尚的价值评价态度，并不是指权利的一般价值。毫无疑问，权利仍然是一种多价值的法律关系。要求获得个人权利并加以保障，过去、现在和将来，都不失为一种高雅的价值追求和享受。社会拒斥的，只是对其价值偏激的评价和选择态度。

（五）社会学法学具有法律关系评价的变革意义

20世纪的社会学法学，特别是庞德的社会学法学主张个人利益应服从于社会利益，实质上是继孔德和狄骥之后，对自然法所崇尚的个人权利的观念和价值的继续否定以及对义务的观念和价值的继续肯定和弘扬。如果说，由孔德的法律实证主义开始的对传统的自然权利的观念和价值的批判和否定，经由狄骥的社会连带法学的进一步批判和否定已在法哲学史上造成了根本性的变革，并使社会利益的即法律义务的观念和价值的偏好和崇尚站稳了脚跟并扩大了影响，那么，庞德的社会学法学在这方面的继续发展就使这一社会利益、即法律义务价值的偏好和崇尚进一步巩固了阵地并扩大了影响。由孔德—狄骥—庞德，由法律实证主义—社会连带主义—社会学法学这一带有相关性和连带性的新法律价值观的发展历程，在西方法哲学史上，无疑具有重大而深远的意义。它表明，个人权利的观念及其价值的备受崇尚的光辉时代差不多永远地结束了，个人权利的观念及其价值已经丧失了其至高无上的和不可动摇的地位。尽管有的学者还在致力于它的复兴，也无力再改变这一历史事实了。社会学法学对于这种法律关系评价的变革所作出的特殊贡献，无疑值得肯定和赞评。

（六）权利和（或）义务价值并重的评价态度具有积极的意义，并有待于进一步的明确和发展

前已指出，权利和义务价值并重的评价态度一反传统的偏激的评价态度，把权利和义务所体现的个人利益和社会利益放在同等价值的地位；主张为了维护社会利益，对个人利益的权利要求和主张给予必要的限制，这确实具有观念变革的积极意义。不过，我们注意到，上述关于权利和义务并重的评价态度仍然是以曲折的形式表现出来的，还没有明确地、直接针对权利和义务的价值作出如是的评价。尽管不能排除研究立场、范围、角度、方法方面的原因，但理论界还没有上升到这样的理论认识，恐怕也是一个原因。不管怎样，这种价值评价态度的出现，标志着西方法哲学思想正逐步摆脱其某些非理性的因素，正朝着理性的彼岸靠拢。

总之，从上面的介绍和分析中，我们可以看到当代西方法哲学关于权利和义务价值的评价和选择呈现一种多元的状态。其中既有历史上行之已久的权利价值崇尚的传统，主要表现为自然法的复兴和其他权利价值侧重法哲学的形态，又有自19世纪才兴起的义务价值崇尚的延续和发展，主要表现为社会学法学。20世纪早期兴起的法律现实主义以及目前正在盛行的美国法律批判思潮，以另外的形式抨击和削弱了以权利价值崇尚为宗旨的自由法学传统，在一定意义上可以认为多少给了义务价值崇尚的勃兴以助力。此外，权利和义务价值并重的法理学，特别是美国法理学家博登海默身体力行的统一法理学，把个人权利和公共利益价值的哲学思考提高到一个新的历史起点，在法哲学史上具有不容低估的地位和意义。

（七）权利和（或）义务价值模式的返璞归真和原始回归

在人类的童年，在人类的权利和义务的价值体系和价值意识还处在朦胧的、混沌的状态，甚至还不知道什么是权利和义务的时代，人类的权利和义务关系就被习俗调整好了，而且调整得是那么自然！没有自我约束，没有权威的强迫命令，没有自责和惩罚，既无自我陶醉，又无外加的痛苦，那是多么令人称羡！多么令人惊叹！多么令人遐想和向往！可是，自从人类长大成年以后，尽管有了健全的头脑和理智，还是把原本朴实无华、平淡自然的权利和义务关系搞得一塌糊涂，斩不断，理还乱。人类自身，包括那么饱学的儒士和政治精英绞尽脑汁，挖空心思，总想把权利和义务关系之舟驾到宁静、平和、明媚的彼岸，但几千年的人类文明史总在跟他们过不去、开玩笑。权利义务之舟总是在险山恶水的江河或沟壑纵横的湖海中转圈圈，找不到出路。几千年的人类权利义务关系的文明史就这样陷入循环往复的悖论之中，令人一筹莫展。人们越是弘扬和渴望得到权利，越是要无休无止地被强制尽义务。人们越是弘扬和鼓励人们去尽对他人和社会的义务，越是有人享尽无边的特权。人类几千年的权利和义务发展史尽管创造出光辉的英雄业绩，但人类也为此付出了重大痛苦和牺牲的代价。在人类向往原始、追求自然，以返璞归真为时尚的当代，难道人类不应当用更理智的头脑去反思几千年权利和义务发展史的是是非非，并重新认识和肯定人类童年混沌权利义务价值模式的内在价值吗？是否可能和必要以人类童年混沌的权利和义务价值模式的底蕴为价值坐标，去反思、整合、重构人类未来的权利和义务价值模式？当然，这不是让人类放弃现代文明的一切享受，去过车马不乘、舟楫不用、茹毛饮血、洞居穴居的原始生活，而是在更高级的社会和理性基础之上实现返璞归真和原始回归，是要把权利和义务提升到似有却无、说无却有，你中有我、我中有你的超然境界！是在更高的理性反思、分析、评价、认识、瞭悟的基础上去实现个人和群体、社会各层次上的自我实现和自我超越！这是多么令人渴望和神往的美妙意境！令人欣慰的是，正如在本文的研究中所昭示的，在经过几千年的苦苦求索，并付出无数痛苦和牺牲的代价之后，人类最终找到或即将找到把权利和义务之舟驶出迷宫的航行坐标，并正在迎着黎明的曙光，向着光辉璀璨的彼岸奋力驶去。

载于《比较法研究》1994年第3、4期

第三篇　关于反腐败的几点思考

内容提要：反腐败是当前党和国家面临的严重政治斗争，也是全社会普遍关注的热点和难点问题。本文分析了当前党和国家面临的反腐败严峻形势，认为，腐败最终会危及国家政权；腐败现象已经渗透到公共权力部门；腐败现象已经成为对国家政权现实的、直接的主要危险。认为对反腐败斗争政治性的认识偏差和不足，是反腐败不力的一个重要原因，应大力加强对其政治性的认识。指出，反腐败是一项社会工程，需全党、全社会、广大人民群众积极参与。

关键词：反腐败　政治　斗争

一　反腐败面临的严峻形势

江泽民同志在十五大报告中强调"反对腐败是关系党和国家生死存亡的严重政治斗争"，可以说一语中的，这是对当前反腐败所面临的严峻形势的高度概括。其指意再明确不过了：腐败现象在当前严重滋生和蔓延，且形式多样，隐蔽较深，危害极大，已经远远超出了一般性社会危害的程度，而是关系到党和国家的生死存亡的问题。在当前腐败现象的蔓延，有以下突出表现。

（一）发案率大幅度上升

腐败现象严重性的一个重要方面，就是涉及的范围广，影响面大。这突出表现在发案率持续、大幅度地向上攀升。据最高人民法院院长任建新同志在八届全国人大第五次会议上的报告，1996年审结的贪污、贿赂、挪用公款等万元以上的案件15827件，比1995年上升9.98%。另据中纪委第八次全会统计，全国纪检监察系统在1996年共立案168389件，比1995年增长8.3%，共结案162860件，比1995年增长14.08%。

以上只是众多统计数字中的两组，但从中不难看出，腐败现象在国家公职人员中蔓延的范围之广、升幅之快，是何等的触目惊心。

（二）大案要案持续增长

在当前，腐败分子的胆子越来越大，胃口也越来越大。表现在大案要案，特别是重大的经济案件大幅度攀升，涉及的数额也越来越大。据任建新同志在同一份报告中的统计，1996年100万元以上不满1000万元的案件397件，比1995年上升60.73%，1000万元以上的案件59件，比1995年上升20.4%。北京市在1996年查处的大案要案466件，比1995年上升15.35%。现在，随着反腐败斗争的深入开展，正在揭露出来的一些重大经济案件更是令人触目惊心。腐败分子的贪婪简直到了丧心病狂的程度，几百万、几千万、几个甚至几十个亿地鲸吞国家或集体的资产，给国家和集体经济组织造成了巨额的财产损失。

（三）腐败官员的级别越来越高，"高官腐败"现象突出

腐败现象正在我们的干部队伍，特别是高级别干部队伍中蔓延。这些所谓的官员根本忘记了自己人民公仆的身份和为人民服务的宗旨，他们或则疯狂地挥霍、鲸吞国家或集体的财产，或则纵情声色犬马、腐化堕落，或则聚赌嫖娼、恣意沉沦，或则卖官鬻爵、丧尽天良。诸如此类，令人发指，令人扼腕。据统计，从1993年至1995年三年间，全国纪检监察机关查处的厅局级干部的要案分别为64、88和137件，上升幅度分别为39%和55%。1996年全国司法机关立案查处的省部级干部就有5人，厅局级干部143人。其中包括副部长、省市人大副主任、市委书记、副市长等"高官"多人。原中央政治局委员、北京市委书记陈希同的案件现移交检察机关查办，又使高官腐败的记录创了新高。应当说，"高官腐败"的危害及其影响是非常之大的，这是我国目前腐败现象的严重性一个突出的方面和体现。

（四）腐败现象在公共权力部门中迅速蔓延

所谓公共权力部门是指党的领导机关、政府机关、司法机关、经济管理部门，它是我国当前重要的公共权力部门，担负着重要的领导和管理国家和社会的职能。本来，这些机关和部门是应该最清明廉正的，但目前已被腐败的毒瘤所严重侵袭。它们中的一些领导干部和一般公务人员利用手中掌握的权力，肆无忌惮地谋取私利。他们或则吃、拿、卡、要，中饱私囊，或则利用职权索贿、受贿，敲诈勒索，或则枉法，滥用权力，甚至与流氓、恶势力、

黑社会相互勾结，狼狈为奸，充当"保护伞"。据最高人民检察院检察长张思卿同志在八届人大第五次会议上的报告，在1996年查办的腐败案件中，涉及党政机关、行政执法机关、司法机关和经济管理部门的犯罪嫌疑人员，就有13530人之多，比1995年上升3.5%。司法、行政执法人员贪赃枉法、徇私舞弊的案件和人员分别上升了26.9%和17.3%。公共权力机关和部门的腐败昭示了金钱、资本对公共权力的侵蚀程度的深化以及公共权力金钱、资本化的倾向。而行政执法机关特别是司法机关的腐败则凸显了我国反腐败形势的严峻。

（五）顶风作案和案件复发性增强

"前车之覆，后车之鉴"这一古训的经验价值，常为古今国人所崇尚和铭记。然而现今一些腐败的官员竟把它抛于脑后，实令人欷歔不已！1995年1月，原贵州省省委书记夫人、省政协常委、贵州国际信托投资公司董事长阎健宏因贪污受贿被判死刑，而她的继任者贵州省政协委员、新任公司党组书记、董事长、总经理向明序又重蹈覆辙，时隔一年，便因受贿、嫖娼落入法网。北京北钢公司总经理管志诚因严重经济犯罪而被处以极刑，但该公司新提拔的总经理助理杨立宇、副总经理赵东祥又步管志诚后尘，因大肆贪污受贿受到法律的惩处。这些只是这类顶风作案的个别典型，但从中也不难看出其严重的程度。自1993年中央纪委第二次全会以来，国家加大了反腐败的力度，有关部门还相继制定了大量的法规、条例以规范和约束国家公务人员的行为，但顶风作案的势头并未得到有效制止。应当指出，顶风作案和案件复发性增强是在国家加大了反腐败力度的情况下出现的。这一情况表明，我国的腐败现象确实呈现严重的态势。

（六）"窝案"、"串案"增多

当前的腐败不单表现在前述包括"高官"在内的个别干部的腐化堕落方面，还突出地表现在干部队伍的"集体腐败"方面，形成所谓的"窝案"、"串案"。原山东省泰安市以市委书记胡建学为首的6名主要领导成员以权谋私、收受巨额贿赂的集体犯罪案，就是一个典型的"窝案"。原广东省清远市佛冈县党政领导班子12名成员，竟有11人因收受巨额工程贿赂等行为，沦为犯罪分子，几乎"全军覆没"。还有些案件涉及几十人甚至一百多人。此类的"窝案"、"串案"，光是查处后披诸报端的就有多起，足见腐败现象发展程度之严重。

（七）腐败现象向政治领域发展

集中体现在"卖官鬻爵"方面。一些人通过贿赂拉关系、走后门，收买上级领导，跑官、要官、买官；有些地方甚至出现公开、半公开标价的现象；还有的建立庸俗的人身依附关系，以求得到提拔、晋升。

（八）腐败现象向着群众化、公开化、法人化、合法化的方向发展

现在的腐败现象，无论是以权谋私，还是贪污行贿受贿行为，在一些地区、一些部门已不是个别公职人员或领导干部的个人行为，而是以国家机关、社会组织集体的名义，通过开办咨询公司、代理公司等合法的、非法的组织，实行权力专办、行业垄断，谋取非法的或不当的利益。

（九）腐败行为极具隐蔽性使案件查处的难度加大

有的行贿人与受贿人休戚相关、利益共享、荣辱与共，互相包庇而难以查处。反侦查的技术和力量的强大，严重的地方和部门的保护主义，都使对腐败案件的查处增加了难度。"隐性"腐败现象普遍存在。许多腐败现象表面上看不出来。它们通常由领导人员或有权公务人员以国家党政机关或经济管理部门的名义，以行使合法职权或管理权限的形式，公开地、合法地为本地区、本部门，直至为私人谋取利益和好处，而且在行为的过程和形式上也不能认定是违法行为。这类腐败现象的大量存在，给案件的定性和查处都带来很大的困难，从而加大了反腐败的难度。

上述腐败现象的种种特点表明：腐败现象在我国已不是个别、偶然的现象，更不是少数人的恣意妄为。腐败现象和案件的大量存在和激增、高官腐败的突出、顶风作案的猖獗、大案要案显著、"窝案"和"串案"的增多等，所有这些表面特征都反映了我们的党和国家，我们社会的健康肌体都已经受到腐败这个社会毒瘤的侵袭和腐蚀，它对我们社会正常的价值观念、社会的道德体系、干部和公务员制度、经济和政治体制、社会结构，乃至综合国力都已经和正在造成巨大的冲击和破坏。如果任凭腐败现象以目前的态势蔓延发展下去，亡党亡国的警示，绝不是危言耸听、虚张声势。这是一个实实在在的危险，是一个合乎经验理性的逻辑结果。党的十五大报告把反腐败提到关系党和国家生死存亡的高度，就是对当前我国反腐败的严峻形势的正确分析和评价。

二 应当更深刻认识反腐败斗争的政治性

从政治学最一般的原理上讲，政治斗争就是为了夺取或巩固政权而进行的斗争，也就是说，一切以夺取或巩固政权而进行的斗争，就必然具有政治性。政治斗争的最高目标和最终归宿就是为了获取或维护国家的统治权或管理权。当前，我国的政治斗争集中表现在以中国共产党为核心的一切社会主义、积极的力量，为巩固和维护人民民主专政的社会主义国家政权而进行反腐败斗争。党的十五大报告以严肃的历史和政治责任感明确地指出："反对腐败是关系党和国家生死存亡的严重政治斗争。"这是一个科学的结论，表明我们党对反腐败的意义和重要性的认识又提高到了一个新的水平。

基于如下的理由，我们认为反腐败是关系党和国家生死存亡的严重政治斗争。

首先，腐败最终会危及国家政权。一个国家的败亡，一个政权的丧失，尽管可能起因于各种各样的原因，但不容置疑的是，腐败是一个重要的原因。"历览前贤国与家，成由勤俭败由奢。"奢华尚且如此，更何况各种腐败行为或现象的表现形式和危害程度都远远超出了单纯以追求和满足物欲为目的的"奢华"。由于腐败而导致丧权和亡国的事例，古今中外史不绝书，现时的事例也点指可数。腐败最终会危及国家政权，最后可能导致亡国的结局，这是历史和现实反复证明了的，是历史逻辑和实践逻辑所得出的必然结论。应当承认，我们人民民主专政的社会主义国家政权并不具有、也绝不可能具有抗拒和消融腐败的天然免疫力。严重的腐败现象如果得不到遏制，丧权亡国的历史悲剧就会在我国重演。我国历史上历代封建王朝和国民党政权的败亡，就是我们的前车之鉴；而苏联的土崩瓦解和东欧国家的剧变，则是我国现实的明镜。

其次，当前的腐败现象已经渗透到公共权力部门。尽管社会各方面对我国当前腐败滋生蔓延的范围和危害程度的分析和评价不尽一致，但对于各种严重的腐败现象已经广泛地渗透到各种公共权力部门或行业这一点，几乎无人持相左的意见了。连早两年人们尚且讳谈的"官场腐败"、"高官腐败"、"司法腐败"等，现在已经耳濡目染于新闻媒介，且已经见惯不怪了。我们说当前腐败现象严重，严重就严重在许多公共权力部门和公共服务行业已经和正趋向腐败。其突出表现在：在市场经济大潮的催动下，权力正迅速实现资本化，由原本为公众谋取福祉的公共权力异化为个人、部门、地方、行业捞取好处的工具，从一定的意义上说，现时的一些已经异化的公共权力部门及掌握这些权力的官员，正是通过公共权力成为"暴发户"，以天文数字积聚财富，并使其变成具有早期资本主义性质的原始积累。这种通过公共权力实现的资本积累，或许较之西方通过圈地、超经济强制、贩奴贸易以及海盗等野蛮行径实现的原始资本积累来得更容易，危害也更大。其危害不仅仅表现在严重地干扰了社会主义经济建设，阻塞或切断了国家的经济命脉，而且还严重地撼动了国家的民主根基，使公众丧失了对公共权力的信任感、依托感。"水能载舟，亦能覆舟"，一个政权一旦失去人民的信任和支持，往好处讲，也不再具有抵御风险的能力。苏联及东欧原社会主义国家在一夜之间就变换了"大王"旗，就是最新的生动事例，此情不可不知、不可不察，更不可不鉴。

最后，当前腐败现象的广泛滋生和蔓延已经构成了对人民民主专政的国家政权的现实的、直接的主要危险。大体说来，对于国家政权的现实的、直接的威胁，无非来自内外两个方面。从外部来说，随着我国的经济建设取得令世人瞩目的成就，以及作为一个社会主义大国的国际地位日益提高，在当前和平、发展的世界主旋律和全球一体化、区域集体化的宏观背景下，我国已经同世界上许多国家开展了经济合作和其他友好往来活动，并同许多国家包括一些大国建立了各种形式的"战略伙伴"关系，即使过去长期对我国采取敌视态度的国家，从本国的战略利益出发，也正在与我国谋求合作而不是发展对抗。如果说对我国政权的颠覆现实的、直接的危险在于国外敌对的国家或社会势力，恐怕很难被人认同，因为这不符合事实。当然，当前国际政治斗争的形势很复杂，对国外敌对势力的颠覆或侵略的图谋不能掉以轻心，居安思危还是完全必要的。在国内，我国早已消灭了敌对的阶级，不存在大规模急风暴雨式阶级斗争的基础；在一党执政的政治格局中，也不存在各种力量相当的政治势力在平等的基础上，循着法定的规程进行竞选的条件。目前党和国家的政治舞台，恰恰设在我们党和国家的内部，恰恰是在我们党和国家的进步的、积极的、正义的力量与反动的、消极的、腐败的力量之间展开的。生与死在于我们党和国家，存与亡也在于我们党和国家，诚所谓"成也萧何，败也萧何"。现实腐败现象已经渗透到社会和国家生活的方方面面，扩散到从执政党、国家机关、社会组织、经济管理部门等各种组织和团体，腐败分子已囊括从"高官"到普通公务人员的各色人等。还由于腐败势力没有统一的组织、纲领、行动，始终处于一种散漫无序的状况，腐败现象还具有公开性与隐蔽性、合法性与非法性、群体与个人相结合、穿插交错等特点，更加大了反腐败斗争的困难程度。这表明，严重的腐败现象已经构成了对人民民主专政的国家政权现实的、直接的危险。

值得注意的是，当前在对反腐败斗争的政治性认识上存在着观念上的偏差和错误，主要表现在：

第一，主流论。认为当前党和国家的组织和机关是廉洁的，绝大多数干部是勤政廉政的，因而主流是好的，腐败机关和官员只是少数，是次流。这并没有错，无论是从定性上分析，还是从定量上统计，确实如此，否则就是从根本上否定了自己。问题是，长期以来我们形成的先主流、后次流，报喜不报忧的政治思想模式，用在反腐败斗争形势的分析上，似乎不合时宜。面对腐败现象到处滋生蔓延的严峻形势，面对党和国家生死存亡的现实的、直接的危险，我们需要大声疾呼，需要振聋发聩，轻描淡写并不能消除人们的疑虑和增强人们的信心。为了引起人们的警觉，在工作总结、报告乃至宣传上，多强调腐败现象的严重程度和反腐败斗争的严峻形势，似乎更合时宜。须知，"矫枉必须过正，不过正不能矫枉"。

第二，有益论。认为在旧的经济体制被打破，新的市场经济体制还没完全建立起来的情况下，要保证和促进经济的高速发展，就不能完全依赖正常的途径和方式来保障和促进经济的正常运营和发展，而应当或必须运用一些非法的或非常规的经济运作方式。他们把这看作发展经济的"滑润剂"。这是一种极为有害的错误认识，错就错在没有把反腐败看做是一场严重的政治斗争，没有看到腐败现象给国家权力、社会的价值观念和伦理道德观念以及社会的公序良俗所造成的极大损害。即使单纯从经济效益的观点上看，也是得不偿失。以牺牲正常的经济运作规律和平等竞争的法则，换取经济上的暂时发展，无异于杀鸡取卵，它给经济的正常运作及国家和集体财产所造成的巨大影响和损失，再怎么强调也不过分。

第三，合理论。认为在我国目前状况，各种政治和社会弊端共同作用的结果，才滋生蔓延出各种腐败现象。这首先是一个糊涂观念，持此说者或许没有把哲学意义上关于现实存在的合理性与腐败现象本身的合理性区分开来。黑格尔断言"现实的就是合理的，合理的就是现实的"，只是表明世上万物的存在，都有其合理的根据。他并不认为，凡经验主义者所以为的事实，都是合理的；相反，他认为那些事实必然都是不合理的。其次，如果认为现实的腐败现象本身有其合理性，则是必定无疑的错误观念。因为它悖乎常理，经不起任何实践理性的检验。无须列举种种理由加以证明，只要提出如下一个反题，即"领导干部贪赃枉法的事越多越出政绩"，就可以看出这种所谓的"合理性"荒谬之极了。

第四，自然消灭论。认为现实的腐败现象只是我国社会经济转型这一特定时期的产物，随着市场经济体制的建立和完善，腐败现象就会失去赖以生存的土壤和条件，因而会自然灭亡。这种认识之所以错误，是没有认识到反腐败是具有艰巨性和长期性的政治斗争。实际的情况是，腐败现象并不是社会经济转型时期特有的产物，而是一个贯穿人类社会很长时期普遍存在的历史现象。在过去、现在以及相当遥远的未来，反腐败是全人类面临的共同历史使命。那种认为腐败现象会随着市场经济体制的建立和完善而自然消失观点，是一种天真的想法，既无根据，也不被当代的现实经验特别是西方发达国家的经验所支持。

第五，悲观和畏难论。这在公众中有相当多的反映。他们看到如此多的党政领导干部、经济管理部门的干部，包括相当数量的"高官"都堕落成为腐败分子；看到那么多的国家机关，包括司法机关都在搞腐败，就以为腐败没治了，任何组织和个人都将回天乏术，无能为力了。其实，从人类社会发展的前景上看，人类终究要以正义战胜邪恶，以理性代替非理性，对战胜腐败的前景应当充满信心。但是也必须承认，目前全社会，特别是有关的领导部门对反腐败至今还没有痛下决心，反腐不力，确实使我们所做的消除人们的悲观和畏难情绪的努力，缺乏说服力。

第六，两难抉择论。现在社会上广泛流传"反腐败要亡党，不反腐败要亡国"的议论，就是这种两难抉择论的典型反映。事实上，反腐败并不是这种两难的抉择，并非要在亡党亡国中只能择取其一。还是应当按党的十五大报告正确地理解反腐败斗争的政治性，以高度的历史责任感加深对反腐败重大意义的认识，反腐败与不反腐败，反腐败得力与不得力，确实关系到党和国家的历史命运，关系到党和国家的生死存亡。欲加强反腐败的决心和力度，欲把反腐败斗争进行到底，就应当更深刻地认识反腐败斗争的政治性，把它看作关系到党和国家生死存亡的大事。舍此，再进一步的作为就不好谈起了。

三　反腐败是一项社会工程

党的十五大从"反对腐败是关系党和国家生死存亡的严重政治斗争"高度，对反腐败斗争从思想认识、组织保障、工作安排、战役部署、群众参与等方面进行了论述、动员和部署。从中可以看出,反腐败是一项需要全党、全国、全社会、广大人民群众积极参与的社会工程。

党的十五大报告明确提出:"领导干部首先是高级干部要以身作则,模范地遵纪守法,自觉地接受监督,抵制腐朽思想的侵蚀,做艰苦奋斗、廉洁奉公的表率,带领群众坚决同腐败现象作斗争。"由党的最高文件对全党全国的领导干部首先是高级干部提出严格的、高标准的要求,是十分必要的和重要的。从最一般的政治学和政府论的原理上讲,不论什么时代,何种社会制度,都要求国家的公务人员特别是领头的公务人员做人从政都要正直、廉洁、诚实,否则就根本不能取信于民。早在两千多年前,孔子就对君长的带头作用给予高度重视。他说:"政者,正也。子帅以正,孰敢不正。"① 又说:"其身正,不令而行;其身不正,虽令不从。"② 还说:"为政以德,譬如北辰,居其所而众星共之。"③ 这说明古代人就很看重君长的这种身正廉洁的表率作用。在西方现代社会,尽管那里也饱受腐败风潮的困扰,但正义的社会思潮仍呼唤政治家要带头清正廉洁,正如德国一个社会学家所指出的那样:"在一个职业政治家只考虑其自身利益的国家里,是不可能要求公民诚实的。"④ 在我国,领导干部特别是高级领导干部在组织和带领广大群众实行改革开放、建设社会主义现代化国家的过程中,发挥着重要的作用。如果像目前这样,他们中相当多的一部分人把公众赋予他的,本来是为社会谋福利的公共权力、金钱和其他条件变成攫取私利的工具;把本来应由公众享受的利益变成了个人享有,从而堕落成为人民群众所不齿的腐败分子,那么,怎么能指望他们带领人民群众从事社会主义现代化建设呢?由此可见,党的十五大报告对领导干部特别是高级干部提出严格的、高标准的要求是十分必要的和重要的,可以说是抓住了反腐败的要害。

但是,在我国反腐败面临党和国家生死存亡的严峻形势下,光提出对领导干部首先是高级领导干部的严格的、高标准的要求,显然是不够的。十五大的报告又明确提出:"要继续抓好领导干部廉洁自律、查处大案要案、纠正部门和行业不正之风。各级领导务必做到旗帜鲜明,态度坚定、工作锲而不舍。"这其中提到抓好领导干部廉洁自律、查处大案要案,以及要求各级党委

---

① 《论语·颜渊第十二》。
② 《论语·子路第十三》。
③ 《论语·为政第二》。
④ [西班牙]何塞·伊格纳西奥、纳瓦罗·阿吉莱拉:《国家的腐败和腐败的国家》,载第七届国际反贪污大会文集《反贪污与社会的稳定和发展》,红旗出版社1996年版,第224页。

做到旗帜鲜明、态度坚定、工作锲而不舍，对当前及今后深入开展反腐败斗争尤其具有重要意义。如前面指出的，当前的领导干部腐败，尤其是"高官腐败"现象的突出，已引起全党全国人民强烈的不满和忧虑，而以往在查处领导干部腐败案件特别是"高官腐败"案件方面，所表现不到的，也使不少的党员和干部对反腐败斗争能否取得成效产生了怀疑，甚至丧失了信心。这次党的十五大报告在这方面提出了明确的要求，表明了坚定的决心和态度，这对全党全国人民无疑是一个巨大的鼓舞，有利于树立他们坚定反腐败必胜必果的信心和决心。

十五大的报告还指出："坚持标本兼治，教育是基础，法制是保证，监督是关键。通过深化改革，不断铲除腐败现象滋生蔓延的土壤。"这也是反腐败这项社会工程的一个重要方面。反腐败不能光治标，不能总是被动地去查处腐败案件，而必须主动出击，从根本上进行防治。只有从源头上确实有效地防堵了腐败现象赖以蔓延的豁口，从根本上铲除腐败现象赖以滋生的土壤，才能最大限度地遏制腐败。

"教育是基础。"腐败现象的滋生和蔓延，许多党和国家领导干部堕落成为腐败分子，归根结底是他们个人的内在因素在起作用，最终是由他们的低素质决定的。我们应当长期地、坚持不懈地抓紧对人民群众特别是领导干部的教育，努力提高他们的素质，培养出一代又一代高素质的现代公民，要从小抓起。只有教育工作做好了，公民包括领导干部都树立了正确的人生观、价值观，懂得自己的社会和法律地位，树立全心全意为人民服务的思想，并能掌握现代的科学技术和管理知识，才能从根本上遏制腐败现象的滋生和蔓延。

"法制是保证。"同腐败现象作斗争，就必须狠狠打击腐败分子的嚣张气焰。只有把腐败变成"高风险"、"难收益"甚至"无收益"的行为，才能有效地遏制腐败现象的滋生和蔓延。法制无疑是同腐败现象和腐败分子作斗争的锐利武器。法律、法治的功能价值不仅体现在它们预设了人们对可望得到平等而又公正对待的合理期望，以肯定的规范和积极的作为来满足人们的这种合理期望，以及合法权利和利益的实现；而且还在于法律、法治还预设了遏止人们非分欲念的手段，以禁止性规范和强制性措施来遏止人们的非分欲念，以及对他人合法权利和利益的侵犯。现在国家的宪法、有关法律，特别是刚刚颁布实施的新刑法，都是打击腐败分子的利器，应当按照十五大报告的要求，尊重宪法和法律的尊严，严格依法办事。

"监督是关键。"在我国的政治体制中，目前还缺乏强有力的权力之间相互监督的机制，国家也还没有设立超越各种权力机关和政治力量之上的监督机关。但是，在我们党和国家内，长期以来存在着行之有效的党内监督制度、国家监察制度、法律检察制度、民主监督制度、群众监督制度和舆论监督制度，等等。应进一步健全和加强这些监督制度，并切实发挥这些制度的作用。

反腐败之所以是一项社会工程，还突出地表现在它是一项为广大公众关心和参与的活动，各国都很重视公众在反腐败斗争中的地位和作用，并采取各种组织、途径和形式广泛地吸引公众直接参与反腐败斗争。在我国，党和国家也很重视吸引和组织人民群众关心和参与反腐败斗争，并取得了明显的成效。绝大多数的腐败案件都是由人民群众检举揭发出来的。广泛地吸引和有效地组织公众直接参与反腐败斗争，这是我国的一条基本经验。十五大报告进一步肯定了这一经验，指出要"依靠群众的支持和参与，坚决遏制腐败现象"。在当代，世界各国为了组织和吸引公众参与反腐败斗争，制定了许多必要的法律、法规，还实行了一系列有效的组织、途径、措施和办法。我国也应当加强这方面的立法，特别应当制定《群众举报法》等法律，加强对举报人的法律保护。还应当进一步拓宽和保证人民群众参与反腐败斗争的途径和形式。

总之，党的十五大报告基于对"党和国家生死存亡"这一根本命运和前途的关注，以及上升到"严重政治斗争"的深刻认识，向全党全国人民吹响了深入地、持久地开展反腐败斗争的号角。全党全国人民热切希望党中央旗帜鲜明、态度坚定，领导全党全国人民锲而不舍地把反腐败斗争进行下去，使正在急剧蔓延的腐败势头尽快得到遏止。

原载《中国法学》1998年第4期

第四篇 当前亚太地区和各国宪法发展的基本态势及未来展望

一 导言

亚太地区最近50年来，在经济领域发生了举世瞩目的巨大发展。先是北美洲西部经济的发展和美国作为世界超级大国地位的确定；然后是日本实现"追赶型现代化"，跻身世界上七个经济大国的前茅；接着是韩国、新加坡、中国的台湾省和香港地区用不到30年的时间发展成为新兴的工业化国家和地区，被誉为亚洲"四小龙"；最近则有泰国、马来西亚、印度尼西亚、越南、印度等国经济的高速发展；特别是中国十多年来的经济腾飞，为亚太地区乃至整个世界经济的发展注入了新的活力。在这一地区还集中了加拿大、澳大利亚、新西兰等经济发达的国家。此外，拉美国家自20世纪80年代后期锐意进行经济改革，致力于对国民经济体系进行"新自由主义"和"新结构主义"的改造，成为世界经济中的一枝独秀。它的强劲发展势头与西欧经济的衰退景象形成了鲜明的对照。随着亚太地区经济地位的日趋重要，它的政治和社会的结构和发展，传统的文化、人文精神和观念也日益受到关注和重视。有识之士早已注意到世界文明的重心正在"东移"到亚太地区。人们特别是亚太地区的人们企盼和呼唤的"亚太时代"或者"太平洋文明"、"亚洲纪元"、"东方复兴"等正在到来。

亚太地区各国特别是其中一些国家经济政治、社会形势的显著发展和变化，必然牵动和影响有关国家的宪法及宪制的发展和变化。一方面，有关国家需要以宪法这一国家根本大法的形式，把它们刻意追求和实现的经济模式、政治结构、社会设计固定和确认下来；另一方面，也需要以宪法这一最高的法律形式统一和整合国家或民族的目标追求和价值理想，为当前及今后的更大发展规定明确的前进轨迹。最近几十年，特别是80年代以来，许多亚太国家相继修改或更新了它们的宪法，就是上述形势发展的需要在宪法和宪政建设上的必然反映。探讨亚太地区各国特别是其中发展变化较大的国家的宪法在当前发展的基本态势，并对未来的发展趋势作出预测，不仅对亚太国家当前及今后的发展有着实践上的启发意义，而且也可对宪法学内容的发展与丰富，并注入新的理论活力。

二　当前亚太地区和各国宪法发展的基本态势

亚太地区是一个非确切的地理概念。① 即以环太平洋国家为限②，不仅在地理环境、气候条件、资源分布、人口多寡和密度、贫富程度等方面千差万别，而且在民族、种族、文化、宗教、意识形态、社会制度等方面也存在着巨大的差异，甚至对立。如果说当代和平、发展和繁荣等全人类共同的价值追求和全世界的主旋律同样适用于亚太地区的话，那么，这一地区广泛存在的贸易争端、意识形态和价值观念的对抗、领土争议、民族世仇和战争、宗教对立的仇杀、霸权控制和反霸权控制的斗争、国内战乱等现象，而使这种共同的价值追求和主旋律在这一地区大为减色。把亚太地区连为一个整体并在世界格局中凸显其重要地位，除了地理方面的天然因素之外，唯一显见的人文因素便是经济的相继和快速的发展。目前在亚太地区，无论是超强的经济大国，还是次等发达的经济强国，无论是晚进崛起的工业化国家或地区，还是正在奋进或腾飞的发展中国家，也无论是富有的国家，还是贫穷的国家，都把本国的经济复苏、稳定、发展和腾飞看作头等大事和最基本的战略考虑，或迟或早地实现了把国家建设重心向经济方面的战略转移。最近几十年亚太国家经济的不同程度的发展及在全世界经济格局中凸显其地位，就是这种战略重心转移的逻辑结果和生动证明。笔者认为，如果我们能从千差万别、纷纭繁复的亚太地区找出某种共同的因素或发展趋势的话，当非经济的发展和繁荣莫属。

自不待言，亚太国家发展和繁荣经济的共同愿望和丰富实践，决定了该

---

① 关于亚太地区的地理概念，王逸舟在《论"太平洋时代"》一文中做过梳理，详见《太平洋学报》1994年第1期，第6—8页。

② 有论者认为，亚太地区西至南亚半岛，东到美洲西海岸，北起美国的西雅图和日本的千岛群岛一线，南临新西兰的惠灵顿和智利的蒙特港一线，它占了东经75度、西经75度、北纬45度、南纬45度，几乎占地球的一半，东西横跨15个时区，南北地处寒、温、热三带。

地区各国宪法发展的基本态势。换句话说，经济因素构成了该地区各国宪法发展的内在根据和直接驱动力。现代文明的重要标志之一，就是对立宪主义的重视和强调，亚太国家自然也不例外。它们在规划、设计、发展本国的经济模式和实际进程中，一般都重视发挥宪法这一根本法的规范、定型、保障和促进作用。因而，亚太国家宪法的发展由于适应了各国经济发展的需要和势头，一般都呈现浓重的经济色彩。从一定的意义上来说，如果我们把最近几十年，特别是20世纪80年代以来该地区一些国家宪法的发展视为经济上的一种改造，或径直称之为"经济立宪"，似乎并不过分。

一国经济的发展是由自然资源、经济体制或模式、经济政策、科学技术、文化教育乃至国际政治、经济和环境等多种因素综合促成的。宪法作为国家的根本法，一般不必要对该国有关经济发展的各种因素都作出具体和详尽的规定。但是，一个国家发展经济总的战略和经济体制或模式，由于具有根本结构、方向指导的特点，因而在诸多的经济因素中具有决定性。近现代一切国家经济兴衰的正反经验反复证明，确立适合本国国情的经济发展战略和经济体制或模式，是经济发展的根本前提和首要条件。目前亚太一些国家，特别是那些正致力于经济发展和繁荣的国家，莫不把确立适合本国国情的经济发展战略和经济体制或模式放在国务的首位。作为国家根本法的宪法最适宜在这方面发挥规范、确认和指向的功能。一个成熟的国家总是不失时机地把它选定的经济发展战略和经济体制或模式在宪法上固定下来，以发挥宪法对经济发展的保障和促进作用。

韩国在这方面是个范例。韩国经济自60年代以来，一直保持高速增长的势头。在70年代初，为了适应社会和经济已经发生的显著变化，于1972年通过公民表决修改了1962年宪法，通称维新宪法。该宪法把社会经济的发展确定为首要任务。到80年代，韩国的社会、经济和政治又发展到一个新水平，于是又制定了1980年宪法，即第五共和国宪法。这部宪法以实现真正的民主、保障社会公正和全体公民的福利为宗旨。1987年通过的第六共和国宪法专设一章规定国家的经济。金泳三总统执政后，依据宪法提出的三项改革任务之一，就是"振兴经济"。根据金泳三的构想，"新经济系指与过去不同的经济而言。这是用参与和创造取代指示和统制作为发展基础的经济"[①]。金提出在制定经济政策中要坚持自律性，也是指尽可能地将经济管理的决定权

[①] 《韩国日报》1993年3月20日，转引自中国社会科学院韩国研究中心编《韩国的改革——改革实践简析》，社会科学文献出版社1994年版，第33页。

由政府转向民间。在1993年提出的《新经济五年计划》和《新经济一百天计划》中，都体现了一种尽量减少政府干预和统制、充分发挥民间作用的原则。总之，韩国在经济发展上的显著成就和当前进行的实质上是经济自由化的改革，都是在宪法规定的发展经济的原则下进行的。

在太平洋彼岸的拉美国家，自20世纪80年代以来，兴起了一场声势浩大、影响深远的经济改革浪潮，被称之为拉美大陆上的一次"经济政变"①。由于这次改革直接受所谓"新自由主义"思潮的主导和影响，故又称为"新自由主义"改革，其欲建构的经济模式也称为"新自由主义"的经济模式。改革的主要内容是贸易自由化、国民经济外向化、国有企业私有化、商品经济市场化。② 改革的目标就是要减少对经济生活的干预和发挥市场本身调节经济的机能，并使一国的国民经济与国际经济接轨。前者为国民经济的自由化，后者即国际化。

为了保障和促进改革，拉美国家相应的制定了许多法律、法规。如墨西哥于1991年6月和8月先后颁布了《促进和保护知识产权法》和《版权保护法》，阿根廷于1989年颁布了《国家改革法》。许多国家都制定或修改了劳工法、银行法等。除此之外，不少拉美国家重视宪法对经济改革的根本规范作用，适时地修改宪法，为经济改革奠定根本法的基础。墨西哥、阿根廷等国都在近些年修改了宪法。巴西在1993年10月以后的半年左右的时间内，政府就曾提出过79项有关经济改革的宪法修正案，其中有六项获得议会的通过。利用一般法律、法规特别是利用宪法以规范、促进和保障经济改革，是这场拉美国家改革的一个特色。

在亚太地区乃至全世界经济改革的大潮中，中国的改革或许是最令世人瞩目的改革之一了。自1978年以来，中国开始并逐步深化经济领域的改革，特别是深化经济体制的改革，各项重大的经济改革措施相继出台。如果说1993年以前的十几年改革还具有探索和实验的性质，经济体制或模式还不十分明朗的话，那么，自1993年明确提出建立社会主义市场经济体制或模式之后，中国经济改革的方向已经确立，建立和完善具有中国特色的社会主义市场经济体制成为举国一致的奋斗目标。经过十多年大胆而又艰难的改革，我国的经济体制和运行机制发生了巨大的变化。主要表现在：以公有制为主体

---

① [美]《新观察季刊》1993年秋季号，第4—7页，转引自江时学《论拉美国家经济改革》，《太平洋学报》1994年第1期，第120页。

② 有关的详细内容，请参阅江时学《论拉美国家的经济改革》，第123—127页。

的多种经济成分共同存在和发展，对原有的经济成分格局是一个革命性的突破；农村经济以家庭联产承包制为基本制度正朝着专业化、商品化和社会化方向发展；国有企业的经营机制正在转换，正逐步发展成为自主经营、自负盈亏的市场主体；主要由市场决定价格的机制已初步确立，市场在资源配置中的作用明显增强；多层次、全方位的对外开放的新格局基本形成。经济体制的改革，使经济领域焕发出史无前例的活力。以平均年递增10%左右的速度迅猛发展，创造了经济发展史上的奇迹，引起世人的极大兴趣和关注。

我国经济体制改革的一个重要经验，就是密切配合法制建设，以法制推动和保障改革的顺利进行。在改革伊始，就明确提出健全法制的要求和目标。经济改革蓬勃发展的十年，也是法制架构制备的十年。不仅国家立法机关制定和修改了大量的法律，国家行政机关制定了大量的行政法规和规章，而且地方国家机关也制定了大量的地方性法规和规章，使国家基本的经济活动基本上做到了有法可依、有章可循。此外，更重要的就是利用宪法对经济体制的改革作出规范，使改革建立在稳固的根本法的基础上。1982年宪法就是为了适应改革的需要而制定的。它在一系列重大的国家和社会事务的规定中，都作出了有利于改革的规定。随着改革的不断深入和发展，为了适应新形势和新需要，1988年对宪法做了局部修改，将第十条第四款修改为："任何组织或者个人不得侵占、买卖或者以其他形式非法转让土地。土地的使用权，可以依照法律的规定转让。"土地使用权的依法转让有利于土地的高效益的开发和利用。将第十一条增加一款，规定："国家允许私营经济在法律规定的范围内存在和发展。私营经济是社会主义公有经济的补充。国家保护私营经济的合法的权利和利益，对私营经济实行引导、监督和管理。"这一补充就把以公有经济为主体、多种经济成分共同存在和发展的格局以根本法的形式确立下来了。1993年又对宪法的序言和一些条款做了修改和补充，其中把原第八条中的"农村人民公社、农业生产合作社"的组织形式修改为"农村中的家庭联产承包为主的责任制"，从而以宪法的形式确立了农业组织的基本制度。将第十五条修改为"国家实行社会主义市场经济"，这就确认了中国经济的基本模式。这一条还特别规定："国家加强经济立法，完善宏观调控。"为了进一步扩大国有企业和集体经济组织的经营自主权和民主管理权，还分别将宪法第十六条和第十七条做了相应的修改。总之，我国在经济体制改革中始终重视法律特别是宪法的规范、促进和保障作用，这是我国经济体制改革的一条基本的经验。

越南也是亚洲正在锐意进行经济改革的国家之一。越南统一后，于1980

年制定了新宪法。该宪法第二章规定了国家经济制度，但没有明确规定市场经济体制或模式。为了总结改革的成就及进一步促进和保障改革的顺利进行，越南于1992年又制定了新宪法。该宪法在第二章《经济制度》的第十五条规定："国家根据市场机制，在国家管理和遵循社会主义方向的前提下，促进多种成分的商品经济职能。多种成分的经济结构连同生产和贸易的各种组织形式的基础，是全民所有制、集体所有制和私人所有制。全民所有制和集体所有制是所有制的基础。"这一规定就以根本法的形式确认了国家的商品市场经济的基本体制或模式，为改革确定了目标和方向。

继亚洲"四小龙"之后，泰国、马来西亚、印尼等东南亚国家也踏上了调整发展经济的里程，成为世界上经济发展最快的国家群之一。其中泰国、马来西亚等国曾多次重订或修改宪法，以促进和保障经济的高速发展。

南亚的印度自1949年制定宪法以来，已经通过了50多项修正案。从苏联解体后独立出来的几个中亚国家，也相继制定新宪法，以确认市场经济体制和社会制度的转型。西亚的沙特阿拉伯于1992年3月制定了具有浓郁伊斯兰宗教色彩的新宪法，从而结束了该国无成文宪法的历史。该宪法的一个重要特点就是把经济、社会、教育和文化领域作为发展的目标。

三　亚太地区和各国宪法发展的未来展望

我们这里所说的未来展望，当然是指对21世纪的展望，特别是对21世纪前中叶的展望。对21世纪亚太地区各国宪法发展的基本趋势作一总体上的超前探讨，是一个饶有兴味又颇有意义的研究课题。

宪法毕竟是适应国家经济、社会、政治情势的产物，因此，我们对亚太地区和各国宪法在21世纪发展趋势的把握和描述，自然是基于对该地区在21世纪的经济、政治或部分或整体区域的发展的认识和理解。概括说来，亚太地区在21世纪至少会呈现三个主要的发展趋势：经济的继续高速增长和市场经济体制的进一步完善；随着政治改革力度的加大而逐步建立和完善高度民主化和清明化的政治体制；区域集团的稳固发展和一体化程度的增强。宪法的发展趋势当与上述三个发展趋势趋于一致。

如前所述，亚太地区目前已经成为世界主要的经济区域。现有的一些有利于经济发展的优质因素正在发挥作用，一些有利于经济发展的潜质因素正等待发掘。进入21世纪以后，亚太地区的经济发展仍会保持强劲势头。除了本地区的超级大国和工业发达国家以外，目前已实现工业现代化的国家或地区仍会保持一定的高速增长；东盟各国的经济增长势头会有增无减；南亚一些国家将紧随其后；西亚一些国家也极具发展的优势和潜力，预料在 21 世纪会有高速的发展；中亚一些国家在完成社会转型以后，也会进入高速发展的时期。其中最值得注意的是中国作为发展中的国家，预期在 21 世纪会保持高速发展的势头。据中国科学院国情分析研究小组最近完成的第四号国情研究报告称：中国目前已基本具备了经济腾飞的主要条件，有可能在 21 世纪末在经济和社会发展水平上达到发达国家的水平。根据模型计算，报告提出中国在 21 世纪实现社会主义现代化将经历三个发展阶段：第一步，约在 2020 年到 2030 年，在经济总量上达到世界第一；第二步，约在 2040 年到 2050 年，在人均国民生产总值等重要指标上达到 20 世纪末发达国家的水平；第三步，21 世纪末在人均经济指标和人均社会发展水平等方面达到当时世界上发达国家水平。报告还测算了中国在 1996—2050 年国内生产总值的年平均增长率，其中前 10 年为 9.3%，2000—2010 年为 8%，2010—2020 年为 7%。

21 世纪亚太经济发展的一个显著特点将是向"高边疆"地区的开拓，特别是在亚洲地区。俄罗斯的西伯利亚和远东地区，就是其中一个极具发展潜力的亚太"高边疆"地区。在 20 世纪 80 年代后半期苏联领导人就提出了加速发展西伯利亚和远东、积极参与亚太地区经贸合作的设想，并把这一地区的开发与建设列入苏联的近期和远景规划。俄罗斯现领导人更加重视同亚太地区的经贸合作。俄这一地区自然资源极为丰富，加上俄科技发达，劳动力素质较高，在完成社会转型和经济体制调整后，俄经济可能有快速发展，其西伯利亚和远东地区或许在 21 世纪成为世界经济发展的热点和重点地区。

我国的中西部，特别是西北、西南地区也是极具发展潜力的"高边疆"地区。目前中国的东部沿海地区正处在高发展时期，可望在不久的将来赶上亚洲"四小龙"的发展程度并在我国率先实现工业化。其示范效应正向中西部地区辐射，不少有识之士早已看好中西部地区的广阔发展远景，一些外商甚至捷足先登，率先进入这一地区的市场或投资参与开发建设。预料在 21 世纪这一地区将成为经济高发展区域。

通过大规模的改革，21 世纪亚太各国的市场经济体制将更加完善。那时的市场经济体制既能有效地发挥市场本身对经济的自发的调节作用，不断地为经济的发展注入新的活力；同时又能有效地克服市场自发调节的盲目性以及对经济发展的各种消极影响。那是一种市场调节和宏观调控的有机结合，灵活管理和法制规范有机结合的新型的市场经济体制。

21世纪亚太地区各国的宪法将适应上述的发展趋势,在经济事务的规定上更趋完善。那时的宪法将确认和规定国家主要的经济原则和政策,在市场经济体制的规定中,将致力于市场调节和宏观调控有机的和完美的结合,并为市场经济的法制化确定最基本的架构。

亚太地区各国在21世纪将建立高度民主化和清明化的政治体制。随着市场经济体制的完善,个人将越来越广泛地参与经济生活。这种状况反映在政治上,必然要求广泛地参与国家的政治生活和民主管理。在21世纪,相对封闭的政治体制最终将被打破,政党政治和精英政治将会有所削弱,国家将会最终发现某些适合国情的、行之有效的政治形式和机制,最广泛地吸引广大民众直接或间接地参与国家的政治生活和民主管理。以规定国家政治体制为己任的各国宪法,在这方面会有突出的发展。预期宪法将以国家治理的一些全新的理念为依据,对国家的政治体制,特别是如何实现高度民主化管理方面,对传统宪法的政治理念和体制,进行全面的改造和更新。

当代政治的腐败和权力的腐化已蔓延成为世界性的公害,亚太地区自然也不例外。一方面,我们应当看到,在当代世界性的社会转型时期,权力与金钱的结合必然会导致政治的腐败和权力的腐化,而且克服起来也极其困难;另一方面,我们也应当看到,尽管当前腐败现象相当普遍和严重,与之斗争也困难重重,收效甚微;但是,人类自我完善、自我提升的潜质及不断进取的实践,最终会发现克服其障碍自身发展和完善的理念和机制。20世纪90年代以来,亚太地区一些国家已经关切到腐败现象的蔓延,认识到其危害的深远,并率先吹响了反腐败战斗的号角。韩国就是一个突出的例子。金泳三总统执政后,把腐败看作政治的陷阱和敌人。他在《开创二十一世纪的新韩国》一书中写道:"权力最易坠入的陷阱是腐败,沉溺于腐败的权力必然要崩溃。权力最需警戒的敌人,不是自己的反对派,而是自身的腐败。"[1] 他把与腐败作风作斗争当作执政的首要任务。他还以身作则,率先公布了自己及其直系亲属的财产状况,还要求其他高级官员公布个人财产状况。拉丁美洲一些国家当前也重视与腐败现象作斗争,包括总统在内的一些高级官员因涉嫌腐败而受到查究。在我国,反腐败斗争的力度正在加大,规范国家公务人员及国有企业领导干部廉洁自律的一些法规和制度已经或正在制定。许多涉嫌贪污受贿的违法案件,包括一些大案要案已经和正在受到查处。与此同时,一些

---

[1] 转引自中国社会科学院韩国研究中心编《韩国的改革——改革实践简析》,社会科学文献出版社1994年版,第27页。

有关政治体制的改革正在稳步或着手准备进行。

总之，政治改革将成为21世纪的主旋律，其价值取向和目标将是政治的高度民主化和清明化，腐败现象将得到有力克服。21世纪亚太地区各国的宪法将对此作出相应的规定。它们会对高度民主的政治形式作出确认和规定，同时会对权力、公务人员的公务行为规范作出明确的限制性或约束性规定。

就区域内国家间关系方面来说，亚太地区各国在21世纪将在经济一体化和区域集团化方面可能出现显著的发展。其根据是：

第一，现代化国家间的经济相互依赖性增强。首先是资源、资金、技术对外依赖性增强；其次是市场的对外依赖。许多国家的对外贸易依存度高达国民生产总值的一半。大量事实表明，一国经济对外开放程度越高，经济越是发展。亚太国家也不例外，无论是大国还是小国，都需要对外开放，以增强国家间经济的互补性，共享资源、资金、技术、信息、市场等方面的区域地缘优势。

第二，现有的区域集团化的成功范例所发挥的示范效应。欧共体在几十年的时间内已发展成世界上一体化程度最高的区域集团组织，也被认为是最成功的典范。它在20世纪50年代由单一性的经济联盟发展成为一种经济、政治、司法的联盟和一体化的实体性超国家组织。它的职能包括经济、政治和司法三个方面，目标是实现这三个方面的高度联合。亚洲的东盟也被认为是区域集团化的成功范例。东盟主要是作为一个政治组织成立和存在的，直到90年代其经济合作才有显著发展，目前已成为世界上极具经济发展实力的地区之一。此外，北美的自由贸易联盟、非洲的马格里布集团、拉美的南锥体共同体等，在促进地区经济发展方面都发挥了显著作用。这些亚太地区内外的成功范例，对加速这一地区的集团化程度起到了很好的示范效应。

第三，亚太地区各国在区域合作方面的共识及通过努力取得的实际进展进一步鼓励了更广泛、更深入的区域联系和合作。目前亚太地区的许多国家，特别是一些经济发达或正在发展中的国家，出自对本国长远的经济发展根本利益的考虑，都在谋划自己的区域战略构想。有的学者对此概括出四种主要的战略模式即美国的"蝴蝶模式"、日本的"雁阵模式"、马来西亚的"项链模式"、中国的"扇形模式"。[①] 不管这些模式如何不同，但有一点是共同的，

[①] 详见王逸舟《论"太平洋时代"》，《太平洋学报》1994年第1期，第15—19页。另参阅李长久《亚洲经济崛起与"太平洋世纪"来临》，同上刊，第30页。

即都把本国的经济发展战略放在本地区,并认识到加强本地区经济联系和合作的必要性和重要性。此外,澳大利亚、新西兰等大洋洲国家近来也把自己的对外经贸关系从欧洲转向亚洲。这种在本地区加强经济联系和合作的共识促成了实际上的发展,并取得了初步成果。1993年召开的亚太经济合作组织的高峰会议,确立了合作的基本原则和框架,为这一地区的加强合作乃至一体化打下了基础,并且具备比较鲜明的整体区域化的特征。亚太经济合作组织目前已有18个成员,其中包括北美、拉美、大洋洲、东亚等地的一些国家和地区。该组织还将继续扩大。这些努力及其初步成果对于促进亚太地区的经济合作和一体化发展,无疑是个鼓舞。

不过,也应当看到,目前亚太地区整体上是个利益多元、制度多元的格局。各国出自本国经济战略的考虑,在加强本地区经济合作与一体化方面步子迈得还不大,一些国家间的贸易争端与制裁,某些强行与经贸关系联系起来的非经济因素,都在阻碍着本地区经济联系和合作的发展。亚太地区经济合作乃至其他方面的发展究竟以什么步伐发展到什么程度,目前还很难作出准确的预料,这在很大程度上取决于本地区各国的共识及相互间利益和关系的调整达到什么程度。不过有一点可以肯定,世界范围内的经济一体化和区域集团化发展的大趋势是不可逆转的[①],亚太地区自然也不能游离于这个总的发展趋势之外,甚至有朝一日亚太经济合作组织发展到欧洲联盟的程度的可能性也是存在的。

亚太地区经济一体化和区域集团化的发展趋势必然会影响到各国宪法在将来的发展。尽管现在还不可能对21世纪亚太地区各国的宪法形态作出准确的描述,但可以预料,21世纪亚太地区各国宪法无论在法理上还是在形式上都会对传统的宪法理论和形式有重大突破。这些突破可以粗线条地表现在以下几个方面:

第一,传统宪法的主权理论将会有所突破。传统宪法向来以民族国家为其立宪基础。宪法则以确认和维护民族国家的主权为其基本职能。为了实现这一职能,宪法甚至将国家主权神圣化,以确保其不被侵犯、让渡和转移。但随着地区一体化和集团化程度的增强,国家间需要在更广泛的范围内和更深层次上协调和调整彼此间的利益和关系,传统的主权不可让渡的理念和规定必然会受到挑战。为了区域整体利益,最终也是为了各民族国家自身的利

---

① 关于经济一体化和区域集团化的发展趋势,张蕴岭在《欧洲剧变后的世界格局和国际关系》一文中有全面论述,请参阅《太平洋学报》1994年第1期,第48—62页。

益，各国势必要作出部分主权让渡，并以宪法的形式确认和固定下来。

第二，未来宪法将对"超国家职能"予以肯定和确认。这是前述问题的另一个方面。随着区域一体化和集团化程度的增强，现有的或新的区域组织必然会发挥某种程度的"超国家职能"，以协调该组织内的各成员国的关系，平衡它们之间的利益，就像目前欧共体所做的那样。但是，"超国家职能"的实现和保障，必须以各成员国的承认和尊重为前提，这就需要以国家宪法的形式确认和固定下来。未来的宪法势必要在这方面发展出新的内容和形式。

第三，21世纪宪法将适当调整国内法和国际法的"优位"问题。迄今为止的宪法基本上都是国内法对国际法"优位"的，即当国内法和国际法发生规范冲突时，执行国内法。这是传统上维护民族国家主权的基本理念在宪法上的必然反映。不过，随着世界经济一体化和区域集团化程度的增强，传统的主权理念和国内法"优位"都受到了挑战。现在世界上的一些国家、特别是欧共体内的一些国家，对此都做了调整，有的甚至实行国际法"优位"原则，以适应变化了的国家间关系的需要。正如前面所指出的，在世界性的主导趋势下，亚太地区在21世纪势必会加强一体化和区域集团化。因此，宪法在"优位"问题上将作出适当的调整和改变，就是顺理成章之事了。

总之，正确地把握亚太地区各国宪法发展的目前态势和未来趋势，对于迎接21世纪本地区的重大机遇和挑战，对于完善宪法理论和宪政建设，都有重大意义，是一个值得深入探讨的重大理论和实践问题。

载于《政法论坛》1996年第5期

第五篇　被告人的权利和反酷刑

内容摘要：重视和保护被告人权利，严禁和预防酷刑发生，是当前我国人权保护和建设现代法治国家的重要课题。文章从我国参加签署的国际公约、加强国内立法、加强执法监督和公众舆论监督等方面展示我党和政府为保护被告人等的合法权利、从法治意义上改善人权状况所做的努力和成效。同时也指出我国目前仍存在少数司法工作人员违法实施酷刑和其他残忍、不人道或有辱人格的行为和现象。作者从观念转变，正确认识，加大反酷刑斗争力度和加强对司法工作人员培养教育四个方面构建了理论对策。

关键词：被告人权利　人权保护　建设现代法治国家　严禁酷刑

上篇：被告人的权利

关于犯罪嫌疑人、被告人及被监管人员的权利，尽管早在1979年制定的《刑事诉讼法》等法律、法规中都有所规定，但由于当时正处在改革开放之初，中国在现代法治意义上的人权保护刚刚起步，犯罪嫌疑人、被告人和被监管人员的权利并没有受到应有的重视，更由于当时的法制不健全，被告人等有获得辩护的权利等也没有得到充分的保障。此外，由于当时的少数司法工作人员在事实上存在对犯罪嫌疑人、被告人和被监管人员实施酷刑和其他残忍、不人道或有辱人格的待遇或处罚的行为，被告人等的权利更是时常受到损害。随着我国改革开放的不断深入和法治的不断完善和加强，这种状况到现在已有了较大的改变。我国在各方面对犯罪嫌疑人、被告人和被监管人员的权利加强了保障，使他们基本上受到了符合国际标准的人道主义待遇。在这方面所做的主要工作有以下一些。

一 签署了一系列国际公约，加强与国际社会的合作，共同为反对一切形式的酷刑和其他残忍、不人道或有辱人格的待遇或处罚的行为和现象而斗争

众所周知，施用酷刑和其他残忍、不人道或有辱人格的待遇或处罚，是一种特别严重的侵犯人权的行为和现象，历来受到全人类一切正直、善良的人们的坚决反对。

第二次世界大战以后，以联合国为组织的国际社会，对此更是严厉地加以谴责和制止。《世界人权宣言》第五条明确规定："任何人不得加以酷刑，或施以残忍的、不人道的或侮辱性的待遇或处罚。"在《公民权利和政治权利国际公约》中的第七条也明确规定："任何人均不得加以酷刑或施以残忍的、不人道的或侮辱性的待遇或处罚。特别是对任何人均不得未经其自由同意而施以医药或科学实验。"联合国还依据该《公约》设立了相应的禁止酷刑机构，在反对酷刑方面采取实际的步骤和措施。我国近十几年来在加快与国际社会融汇的进程中，也采取了切实的步骤和与国际社会步调一致的行动，共同为禁止酷刑和其他残忍、不人道或有辱人格的待遇或处罚的行为和现象而斗争。在这方面最重要的表现是在十几年的时间内，签署了一系列的相关国际公约，其中包括1986年签署的《禁止酷刑和其他残忍、不人道或有辱人格的待遇或处罚公约》。在1998年10月5日又签署了《公民权利和政治权利国际公约》。除此以外，我国还在其他一些领域与国际社会合作或进行相关的对话。这表明，我国正以积极和进取的姿态融汇于全人类人权保护和禁止酷刑的共同神圣事业中。

二 加强国内立法，强调保护人权和禁止酷刑

我国自改革开放以来，在立法方面进行了巨大的努力并取得了显著的进步。全国人大及其常委会在近20年间共制定了336项法律和有关规定，国务院制定了740件行政法规，各省、直辖市共制定了6300件地方性法规。其中有关保护人权、禁止酷刑的国家法律主要有以下一些：

（一）宪法

1982年制定的我国现行宪法专设一章规定"公民的基本权利和义务"，其中一些条款明确或暗示含有禁止酷刑的内容。如第三十七条规定："中华人民共和国公民的人身自由不受侵犯。任何公民，非经人民检察院批准或者决定或者人民法院决定，并由公安机关执行，不受逮捕。禁止非法拘禁和以其他方法剥夺或者限制公民的人身自由。禁止非法搜查公民的身体。"第三十八条规定："中华人民共和国公民的人格尊严不受侵犯。禁止用任何方法对公民进行侮辱、诽谤和诬告陷害。"还规定公民对于任何国家机关和国家工作人员的违法失职行为，有向有关国家机关提出申诉、控告或者检举的权利等。这些规定都为我国保护人权、禁止酷刑奠定了国家根本法基础。

（二）刑法

1997年3月14日，我国重新修订了1979年制定的刑法。新修订的刑法正式确定了"罪刑法定"、"法律面前人人平等"、"罪与刑事责任相适应"、"罪从法院判决"等原则。新刑法还特设一章，规定"侵犯公民人身权利、民主权利罪"。其中第二百三十二条规定，故意杀人的，判处不同期限的徒刑，直至死刑。第二百三十四条规定，故意伤害他人身体的，也判处不同期限的徒刑，直至死刑。第二百四十六条规定，以暴力或者其他方法公然侮辱他人或者捏造事实诽谤他人，情节严重的，都要处以徒刑。针对目前实际上存在着的酷刑行为，新刑法设专条加以规定和禁止。第二百四十七条规定："司法工作人员对犯罪嫌疑人、被告人实行刑讯逼供或者使用暴力逼取证人证言的，处3年以下有期徒刑或者拘役。致人伤残、死亡的，依照本法第二百三十四条、第二百三十二条的规定定罪从重处罚。"第二百四十八条规定："监狱、拘留所、看守所等监管机构的监管人员对被监管人进行殴打或者体罚虐待，情节严重的，处3年以下有期徒刑或者拘役；情节特别严重的，处3年以上10年以下有期徒刑。致人伤残、死亡的，依照本法第二百三十四条、第二百三十二条的规定定罪从重处罚。监管人员指使被监管人殴打或者体罚虐待其他被监管人的，依照前款的规定处罚。"刑法的这些规定具有明确的针对性和目的性，是我国当前禁止酷刑和其他残忍、不人道或有辱人格的待遇或处罚的行为和现象的最主要法律依据之一。

（三）刑事诉讼法

1996年3月17日，我国重新修订了1979年制定的刑事诉讼法。该法在第四章专门规定了犯罪嫌疑人、被告人的"辩护与代理"，其中突出地规定了犯罪嫌疑人、被告人的辩护权，同修订前的刑事诉讼法相比，最大的修改之一，就是确定"律师在刑事诉讼中的提前介入"。

由于律师的"提前介入"，就使得犯罪嫌疑人、被告人在刑事诉讼的各个阶段，特别是对他们或许处在最困难的起始阶段，获得律师的必要帮助成为可能。这就从一般的法理上和国际公认的标准上保证了获得律师帮助的"一贯性"和"完整性"，从而真正体现了刑事诉讼中辩护的价值和意义。该法还明确规定，犯罪嫌疑人、被告人除自己行使辩护权以外，还可以委托1—2人作为辩护人。律师，人民团体或者犯罪嫌疑人、被告人所在单位推荐的人，犯罪嫌疑人、被告人的监护人、亲友，都可以被委托为辩护人。此外，该法还特别在第三十四条规定："公诉人出庭公诉的案件，被告人因经济困难或者其他原因没有委托辩护人的，人民法院可以指定承担法律援助义务的律师为其提供辩护。被告人是盲、聋、哑或者未成年人而没有委托辩护人的，人民法院应当指定承担法律援助义务的律师为其提供辩护。被告人可能被判处死刑而没有委托辩护人的，人民法院应当指定承担法律援助义务的律师为其提供辩护。"这些规定，不仅使犯罪嫌疑人、被告人能够及时地得到辩护，保证了他们辩护权的实现；而且由于在整个刑事诉讼过程中都能随时与律师或其他辩护人保持接触，使他们随时可以向律师或其他辩护人反映自己在审讯过程中是否受到了公正对待，律师或其他辩护人也可以及时地了解和向有关方面反映有关的情况。这对于保障犯罪嫌疑人、被告人免遭酷刑和其他残忍、不人道或者有辱人格的待遇或处罚，具有特别重要的意义。

刑事诉讼法为了从法律上彻底禁止酷刑和其他残忍、不人道或有辱人格的待遇或处罚行为和现象的发生和出现，还在证据方面做了重要规定，第四十三条规定："审判人员、检察人员、侦查人员必须依照法定程序，收集能够证实犯罪嫌疑人、被告人有罪或者无罪、犯罪情节轻重的各种证据。严禁刑讯逼供和以威胁、引诱、欺骗以及其他非法的方法搜集证据。必须保证一切与案件有关或者了解案情的公民，有客观地充分地提供证据的条件，除特殊情况外，并且可以吸收他们协助调查。"第四十六条规定："对一切案件的判处都要重证据，重调查研究，不轻信口供。只有被告人供述，没有其他证据的，不能认定被告人有罪和处以刑罚；没有被告人供述，证据充分确实的，可以认定被告人有罪和处以刑罚。"第四十七条规定:"证人证言必须在法庭上经过公诉人、被害人和被告人、辩护人双方讯问、质证,听取各方证人的证言并且经过查实以后,才能作为定案的根据,法庭查明证人有意作伪证或者隐匿罪证的时候,应当依法处理。"第四十九条规定:"人民法院、人民检察院和公安机关应当保障证人及其近亲属的安全。对证人及其近亲属进行威胁、侮辱、殴打或者打击报复,构成犯罪的,依法追究刑事责任;尚不够刑事处罚的,依法给予治安管理处罚。"

以上这些都是直接、间接地针对酷刑行为和现象发生和出现而作出的规定,从证据上根本改变过去行之已久的"逼供信"的诉讼思想和刑讯逼供的做法,对禁止酷刑和其他残忍、不人道或有辱人格的待遇或处罚的行为和现象,具有重要的意义。

(四) 监狱法

1994年制定的监狱法,对罪犯的待遇作出了详细的规定。该法规定,罪犯的人格尊严不受侮辱,其人身安全、合法财产和辩护、申诉、控告、检举以及其他未被剥夺或者限制的权利不受侵犯。对成年男犯、女犯和未成年犯实行分开关押和管理。女犯由女性警察直接管理。罪犯居住的监舍应当坚固、通风、透光、清洁、保暖。对少数民族罪犯的特殊生活习惯应当予以照顾。罪犯的生活标准由国家厘定,不得克扣。罪犯的被服由监狱统一配发。罪犯除依法被剥夺政治权利外,享有选举权。罪犯在服刑期间可以与他人通信、可以会见亲属、监护人。监狱设立生活、卫生和医疗设施和建立生活、卫生防疫制度。监狱法还特别规定,只有在脱逃、使用暴力、押解、其他危险情况下,才准使用戒具;只有在聚众暴乱、脱逃或拒捕、持凶器危及他人安全、劫夺罪犯、抢夺武器的情况下,才准使用武器。监狱法的这些规定,基本上符合1977年联合国制定的《囚犯待遇最低限度标准规则》和1992年联合国制定的《囚犯待遇基本原则》。不仅做到了尊重囚犯作为人而固有的尊严和价值,而且对于防止和禁止在监狱发生施行酷刑和其他残忍、不人道或有辱人格待遇或处罚的行为和现象,也具有重要意义。

(五) 法官法、检察官法、人民警察法

我国在最近几年相继为国家司法工作人员分别制定了法官法、检察官法和人民警察法等。在这些法律中,除规定了法官、检察官、人民警察执行司法公务所必要的职权外,还相应的规定了他们的义务和纪律,对组织管理、

执法监督和法律责任等都作了具体规定，其中特别强调禁止酷刑等行为。例如《人民警察法》第二十三条规定："人民警察不得有下列行为：……（四）刑讯逼供或者体罚、虐待人犯；（五）非法剥夺，限制他人人身自由，非法搜查他人的身体、物品、住所或者场所；……（七）殴打他人或者唆使他人打人；……"这些规定都是规范和监督国家司法工作人员行为，禁止酷刑和其他残忍、不人道或有辱人格的待遇或处罚的重要法律根据。

（六）行政诉讼法、国家赔偿法

1989年制定，1990年10月1日生效的行政诉讼法，在第二章"受案范围"内规定，人民法院受理公民法人和其他组织对具体行政行为不服而提起的诉讼事项中，包括："（二）对限制人身自由或者对财产的查封、扣押、冻结等行政强制措施不服的；……（八）认为行政机关侵犯其他人身权、财产权的。"这其中就含有公安机关及其工作人员因实施酷刑等行为所造成对人身自由的限制以及人身权的侵犯。该法还明确规定了"侵权赔偿责任"（第九章），规定公民、法人和其他组织的合法权益受到行政机关或者行政机关工作人员作出的具体行政行为侵犯造成损害的，有权请求赔偿。赔偿费用从国家财政中支出。在国家赔偿法中，对行政赔偿范围在第三条明确规定，包括：

（一）违法拘留或者违法采取限制公民人身自由的行政强制措施的；

（二）非法拘禁或者以其他方法非法剥夺公民人身自由的；

（三）以殴打等暴力行为或者唆使他人以殴打等暴力行为造成公民身体伤害或者死亡的；

（四）违法使用武器、警械造成公民身体伤害或者死亡的；

（五）造成公民身体伤害或者死亡的其他违法行为。

在第十五条规定的刑事赔偿范围中更是明确规定："……（四）刑讯逼供或者以殴打等暴力行为或者唆使他人以殴打等暴力行为造成公民身体伤害或者死亡的；（五）违法使用武器、警械造成公民身体伤害或者死亡的"，都属于赔偿范围，国家以及相关人员必须负责赔偿。上述两法的这些规定，不仅表明了国家对禁止酷刑等行为的坚决态度，而且表明国家为此而相应的承担起来的赔偿责任。尽管两法也同时规定，在国家赔偿义务机关赔偿损失后，应当向实施酷刑等行为的有关国家工作人员追偿部分或者全部费用。但不管怎样，这都是在禁止酷刑和其他残忍、不人道或者有辱人格的待遇或处罚方面一个显著的进步和实质性的发展。

三 加强执法监督，查处了一大批有关酷刑的案件

前已指出，从国家意义上来说，酷刑在我国目前已无任何合法存在的余地，执政党、政府和全体人民对酷刑等行为和现象持坚决的反对和禁止态度。在这种形势下，实施酷刑和其他残忍、不人道或有辱人格的待遇或处罚的行为，绝大多数都是少数司法工作人员的个人行为，是他们违法、非法实施造成的。对此，执政党和国家一向采取认真对待和坚决反对的态度，一经发现，就严肃查处。这种查处通常是通过以下几个环节实行的：

首先，由执政党的纪律检察机关和国家行政监察机关以合署办公的形式，按级别对有实施酷刑等行为的党员干部和国家工作人员实行查处，依据情节，分别或同时给以党纪和国家政纪的处分，包括警告、记过、降级、开除党籍和公职等。对其中触犯刑法的，交由国家司法机关依法继续查处。

其次，在人民法院、人民检察院、公安机关内分别设有不同形式的内部纪律监管机关，这些机关的首长也对其工作人员负有直接的监督责任。这种内部机制也对禁止酷刑等行为发挥了很大的作用，查处了一大批有关的实施酷刑等行为的司法工作人员。今年以来，各级各类司法机关实行了大规模的自查自纠活动，也取得了显著成绩。

再次，由国家司法机关依法查处。近些年来，国家司法机关一直把酷刑等案件作为重点加以查处。统计表明，各级国家检察机关已经查处了大量的这类案件。1979年至1989年，共立案查处刑讯逼供案件4000多件；1990年立案查处472件921人，1991年立案查处409件828人，1995年立案查处412件843人，1996年立案查处493件945人。[①] 其中绝大多数，都被各级人民法院作了有罪判决。此外，作为酷刑的另一种表现形式的非法拘禁案件，国家司法机关也进行了依法查处。1990年至1994年，各级检察机关在全国共查处了近300名司法工作人员的这种犯罪案件。[②] 由国家司法机关依法查处酷刑等案件，这是禁止酷刑和其他残忍、不人道或有辱人格的待遇或处罚的行为和现象的最重要的措施，对于禁止这类犯罪发生了显著作用。

---

① 参见王刚平主编《刑讯逼供罪》，中国检察出版社1997年版，第9页。
② 同上书，第32页。

四 加强社会公众特别是社会舆论的监督

酷刑等行为和现象违反人道，违背人类良心，受到我国广大公众的强烈反对和抵制。大众媒体近些年来也加大了监督的力度，对一些情节恶劣、造成严重后果的酷刑等事件不断地在报刊和电视上加以披露，形成了很大的社会反响，并引起了有关机关、部门的重视，使有关的酷刑等责任人员受到严肃查处，并起到了广泛的社会教育作用。例如，报纸披露，甘肃省某地一个警察，因替人讨债，一连开枪打死 7 人，死者最大的 60 多岁，最小的仅十多岁。① 该警察受到法律严惩。再例如，报纸报道，山西太原市一检察官跨省劫人出命案，也被刑事拘留。② 总之，社会公众、舆论在这方面的监督发挥了显著的作用，受到广大人民群众的欢迎，国家领导人最近也鼓励大众媒体加强这方面的监督。

由于采取以上各种措施，犯罪嫌疑人、被告人和被监管人员的人身权利和其他权利得到了较好的保障。这无疑是我国人权发展的一个显著进步，我们应承认和肯定这种进步。

下篇：反酷刑

正如前面的分析所表明的，在我国目前，犯罪嫌疑人、被告人和被监管人员的权利已经在国家一系列的法律中得到了充分的肯定和确定的保障。这就是说，上述人等尽管被怀疑犯了罪，或者经法院审理被判定有罪并受到监押等刑罚，因而成为社会群体中一特殊的部分。但是，他们毕竟都是人，作为人的最基本的价值和尊严不能因为他们犯了罪并受到法院审判、监狱羁押而丧失或贬损。人权的普遍性规定了不能把他们排除在人权的保护之外，不能成为任人宰割的羔羊，尽管他们面临自愿的或强制性的改变自己的不良或危害社会的行为，以及重建信心、回归社会的教育改造任务。在这一方面，应当充分肯定我国法律在最近十几年来所取得的巨大进步，在被告人等一系列权利和待遇的规定中，已经达到或接近达到国际社会由联合国制定和发布

---

① 参见中丹人权学术研讨会论文，李林：《中国警察的组织和权力》，第 5 页。
② 参见《人民日报》（海外版）1998 年 11 月 3 日，第 4 版。

的各项基本目标和标准。这表明，我国已经从法律上和制度上汇入了世界性的反酷刑的共同事业中。因此，国际社会应当将我国反酷刑的斗争纳入国际社会反酷刑斗争的总体中去，看作其中的组成部分，而不应当把它看作游离于国际社会反酷刑斗争的总体之外，或当作一个特别的部分而另眼相看。国际社会在评价国际社会和各国反酷刑斗争时，应当充分肯定我国在这方面已经和正在取得的进步。然而，这并不是说，我国的反酷刑斗争任务已经完成，被告人等的基本人权已经得到充分的保障。事实上，我国目前仍然在较大的范围内和较严重的程度上存在着由少数国家司法工作人员违法、非法实施的酷刑和其他残忍、不人道或有辱人格的待遇或处罚的行为和现象。这就是说，我国反酷刑斗争任务远没有完成，仍然需要在这方面进行长时期的、艰巨的斗争。我们认为，为了更好地推进中国在今后的反酷刑斗争，应当从以下几个方面进行调整和努力。

一 应当首先实现在酷刑概念上的观念转变

我国习惯上对酷刑概念的理解，是从历史上的奴隶社会和封建社会的严刑峻法中得来的。奴隶主和封建主的统治者为了巩固自己的统治地位，维护符合他们利益的社会秩序，动辄对违背他们意志和法律的人实行极其残酷的肉体刑罚，为了逼取口供，也在法律上规定对被审讯人员实行严厉的刑讯。这种极其残酷的肉体刑罚和刑讯逼供制度几经改制和废止，至清朝末年已经从法律上彻底废除。在20世纪上半叶，酷刑在事实上仍在我国实行，但已经失去了合法的依据，我国民主革命的先行者孙中山和中华人民共和国的创建者毛泽东都早已宣布要在中国废除一切肉刑和禁止实行刑讯逼供。新中国建立以后，又在法律上和制度上彻底废除了肉刑。在这种历史和现实背景下，人们一提起酷刑，就认为在奴隶和封建时代存在过，在国民党统治时期存在过，新中国早已废除了酷刑，因此现在根本不存在酷刑。尽管在刑法和其他法律上把刑讯逼供、非法拘禁等作为一种犯罪行为并加以处罚，但在一般意义上不承认我国存在酷刑。在这种观念指导下，要提在我国反酷刑是很难被接受的，因为社会观念上根本不承认存在酷刑。我们认为，这种观念应当根据变化了的情势加以调整和改变。

众所周知，《世界人权宣言》第五条及《公民权利和政治权利国际公约》第七条都明文规定，对任何人都不得施以酷刑，或给予残忍、不人道或有辱人格的待遇或处罚。但是，施以酷刑的行为并没有因此而停止，联合国大会对此深感关注，并在1973年的大会上还否定了任何形式的酷刑和其他残忍的待遇，并根据当时的形势，指出保护个人不受酷刑和其他残忍待遇或处罚是当务之急。于是，《保护人人不受酷刑和其他残忍待遇或有辱人格待遇或处罚宣言》（本章简称《宣言》）在联合国大会上于1975年12月9日以决议的形式通过，文件编号是第3452（×××）。该《宣言》第一条为酷刑下了如下的定义：

一、为本宣言目的，酷刑是指政府官员或在他怂恿之下，对一个人故意施加的任何使他在肉体上或精神上极度痛苦或苦难，以谋从他或第三者取得情报或供状，或对他做过的或涉嫌做过的事加以处罚，或对他或别的人施加恐吓的行为。按照囚犯待遇最低限度标准规则施行合法处罚而引起的、必然产生的或随之而来的痛苦或苦难不在此列。

二、酷刑是过分严厉、故意施加的、残忍、不人道或有辱人格的待遇或处罚。

值得注意的是，作为实施酷刑的主体，该定义只是泛指"政府官员"，而不是专指司法官员。该定义在第二项对酷刑又做了进一步的限制性解释，指出酷刑是过分严厉的、故意施加的、残忍、不人道或有辱人格的待遇或处罚。从中可以看出，酷刑表现为残忍、不人道或有辱人格的行为，认为两者属同一范围，没有轻重程度上的不同。这在联合国后来的文件中，对此种观点做了修改。为了禁止酷刑和其他不人道待遇或处罚，联合国并没有停止在发表《宣言》上，而是采取了进一行的立法步骤。联合国在1984年12月10日的大会上通过了著名的第39/46号决议，并开放供签署、批准和加入，这就是《禁止酷刑和其他残忍、不人道或有辱人格的待遇或处罚公约》（本章简称《公约》）。该《公约》于1986年6月27日生效。值得注意的是，该《公约》在第一条再次对"酷刑"下了如下的定义：

一、为本公约的目的，酷刑是指为了向某人或第三者取得情报或供状，为了他或第三者所作或涉嫌的行为对他加以处罚，或为了恐吓或威胁他或第三者，或为了基于任何一种歧视的任何理由，蓄意使某人在肉体或精神上遭受剧烈疼痛或痛苦的任何行为，而这种疼痛或痛苦是由公职人员或以官方身份行使职权的其他人所造成的。纯因法律制裁而引起或法律制裁所固有或附带的疼痛或痛苦不包括在内。

二、本条规定并不妨碍载有或可能载有适用范围较广的规定的任何国际文书或国家法律。

该定义较之《宣言》的定义并无实质性的变化，只是表述得更严谨一些罢了。值得注意的变化有三点：一是对施加酷刑的原因增加"歧视"的理由。这一增加是很有必要的。基于种族、民族、政治观念、宗教信仰、性别等歧视理由，确实是施加酷刑的重要原因之一。二是把原来的"政府官员"改为"公职人员"，并增加了"以官方身份行使职权的其他人"，这一改动和增加也有合理的理由，因为施以酷刑的人并不一定是"政府官员"，而在法律上也的确存在委托授权的机制，从而使某些原本没有官方身份的人能够"以官方身份行使职权"。三是取消了《宣言》中的定义第二项，即取消"酷刑"与"残忍、不人道或有辱人格"属同一范畴的说明。《公约》的表述既表明了其本身与国际文书或国家法律之间的相互关系，又进一步扩展了酷刑的适用范围，使其适用到"适用范围较广的规定的任何国际文书或国家法律"中去。特别应当指出的是，该《公约》正式把"酷刑"与"残忍、不人道或有辱人格的待遇或处罚"加以区分，视为程度不同的待遇或处罚。其中第十六条规定："每一缔约国应保证防止公职人员或以官方身份行使职权的其他人在该国管辖的任何领土内施加、唆使、同意或默许未达第一条所述酷刑程度的其他残忍、不人道或有辱人格的待遇或处罚的行为。特别是第一、第十一、第十二和第十三条所规定义务均应适用，惟其中酷刑一词均以其他形式的残忍、不人道或有辱人格的待遇或处罚等字代替。"

从残酷程度上把"酷刑"与"残忍、不人道或有辱人格的待遇或处罚"加以区别，是很有必要的，"酷刑"本来是或者应当被认为是一种严格的、特有的法律概念和现象。只有达到极其残忍的程度，确实给承受者的身体或精神造成了极度的疼痛或痛苦，才是严格意义上的"酷刑"。把没有达到"酷刑"程度的"其他残忍、不人道或有辱人格的待遇或处罚"区分开来，归入程度较轻的一类，不仅符合事实、合于情理，而且有助于认定性质、区分情况予以对待或处罚，防止扩大化。可以说，《公约》这一变化是联合国在"酷刑"定义上取得的显著进步。

至此，我们看到，联合国在"酷刑"的定义上已经作出了两方面的重要建树：一是完成了专门针对"酷刑"的定义，二是把"酷刑"与其他残忍、不人道或有辱人格的待遇或处罚"区分开来，剩下来的问题应当对"其他残忍、不人道或有辱人格的待遇或处罚"加以界定，以便掌握和执行。或许这个问题太复杂，或许给这个下定义更困难，联合国大会早在1979年12月17日通过的第34/169号决议，即《执法人员行为守则》中只给了一个指导性解释："大会对'残忍、不人道或有辱人格的待遇或处罚'一语还没有下定义，但应解释为尽可能最广泛地防止虐待,无论是肉体上的或是精神上的虐待。"

既然有140个国家签署了《禁止酷刑和其他残忍、不人道或有辱人格的待遇或处罚公约》,就表明了《公约》给"酷刑"所下的定义已经得到国际社会的普遍承认。我国早在1986年就签署加入了这个《公约》,自然也不例外。在我国签署了该《公约》以后,原来关于酷刑的学术观念应适时加以改变,以便同国际社会已普遍接受的联合国定义保持一致,并进而在禁止酷刑等行动方面与国际社会共同采取相应的协助措施或步骤。

二 正确认识中国反酷刑斗争形势及存在的主要问题

如何认识当前中国所面临的酷刑及其他残忍、不人道或有辱人格的待遇或处罚等现象存在的基本形势?怎样评价这种现象存在的范围是大还是小?其发展的基本方向是趋向严重还是趋向缓和?由于缺乏一个公认的价值坐标和衡量标准,所以不可能做一个严谨的定量分析,但这并不是说,进行这方面的分析或估价,完全是凭个人和主观臆想,或凭好恶等感情因素而做决断。实际上可用来作为比较的参照系还是存在的。例如,可以同当代的外国比,如果比某个或某些外国在这方面存在的现象范围小,就可以认为我国在反酷刑方面做得好或查禁有力、教育和管理有方,因而可以认为我国所面临的酷刑形势不严重或较轻,等等。如果情况相反,则认为我国所面临的酷刑形势比较严重或很严峻。据美国人权组织最近发表的人权报告称,美国各州存在的警察暴力现象普遍严重。[①] 我国与之比较起来,大概不属于严重的酷刑国家的序列。没有研究报告或报道说西欧和北欧国家存在严重的警察暴力现象,所以我国与之比较起来,可能算是比较严重的国家了。这是与别的国家相比,还可以与我国本身过去某个时期相比,当然不是与封建时代的过去比,那个时代我国的刑罚是以极其残酷为特点而著称的。只要与新中国早期的历史情况相比,就可以看出现今的酷刑等现象的存在要严重得多。新中国在成立初期,就完全废除了原政府的一切法律以及司法机关,代之以人民代表机关制定的新法律和重新组建的新中国自己的司法机关,包括各级人民法院和检察院,公安部门以及监狱等司法系统,当时在这些新组建的司法机关中,主要是由中国共产党和中国人民解放军的优秀干部和指战员担任领导工作或其他

---

① 详见《北京晚报》1998年7月9日,第16版。

公职人员。当时的北京、上海等大城市的公安队伍主要是由中国人民解放军建制组建起来的。由于中国人民解放军一向以严明的纪律和不虐待俘虏著称，因而十分得人心并得到民众的广泛和大力的支持。主要由这样一批质量很好的党的干部、军人组成的司法机关及其公职人员，在新中国成立后一直保持严明的纪律和司法专业道德标准，几乎不存在严重的暴力现象，更不待说酷刑及其他残忍、不人道或有辱人格的待遇或处罚等事情。现在的情况确实发生了很大的变化。由于人权观念及人权保护意识比较淡薄、"文化大革命"的滥施酷刑的影响、法制不健全等原因综合作用的结果，在中国目前确实存在着比较严重的酷刑和其他残忍、不人道或有辱人格的待遇或处罚的行为和现象。这种状况与当代人权的昌明以及现代法治文明极不协调，必须引起高度的重视。

当前我国的酷刑现象最突出的表现，莫过于刑讯逼供了。什么是刑讯？美国《国际百科全书》对"刑讯"下的定义是："刑讯是一种故意使肉体或心理上承受痛苦的体罚。"① 从该定义可以看出，刑讯的暴力或惩罚通常是加之于肉体的，在刑具和力量的合力作用下，使受刑人在肉体上遭受极大的痛苦，在许多场合，受刑人由于"挺刑不过"而被迫招供，有些口供可能是真实的，刑讯制度的发明和刑讯审判方式的采用，其原本目的就在于此。不过，受刑人往往为了逃避眼前会遭受极大痛苦而胡乱招供。其结果，不仅不能查清事实而做到公正审判，而且还会把案件变得复杂和混乱，伤及无辜，特别是在"逼、供、信"的审判方式下更是如此。这就是刑讯的最根本的弊害，也是一个黑暗和不公正审判制度的原因所在。刑讯除了造成肉体上极度疼痛以外，当然也会造成精神极大痛苦，在近现代，还在审判过程中专门施以精神上的迫害手段，如不让被审人员吃饭、睡觉，连续突击审问或进行威胁、引诱等，以达到让受审人不堪忍受精神上极大痛苦而被迫招供的目的。这也是一种极野蛮的审讯方式。

当前我国存在着比较严重的刑讯逼供现象。少数司法工作人员为了逼取口供，常常用警棍或其他械具对受讯人员进行暴打、痛殴，有些手段极其残忍，甚至下流。其结果常常致人伤残、重伤，甚至死亡。据统计，1993年全国发生的刑讯逼供案致126人死亡；1994年全国发生的刑讯逼供

---

① 美国《国际百科全书》1978年第26卷，第869—870，转引自《国外法学译丛》，《诉讼法》，上海社会科学院法学研究所编译1987年版，第230页。

案致115人死亡，37人重伤。致死、重伤的案件大致占立案总数的1/3左右。① 近些年来，报刊和广播、电视也时常向公众披露一些性质极为恶劣、后果严重的刑讯逼供案例。

刑讯逼供是当前我国酷刑及其他残忍、不人道或有辱人格的待遇或处罚中最突出的一种现象，也是酷刑等最恶劣的表现。在当前中国反酷刑等的斗争中，反刑讯逼供应当列为重点中的重点。

三　加大反酷刑斗争的力度

在对酷刑的概念的认识作了适当的调整和改变，以及正确认识我国反酷刑斗争的形势及主要问题以后，就应当加大反酷刑的力度，坚决同一切实施酷刑的行为现象进行斗争。既然在我国目前已经从法律上没有给实施酷刑的行为留有任何合法的根据，既然执政党、国家政权、全国人民都强烈反对和坚决要求禁止一切酷刑行为和现象，那么，对于少数置国法于不顾，有悖党和国家、人民意志而恣意妄为的国家司法工作人员及其他相关人员，就必须坚决依法进行查处，绝不宽贷。否则，像目前这种严禁不绝、久禁不止的状况，还要存在下去。现在是执政党、国家政权机关特别是司法机关各方面痛下决心的时候了，一定要严格依法办事，有法必依、违法必究、执法必严，坚持加大反酷刑斗争的力度，彻底改变酷刑等行为和现象不断滋生和较为严重的存在的状况。

在当前，反对和消除地方保护主义和部门保护主义，对于加大反酷刑斗争的力度，具有特别重要的意义。目前在我国存在一种非常奇特的社会和政治现象，就是地方保护主义和部门保护主义。所谓地方保护主义，就是发生在某一地区的坏人坏事，被当地（可大可小）的权力当局包庇下来，因而得不到及时查处。现在的地方保护主义已不限于此，而是扩大到经济领域和经济交往中，对本地的利益不惜枉法加以保护，而对外地的利益也不惜枉法加以损害。这在债务纠纷和法庭的民事执行方面，表现得格外突出，并已成为法院"执行难"问题的一大"症结"。而所谓的部门保护主义，实际上是存在已久的行业保护主义的变种或在我国出现的新形态，即把传统的行业保护扩展到国家公共权力部门来。部门保护主义也重在保护本部门的利益，其中

---

① 参见王刚平主编《刑讯逼供罪》，中国检察出版社1997年，第9页。

包括本部门的声望。对在其中发生的升迁、奖惩等方面的原因,不愿意公开地、认真地查办,总是希望大事化小,小事化了,即使是极其严重的事件,也是能捂住就捂住,能盖住就盖住。如果不是上级主管机关或主管领导人专门或点名批办,或是大众媒体已经公开曝光,是很不情愿公开予以查处的。这就是为什么现在立案查处的有关酷刑及其残忍、不人道或有辱人格的待遇或处罚的案件中,致死和重伤的比例要占到总数的1/3左右的一个原因。因为在致死和重伤的情况下,由于发生了严重的后果,一般才很难再隐瞒和被包庇下来。实际上,目前我国司法机关和司法工作人员在这方面存在的问题或许比实际揭露出来的要严重得多,数量也会远远高出公开公布的数字。道理很简单,在部门保护主义的作用下,不少数量的有关酷刑和其他残忍、不人道或有辱人格的待遇或处罚案件被隐瞒、包庇下来了,从而没有得到公开的立案查处。还有些虽然查处了,但明显的存在重罪轻判的现象。这种情况的存在,就使少数司法工作人员有恃无恐,因而使实施酷刑的行为和现象难以得到有效的禁止。因此,要加大反酷刑力度,就必须坚决反对和清除地方保护主义和部门保护主义。

四 加强对国家司法工作人员的培养、教育

国家司法机关是国家机器中具有特殊法律强制力的部门,国家司法人员从事的,也可以称之为特殊行业性质的专门工作。不言而喻,这种性质的国家机关和专门工作,不仅需要国家司法人员具有较高的政治素质和道德修养,而且要求具有很高的职业素养,热爱自己的本职工作,愿意为自己所从事的事业作出贡献,还要精通自己的工作、业务,熟悉和敏于处理自己的业务与相关的其他部门或行业的关系。而这些政治品质、道德修养和业务能力的取得,别无他法,只能通过学习获得,而且通常是必须通过专门组织实施的教育、培养中学习得来的。西方一些发达国家的经验表明,对国家司法人员所实施的教育、培养制度越完善,受过专门教育、培养的司法人员越普遍,司法工作人员的各方面素质就高,工作自然就做得越好,社会评价也就越高。例如在丹麦,凡从事警察工作的人,都必须接受3年半的专门教育,第一年在警察学校学习专业课程;第二年到警察局去实习,边实习边学习;第三年又回到警察学校再接受专业教育,最后半年又回到警察局从事特种技能学习。只有经考试合格后,才能正式被录用从事警察工作。这样培养教育出来的警

察，各方面的素质都比较高。由于工作出色，受到民众的信赖和高度的评价。在丹麦，受到民众最高等级评价的，恰恰是警察及其行业。在对所有国家行业的评价中，警察及其行业得了9分以上，略低于最高分10分。这表明，警察的行业并非必然是与民众对立的，警察工作做得好，同样可以得到民众的信赖和好评；这一事例表明，警察的高素质并不是天生的，也不是天上掉下来的，而是通过精心地组织和实施的教育、培养得来的，是通过立志从事警察工作的人艰苦地学习得来的。

我国对司法工作人员的培养、教育工作，应该说，也是比较重视的。早在1952年通过院系调整，就建立了专门的政法院、校、系，先后为国家培养了大量的政法专门人才，部分地充实了司法工作队伍。国家及国家司法机关还在组织培训在职人员方面，做了大量的工作，使许多原来没有受到过专门法律教育的司法工作人员都受到过或长或短的职业教育或培训。这些对于提高国家司法工作人员的政治、业务素质，都起过重要作用。建国后十几年司法工作人员的素质在总体上是比较好的，可以说是一支文明的司法队伍。在那个时代，司法工作人员中贪赃枉法的事就很少，至于对人实施酷刑和其他残忍、不人道或有辱人格的待遇或处罚事例，更是鲜有发现。这就是当时司法工作人员素质较高的重要表现。及至"文化大革命"，国家司法机关所受到的冲击和破坏也是十分严重的，连政法院系也大部分被解散，司法工作人员的专门教育、培养基本上停止了，再加上社会其他方面，特别是群众批斗、武斗的影响，司法工作人员的素质大幅度下降，反映在对人实行酷刑和其他残忍、不人道或有辱人格的待遇或处罚的行为和现象方面，有了明显的增加。改革开放以来，随着社会主义法制的加强和现今已经坚定不移地实行依法治国的战略方针，我国的法律教育迎来了空前的繁荣时期，原来的政法院、校、系得到了扩大和加强，新的法学院、法律系如雨后春笋般地涌现。成千上万的有志于从事政法工作的青年学生在其中接受正规的法律专业教育。与此同时，在全国范围内还大规模地开展各种形式的职业法律教育和培训活动，使许多在职的司法工作人员得到了必要的培养和学习机会；成人自学考试在法律专业方面也取得了很大的成就，许多人通过艰苦地自学考试，取得了大专学历，成为专门的司法工作人员或从事相关的工作；国家组织实施的每年一次的律师自学考试，在培养法律专业人才方面，也取得了显著的成绩。值得提出的是，在我国的公检法三机关中，都已经建立起了比较正规和配套的培养、教育、培训体系和基地，就国家最高的政法三机关来说，除原先早已建立的中国公安大学、中央司法警官大学以外，新近又相继成立了国家法官学院和国家检察官学院。除一些正规的学校以外，还有各种培训中心，如法官培训中心、检察官培训中心等。在警察的培养教育方面，也受到重视。至1995年，全国共有各级各类警察院校，包括大学、大专、中专共290所。1997年，各级各类警察院校共培养本科生1325人，普通专科生5318人，普通中专生21220人，全年培训警察198016人次，而具有高中、中专文化程度的，已占51.35%。有的省、市同类所占的比例高些，有的低些。[1] 从这些情况看来，我国的国家司法人员所受的法律专门教育和职业培训的比例还是比较高的，但与西方一些发达国家相比，还是比较低的。按理说，中国有这么高比例的受过良好的、专门的教育的司法工作人员分布在全国各个司法工作系统中，不应该存在比较严重的酷刑及其他残忍、不人道或有辱人格的待遇或处罚的行为和现象了，因为这些行为和现象是绝不该发生的，这是任何具有起码的法律专业素养的人所绝对不可能作出的行为。而现实的反差竟如此之大，这是应当认真查找一下原因的。

我们认为，原因可能有三个：一是实际上受过法律专门教育和法律培训的数字或许含有一些水分，特别是对那些非正规的培训来说，往往并实际上存在某些走过场的现象，即是说，有些培训并没有达到预期的目标或成效。二是绝大多数受过法律专门教育或正规的、严格培训的司法工作人员，相对地集中在上层或中层司法机关中，或主要担负领导工作，而在下层特别是基层则由更多的没有受过法律专门教育或正规的、严格的培训的司法工作人员担任第一线工作。事实上，在我国目前，最主要的、大量的酷刑及其他残忍、不人道或有辱人格的待遇或处罚的行为和现象，正是发生在下层特别是基层的司法机关和司法人员中，如乡、镇法庭，公安派出所，基层治安保卫机构。三是我国对司法工作人员的教育、培训制度本身存在一些弊病或不足，使这些教育和培训体系及机制没有发挥应有的作用。问题可能存在于以下一些方面：过重偏向政治素质教育和培养，而忽视职业道德和专业素质的教育和培训。而政治素质的教育和培训又往往流于形式，而没有取得预期的目的；课程和教育、培训的专业设置单一、内容陈旧，没有反映当代法律发展的新潮流和新动向，特别是在人权的观念和人权保护方面的有关理论、观念和实践上的最新发展，目前在全国范围内还没有受到应有的重视，法律专门教育和培训也不例外。受教育者和受培训人员没有能树立起牢固的人权观念保护意识，这正是发生比较普遍、严重的酷刑和其他残忍、不人道或有辱人格的待

---

[1] 参见中丹人权学术研究讨会论文，李林：《中国警察的组织和权力》，第3、6、7页。

遇或处罚的行为和现象的重要原因之一。

总之，缺乏对司法工作人员有效的教育和培养机制，是我国目前存在比较严重的酷刑及其他残忍、不人道或有辱人格的待遇或处罚的行为和现象的重要原因。我国必须下大力抓好这一基本功，从根本上提高国家司法工作人员的政治和业务素质，才能有效地和有力地禁止酷刑和其他残忍、不人道或有辱人格的待遇或处罚的行为和现象的发生和存在。

结论：重视和保护被告人等的人权，严禁和预防以刑讯逼供为主要表现形式的酷刑和其他残忍、不人道或有辱人格的待遇或处罚的行为和现象的发生和存在，是当前我国人权保护和建设现代法治国家的重要课题。我们已经有了很好的开端，但仍需坚持不懈地努力做下去。

载于《广西政法管理干部学院学报》1999年第2、3期

第六篇 "宪法人类学"的创意与构想

内容摘要：人在本质上是一种"社会人"，个人的生活深受其生于斯长于斯的民族、种族、文化集团等人类社会群体的影响。宪法只有基于这样的体认，才能全面地体现人类的价值观，宪法人类学就是基于这个全新的视角而建构的。

关键词：民族 种族 文化集团 宪法人类学

宪法作为科学研究的对象，在研究范围的归类上，通常被自然地分为三个学科群，即"一般宪法学"（包括"宪法学原理"、"宪法概论"、"宪法通论"等）、"国别宪法学"、"比较宪法学"。在这三个学科群中，"一般宪法学"和"国别宪法学"受到宪法学术界较大的关注，研究成果最为丰富，"比较宪法学"的研究也日益受到重视。宪法学的研究还关涉其他方方面面的知识，如宪法规范、宪法职能、宪法效力、宪法文化、宪法哲学等，但目前宪法学术界对这些还没有给予必要的重视，真正有价值的成果更是鲜见。随着时代的发展和科学的进步，不断地发展出新的学科门类，特别是各种综合学科、交叉学科、边缘学科、前沿学科如雨后春笋般涌现。这种科学发展的新潮流势将推动科学研究向纵深领域的发展，宪法学也不例外。况且，由于宪法在性质上与广泛的社会和国家事务相联系，更是为宪法学创立出各种综合的、交叉的、边缘的、前沿的学科分支开拓了广阔的领域和空间。本文就是为此而作。

一 对宪法和宪政以个人权利为本位的哲学基础的反思

应当指出，建构近现代宪法和宪政的哲学基础，本身就是一个十分复杂和庞大的思想和理论体系。这里拟就这个哲学体系中最有影响的一个方面，即自然法思想在建构近现代宪法和宪政体制中的地位和作用做一概要的分析。

这样做应当是有充分理由的，因为中外学术界已经公认，自然法思想建构了近现代宪法和宪政的最坚实的哲学基础。

自然法学派的诞生是欧洲中世纪一系列深刻的社会变革、思想解放、民族国家兴起乃至科学进步的产物。在社会方面，一种新兴的社会势力——资本主义在封建主义的壁垒中产生并逐渐发展起来，新兴的资产阶级代表新的生产力和社会发展方向开始登上社会的舞台，为了摆脱封建主义的压迫和束缚，自由发展资本主义，他们发动了反抗封建主义及其制度的斗争。在经济领域，他们强烈地反对和攻击封闭的、落后的封建经济制度及其伴生的农奴制和行会制。在政治领域反对封建贵族及其特权。在这一斗争中，世俗的、个人主义的和自由主义的力量得到了显著的发展，这就为自然法学派的产生奠定了必要的社会基础。

在意识形态和哲学思想领域，当时已经兴起了一场影响深远的思想解放运动。随着宗教改革以及随之而来的基督教世界的分裂，产生了对上帝的旨意以及私人道德新的观念和多种可供选择的价值标准。此外，更具影响的，是新兴资产阶级自己发起的著名的文艺复兴运动。这一运动自14世纪至16世纪持续近三个世纪之久。它的主导思想就是资产阶级的人文主义。针对中世纪神学以神为中心，贬低人的地位和价值等观念，人文主义者提出尊重"人性"、"人的尊严"、人的"自由意志"等要求，反映了新兴资产阶级要求获得"个性解放"的愿望。这是人类历史上一次重大的思想解放运动，直接为紧接着兴起的资产阶级启蒙运动及自然法学派的诞生奠定了思想基础。

在封建僧侣等级制度的根基已经动摇的基础上，独立的民族国家大批兴起，于是新产生的权力政治、统治者与被统治者之间的关系、国家与国家之间的关系等问题，需要用新的理论给予说明和提出普遍适用的基本调整原则。这种理论需要也是自然法学派产生的一个社会动因。

此外，当时的自然科学也处在快速发展时期，并逐渐形成了自由的理论探讨风气。此科学风所及，也相应地引导了人们对社会和道德现象原有的理论、观念重新进行评价。自然法学就是这种重新评价的产物。自然法学派及其自然法就是适应新兴资产阶级上述社会、经济、政治、思想的需要和要求，在吸收古希腊、古罗马以及中世纪神学体系中的自然法因素的基础上产生和发展起来的。

自然法的核心价值观念就是主张和倡导人的"自然权利"，认为人人生而自由、平等，享有自然（上帝或造物主）赋予的不可剥夺和侵犯的"天赋人权"。这种自然权利扩及每个人都有对其财产、人格、自由及安全享有不可剥夺和侵犯的权利,不仅是个人,就是政府也不能剥夺和侵犯。在这种以个人权利为本位的价值观念的指导下,相应的又发展出"有限政府"、"三权分立"、"权力监督"等政治观念与体制,等等。

一个婴儿呱呱落地,便被确信具有与生俱来的"自然的"或"天赋"的权利,本质上说来,这是一个具有典型的形而上特点的观念或学说,是根本无法用事实加以验证或检验的。从这一方面来看,这也是"自然权利"学说或观念在18、19世纪以后逐步走向衰落,自然法学派也被继起的先验主义法学派、历史法学派、分析法学派、社会连带主义法学派、规范法学派、结构功能法学派等所取代的根本原因之一。但是,自然法学派适应时代的需要和历史发展的潮流所确立和弘扬的"自然权利"的观念,至少在西方的政治、宪政和法律发展史上确立了永久的价值体系和基础。"自然权利"观念或学说不一定正确,甚至可以说肯定不正确,但它是在特定的历史情境中产生和发展起来的,是应历史之运而生的,从而得到了那个时代几代人的善意的理解、欢迎和接受及大规模的实践。在这一漫长的思想解放、意识积淀和为之付出代价甚至流血牺牲的实践之后,"自然权利"的观念或学说最终深入人心,成为社会普遍适用的法治原则、立宪主义精髓、政治活动和行为最高的价值目标或最终的归宿、政府组织和存在的唯一理由及约束政府权力不被滥用的核心精神依据;而与此同时,有关权利、自由的观念及行为在全社会普及开来,成为被全社会一体承认和接受的道德规范和行为准则。所有上述这一切,经过漫长的造势、积淀、耳濡目染和潜移默化的过程,在当代终于造就了一个遍及全世界的伟大人权运动和权利昌明的时代。

应当指出,近现代西方的宪法和宪政从其萌芽时期起始,其间经历建立、巩固、调整、强化等过程,至今仍处在盛行和发达的阶段,未见任何衰退的迹象。与飞速发展,迅疾变幻的经济、技术、科学的时代相比,宪法和宪政的发展却显得迟缓得多。但这种反差并不表明作为政治和法律体制的宪法和宪政已经显得老旧而跟不上时代的步伐。事实上,这可能是当代社会各方面,特别是经济、科学、技术飞速发展所需要的。试想想看,当代社会各方面的飞速发展和变化的迅猛,对社会原有结构和传统的冲击是如此之大,以致使广大公众在社会心理上难以接受和适应,使他们对瞬息万变的变化感到迷茫,对前程的把握和选择无所适从。在这种情况下,如果以宪法和宪政为核心和主导的政治格局和法律秩序也随着变来变去,毫无稳定可言,那世界会变成什么样子?人们又何以把握和适从?幸亏当代的宪法和宪政还处在稳健的发展时期并保持稳定的态势,才使我们的世界没有变得那么糟糕和那么可怕,也才使人们在日益浮躁的社会心态中能够保持一点冷静来看待我们自己以及我们所处的时代和周围的世界。由此可见，稳定的宪法和宪政已经成为当代社会迅疾变化世界的稳定器。从这个意义上来说，宪法和宪政的稍嫌滞后的发展和变化，实在不应当被认为是一个缺点，而应当认为是一个优点。

然而，时代总是在不断地发展，事物也总是要连续地变迁。作为政治、法律机制中的核心和主导结构的宪法和宪政也不例外。宪法和宪政也要随着时代的发展而发展，也要随着变化了的情势，特别是要随着经济全球化、区域集团化的发展趋势而作出反应和调整，这已经成为当前宪法学发展的一个热门研究课题。当然，这不是本文所要研究的范围，故不再对此进行深入的讨论。但是，本主题却要求我们对以个人为本的宪法和宪政体制以及该体制所赖以构成的哲学基础所应作出的调整和变化，作出适当的说明。

在前面的对近现代宪法和宪政所赖以建构的哲学基础——自然法思想中的自然权利观念和学说的简括追述和分析中，已经明确地表明了个人主义、个人的权利和自由，以及由此引申开来的个人的志向、价值、福祉、安全等价值观念，确实构成了近现代宪法和宪政所由以建立和发展的最高原则和终极目的。正是这种最高的原则和终极的目的给予近现代的政治、法律结构及其行为，特别是西方的政治、法律结构及其行为的合法性和合理性以最根本的支持。笔者认为，只有充分地认识了这一点，才能真正称得上理解和把握了近现代宪法和宪政的原则、精神和实质。

对宪法和宪政赖以建构的个人主义、自由主义的哲学基础的功过是非作出全面的分析、判断和反思，不是本文的任务。这里只想指出，以个人的权利和自由为核心内容的个人主义，以及由此而建构的近现代以个人为本位的宪法和宪政，已经不再适应当代人类发展的需要了。即使我们继续承认过去和当代的"个人本位主义"还有保留和存在下去的根据和必要，其内容和范围也应当而且必须予以增加和扩大。许多民族国家乃至世界性的政治格局都提出了这方面的迫切变革和调整的需要。

许多民族国家乃至世界性的政治格局中的一个有关"人"方面的显著变化，提升了人类的民族共同体、种族共同体和文化共同体的政治、经济和社会的地位，提升了解决和调整民族、种族、文化集团问题及民族、种族、文化集团互相关系的重要性，这正是本文所要尝试进行的一些基础性的或背景性的研究，且现时的严峻形势足以给予上述论点以有力的支持。只要我们打开电视机、收音机，翻开报纸、杂志，差不多每天都有关于一些民族国家、世界某些热点地区的民族、种族、文化集团的矛盾、纷争、动乱、仇杀、战争，以及某些宗教极端主义的恐怖活动和某些反恐怖活动等消息的报道。再向过去的十年左右时间看，由于民族矛盾、纷争、战乱、仇杀而导致国家解体也不是绝无仅有，苏联和南斯拉夫就是显著的两例。而在20世纪90年代中发生在非洲一些国家的部族大屠杀，其血淋淋的场景至今令人触目惊心。至于由大国主导的对巴尔干地区和中东地区的国际干预的不公正性、无效性以及潜在的负面影响，更是在国际范围内引起关注、忧虑和质疑。所有这一切都现实地、急切地表明：作为"个人本位主义"的宪法和宪政没有真正发挥宪法和宪政本应承担的调整民族、种族和文化集团各自之间相互关系的职能。至少在西方的宪法和宪政发展史上，长期以来把自己的主要关注点都投注在个人的权利的保障和实现方面，而忽略了对以人类的民族、种族和文化为共同体的人类群体权利和利益的保障和实现方面，以致我们不得不面对这样一个严峻的也是痛苦的现实，即以个人权利为本位的西方宪法和宪政在保障和促进个人权利、自由、利益方面取得辉煌和骄人的成就的同时，在民族、种族、文化集团的各自相互关系的宪法和宪政调整方面遭遇了严重的挫折，甚至是失败。在存在许多民族、种族和文化集团的国家中，其公民个人在权利和自由等方面所享受的好处，却被陷入麻烦不断的民族、种族、文化集团各自之间的矛盾、纷争、动乱、仇杀、战争所造成的破坏和牺牲所减少和抵消。这是世界范围内的，特别是西方宪法和宪政长期以来忽视或轻视调整民族、种族、文化集团各自之间相互关系所造成的必然结果，是势之使然，势所必然。

应当说明的是，我们并不是一个完全的悲观主义者以不可救药的消极态度和眼光来看待当代宪法和宪政在调整民族关系、种族关系和文化集团关系方面的疏漏与失败。事实上，即使在西方世界，许多国家的宪法和宪政早已注意或正在致力于调整上述三个方面的各自之间的关系，在一些国家还取得了显著的成就，如在加拿大、澳大利亚、新西兰等国实行的多元文化主义的新型的民族、种族政策和法制。至于在我国，自中华人民共和国成立以来，解决民族问题、调整民族关系一直作为国家的一项基本国策，并且成为宪法和宪政的主要原则和内容的一个重要方面。民族区域自治制度的制定与实施，在保障国家的统一、民族的团结、社会的安定与稳定、中华民族各项事业的发展与进步、各族人民群众生活的提高与改善等方面，更是取得了令世人瞩目的业绩与成就。

正反两方面的经验和教训清楚地向我们表明：在体现"个人本位主义"的宪法和宪政上不仅不应当忽略，而且还应特别注重调整以民族、种族和文化为集团的权利、自由、利益和各自之间的相互关系，并且显得格外急迫和重要！重视则国家强，社会安和民族、种族、文化集团兴；忽视或轻视就会出现国家衰（亡）、社会乱和民族、种族、文化集团败（弱）的局面。从世界性的，特别是西方的宪法、宪政的格局上看，应当是我们对以个人利益为本位或哲学基础进行认真反思的时候了。在重视而不是舍弃以个人主义为原则和哲学基础的同时，把更多的注意力投注在调整民族关系、种族关系和文化集团关系方面，在保持传统的基础上，对当代以及未来的宪法和宪政进行重大调整和重构，或许是时代的要求和需要，宪法和宪政理论者应当对此先行觉悟，并有所作为。

二 "宪法人类学"创立的必要性

从前面分析的一系列背景性知识，我们可以得到以下关于建立"宪法人类学"必要性的某些启示。

首先，从人类的民族共同体和种族共同体的历史久远性和结构复杂性来看，我们对民族和种族现象的认识还远不深刻，许多没有被解析和认识之谜尚须破解；由于历史和观念等方面的原因，形成于人们头脑中的虚幻、谬误、偏执、狭隘之见须待正本清源或纠正；更不待说，人类对民族历史命运的把握还远远没有实现由非理性向理性的转变，即使是那些傲视他国的超级大国的政治家们，从他们的所作所为也不难看出，他们对民族问题的认识，还远远谈不上理性认识的层次。人类在这方面进步速度之慢，实在令人惊异，诚可谓"路漫漫其修远兮"！可见，从总体上看，无论是西方的文化人类学还是中国的民族学对人类民族和种族的研究，不仅没有结束，还有广阔的发展前景。

其次，从文化人类学发展起来的理论体系方面看，至今已发展和建构起来的15种理论，以及其他的理论体系，包括"哲学人类学"、"政治人类学"等，都表明我们人类自身早已和正在作出努力，试图更准确、更深刻地认识民族和种族现象；而中国的民族学尽管涉猎的领域比起西方的文化人类学更狭窄，起步也相对晚得多，但是也在试图扩展研究的领域，并正在为此尝试和建立民族法学的新学科和引入新的方法论。这种学科发展的历史和现状同样给予我们这样的启示，即人们已经和正在作出努力以求对民族和种族现象进行更多的认识和研究。这种历史和现状同样表明，我们人类对自己的民族和种族现象的认识和探究还远远没有结束，需要我们在现在和今后作出更大的努力。

谈及"宪法人类学"的必要性，我们还应当说明一下该学科与以往的文化人类学学科，特别是民族法学或法人类学的关系问题。从西方的文化人类学总体来看，在已经发展和建构起来的15种理论中，并没有明确地发展出我们称为"宪法人类学"的理论体系或流派。当然，我们这样说，并不是想要对西方人文学界在这方面的学术发展予以全盘的否定。事实上，西方的许多人文大家都在从法律的立场研究民族或种族现象方面作出过或大或小的贡献。光是把法律的制定、实行与民族精神、民族意志和民族历史、民族社会联系起来的学者，就大有人在，其中最著名的当属法国的孟德斯鸠。他在名著《论法的精神》中就曾多次论及法律与民族气质、民族精神和民族文化、社会的关系问题。但无论是西方的人类学界还是法学界，都没有刻意地发展出"宪法人类学"的学科，也没有出现"无心插柳柳成荫"的事实结果。这就是说，"宪法人类学"在西方的文化人类学或法学中还是一个须待填补的空白，至少是一个须待明意导入和加强的学科或学术领域。

再说，中国最近十几年发展出来的"民族法学"，尽管与我们称之为"宪法人类学"的学科颇相近，都是从法律的立场来研究人类的民族问题和现象的学科，有许多方面包括学科内容、结构和方法论等方面确实很难把它们截然分开。至于二者之间的差别，我们没有进行过深入的分析和论证（这不难理解，毕竟"宪法人类学"只是我们现在才刚刚提出的），很难提出令人信服的理由。这里只能大致地提出一些极为粗疏的看法。概括起来，"民族法学"主要是传统的民族学术界一部分学者倡议创立和发展起来的新学科，它在本质上是对民族法律的诠释，尽管一些学者已经作出一些努力，试图使其理论化、系统化，但至少在目前，仍表现出缺乏浓厚的理论色彩和严密的体系。是否可以这么说，"先天的不足"导致目前民族法学"发育不良"的现状。而我们所倡议创立的"宪法人类学"则无论在研究的领域还是在广度上将更广阔一些，更不只限于中国的民族法律体系。它将着重探讨法律与民族、种族、文化集团现象的内在联系，诸如民族、种族、文化集团及其社会、国家的发展，民族法律制度的个性与普遍性的关系，法律的一体化、趋同化与民族的融合、同化的关系，法律文化、心理、观念与民族文化、心理、观念之间的互动关系，等等。很显然，这些都是法律与民族、种族、文化集团内在相关的深层次问题，与目前中国的民族法学在研究的领域和层次上不尽相同。或曰：宪法人类学也不能排除研究制度层面上的问题，而"民族法学"也可以引申到价值层面上的问题。这当然无可非议，但至少到目前，民族法学尚没有向这方面发展的明显迹象。我们在直观上，觉得"民族法学"仍较明显地滞留在制度层面上，而我们寄希望于"宪法人类学"的，不仅要既广且深地拓展其研究领域，而且要在价值层面上有更大的作为。理由很简单，我们认为只有价值层面上的研究，才能引导我们正确地认识民族和种族、文化集团的现象和本质。

前面是从学科的建设立场对"宪法人类学"创立的必要性进行的分析。其实，从更广阔的时代和世界背景上看，创立和发展"宪法人类学"不仅成为必要，而且还很迫切。当代区域集团化和全球一体化的发展图景及其对当代民族、种族、文化集团观念和相互关系的影响，都是促成当代人们对民族、种族、文化集团宽容和理解的时代和世界背景。但是，从研究的立场上看，这种影响还是浅层次上的，更深刻的影响，或许还表现在如下几方面。

无人能否认，当代全球一体化的发展大潮，信息、知识、技术的爆炸式发展，传播媒介的日益广泛和快捷，是怎样以令人难以预料的力量和速度改变着这个世界，改变人类的社会，直到改变人类自身。近些年来，有不少有识之士或学者担心，人类基因的破译和重组最终会改变人类自身。我们这一代以及接下来的两三代，可能是地球有人以来最后的人类，因为以后经基因改造或重组的"人类"将是与我们现在的人类意义完全不同的"人类"。依照当代基因科学的发展，这种预测绝不应当只是被视为危言耸听的妄语。无论如何，谁也无法准确地预料人类将以怎样的速度改变自己的社会、生存环境和自身。

在当今世界令人眼花缭乱的迅疾变革中，民族、种族、文化集团的世界当不会被置之度外而成为一个风雨不能飘零到的"荒漠或孤岛"。事实上，民族与种族间或文化集团间宽容与和解的世界性思潮的发展，以及民族间与种族间或不同的文化集团间通婚的现象越来越普遍，都已表明这飞速变化着的世界，已经和正在深刻地影响着人类的民族共同体、种族共同体和文化集团共同体。学术界长期以来认为，民族现象和民族问题以及文化集团问题是长期存在的，一直延至遥不可测的未来。现在看来，倒是我们应当反思这样的固定之见了。因为先前的认定是建立在以往的世界变化节律相对缓慢的基础之上的，而以现在的世界变化节律之快的立场看来，这种有关民族、种族以及文化集团现象和问题的长期性观点正在受到挑战。人们不无理由地预测，以现在的世界一体化的飞速进展，正在更广泛、更深刻的范围和程度上消弭民族间、种族间、文化集团间历史上形成的差别与个性，在日益频繁的交往中受普遍价值的导向和共同标准及规则的约束，而加速他们之间的接近、趋同、融汇和同化。这样看来，从民族、种族、文化集团现象和问题的长期性的绝对意义上来说，可能在时间的延续性方面，较之以往的评估和认定会大大加以缩短。换句话说，民族、种族、文化集团现象和问题或许不会延至人类社会遥不可及的未来。倘使这种情况果真会出现的话，一个合乎逻辑的发展结果是：人类关于民族学的理论肯定不如关于人类学、文化学的理论发展的前景广阔和长远。因为民族差别缩短了、消弭了，随之有关解决民族问题和调节民族关系的理论与学说就渐渐失去作用，以致成为不必要的了；而与此同时，人类最终要以某种共同体形式或文化载体的形式继续存在和发展下去，新的有关调整人类共同体形式或文化载体的形式的理论与学说仍然成为必要和需要。正是基于这种认识，我们有理由相信，各种形式的人类学或文化学理论与学说将会不断地被创立和发展起来。我们所创意的"宪法人类学"，就是适应这种发展趋势和需要才提出来的。最后还需要再强调一下，我们的这种分析和创意绝没有否定民族现象和问题的长期性的意思，也没有贬低民族学学科在当代的极为重要的理论与实践意义的意思，更没有用所谓的人类学或文化学完全取代民族学的企图。我在这里只是想强调说明：在当代飞速变化的世情、族情中，从历史性的绝对意义上来说，民族现象和问题的长期性，也许并不像原来人们想象的那样遥不可及；而人类会以某种或某些的人类共同体形式或文化载体的形式的存在，将会永远地存在下去，直至人类自身的终结。从这个意义上来说，关于对人类自身认识和调整其关系的各种人类学的或文化学的理论与学说，具有无限的发展前景，其中可能就包括我们这里所倡议创立的"宪法人类学"。

关于创立和发展"宪法人类学"的必要性，如果只谈及当代世界性的民族、种族、文化集团思潮的发展趋势和世情、族情发展变化之疾速的实践需要，显然是不够的。因为"宪法人类学"是从法律的立场解析人类包括民族、种族、文化集团在内的共同体现象，探讨法律对人类的各种共同体的影响，并且还对人类各种共同体的关系调整及长远的发展提供一条法律的、法治的途径。如此看来，从法律的立场来研究和探讨人类各种共同体的现象和问题，不仅具有重要的理论意义，而且具有重要的实践意义。

关于法律、法治作为社会调整器的特点，以及法律、法治对当代及后来的人类社会，包括国际社会和各国国内社会的重要性，包括学术界在内的方方面面的有识之士，已经做过长期的、难以计数的论证和阐释，这里已无重复的必要。这里只想突出地强调一下，在当代及今后的人类社会，法律和法制对人类的国际社会、国内社会、各种形式的人类共同体、人类共同事务所作出或即将作出的越来越重要的定向、规范、调整等作用，无论怎么强调都不过分。把法律学与人类学结合起来，从法律、法治的立场来探讨、解析和调整人类社会、人类共同体、人类共同事务，不仅具有重大的理论与实践意义，而且具有广阔的学术前景和魅力，值得现在及今后有志于此的学人为之奋斗终生。

最后，我还想再说明一下创意中的"宪法人类学"与在中国学术界已经创立的"民族法学"的关系问题。在关于一般的文化人类学与民族学的关系问题以及法人类学问题，我们在前面已经做过说明或即将作出说明；同时我们也对中国民族法学创立和发展的一般情况，已经对民族法学取得的成就与存在的不足，做过概括和评述。在其中，特别是在评述民族法学的不足之中，我们已经暗示了其存在着先天的弱点，即它是适应现时的民族政策、法律诠释、贯彻执行的需要应运而生的，而它的理论色彩，至少在目前仍嫌轻淡。而这种状况，可以通过我们所倡议创立的"宪法人类学"加以改变。这是因为：首先，"宪法人类学"是在认真总结和分析"民族法学"的基础上提出来的，具有较强的针对性和目的性。针对当前"民族法学"存在的不足而有目的地加以改善和充实，在拟议中的"宪法人类学"的新学科中可能会找到更适宜的载体。其效果可能要比在存在先天不足和研究范围偏窄的"民族法学"的基础上自我完善会更好。其次，从学科设计的总体和学术发展需要上看，既然长久以来学术界就已经创立和发展出"文化人类学"、"政治人类学"、"哲学人类学"、"法律人类学"等学科。那么，现在提出创立"宪法人类学"，不仅在学科地位上与已经站住了脚跟的同类别、同性质的学科相匹配，在形式上显得更规范一些，而且在内容上也为人类学的发展拓展了新领域、新视角，或许填补了人类学的一项学科空白。再次，正如刚刚分析过的那样，在当代全球一体化和普行法治的世界性大潮中，"宪法人类学"兼顾了当代两股并行的世界大潮，并为此推波助澜，具有广阔无限的学术发展前景。还需指出，"宪法人类学"并非与"法律人类学"完全异类的学科。事实上，它们之间有着紧密的关系，前者可以视为后者的完善与发展。在当前的情况下，让两者并行存在和发展，也是可以接受和乐观其成的选择。

鉴于以上考虑，我们提议创立和发展"宪法人类学"的新学科，是有根据和理由的。

三 "宪法人类学"创立的可能性

至少可以从三个方面来分析这种可能性。

（一）关于民族、种族、文化集团的宪法手段和宪政安排

不言而喻，作为一个新学科的创立，除了有明确的研究对象以外，还必须具备相应的知识积累作为新学科创立的基础。这种情况同样适用于"宪法人类学"的创立。尽管我们在前面已经指出，迄今为止从宪法和宪政的总体上说，对于民族、种族、文化集团的事项特别是它们之间的相互关系的规范和调整还处于薄弱和不力的状态，但这并不是说，宪法和宪政在这方面的规范和调整全是一片空白。事实上，在这方面早已实行了一些宪法手段，并作出了一些宪政安排，只不过从本主题研究的立场上看，显得薄弱和不力罢了。

还应说明的是，可能是西方学术界由于在民族、种族、文化集团的概念理解和表达上的歧义，有可能是由西方文化背景所决定，更可能纯粹是出于表达上的便利，西方学术界过去和现在广泛而流行地使用"少数人集团"的概念。究竟如何界定"少数人集团"？学术界包括政治界、法律界、文化界对这样一个没有严格政治的、法律的和文化的意义的概念，当然可以按照自己的兴趣和需要加以界定和使用。不过，在接近我们主题研究的意义上，有人做过如下的定义："在一个民族国家中，没有掌握该国家政治机器的任何一个种族的、部落的、语言的、宗教的、种姓的和民族的集团。"[1] 不管学术界对"少数人集团"的概念和范围的界定或限制存在多大歧义，至少包括少数民族、少数种族和少数文化集团。为了适应许多国家的宪法规定以及宪法学术界的上述习惯，本部分也将沿用"少数人集团"的概念。

1.关于少数人集团（民族、种族、文化集团）调整的宪法手段。首先应当指出，在宪法诞生以后的一二百年期间，宪法上不仅没有对少数人集团作出必要的保护性规定，甚至没有出现禁止、防范对少数人集团歧视的条款。个中的一个重要原因，就是当时西方主流社会对少数人集团的认识和态度还处在极端的非理性误区，占统治地位的多数人集团通过对少数人集团的歧视、

---

[1] ［英］克莱尔·帕雷：《宪法与少数人集团》，刘兴武译，中国社会科学院民族研究所世界民族研究室1981年版，第1页。

排斥、压迫、征服乃至灭绝，来攫取和获得本集团的最大利益，正是他们所刻意追求的。在这样的社会背景下，宪法自然不会出现约束、控制占统治地位的多数人集团自身对少数人集团加以歧视的内容和条款。

随着社会的发展和时代的进步，人们关于多数人集团与少数人集团之间的相互关系的认识渐渐趋向理性。即使那些持极端的民族主义、种族主义和宗教主义等的统治集团，也逐渐认识到他们所施行的歧视、压迫、征服、灭绝等政策和行为必然会遭到少数人集团的强烈反抗，这种反抗的激烈与持久，最终反过来会威胁、削弱多数人集团的统治秩序和根本的利益。在这种情况下，适当地改变、调整少数人集团的地位、权利和利益，就变成了时代的呼唤和要求。通过宪法手段来调整多数人集团和少数人集团之间的关系，规范多数人集团对少数人集团的政治、法律、经济、社会等行为也就应运而生了。

还有一个方面也不应忽略，那就是某些国家和社会的多数人集团并没有，至少没有完全放弃对少数人集团的偏见和歧视性态度。但时代的进步和形势的发展迫使他们不得不改变过去奉行的那些歧视性政策或赤裸裸的暴力行为，而是通过某种温和的或强制的方法，把多数人集团的价值观以及政治、经济和文化等方面的准则强加给少数人集团，希图用此种方式达到使少数人集团的特点逐步得到削弱，以致最后丧失的最终目的。不待说，持有此种目的和态度的多数人集团，最终都倾向并乐于采用宪法手段实现他们的目的。因为作为国家根本大法的宪法，不仅能使占统治地位的多数人集团的同化行为具有根本上的合法性，而且还会使其同化行为可能在很大的程度上避免遭到少数人集团激烈对抗的危险。这也是为什么宪法越来越多地被用作处理少数人集团问题和调整多数人集团与少数人集团相互关系的手段的另一方面的原因。

由于世界各国在国情方面的巨大差异，决定了各国利用宪法处理少数人集团和调整多数人集团与少数人集团的相互关系方面的手段，绝没有一个标准的或一成不变的模式。尽管各国情形殊异，但还是有规律可循的。综合起来，世界各国在处理少数人集团和调整多数人集团与少数人集团之间的关系的宪法手段方面，大体上有以下三种。

第一，温和的同化手段。"温和的"同化手段也可以称为"非对抗的"或"非强制的"同化手段。该手段的最终目标是要消除各集团之间，无论是多数人集团还是少数人集团之间以及个人与个人之间的在待遇上的差别。为此，通常在宪法和法律上采取对任何人的无差别待遇，使每个人在宪法和法律上享受正式的平等地位，人的权利源于作为国家公民的个人地位，而非源自个人是出身于多数人集团还是少数人集团。这种无差别的待遇，体现在宪法和法律上，就是平等原则。在平等原则下，人人都享有无差别的待遇。综合各国宪法，关于保障公民权利平等，防止歧视的规定，大体上体现在三个方面。一是在宪法中设专章规定公民的基本权利（和基本义务），个别如美国宪法也称"人权法案"。其中一一列举公民所享受的政治、经济、社会、文化、人身等一系列权利和自由。在相关的条款中往往都标明"在法律面前，人人平等"，或不分民族、种族、性别、出身、受教育程度等前提条件，保证平等，禁止歧视。二是在宪法中设立反对歧视的特别条款。这些条款依托宪法的最高法律地位和法律效力，使一切违背有关规定的法律、其他规范性法律文件，以及行政命令、措施等因"违宪"而归于无效。有些宪法则规定"禁止歧视"为一般的宪法和法制原则，为国家相关的反歧视立法奠定立法基础。三是对针对某些与少数人集团相关的宪法条文的修改、一般性立法或法律修改规定特别的宪法保护。对相关的宪法条文的修改，通常规定特别的程序，如要求超过2/3以上的多数票通过；要求进行或强制进行全民复决或公民投票；在联邦国家还通常要求经多数或绝对多数的成员邦（州）的同意。对于一些有关少数人集团的特殊性立法，除了规定由多数票通过以外，还规定一些特殊的程序，如规定由一特设机构在最后通过立法之前，对其进行仔细研究并作出报告，并规定允许有一段时间的推延，以便一旦特设机构提出相反意见，可以重新提交立法机关，再行审议后再作表决。

第二，强制手段。利用宪法作为对待少数人集团的强制手段由来已久，而且延宕至今。有的通过直接或间接地制造难以忍受的生活条件，驱逐少数人集团，直至采取各种使种族灭绝的行为来消灭他们，这是最具残酷性的强制手段；有些采取极端偏激的歧视态度对待少数人集团，通过各种措施使多数人集团牢牢地控制国家的政治机器，使他们占有绝对的支配地位，与此同时，也为多数人集团的成员谋取比少数人集团成员更多的权利和各方面的利益；还有的多数人集团虽未采取如上的极端做法和态度，但利用本集团的语言文字作为官方的语言文字或教学用语用文，或者只为多数人集团信仰的宗教提供支持和保护，或者只保护、发扬多数人集团的传统、文化象征等措施或政策，来实现对少数人集团实际上的强制同化。这种同化具有相当的隐蔽性，甚至连少数人集团自己也不易发觉，但它在实质上也是一种强制同化。

宪法上的强制手段具有多项的选择性，特别是在多数人集团具有绝对的支配和优势地位的情况下，由于他们较少顾忌而可以肆无忌惮地采取极端偏激的态度和行动。但总的说来，宪法毕竟是文明的产物，在许多情况下，多数人集团还是愿意以合宪、合法的途径来达到其对少数人集团实施强制的目的。这在政治、经济、文化、司法等领域都有表现。

首先是政治领域的强制。主要是通过对选举的操纵，使少数人集团被排斥在国家的政治生活之外。在宪法上最适于也是最常见的手段，就是规定不平等的选举权，通过设立公民资格、经济收入、教育水平、财产限制、职业限制、出身限制、纳税要求、居住年限等限制性条件，使在这方面具有弱势地位的少数人集团的成员丧失选举权，从而从根本上将他们排除在国家政治社会之外。在选举方面，程序性的限制也是一个可资利用的手段。如通过某些严格的规定，使少数人集团难以或根本无法进行选民登记，也可以通过重新划分选区、在根据人口变化而进行的调整上、在更改选举制度上，人为地制造困难，使少数人集团的成员即使获得了选举权，也无法实现实际上的参选或被选举。在人类的宪法史上，利用宪法限制少数人集团的选举权曾在世界范围内被广泛地利用，给人类的宪政文明重重地涂上了一个污点。

其次是经济领域的强制。利用宪法达到使多数人集团在经济上处于有利的地位，或者使少数人集团在经济上处于不利的地位，也是一个曾被广泛利用的有效而又便宜的手段。通过宪法形式把经济上的好处固定下来的做法中，最为常见的，是对土地所有权和使用权加以限制。许多资本主义移民国家的移民集团为了达到永久霸占移民国的土地的目的，为当地土著人规定设立"保留地"，名为对土著人的保护，实则使移民所强占的土地合法化；还有国家规定禁止"外来人"拥有土地，而"外来人"的适用范围可延至第二代或第三代的移民子女。经济上的强制还表现在执业和贸易执照或进出口许可、工程承包、雇佣、职业、财政和税收政策等方面，对多数人集团实行直接或间接的有利政策，或者使少数人集团直接或间接地处于不利的地位。

再次是文化领域的强制。文化上的特点是区分多数人集团和少数人集团的重要标志，文化对于民族、种族和文化集团的影响是如此之深，以致在许多多民族、多种族、多文化集团的国家，语言、文字、教育、文化习俗和传统等，通常都成为极为敏感乃至爆炸性的问题。多数人集团也经常利用宪法手段达到其张扬文化特点的目的，或者使少数人集团的文化特点直接地或间接地被削弱。

在宪法上通常都要规定一种官方语言。由于官方语言通常都是教育系统的教学用语、办公用语、企业和事业用语，能够熟练地掌握和使用官方语言，就能在就业、受教育和社会、经济交往中取得优势地位和各种便利；而少数人集团尽管有自己的语言文字，其使用也可能没有受到限制，但终因缺乏通用之便，而被迫或不情愿地使用通用的官方语言，特别是被迫或不情愿地让后代去接受官方语言的教育。在许多多语言文字的国家，少数人集团往往把这种情况视为一种文化上的强制，因而心怀不满直至进行反抗。更有一些国家因语言文字的纷争而导致动乱。最突出的例子发生在加拿大，法裔魁北克人因不满联邦政府的语言政策，曾在20世纪80、90年代掀起魁北省独立运动，制造了两次有惊无险的联邦宪法危机，在魁北省举行的两次公民投票中，只以极其微弱的多数才勉强维持住联邦的统一而没有分裂成为两个国家。

在教育方面，宪法上规定的教育制度尽管在名义上是国家或国民教育制度，但往往有利于多数人集团，而不利于少数人集团。即使在多种教育制度并存，或允许少数人集团举办本集团独立的教育事业，其能否得到国家的财政支持或者能得到多少财政支持，也都具有很大的随意性。一旦少数人集团感到自己的教育事业的发展受到限制，他们很自然地认为自己受到多数人集团或国家的歧视。一旦这种情势发生，教育问题往往酿成激烈对抗的焦点。

在文化习俗和传统方面，全国性的节日、风俗、庆典、服饰、传统等，可能只能反映多数人集团的传统。少数人集团的上述文化习俗和传统由于没有取得宪法地位而可能受到冷落。而少数人集团通常对此都很敏感，他们往往把自己的文化习俗和传统没有得到应有的尊重与歧视行为联系起来，因而产生不满情绪，造成少数人集团与多数人集团之间的隔阂与矛盾，直至酿成激烈的冲突。

此外，在宗教信仰方面，更是少数人集团极为敏感的问题。任何在宪法上对宗教的不慎之举都可能招致少数人集团的强烈对抗，酿成大规模的仇杀甚至战乱。当今世界上一些地区因宗教而起的破坏、动乱、恐怖活动、仇杀、战争等祸患，是危害有关国家安定和世界和平的重要根源和因素。

最后是司法领域的强制。国家在本质上是一个暴力的机器。不管国家多么卖力地标榜其民主根基的深厚，也不管国家的政治精英以及广大民众表现出多么博大的政治宽容和政治妥协精神，一旦情势需要，作为最后的强制机制，国家会毫不犹豫地诉诸暴力或以暴力相威胁。军队、警察、法庭、监狱等就是国家最重要的暴力工具。

在西方早期发展起来的资本主义国家和后来的帝国主义列强所从事的长达几个世纪的移民和殖民过程中，对移民国家的原住民、土著人实行了有计划的、大规模的征服、强制奴役、屠杀，直至种族或民族灭绝的政策，把国家的暴力强制用到极致。直至现在，在西方一些移民国家，对少数人集团，特别是对黑色移民集团、黄色移民集团、当地土著人集团仍然存在程度不同的歧视现象和歧视心理。在这样的社会歧视氛围中，即使在政治上、经济上的强制得到相当程度上和范围上的控制，在司法上的强制却有较为明显的表现。主要体现在司法不公、司法歧视、滥施暴力，以及对少数人集团的犯罪嫌疑人和在押的服刑人员实行种种的酷刑和其他残忍、不人道的待遇或处罚的行为等方面。在一些西方国家，由于上述的现象和行为而引起的大规模社会骚乱乃至社会动荡等事件或事态时有发生，就是存在程度和范围不同的对少数人集团的司法不公和司法歧视等现象和行为的必然结果。尽早和最大限度地减少和消除针对少数人集团的司法强制，是当代国际社会和一些多民族、多种族国家的进步的政治势力和力量，特别是世界性的和一些国家的人权运动所努力实现的价值目标。

第三，多元手段。利用宪法在价值取向上的多向性和内容的广泛包容性来处理少数人集团的问题和调整多数人集团与少数人集团之间的关系，是当代宪法的重要内容和主要的发展趋势之一。一般说来，多元手段同温和的同化手段和强制性手段主要的区别在于：多元手段是在目前以及未来不可预期的长时期内，承认、尊重、保护、促进少数人集团的特点和合法的、或许还有额外补偿的权利和利益。在实行多元手段的国家和社会中，除了极少数国家和社会在利用承认、尊重、保护、促进的外在结构或体制以掩盖其把少数人集团限制在低下的地位上之外，绝对多数的国家和社会都抱着良好的意愿，企图通过建立一个宽容的多元国家和社会，不但有给少数人集团以全面参与国家和社会各项生活的机会和制度性安排，而且抱着保护少数人集团的愿望，在国家和社会中设立专门的少数人集团的机构，以国家赋予的独立的职能和权力，集中而且专门从事保护和促进少数人集团的权利和利益。从世界性的全局上看，多元的宪法手段不仅构成当代宪法的重要内容，而且也代表了当代少数人集团的问题解决和相关关系调整的进步方向。作为制度性安排，宪法的多元手段在目前大体上已经发展出如下的较为成熟的做法，即联邦制、自治制、多元文化主义、下放行政权、重组地方政府、设立民族开发机构，等等。

2. 关于少数人集团（民族、种族、文化集团）调整的宪政安排。作为少数人集团的宪政安排，本身就是一个极其庞杂的体系，具有丰富的内容。主要体现在以下一些方面。

第一，选择和确认对少数人集团的政策。宪法在任何情况下最忌频繁修改或变动，频繁地修改或变动最容易使人丧失安全感和稳定感，从而很可能从根本上丧失对宪法和宪政的信心。保持对少数人集团的政策的相对独立性，可以在实际运作中作出局部的补充和调整，这不仅使有关的政策和制度本身得到完善和发展，而且也保护了宪法的稳定性和权威，使其不至于在频繁的修改和变动中受到损害，不仅不受到损害，而且归根结底就是对宪法和宪政本身的补充、完善和发展。

在人类的宪政史上，在制定宪法之前就已经选择和确认对少数人集团的政策的国家当不在少数。例如在加拿大，早在20世纪60年代初期，加拿大政府为了消解法裔加拿大人强烈要求实现魁北克独立的政治危机，开始推行双语制，即承认法语同英语一样成为官方语言。1963年皮尔森政府任内还建立了"双语与二元文化皇家委员会"，专门负责推行双语和二元文化政策。这一政策虽然相对缓和了魁北克的危机，却又引发了其他移民集团和其他民族的不满，认为推行双语和二元文化政策使他们受到冷落，担心会沦为二等公民，因而为加拿大又埋下了更大的政治危机的隐患。为了避免这种情况出现，"双语与二元文化皇家委员会"被迫发布了一份专门报告，建议实行"多种语言和多元文化政策"。当时的特鲁多政府采纳了这一建议，于1971年10月8日正式宣布联邦政府实行"多元文化主义政策"。到了1981年加拿大制定宪法时，多元文化主义政策被正式载入宪法，成为宪法性的民族政策和制度。不过，作为国家政策形态的多元文化主义在上升为宪法规范以后，仍然保持了相对的独立性，并在实践中不断得到充实和发展。

中国的民族区域自治政策也是在宪法制定之前就已经被选择并确定下来的。在中国共产党领导中国新民主主义革命的过程中，曾对中国的民族政策的选择进行了长期的探索，并提出过多种可供选择的方案，包括联邦制和民族自决。但到了抗日战争胜利前后，根据马克思主义的民族思想和中国的国情、族情的实际情况，以及在革命根据地局部地实行民族区域自治的经验，最终选择和确定了将民族区域自治作为解决中国民族问题的基本政策。在中华人民共和国成立前夕，由当时起临时宪法作用的《中国人民政治协商会议共同纲领》做了规定；在1954年制定新中国第一部正式的宪法时，又正式地把民族区域自治载入宪法，确认为国家基本的民族政策和民族制度。不过，民族区域自治作为中国共产党和国家的基本民族政策，仍然保持了相对的独立性。

第二，针对少数人集团问题进行立法。这方面主要包括专门性立法，其中包括前述的加拿大的《多元文化主义法》，中国的《民族区域自治法》，俄罗斯的《民族文化自治法》，等等；边缘性立法。所谓边缘性立法，是指专门性立法以外的立法。其中包括禁止歧视性的或允许歧视性的法律、法规或相关规定；对少数人集团的选举权和被选举权作出专门的或特殊规定的选举法；

对少数人集团作出优惠的或不利的经济性立法；对少数人集团作出有利的或歧视性规定的文化性立法，等等。

第三，设立专门的机构。无论出于什么样的目的和动机，也无论执行什么样的政策，国家的统治者或管理者通常都要设立各种专门的机构，用以处理与少数人集团有关的各项事务。这些专门机构大致可以分为确立性的、协调性的、咨询性的、研究型的机构。

第四，设立专项资金。这类资金大致可以分为出于对历史上歧视性政策所造成的后果的反省而设立的补偿性资金，如美国在"肯定性行动"中对土著居民拨出的特别教育计划、特别技术援助、特别贷款的款项；此外还有用于各项事业建设所需的专项资金。

第五，进行平等、反歧视教育。这类教育既包括利用国家的政治活动、重大节日的庆典、文学艺术、大众传媒、社会公益等场合和机会进行的"软"宣传、教育，又包括利用国民教育体制等机构和制度等进行的"硬"教育。

从以上介绍和分析不难看出，宪法和宪政已经对主要包括民族、种族、文化集团在内的少数人集团的有关事项作出了一些规定和制度性安排，这些无疑应当成为"宪法人类学"学科创立和建构的知识基础。

（二）关于人类学的产生与发展过程中对人的社会性关注的增强

自从古希腊哲学家苏格拉底首先提出、后来又雕刻在古希腊神庙上的那个"人啊！认识你自己罢"的哲学命题之后，就在西方揭开了人类自我探索的序幕；而在我们这块东方古老的土地上，孔子等大师早在两千多年前创立的儒家学派，贯穿着"诚心、正意、修身、齐家、治国、平天下"的一整套先后或同时开启的对人类自身的探索历程，尽管在后来的历史进程中以不同的方式走入歧途，迷失了方向，但人类通过观念反思、思想解放和相应的社会变革，最终又先后回到了对人自身进行深入探索的轨道上来。在西方，经几代学者的努力，终于在自然科学和社会（人文）科学领域建立起恢宏的"人类学大厦"。

在西方，最初的人类学是专门研究人类体质和体型发展规律的科学，称为"体质人类学"。由于体质、体型属于生物学的范畴，所以最初将人类学归属自然科学。但人类终究不是一般性的动物，体质、体型对人类固然重要，但人类作为在本质上属于"社会动物"、"文化动物"或"政治动物"，研究有关人类的社会、文化和政治的结构、行为及其发展规律，会来得更加重要和紧迫。因此，西方的人类学家不可能或实际上根本不想把人类学的研究范围固守在人类的体质和体型方面。人类自身社会、文化和政治方面日渐显现的重要性，促使越来越多的人类学家把自己的研究旨趣转向人类的社会、文化和政治等方面，于是人类学已不再单纯属于自然科学，而是跨越到社会或人文科学领域了。现在，人类学可以视为兼容自然与社会（人文）的综合学科，也可以视为自然科学或社会（人文）科学的边缘学科。

在当代的欧洲大陆，如德、法和俄罗斯（苏联），仍然把人类学专指为体质人类学。可能是为了避免混乱或学科区分上的便利，最近二三十年来，西方学者在研究人类的社会、文化、政治、法律、哲学等方面的问题时，更愿意称之为"社会人类学"、"文化人类学"、"政治人类学"、"法律人类学"、"哲学人类学"等。除了后三者专门研究人类的政治现象、法律现象和哲学问题以外，前两者则不仅仅研究人类的社会或文化现象，研究的领域出现泛化或扩大化的倾向，以致包容了除人类体质、体型以外的所有的人文领域，包括"政治人类学"、"法律人类学"和"哲学人类学"。从这种宽泛的学科意义上来说，我们所称之为"民族学"的学科也包括在内。不过，在一些场合，"文化人类学"或"社会人类学"如果是以民族问题为研究对象，就等同于"民族学"。在西方迄今为止，还没有明确地认定"民族学"这一学科。最后，还有一点需要指出，西方的"社会人类学"与"文化人类学"从来没有明显的区分，或实际上根本就没有差别。在当代，"文化人类学"的学科冠名更为经常和普遍。

人类学从"体质"向"社会"或"文化"的转变应当被视为重大的科学成果。人类学对人的社会性的持久关注及其不断增强，势必将扩展到对人类根本的政治性和社会性命运的宪法关怀。这当然也为"宪法人类学"的创立和建构打下了学科性基础。

（三）法律人类学的学科优势与成就

从人类学的立场上看，法律生活应当是而且事实上是伴随人类社会生活的持久现象。而从法律学的立场上看，人类的有序的、和谐的乃至美好的社会生活同样离不开法律与法制的规范与保障。可以说，这两个学科之间构成了极亲密的亲缘关系。不管学者们特别是人类学者们在长期研究的过程中是有意还是无意，最终导致两大学科成了"天作之合"，成就了一个全新的人类学分支——"法律人类学"的产生和发展。

"法律人类学"在产生和发展过程中，显现了明显的学科优势与成就。主要体现在：

1. 对法律现象的理解和法律本质的揭示提高到一个新的理论高度。通过法律人类学家研究大量的非西方社会的固有法，特别是所谓"野蛮社会"的原始法，使法律的内涵得到了很大的提升。法律人类学家现在普遍认为，法律并不是西方传统法学家所认为和描述的那个样子，而是应当从一个全新的、普遍适用于古今世界上一切社会的法律的基础之上，重新加以界定。作为人类社会普遍存在的法律体系，它首先是民族性的和地方性的。不论人们的文化背景有多么不同，也不管人们的观念中或信仰中有多少玄而又玄、神妙莫测的东西，法律首先就应当被注意到它是一切人类社会的控制工具。因此，法律具有明显的地方性和民俗性的特征。不仅如此，法律还具有共同的属性。法律人类学家波斯皮士尔曾经将这种法的共同属性概括为四点，即权威性、普遍适用的意图、当事人双方之间的权利与义务关系、制裁；并认为只有这四种属性同时在一定时期和一定社会范围内存在，才能构成特定的法律体系或模式。任何单一的特征存在都不可以认为是完整的法的体系或模式。这一点显然区别于不少西方法理学家或法哲学家对法律的界定。在这些界定中，大量的都是以法律某一个或两个特点为界定的标准的。此外，在每一个法律属性的界定上也与西方的法理学—法哲学有些不同甚至极不相同的方面。例如，关于法的权威的界定，法律人类学家就不像西方法学家通常认为的那样，即认为只有主权者或国家立法机关通过正式法定程序制定出来的文件才能称为"法律"。在法律人类学家看来，法律权威不仅包括主权者或立法机关，还包括法官、法院，甚至头人、长者议事会、父亲等，这是与人类学结合的必然反映。在这样全新的认识基础上，法律人类学认为法是从法律权威作出的决定中抽象出来的制度化的社会控制工具。这样对法律作出的界定，虽然不无争议或改进之处，但较之西方法理学—法哲学家那些总有些偏执或极端的界定，显然有了很大的改进与提高。

2. 为法律多元主义提供了有力的理论支持。在传统的西方法律中心主义的框架下，以历史的全景和世界图景为基础和背景而承认多种形式、多重层次同时并存的法律多元主义，自然没有存在的余地。然而，法律多元主义毕竟是客观的存在，对于这样一个基本的事实本无争议的必要，但是，在西方一元主义对法律思想的长期垄断下，这一事实被人为地抹杀了、忽略了。而到如今，既然法律人类学已经从根本上打破了这种垄断，就必然使法律多元主义摆脱了束缚而得到解放。法律人类学通过广泛地考察和研究各种社会的法，在法律的制度与运行机制上与各种不同的文化背景、信仰和风俗、习惯密切联系起来，使每一种社会形态，不管它是原始的、发展中的还是发达的，都会存在与自己的文化背景和社会情态相适应的固有法律形态。这些法律是如此的独具个性、彼此殊异，以致它们之间具有不可比性、不可交换性和不可移植性。然而，法律人类学的研究成果表明，各种法律形态之间，一如前面所指出的，还同时存在可辨识的共同属性。这些共同属性又构成了它们彼此之间的可比性、可变换性和可移植性。这就使对法律进行大规模的比较研究成为可能。通过比较研究，使人类各种不同的民族、社会形态可以广泛地吸取、借鉴、移植其他民族、社会形态优秀的法律文化和法律制度，以期完善和改进自己的法律文化和法律制度。在此基础上，又使全人类大规模地提升法律文明成为可能。

3. 丰富了法学的研究立场和方法。如前所述，西方传统的法理学—法哲学在研究立场和方法上存在着诸多的局限和弊端。这些局限和弊端在西方法理学—法哲学的体系内是难以甚至无法克服的。而法律人类学的兴起，在法律研究立场和方法论上对传统法律学研究是一个很大的补正和丰富。在研究立场上，它有力地克服了西方传统法学那种唯理论性、形而上、唯规则论等偏颇，从而对法律的研究站在真正科学的基点上；在研究方法上，通过田野调查、个案分析、阐释学等方法的运用，在很大程度上克服了西方传统法学中一些学派，例如自然法学派、先验唯心主义法学等缺乏技术性分析的缺陷。科学的、综合的科学研究方法的运用，对正确认识法律现象和揭示法律本质是十分必要的。[①]

从以上的简要总结可以看出，法律人类学是法律学中一个新兴的边缘学科或综合学科。它已经取得了显著的学术优势和成就，昭示了极有潜力的学术前景。"法律人类学"不仅构成了我们倡议创建的"宪法人类学"这一全新宪法学分支的启迪和影响的渊源，而且其本身也可能构成了"宪法人类学"的学科基础，至少在两者之间存在着密切的关联。我们提议创立"宪法人类学"这一新的学科，不仅仅是在理论上和实践上提出了这种需要，而且在实际上已经建构了相当深厚的学科基础。这就是说，我们现在意欲创立的"宪法人类学"，不仅是必要的，也是可能的，绝不是空穴来风，或是毫无根据的主观臆想！

[①] 关于法律人类学的介绍和分析，参见张冠梓《法学的"另类"与法学的未来——法人类学学科发展概况》，《中国社会科学院院报》2002年12月12日第2版。

四 关于"宪法人类学"的学科构想

基于民族、种族、文化集团而欲创建的"宪法人类学",对其可做以下构想。

1. "宪法人类学"尽管不能像"哲学人类学"那样,对包括人类民族、种族、文化集团在内的各种形式的共同体施以"终极的关怀",但也绝不应当只是停留在有关的政策、制度和法律的有形层面上,或甘愿充当现实的"奴仆"。"宪法人类学"应当从形而上或者说哲学的层面上深刻揭示宪法与包括民族、种族、文化集团在内的人类共同体之间内在相关的联系,找出他们之间是如何在相互影响和互动之下发展变化的规律。"宪法人类学"的浓重的理论色彩当以此为切入点并由之作为主要的体现。

2. 民族、种族、文化集团在内的人类共同体既是人类历史的产物,又是人类赖以生存和发展的最主要的社会结构形式。人类在这种社会结构形式中逐步创造和发展了包括语言、文字、思想、观念、价值等文化形态,其中也包括源远流长的法律体系及其文化。这是包括民族、种族、文化集团在内的人类共同体赖以生存和发展的沃土。正是这些沃土,养育和支持了人类共同体的庞大根系和繁茂的枝干。离开了社会、文化这片沃土和源泉,包括民族、种族、文化集团在内的人类共同体就变成了无本之木,无源之水。因此,人们要想真正地认识自己,要想真正地认识与自身息息相关的民族、种族、文化集团等现象,就必须深刻地挖掘和认识自身赖以生存和发展的社会及文化背景,包括法律文化背景。从社会及文化背景来探讨和研究"宪法人类学",应当成为一条值得重视的途径和不可或缺的方面。

3. "宪法人类学"应当尽量拓展研究领域。对于任何一个真正的社会科学学科来说,其研究对象基本上都是一个复杂的事物,所涉及的事项以及所包容的信息量、知识量也必然是庞大的。"宪法人类学"自然也不例外。

首先,从研究的范围上看,应当包括民族、种族、文化集团以及已经或即将出现的其他的较为稳固的人类共同体,如氏族、部族、国族以及其他相关的族类、种类共同体,等等,都应当作为"宪法人类学"的研究对象和范围。

其次,应当兼顾历史和现实两方面。从历史上来说,既然我们已经承认民族、法律都是极其古远的历史现象,这本身已经构成了一个重要的研究现象。某些古老的民族，一般都经历过兴衰的过程，有的曾经十分强大过，但如天上的流星一般，很快在历史上消亡了；而有的历经几千年的风雨而不倒，延续至今。这其中除了其他种种原因之外，是否与有关民族的法律观念和法律制度有关？如果有，其内在的联系和影响的机制又是什么？直到目前，这在中国学术界仍然是一个空白，值得认真地加以研究。

再次，各民族一般都在历史上创建了具有本民族特色的法律观念和制度，从古老的民族习惯法到现代的国家法制，不一而足。除了应当研究一个民族与自己的法律观念和法律制度是怎样的内在相关和内在相连之外，还应当探讨这样一个具有哲学意义的问题，即迄今为止的世界上的每一个民族，从古老的民族到现代的民族，从无从立国的民族到建立自己民族国家的民族，民族与法律是否在绝对的意义上存在必然的联系？当我们不再满足于法学理论关于法律产生和发展的某些教条主义的说法以后，这方面的研究不仅能揭开法律与民族内在相关的联系之谜，而且还会为法学理论注入新的内容和活力。

最后，"宪法人类学"也应当关注和研究当代及今后的国际社会。我们在前面的研究中早已表明，全球一体化的发展潮流使世界上各民族的联系和交往也越来越密切了。在这个过程中，原有的和新生的各种错综复杂的民族关系和民族问题，需要人们以科学的态度重新审视、调节和解决。自从第二次世界大战以来，特别是最近二三十年来，以联合国为首的国际社会、许多国家的政府和各种民主、进步势力以及各方面的有识之士，为解决世界上的一些热点、难点问题，为解决国际特别是民族间的矛盾、冲突和战争问题，作出了巨大的努力。特别值得提出的是，以联合国为首的各种国际组织，为解决各种世界性的问题，包括为调整民族、种族、文化集团之间的关系，制定了大量的国际公约、协定和各种守则，就使国际法与民族、种族、文化集团问题紧密地结合起来了。毫无疑问，"宪法人类学"应当对此种新情况和新变化予以关注和研究。如果说，我们所倡导的"宪法人类学"与"法律人类学"有什么区别和不同的话，这当是其中显著的一点。在我们看来，就"法律人类学"原初构想和现已形成的框架，是无论如何没有包容也很难包容这方面的研究内容。

4. "宪法人类学"应当探讨和实践把宪法学研究与民族学研究、文化人类学研究和法人类学研究等学科有机地结合起来的有效形式。"宪法人类学"，顾名思义，名称的本身就体现了把宪法学和人类学结合起来的特点。在中国以往的主流学术界，宪法学和民族学是相互独立的两大学科，除非研究内容需要互相涉及以外，一般都是各自独立进行研究，很少被有意识地相互渗透。近十几年来"民族法学"的创立和发展，为这两大学科的相互结合和渗透进行了有益的探索，开辟出了一条新路。但是，正如我们曾经表明过的，"民族法学"似乎偏显了实用主义的色彩，在理论根基上先天的薄弱，似乎很难促使宪法学和民族学在深层次的理论基础上有机地结合起来。而"宪法人类学"，至少在我们最初的设计上，就有意识地要建构具有突出理论色彩的、使两大学科有机地结合起来的新学科。倘能实现，不仅能把宪法学和民族学在新的理论层次上向前推进一大步，而且还能为创立和发展综合学科、交叉学科和边缘学科积累经验，闯出新路子。须知，在当代，随着知识爆炸性的发展，已经不断地增长着向着新的学术领域探索和发展的需要，交叉学科、边缘学科和综合学科因而也如雨后春笋般地大量涌现，这已经成为当代世界范围内学术领域发展和进步的一大特点和势不可挡的潮流。从这个意义上说，刻意地将宪法学和人类学包括民族学等有机地结合起来的"宪法人类学"，就属于一种综合学科、交叉学科和边缘学科。

5. "宪法人类学"应当重点关注和研究当代的民族、种族、文化集团问题和关系的政策、法律调整。当代世界上的许多民族还没有走出对自己民族的历史命运、对与其他民族关系的非理性把握的误区，特别是对待民族关系的认识和把握上更是时常发生谬误与偏差，损人利己甚至损人不利己、损人又害己的愚蠢之举，以及蛮横霸道的行为也是频频发生。这已经在相当程度上，甚至可以说在很大程度上构成了当代世界及一些多民族、多种族国家的不安定因素，成为世界和有关国家的热点、难点问题。为解决这种世界性问题和现象而倡议创立的新学科——"宪法人类学"，毫无疑问应当为此作出应有的和突出的理论贡献。倘使"宪法人类学"能够为解决当代令一切有着人类良知的人士长期困扰的有关民族、种族、文化集团的热点和难点问题找到一条可行的、有效的宪法和宪政途径，就可以说真正体现和实现了这一新学科、综合学科的科学价值。当然，这也是对我们苦心创意和长期探索给予的最好的回报和最高的奖赏。

6. "宪法人类学"应以更开放的姿态鼓励学术创新和包容各种学术思想、流派。科学研究的全部历史一再证明，任何一项人文科学的研究都是一个漫长的历史过程，是一代又一代的学者共同劳作的过程和结果，有些人文科学研究对象虽经历千年、几千年的沧桑，但至今仍未在学术上取得共识。本研究中的主题，即宪法、法律与民族、种族、文化集团等人类共同体之间的关联就属于这类的研究对象。经验表明，任何一种人文科学的真理都是一点一点地接近而最终取得的。正如著名启蒙学者马基雅维利所指出的："一个人永远不会发现任何问题已经彻底了结，再无争论的余地了。"① 从这个意义上来说，"宪法人类学"更应当鼓励学人大胆解放思想，勇于学术创新，同时以更宽广的心胸包容各种学术见解和流派。只有这样，我们才能指望这一新的学科取得令人满意的进展。现实中有意无意地形成的种种学术研究的"禁区"或某些不可更易的一定之见，都会阻碍这一新学科的进步和发展，某些教条主义的束缚更是应当尽早解除。

7. "宪法人类学"应当鼓励研究者运用各种方法论进行深入的研究。正如著名天体物理学家伽利略曾经指出的，科学是在不断改变思维角度的探索中前进的。对于兼跨两大学科，涉及社会、文化、政治、法律、经济、思想、哲学等诸多学科的"宪法人类学"来说，更是需要广泛运用各种方法论，从多层面、多角度加以探索。西方的"文化人类学"、"法律人类学"等人类学学科之所以能够取得较大的成就，部分原因就是广泛运用多种方法论，从各个角度和立场进行探索的结果。而对于我们所倡导创立的"宪法人类学"，同样需要运用多种方法论进行广泛而深入的研究。舍此，便难以指望取得令人瞩目的成就。

8. 不必急于建构完整、系统的理论体系，研究者可就自己感兴趣的问题先行进行研究。科学史的经验表明，许多科学理论或学说都不是以先行建构完整、系统的理论框架，然后再填补内容这种方式完成的。科学研究确实不像搞建筑，像建房屋或桥梁那样先立起框架。我们前面所介绍的"文化人类学"的好几种理论就存在这种情况，至今还没有形成完整的、系统的理论体系。"宪法人类学"也应当走这样的创立和发展历程。更何况，由一个人或一些人先闭门造车，这种研究方法其实本身就不科学。正是基于这种考察，我们作为"宪法人类学"的首倡者，就没有刻意地去建筑某种完整的、系统的理论体系，而是就当代最有影响力的重大民族、种族政策、制度和法律，从宪政的立场上进行深入的研究。至于对"宪法人类学"的理论构想，这里只是进行了粗疏的整理，提出了一些可引起联想的意见和建议，仅此而已。我们这样做，也可以说是对上述主张的一种身体力行吧！

最后还应指出，任何一个新学科的创立都是一个极其艰苦、漫长的探索、研究、积累的过程，非一朝一夕所能一蹴而就；与此同时，一个新学科的创

---

① ［英］昆廷·斯金钠：《现代政治思想的基础》，段胜武译，求实出版社1989年版，第177页。

立,也往往非一人所能完成,而是要靠学术界诸多甚至几代学者共同努力完成。鉴于"宪法人类学"诱人的和光明的学术前景,我辈业内学人为此作出贡献哪怕是重大的付出,也应该认为是值得的。

原载《华东政法学院学报》2007年第1期

第七篇　大赦研究

——重识一项被遗忘60年的宪政制度

内容提要："大赦"在中华人民共和国成立之初曾为宪法性文件和宪政上明文规定的内容，但在以后其建制被遗忘了60年。现在是重识"大赦"的理念与机制的时候了。"大赦"作为一项宪政制度自有其他任何法律制度不可替代的价值与功能，现时亦存在续存或重建"大赦"制度的现实基础，将其重铸为"宪政更始"的理念与机制更有现实的突出必要。

关键词：大赦　价值与功能　犯罪处罚轻缓化　调节机制　宪政更始

引　言

"大赦"制度早在1949年9月27日颁行的《中华人民共和国中央人民政府组织法》第七条就有规定，中央人民政府委员会中国人民政治协商会议制定的共同纲领，行使颁布国家的大赦令和特赦令之职权。1954年宪法第二十七条第十二款规定，全国人民代表大会行使"大赦"职权，该宪法还在第四十条规定，中华人民共和国主席根据全国人民代表大会的决定和全国人民代表大会常务委员会的决定，发布大赦令和特赦令。在此后颁布的三部宪法，即1975年宪法、1978年宪法和1982年宪法即现行宪法，都没有明确规定"大赦"制度。

中华人民共和国虽然早在成立之初就在宪法性和宪法文件上明确规定了"大赦"，但从未具体着手建立相应的国家"大赦"制度。从1956年至1975年先后对在押的日本战犯、蒋介石集团和伪满洲国战争罪犯，以及反革命罪犯和普通刑事罪犯实行过7次"特赦"，但在全国范围内从未实行过"大赦"，自1975年以后也没有实行过成规模的"特赦"。总的看来，"大赦"成为被遗忘了60年的宪法规定，在此60年的漫长时期，迄未尝试更不用说用心建立这样一项宪政制度。

事隔60年以后，中国的法治和宪政制度有了空前的发展和进步，我们认为，现在到了重识这个遗忘60年的宪政制度的时候了。着手从事和加强"大赦"理念与机制的研究，也许正当其时。

一 "大赦"的概念与性质

(一)"大赦"的概念

"大赦"的概念及作为政治统治术在中国自古至今有之，但其概念及作为政治统治术在西方也同时自古至今并存。英文是用"amnesty"表述的。"大赦"是一个跨越东西方、横亘古今的普世概念及政治统治术。

"大赦"作为一个极具历史深度和地域广度的概念及政治统治术，不待说，自然具有多元的理解以及作为政治统治术具有各种各样的形制。不过，在异中还是可以求同的，在当代，就各国政治理念及国内法上的"大赦"概念，通常被理解为一种宽免理念，在形制上则是由国家元首或最高国家权力机关以法律、政令等形式对特定时期、对全部分或大部分或一部分特定的犯罪人或不特定的犯罪人，对已判定之罪或正在追诉之罪予以免罪和免于刑罚或免于追诉尚未定狱之罪的政令、法律、政策或措施。

在中国古代，"大赦"是一套结构复杂的"赦免"概念和形制体系的一个重要的组成部分，构成这个概念和体系的，还有赦、常赦、曲赦、肆赦、特赦、恩赦、郊赦、别赦、赦徒等赦免形式。其中有些与"大赦"的概念和体系有重叠或交叉，或只是不同的称谓；而其中大部分都与"大赦"有些甚至有较大的差别。除此之外，还有一些同属"赦免"范畴，在形制上都与"赦"或"大赦"明显不同的概念与形制，如"减等"或称"赦降"（即类似于当代的在押人犯的减刑）、复籍（即对被剥夺的属籍的是皇族恢复其属籍）、赎罪（即以财物或劳役赎刑）。

在近现代的中国，除晚清沿袭以往朝代的"赦免"概念与形制之外，在中华民国时期，通过历次宪法、宪法草案一般都规定实行"大赦"外，还有"特赦"、"免刑"、"减刑"、复权等，后四种同"大赦"一样，既同属于"赦免"的范畴与形制，只是在"赦免"的范围和程度上区别于"大赦"。

在古代西方，"赦免"的概念与形制也是古已有之，其形制大体上也分为"大赦"、"特赦"以及其他形式的"宽恕"。这种概念与形制同样被近现代西方国家所沿袭。许多国家的宪法或专门法律都有关于"大赦"或"特赦"的规定。中国的近邻日本、韩国融合中西方的赦免概念的形制，都在各自的国度实行各种形制的"赦免"制度。

在东西方现代的刑法中，一般都有关于假释、缓刑、减刑等减免刑罚的规定。从广义上来说，这些都属于"赦免"的概念与形制的范畴，但就其实施范围及社会影响力来说，都远远不及"大赦"、"特赦"之类的"赦免"来得广泛和深远。

除此之外，在宪法和国际法上都有一种被称为"豁免"的概念与制度。"豁免"是基于担任某些公职的具有特殊身份的人员，为了保障其正常地履行职务，其某些行为例如国会议员或人民代表在议会或代表机构的发言，即使是错误的，也不受司法上的追究，即从刑法上的罪与罚彻底排除享有豁免权之公职人员。而一国派驻外国的外交或使团人员，因其具有代表国家行使职务的特殊身份，即使被认为是从事了与其身份不相宜的行为，根据主权神圣不可侵犯的公认法理，不受驻在国的司法追究，对其所能采取的最严厉的处分措施，也只能宣布其为不受欢迎的人员，令其在一定的时期内离境。而"赦免"则是指对司法上或定罪或刑罚的免除或宽恕。

（二）"大赦"的性质

"大赦"是一个极其复杂的社会现象，各种社会学科一般都是从各自的学科立场对其进行研究。而这种研究，至少在历史学、法律学特别是刑法学上通常都把研究的重点放在其制度层面上；而对其一般性质或总体性质的环节的研究一般都比较薄弱。[①] 应当承认，"大赦"确实是一个具有多重性质且非常复杂的社会、法律现象，人们要对其性质作出准确的理解和把握确属不易。这种状况最终导致了古今之人对其建制和实行的信心和勇气，以及人们对其中的利弊得失的评判呈现了截然相反的分野。如果说，在古代人们关于是否实行"大赦"的争议并没有从根本上阻碍皇权频繁地"大赦天下"的实际选择的话，那么，在当代，人们对"大赦"或者说对包括"特赦"在内的其他

---

① 中国青年学者阴建峰在其具有很深力度的《现代赦免制度论衡》一书中，曾在第二章第二节对"赦免权属性"进行了综合的归纳和研究。详见《现代赦免制度论衡》，中国人民公安大学出版社2006年版，第二章第二节。

一些形式"赦免"的种种疑虑和担忧，则在很大程度上影响了对各种形制的赦免特别是对"大赦"在实际上的选择。在包括中国在内的当代许多国家中，"大赦"之所以逐渐走向式微，甚至逐渐成为宪法上的虚置条款，除了其他原因之外，对"大赦"本身理念和形制上的性质的研究和认识不足，应当是一个重要的原因。这种状况应当引起我们的注意和反思。要对"大赦"之类的"赦免"的理念与形制欲求得到更科学的理解和把握，深入分析其多重而复杂的本质或特性，不仅是不能回避的，而且或许是首先不得不做的事情。本研究试图超越以往学术界的一些被我们认为偏斜的视角，对"大赦"的性质做一个全面的诠释。

1. 从社会的立场上看，"大赦"是一种社会矛盾的有效调节机制。自有人类社会以来，人类的各个个人之间，基于民族、种族、文化集团以及各种阶级、阶层和不同利益群体之间的矛盾就从来没有中断过。无论何种社会，总是需要动员和组织各种力量，包括政治、经济、法律、文化、道德等力量来调节各种社会矛盾，全部人类社会就是在这种社会矛盾不断产生又不断调节中发展的。作为犯罪与非犯罪，以及由超社会的国家强制力所实行的对犯罪之人的惩罚与对非犯罪之人得到和平、自由生活的保障，终极说来，也是一种社会矛盾现象。从社会学的意义上来讲，国家保障绝大多数社会成员过上和平、自由的正常社会生活，从而使社会保持一种基本的、正常的状态，这是任何社会生存和发展的必要条件；而在任何社会存在少数各种轻重程度不同的犯罪也总是不可避免的，对各种犯罪活动进行打击、镇压、惩办固然是各种不同类型的国家的必要职能，是维持社会的正常状态，保护绝大多数人的利益所必不可少的。但与此同时，我们也应当看到，各种犯罪活动终究是一种社会现象，是各种社会矛盾激化的结果；犯罪的动机、实施过程和结果其实都是一种社会矛盾内在的、自发的调整机制，从这个意义上来说，犯罪现象的存在并非全无意义，它从一个消极的方面警示社会和人们，他们所处的当下社会出现了不正常的现象，有些突出的社会矛盾是该得到调整和缓冲了。为什么社会矛盾越突出，犯罪现象越严重，反之也是一样，就是这种犯罪现象归根结底是基于一种社会矛盾的负性反映。由此看来，古今中外许多国家的统治者或主权者通常都是在社会矛盾激化的时候，适时地用"大赦"加以调整，而且社会矛盾越突出、越尖锐，其用"大赦"调整的力度越大、频率越高。这实在不失为一种调整社会矛盾的睿智、聪明之举。尽管历代的统治者或主权者并不一定能懂得其中的社会学原理，但他们的行为是受到这种社会规律支配的，哪怕是不自主地受到支配的。

2. 从政治的立场上看,"大赦"是一种政治智慧、政治艺术、政治自约和政治恩惠的体现。说它是政治智慧,是因为政治本身就包含着并非一定是全赢全输或你死我活的行为和现象。政治需要全面地理解和把握,需要协调、协商、妥协;需要轻重、进退的节奏把握,需要社会动员和组织各种力量。"大赦"相对于政治强力、政治进取、政治意志不屈服而言,是一种政治妥协和政治缓退。

"大赦"也是一种政治艺术。中国自古就有"文武之道,一张一弛"的统治策略。政治需要强力,该坚强时则应坚强,但政治绝非越强越好,也并非越强越出积极效果。历史上无数的政治经验都表明,政治上一味地用强,不知适时地加以缓、弛,往往是一种败亡之道。政治是讲分寸和进退的,对其适当地把握堪称是一种艺术。历来的不少国家统治者或主权者善用"大赦"来调节政治上的进退、缓弛,从而创造出不少的开明之治、盛世之象。从中可知善用"大赦"不失为一种经世治国的高超的政治艺术。

"大赦"也是一种政治自约的体现。睿智的国家统治者或主权者都应当或者实际上知道自己并非全知全觉、不会犯任何错误的圣贤。人非圣贤,孰能无过?身为皇帝的统治者或其他主权者亦然。政治上的误导、施政上的失宜、司法上的错判总是在所难免。在不能及时察觉,更不能全部纠错的情势下,用大赦的方式一次予以了断,虽不免让真正犯罪的奸佞之人得以幸免,但对于那些一时难以查究或根本无望查究的"清白犯罪"来说,都可以一次性得到彻底的脱罪和免罪。当政者自知有过而能予以自纠其错,其内涵的政治自约的意义深远而隽永,值得敬重。

"大赦"也是政治恩惠的体现。政治恩惠形成于古代王朝的"安天下"时代。皇帝在皇室家族中世袭,代代相传,形成所谓"溥天之下莫非王土,率土之滨莫非王臣"的家天下格局。历代封建王朝统治者为了维护其皇权独揽的主权地位,通常都会施以恩威并重的统治策略。一方面要用国家强力维护社会和国家的和平秩序,用军队、监狱和严刑峻法镇压、打击一切破坏社会秩序、危害皇家统治地位的反叛行动和行为;另一方面也不断地对他的"子民"施以恩惠。除了赈灾恤民、减租免役之外,还用各种形制的"赦免"甚至频繁地用"大赦"来不断地向他的"子民"包括犯罪服刑之人施以恩惠。对于代代相传世袭的皇权来说,其中许多皇帝都明白"水能载舟,亦能覆舟"的道理。用"大赦"这样极端的手段施惠于民,笼络人心,这对维护封建皇权的统治来说,是一个有效的手段。

值得提及的是，恩威并施也是西方古代、中古时代统治者常用的统治策略。手段虽然不一，但"大赦"及相关的"赦免"是经常选用的施恩手段。除此之外，在一些国家例如英格兰，在中古时代向近代宪政国家转型和建构期间，从亨利六世时的大法官约翰·福蒂斯丘到詹姆士一世时的大法官爱德华·柯克，都一再劝喻国王不要自己去直接审理司法案件。他们认为法律奥妙无穷，乃至是一门艺术，需经 20 年的时光来研究才能勉强胜任成为一名法官。即使那样，判决也难免出错。一旦出现错案，必然招来怨恨。为此，他们力劝国王不要自己亲自去坐堂问案。聪明的做法是将奖赏之权留给自己，将怨恨转由法官和其他的官员来承担。①

人们或许不难理解古代恩威并施的统治手段的必要性和有效性。然而，在当代普行法治和宪政的社会和国家，恩威并施的统治或管理手段是否还有必要和有效？这无疑是一个令人感兴趣的学术研究命题。就我们个人的观点看来，至少政治恩惠的概念还有保留的价值和必要。当今的一些政治话语，诸如"情为民所系"、"以人为本"、"关注民生"等以及相应的政策、法律配套实施机制，都内含"恩惠政治"的理念；不待说，现代的民主理论与机制也都包含有利于民的"恩惠政治"理念。"恩惠政治"虽起源于古代，但也能被现代社会和国家所容纳，至少不应成为被排斥的政治理念。

3. 从法律和法治的立场上看，"大赦"是法律的纠错、宽宥和"刑法谦抑"的机制。自有社会特别是有国家以来，人们为了过上和平、稳定的社会生活和国家生活，人类就发明和应用了法律以节制人们的社会行为和国家公共活动。在大多数的社会和国家情境下，人们都被迫或自愿服从国家的法律规范和指导，更有些社会和国家并因此而逐渐培养和熏陶出一种遵法、守法、崇法的法治精神。以致在当代，崇尚法治已经成为一种普世的价值，而实行法治、建设法治国家则成为许多国家的治国方案，中国目前已正在信守这样的价值观。然而，这只是法律和法治能够给人类过上和平、稳定的社会生活和国家生活的一个方面；与此同时，人类在另一个方面也在为自己遵从和信仰的法律和法治付出各种代价，包括自由、金钱、时间乃至财产和生命。

关于法律和法治的弊端，法律学术界早有学者进行过深入的分析。限于

---

① 参见［美］爱德华·科文《美国宪法的"高级法"背景》，强世功译，生活·读书·新知三联书店 1996 年版，第二节。

本研究主题，这里不做详细的介绍和分析。① 只想指出一点，即法律既是由人制定的，也是由人来执行的，特别是作为惩罚刑事犯罪的刑事法律来说，则是由被称为法官的人在一个个具体案件中，对当事人或涉嫌犯罪的人作出有罪或无罪和或轻或重的惩罚。在现代死刑废止的理念与刑制之前，死刑即剥夺生命刑是由法律实现的最严厉的惩罚。当然，从正义的立场上看，有些罪大恶极的犯罪人受到死刑判决，应当被视为罪有应得。然而，古往今来，由人作出的错误死刑判决的事例史不绝书，在当代也频频出现。在中国近些年来，如佘祥林死刑冤案之类的错判、错杀已经屡次见诸报端，以致最高人民法院痛下决心，将死刑案件的核准权收归自己，以期最大限度地减少死刑案件的误判，特别是尽最大可能避免冤杀无辜之人。如果说，中国正走在健全和完善的法治进程中，出现此等冤、假、错案在所难免的话，那么在自诩法制最严密、秩序最完善的美国又如何？事实上也是冤狱不断，错杀连连。据《清白的罪犯》一书的披露，在2005年该书出版的十余年前，通过DNA实验提供的不可动摇的证据表明，65名被收监或打入死牢的囚犯是完全无辜的。即使是有物证的这些案件，刑事司法体系释放囚犯还须经过扭曲的法律程序。简直令人难以置信，很多庭审法官认为，"实际无辜者"不是释放囚犯的根据。在拯救无辜者的计划中，巴里·谢克和彼得·诺伊菲尔德已经帮助37名被错误定罪的囚犯获得自由，并参与了数百件可疑案件的调查。普立策（pulitzering）奖获得者专栏作家吉姆·德怀尔，已经从事撰写有关无辜者案件的文章10年。在《清白的罪犯》一书中，谢克、诺伊菲尔德、德怀尔三人讲述了10名无辜者令人心碎的故事——错误定罪的原因是警察草率的工作、腐败的检察官、监舍告密者、目击证人的错误以及庭审系统中其他普遍的缺陷——通过无所畏惧的努力工作让他们获得自由。②

早在2003年，定于1月13日卸任的美国伊利诺斯州州长瑞安11日下令，将该州167名死刑犯的死刑判决全部改为无期徒刑，此前一天，瑞安还特赦了4名死刑犯，其中3人已被无罪释放。这是美国历史上规模最大的一次死刑赦免。美国舆论认为，这一美国死刑史上"里程碑式"的事件，无疑将会在美国引发对死刑制度的新一轮争论和反思。27年间全美近百人蒙冤而死。

---

① 美国法理学家埃德加·博登海默曾有深入研究，详见其《法理学：法律哲学与法律方法》，邓正来译，中国政法大学出版社2004年版，第十四章第六十七节。

② 参见[美]巴里·谢克、彼得·诺伊菲尔德、吉姆·德怀尔《清白的罪犯》，黄维智译，中国检察出版社2005年版，原编者的话。

瑞安州长的大赦令是根据两年多的调查结果作出的。据报道，早在2000年，伊利诺斯州法庭就发现，该州自1977年恢复死刑以来共有13人被误判死刑。瑞安州长因此决定在该州暂停执行死刑，并任命一个专门的委员会来重新研究该州死刑制度的公正性。有关人员在对伊利诺斯州死刑案例进行逐一评估和调查后，发现该州死刑制度在审判、量刑和上诉等环节上都存在"严重问题"。实际上，不仅伊利诺斯州有如此多的误判案例，美国其他州的死刑案例中也不乏冤假错案。自美国在案件审理过程中引人DNA检测的方法后，全美得以平反昭雪的死刑犯竟有近百人之多。[①]

不错，法律自发明之始，就产生了相应的纠错机制，在现代法治体系内，通过法律自设的纠错机制更是到了穷其所能的程度。然而，错误仍然不能避免。在这种情势下，我们一方面期待法律和法治的纠错机能得到最大限度的发挥，以尽可能少地发生冤假错案。但我们毕竟不能指望会彻底地解决冤假错案现象。而"大赦"如能得以实行，则在短期内可以一劳永逸地解决这个令人痛恨而又无奈的现象。当然，事情如同正常的司法机制一样，在打击刑事犯罪的同时，也难免冤枉好人一样，"大赦"的结果固然具有彻底性的纠错效果，但同时也会放纵一些不思悔改的真正罪犯。但人们不能因此废弃这一纠错机制，在利害相权中取其利，也是古往今来人们对待客观世界和自己行为的一种生活哲学和处世方法论。"大赦"之所以亘古至今实行不断，正是人类取其利的权衡选择，并不是人类不知道或盲目地相信大赦没有弊害或负面影响。毕竟生命对于人来讲，只有一次，更何况死而不能复生。"大赦"从而被认为是对生命的最大、最根本也是最终极的关怀。

法律的宽宥也是法治的题中应有之意，至少是一个值得关注和重视的方面。人类发明了法律和法治的同时，也赋予了法律和法治最严厉的品格，相对于道德层面上的自省、劝喻的实现方式来说，法律和法治具有强制性的特点，它可以全社会和国家的名义，对违法犯罪之人予以严厉惩治，直至剥夺其财产乃至生命。法律本身的这种特点也还只是问题的一个方面，在另一方面，法律在执行过程中，人们又往往采取最严厉的手段加以实施，以期获得法制在惩治犯罪、维护社会秩序中的最大效能。从古时"乱世用重典"，到现今一个接一个的"严打"，都是这种用法的立场和态度的必然结果。到头来，法律和法制往往给人造成严刑峻法的印象，人们自觉不自觉地畏法、惧法，这其中虽不乏积极的社会效果，有利于培养人们的尊法、守法意识。但过于

[①] 《检察日报》2003年1月14日的报道。

严厉的法律和法制也会产生消极的社会效果，人们畏法、惧法，在本质上是一种疏离社会、规避公共事务的反应，不利于法律发挥协调社会矛盾，规范社会生活和公共秩序功能的发挥。而对于违法犯罪之人，除个人须承担相应的法律责任外，如前所述，犯罪终究是一种社会现象，对于受社会和国家的客观条件影响的违法犯罪现象的发生，社会和国家本身也应当承担相应的责任。当然，这个责任如何承担是一个极为复杂的社会问题，需要综合社会和国家各方面的因素从根本上预防和减少社会违法犯罪现象。从法律和法制本身来说，在规定的范围内和原则允许的限度内，从其内部建构和采取各种宽宥、宽大、宽恕的机能，是必要的，不可缺少的。除了相关的豁免、缓刑、减刑及在法律允许的范围内实行各种人性化的管理措施以外，"大赦"不失为一种实现法律和法治宽宥的机制。

"刑法谦抑"本来是刑法体系内在应有的一种品质，它与刑罚的严厉性形成一种互补和减缓的关系。但长期以来，在人们包括刑法理论界在内，对刑罚的认识上往往过分强调刑罚对打击刑事犯罪、维护社会秩序的立法宗旨和实际效用，与此相对应，对刑法的谦抑性质及其社会效用不够重视。这种状况至少在中国过去相当长的时期内存在，但随着刑法理论的发展和刑法学术界理论水平的不断提升，再加上刑罚实际社会效果总是不能满足人们对其期待的现实，近十多年来，中国刑法学术界主流和有影响的学者在进步和反思中逐渐认识到：刑法及其刑罚只是社会矛盾调节机制之一，虽然是重要的、必不可少的调节机制，但绝不是万能的，不能期许通过"严打"和不断追加的刑名和罚则就能减少社会犯罪行为，也不能因此而确保社会的平安和稳定；刑法及其处罚措施具有法律中最严厉的品质，从人的自由本性来看，即使不说死刑，其他的刑种对人的伤害也是极其严重的，无论是对人的身体、心理和社会声誉都是如此，至于死刑则是对人生命的剥夺，人死不能复生，是对人生命的彻底结束。正是在这种理论背景下，要求刑罚轻缓化的呼声日高，各种对犯罪嫌疑人和已经定罪判刑之人和在押的服刑之人的人性化对待的主张和措施，也在不断地得到倡导和实施；刑罚只可以在极其必要的违法犯罪的情形中才应该和被使用。凡是在法律的框架内能够由行政法、民法、知识产权法等法律调整和判决的案件，尽量不要用刑法介入。在2008年在广州发生的许霆利用信用卡在银行取款机上"盗窃"17万元现金的案件定性和审理中，就有一种反对刑法介入的强烈主张，认为用民法、银行法就能为此案件提供足够的法律支持；刑罚伤害的不止是受刑人本人，还有他的家属、邻里、社区，等等；刑罚需要由社会和国家担负巨大的人力、资源、公共财政的成本。正是基于以上的理论体认与反思，构成了"刑法谦抑"的理论背景，尽量减少、减轻刑罚，必要介入、各种人性化思路和措施，尽量减少死刑甚至创造条件逐步取消死刑等主张、建议和已经及正在出台的各种人性化措施，就构成了当今中国"刑法谦抑"的价值观念和实体体系。从这样一个理论和实践的背景上考量"大赦"的效用和认定"大赦"的性质，本质说来，它也是"刑法谦抑"的内涵和外在延伸。

4. 从宪法和宪政的立场上看，"大赦"是宪法的基本规范内容之一和宪政制度建构的体系之一。"大赦"虽起源和盛行于古代的封建社会和国家，但其发展的脉络并没有止于封建制从而退出历史舞台。在西方资产阶级革命成功建立近现代的新型资本主义社会和国家以后，"大赦"作为一种旧制被新型的资本主义社会和国家所继承、改造并赓续至今。据不完全统计，在当代的世界各国的宪法中，规定实行"大赦"及相应"赦免"制度的宪法，就有60多部。特别是在美国、法国、德国、俄罗斯等大国的宪法中，都有实行"大赦"和"赦免"制度的规定。

盛行于中国历代封建王朝的"大赦"及其他"赦免"制度，一直延续到清朝末年。在19世纪末20世纪初，受世界性立宪高潮的影响，在清末维新派人士康有为、梁启超等倡导下，清朝光绪皇帝也宣布实行立宪，1908年8月27日颁布的"钦定宪法大纲"在"君上大权"中规定："爵赏及恩赦之权。恩出自君上，非臣下所得擅专。"此规定开了中国宪法规定内含"大赦"内容的条款的先河。辛亥革命成功以后，由中华民国临时政府于1911年3月11日颁行的宪法，即《中华民国临时约法》第四十条规定："临时大总统得宣告大赦、特赦、减刑、复权；但大赦须经参议院之同意。"此规定开启了中国近现代民主性质宪法作出"大赦"专门规定的先河。在北洋政府时期颁布的宪法和宪法草案中，从1912年的《中华民国宪法草案》（天坛宪草）以降的历次宪法、约法、宪法草案中，都有相应的赦免性条款的规定。其中于1914年颁布的正式宪法文件，即《中华民国约法》第二十八条规定："大总统宣告大赦、特赦、减刑、复权；但大赦须经立法院之同意。"到南京国民政府时期，1931年国民政府公布的《中华民国训政时期约法》第六十八条规定："国民政府行使大赦、特赦及减刑、复权。"而于1936年国民政府宣布的《中华民国宪法草案》（五五宪草）第四十一条规定："总统依法行使大赦、特赦、减刑、复权之权。"又于1946年在国民政府公布的《中华民国宪法》第四十条规定："总统依法行使大赦、特赦、减刑及复权之权。"

特别值得提及的是，抗日战争时期，在中国共产党领导的抗日根据地内，由抗日政府发布的宪法性文件也宣布对战俘实行宽大政策。1941年陕甘宁边区第二届参议会第一次会议通过的《陕甘宁边区施政纲领》（二十）中规定："对于在战争中被俘之敌军及伪军官兵，不问其情况如何，一律实行宽大政策，其愿参加抗战者，收容并优待之，不愿者释放之，一律不得加以杀害、侮辱、强迫自首、和强迫写悔过书。有在释放之后又连续被俘者，不问其被俘之次数多少，一律照此办理。国内如有对八路军新四军及任何抗日部队实行攻击者，其处置办法仿此。"尽管这不是一个典型的国家政府发布的一个非典型的宪法文件，但这一规定可以视为对战俘这一特定的群体一种极为宽大的"赦免"政策，虽然在名义上不叫"大赦"，但实际上堪与"大赦"相比，而且是最为彻底的"大赦"。

在中华人民共和国的宪法史上，早在1949年9月27日颁布的《中华人民共和国中央人民政府组织法》中，就在第七条关于中央人民政府委员会依据中国人民政治协商会议全体会议制定的共同纲领，行使的各项职权的规定中，第七款就明确规定："颁布国家的大赦令和特赦令。"这是在中华人民共和国的宪法性文件上第一次正式规定国家实行"大赦"。

1954年宪法又正式规定了"大赦"，在全国人民代表大会行使的职权中，第二十七条第十二款明确规定："决定大赦"；而在中华人民共和国主席一节的第四十条规定："中华人民共和国根据全国人民代表大会的决定和全国人民代表大会常务委员会的决定……发布大赦令和特赦令……"这一规定开创了中华人民共和国宪法正式实行"大赦"的先河。

在1975年宪法中，由于种种原因既没有规定"大赦"，也没有规定"特赦"，此后于1978年和1982年都只规定了"特赦"而没有规定"大赦"。

在现行国家宪法上没有规定"大赦"，是否就意味着国家从1975年起就取消了"大赦制度"？学术界对此有不同的看法，有人认为国家宪法既然没有规定"大赦"，又没有实行过"大赦"，就说明"大赦"已在国家制度层面上被正式取消。[①] 而另有学者认为，虽然后三部宪法都没有规定"大赦"，但在全国人民代表大会的职权中，都明确规定"全国人民代表大会认为应当由它行使的其他职权"这样的"兜底条款"，虽不能肯定"大赦"即属于此处所谓的"其他职权"之范畴，但在缺乏必要宪法性解释的情况下，同样也不能

[①] 参见谢望原主编《台、港、澳刑法与大陆刑法比较研究》，中国人民公安大学出版社1998年版，第380页。

得出否定性结论。①

我们既不赞成否定性结论，而对后一种意见也持保留态度。我们认为，从宪法学的学理解释的意义上来说，宪法规定的全国人民代表大会行使的"其他条款"，肯定可以包含决定"大赦"的职权，只要全国人民代表大会认为必要就可以决定和实施"大赦"，这是没有疑问的。因为宪法本身就确定了全国人民代表大会是最高的国家权力机关，它有权决定一切有关社会和国家的重大事项，包括"大赦"在内，这在宪理和法理上没有任何障碍。此外，在中华人民共和国建国60周年的长时期内，无论四部宪法有或没有关于"大赦"的规定，国家在实际上都没有实行过"大赦"，但实际上是否实行"大赦"是一个政治考量和决策的行为，在近现代的包括"大赦"在内的赦免制度都不再是定期实行的制度。古代每隔三年或几年固定必定"大赦天下"的那种在可确定和预期的时间实行的制度，在近现代的"赦免"制度中已被取消，这是区别于近现代和古代包括"大赦"在内的"赦免"制度的一个重要方面。但应强调指出，像中国宪法那样没有明确规定"大赦"，既不表明有关国家就不能实行"大赦"，更不表明现代国家根本就没有"大赦"存在的价值，因此势必要取消。

从以上的介绍和分析可以看出，"大赦"显然具有多元性，上面所分析的社会性、政治性、法律和宪法、宪政性，也只是"大赦"的最显见的基本性质，其他方面的性质，如经济上的犯罪成本、社会伦理道德、对社会不幸与灾难的哲学态度，等等，都是可以从专业的立场进行分析和探讨的。限于篇幅以及学识的欠缺，这里就不再讨论下去了。

作为本部分的总结性分析，还想再强调一点，诚如前面所分析的，"大赦"虽然发轫于古代，但经过近现代国家统治者或主权者的承继和改造，已经被吸纳进近现代宪法的一项规范内容，并被建构成为一项宪政制度。从这个意义上来说，"大赦"本来就已经超越了古代而具有现代性，并且从近现代宪法和宪政伊始，就已经被确定为具有宪法品格和纳入宪政体制，如我等今人之所以要重提和研究这个话题，并不是心血来潮，非要将"大赦"这个曾为古代帝王统治效劳并反复使用的统治工具，好像要人为地做成一个"楔子"一样硬插到现代的宪法和宪政中来。事实并不是这样，正如前面所分析的，"大赦"从近现代立宪和行宪伊始就已经成为宪法规范内容和宪政制度了，只是现代的社会、政治特别是法律、宪法的调节机制更加完备之后，"大赦"所

---

① 阴建峰：《现代赦免制度论衡》，中国人民公安大学出版社2006年版，第46页。

具有的宪法和宪政价值与功能被忽略了,其理念与实施也在宪法和宪政的层面上渐行渐远了。然而,"大赦"究竟是在本然的意义上真的失去了其存在的宪法和宪政价值与功能,还是在应然的意义上其宪法和宪政价值与功能被忽略甚至被湮灭了?这应当是一个饶有学术兴味的话题,也肯定是一个仁者见仁、智者见智的问题。不过,本人是站在后一种立场上,认为其宪法价值与功能被忽略和被湮灭了。我们现在应当做的,是要找回和重识"大赦"的宪法和宪政价值与功能,这正是本研究致力于实现的目标,也是下面着重加以分析的。

二 "大赦"的价值与功能

不论任何时代的人,从总体方面来说总是基于理性的立场从事理性行为。在一般情况下,人是不会做对自己没有意义的事,更不会去做对自己只有害处没有好处的事。这在现代哲学上,就是价值学说和价值方法所要研究的问题。以往哲学态度大抵只是从实然和应然的基点出发去看到人的自身及其周围的世界,由于人们在世界观方面存在差异甚至持相反的立场和态度,所以对同一个事务(物)总是存在不同甚至截然相反的意见或看法。将价值论与功能论引入世界观,从人的主观感受,从事务(物)是否对人有意义的立场去看待人自身及其周围的世界,包括人的社会或文化上的发明与创造,可以弥补以往哲学世界观的欠缺,而更可能加深人对自身及其周围世界性质的真认识。对"大赦"的理念及其制度采取价值论与功能论的认识方法,可以从更深层的意义上认识其性质以及作为横亘古今、跨越东西方的一项人事制度存在的合理性。

"大赦"为什么自古至今,不论何种国家和社会制度都有此种理念与实践?说起来道理并不深奥,即人们都认识到这是一项可以用来对人自身有意义或价值的理念与制度,人们从中得到了好处,尽管不同国家、不同阶级、不同阶层的人所得到的好处或利益有所不同,甚至有很大不同。譬如统治阶层可能得到的是统治利益;而犯罪服刑之人可能得到免罪和(或)免刑的好处。无论如何,"大赦"之为理念与制度,曾经和正在为各色人等带来好处,所以才使这个理念与制度得以长久延存、赓续至今。从这个意义上来说,"大赦"可以说是一种具有普世价值的理念与制度,或者说"大赦"是一种与价值无涉或价值中立的理念与制度。用经典哲学的概念来表述,就是"大赦"

的价值具有一般性、普遍性或共性。作为人类看待世上万物的认识论，都是从事物（务）的共性与个性、普遍性与特殊性、一般性与具体性的立场来认识和分析事物（务）的；否则，我们就不能形成思维。这是包括马克思主义哲学在内的人类全部哲学一贯教导的。对于"大赦"，我们也应当基于上述的普遍性与特殊性或共性与个性的理念，着重对其共性加以分析。

一般说来，"大赦"的普遍性价值与功能有如下一些。

（一）缓和社会矛盾、促进社会和解的价值与功能

古代的"大赦"，皇帝通常在"推恩"的意义上"奉天养民"，"以民更始"，用以彰显"皇恩浩荡"。但是，"大赦"之为用，也并不全在于此。在许多时候，皇权都是用"大赦"来缓和社会矛盾，消减统治者与被统治者之间的张力，或者在争夺和巩固皇位的时候用以征调有利于自己的势力直至组织军队。例如战国后期的秦国，为了统一中国，曾多次实施"赦宥"，以组织和动员国力和军队。胡亥继皇帝位后，鉴于陈涉起义军势力的进逼，连续两年实行"大赦天下"，第二次"大赦""骊山徒"使之组成军队对抗起义军。到了西汉末年，群雄逐鹿中原，汉室颓危，到哀平时，几乎年年用"赦"，希图缓和社会矛盾，俾使汉室可保。东汉初时汉光武帝刘秀为了巩固政权，面对激烈的社会矛盾，曾于在位的33年期间，用"赦"19次，其中包括10次"大赦"。在晋朝，晋武帝司马炎统一中国以后，在位25年，"大赦"9次；晋惠帝司马衷在位17年，"大赦"23次。这种多"赦"现象的发生，是当时社会矛盾剧烈、政局混乱所致。东晋立国只有百年，却用"赦"83次，其中至少有13次是因为社会矛盾引起的政治斗争而实施的。在明末和清末，都有用"大赦"的经历，自然也是想利用"大赦"这种缓和社会矛盾的价值与功能挽救即将覆亡的命运。[①] 到了近代，蒋介石统治集团在20世纪30年代结束了军阀割据和混战，国民政府于1932年6月11日制定《大赦条例》，并于同年6月24日颁布施行。其目的也是为缓和当时剧烈的社会矛盾，以便集中力量剿灭共产党、扼杀革命根据地的红色政权。

特别值得提及的是，"大赦"的这种缓和社会矛盾的价值与功能并没有随

[①] 关于中国古代历朝的大赦次数，在古籍如《后汉书》等及现代专著如陈俊强《魏晋南朝恩赦制度的探讨》（台湾文史哲出版社1998年版）、邬文玲《汉代赦免制度研究》（中国社会科学院历史系2003年博士论文）等都有记述。本文所引数字均采自阴建峰《现代赦免制度论衡》（中国人民公安大学出版社2006年版）第一章第一节。

着时代的更替而泯灭。在当代,"大赦"以及相关的"赦免"制度也频频用来缓和社会矛盾,以便促成社会、民族、文化集团之间的和解。近些年来用在这种目的上的"大赦"不断施行。著名的例子有如下一些:

十多年来,俄罗斯曾两次实行"大赦"。1994年2月23日,俄罗斯联邦议会下院(国家杜马)以252票赞成,67票反对,28票弃权,通过了由共产党和自由民主党倡议的《因俄罗斯联邦宪法通过而实行大赦的决定》,宣布对被指控参与和组织1991年的"8·19事件"、1993年的"5·1事件"和"十月事件"的在押犯实行"大赦"。其中包括因"8·19事件"受审的原苏最高苏维埃主席卢基扬诺夫(现为国家杜马代表)、副总统亚纳耶夫、总理帕夫洛夫、克格勃主席克留奇科夫、国防部长亚佐夫等;因"十月事件"而被捕入狱的俄前议长哈斯布拉托夫、副总统鲁茨科伊、安全部长巴兰尼科夫、内务部长杜纳耶夫,以及反对派组织领导人康斯坦丁诺夫、马卡绍夫和安皮洛夫等。"大赦"决定公布后立刻在俄罗斯国内掀起轩然大波。[①]

2003年5月,就在俄罗斯联邦车臣共和国再次发生自杀爆炸后的第二天,俄罗斯总统普京15日向俄下议院(杜马)提交一份议案,请求对车臣地区的叛匪进行"大赦",以使这个饱受战乱的地区能够实现真正的和平。

上面两次的"赦免",在严格的定义上,应当被视为"特赦",但在俄罗斯的权力部门和新闻媒体上都称之为"大赦"。这种非严谨科学规范的做法,或许内含着彰显"大赦"作为调节社会矛盾、促进民族和解的价值与功能。

除了上面两次名为"大赦",实为"特赦"之外,进入21世纪以后,在俄罗斯还有两次名为"大赦"实质是重大的政策调整的活动。

一次是2005年3月,俄罗斯总统普京在克里姆林宫会见24名俄罗斯最富有的商人,承诺他将支持一项提议,把私有化交易的诉讼时效从十年缩短至三年。这实际上将禁止对20世纪90年代国有资产出售提出的进一步挑战,以保护所谓的寡头。这些寡头以极低的价格收购了许多俄罗斯最赚钱的企业。这项承诺实际上使俄罗斯政府不可能推翻20世纪90年代有争议的私有化进程。

另一次是2005年11月8日俄罗斯移民局宣布主要针对独联体国家的公民滞留在俄罗斯的非法移民的"大赦法令",从2006年1月1日起,给予包括首都莫斯科在内的8个地区中100万外国非法移民以合法身份,直至加入俄罗斯国籍,但"不包括中国人"。

---

① 参见张晓慧《俄罗斯大赦风波》,《环球军事》2007年第1期,第20—21页。

另一个有影响的两次"大赦"发生在伊拉克。2005年4月7日，伊拉克新总统塔拉巴尼颁布总统令，宣布对全国的抵抗武装分子实行名为"大赦"，但实际上仍为"特赦"。特赦令称，自2003年4月9日以后参加反美武装组织的成员，只要他们及时向政府投降并交出武器，新政府将不再追究他们的任何责任，并且有条件地将他们编入国民卫队或警察部队中。但是，特赦令不包括武装组织的主要头目和核心成员，以及所有在伊的外国武装分子。

2007年12月26日，伊拉克政府通过一项法律草案，有望使很多未受指控的在押人员得到释放，从而在实现民族和解方面迈出重要一步。其时，伊拉克政府和驻伊美军各关押着约2.5万名伊拉克人，其中大部分是因为安全原因被抓的。但那次通过的大赦法草案仅适用于伊拉克政府关押的人员，且该项法案还要提交议会讨论通过。

2001年8月，中亚地区的塔吉克斯坦独立十周年前夕，国会通过了"大赦令"，国会两院议员以多数票通过了该法案。时任塔吉克斯坦共和国总统拉赫莫诺夫向国会提出倡议，认为这项倡议如能获得通过，将对共和国当时的局势稳定起到积极的作用。根据这项法案，1.9万名塔吉克斯坦囚犯将获得自由。此前该国还在两年前，即塔吉克斯坦建国1100周年时，实行了一次全国性"大赦"。

特别值得提出的是，在我们的亚洲邻邦缅甸，于2007年开始起草新宪法前夕，政府在全国实行"大赦"，对于2006年1月6日至2007年12月3日期间被判刑入狱的8500多名囚犯，其中包括33名泰国公民实行了"大赦"。此次"大赦"是为了纪念缅甸开始起草新宪法，努力实现国内民族和解和与包括联合国在内的国际社会的友好合作。

在菲律宾，2006年9月，阿罗约总统发布一项文告称，政府当局决定在复活节期间，把国内1110名死刑犯减刑为终身监禁，让每一个失足的人都有重新开始的机会。阿罗约此举立刻在全国引起轩然大波，反对和赞成之声不绝于耳。

值得注意的是，除了上述针对犯罪人进行的"大赦"或"特赦"以外，在最近的国际社会特别是西方发达国家的非法移民问题，一些国家例如美国、西班牙、葡萄牙，还有亚洲的马来西亚，都采取了相应的类似赦免的措施予以解决。这些措施通常被媒体称为"大赦"，虽不准确，但不失为一种较为形象的表达，而且这种表达或许蕴含着传统意义上的"大赦"又取得了新的形式或途径。这其中还包括2002年8月12日由德国总理施罗德提出的一项建议，旨在把那些将钱存在国外银行秘密账户上以逃避国内利息税的商家，只要他们把钱取出来回到国内投资,政府就可以对他们实行税收赦免。这是近些年少见的一项赦免提议,对事不对人,被媒体称之为"税收大赦"。①

(二)促进政治革新和社会进步的价值与功能

在我们人类创造的文化体系中,常常用一些特殊形式来呈现一种新的开端或起始。就个人而言,在许多民族中为表示一个人的成熟,往往会举行各种不同形式的"成人礼",包括被今人诟病的所谓"割礼",等等。一个人要立志信仰一种宗教,有关的宗教团体便为他(她)举行一种入教仪式,表明从此以后,他或她就是一个正式的教徒了。一对新人结合成为一个家庭,通常也要举行一个结婚仪式。一个新的国家宣告诞生了,通常要举行盛大的开国庆典用以向全世界宣示自己作为一个全新国家而存在于国际社会大家庭中。诸如此类,不一而足。这表明,人类已经在自己的文化创造体系中发展出各种不同的展现起始的形式。近些年来,在人类学的研究中,将这类现象归入一个名为"展演"的范畴进行了广泛而深入的研究。这在政治领域里也不例外。"大赦"以及相关的"特赦"就被认为是而且经常用来开启"天下更始"的机制和方式。正如前面的介绍和分析中指出的,"大赦"之作为一种制度或机制,之所以在古今中外的政治统治中一再地被利用,正是因为它具有一种超逻辑、超体制的政治震撼力和社会效果的即时和深远的影响力。也只有从这里,我们才能找到大赦作为一种特殊的政治机制和制度存在的根本依据。"大赦"在促进政治改革和社会进步方面的价值与功能不仅应当受到忽视,而且应当受到强调和重视,即使在当代全新的政治环境和条件下,也应当如此。

三 当代续存或重构"大赦"制度的现实基础

(一)总体趋于宽容的社会基础

"大赦"之为制,虽出自统治者或主权者的具有仁爱之心的政策选择或制度设计,但离不开当时的社会背景,特别是离不开当时统治者或主权者以及广布社会的宽容气氛。我们人类自身从来就是在爱与恨、宽容与残忍这两种情感的交织、博弈中成长和成熟起来的。全部人类文明史就是一部不断摆脱

---

① 此处所引事例和数字均采自当时的媒体新闻报道,为节约篇幅,恕不一一引注。

邪恶之心逐渐走向理智、不断褪去残忍的本性走向宽容的过程。没有人类的理智和宽容，像"大赦"之类的最能体现仁爱和宽容的政策或制度的产生和存续，是不可想象的事情。同样，我们现在倡导存续或重构"大赦"制度，也是基于体认当今社会具有更为深厚的仁爱之心与宽容精神这种社会基础的考量。换句话说，当今社会之仁爱与宽容的基础更增加了续存或重构"大赦"制度的合理性和可行性。

当今社会的宽容精神体现在国际和国内两个方面。一方面我们应当看到，在当今的世界上，无论是在国际上、地缘上还是在许多多民族、种族、文化集团的国内，民族、种族、文化集团问题还远远没有解决，许多民族、种族、文化集团关系也没有得到适当的调处，一些地区，少数国家的民族、种族、文化集团矛盾和争端还很激烈、尖锐，有的甚至还发生了长期的仇杀以及种族、民族、文化集团灭绝性的战争。但是，我们同时也应当看到，第二次世界大战以后，无论是从世界范围的民族、种族、文化集团格局和地缘范围的民族、种族、文化集团格局上看，还是从许多多民族国家内的民族、种族、文化集团格局上看，的确也发生了令人鼓舞的深刻变化。其中最重要的变化之一，就是无论从观念上还是从实际上，民族、种族、文化集团平等和宽容的思潮有了显著的发展。

从世界范围来看，民族、种族、文化集团平等和宽容思潮的世界性发展，主要体现在以下几个方面：

1. 新老殖民主义、霸权主义、干涉主义遭到世人的厌恶和唾弃。

2. 国际社会对民族、种族、文化集团权益的保护表示出越来越普遍的关切。

3. 土著人问题引起世界性重视。

4. 一些国家的民族主义、种族主义歧视有所收敛，民族和种族政策、法制有所改变。[①]

表现这一发展趋势的最新例子，就是美国新任总统奥巴马于2009年3月20日在波斯新年发表讲话，对一向对伊朗持敌视和强硬态度的美国历届政府的对伊政策作出调整，并借祝贺波斯新年之机向伊朗示好。据美联社华盛顿2009年3月20日电，奥巴马总统对伊朗人民和伊朗领导人说，美国希望与他

[①] 关于这四个方面的详细分析，笔者在一部拙著中已经作出，请参见陈云生《宪法人类学——基于民族、种族、文化集团的理论建构及实证分析》，北京大学出版社2005年版，第二编第七章第三节，第432—452页。

们的国家进行接触，结束两国几十年的紧张关系，但前提是伊朗官员不再对别国进行威胁。奥巴马今天发表了配有波斯语言字幕的录像讲话，敦促两国化解长期存在的分歧。奥巴马选择了在波斯新年到来之际发表讲话。波斯新年象征着春天的来临，是伊朗的重要节日。

奥巴马在讲话中说："在这个万象更新的季节，我愿与伊朗领导人直言不讳地交谈。长期以来，我们之间存在着严重分歧。我的政府现在致力于采取外交手段，解决摆在我们面前的各种问题，致力于在美国、伊朗和国际社会之间建立建设性的关系。奥巴马表示，愿意直接与伊朗就伊朗核计划及其对美国重要盟友以色列的敌对态度进行对话。"①

向美国历届政府特别是前任布什政府视为邪恶轴心国一个重要成员伊朗示好，除了表明奥巴马政府在对外政策方面采取更加务实和现实的政策转变之外，其内在的社会背景就是当代宽容精神的广泛影响已经在美国现任政府中初步得到显现。当然，包括伊朗在内的世界上各种不同的国家、组织和势力对此有不同的解读，则另当别论。

另一方面，包括中国在内的许多国家，从历史的长时期的趋势上看，自不待说，都有一个从野蛮到文明、从残酷到宽容的发展历程。这在殉葬制度、刑罚方式等方面表现尤为明显。这一方面的史料和研究成果丰富，自不必多言。就以当代来说，特别是在第二次世界大战之后，许多国家在反对种族歧视、促进民族和解、轻缓阶级斗争、实现男女平等方面，都取得了程度不同的，有些是显著的进步。其中特别值得提及的，是美国在反对种族歧视方面所取得的显著进步，尽管还在一二十年前，还曾因个别事件引发大规模的种族骚乱，但总的趋势得到了缓和。直至2008年，具有非洲黑人血统的贝拉克·奥巴马当选美国第四十六届总统，就是这种长期进行反对种族歧视、倡导种族之间和谐相处的结果，也是具有里程碑式的进步。

而在中国，还是在30多年前，大规模的阶级斗争和政治运动还在如火如荼地进行，千百万人在一场又一场的残酷斗争中个人身心、家庭深受其害，甚至有难以计数的人丧失了宝贵的生命，或者妻离子散，家破人亡。在痛定思痛之后，执政党、国家和全国各族人民立志进行改革，坚定地放弃了以阶级斗争为纲的治国方略，转变成发展社会主义民主、健全社会主义法制的建国战略方针，果断地将执政党和国家的工作重点转移到社会主义现代化特别

---

① 参见美联社华盛顿报导《奥巴马波斯新年讲话向伊朗示好》，《参考消息》2009年3月21日第1版。

是经济建设上来。经过一系列深化进行的改革，特别是经济体制的改革，国家在由计划经济体制向社会主义市场经济体制转变、依法治国和建设社会主义法治国家治国方略确立的基础上，正朝着建构和谐社会的重大战略目标前进。和谐社会战略目标的提出和努力建构，标志着国家的民族团结、社会凝聚力正在加强，所有这一切都离不开社会宽容这个基础和背景。

在当代，世界性的多元化或多元主义的发展势头猛烈而且不可逆转，不论人们对多元化和多元主义持怎样的观点和态度，但不容否认，多元化和多元主义是基于对各种势力和组织的承认，也是对他（它）们利益和价值观的认同。当然这一切离不开社会的宽容精神的渗透。不难想象，在专制时代和专制国家，在一种或几种势力占绝对的支配和主导地位的情况下，一些阶级或阶层总是会受到压制，多元化或多元主义根本就不存在任何产生和发展的基础。

（二）犯罪观的转变及处罚轻缓化的刑罚基础

犯罪及对犯罪者所进行的处罚是一个十分复杂的现象。犯罪人及其实施的犯罪行为是主观和客观、内因和外因、个人和社会等各种综合因素共同发生作用的结果。对犯罪者的处罚也是基于各种理由并采取各种轻重不同的形式。由于人类对自身及其所安身立命的社会的认识总是受人类的认知能力，特别是受历史及时代性的局限，人类对犯罪认识及对犯罪者进行的处罚的根据和态度，也总是具有明显的历史时代性。然而，从长期的历史趋势上看，同人类对其他人文和自然领域的各种事务（物）的认识一样，人类对犯罪的认识及对犯罪者进行处罚的根据和态度是一个不断深化和进步的过程。具体到对犯罪及对犯罪的处罚来说，到目前为止，对犯罪的认识越来越客观、全面和趋于科学，而对犯罪者进行的刑罚也越来越趋于轻缓化。

人类最初对犯罪的定性是基于对人性的认识。人性似乎是人类思想史中一个高深莫测的哲学性命题，自古就歧义互见，争论迭起，至今也没有达成一个统一的共识。各家对人性都基于某种立场进行表述，令人莫衷一是。关于人性的学说或理论，其影响显赫者，有如下一例：在中国古代，有过孔丘的"性相近，习相远"说，有过孟轲的"性善论"，荀况的"性恶论"，告子的"性无善无恶论"，世硕的"性有善有恶论"，扬雄的"性善恶混论"，董仲舒和韩愈的"性三品说"，等等。在西方世界，自古就有各种关于人性的论说，及至17、18世纪的资产阶级思想家，他们用人道、人道主义对抗神权的统治，倡导人性的回归和解放，并以此造势，推动了人类历史上一次具有根本观念变革意义的思想解放运动。及至马克思主义的伟大导师恩格斯在《反杜林论》中，还提出人是从动物发展而来的，这就已经决定人永远不能完全脱离动物所有的特性。所以问题在于这些特性多些或少些，在于兽性或人性的程度不同。

在这样一个专论中，我们不想也根本无必要卷入人性论聚讼不已的争论中。这里只想表明两个观点：一是人性具有社会属性，但不能因此否定人还具有个体的自然属性，这是每一个人都具有的属性，在这个意义上，人性具有普遍性，这种普遍性是从一个个具体的人中抽象出来的。二是在承认抽象的人性存在的基础上，承认人性中同时存在"善"、"恶"两种倾向。具体到个人，有些人，例如严重的刑事犯罪者表现出来的暴力倾向，其实施的内动力，至少部分是由于其人性中恶的倾向的一种外在的、极端的表现。

现代人随着对自身及社会认识的不断深入，对犯罪及犯罪原因的认识也有所提高。总的说来，现代人已经不再简单地把犯罪行为视为纯粹人性的恶和纯粹个人意志问题所选择的结果。即使并没有完全否认个人的因素，认识的视野也扩展到了个人的心理或精神有没有偏执或障碍的状况。此外，更有一些犯罪学家或生物医学家已经着手研究个人的某些基因缺损状态与犯罪行为之间的关联，据说已经取得了成果。在俄罗斯等国，已开始用阉割这种外科手术的方式来彻底根除有基因缺陷的人的性犯罪行为，等等。而与此同时，更多的理论关注点则转移到社会方面，将犯罪行为视为各种社会因素共同作用的结果。如前所述，犯罪现在普遍被认为是一种社会现象，即使是由个人实施的，也在根本上具有社会的属性。既然如此，社会对犯罪就有不可推卸的责任，不仅不可推卸，还应当主动地承担相应的社会责任。个人固然应当承担责任，但较之从前得到了减轻。这种观念上的变化，导致了对犯罪处罚的力度、方式等方面的重大变化。此外，随着社会的文明进步的发展，人们对犯罪行为逐渐增加了"免疫力"，犯罪固然会对社会造成危害，但并不认为每一种犯罪都是"社会危害性极其严重"或"民愤极大"了。对于长期以来被认为是人们特别是青少年的犯罪现象影响极大的某些不良的书籍、艺术、视频、传媒、网络、信息等有着绝对的因果关系的认识，现在也呈现出一定的相对主义认识倾向。除此之外，在刑法理论中，认为适度的犯罪对维持正常的社会秩序是必要的，甚至是有益的尖锐理论，人们也能坦然接受，不再视为"异端"或"洪水猛兽"。所有这一切都表明，现代人的犯罪观较之从前有了很大的改变。从总体上看，应当视为一种进步。

犯罪观的重大改变必然引起刑罚观及刑罚力度、方式等方面的重大改变。

这种改变总的趋势是向着轻缓化方向发展，进而朝着对犯罪者进行教育、感化并使之幡然悔悟、回归社会的方向发展。

人类刑罚观的转变与进步也有一个历史发展的过程。最初的刑罚观可以称为报复主义的或绝对主义的。基于"社会正义"的立场，视犯罪为一种恶。犯罪者有恶性必有恶行，有行恶的起因必有行恶的后果。最合乎逻辑的结果是，行恶者必得到恶报，包括天罚、社会报应以及以国家的名义用国家的法律武器对犯罪者实行的刑罚。基于这种处罚观念，早在人类的初民社会，就盛行以牙还牙、以眼还眼的报复主义处罚。以后在漫长的古代社会和国家，都曾盛行过各种极其残酷的刑罚。在中国古代和欧洲中世纪都长期盛行过可以称之为"酷刑"的处罚。

众所周知，中国是世界古代四大文明的发祥地之一，有着五千年乃至更长时间的延续不断的文明发展史。从秦代建立统一的封建集权国家时起，有文字可考的法律制度和法律思想史至少也有两千多年。在这漫长的奴隶社会和封建社会中，奴隶主阶级和封建主阶级的统治者为了维护自身的统治利益，在"捶楚之下，何求而不得"[①] 以及"治乱世用重典"等法律思想指导下，历朝历代都制定了大量的严刑峻法以及与法律有同等地位甚至高于法律、由皇帝颁发的"敕"、"令"、"诏"、"诰"等，即所谓的皇帝或天子的"代天行罚"及"言出法随"。所有古代的法律及其规定的、虽未规定但默许实行的，以及大量法外实行的刑罚，虽在历朝历代有轻重缓急之别，但在今人看来，这些无疑都属"严刑峻法"之列。中国古代的刑罚的严酷性主要是通过所谓"五刑"体现出来的。在中国最早期的古籍中，就有"以五刑听万民之狱讼"[②] 的记载。"五刑"是对古代法律中规定的五种刑罚的概称。史家通常把"五刑"分为早期"五刑"和后期"五刑"。所谓早期"五刑"是指墨、劓、剕、宫、大辟。后期"五刑"为笞、杖、徒、流、死。史家并认为，汉朝文帝认为早期流行的"五刑"过于严酷，遂通过改制以缓和刑罚。因此，汉文帝以前的"五刑"就称为早期"五刑"或"旧五刑"，他之后实行的"五刑"，就是后期"五刑"或"新五刑"。实际上，"五刑"只是一个概括性简称，并非只是五种刑罚，其中还有一些变种。在早期"五刑"中，除大辟是处死的生命刑之外，其他都是所谓的肉刑或身体刑，即通过切断肢体、割裂肌肤以达到惩罚的目的。

[①] 《汉书·陆温舒传》。
[②] 《周礼·秋官》。

在古代和中世纪的欧洲，无论是身体刑还是生命刑，也都是极其残酷的。马克思在谈到欧洲中世纪的诉讼形式时指出："和中世纪刑律的内容连在一起的诉讼形式一定是拷问。"① 值得注意的是，直到18世纪，著名学者康德仍然持这种报复主义的或绝对主义的刑罚观。康德认为：国家法律代表着理性和正义，对破坏法律行为适用刑罚是一种正义的报应，刑罚具有绝对性，即除了报复犯罪之外别无其他任何目的可言。恶因恶果，恶行恶报，在此前提下，绝对主义刑罚观的主张者，反对废除死刑。康德明确指出：使施加于犯罪人的惩罚和犯罪人给予被告人的损害绝对等同，才是符合自然理念和自然正义的要求，因为正义犹如天平，只有刑罚的绝对等同，才能使天平不致倾斜。"谋杀人者必须处死"，在这种情况下、没有什么法律替换品或代替物能够用他们的增减来满足正义的原则。②

然而，随着人类社会的进步和文明、理性程度的不断提高，刑罚的力度和形式也在不断地向轻缓化的方向发展和进步。在欧洲的18—19世纪，被称为西方近代刑法奠基人的意大利刑法学家贝卡利亚，在西方刑罚理论中第一次提出了所谓的"相对主义刑罚观"。贝卡利亚在其传世之作《论犯罪与刑罚》中，对封建的报复威吓主义的刑罚进行了猛烈的抨击，在充分论证其野蛮、陈腐的基础上，阐明了他的刑罚观。贝卡利亚明确指出：适用刑罚并不是要使人受到折磨和痛苦，也不是要使已实施的犯罪成为不存在，刑罚的目的只是阻止有罪的人再危害社会，并制止其他人实施同样的行为，刑罚相对于惩罚的一面就是预防。他主张，刑罚应当具有教育的功能，通过适用刑罚引导人们对法律的遵守。在上述刑罚观之下，贝卡利亚认为应当废除死刑和羞辱刑，那种最低限度的痛苦达到最大限度预防效果的刑罚才是最好的刑罚。③

到了19世纪中叶至20世纪初，受当时实证主义哲学思潮的影响，刑罚理论中也出现了实证主义的刑罚观。主要的代表学者有意大利的精神病医生龙勃罗梭和德国法学家李斯特。龙勃罗梭在其著名的《犯罪者论》一书中，论证了犯罪人身上存在着解剖、生理和心理学上的无数特征，凡是具有这些特征的人迟早是要犯罪的。基于这一理论，龙勃罗梭的刑罚观就是个别化和不定期刑。对那些总要犯罪的"先天犯罪者"分别采用死刑、终

---

① 《马克思恩格斯全集》第1卷，第178页。
② 李洪欣、汪明亮：《西方刑罚观的演变与发展》，《法制日报》1998年3月14日第8版。
③ 同上。

身监禁、流放荒岛、消除生殖机能等刑罚，以达到防卫社会的目的。而李斯特在其《德国刑法教科书》和《刑法的目的观念》两部著作中提出的刑罚观，主要是以改造罪犯，保全社会为出发点，对犯罪人个别化的教育性处罚。他也认为犯罪现象是行为人生理、心理缺陷、人格障碍及社会不良影响相互作用所致。因此在处罚上也主张不以报复为目的，而是强调对犯罪者进行有针对性的矫正、治疗或感化为主，以惩戒为辅，尽可能使其重归社会；而对于确实难以改造的屡犯，则应施以长期或终身监禁，使其永远与社会隔绝。

到了20世纪，刑罚中的新社会防卫理论鹊起，主要代表人物有日本法学家牧野英一和法国法学家安塞尔。两人都主张为社会防卫的需要，应当保持适度的报复性、抵偿性惩罚，但不能单纯以报复、抵偿为目的，而是应当以教育改造为目的，在刑罚中施以必要的人道主义，从而使犯罪人有机会恢复社会良知，重新回归社会。

第二次世界大战以后，社会防卫理论已经在很大程度上超越了以往过于强调将犯罪人与社会隔离开来以达到保卫社会的理论范式，而是综合了自然科学和人文科学的最新成就，特别是在引入人道主义和人权保护理论之后，力图在犯罪与秩序、犯罪人与社会整体之间建构一种和谐关系，从而使先前那种犯罪与秩序、犯罪人与社会之间的那种冰炭不同炉、水火不相容的紧张的对立关系得到缓解和兼容。这种新的刑罚理念，已经在当代得到广泛的认同和传播，并成为当代刑罚观的主流。理论影响所及，还对以联合国为代表的国际社会制定相关预防国际犯罪、打击国际犯罪，以及对世界上绝大多数国家的刑法制定和刑事方针的确定，发生了积极而深远的影响。[①]

新社会防卫刑罚思想经中国当代一些有影响的学者特别是经刑法学者的富有成效的研究、积极的宣传和倡导，已经对中国刑法的修改和刑事政策的制定产生了重大的影响，近几年来，中国在刑罚的轻缓化方面取得了明显的进步。其中最重要的举措包括由最高人民法院收回全国性的死刑复核权，卓有成效地执行了少杀、慎杀的死刑政策；在全国范围内制定、执行了宽严相济的刑事政策，减轻了刑罚的严酷性；清理了一些积案、宿案，使一些超期羁押的人犯得到了适当的处理；还在刑事犯罪人的合法权益的保护方面采取

---

① 参见卢建平《社会防卫思想》，载高铭暄、赵秉志主编《刑法论丛》第一卷，法律出版社1998年版，第135页；另见陈兴良《刑法的价值构造》，中国人民大学出版社1998年版，第379页。

了一些必要的法律措施或政策。

在2009年3月28日通过的刑法修正案中,从刑事立法上作出了相应的调整性规定。使一些刑事犯罪者在满足必要的刑法规定的条件下,又得以免受刑事处罚。例如,在刑法修正案(七)通过之前,刑法规定偷税数额占应纳税额的百分之三十以上并在偷税数额在十万元以上的,处三年以上七年以下有期徒刑,并处罚金。而刑法修正案(七)在第二百零一条中增设了第四款,规定:"经税务机关依法下达追缴通知后,补缴应纳税款和滞纳金,并且接受行政处罚的,可不追究刑事责任。"根据该项可以免除刑事责任的新规定,北京市检察机关于2009年3月首次适用刑法修正案(七)的规定,检察机关同意侦查机关撤回移送审查起诉,使案件当事人免受刑事处罚。[①]

如果说当代犯罪观的转化和刑罚轻缓化的发展趋势,只在一定的程度上减轻了严厉刑罚的痛苦和其他消极性影响,那么,"大赦"则是彻底地免除特定时期特定犯罪人或犯罪嫌疑人的刑罚甚或罪、刑全免。尽管两者之间存在如此巨大的差异,但其内在的价值却是共同的。犯罪观的现代转变和刑罚轻缓化的发展趋势,使得"大赦"之设置变得不那么突兀,也不是不可理喻和不可接受的。

(三) 社会纠纷调节机制多元化的选择基础

前已指出,当代社会,无论从国际方面看还是从一些国家的国内方面看,总的趋势是朝着宽容和多元的方向发展。但这并不是说,社会矛盾从此就不存在了。只要人类社会存在一天,社会矛盾必然会存在一天,有矛盾就有斗争、有博弈,斗争或博弈就可能引发社会纠纷甚至社会冲突,则是一个不依人们意志为转移的社会必然现象。睿智的国家统治者或主权者甚至会欢迎社会时不时地发生一些无害于国家根基的、小范围或局部的社会冲突,包括一些虽较激烈但尚不构成严重事态的群体纠纷或事件。因为这些群体纠纷或事件,如同人身上存在的一些有害的病毒或细菌,可以增强人的免疫力一样,也会增强社会的免疫力;除此之外,成功地化解社会矛盾、纠纷、冲突,可以使社会在各个利益群体和解、宽容的基础上实现新的社会团结,形成新的社会凝聚力,这反过来更有利于社会达致和谐的状态。和谐社会的建成,对任何国家的统治者或主权者来说,都是极富政

---

① 案件详情可参见《检察日报》2009年3月28日第一版题为《北京检察机关首次适用刑法修正案(七)——偷税嫌犯免受刑事处罚》的记者报道。

治、社会价值的进取目标。

人类当代社会特别是当代政治界、学术界为了促成建构和谐社会和国家目标的实现，继承、发展、创新了各种社会纠纷的调节机制。从社会、政治、经济、文化、意识形态等各个方面创造一切可以利用的机制来调节社会矛盾和社会纠纷。从民主政治的立场出发，大力发展民主，促成广泛的公众政治参与，增强民众的当家做主的自豪感，与此同时，实现政府管理观念和职能的转变，增加政治透明度和信息公开；从社会公平的立场出发，调节社会各阶层的经济收入的分配的合理化，协调不同发达程度地区之间、行业之间、部门之间的发展水平，缩小地区之间的发展差距；从"社会正义"出发，实现公正的司法审判，保障社会利益和公民的合法权益不受侵害；从国民平等教育权出发，大力发展国民教育体制，实现九年义务制教育，在高等教育的入学考试方面消除地区性歧视和差别对待，如此等等，都是在创造有利清除产生社会矛盾特别是大幅度地减少激烈的社会冲突乃至恶性群体事件的社会环境，从最宽泛的意义上来说，即使将这些社会活动视为调节社会纠纷的机制也未尝不可。

在当代，之所以社会纠纷调节手段做多元化选择，本身就是社会本身多元化的必然结果和顺势作出的选择。社会多元化是当代包括国内和国际两方面社会现代化的标志，也是时代所具有的显著特征。多元化并不只是空洞的概念或没有实体内容的抽象物。多元化必然会引起社会在结构上的变化，也一定以实体性的结构、组织或团体作为其表征和代言人，这就是当代世界范围内和各国国家中如雨后春笋般迅猛建立和发展的各种非政府组织（英文简称NGO）。非政府组织作为社会多元化的产物，介于政府体系和市场经济体系之外，指的是那些正式组建的、合法存在的、非政府体系的、非党派所属的也不以赢利为目的的，以自我管理为主或自治的群众自愿组成的社会组织或团体。非政府组织在当代以其独特性，具有强大影响力，活跃在国际社会和许多国家，特别是西方一些发达国家。其存在的价值以及其实际发挥的各种功能日益受到全社会乃至许多国家政府的重视。其中在调节社会关系特别是在调节具有对抗的社会矛盾、纠纷方面所发挥的"减压阀"的价值与功能，尤其受到重视和被利用。

法制在调节社会纠纷方面所发挥的价值与功能是不可或缺的，也是任何其他社会调节机制所不可取代的。在实行依法治国，建设法治国家中，法治作为最重要和最经常使用的社会调节机制，特别是在处理群体性突发事件中更是如此。但是，民众和政府或许已经意识到，法律中需要辨明事实、区分是非，特别是在司法审判中通常都要分出输赢（中国司法中也有调节，但在司法职能中居于次要地位）的处理方式，通常只是在个别社会纠纷或群体事件中作出了相应的判断，其结果未必就能达成纠纷双方或群体冲突性事件的当事者之间的谅解或和解。而这种谅解或和解正是调节任何社会纠纷或群体性冲突事件最值得达成的最佳或最有价值的结果。

其实，在社会纠纷调节机制多元化选择的当代，"大赦"也应当作为其中的一个选项。"大赦"在调节历史性的、大规模的社会纠纷方面的价值与功能，在理论上和实践上都是独特的，也是任何其他社会纠纷调节机制所不可比拟的，更是不可取代的。中国在20世纪50年代至70年代所进行的名为"特赦"实为特定"大赦"的经历及其取得的社会效果，就从一个侧面证明了"大赦"独特的价值与功能，应当和值得认真地加以借鉴。历史地看，像截至20世纪80年代陆陆续续持续十年左右的对1957年被错划为"右派分子"的千千万万人的"平反"，对"文化大革命"期间有着打、砸、抢、烧、杀行为的难以计数的行为人所做的极为宽容的处理，都是可以考虑用"大赦"的形式加以处理的。除了可以期待的彻底性一次了断地处理一切有关人和事件之外，光是在节约社会成本方面也是相当可观的。对"右派分子"的平反是一个一个地进行的，为此付出的巨大社会成本自不待言；而对"文化大革命"遗留的各种问题处理社会成本之高，更是难以计量的。而这样做取得的最终的效果，竟与"大赦"几乎无异。仅举一例就可证明：在"文化大革命"中，中国社会科学院某研究所中，几个"造反派"在该研究所的一间办公室内，竟用一莫须有的"罪名"将一柔弱的女工作人员活活打死。在20世纪80年代，对此打人致死案件需要进行了结性的审查和处理。尽管受害人家属和该所科研人员和职工抱有无论如何都应当严肃处理的愿望和期待，但依据当时处理此类事件的文件精神，打人致死者没有承担任何责任，只是当众检讨一下就结案了。当时指导处理这类"文化大革命"遗留事件所秉持的宽容精神和具体政策，是所谓"向前看的"，其实已经达到了既"赦免"其罪又"赦免"其责的效果，几乎与"大赦"无异。如果只就处理此类大规模历史遗留问题的指导思想和结果上看，用"大赦"的方式也可以成为当时的一种选项，或许其社会效果可能更好些，至少在节约社会处理成本上可以省掉建立"清查小组"和开展"清查活动"所花费的各项庞大的开支。如果从全国范围来看，如此花掉的资金、用去的人力资源当是相当可观的。综合考虑，如果当时用"大赦"或其他形式的"赦免"，或许更可取些。

当然，站在今天的立场上，以别样的思维方式和处理方式看待历史遗留的事件，或重大的社会冲突、纠纷事件，可能被人讥为"事后诸葛亮"之类的事例。不过，即使在今天的学术界，恐怕也是首次提出这种的思维方式和处理方式。历史当然不能回复，更不可能给后人重新选择的机会，然而，历史总是要前进的，"以史为鉴"、"以史为师"的真正意义或许就在于，它能使今人，即未来的先人能够以更理性、更睿智、更适当的方式处理过去、现在乃至未来可能发生的同类问题。用清晰、明确的思维和体制上固定的建制，将"大赦"确定为今人即未来的先人处理或调节社会纠纷的多元化选择中的一个选项，或许是一个不容回避和有极高价值期待的政治技术乃至政治艺术。

四 将"大赦"形塑为宪政更始的机制

对于"大赦"理论，尽管中国的学术前辈，当代诸学术先进进行了大量的研究，但偏重于历史学的分析和刑法学上"赦免"政策的意义研究[①]，这其中的学术价值和对现实的意义都值得包括我们宪法学术同行在内的学术界的肯定和尊重。但我们并不以此为满足，我们在此项研究中最终要达成的目的或宗旨，是要在宪法学上给"大赦"的理念及机制以一个立足之地。换句话说，要把"大赦"这一特殊的价值体系，包括观念体系和实体体系提升至宪法的层面上来，建构成一个固定化的、有自己独立法律体系特征的宪政制度之一。

然而，"大赦"与宪政之间也存在着一个极为复杂的价值与功能关系，谁要是能将"大赦"与宪政之间的复杂关系说清楚，他肯定是一个了不起的学术人物。笔者本人既无这个学力，现也无暇于这个学术话题。这里只要简单地将"大赦"与"宪政更始"之间建立起特定的学理和机理联系。更明确地说，如果我们关于"宪政更始"的理念能够被学术界和政治、法律实务界所接受的话，再如果"宪政更始"并不只是作为具有学术上饶有兴味的玩物，而是要通过具体的法律、政策、政制等实际运行机制体现在现实的宪法实施和宪政运作的过程中的话，那么，我们就可以明确地提出，就将"大赦"形

---

① 关于赦免在刑事政策方面的意义，阴建峰博士作过全面、系统和深入的分析，详见阴建峰《现代赦免制度论衡》，中国人民公安大学出版社2006年版，第三章。

塑成为"宪政更始"的一个确定性和制度性的机制，就是一个可欲的法律、政策、政制乃至宪法和宪政的选择！

想必读者或学术同人会理解，将"大赦"作为"宪政更始"的机制并不是笔者兴之所至，贸然提出的学术命题。一者，现在世界上有些宪政国家在历史上和现实中就是这样做的，其中的经验、教训值得我们认真地加以分析和研究；二者是因为，我们在前面所做的虽不是面面俱到，但也用足功力对"大赦"这个话题进行了尽可能深入的分析。就我们的立场上看，这种分析是建立在先前得到确认的理论体系和深入思考的基础上的，自信是言之有理、持之有据的。至于此种观点和提法是否站得住脚，并不是笔者个人说了算，需要学术同人作出最终的评判。

笔者在这里清醒地意识到，这里所做的研究实际上是局限于学理的范围内的。"大赦"一向作为一种特殊的制度或法律来看待，在宪法上规定"大赦"则更作为具有宪政体制的一个环节来看待。

对中国的学术界和政治、法律实务界来说，将"大赦"作为实体制度进行建构也许为时尚早；现在最需要的或许就是进行必要的、深入的学理建设，没有这方面的理论根基，就很难得到社会和国家各方面的认同，又没有这种认同，也就不可能采取必要的行动。依笔者个人之见，在中国的法治和宪政领域中之所以会出现一些与法学学者的期望相互脱节的状况，恐怕是与法学术界缺乏深入的学术研究和理论建构有关。此情况在"大赦"的场景亦然。就是在这种观念引导下，我们才作出如此耗时费力的理论探索。

基于以上同样的理由，我们也没有在本文中呼应几年来不断要国家对所谓"原罪"，包括"富人原罪"和"行贿买官者原罪"、确已悔改的罪犯、天下贪官、抗灾立功服刑人员、老年人犯罪、对判处死刑的二代或三代独传子女免除死刑（旨在适应中国传宗接代的古老传统）、助学贷款等各方面的"赦免"呼吁与建议。这类呼吁与建议给了笔者以启迪，并使对眼下的这项研究增强了信心。我们在这里进行的研究，可以视为对以上呼吁与建议的理论支持，同时，也可以视为对一般性"赦免"理念在宪法和宪政层面的延伸。至于如何将"大赦"形塑于"宪政更始"的机制之中，具体怎样对"大赦"进行制度建构，容笔者日后在条件具备时再做计较。

全文总结性意见：将一个古老而又常新的"大赦"理念与制度嵌入当代的一个全新的"宪政更始"的理念与机制中，不仅具有学术上的诱惑力，而且具有更大的宪法实施和宪政建设的现实意义。本文所做的研究也只是初步的，又局限于理论的探索领域。望以此为引玉之砖，更期待学术界先进、同仁跟进作出更为全面、深入的研究。特别是在宪法学术界，宪法学的博大精深和宪政"海纳百川"的容量，给予宪法学学人从事宪法理论和宪政学说研究的广阔天地，且在时间的进程上正是未有穷期。"大赦"与宪法、宪政之间的理论联系和机制建构无疑是一个极具学术价值的、值得付出心智和气力去开垦的处女地。

载于《法学论坛》2009年第5期

第八篇　民族文化自治历史命运的转折与引进设想

人类社会进入近现代以后，面对纷繁复杂的民族问题，特别是民族关系问题，积极的、进步的社会力量特别是占统治地位的政治力量已经和正在利用和改进各种政治机制进行应对，其中最主要的政治机制包括联邦制、民族区域自治、多元文化主义等。这些政治机制已经和正在发挥显著的效绩。世人皆承认，目前世界上的许多国家内乃至国际范围内的民族问题特别是民族关系问题，除个别国家和地区存在的一些热点和难点问题外，就其主流而言，正在朝着宽容、祥和、友谊、公正和平等的方向发展。

与政治机制相对应的文化机制，特别是民族文化自治，自提出之日起，就遭到了种种质疑和抵制，直到 20 世纪 90 年代以后，其历史命运才出现了转机。民族文化自治在中国也从未受到关注，学术界也鲜有人进行研究。本文就此进行一些初步的探讨，以期达到抛砖引玉的学术目的。

一　文化之于民族的意义

在关于民族的概念和特征的学术意见中有一种传统的倾向，就是认为民族是共同的祖先种的延续的产物，以及视共同的血缘关系为民族的一个根本特征。但由于历史的久远，有关民族的起源的共同祖先基本上都是存在于远古的传说乃至神话之中，确切的证据已经无稽可考，因而失去了实际经验的意义。各民族至今仍然在努力保留和传承各自起源的传说和神话，无非是为了作为精神象征而凝聚民族的向心力，以及满足自己的民族归属感、自豪感和荣誉感。现在关于民族的概念和特征的学术意见中，更强烈的和更为一致的意见，就是认为民族是一个文化的存在，民族被定义为文化共同体，往往包括语言、传统和历史，以及自我认同的主观观念。在这个文化定义中，植根于文化和共同人类价值观的族体或民族的社会联系，就被看作文化统一与团结的主要源泉。① 文化对于民族既然如此重要，其意义也自然体现在多方面。试分析如下。

首先，民族在本质上是一种文化性质的人类共同体。我们之所以做这样的强调，用意无非是要与"文化与民族密不可分"这类的一般性体认区别开来。这就是说，文化与民族的关系决不是简单地联系在一起，或是密不可分，而是民族因为有了文化才被意识到或认识到的存在。没有文化，人就像其他动物一样，对自己周围世界的意义全无认识，只是一种自自然然或懵懵懂懂的存在，当然更谈不上自己与周围的人是同类或异类的观念。没有文化，人尽管会像某些其他动物一样过着群居的生活，但根本不会产生诸如民族的类存在。一句话，没有文化，民族就无从谈起，民族在本质上是一种人类的文化类存在。

著名的美国人类学家露丝·本尼迪克曾深刻揭示文化与民族之间的内在联系。她说："真正把人联系起来的是他们的文化，亦即他们共同具有的观念和标准。"② 苏联人类学家切博克萨罗夫等也认为："文化与人类本身的存在同样悠久。没有文化的民族，不要说现在没有，过去也未曾有过。"③ 克劳格曼在1954年出版的《人类学》一书中在谈到犹太人的民族性时指出，世世代代的不公正和严酷的竞争，迫使犹太人产生巨大的努力加以抗衡，"这种情况给予它一整套行为态度和反应，这些往往是有对群体加以辨认和判定的特征……而这是文化的，不是生物性的"④。顾晓鸣在《犹太——充满"悖论"的文化》一书中也认为："犹太的文化——既体现于活动的样式，又体现于各种宗教、伦理、哲学等思想方式及文化品——始终是有突出的边际性和与外界文化的深刻交融性。活动作为文化形成和发展的中介，这一课题在犹太人的历史过程，表现得极为充分，极为明显。"⑤ 在上述不同时代不同地域的人类学家的论述中，不约而同地都支持了上述的命题，即民族在本质上是一种人类的文化类存在。没有文化，人类不仅在总体上不会产生民族，而且像犹太人那样几经灭国，流散于世界各地两千多年之后，绝不可能再保持自己的

---

① ［美］菲尔克斯·格罗斯：《公民与国家——民族、部族和族属身份》，王建娥、魏强译，新华出版社2003年版，第87—88页。

② ［美］露丝·本尼迪克：《文化模式》，何锡章等译，华夏出版社1987年版，第12页。

③ ［苏］尼·切博克萨罗夫等：《民族、种族·文化》，赵俊智等译，东方出版社1989年版，第201页。

④ ［美］劳克尔斯坦主编：《犹太人：其历史、文化和宗教》，第1492页，转引自顾晓鸣《犹太——充满"悖论"的文化》，浙江人民出版社1990年版，"导论"第19页。

⑤ 顾晓鸣：《犹太——充满"悖论"的文化》，浙江人民出版社1990年版，"导论"第19页。

鲜明的民族特性。

其次，只有文化才是破解民族之谜的钥匙。民族是由许多因素联合作用才显现出民族特征的，并把此一民族与彼一民族区分开来。不待说，构成民族特性的每一个因素都可以成为认识民族现象的视角，都可以从中获得有关民族的知识或信息。但是，所有的其他因素如血缘、地域等因素给予我们对民族的认识远不如文化因素来得深刻。可以说，只有文化的因素才能把我们导引入民族谜团最隐秘的核心之处，帮助我们真正认识民族现象的本质。这种文化的视角对于破解民族之谜的重要性，也早已被人类学家注意到了。本尼迪克指出："从未有这样一个时代：文明更需要真正具有文化意识的人，能够客观地、毫不畏惧地、公正地理解其他民族在一定社会条件下的行为方式的人。"[①]

值得提及的是，西方对于通过文化来研究人类社会的学术风潮正方兴未艾，并为此发展出了一个专门的"文化人类学"的学科，近二三十年来，文化人类学日渐受到学术界的重视。目前，文化人类学已经发展出庞大的理论体系。按照日本学术界的概括，共包括15种理论学派，即文化进化论、文化传播主义、功能主义人类学、文化模式论、荷兰结构主义、文化与人格的理论、新进化主义、马克思主义人类学、结构主义、生态人类学、象征论、认识人类学、解释人类学、文化符号学、现象学和人类学。[②] 尽管上述15种理论并非全部是以人类的民族为研究的基点和归宿，但民族始终是文化人类学研究的重点对象。由于在西方学术界缺乏如我们所谓的"民族学"学科，文化人类学便被视为与"民族学"同等类型的学科，在这两个学科之间不难发现共同的或相关的话题。

再次，文化对于民族的意义还突出地表现在文化已被直接用来调整民族关系，是解决民族问题的杠杆和工具。最近几十年来，为了更好地发挥文化的实践价值功能，西方的一些国家如加拿大、澳大利亚、新西兰等国，便把多元文化主义确定为民族政策，用以取代原来的歧视、同化等民族政策。这种新型的民族政策具有时代进步的意义，并且取得了积极的成效。与此同时，原来部分被长期冷落的"文化自治"政策，近年来也重新引起了学术界和政治界的重视。

---

① [美]露丝·本尼迪克：《文化模式》，何锡章等译，华夏出版社1987年版，第8页。
② 参见[日]绫部恒雄《文化人类学的十五种理论》，中国社会科学院日本研究所社会文化室译，国际文化出版公司1988年版。

文化对于民族的意义当然不止这些，但这些已足以引起我们的学术兴趣，值得进一步深入地加以研究。

二 民族文化自治的历史命运转折

民族文化自治最早是由第二国际的政治理论家，奥地利的卡尔·伦纳（Karl Renner）和奥托·鲍威尔（Otto Bauer）创立的。民族文化自治的原则背景是这样的：在19世纪末20世纪初，欧洲掀起了世界宪法史上第一次大规模的立宪高潮，大部分传统的封建王朝通过立宪改行君主立宪政体。通过这种新旧政治势力的妥协与政体改制，新兴的资产阶级最终掌握了国家的政权并掌控了社会的自由化进程。然而，欧洲社会的转型并没有也不可能自动地消弭深潜在社会内部的各种矛盾与危机，特别是有产的统治阶级与无产的劳工阶级之间的矛盾和斗争。这一矛盾和斗争促进了马克思主义的创建，反过来，马克思主义在欧洲的普遍传播，又促进了劳工运动的高涨，最终形成了强大的共产主义运动。

与此同时，民族主义浪潮也在不断地高涨。捷克、克罗地亚、塞尔维亚、乌克兰、斯洛伐克等一大批民族纷纷要求获得民族自由和国家独立，或者扩大本民族的政治权力。这一趋势在当时被纳入共产主义总体运动的一部分，受到当时的共产国际和许多社会民主党团体的领袖和理论家们的关注，并在广泛吸收当时见诸著作和报刊的社会民主党阵营的政治理论家关于民族问题的大量不同观点的基础上，最终通过1896年在伦敦召开的国际工会和社会主义政党代表大会和在1898年在奥地利召开的社会民主党代表大会，形成了共产国际关于民族问题的基本立场、理论和纲领。伦敦代表大会主张充分的民族自决权，同时谴责侵略性的民族主义专制制度，并且把脱离国家的权力也包括到民族自决权的概念之中。而奥地利代表大会的会议纲领更加明确地指出，只有消灭阶级压迫和民族压迫，并在各民族一律平等的基础上，才有可能保持和发扬每个民族自己的特性。这两个代表大会形成的民族立场、理论和纲领在国际共产主义运动中具有里程碑式的历史意义，其影响竟如此重大和深远，以致苏俄、苏联及后来的社会主义阵营，直至当代中国的民族理论和民族政策及法制，都曾经或正在打着这些民族立场、理论和纲领的深深烙印。

然而，任何理论都形成于人们的主观观念。由于人们所处的时代、社会、出身、利益关系等方面的不同，人们通常站在不同的立场形成各自的理论观点。因此，在同一问题上形成的理论常常会表现出不同的流派，甚至形成尖锐的对立。国际共产主义的民族理论同样也不能例外，在当时就发生了严重的分歧与对立，奥地利政治理论家卡尔·伦纳和奥托·鲍威尔一派，坚持早期西欧人文主义作家——法国的勒南（Renan）给民族下的定义，即认为民族是一个具有同样思维方式和同样语言的人们的联盟，一种既与种族也与地域无关的现代人类共同体。同样，鲍威尔也认为，民族就是一种相关特性的人类共同体，共同语言和共同地域并不是界定一个民族必不可少的条件，因为既无共同语言也无共同地域的民族也同样存在。这些显而易见的自由主义的定义与列宁和斯大林的民族定义形成了分歧。在斯大林的定义中，共同语言和共同地域不仅是民族存在的基本前提，而且受到高度的强调。他指出："人们在历史上形成的一个有共同语言、共同地域、共同经济生活以及表现于共同文化上的共同心理素质的稳定的共同体。……必须着重指出，把上述任何一个特征单独拿出来作为民族的定义都是不够的。不仅如此，这些特征只要缺少一个，民族就不成其为民族。"[1]

上述定义的分歧最终导致了国际共产主义运动关于民族问题纲领的分歧与共产国际的分裂。伦纳和鲍威尔都强调个人主观认同是民族性（ethnicity）的基础。他们认为，在进行民族识别时，应该给予个人较大的选择空间和个人自由。基于这样的民族理念，伦纳和鲍威尔都提出了原创性的"文化自治"（culture autonomy）作为解决无产阶级革命成功后社会主义国家民族问题的纲领和方案，而不是仅仅强调民族区域自治。他们的纲领和方案明显的没有限制在狭窄的地域和语言原则之上，并认为"文化自治"可以保障自由，保障个人和集体的族体文化权利（ethnic cultural rights）。在这个纲领和方案中，各个民族（nationalities），即我们今天称作族裔共同体（ethnic community），应当建立起一个对各民族文化制度都具有权威的民族文化委员会，负责管理有关民族的学校、博物馆、剧院，以及其他的文化教育机构等业务。一国内的少数民族都应当建立一个以个人自由原则为基础的公共社团。伦纳更进一步指出，应该根据个人的选择确定其族属，由这种选择确定他们的族体成员关系。族体成员，无论他们的居住地在何处，都有权选择他们的民族委员会，

---

[1] 《斯大林全集》第2卷，人民出版社1953年版，第294—295页，此外，另有译者李振锡从俄文版重译如下：民族是在统一语言、统一地域、统一经济生活和表现在统一文化上的统一心理素质基础上产生的、历史地形成的稳定的人们共同体。译文见《民族译丛》1986年第4期，第37页。

该委员会应该建立一个民族文化议会,对民族教育和其他民族文化机构采取保护措施与行动。

列宁和斯大林旗帜鲜明地反对"文化自治",主张用领土解决民族问题,其中既包括在一个国家的领土内实行区域自治,也包括通过承认民族自决权,从母国分离出去而建立本民族自己的主权国家。列宁和斯大林都认为,民族问题和国家都应该放到一定的历史条件下去考虑。斯大林甚至认为"民族"只是资本主义时代的产物,他指出:"民族不是普通的历史范畴,而是一定时代即资本主义上升时代的历史范畴。封建制度消灭和资本主义发展的过程同时就是人们形成为民族的过程。"① 并且他认为,随着历史条件的变化,国家和民族问题也会相应的发生变化。斯大林对高加索地区民族情况非常熟悉,他以高加索地区众多的民族和部落为例,反对"文化自治"。他认为,高加索地区有许多部落和民族,文化非常落后,"文化自治"只会巩固古老的传统,其中有些是非常野蛮的。他以横跨整个高加索地区的塔塔尔人为例,识文断字的塔塔尔人为数很少,他们的学校一般为权力不受限制的毛拉所控制,"文化自治"将使塔塔尔人处于反动的毛拉的宰割之下,听凭他们建立一个从精神上奴役塔塔尔人的据点。因而,斯大林主张用领土和区域自治解决民族问题,认为"文化自治"根本就不必要。②

有关民族的定义、理论、纲领以及其他方面的理论、观点的分歧,最终导致了民主劳工国际大会(第二国际)的分裂,以斯大林为代表的一方另组自己的组织——第三国际。组织上的分裂致使两派的民族理论与解决民族问题的方案经历了不同的历史命运。由于伦纳的方案缺乏革命成功的条件,所以在当时并没有被认真实施过;而斯大林的方案则在苏俄成功以后所建立的苏俄国家以及后来的苏联得到了全面的实施,成为苏联解决民族问题的基本政策和制度的一个重要方面,其主要形式是在各加盟共和国内设立民族自治共和国和民族自治区。

由于中国的民族理论与民族政策、制度长期受苏联的影响,有关民族区域自治的理论在中国受到了高度的重视,并得到了广泛、深刻的研究。除此之外,民族区域自治也得到了长期的实践,成为中国执政党和国家解决中国少数民族问题的基本政策和制度,并且取得了显著的成效,不仅成功地解决

---

① 《斯大林全集》第 2 卷,人民出版社 1953 年版,第 300—301 页。
② 此处的资料概括和综述于《公民与国家》一书,详见 [美] 菲利克斯·格罗斯《公民与国家——民族、部族和族属身份》,王建娥等译,新华出版社 2003 年版,第 67—70 页。

了中国的国家统一问题，而且还实现了各民族平等、团结、共同发展和繁荣的和谐局面。与此相对应的是，有关民族"文化自治"的理论受到了长期的忽略，更由于民族文化自治在历史上曾经被日本军国主义侵略者利用来作为分裂中国、破坏中国民族团结的工具而背负恶名，甚至在学术界从来没有对此"文化自治"理论进行过公开的研究和讨论。致使其内涵的核心价值和积极因素至今还鲜为人知，更不待说去尝试实践了。

具有讽刺意味的是，正是在民族区域自治理论与实践创始母国的俄罗斯，理论界特别是民族理论界在反思苏联在一夜之间解体的教训时，认为民族政策与制度的失败是造成苏联解体的有关重要原因。与此同时，"民族文化自治"的理论则被重新提起并受到深刻的反思、讨论。反思、讨论的一些成果和形成的共识已经体现在当局的政治决策和宪法、法律层面上，并相应的引起了一些民族思想、理论和民族政策、制度方面的显著变化。

首先，对"民族文化自治"采取了容纳、肯定的态度。前已指出，列宁和斯大林在十月革命前后，曾经多次否定民族文化自治，主张以民族自决权和民族区域自治来解决俄罗斯的民族问题和建立联盟国家问题。自那时以后，苏联民族理论界就一直把民族文化自治作为理论批判对象，直到20世纪80年代末至90年代初，民族理论界才开始重新评价民族文化自治理论，并倾向于予以肯定。自苏联解体以后，民族理论界再次看重了民族文化自治理论的价值及其在调整民族关系、保障民族权益方面的有效作用。他们认为，在当今世界上的许多国家通过实行民族文化自治，有效地改善了民族关系，保护了各民族特别是弱小民族的利益。一般说来，在任何多民族的国家中，由于各民族都极为珍视包括语言文字在内的民族文化，把民族文化视为在这个日益全球一体化进程中能够保持本民族基本特征和满足民族自豪感的最后一片净土、阵地。许多小民族没有政治、经济、社会等方面的优势地位，对包括语言文字在内的文化上的保留、发展等方面的要求因而表现得更为强烈和迫切。民族文化自治较之其他的自治形式，更易于满足各民族，特别是弱小民族的文化要求，是保障各个民族，特别是分散居住的少数民族和其他小民族合法权益的有效形式。此外，民族文化自治不仅不排除联邦制等解决民族问题的根本政治形式，反而可以作为联邦制的补充，并进而完善和发展联邦制。俄罗斯民族理论界认为，民族文化自治也适用于作为俄罗斯联邦制的补充，也容易被俄罗斯各族居民，特别是分散居住的民族和小民族的人民所接受。

其次，俄罗斯政府已经接受和采纳了上述实行"民族文化自治"的主张和意见，采取切实的步骤特别是立法步骤来加以实施。1996年6月17日颁布了《俄罗斯联邦民族文化自治法》，逐步在全国各地推行。该《民族文化自治法》规定，民族文化自治是隶属于某些民族共同体的俄罗斯联邦共和国公民的社会团体，在此基础上为独立自主地解决保护和发展本民族语言、文化教育、艺术的自我组织。民族文化自治的组织系统由俄罗斯联邦民族文化自治章程规定，可以建立村、乡镇、区、市、地区和联邦的民族文化自治机构。民族文化自治享有广泛的权利，主要有：开展保护民族风俗传统、发展民族语言文化和艺术的活动；向国家立法机关、执行机关和地方自治机构提出民族文化利益的要求；按照法律规定创办大众传播媒体，获准使用民族语言传播信息；保护和丰富民族历史文化遗产，自由利用民族文化财富，创办非国立的学龄前教育机构以及初级、中等和高等专业教育机构，参与编制教学大纲和教材；为保护和发展民族文化，可以建立非国立的戏院、图书馆、博物馆等文化活动机构；通过自己的全权代表参加非政府组织的国际活动，并根据有关法律与外国公民和社会团体建立人文科学联系。民族文化自治机构的活动得到国家和地方自治机构财政上的资助，为此，成立联邦、地区和地方的基金会。

该《民族文化自治法》还突出规定，民族文化自治权利并不是民族区域自治权利，实现民族文化自治权利不能损害其他民族共同体的利益。因此，参与或不参与民族文化自治活动不能作为限制公民权利的理由；同样，民族属性也不能作为参与或不参与民族文化自治活动的理由。[1]

从以上介绍可以看出，现在俄罗斯的理论界对俄罗斯和苏联的民族问题和民族关系的历史和现状、经验和教训的反思、总结是严肃的、认真的，其变化不仅给人以深刻的印象，而且也显示出朝积极的、进步的方向发展的迹象。苏联的民族理论与中国的民族理论在相当长的时期内基本上保持一致，尽管两国各自采取了适合自己的民族政策、制度和政治形式来解决各自的民族问题，但在指导思想和信奉的原则上是相通的。现在俄罗斯对苏联的民族理论的反思，以及对苏联民族政策和制度的改变，对于中国的理论界和政治界来说，绝不应当仅仅作壁上观，而是应当以此作为契机，进一步深化中国的民族理论，特别是民族区域自治理论，进一步完善和发展包括民族区域自治在内的民族政策和制度。我们认为，这应当是中国理论界和政治界所应当采取的正确态度。本部分对此做详尽的综述和分析，其目的也在于希望能从

---

[1] 这部分的观点和资料转述于陈联璧《俄罗斯民族理论和民族政策的现状》，《民族法制通讯》1999年第2期，第38—40页。

中得到启迪。

除了俄罗斯之外,"民族文化自治"在欧洲的其他国家也得到了广泛的实施。20世纪初,欧洲一些国家的社会党继承了这一纲领;战后,随着一些国家的社会党先后上台执政,"民族文化自治"也从民族纲领变成了国家的民族政策。在1951年社会党国际第一次代表大会上通过的纲领性文件《民主社会主义的目标和任务》中,正式申明:"任何群体有用他们自己的语言实行文化自治的权利。"[①] 从那时以后,"民族文化自治"正式被确认为欧洲社会党的国际民族纲领和民族政策。

"民族文化自治"的核心内容是使每个民族有权利,并在实际上能够保留、继承、发展、弘扬本民族的文化,特别是本民族的语言和文字。为此,每个民族都有权利,政府也有责任帮助他们建立学校或兴办其他的教育设施,用本民族的语言文字进行教学;在广播电台开办民族语的节目,或设立专门的民族广播电台;出版民族文字的报刊、杂志;等等。为了保证民族的这一文化自治的权利,有些国家也允许或鼓励设立相关的民族机构或组织,专门从事保存、发展、弘扬本民族的语言和文化的工作。

在欧洲,奥地利是民族文化自治理论的发祥地和倡导国,它长期坚持实行这种政策,使其国内的处于少数地位的克罗地亚人、匈牙利人、斯洛文尼亚人、捷克人、斯洛伐克人(这五个民族人口的总和占不到全国人口的1%)都有一定数量的中、小学,用各民族自己的语言、文字进行教学;还在各该民族人口相对集中的州,开办用本民族的电台广播节目,还出版属于本民族文字的报刊;以及设立相应的民族机构,以组织和领导保存、继承、发展本民族的语言和文化。民族文化自治的理论与政策实施的结果,使奥地利比较成功地调整和处理好了民族之间的关系,特别是多数民族与少数民族之间的关系,缓解了民族矛盾,使国家长期处于民族和睦、社会安定的发展态势。

此外,当代多元文化主义的兴起和快速发展,也从另一个方面折射出"民族文化自治"的历史命运的转折。"民族文化自治",作为一种民族政策或制度,尽管缺乏较强的生命力和适用的普遍性,但是,其内在的"文化"和"自治"的价值蕴含却值得重视。在当代的社会思潮和学术思潮中,文化的价值与功能受到了高度的重视,并已成为国际上热门的研究领域之一,文化学、文化价值论、文化哲学、文化人类学方兴未艾,已涌现出一大批颇有价值的研究成果;而"自治"的理论与实践也是一个经久不衰的热门课题。经过多

---

① 参见宁骚《民族与国家》,北京大学出版社1995年版,第391页。

年的探索与实践，在西方一些发达国家，主要是加拿大、美国、澳大利亚、新西兰等国，终于对民族文化自治的价值蕴含重新予以重视，并对其原来单纯的"文化自治"的理论与政策重新加以改造，并在此基础上发展出一种全新的"多元文化"的理论与政策。民族文化自治与多元文化无疑有某种理论上和政策上的联系，前者可以被认为是后者的渊源，而后者是前者的继承和发展。但是，民族文化自治的理论与政策无论在广度上还是在深度上，都是无法与多元文化的理论与政策相比拟的，其重大的或根本的区别，是多元文化的理论与政策已经大大地突破了民族文化自治的原有的范围和格局，即是说，在多元文化的范围和格局下，已经不限于单纯的"文化自治"，而是扩展到民族的政治、经济和社会生活的方方面面。当然，保留、继承和发展有关民族的文化，也是其重要的范围和内容。这个区别似乎也可以这样理解，即多元文化采用的是广义上的文化概念，即所谓的"大文化"概念，在这种概念下，文化包括人类所创造的一切物质的和精神的财富。民族的政治、经济、社会等各项制度自然就包括其中了。

三 "民族文化自治"的价值蕴含

"民族文化自治"的历史命运的转折决非是偶然，如前所述，归根结底是由其内在某些价值决定的。其历史命运逆转特别是在现时俄罗斯的大逆转，更应当表明其所蕴含的某些独特的价值正在受到人们的特别重视。当然，这种价值内涵之所以在当代才被发现并受重视，外部的世界宏观民族背景、一国内的民族社会条件以及解决新出现的民族问题特别是调整新的民族关系的迫切需要，也是催生"民族文化自治"历史命运大逆转的重要动因。以下我们将就"民族文化自治"的价值内涵分成一般和特殊两部分加以简略分析。

（一）"民族文化自治"的一般价值蕴含

就一般的价值蕴含而言，它既实现了各民族希图永久地保留其民族特有"文化"的愿望和心理，又满足了各民族自治权利的普遍要求。民族文化自治是以民族文化为基准而实行的自治，民族文化是民族语言、文字、风俗、习惯、心理等民族特征的外在的、集中的体现，民族的存在，说到底是一种文化的存在；而民族间的差异，说到底也是一种文化上的差异。因此，民族文化自治实质上就是"民族自治"，是以民族为基准或单位而实行的自治。换句话说，就一般性的"民族文化自治"而言，只要是属于某一民族，不论是其一部分群体或个别成员，都能享受自治的权利，而不管他们（或他）居住或分布在何方，也不管是聚集居住或是分散居住。由于这一自治形式的特点，就相应的引发出来两个须待解决的问题。而对这两个问题不无偏颇的根深蒂固之见，严重地影响了民族文化自治这一民族政策的选择和实行。

一是如何实现文化自治或怎样保障文化自治的实现。社会学和文化学的常识告诉我们，世界上任何一种文化，无论是古代的还是现代的，都是一定范围的人类群体，在特定的社会和自然条件下，在长期的历史过程中集体创造的。因此，文化作为一种社会现象，既不能独立地产生，又不能独立地存在，它总是与社会的政治、经济等现象紧密连接，交伴而生，相互依存，协调共进。基于同样的理由，文化的保留、继承、弘扬和发展也不能单独进行，在通常的情况下，都需要具备相应的政治、经济、社会等条件才能实现，而要使这些条件更好地发挥作用，一定规模的人类群体和一定范围的居住地域也是必不可少的条件，因为只有具备这样的条件，才能组织社会，建立相应的政治机构或管理组织。而只有在这些机构、组织的领导、管理和实施下，群体的文化包括民族的文化的保留、继承、弘扬和发展才有可能。因此，单纯地提出民族文化自治，而没有相应的提出通过什么途径，或由什么机构或组织加以实施，在通常的情况下，无论文化对于一个民族多么重要，也无论怎样强调文化自治的合理性和必要性，都是难以操作和实施的。这就是说，"民族文化自治"作为一种民族理论和政策，本身就具有一定的片面性，除了像奥地利这样一些特殊国情的国家能够得到较好的实施以外，对世界上许多具有较复杂的国情和族情的国家来说，都是很难操作和难以实施的。因此，民族文化自治作为一种民族理论和政策，从这个意义上说，不具有普遍的适用价值。这可以解释民族文化自治的理论和政策没有在世界上流传开来，以及逐渐式微并被其他相关的民族理论与政策逐渐取代的原因。

二是如何处理或协调民族文化自治与国家整体的关系，以及与其他民族的关系问题。"民族文化自治"实质上就是"民族自治"，而在一个民族国家内，每个民族通常都是其国家国民的一个组成部分，在通常情况下，任何国家都实际上或宣称是整个社会，包括其国内的各个民族的利益和意志的集中代表，对其辖下的人民，无论是个体还是群体包括民族群体，都负有领导、管理、督察和保障权益的权力与责任。而民族文化自治，也就是实质上的民族自治是一种以民族为基准或单元而实行的自治，这种自治的题中应有之意是一种超地域的或跨地域的自治。即是说，在这种自治体制下，无论其民族的成员居住在何地,也无论是聚居、散居还是与其他民族的组成人员杂居,都有权利要求保障并实现其自治权利。这不仅会出现前面所分析过的难以操作的问题,进而涉及一个更深层次的问题,即一个民族的自治,即使单纯地限制在"文化"方面的自治,如何处理与协调与国家的领导、管理和权益保障的关系问题。这种关系问题不仅难以处理与协调,而且难以把握,处理或协调不好,容易造成自治民族与国家的关系不正常、紧张,甚至酿成整个社会和国家的不安全,乃至动乱或战乱。也正是因为这一深层次的原因,民族文化自治从未被各国和国际社会大规模地倡导或推进,只是在鲜有的情况下在极个别的国家实行过。该自治制度的生命力及普遍性,远不如其他相关的自治制度,如民族区域自治制度,等等。

其实,上述两个问题实际上都是一个操作层面上的问题,它们并不能从根本上否定民族文化自治这一民族政策潜在的或实际存在的进步的、积极的价值蕴含,即通过对民族文化,实际上对民族个性的尊重与保护,使有关的民族特别是弱小的民族能够在弱势和不利的情势下,能够得以体面地生存和发展。实践证明,特别是奥地利等国的长期实践证明,上述所谓的两种难以协调和处理的"关系",并非难到不可操作的程度,而民族文化自治的负面影响也不必然会严重到使民族分离、国家动乱的程度。实际上,正如实践所表明的,如果操作得当,民族文化自治这种形式应当具有优越性,因为它避开了常常容易造成尖锐矛盾、对抗乃至冲突的政治自治、民族分离、划分界域等棘手和令人生畏的问题,而把民族问题的解决和民族关系的调节集中在民族"文化"方面,而民族文化在通常情况下都是民族极为关注和敏感的问题。如果民族文化得到恰当的尊重、平等对待、妥善的保护和有平等的机会发扬光大,就会大大地减少民族之间的矛盾或对立,有利于培育民族和解的精神和氛围;而与此同时,由于各民族感到自己的文化存在没有受到威胁,也就不必要采取分离、独立、对抗、恐怖活动等激进形式来保护其文化特性,这自然有利于维护国家的安定和统一。

(二)"民族文化自治"的特殊价值蕴含

"民族文化自治"特殊价值蕴含主要体现在有利于维护国家的统一和防止国家分裂方面。这方面的特殊价值蕴含首先是在全世界几乎所有国家中的民族共存和共生关系中显示出来的。其次是在种族灭绝和民族分离主义运动所造成的灾难和劫难中彰显出来的。

1. 就多民族的共存和共生关系来讲,我们并不陌生,无须多做论述,中国就是一个典型的多民族共存的国家，我们常常用"大杂居、小聚居、分散杂居"的话语来表述这种关系，并常常用以表述中国民族关系的特色和实行民族区域自治制度的社会依据。其实，这种民族混居、杂居的现象在全世界多民族国家普遍存在，由单一民族组建的国家几乎不存在。更进一步讲，在一个多民族共同存在的历史和社会条件下，是否存在或可能做到各民族只是比邻而居，而又能做到"鸡犬之声相闻，老死不相往来"呢？这也是绝不可能的，在传统的一家一户为基本生产、生活单元的古代做不到；而在人们的政治、经济、社会生活高度依赖和融汇的当代，以单一民族为单元形同"孤岛"式的社会和国家存在，更是不可能。更何况，现代化社会和国家经济的发展、统一的民主生活和广泛联系的社会生活，是不断地受到社会的鼓励和国家的促进和保障。因此，总的来说，我们的地球无论在过去、现在还是未来，都是由具有不同肤色、语言、文化、信仰的民族、种族和文化集团或共同体的人们的栖息、繁衍和发展的基地。尽管自远古时代起，在不同的民族、种族和文化集团之间，就频繁地发生战争和冲突，许多的民族、种族和文化集团在这个残酷的征伐与杀戮的过程中消亡了，但战争和征服也在同时促成和催生了更多民族、种族和文化集团的产生，并在征服后的社会和国家的重建或重组过程中促进了各民族、种族和文化集团之间的交往和联系；再加上各民族、种族和文化集团之间在和平时期的友好交往和商贸联系，最终使他们在我们这个星球的每个角落都势不可免地形成了共存和共生的关系，你中有我，我中有你。爱恨情仇，到头来终究谁也离不开谁。各民族、种族和文化集团的人们到头来终究会发现，他们之间不论在人类学意义上和社会学意义上有多大的差距，还是势不可避免地要共同生活在一起。

既然不同民族、种族和文化集团的人们势必要比邻而居并共同生活，情理之中就不可能各自画地为牢只实现本民族的社会组织化和组织政治化。在人类社会漫长的历史中，政治界、哲学家和普通的各民族的男男女女们，都在精心和持久不断地探索如何把各民族在他们特定的历史区域内组织起来，并过上和平的生活。人类终于找到了把各民族组织起来实行社会化管理的最适当、最有效的政治组织形式，那就是国家。在民族、种族和文化集团的意义上，国家是这样一种政治组织，它通过建立超越各民族、种族和文化集团的公共权力系统，使各民族、种族和文化集团各自的利益和愿望，在或协商一致同意以及或自愿或被迫服从某种强力集团的调控下，达到某种一致性或得到承认的普遍性表述。又由于这种表述是以全体人民的名义以及国家形态实现的，所以又具有权威性和不可侵犯性。这就是说，无论各民族、组织和文化集团各自有多少特性以及彼此有多大的差异，都必须遵守共同的组织原则以及普遍的政治、经济、法律和社会生活等方面的行为规范。换句话说，为了能过上有组织的社会生活，它们务必要约束自己的利益和愿望要求，尊重和遵守共同的社会和国家生活的游戏规则。

然而，从另一方面来说，既然各民族、种族、文化集团是在漫长的历史过程中形成的，其内在的心理素质、外在的生活方式、传统、文化等方面经过长时期的积淀，通常便被浓缩、形塑为各民族、种族和文化集团的特质，从而形成它们各自的特征。人类的民族、种族和文化集团在社会和国家生活中的难题恰恰又在于，为了共同的社会和国家生活能够在特定利益和愿望得以一致或在普遍承认的基础上进行，它们必须要放弃某些各自独特的利益和愿望；而与此同时，民族、种族和文化集团在长时期的历史进程中形成的生活方式、传统、文化和心理素质又凝聚着它们强烈的民族、种族和文化集团的归属感、自豪感和荣誉感，以及其他方面的精神追求。这些民族、种族和文化集团特性的维护和保留，心理和精神层面上的强烈追求是任何外在的强力所不能泯灭或消弭的，必须予以足够尊重；否则，就必然会引起强烈的反感、对抗和冲突，许多民族、种族和文化集团之间的仇杀和战乱便由此而起。这是任何国家形式都必须承担的公共责任，不能回避，更不能置之不理。幸运的是，人类在自己发展的历史进程中最终以自己的政治经验和智慧发现了国家这种最高的政治形式。国家这种形式除了其他方面的优越性之外，对于民族、种族和文化集团来说，还有一个重要的优越性，那就是从立国理念上确认了对各民族、种族和文化集团各自特性的包容性，并能够从制度上协调各民族、种族、文化集团的异己性，从而使各民族、种族、文化集团能够在社会和国家的层面上整合为一个整体，以集体的力量谋求超越各民族、种族和文化集团各自利益和愿望之上的共同利益和价值目标的实现。自古以来，政治家、思想家们早已把国家设计和打造成为这种包容异己的精巧工具。在古代罗马，通过宗教整合的力量以及罗马法对法律理性的强调和法律制度一致性的建构，就在漫长的历史时期内建立起横跨欧、亚、非各民族、种族、文化集团的庞大而强盛的帝国。中国汉代的文景之治、唐朝的开元天宝之治，以及清代的康乾之治，也都是在一个庞大而强盛的帝国内通过民族宽容和适当的民族政策和制度，如和亲、羁縻等而实现了长时期、大范围的民族友好交往和大融汇的政治和社会局面。当然，要做到这一点，前提是国家的统治者是否愿意这样做的心态，还取决于是否有足够的政治智慧能够制定和执行适当的、正确的民族、种族、文化集团的政策与制度。无论如何，国家这种政治形式已经为异己的民族、种族、文化集团筑起相互包容和共存、共生、共荣的结构性框架和平台。

2. 就种族灭绝和民族分离主义运动所造成的灾难和劫难来说，历史的和现实的都触目惊心，史不绝书，而现实又不绝于耳。为什么在迄今为止的人类历史上，各民族、种族、文化集团势必要共存、共生、共荣在这个人类共同居住的星球上，而且还能从相互的友好交往和融合中获益，而非通过征伐、杀戮、战争、灭绝的残酷手段对待异己的族类、种类和其他的文化集团呢？这显然是一个十分深奥和复杂的哲学问题。其中只就人性的善恶两面性来说，就可以得到部分的解释。人性的善、恶也必然会延伸到人类的社会性方面，在人类的社会交往中表现出来。当作为民族、种族、文化集团的善性显现时，便在它们的彼此交往中表现出友好、互助的和谐关系；而当它们的恶性张扬时，便在它们彼此交往中表现出仇恨、厌恶直至演变成为仇杀、灭绝等令人恐怖和残酷的行为。前者在哲学层面上属于理性行为，后者则为非理性行为。历史经验表明，人类受自然形成的恶性的驱使，在民族、种族、文化集团的命运、前途、利益、行为的把握上也常常坠入非理性思维和行为方式的深渊，形成极端的民族主义、种族主义和宗教原教旨主义，一旦这些主义得势并获得政治上的统治权或控制权，其各种残暴行为的发生便是必然的事了。我们人类就是在各种令令人难以置信的痛苦和浩劫中走到今天的，其间有多少民族、种族、文化集团的个人及其群体、共同体作出无谓的惨烈牺牲，难以计数。从一定的意义上说，我们人类今天的所谓文明史是建立在有史以来无数民族、种族、文化集团的牺牲成员的累累白骨之上，一点也不为过。下面仅举近代史上民族、种族灭绝和残酷杀戮的事例，便可佐证上述简单分析之不谬。

事件之一：北美洲印第安人大规模地遭受殖民主义者的屠杀

大约自17世纪中叶起，大批涌来的欧洲白人移民为了掠夺和强占印第安人的土地和其他自然资源，就惨无人道地对印第安人制定和执行了民族灭绝的政策。这一政策的目的非常明确，就是从肉体上消灭印第安人，把他们赶尽杀绝，通常的做法是把印第安人整部落地消灭掉。1637年，马塞诸塞殖民地的英国移民就血洗了印第安人的皮阔特部落。英国移民以皮阔特人在一次保卫家园的袭击中杀死30名英国移民为借口，调集千余名殖民武装和与皮阔特人有矛盾的另一个印第安部落的纳腊甘塞人，对他们实行围猎式的突袭。皮阔特人大部分被杀死，少数被俘获后卖到西印度群岛当奴隶，酋长的头皮带发被剥下来当众展示。在1615年以前，共有7.2万阿尔贡金人居住在缅因州南部到赫德逊河之间的土地上。到 1690 年，他们不是被杀死，就是被奴役，几近灭绝。从 1703 年起，新英格兰各殖民地相继作出了有关头盖皮赏金的规定：每剥一张印第安人的头盖皮赏给奖金 40 英镑，后来又提高到 100 英镑。"1744 年马塞诸塞湾的一个部落被宣布为叛匪以后，规定了这样的赏格：每剥一个 12 岁以上男子的头盖皮得新币 100 镑，每俘获一个男子得 105 镑，每俘获一个妇女或儿童得 50 镑，每剥一个妇女或儿童的头盖皮得 50 镑！……英国议会曾宣布，杀戮和剥头盖皮是上帝和自然赋予它的手段。"①宾夕法尼亚殖民地议会于 1756 年 4 月 14 日通过的向特拉华印第安人宣战的决议中，规定以 6 万英镑作为剥取印第安人头盖皮的赏金。在北美各殖民地相继制定和执行这种民族灭绝政策下，难以计数的印第安人惨遭屠戮。

美国建国后，虽号称以"民主"、"自由"的制度和理想立国，但对印第安人的民族灭绝政策仍被美国政府继承下来，并且变本加厉地继续推行开来。即使是公认较为开明的"建国之父"如华盛顿、杰弗逊等政治家，尽管对美国公民"不顾法律与正义"，对印第安人"进行非法的征讨，甚至进行血腥的屠杀，无辜者也②不得幸免"的悲惨境遇说过一些公道话③，但并没有放弃，而且继续推行对印第安人的征讨和迫迁政策。例如，美国第一任总统华盛顿于 1779 年给率兵去"扫灭"纽约州北部的易洛魁部落的约翰·沙利文下达了如下的命令："当前的目标，就是要完全摧毁并踏平他们所聚居的地区，要尽可能地多抓俘虏，不管男女老少，抓得越多越好。"④ 第三任总统杰弗逊在其 1801—1809 年任内正式提出把东部印第安人迫迁到密西西比河以西的荒芜地带去的计划。

更令人惊异的是，美国政府于 1814 年还正式颁布了《带发头盖皮条例》，以立法的形式正式确立了对印第安人的民族灭绝政策。其中规定：每上缴一个印第安人的头盖皮奖给 50—100 美元。从 1784—1840 年，美国政府对印第安人发动了几百次武装袭击以及讨伐性军事行动，致使大批大批的印第安人惨遭屠戮；他们还通过强迫印第安人签订的几百个不平等条约，迫使一个又一个印第安人的部落离开家园向西迁移，除了留下一些小片的土地外，白人最终强占了密西西比河以东差不多全部的原属印第安人的土

---

① 《马克思恩格斯全集》第 23 卷，人民出版社 1972 年版，第 821—822 页。
② 同上。
③ 《华盛顿选集》，商务印书馆 1983 年版，第 300—301 页。
④ 《乔治·华盛顿诞生二百周年纪念册》，华盛顿，1932 年，第 577 页。

地和其他自然资源。还应当指出,向西迫迁既非是出于印第安人的自愿,又不是以和平的方式进行的。例如,当1828年在佐治亚彻罗基任的居住区内发现了金矿以后,总统安德鲁·杰克逊(1829—1837年任期)便下令将彻罗基人全部从佐治亚迁到密西西比河以西的俄克拉荷马去。1838年5月,在斯格特将军率领的7000名士兵的押解下,1.6万彻罗基人被迫离开家园,开始了长达116天的艰难跋涉。就在这不算太长的3个多月内,竟有4000多彻罗基人由于饥饿、疾病和劳累而死于途中。彻罗基人将这条被驱逐的道路叫作"眼泪之路"。著名美国作家拉尔夫·爱默森(1803—1882年)对此次迫迁暴行义愤地写道:"自从大地开创以来,从未听说过在和平时期,以及一个民族在对待自己的同盟者和受监护人时,竟如此背信丧德,如此蔑视正义,并对于乞求怜悯的悲鸣如此置若罔闻。"① 再例如,在西进运动大规模展开以后的1863年初夏,美国军队集中兵力对亚利桑那东北部的纳瓦霍部落进行了大规模的围剿和迫迁。他们首先摧毁了纳瓦霍人的玉米地和果树园,焚烧了他们的住宅和羊圈,许多人被屠杀和被冻饿致死。余下的8000纳瓦霍人在美国军队的押送下,离开家园,于1864年2月起向新墨西哥东部的萨姆堡迁徙。在300多英里的行程中,有些老弱病残者被弃之路旁,许多人因饥寒交迫而死亡。剩下的人到了萨姆堡后与先期到达的其他部落的人一起被圈在一块只有40平方英里的荒地上,根本不具备生存条件。

美国整个西进运动和领土扩张过程,说到底就是对原住民印第安人的屠杀和迫迁过程。当时的联邦军的威廉·谢尔曼将军对此毫不讳言,他说:"如果我们今年杀得多一点,那么下一年要杀的人就少一点了……反正他们都得杀掉,或将他们作为穷光蛋的品种保存下来。"② 联邦军官卡斯特中校也说:"如果白人要求得到印第安人自称是他们的那一份土地,那就不存在上诉问题,他必须交出来,否则就应无情地把他碾个粉碎,边摧毁边前进。"③ 就是在这种惨无人道的民族灭绝政策的实施下,使16世纪初欧洲殖民者入侵时,在美国这片土地上居住的大约100多万印第安人,到1860年骤减至34万人,到1890年又降至27万人左右,到1910年就只剩下了22万人。只是由于白人

---

① 〔美〕莫里森等:《美利坚合众国的成长》上卷,天津人民出版社1980年版,第573页。
② 资料源自〔美〕卡罗尔·卡尔金斯主编《美国史话》,第26页。转引自宁骚《民族与国家》,北京大学出版社1995年版,第507页。
③ 同上。

殖民者和统治者在从印第安人那里掠夺了一切可以掠夺的东西以后，他们才停止对印第安人的屠杀，从而使这个弱小的民族免遭灭绝。

在英属前殖民地和后来的美国的印第安人险遭灭绝，那么，在北美另一片广袤的土地上的所谓"英属北美"，即现今的加拿大居住的印第安人的命运又如何呢？他们的命运同样也很悲惨。在欧洲白人移民到来之时，在现今加拿大这块土地上生活的土著印第安人大约有30万人，他们可划分为11个语支、58个部落，过着原始的农耕或游牧的生活。殖民地化打破了印度安人的宁静，阻碍了他们社会发展的进程。在史学界，长期以来存在这样一种认识，即认为"英属北美"时期的英国移民在对待印第安人的政策上，要比他们在北美殖民地的同胞和独立战争时期的美国人对待印第安人要和平和缓和得多。但事实上并不是这样，英国殖民者同样对印第安人进行过野蛮的屠杀。例如，殖民者曾把居住在纽芬兰岛的米阿多克部落的印第安人全部杀光，致使整个部落灭绝。除了这一恶性事例以外，英国移民甚至把杀死印第安人作为乐事。两个世纪前，殖民者在星期日做完礼拜后去捕杀印第安人，竟成为一项令他们开心的娱乐活动。在英国和法国为争夺北美而交战的时候，易洛魁人和休伦人分别受英国人和法国人欺骗和利用，并与之结盟而参与战争，导致东部印第安人大批地战死或被屠杀，从此一蹶不振。当后来在英法战争中获胜的英国再向大湖地区扩张时，印第安人已无力进行抵抗了。当然，英国及其殖民者对加拿大西部的征服，总的来说要比美国的西进运动显得平和得多。这一方面是由于"英属北美"西部的印第安人人口较少，居住分散，难以组织起来对入侵的殖民者进行有效的抵抗；另一方面，殖民者在该地区是以开展并兴盛起来的大宗皮毛贸易的方式逐步渗透进来的。这就是说，殖民者是以经济战的方式先期实现了对印第安人的征服，因此使大规模的武力征伐成为不必要。尽管如此，在"英属北美"的殖民化过程中，由于不堪忍受殖民者的野蛮掠夺和压迫，曾经爆发过由混血的梅狄人领导的印第安人武装起义，一次发生在1871年的现今曼尼托巴省，另一次发生在1885年的现今萨斯喀彻温省。自不待言，这两次起义的被镇压，又使许多的印第安人被屠杀。

北美的白人移民者和统治者对印第安人除了制定和执行赤裸裸的民族灭绝政策，即以消灭印第安人肉身为目的的杀戮政策外，用其他不经意的方式也加剧了对印第安人民族灭绝的程度与进程。这主要是指欧洲移民者带来的各种传染病，主要是恶性传染的天花等病给印第安人的生命造成的巨大的危害。由于在美洲的本土从未出现过这类传染病，使印第安人体内完全缺乏这类抗体，一旦这类传染病暴发，常常会导致整个部落的人全部死掉的严重后果。许多印第安人的部落就这样永久地灭绝了。此外，印第安人对梅毒之类的性病也缺乏抗体，性病传播的后果，是导致印第安人生育率的大大下降，最终导致他们人口的骤降。

在中美洲和南美洲，在哥伦布"发现"了这块"新大陆"之后相继而来的大批欧洲殖民者，给当地的印第安人带来了大体同于北美印第安人的厄运。在几百年的殖民地化的过程中，特别是在有系统、有组织实施的民族灭绝的政策下，加上毫无防范能力的疾病危害，使得难以计数的印第安人成批成批的死于非命。

事件之二：土耳其人对亚美尼亚人及其他少数民族的屠杀

由土耳其人建立的奥斯曼帝国对欧亚各民族实行了长达几个世纪的异族统治。土耳其人尽管对其帝国辖下的某些少数民族给予了比较宽松的待遇；但与此同时，对亚美尼亚人等少数民族却进行了残酷的屠杀。根据亚美尼亚学者的统计，从1822年开俄斯（Kios）岛上发生的对希腊人的大屠杀，到1922年在伊兹密尔发生的对亚美尼亚人的大屠杀，在100年间，土耳其人对亚美尼亚人进行的大屠杀不下24次。在1915年的大屠杀中，死去的人几乎达到了150万。其中的详情由于阿诺得·汤因比和亨利·摩根索在其著作和文章中的披露，才广被世人所知。[①]

事件之三：塔斯马尼亚岛土著居民的被灭绝

在靠近澳大利亚东南岸的塔斯马尼亚岛，从无从稽考的年代起，就生活着一个土著居民的群体。尽管没有发现相关的文献或资料（至少笔者没有）表明他们属于哪个民族，但由于他们在漫长的历史时期内生息、繁衍在一个相对封闭的环境内，可以视为一个小民族群体。当1803年英国殖民者入侵该地区以后，当时大约有6000名该群体的人居住在塔斯马尼亚岛。殖民者为了掠夺他们的土地和资源，竟把他们当作野兽一样加以追捕和屠杀。到了1834年，该岛民被捕杀得只剩下了200人，被当作俘虏禁闭在附近的一个小岛上，任其自生自灭。到1860年，塔斯马尼亚人只剩下11人。16年后，最后一名塔斯马尼亚妇女死亡，从此，这一民族性质的群体就永远地灭绝了。

事件之四：欧洲犹太人在第二次世界大战期间被纳粹军队实施的集体屠杀

历史上生活在现今阿拉伯巴勒斯坦地区的犹太人被灭国后，流散到世

[①] United Nations, General Assembly Security Council A/47/666 S 24 809, 17 November 1992, Situation of human Rights ln the Territory of the former Yugoslavia, 由 Tadeusz Mazowiecki 起草。

界各地。至20世纪初，除苏联外，在欧洲各国共生活着约800万犹太人。他们与欧洲各住在国的民族和平、友好地相处，在经贸、文化、教育、科技等领域为欧洲的社会发展和文明进步作出了杰出的贡献。但由于历史上在宗教方面结下的积怨，以及现实上在经济方面的矛盾，犹太人一直受到住在国民族的歧视和排斥。希特勒的纳粹政权在德国上台以后，疯狂地鼓吹反犹、排犹的极端民族主义，并以国家的形式大力推行排犹、灭犹的政策。从1933年至1939年，纳粹政权先是在有50万犹太人的德国，接着在有40万犹太人的奥地利对犹太人肆意加以排斥、污辱、拘留、逮捕、查抄和没收他们的财产、剥夺他们的公民权。还将他们中的一些人送进集中营。影响所及，从1934年起，在有大量犹太人口的波兰（330万），罗马尼亚和匈牙利（80万）等国家的政府也开始推行排犹、反犹政策。在第二次世界大战期间，纳粹政权在德占区对犹太人开始推行大规模的民族灭绝政策。纳粹军队在东欧先是摧毁犹太人的传统居住地，把他们赶进隔离区；接着把法国、荷兰、比利时的犹太人大批地"自然"死亡；在苏联的德占区疯狂地对犹太人实行集体屠杀。从1942年起，纳粹军队又在奥斯维辛等地设立集中营和灭绝营，营内设有毒气室和焚化炉。纳粹军队把成批押解来的犹太人，不分男女老幼，先是剥光他们的衣服，掠夺他们的一切钱财，包括金牙，然后把他们赶进毒气室，像沙丁鱼似的挤在一起，放进毒气把他们全部毒死，再投进焚化炉把尸体焚化。还有的灭绝营将尸体熔化，制成工业用油脂，可谓榨干他们的最后一滴油。就这样，一批又一批的犹太人被屠杀了。据说光是在奥斯维辛一个集中营，被屠杀的犹太人就有25万之多。到第二次世界大战结束时，据估计有600万之多的犹太人成了纳粹政权民族灭绝的牺牲品。在现代的人类史和民族史上，由纳粹政权制造了一幕最残忍的对一个民族实行灭绝的悲剧。

德国纳粹政权对犹太人的灭绝，是人类历史上针对一个民族所发生的一个最严重的灭绝事件。遭到世人的憎恶和强烈反对，也引起了世人的高度警觉。在战后，以联合国为首组织起来的国际社会，发表了一系列重要宣言，制定了一系列重要的国际公约，其基本的动因就是为了防止类似德、日等法西斯主义、军国主义对人类犯下的严重罪行，特别是为了防止类似德国纳粹政权对犹太人实行的民族灭绝。

事件之五：卢旺达50万—80万图西人和温和派胡图人在100天内遭屠杀

20世纪90年代以来，非洲中部的扎伊尔、卢旺达、布隆迪等国的民族（部族）矛盾逐渐激化。原本同根同源的两个民族（部族）本来世代和平相处，民间往来频繁，通婚也很普遍。从1993年起，两族矛盾发展成武装冲突。1999年10月，基伍湖南方的布隆迪国内发生骚乱，图西族极端主义分子组织了一次政变，暗杀了第一届胡图族总统恩达达耶，引起了胡图族与图西族的冲突。胡图族的极端主义者在国内组织了大规模报复，杀死了大批图西人，但布隆迪军队主要掌握在图西人手里，图西人马上组织了血腥的"平定"，屠杀了大批的胡图人。胡图族和图西族的冲突很快蔓延到邻国卢旺达。1994年，卢旺达的胡图族激进分子在100天内屠杀了50万—80万图西人和温和派胡图人。后来，图西人在卢旺达掌了权，有了军队作后盾。胡图人担心图西人的报复，当年7、8月在法国军队"绿松石"计划的保护下，170万卢旺达胡图"难民"绕过基伍湖，拥入扎伊尔东部。以后加剧了两族的武装冲突，并进而引发了上百万的难民潮，又有难以计数的人死于武装冲突和饥饿与疾病之中。

事件之六：南斯拉夫的种族大屠杀、大清洗

关于南斯拉夫种族大屠杀、大清洗的准确数字，至今都无法统计出来。各方面的统计数字出入很大。不管怎样，联合国的有关报告都给人们留下了一幅大规模处死、迫害和放逐的种族清洗的可怕图画。[①] 塞尔维亚民族主义分子屠杀、蹂躏数以千计的穆斯林人（通称穆族）和克罗地亚人；而在另一方面，在第二次世界大战和1990年的内战中，克罗地亚的民族主义分子同样屠杀和残酷对待了塞尔维亚人。据如梅尔的统计，克罗地亚法西斯分子乌塔萨，在1941—1945年的四年内，就无情地杀害了65.5万塞尔维亚、犹太人和其他民族的人。克罗地亚民族主义分子在创建他们单一民族的国家的过程中，屠杀的人数达到克罗地亚地区总人口的10%，其中居住在克罗地亚版图内的塞尔维亚族人有25%—30%，总数达到60万人被杀害。[②]

历史和现实中的某些民族、种族和文化集团为了建立纯属自己的单一的或纯粹的民族、种族和文化集团的国家，无论是通过征伐性的对异族、异种或异文化集团的大规模灭绝性的屠杀，还是通过对占统治地位或相邻的民族、种族或是文化集团的大规模征战以使自己从母国中分离出去从而达到自建主权国家的目的，对于当时当地的各民族、种族和文化集团来说，毫不例外地

---

① Henry Morgenthau, *The Tragedy of Amenia* (London: Spottiswood, 1918); Amold J. Toynbee, Armenian Atrocities, the Murder of a Nation (New York: Hoddder and Stoughton, 1915); 同时参见 Feliks Gross, Violencn in Politics (The Hague: Mouton, 1972), p.46ff. 转引自［美］菲利克斯·格罗斯《公民与国家——民族、部族和族属身份》，王建娥、魏强译，新华出版社2003年版，第60—61页。

② ［美］菲利克斯·格罗斯：《公民与国家——民族、部族和族属身份》，第123—124页。

都是一场浩劫。在各种各样的迫害、屠杀和蹂躏中失去生命的人,其数字几乎难以计数。据哈尔夫(Harff)和古尔(Gurr)统计,自1945年以来,在国家支持的大屠杀中失去生命的人数已经超过战争和自然灾害所造成的人口损失的两倍。① 夏威夷大学研究院的如梅尔(Rummel)教授认为,在全世界,死于人口灭绝的牺牲者的数字,超过了20世纪在所有战争中死亡者的数字。这些人口灭绝行为,同样包括意识形态和宗教的受害者,而不仅仅是种族受害者。②

一幅幅血淋淋的种族屠杀画面,一笔笔触目惊心的死亡者统计数字,应当引起人们对以往曾被我们奉为神圣的有关民族、种族和文化集团的理念、政策和制度的反思。

首先,最先应当反思的是民族自决权的原则和理论。这个产生于民族压迫、殖民统治和劳工运动高涨时代的民族原则和理论,在当时确实是具有里程碑式的进步意义,在那以后的几十、上百年间,民族自决权原则和理论指引了全世界许多被压迫、被奴役的民族取得了民族解放、国家独立的伟大胜利,造就了当今民族国家林立,共同构成了国际大家庭的世界格局。然而,这仅仅是事态的一个良好的方面;与此同时,我们也不能不看到,民族自决权也成为一些极端的民族主义分子和种族主义分子,以及偏执的宗教原教旨主义者的理论武器,上述的一幕幕种族大屠杀、大清洗的人间惨剧,或直接或间接地都是在这个理论导演下演出的。直至今天,我们依然在世界上一些民族热点、难点地区看到,一些弱小的民族仍然在不负责任地滥用民族自决权的原则和理论。它们既不具备独立建国的一定规模的人口条件,又不具有作为一个国家应当自立自强的政治和经济等条件,只是在民族主义激情的指引下,盲目地要求建立其本民族的国家。合法的要求得不到满足,便采取暴力的形式,直到采用恐怖主义的手段来达到自己的目的。这样做的结果,正是我们在历史和现实中所看到的,不仅造成了一度曾安享安定和繁荣的国家或政治、经济共同体的碎化或解体,巴尔干地区就是一个显著之例;而且使友邻的民族、种族、文化集团以及它们自己,都被拖入种族战争、屠杀和清洗的苦难深渊。即使像以色列那样,在国际强权的支持下,通过强行划定一片区域得以建立一个主权国家,而结果却有意无意地在自己国家的周围筑起了一个满是敌国的藩篱,不经意

---

① [美]菲利克斯·格罗斯:《公民与国家——民族、部族和族属身份》,第125页。
② 同上书,第123—124页。

间为自己的生存和发展树立起众多的民族、种族、文化集团以及经济、政治的屏障，从而使本国和邻国长期生活在民族和宗教仇恨以及战争、动荡和恐怖事件连绵不断的状态中。时至今日，可以肯定地说，世界上还没有任何一个小的民族，已经具备起码的政治、经济条件，更不待说具备充分的条件去建立自己独立的主权国家。现在一些为此抗命争取建国的小民族，其行为显然带有很大的盲目性，不仅达不到目的，而且势必把本民族、友邻民族乃至整个国家拖入灾难的深渊。况且，在我们的时代，民族、种族、文化集团的混居、杂居的状况既然如此普遍，即使某个国家，乃至国际社会足够宽容和仁慈地划定一条明确的疆域使某个小民族建立自己的单独的国家，但要实现一国内只准本民族存在，也只能是妄想，因为到头来，无论一个国家多么小，总会存在其他的少数民族，根本是不可能"纯粹"一个民族的国家。那么，是否可以通过和平迁移或强力驱逐，使其他少数民族自愿或被迫离开呢？这在当代也根本不可能。因为这又关乎我们这个时代的根本特征，那就是国际社会至少在形式上对世界上所有的少数民族都将给予一律的平等保护，这被奉为时代最高的人权保护原则一个最重要的方面，被确认为普遍的世界性价值观念。在当代，无人愿意也根本不可能超越这个原则而自行其是，为所欲为。

其次，应当反思的是国家主权原则。同民族自决权原则一样，国家主权原则以及后来延伸的"不干涉国家内政"原则，确实为那个时代被压迫的民族解放和国家独立提供了强大的原则和理论支持，时至今日，仍然为一些弱小的国家提供虽然并非完全但在相当程度上有效的保护。为此，在原则和理论上承认国家主权和不干涉内政的原则和理论仍然具有现时代的意义和价值。然而，也同民族自决权的原则和理论一样，它也被一些不太具备或根本不具备人口、政治、经济等条件的少数民族不适当地利用来或滥用来建立自己单一民族国家，从而实现主权自治的理论武器。对主权保护的必要性和有效性的夸张理解和过重依赖，恐怕是造成主权不当运用和滥用的重要原因。不错，任何一个民族、种族、文化集团一旦建立了自己的国家并获得了国家主权，就可以摆脱主体民族或异体民族、种族或文化集团的压迫，而获得自由和解放的民族、种族和文化集团则可以通过自主、自治而达到自立、自强和实现本民族、种族、文化集团的政治理想和社会发展目标的目的。然而，这种理想情况的实现在人类历史上实在是少之又少，现在世界上之所以存在一些极少数的"蕞尔小国"，都是在历史的特殊情境下建立的，是历史的选择和恩惠。现在之所以难以或不大可能再建立

新的"袖珍小国",归根结底是难以满足建国的各种必要的条件。这些条件大致有以下这些:

第一,世界性的民族国家的基本格局在第二次世界大战以后,已经基本定型,联合国这个国际上最大的国际组织,通过吸纳有主权的国家作为其成员,又给予了这个定型以组织上的确认和保障。这就是说,任何一个新国家的成立,必须得到联合国的承认,才能取得国际法的合法性。而联合国对新国家的承认有其自己的标准,绝非来者不拒,照单全收。

第二,在当代,任何一个新国家的建立,通常是由其母国脱离或分裂而出,这不仅昭示着母国版图的碎裂,本身就难以让母国接受;而且还明示或暗示着母国的统治者特别是其占统治地位的主体民族民族政策和制度的失败,这种担心失败的心理通常表现出对欲叛离的少数民族的分裂行为的顽强抵抗,甚至予以无情的镇压,从而使分裂目的难以达到。即使其中的少数民族实现了分裂建国的目标,新建的国家也往往与其原来归属的母国形成不信任的甚至是敌对的关系,进而影响到相互间外交、政治、经济等方面的友好往来。现实中一些从俄罗斯分离出去的国家与俄罗斯的紧张关系,部分地就是这种事态演变的必然结果。

第三,如前所述,一个弱小的民族不顾主客观条件勉强建立自己单一民族的国家,即使获得成功,对于本民族及周边友邻民族未必是幸事,或许还是一场灾难。道理很简单,一个国家绝非一个空中楼阁,它的存在和发展需要自身的人口、土地、资源,等等,而目前一些弱小民族正在争取独立建国的区域恰恰是一些这些条件极为贫乏的地区,可以想见,一旦实现建国的目的,该国的存在和发展也恐怕难以为继。

第四,弱小的民族独立建国的努力与当代世界经济的发展潮流相背离。当代世界经济发展的潮流是区域集团化和全球一体化。每个国家甚至是大国,对外经济的依存度都在大幅度提高。在一个国家内,整合各种经济因素,充分调动和利用国内资源,也是国民经济发展的总的趋势。使国家碎化并分裂成多个小国家,就意味着分散了本该整合的经济因素,降低了国内资源的统一调配率和利用率,这显然与当代经济发展的趋势背道而驰。相反,跨地区、跨国家、跨洲的经济融合和集约促进正是当代世界经济发展不可逆转的潮流。欧盟的统一是突出的事例。北美、南美、非洲、东盟、亚太、亚欧各种不同形式的联盟和协作,也是紧跟欧盟之后的区域性大规模合作的新世态。

第五,在当代经济全球化的经济发展已在促进和推动国际社会保障世界安全、促进和平、推动人权保护事业、加强环境和维护生态平衡等领域的全面合作,这同样成为世界性不可逆转的大潮。在这个大潮中任何国家都势不可免地卷入其中,以往历史上那种自给自足、闭关自守式的发展模式已经被彻底改变,任何国家要想自己关起门来独自存在和发展都是不可能的事了。当然,现代国家融入世界性现代化发展潮流,不仅意味着它将受惠于国际合作的利益和好处,同时也意味着它应当而且必须为国际合作贡献自己的力量,也就是为国际社会尽自己的义务。而一些正在实施分裂计划的弱小民族,即使将来真的能够建立本民族自己的国家,这类国家在国际社会也很难受到欢迎,一者它一时还难以对国际社会尽自己的义务,二者很可能它给国际社会带来的新麻烦和负担要大于国际社会从它的独立中得到的好处。正是基于这样的原因,第二次世界大战以后,在欧洲的西班牙、大不列颠,甚至在法国出现了各种形式的分离运动,直到20世纪80、90年代还不断地发生诸如意大利的优留连人,以及威尔士人、苏格兰人、巴斯克人、加泰隆人甚至包括具有悠久历史的古代民族诺曼底人的民族主义重新高涨乃至分离的倾向或运动。此外,在这期间也发生了由法裔魁北克人发起的从加拿大联邦分离出来的运动,以及现今俄罗斯境内一些少数民族如车臣人等从俄罗斯联邦分离的运动。但所有这些分离倾向或运动,几乎都没有得到国际社会的支持。

从以上分析可以看出,现实的世界确实发生了显著的变化,以往被我们奉为神圣的民族自决权和国家主权的原则和理论,都不再也不应该为当代的建立单一民族国家,特别是为民族主义的分离运动提供保护了。然而,需要强调指出的是,这种情势的变化决不意味着当代的民族、政治和宪法原则和理论已不再对少数民族的命运和合法权益给以必要的和密切的人文关怀了。事实正好相反,在人类的文明进步中,很难找到对人权包括引申开来的民族权利更受到密切关注的领域了。当代多元文化主义和民族区域自治的理念与政策和制度的大力弘扬和发展,正是这种密切人文关注的结果和表现。此外,当代强大的公民制度的建立,也使各民族、种族、文化集团的每个成员在国家的层面上得到了至少在形式上的平等保护。所有这些,事实上早已证明对当代各国的少数民族、种族和文化集团的个人或共同体都提供了切实有效的权利和利益的保护。

然而,作为解决民族、种族和文化集团的理念与政策选择,绝不应当仅仅限于上述早已被人熟知和行之有效的几个方案,新的方案的选择机会依然存在。这就是我们讨论的主题——民族文化自治。较之其他的惯用方案,这一方案最大的价值内涵就在于,它将民族、种族和文化集团以及它们的文化与政治统治彻底地分离开来。正如我们在前面所详细分析过的。民族、种族、文化集团在历史上特别是在当代，主要是利用民族自决权、国家主权的原则和理论提供的保护，通过暴力形式实现的。无论是这一实现的过程和结果，正如前面所介绍的种种血淋淋的事实所显示的那样，对本民族、种族和文化集团以及国家比邻而居的异族、异种和异文化集团的人，都是一场灾难和浩劫，而民族文化自治既可以满足民族、种族、文化集团对自己文化、传统、特殊心理素质的保护、传承的深切关注和需求，又能引导它们把主要的民族精神和创造力用于事关它们生存和发展的福祉方面，而不必要地用于导致灾难和浩劫地争取独立建国的没有确定把握取得胜利和成功胜算的斗争中去。我们认为，这才是民族文化自治的核心价值蕴含之所在。

尚须强调指出，民族文化自治的核心价值蕴含除了第二国际的奥地利理论家伦纳等人有明确的阐述外，在此后理论界还不乏对此有真知灼见者，其中就有著名的人类学家布朗尼斯拉夫·马林诺夫斯基。就是他意识到民族问题将成为第二次世界大战后政治秩序中的主要问题，并明确主张在解决民族问题时，应当而且必须将族属（ethnicity）从政治中分离出去。他说："因此，我们可以概括战后重建的基本原则，这样说也许更好，人类社会的未来结构，政治的、经济的、文化的结构，必须向理想方向改进，哪怕是缓慢的改进。必须授予所有民族、种族和其他少数集团最充分的文化自治权利。政治主权永远不能与族属相联系，因为这种联系会导致民族主义的危险爆发。的确，政治权力，就目前的中央集权状况而言，必须归属于一个联邦单位的层级制度。它必须从地方自治开始，通过行政上的省、州和地区性的联邦政府，再到世界范围的超国家（super-state）。"[1] 与此同时，民族文化自治的原则和理论由于意识形态方面的原因，在苏联一直处于被批评的地位，而延及开来，在中国至今也没有受到应有的关注和介绍，更不待说研究了。我们觉得，时代早已变化了，意识形态不应当再成为科学研究，包括对民族文化自治研究的障碍了。俄罗斯通过的立法以及贯彻执行，就表明民族文化自治的命运在俄罗斯已经发生了实质性的转折，而在我们中国，这还是一块未被开发的处女地。要开发这块处女地，前提就是对其深刻的价值蕴含有一个深切的体认，然后就是作为一种民族政策的选择，以补充、丰富和发展适合中国国情又行之有效的民族区域自治制度。

---

[1] ［美］菲利克斯·格罗斯：《公民与国家——民族、部族和族属身份》，第15页。

四 民族文化自治在中国的引进及其构想

想必读者一定明了，我们在上面尽可能详尽地探讨有关民族文化自治的概念、历史命运转折以及其价值蕴含，绝不仅仅是出于纯粹的学术兴趣，还在于我们意在探讨在中国的民族情境下，是否有必要、有可能引进作为解决新的历史时期民族问题和调整新的民族关系的政策与制度的工具，从而补充、丰富和发展中国长期坚持并有效的民族区域自治的政策与制度；如果有必要和可能，能否作出初步的设想。下面就此分别作出分析和说明。

（一）必要性和可能性

既然中国早有既适合国情又取得显著成效的民族区域自治政策和制度，为什么还要提出引进在历史上颇有争议，而如今还鲜为人知的民族文化自治？有这个必要吗？我们认为有，其理由如下：

第一，从最一般的社会——政治哲学层面上看，是有这个必要的。事物（务）的复杂性和多样性、多元化已经是我们这个现代化时代的特点和优点，更是我们这个时代不断进取和发展的动力资源。如同生物的多样性之于我们这个星球的生态维护的必要性和重要性一样，多样的社会政策和制度选择同样也是我们这个社会和国家的发展和进步的促进工具，当代民主理论中的社会选择论就是由此应运而生的。在民族问题上也是如此，对于如此复杂、敏感和影响巨大的民族生存和发展问题，特别是民族关系问题更应当选择多种政策和制度作为治理和调整的工具。以往那种认为只要选中一种适合国情又行之有效的民族政策与制度的观念和做法，早已不合时宜，应尽快予以调整。在民族政策和制度的选择方面，不应再有固定之见，应当坚定地树立这样的信念，凡是有利于保障、促进中国民族问题解决和民族关系调整的政策与制度，都应当予以认真地考虑，即使是外来的，只要适合中国国情，又行之有效，就应当考虑加以引进。实在说来，民族区域自治其实也是从外国传来的，并不是中国本土留传下来的，也不是中国人创造的，我们只是创造性地在中国加以建制和运用罢了。对于民族文化自治一类的民族政策与制度，自然也应当采取这种态度和做法。

第二，中国的民族区域自治政策与制度本身的建制是只适用于具有相应规模的聚居区的少数民族。这就意味着，只有满足这种法定聚居条件的少数民族才能享受区域自治权。它本身向来不能涵盖所有的少数民族，特别是分散在全国范围内的杂居、散居的少数民族；现时的其他的政策与制度的调整机制也没有能够提供经常、稳定和充分有效的保护。

首先，众所周知，中国各民族的居住、分布状况呈现大杂居、小聚居、交错杂居的总体态势。依据1990年全国人口普查数字，在全国55个少数民族的9120万人口中，有2400多万人分散在全国各地与汉族或其他民族杂居。其中仅回、满、蒙古、朝鲜、苗、瑶、畲、土家等民族，就有1000多万人杂居、散居在全国各地。特别是回族，除约有200多万人聚居在宁夏回族自治区和甘肃省临夏回族自治州外，其余的600多万人都分散、杂居在全国各地，几乎每个市、县都有回族住民。再从地区方面看，全国绝大多数市、县都有少数民族人口居住。例如，在汉族比较集中的山东省，就杂居、散居53个少数民族，总人口达55万，占全省人口总数的0.6%。其中回族人口占绝大多数，总数为50万，分布在全省各地，但相对集中在60多个县（市、区）的740多个村镇和城市街道。再以全国少数民族人口较少的江西省为例，全省共有畲、回、满、瑶等42个少数民族共10万多人散居在全省各地，占全省总人口的0.27%。人数虽不多，但分布广，居住分散，全省各县、市辖区都有少数民族居住。除2万多人散居在城镇外，其余的少数民族人口主要集中在赣东北和赣南边远山区，共建有3个民族乡、30个民族行政村，440个民族村民小组。至于其他少数民族相对较多的省、市、自治区，其杂居、散居的状况更为普遍。总而言之，中国各民族杂居、散居的情况是很突出的，很难找到纯粹由一个民族单独聚居的地区。

这就引出了这样一个问题，在中国新型的社会结构、民族关系乃至基本的国策和政治制度之一的民族区域自治框架下，如何有效地保障这些杂居、散居少数民族公民的合法权益？除了保障他们同汉族和实行民族区域自治的民族的公民平等的合法权益外，是否有必要和可能也把他们作为一个民族共同体，在整体利益上加以保障、促进和提高，如同对实行区域自治的民族那样？显然，这在各民族大杂居、少数民族小聚居和大散居的现象很突出的中国，不仅是一个不能回避和不可忽视的问题，而且是一个须极为重视和认真解决的问题。否则，中国对少数民族合法权益的保障就是不全面的，民族平等、团结、互助、共同发展和共同繁荣的民族政策的贯彻也是不彻底的。

其次，是由中国民族区域自治政策、制度本身涵盖面的局限所决定的。中国的民族区域自治是民族自治与区域自治的结合，由或大或小的聚居区为界域而实行的民族自治是中国民族区域自治的基本特点。这就是说，中国的民族区域自治只是针对有某一个或某些具有或大或小的聚居区的民族而实行的自治政策、制度，而不是针对某一个民族的所有成员设立的，更不是针对所有的少数民族设立的。在这一自治政策、制度的框架下，即使是同一实行区域自治的民族，只要其无论多与少的部分成员没有生活在实行自治的聚居区内，就不能享有同聚居区内的同一民族所享有的自治权；而不具备建立民族自治地方的民族，无论人口多少、居住何方，都不能享有同其他建立民族自治地方的民族一样的自治权。这种区别绝不是基于民族不平等或民族歧视而实行的差别对待，而是由民族区域自治本身的性质、内容和特点所决定的，没有建立民族区域自治地方的少数民族，后者虽然建有民族自治地方而不在其内居住的有关民族的部分成员，不能享有区域自治权，并不是因为他们低人一等，而是他们不具有建立民族自治地方所需要的聚居在某一地域或几块或大或小的地域这一根本性要件。

由此看来，就民族自治而言，中国的民族区域自治政策、制度，无论对所有少数民族而言，还是对每个少数民族所有成员而言，其涵盖面都是有限的、不全面的。从这个意义上来说，每一个少数民族或者某一个少数民族的全体成员能否享有自治权，撇开其他条件不谈，要由是否缺乏或具有地域分布这一要件来决定，这或许是一个缺点，因为仅仅是因为某一民族或同一民族的部分成员没有聚集而居就不能享有自治权，这显然有失公平，人们毕竟不能选择自己的出生地，因为这纯粹是受之父母这种自然的过程；同样，一个人出生之后在何处学习、生活和就业，最终或许或主要是社会选择或者自己择业的结果，个人有时或往往身不由己。因此，我们在充分肯定民族区域自治政策、制度是解决中国民族问题最适宜的政策、政治制度及其具有的巨大的优越性的同时，不能不看到它的这种局限性或不足的方面。

再次，是基于对杂居、散居的少数民族合法权益的现行保障机制存在不足或缺陷的认识必须重视，中华人民共和国成立以来，国家为了保障杂居、散居的少数民族人民的平等权利，曾经并持续地作出了种种努力，还在《宪法》和有关法律上对此专门作出过规定。

但是，我们也必须看到，中国对杂居、散居的少数民族权益的保障工作，相对于民族自治地方的工作来说，还是薄弱的，缺乏稳定性和连续性。主要表现在以下几个方面：

首先，有关国家机关特别是地方国家机关在思想和观念上没有给予保障杂居、散居少数民族权益以足够的重视。杂居、散居的少数民族往往人口少或极少，又居住分散，散布在其他民族密集的人口中间，所以容易被忽视。

从实际上看，一些地方国家机关及其公务人员虽然在口头上承认民族工作的重要，但内心却认为对杂居、散居的少数民族工作的好与坏，"无碍大局"，还有比这更重要的工作要做，因而使民族工作往往落不到实处。

其次，有关的民族工作机构和主管人员不稳定，也不能持久地开展工作。

从国家、省、部分较大的市来说，一般都依照法律的规定或其他有关文件的要求，相应的建立起各级、各类的主管民族工作的机构，设置主管公务人员。正是他们所从事的经常性工作，使得中国贯彻执行民族区域自治政策、制度和其他民族政策，做到了层层有人主管，具体负责，使许多民族工作落到了实处。这种情况在基层和下层政权机关中，也曾有过有成效的实践。一些省、自治区、直辖市和较大的市也按照有关规范性文件的规定，设立主管民族事务的机构和公职人员，使基层和下层地方的民族工作也有机构和人员负责。但是，由于缺乏国家统一的、明确的设置标准，一般都是由地方依据情况自主地设置。正因为如此，所以这些机构和人员的设置变得很不稳定，经常变动，甚至被取消。特别是在近些年来的机构改革中，由于大量裁减机构，精简人员，这些主管民族工作的机构和人员往往首当其冲，不是被撤销，就是归入党委统战部门。主管机构被撤销以后，自然没有专门机构和人员经常去做工作，而民族工作却要求经常有机构和人员从事大量的实际工作；党委宣传部门不是政府机构，它主要应负责政治领导工作而不是日常的实际工作。这种状况目前就已经很普遍，待到地方国家机构改革普遍扩大之后，这种现象会变得更加突出。这已经成为中国保障杂居、散居少数民族权益，做好这方面民族工作的最薄弱的一个环节。

最后，杂居、散居少数民族工作处于薄弱和困难的状态。

这种状态与前述的没有稳定的专职机构和人员经常负责有关民族的工作有关，也与国家处在深化改革、社会处于剧烈转型的总体形势有关。主要表现在：随着国家各项改革措施的相继出台和自由市场经济体制的逐步建立，原来国家的财政、税收、金融、投资、物资、外贸体制等已经发生了很大的变化。在这种情况下，国家原来早已制定并长期坚持执行的对杂居、散居少数民族的一些优惠政策和措施，已经不再适应新形势、新变化的需要，有不少优惠政策已自行消失，而新的优惠政策又未能及时地制定出来，这就使杂居、散居的少数民族经济，无论在整体上还是在个体上，都处于一种比较困难的境地。一般来说，少数民族的集体经济、个体经济原来的基础都比较薄弱，现在面对市场经济的冲击，又得不到必要的政策倾斜和政策扶植，使得这些少数民族经济越发困难，许多少数民族企业生产经营很不景气，大量人员下岗、失业。而在农村，大量杂居、散居少数民族由于居住在山区、库区、滩区、林区，地域偏远，交通闭塞，资金匮乏，生态环境和生活条件恶劣，因而处于贫困线以下，亟待扶持脱贫。此外，与经济基础密切相关的，是杂居、散居的少数民族的文化、教育、科技、宗教信仰、语言文字等事业受到不同程度的影响，使他们这些方面的事业发展迟缓。

在中国民族大杂居、小聚居、分散杂居的总体态势下，如果杂居、散居的少数民族感觉自己没有受到应有的重视或没有得到应得的保护和照顾因而产生某种消极的态度或情绪，就会使得聚居地区的同一民族产生同样的态度或情绪，这种态度或情绪最终可能影响到民族间的团结和社会的稳定。相反，如果杂居、散居的少数民族得到应有的保护和照顾，与其他民族和睦相处，就会产生某种积极的态度或情绪，这种态度或情绪也会影响到聚居地区的同一民族产生同样的态度或情绪，而这种态度或情绪最终要反映到社会的安定与民族团结方面来。由此可见，做好杂居、散居少数民族的工作，实在是牵一发动全身，事关民族团结、国家统一和社会安定的大事。从这个全局方面来说，通过某种有力的制度或措施来完善和发展民族区域自治政策、制度，做好杂居、散居少数民族工作，也是完全有必要的。

至于可能性，我们在前面已有所论及，现还想重复和强调如下几点：首先表现从意识形态方面彻底摒弃以往对民族文化自治的反对和批评态度，再从科学的层面上深刻认识其价值蕴含，以及作为民族政策与制度的有效性和广泛适用性；其次，体认进步的、积极的民族政策和制度的多样性和多种选择的可能性，克服以往的固定之见和单一选择的思维模式；再次，坚信民族区域自治政策和制度的兼容性，它不应当排斥其他进步的、积极的民族政策和制度；最后，就是要尊重和借鉴其他国家的经验，特别是俄罗斯制定《民族文化自治法》的经验，为我所用。如果我们做到了以上几点，在中国引进民族文化自治的理念与制度，就不是不能想、不能为的事情了。

(二) 具体设想

我们经过多年的探索和认真研究之后，认为中国应当而且可能有条件地引进和实行民族文化自治的政策和制度，具体设想如下：

第一，"有条件"是指，在坚持和不断完善、发展民族区域自治政策、制度的前提和总体框架下，引进和实行民族文化自治制度。

第二，"有条件"还指，在一定的范围或界域内引进和实行。具体地讲，是在杂居、散居的少数民族居民中实行民族文化自治，而不是在全国范围内实行,确切地说,凡是已经建立民族自治地方的少数民族,由于有自治机关保障其合法权益并促进各项少数民族事业的发展,因此不必再实行民族文化自治,除了防止机构重复建设之外,更主要地是为了防止削弱民族区域自治的政策、制度地位和作用。

第三,民族文化自治在范围上仅限于"文化"自治。当然"文化"可以包括民族语言文字、民族风俗习惯、民族宗教信仰、民族传统和民族心理等方面。它在性质上应当区别于其他形式的民族自治,如政治自治、区域自治、民族自治,等等。

第四,民族文化自治在性质上属于少数民族群众性的自治,确切地说是属于杂居、散居的少数民族的群众性自治。这种自治是与聚居的少数民族在各自建立的民族自治地方内,通过自治机关行使的区域自治是在性质上完全不同的自治。前者是民间性的,或者说是非官方的,而后者则是政权上的,或者说是官方的。顺便再重复一句,按照我们的设想,只在杂居、散居的少数民族居民中建立这种群众性自治;而在建立各自民族自治地方的主体少数民族居民中,由于有《宪法》和《民族区域自治法》所规定的由民族自治地方的自治机关和上级国家机关保障他们的合法权益,包括文化上的自治权利。所以,不必要再在他们中间通过某种民族区域自治政策、制度之外的形式,行使文化上的自治权利。

第五,民族文化自治应当建立自中央至基层的民族文化自治机构。基层和下层的机构由杂居、散居的少数民族居民自己协商、选举产生,上级机构由下层机构依次协商、选举产生,其产生的具体办法可参照各级人民代表大会的产生办法实行。民族文化自治机构具体负责协调、执行各项民族文化自治事宜,管理民族文化自治基金,提出民族文化自治长期和近期的规划。

第六,民族文化自治机构在基层应以民族为单位设置,这样可以避免两个或两个以上的民族共同设置一个民族文化自治机构,而可能因为文化上的差异和文化自治上的要求或期望的不同而产生的分歧或矛盾。但在上层宜设置统一的民族文化自治机构,以协商、组织下层特别是基层的民族文化自治活动。当然,在上层的统一的民族文化自治机构内,可以设立单一民族文化自治的分支机构,或以各民族人士作为专员具体负责他所属的民族文化自治工作。各级民族文化自治机构的上下级关系,可以参照现行的各级人民代表大会的上下级关系或各级人民政协的上下级关系来建立。

第七,民族文化自治机构在组织形态上应属于社会团体,应当纳入国家社团范围内管理。但考虑到民族工作的重要性,按照中国的传统和现行管理办法，也可以使其升格为所谓的"半官方"的社会团体序列，一如现时的"中国法学会"、"全国工商联"，等等。

第八，民族文化自治机构应享有广泛的民族文化自治的权利，自主地解决保护和发展民族语言、文字、文化传统、艺术、与其他民族的文化交流等事业。

第九，民族文化自治机构应积极创造条件，大力发展本民族的教育事业，在国家的政策和法律允许的范围内，创办包括幼儿园、小学、中学、大学在内的各种民间教育学校及其他形式的民间教育基地或设施，使少数民族的优秀文化在专门的、系统的教育中得以保留、发展和光大。当然，开办各种民族的民间教育学校及其他形式的民间教育基地或设施，必须在国家宪法和法律的框架内实行；不过，更为重要的是，在现实国家教育体制和政策下，更需要国家进一步放宽有关的教育体制和政策，并在资力、智力等方面予以大力地扶植和帮助。

第十，民族文化自治机构应积极参与大众传播事业，在法律允许地范围内利用大众传播媒介宣传本民族的文化，发展和支持用少数民族语言对公众传播，大力出版有关民族文化的出版物。在将来国家允许时，还可以考虑创办本民族的大众传播媒体，以便使用本民族语言、文字传播信息。

第十一，民族文化自治机构应大力保护、继承、发展本民族的文化事业，积极创造条件建立民间的戏院、图书馆、博物馆等机构，以保护和丰富民族的历史文化遗产，以及更好地利用民族文化财富。

第十二，民族文化自治机构应积极参与国家政权特别是各级人民代表大会，以及各级人民政治协商会议的议政活动，广泛联系本组织的少数民族成员，积极反映各杂居、散居少数民族居民的文化利益、权利和其他切身利益、权利的要求和愿望。

第十三，民族文化自治机构应大力支持、参与、组织民族文化旅游事业，以传播本民族的文化传统，发展与外国、外族文化上的交往和友好关系，增加旅游收入。

第十四，民族文化自治机构应积极利用各种条件创办与文化有关的实业，如歌舞、乐队、风情等表演团体，以及其他的艺术、手工品等实业，以张扬本民族的个性，并增加杂居、散居的少数民族居民的收入，尽快脱贫，提高生活水平。

第十五，国家应大力支持设立民族文化自治基金。首先中央和地方国家机关要做主要的资金投入。其次是争取社会资金的支持，把目前的各种形式的社会捐助中的一部分划入民族文化自治基金中统筹使用；各民族文化自治机构也应当通过自身的努力筹集一部分资金用以支持本身的活动。此外，还可以考虑发行民族文化自治彩票，用来筹集部分资金。

以上就是我们提出的关于民族文化自治的总的构想和初步的具体设想。当然，在这个构想初次提出之时，不大可能也不必要在具体方案方面提出更详尽的具体设想，这可留待日后由专家和有关方面做深入的调查研究之后再提出也不迟。当务之急，是应当对民族文化自治的总体构想的必要性和可行性进行研究、论证。不管怎样，我们在认真地、长期地研究和论证后认为，通过民族文化自治来补充、丰富和发展中国的民族区域自治政策、制度，更好地保护、发展杂居、散居的少数民族居民的合法权益，不仅是十分必要的，而且是完全可行的。我们对此坚信不疑。

结论：民族文化自治是一个极具学术兴趣和实践价值的研究课题。本文虽然有些冗长，但也算是开风气之先，权做抛砖引玉之举。望这方面的大作早日跟进，共襄民族平等、团结、进步和和谐的政策与制度的大计。

载于《广西政法管理干部学院学报》2007年第3、4期

第九篇 法律监督的价值与功能

内容提要：本文集中研究中国检察权，即法律监督权的价值与功能。主要拟从现实检察理论研究中的方法论的检视与分析入手，深入分析在检察理论研究方法中引进价值方法论和功能方法论的必要性和可行性；在此基础上，着重分析法律监督本身的价值蕴含，以及在积极的价值观的导引和价值预期下，如何更自觉、更积极地强化和完善国家的法律监督机关的建设和更高效地实现国家法律监督的功能。本文的学术创新之处在于，从全新的价值论、功能论及其方法论视角探讨中国国家检察制度建构和强化的合法性和必要性，以及法律监督功能实现的价值基础。

关键词：现实方法论　价值论及其方法论　功能论及其方法论　价值蕴含　功能实现　检察改革

前　　言

客观地说，当前检察理论研究中，方法论的运用还是很丰富的。检察理论之所以在近些年来呈现如此繁荣的景象，以及大批成果的涌现，是与检察理论研究人员广泛地运用各种科学的研究方法密切相关的。然而，从方法论的立场上看，每一种科学方法在具有其自身优位地位和作用的同时，也必然地存在某种局限性。从一定的意义上来说，正是这种不可避免的局限性，最终导致现实检察理论研究中某种"自说自话"，也就是没能获得学术界广泛认同的局面。尽管就目前的法学乃至整体社会科学研究来说，其所沿用已久的各种相对成熟的科学方法中，目前还不可能甚至不必要通过完善现时最常被运用的方法来使检察理论向纵深的方向发展。不过，如果能引进一些其他的研究方法，特别是在当代法学和社会科学研究中越来越受到重视的一些传统的和新兴的研究方法，肯定说来是会弥补现行研究方法相对单一的缺陷，对加深检察理论的研究是有很大裨益的。

此外,在中国现实的检察权的理论研究中,从刑事诉讼的理论与实践的学科立场可以说进行了较为彻底的研究,并取得了丰硕的成果。然而,在作为我们非刑事诉讼法学专业的"业外"人士看来,检察权以及行使国家检察权的各级人民检察院是国家法律监督机关的宪法定位,其公权力的性质以及作为国家的一个特定的结构性的制度安排,绝不是只从刑事诉讼法一个法学专业的学科知识所能破解和彻底阐释的。在我们看来,人民检察院的设置,法律监督机关的定位、国家检察权的赋予和独立行使方式的规制,说到底还是一个国家的宪政制度问题,是宪法理论和宪政学说应当面对和必须予以深入研究和阐释的问题。这些年来,有些宪法学者已经在这方面做了一些研究并有相应的成果发表,但我们认为还应当吸引更多的宪法学者参与这方面的研究中来。此外,法律监督本身也属于法理学方面的研究范畴,当然也适合法理学专业加以研究。

基于以上两点考量,在我们接受最高人民检察院理论研究所委托的重点课题"法律监督的价值与功能"之后,着重从以上两方面进行一些原创性和开拓性的研究,希图在深入检察理论研究方面有些建树。

一 现时法律监督理论研究中方法论检视及相应分析

对于现时检察理论研究中的方法论运用的状况,我们基本的态度倾向,概括说来就是认为现时的研究方法论的运用是丰富的,并且是卓有成效的;但同时认为,在方法论运用方面也存在着不足和欠缺,特别是价值论方法论运用的不足和欠缺,是需要反思和重视的。为此,有必要首先对现时检察理论研究中的方法论的运用做一全面的检视,并作出相应的分析。

综观有关差距,特别是有影响的检察理论的文章、著作,其所运用的研究方法,大致可以概括为如下一些类别。

(一) 历史的研究方法

法律监督是历史的产物,更确切地说是近代历史的产物。尽管我们可以在中外的历史上为国家的监察制度找到古远时代的起源,但同国家、宪法、民主之类的政治、法律制度不一样,现代的检察制度产生于近代,即资本主义国家产生之后。从一般的意义上说,这种历史的研究方法关系到历史的因素，即什么样的给定的条件催生了近现代的检察制度。它使我们了解和认识为什么以往的历史社会和国家为什么不必要建构法律监督制度，而又是什么样的社会和国家历史条件的转换才产生了建构新型检察制度的需要。这样的历史发生学上的知识必然会加深我们今人对检察制度产生的历史必然性和历史根据的理性把握。换句话说，近现代检察制度的建构，从其最初的起点上说，就不是历史上的偶然行为，而是扎根于特定的近现代深厚的社会、国家、政治和法律的沃土中的，直到目前，诞生近现代检察制度的社会、国家、政治、法律的基本条件并没有发生根本性的转变，所以，近现代的国家检察制度仍然存在历史的长期趋势中延续其存在的必要性和合理性。任何希图解构或取消现代国家检察制度的想法和做法，其部分起因恐怕是对近现代国家检察制度产生的历史基础及其产生的历史必然性，必要性和客观性缺乏必要的体认。

或辩之曰，人们之所以主张改制或取消国家检察制度，并非要改变或取消国家的检察职能，只是执照西方某种检察模式对中国现行检察制度进行改造或重组。这种辩护可能又忽略了另一种历史条件和事实，即近现代检察制度的体制模式的分野，恰恰也是其国家，确切地说是欧洲大陆国家和大洋法系国家的立国条件和基础所造成的。各国国情或者国家板块类型的不同，只能建立适合自己国情或国家板块类型的国家检察制度。不充分考虑这种立国历史条件和基础，不顾及现时的立国成制，贸然提出根本性的改制，在理论上和实践上大概都不能被认为是基于历史经验和历史理性的慎思。

总之，历史的研究方法是现时检察理论中运用的较为普遍和成功的方法，所取得的研究成果更可堪嘉许。今后无疑应当进一步运用和深化历史的研究方法。不过，历史的研究方法本身也有其局限性，不仅存在着历史常常是"任人打扮的小姑娘"（胡适语）的任意性流弊，而且历史与现实之间的鸿沟也不是可以轻易地搭建起联结的桥梁。

(二) 制度的研究方法

制度的研究是人文科学研究最普遍适用的方法之一。在中国当前的检察理论研究中，更是得到了广泛的运用。法律监督是一种成熟的法律现象，检察制度便是这种法律现象的实体法律结构形式和得以运行的手段。法律监督制度体现的是国家法律控制的一个方面，同时又因为国家的法律行为是通过某种确定的制度模式而实现的。所以，研究法律监督的制度结构、制度模式以及制度运作机制，不仅使我们更能深切体察法律监督制度赖以支撑的法律现象、与相关法律因素的关联,在国家总体宪政结构中所处的地位和作用;而且还能使我们对这种制度运作的法律后果,即法律监督功能的实现效果以真实的验证。

目前在他国的检察理论研究中,制度方法的运用也取得了较丰富的成果。通过这种研究方法,使我们比较清楚地了解和认识了当今世界各国,特别是主要的欧美国家检察制度的多样性形态,制度大体相同的国家所构成的模式特征,以及各个国家历史、社会和文化背景的不同何以会产生不同类型的制度体系。这种方法给予我们关于检察制度的客观、外在的知识是丰富的,是其他的研究方法所不可替代的。

制度的研究法在检察理论中至少以下两方面有显著的学术意义:首先,在理论上,它使我们对国家检察制度的多样性有了更深刻的体认。检察制度同任何其他国家法律制度一样,是由历史给定的条件决定,检察制度体现的是国家所尊奉的法律理念。各国总是选择最适合自己国情的法律制度。检察制度本身是中性的,它可以为各种不同社会形态的国家服务。从这个意义上来说,关注国家检察制度形态的选择和建构固然重要,但更重要的,或许是检察制度所要实现的国家法治理念,以及如何使其制度更好地实现国家的法律意志。其次,在实践上,将多种形态和具有特定模式色彩的检察制度在一个中性和不存在偏见的平面上展开,可以使人们对它们做一个客观的比较,其优劣长短一览无余。当一个国家意欲建构、改善和改革检察制度时,可以找到自己理想的参照物,以便作出最优化的制度选择,正像当年德国借鉴和引进法国的检察制度一样。

检察理论中的制度研究法在单独使用时,也可能会产生某种认识上的偏颇,正如本文在后面所要展示的那样,由于人们的价值观不同,对制度的选择可能有时会产生某种偏好。有些人喜好某种具有独立个性、外形刚劲的制度形式,而另有些人则可能更喜欢某种隐蔽、外形不显露的制度形式,其结果可能会造成选择过程具有某种随意性和盲目性。在当前中国的法学界,一些人对美国式的检察制度情有独钟,大概就属于这种情境。

(三) 功能的研究方法

法律监督是国家法律现象之一,同时又是国家法律制度的一个重要环节和要素,这就意味着,作为实现法律监督功能的检察制度绝不会是孤立存在的。那么,检察制度与其他法律环节与要素之间必定存在某种相互间的关联,而检察制度又必定会在法治的总体上发生联系。功能的研究方法的学术价值,就在于找出法律监督与法治的其他要素，特别是与法治的总体之间的联系。当然，这种联系并非如制度研究方法那样是结构上的联系，而是在功能方面的联系。换个方式表述，就是要在法律监督与相关法治要素和总体的功能关联中厘清各自的功能，从而发现法律监督功能在哪些方面和在什么程度上影响其他的法治要素，特别是要发现法律监督功能对法治的总体功能发生什么样的影响。这种研究方法的最大特点并非要研究法律监督的独立意义，或者是将法律监督看做是一种孤立的法律现象，而且要致力于法律监督与法治的其他要素，特别是与法治总体上的功能联系。一旦这种联系被梳理清楚，我们自然就会发现法律监督功能的重要性和不可或缺性，在法治的总体功能方面，即使只是局限在单纯的法律适用环节的功能方面，通过功能的研究方法，我们通常会发现一种可以称为"功能链"的联结环，法律监督这一环一旦缺乏或联结不牢固，整个法律运行环节就必然会断裂。法律监督的重要性由此可见一斑。我们之所以强调检察机关和检察权的重要性，其根本原因就在于其功能的重要性和不可或缺性。

功能的研究方法在现时的检察理论研究中，也得到了较好的运用。许多有关著述都对法律监督的功能的论述表现出极大的兴趣。从检察机关监督侦查机关侦查或自己直接进行职务犯罪的侦查，再到提起公诉，出庭支持公诉以及对法院审判活动进行监督，再到判决后对判决结果和执行的监督，更到现时尝试扩展的公益诉讼等功能，都做了较为准确或深入的论述。这些论述无疑对于检察理论的研究作出了贡献。

在当前有关废止国家检察机关的讨论意见中，不同程度地都表现对法律监督功能的漠视或无视，因为对检察机关和检察权的功能的重要性和不可或缺性缺乏必要的体认，所以才认为检察机关和检察权的设置成为不必要。而实际上，即使在以法院为主导的司法体制中，检察权也是占有重要地位的，其功能也是必不可少的，特别是在辩诉关系中的功能更是重要和不可缺少的。从一定的意义上来说，检察功能的最初起源和全部意义，就在于矫正原来由法院主导实行的诉审合一的"纠问制"。以致时至今日，诉审分离后的辩诉关系新体制的设立，构成了近现代司法制度的根本特征，并在世界上公认为是保障司法公正和有效的根本举措。功能研究方法的成功运用，肯定会加深我们的检察机关和检察权的本质、地位和作用的了解和认识。

功能的研究方法也有其本身的局限性，辩之者可以说他们并不否认检察权的重要性和不可或缺性，但是这种检察功能是可以由其他的机关或人员替代的，而不必要设立一个独立的检察建制，特别是不必要设立一个单纯的检察机关。换句话说，可以实行没有检察机关的检察权，或者减少或弱化检察功能，将其局限在提起公诉的范围内。为此，单纯的功能研究方法还不足以解决检察权的建制方问题，还需要引进和并用其他的研究方法。

（四）比较的研究方法

在法的学术上，学者们至今仍就"比较法"是一个学科还是单纯是一个研究方法的问题存在很大分歧和争议。尽管如此，在各个法律学科的研究中，比较的方法还是最被经常运用的研究方法，并且取得了丰硕的成果。在当前的检察理论中，比较的方法也是最普遍运用的方法之一。在这类的学术著述中，论者通常对欧洲大陆法系和英美法学系的检察制度之间进行比较研究，通过比较不仅使我们认清了这两大检察制度的起源、发展以及相互间的影响；而且更使我们了解和认识了相互间异同和各自主要的检察理念的差异和基本的制度特征，从而为建构或完善中国的检察制度和建树检察理论提供可参考和借鉴的参照物。除此之外，学者们还经常对法国与德国、苏联或俄罗斯与中国、中国与德国、中国与美国这些国别检察理论和制度进行比较。其结果又进一步增加了我们对通行世界各主要国家的检察理论和制度的了解和认识，同样起到了参政和借鉴的作用。

比较的方法虽然是一个可欲的和可取得成效的研究方法，但因为两大检察理论和制度模式和各具特色的国家检察理论和制度在一个平面上展开，又因为其是客观的、中性的，故给予中国检察理论和制度的选择打下了开放的，即多种选择的余地和空间，其间也就发生了某些学者由于倾向某种外国检察理论和制度，从而主张撤销中国现行检察制度而改行另外一类或一种检察制度的情形。这种比较研究方法似乎很难使研究者在多种选择面前达成共识和采取共同的选择。

（五）意识形态的研究方法

从最一般的意义上来说，通行于世界两大检察理论和制度模式以及各国的检察理论和制度，都是基于某种意识形态，即某种特殊的理念而建构起来的。除此之外，检察制度的运行本身也必然会受某种意识形态的引导。应当强调的是，通行于中国目前的检察理论和制度，是受到马克思主义，特别是列宁主义的主导，其制度从苏联引进的。因此，要深刻认识中国检察理论与制度的理念、原则以及相关的制度特征，意识形态的方法不仅是重要的，而且是必不可少的。事实上，这种意识形态的方法适用于所有的检察理论和制度。无论如何，这种方法能使我们对各种检察理论和制度作出有意义的判断，对中国的检察理论和制度尤其如此。

不过，作为方法论，意识形态是否可以称为方法论还是一个有争议的问题，这不仅因为在意识形态上往往存在很大的分歧，甚至是根本性的对立，人们无法站在纯客观的立场上，对各种对立的意识形态作出科学的制定并进行选择；而且还因为人们一旦运用这种方法来分析研究对象，往往会形成众说纷纭而陷入争论不休的状态，不仅无助于科学上的认识，还可能徒增混乱。在中国目前的检察理论研究中，就在一定程度上存在这种状况。

从以上中国目前检察理论研究中主要运用的五种研究方法（当然，我们无意武断地说就是为这五种研究方法）的简单介绍和分析中不难看出，每一种方法都得到成功或比较成功的运用。中国检察理论之所以呈现目前蔚为大观的景象，在很大程度上得益于这些研究方法的分别和联合得到运用；与此同时，我们也应当看到，这些方法中的每一种都有其局限，即使从这些方法的合力的立场上看，也仍然存在着不足和缺陷。从一定的意义上来说，当前中国检察理论的分歧和制度建构的争议，多少就与这些研究方法的局限以及运用不到位有一定的关系。我们的意思不是说，这些方法不再适用，而是说，我们还要继续精细和熟练地分别或联合运用这些研究方法，与此同时，我们也应当引进新的研究方法，以弥补其他研究方法的不足与缺陷。其中的价值方法论，就是一个极可欲的选择。

二　现时法律监督理论研究中学科基点的审视与反思

不知从什么时候起，在中国的检察理论研究中，渐渐地将法律监督的范围和检察权的行使视为司法程序中一个环节，而专门研究刑事司法程序的刑事诉讼法专业便逐渐被承认并实际上成为检察理论研究中最为密切的亲缘学科。在检察学自身尚未成为一个独立的、发育成熟的学科之前，中国检察理论确实得到了刑事诉讼法专业的厚爱和大力支持。许多学有所成的刑事诉讼法学专家为检察理论的发展倾注了多年和大量的心血，为检察理论的逐渐发展和渐趋成熟作出了重大的贡献。更难能可贵的是，当中国的检察机关的宪法定位和国家法律监督的宪法定性在近些年来的司法改革的讨论中，被法学界一些人士提出质疑，并在学术界一度引发人民检察院存废的热议中，是刑事诉讼法专业的同人力排众议，从理论和实践两方面论证了人民检察院存在的必要性，对于坚持和改革人民检察院体制给予了及时的和宝贵的学术支持。时至今日，当检察学作为独立的学科的地位提到了法律学科的平台上以后，又是刑事诉讼法专业的学者率先予以大力的支持，并就学科的体系进行了大量的探讨和论证。这对于检察学的独立学科的建立和完善，无疑又是另一大宝贵的支持和帮助。在2007年11月在上海举行的有关讨论检察学如何建构独立的学科地位和检察学体系的学术研讨会上，笔者作为特邀专家曾亲历了讨论过程，对于刑事诉讼法专业的学者的热情支持和努力探索留下了极为深刻的印象，并在会议的主持和评议期间发出过如下的感慨：我们那些受人尊敬的刑事诉讼法专家不惜以自己将来可能的"失业"为代价，来热心支持检察学独立学科和专业体系的建构，实在是一种令人感动的无私行为。

然而，在我们刑事诉讼法专业的"业外"人士看来，由于刑事诉讼法专业自身的特定性质和研究范围的特点，对于检察理论和检察学的独立及学科体系建设的学术支持，必定存在一些不可逾越的学术局限。其中最重要的，就是刑事诉讼法对检察机关在刑事诉讼法程序中的地位和作用的研究，即使再精细到位，也难以涵盖人民检察院的体制定位和法律监督的本质及全貌。从传统的学科分类的立场上看，刑事诉讼法是难以对国家检察权的性质和功能作出检察权本身所有内涵的把握和阐述，检察学要学会自己"上马走路"，刑事诉讼法专业先是扶它上马，再送一程，这是完全必要的和重要的。但是，检察学要真正能够学会和做到自己"上马走路"，其他的友邻法学专业特别是宪法和法理学专业也不能只是站在一旁坐观其成，而是应该也帮着扶一扶"上马"，且要"送上一程"。在这方面，宪法学专业一些学者已经率先觉悟，作出了初步的努力且取得了一些成果。

2005年8月，为了讨论《人民检察院组织法》的修改稿，最高人民检察院在福建武夷山组织召开了一次大型的学术讨论会，除了邀请其他法学学科的许多知名学者出席之外，还特邀了几位宪法学者作为嘉宾，笔者也有幸成为其中的一位。当时出席并主持会议的最高人民检察院的主要领导在介绍会议的宗旨时，明确指出，此次组织的会议之所以邀请包括刑事诉讼法专家在内的其他一些学科的专家出席会议，目的就是为了集思广益，直接的目的是把《人民检察院组织法》修改好，更远的目的就是为了促进法律监督理论的长远发展。记得当时出席会议的所有专家，特别是非刑事诉讼法专业的学者备受鼓舞，会间的发言极为踊跃。记得笔者在分组会议上做了长达两个小时的发言，而最高人民检察院常务副检察长始终耐心地听取笔者的发言并仔细地做了笔记。

在那次会议以后，最高人民检察院理论研究所在研究课题参考选题的设计上也加大了广度和深度，这就给包括宪法学在内的其他法学学科参与选题承担的机会，并在实际上作出了相应的成果。①

宪法学主要是以宪法和宪政为研究对象的学科。无论是宪法理论还是宪政学说，都以国家的政治和法律体制为重点研究领域。人民检察院既然是宪法上确立的国家法律监督机关，检察权又是宪法明文规定的国家公权之一，那么，人民检察院在国家政治和法律制度中的地位和性质，法律监督的性质和内涵，检察权的范围和行使机制，人民检察院与其他国家机关的相互关系，人民检察院的职权及其自身的建设等问题，自然都属于宪法学视野下的公权力问题，都需要用宪法理论和宪政学说予以研究和回答。以前在宪法学的研究中，之所以存在对国家法律监督理论研究相对薄弱的状况，也没有引起宪法学专业人员的应有的重视，不是检察理论没有这方面的需要，而是宪法学专业的学者自己的认识上的局限性造成的。目前这种状况亟须加以改变，无论是从宪法学专业的学科发展的立场上看，还是从检察理论发展乃至检察学学科的独立建构方面看，加强和深化宪法理论和宪政学说对法律监督和检察权的研究，都是势在必行。当务之急，是如何有效地吸引和组织宪法学专业的学者加强法律监督和检察权的研究，并尽快地取得较瞩目的成果。

三 价值哲学和作为方法论的价值方法

既然我们能在检察理论研究中引进价值方法论，又鉴于中国目前学术界对价值哲学和价值方法论还没有展开深入的研究，故此，在这里有必要对一般哲学价值论和作为方法论的价值哲学先行做一简单的介绍。

（一）一般哲学价值论

哲学价值论或简称价值哲学是关于确定价值在客观现实中的地位和作用，阐明价值评价和其他价值范畴对客观现实的关系的学说。就价值概念来说，"价值"这个词最早或许只是在经济意义上使用的术语，人们通常把能满足我

---

① 这方面的主要成果有韩大元教授主编的《中国检察制度的宪法基础研究》，中国检察出版社2007年版，以及相关的一些文章、专论。另：笔者所承担的2007年最高人民检察院检察理论研究所的课题——"法律监督的价值与功能"，就是基于宪法学的学科立场作出的。

们需要的客观事物称作"价值"或"有价值的"。在西方,有一个时期曾把政治经济学看作积累财富的艺术。当时,价值概念在政治经济学领域内并没有受到特别的重视。可是随着时间的推移,价值逐渐有了极大的重要性,价值概念也逐渐扩大,并成为哲学的一个重要方面。价值论作为认识论和所谓"文化价值"的基本原则,指导着新康德学说在艺术、科学、道德、宗教等领域的研究。① 马克思主义的政治经济学的诞生在传统的政治经济学领域内造成了巨大的革命性的影响,而马克思主义的政治经济学正是建立在商品价值论的基础之上。

"价值"何以如此重要?它究竟为何物?我国古籍《毛传》上说:"价,善也。"用现代通俗的话说,就是指事物的用途或积极作用,即人们通常所说的"好处"。可见,"价值"的概念至少包含两个基本元素,一是事物,另一个是"好处"。用现代价值哲学的专门术语表达,一是"客体",二是"需要的满足"。不同国家、不同价值哲学的流派大体上都围绕着这两个基本元素给"价值"下定义。例如,较早的一位日本哲学家认为:"'价值'这个词,是在表达我们同一客体(即能满足我们需要的客体)之间的关系的意义上被使用。也就是说,在一个客体能满足我们的需要时,我们就说它是'有价值的'。"② 现代英美价值论者中有人认为"价值"作为抽象的概念可以分为狭义和广义。"a. 在狭义上只包括可以用'善'、'可取'和'值得'等术语来恰当地表示的东西;b. 在广义上则包括了各种正当、义务、美德、美、真和神圣。价值一词可以被限定在零线以上的范围内,这样,零线以下的东西(如坏、错等)就被叫做反面价值。价值一词可以像温度一词那样,用来涵盖某一刻度(正、负、中)范围内的东西,处在正极一边的因而被叫做肯定价值,反之,则被叫做否定价值。"③ 而"价值"作为一个更具体的名词(譬如,当我们谈及一种价值或多种价值时),"往往是用来指(a)被评价、判断为有价值的东西,或被认为是好的、可取的东西。诸如'他的种种价值'、'她的价值系统'和'美国人的价值观'之类的表达式,则指为某一男人、某一女人或美国人所评价或认为是好的东西,这类表达式也指被人们认为是

---

① 参见[日]牧口常三郎《价值哲学》,马俊峰等译,中国人民大学出版社1989年版,第54页。另参见[美]W.K.富兰克纳《价值和评价》,载《价值和评价——现代英美价值论集粹》,中国人民大学出版社1989年版,第1页。

② [日]牧口常三郎:《价值哲学》,第55页。

③ [美]W.K.富兰克纳:《价值和评价》,载《价值和评价——现代英美价值论集粹》,第3页。

正当的、义务性的东西,甚至还指被人们相信为真的东西"①。

苏联学者认为"价值"这个词源含义非常简单并且同术语本身非常一致:"价值就是人们所珍惜的东西。它可以是物体、物(包括贵重的即有很高价格的东西)、自然现象、社会现象、人的行为以及文化现象(例如技术产品和文化产品)。"② 苏联学者还认为,价值概念起源于这样的日常基本事实:人们在生活过程中,通过利用各种物体及特性,利用各种物和自然力,同时也利用人们社会活动的各种"产品",来满足自己各种各样的需要。这些客体便被人们归结为价值物。为此,苏联有的学者给"价值"下了下列一般性定义:"价值是一定社会或阶级的人们以及个人所需要的、作为满足其需要和利益的手段的那些物、现象及其特征,也包括作为规范、目的或理想的种种观念和动机。"③

上述定义表明,"价值"作为现实的客观存在,同社会学、伦理学中的"善"或"利"的概念是一个意思。这两个概念常被当做同义词使用,如"物质福利"和"物质价值"的概念实质上具有同样的意思。但上述定义还表明,这两个概念并不完全相同。其区别就在于,价值不仅是物质的,还可以是精神的,而善只是物质的。不仅如此,这两个概念强调的侧重点不同。在善的概念中强调的是:它有某种好的、为人需要的东西;而在价值概念中则有这样的含义:人们珍惜善。④

苏联1963年出版的《哲学词典》中,就把"价值"条目解释为意义。但苏联有的学者认为,"有意义"或"意义"并非只属于价值,有害的东西也有意义。战争、犯罪和疾病对社会和个人有重大意义,但不能把这些现象称作价值。他们认为,意义的范围要比价值的范围宽广,价值概念只同肯定性质的意义相联系。⑤

同价值概念相联系的一组或一群概念还有价值认定、价值方法、评价、评价对象等。

价值认定是人们在不同的价值客体之间进行的选择,从而把一部分客体

---

① [美] W. K. 富兰克纳:《价值和评价》,载《价值和评价——现代英美价值论集粹》,第5页。
② [苏] 图加夫诺夫:《马克思主义中的价值论》,齐友、王霁、安启念译,安启念校,中国人民大学出版社1989年版,第7页。
③ 同上书,第11页。
④ 同上书,第8页。
⑤ 同上书,第11页。

划归为价值的意识行为。价值认定只具有肯定性特征,其结论是"这是价值"。

价值方法是把价值作为方法论来研究科学研究的对象。如马克思在《资本论》中就运用商品价值论科学地揭示了资本剥削的实质。在现代人文社会科学中,如人类学、社会学、伦理学、文化学、政治学、法学等,都有不少学者广泛地运用价值论进行研究。

价值评价是人们对价值进行估评的意识行为。当人们得出结论说,某物或某种精神性的东西是有益的、令人喜爱的、善的、美的,等等;或是有害的、令人厌恶的、恶的、丑的,等等,这都是评价行为。评价既可以是肯定,又可以是否定的。评价活动是人们对价值客体进行价值认定或选择的基础,是人们的实践活动必不可少的起码的因素。人们没有价值评价活动,就没有价值认定和选择,行动也就无所适从,就无法参加实践活动。评价行为贯穿于认识和实践的全部过程。在认识的经验阶段,评价行为多半带有无意识和情绪的性质,主要通过满足与不满足,喜欢与不喜欢的感情表达出来。在评价的理性阶段,评价已经带有自觉的特点,并在关于人或社会的效益、重要性、意义的考虑中表达出来。本研究的根本目的之一,就在于把法律监督的评价上升到理性认识阶段。

价值具有多样性的特点。除了从总体上可以分为现实的、存在着的、存在的和思想中的、愿望中的、规范的、理想的两大体系之外,还可以根据不同的标准具体划分为各种各样的价值,如人的价值、社会价值、经济价值、道德价值、文化价值、政治价值、法律价值、宗教价值、科学价值、审美价值等。苏联有的学者把价值分为生活价值和文化价值两大类,其中的文化价值又具体分为物质价值、社会政治价值和精神价值。社会政治价值又可细分为社会秩序、和平、安全、自由、平等、正义、人性等价值。①

(二) 作为方法论的价值方法

首先应当指出,价值论在主体和客体的关系的认识论方面,在社会发展方面以及在人们对于周围事物关系中的意义,即教育方面具有重大的作用。由于这些方面与本文没有直接的关系,故不予论列。这里着重介绍一下价值论的方法论方面,即价值方法在科学研究中的作用。

---

① 参见 [苏] 图加夫诺夫《马克思主义中的价值论》,齐友、王霁、安启念译,安启念校,中国人民大学出版社1989年版,第32—35页。

方法论是关于方法的学说。方法在其最一般的意义上被称为解决某种任务或某种问题的方式。在理论科学中，人们通常运用思维和实验的方法发现真理。每门科学都需要运用特殊的研究方法，但也存在着普遍适用的一般性方法，逻辑学的方法〔包括形式逻辑、辩证逻辑、数理逻辑（符号逻辑）、模态逻辑〕就是这种一般性方法。

历史唯物主义是研究社会科学的最基本的方法。但这种方法所研究的只是社会及其运行和发展的客观规律性，通过这些规律，通过社会变动可以看出人们活动的一般结果。至于人们为什么要从事某项活动，他们的目的和动机是什么？对这个问题历史唯物主义不能给予完满的解答。而价值的方法正好可以弥补这方面的不足。因为这个方法着力揭示的是人的主观方面，是人们在外面不易察觉的意识活动。所谓价值，无非是人们关于客体的一些思想、观念。这些思想和观念所表达的是人对现实的某种关系，表现出人们对某种现象的偏好、崇尚或不喜欢、厌恶等感情。而这些个人的内心活动和价值倾向密切地关系到人们行动的积极性和结果。发现人们的内心活动规律，调整好人们的价值取向，正是充分调动和发挥社会主体的积极性和创造性，朝着既定的社会目标协调发展的必要基础和条件。

总之，在社会科学中自觉地运用价值方法，能够弥补我们在运用其他方法在揭示研究对象的本质时存在的缺陷和片面性。其他的科学方法不仅不排斥价值方法，而且需要这种方法作为补充。在我们运用其他的科学方法对被研究的对象进行科学的解释和说明时，也需要从我们的理想、目的、感受等立场上对所研究的对象进行评价，从而表示我们喜好或厌恶、赞同或拒斥的主观愿望和感情。各种事物（务）发展的规律性只有与人们的主观感情密切地结合起来，才能充分地被利用。

迄今为止，在各具体的社会科学部门中引进价值方法已经取得了满意的结果。在现代，运用价值方法进行法学研究也有了一定的发展。本文尝试运用价值方法对法律监督进行研究，希望能探索出一条法学研究的新路子。

（三）检察理论研究中引进价值方法论的必要性和可行性

我们之所以主张和提出在中国的检察理论研究中引进和适用价值方法，首先认为它是必要的，其次认为它是可行的。

1. 必要性

首先，从包括社会科学在内的科学研究的立场上来说，已经在不同时代的各个学派之间，在不同学者之间曾广泛地存在的那种主张和倡引某种研究方法而拒斥其他研究方法的情形,早已不复存在。在当今的学术界人士看来,普遍认同各种研究方法都有其一定的或独特的应用价值,与此同时,也存在某些局限和不足,只有综合利用研究方法,特别是充分发挥各种研究方法的综合效力,才能取得预期的或更大的研究成果。在目前的学术界,研究方法已经开始受到重视,并出现了某一学科的理论研究方法的专著。[①]

其次,鉴于前述中国目前检察理论研究方法运用存在的不足和缺陷,也需要加强其他方法的引进与运用。价值方法论可以超越目前所运用的方法局限,从对检察制度,即法律监督制度的价值认定、评价以及人们对法律监督价值的选择、喜好等价值感受方面来探讨检察制度存在的意义以及如何更好地发挥其功能,或许能从人们的价值心理上强化对法律和检察机关和检察权的接受、认同和喜好。倘若能引进并成功地运用价值方法,或许能够有力地消弭在检察机关存废问题上长期存在的纷争和意见对立,并进而自觉地引导社会和国家的各种积极力量支持和推动检察机关的改革和完善,从而强化国家的法律监督功能,为社会主义法治建设作出更大的贡献。

2. 可行性

检察理论中引进和适用价值方法论的可行性,也可以从三方面展开。

首先,如前所述,作为哲学价值论,它是人类认知上客观存在,不能也不应该回避的一个重要方面。哲学价值论教导我们,在人们的意识和思想中,总有对客观事务的价值认定、评价、感受、好意、选择或否弃的价值心理在自觉与不自觉中发挥作用。价值论本身并不能代替客观存在的事务,但对客观事务的认知离不开人的价值观念。从这个意义上来说,如同整体的哲学体系作为万事之母、万物之王一样,价值论是构成人类认识客观事务的一个观念基础。在此基础上,人们通过价值方法论来观察、认知客观事务,也就是有普适性。检察机关、检察权或法律监督是国家法制环节中重要的一环和法治的一个要素,自然没有任何理由拒斥价值方法的运用。

其次,检察理论在方法论上同样具有上述的方法论上的开放性和包容性。只有综合地运用各种研究方法,才能取得预期的或更大的研究成果。在这方面,检察理论同其他学科理论一样,不应该拒斥任何科学研究方法;相反,应当欢迎引进和综合运用各种研究方法。

最后,在目前中国检察理论研究,似乎存在引进和运用价值方法论的特

[①] 由黄淑娉、龚佩华著的《文化人类学理论方法研究》就是其中一例,该书由广东高等教育出版社于2004年6月出版。

别适用性。因为长期存在的有关检察机关存废的争议和意见对立，已经不能在已经展开的方法论的平台上达成共识以消弭分歧。如果将这一论坛迁移到一个新的价值平台上，可望在检察机关、检察权或法律监督的价值上达成共识并促成价值偏好和选择上的趋同。倘出现这种景象，实乃是中国的法律监督机制乃至中国的法治建设的一大益事。

四　功能的意义和作为方法论的功能方法

法律监督对于与其联系或相关的事务具有什么样的意义？如果它对国家的政治法律制度真的不可缺少和重要的话，就必定要阐明法律监督的功能。除此实质性的意义之外，功能研究重要性以及在社会科学中经常被重视重复利用，使其又进而演化成为社会科学研究中经常被使用的重要方法之一。那么，功能本身的实质价值以及作为方法论的研究使用价值是否适用于中国的法律监督和检察权的学术研究？我们认为能。换句话说，在中国的检察理论中应当吸纳、利用功能的意义以及作为基本的研究方法之一；我们甚至认为，目前中国检察理论研究和实际制度运作中所遭遇到的一些瓶颈和困境，或许就与以往和目前的学术研究中这种功能的意义以及功能方法论的缺失有相当的关系。这一节，我们尝试对此进行创新性和开拓性的研究。

（一）功能的意义

按照《现代汉语词典》的解释，"功能"是指"事物或方法所发挥的有利的作用"，也等同于"效能"。在现代汉语中同时还有"职能"一词，按照《现代汉语词典》的解释，意为"人、事物、机构应有的作用；也等同于'功能'"。这就是说，在汉语语境中，"功能"与"职能"两词的词义基本相同，且经常被互换使用。不过，仔细分析之下，"职能"具有通过机构或公职人员"职权"所发挥的效能的意蕴，在这种情境下，特别是在政治、法律情境下，通常用"职能"而不用"功能"来表达效能的意义。不过，在通常情况下，人们通常不在意是用"功能"还是"职能"来表达"效能"的意思。

政治、法律学术上所常见的"功能"和"职能"都是从英文 function 一词翻译过来的。由于西方特有的文化和社会背景，特别是近代以后先进的科学技术在世界范围内的率先发展，打破了以前在神启宇宙观和世界观指导下的观察和认识各种自然现象和社会事务的神圣性、封闭性和被动性。人们开始以全新的科学视角重新看待和认识各种自然现象和社会事务；又由于西方人精细入微的分解思维模式的导引，就使对包括各种自然现象和社会事务的功能分析成为人们观察和认识事物（务）的重要途径之一。记得在中国20世纪60年代一部国产电影中，由老一辈的电影艺术家葛存壮扮演的一位农学院老教授在课堂上竟郑重其事地讲述"马尾巴的功能"，此话一出口，不仅引来听课学生们的嘲笑，观众也大多报以会心的嘲笑，以为这位老夫子真是迂腐和脱离实用的教条主义的典型。电影编导者们的此种立意无非是要喻讽西式教育方式的脱离实际的"弊病"，但无意间却道出了西方人在从事科学技术方面的特定的分解思维定式。站在西方人的立场上看，马作为一种动物是由各种肢体和器官构成的统一生物有机体，每种肢体和器官各都有其功能，马尾巴也不例外；马身上的每种肢体和器官各自的功能，从局部来说是独立的，各自不同，然而相互之间又有联系且相互影响，每种肢体和器官又以各种不同的方式影响相邻的或不相邻的其他肢体和器官；此外，马身上的每种肢体和器官共同合力形成马作为一种大型动物的总体功能，缺少其中的一种功能，马的总体功能就会受到影响，甚至丧失。例如在马的尾巴的多种功能中，对于高速奔跑中的马身体保持平衡来说，是至关重要的功能。世界上没有任何一匹没有尾巴或尾巴不健全的马，会被人们选做优良的赛马或以前的军马。除了马以外，现存的大型猫科动物如老虎、狮子、花豹等，也都具有强壮的尾巴，而这些尾巴对这些大型动物的生存，也同样发挥重要的功能。此外，还应当提及的是，从空气动力学的意义上来说，在众多的飞机上装有各种不同形态的尾舵以保持飞机在飞行中的平衡和稳定状态，恐怕直接或间接地受到过上述动物尾巴功能的启发或影响。由此可见，西方人书卷气十足地在研究和传播"马尾巴的功能"，其实是有重要的科学理念与元素的内在原因的，嘲讽这样的研究和传授，其实是内心缺乏科学精神和态度的浅薄显现。

在自然科学中如此，在西方的社会科学研究中，功能的理论也伴随着社会科学的深入研究而得到不断的充实。应当承认，西方近代社会科学发展史上，先后出现理性论唯心主义、历史主义、功利主义、社会进化论和有机论、结构论、实证主义等理念与方法，在社会科学的发展中都在不同的层面和程度上发挥了一定的或很大的作用。但也无须讳言，这些理念与方法也都有其各自的局限性，正是为了弥补以上这些理念与方法的不足，功能论才得以发展并逐渐成熟起来。而成熟起来的功能论又逐渐演化成为专门的研究方法，称为功能主义的研究方法，而功能与结构的交融又发展成为新的"结构—功能"的研究方法。

用在法律科学上的"功能"或"职能"一词，至少在西欧，通常是指分配给某个人或机构的职责或活动范围，或是具体的工作或任务。此外，有时也会被用来指更一般意义上的"重要性"。

在社会学和政治学里，人们对"功能"或"职能"一词通常有两种理解。

一是用来指某种现象对其作为组成部分的总体现象所产生的全部结果或影响。在这个意义上，我们可以说某一国家机构对于法律秩序、政治制度或政治发展的特定机构功能，例如法律监督机构的功能，等等。这就是说，如果不表明被研究的机构的功能范围，就不能真正使用某机构功能这个术语。在这一方面，"功能"或"职能"还有两方面的含义。

首先，是指"功能"或"职能"存在的方式，即"明显的"还是"暗含的"。明显的"功能"或"职能"是可以看得出来的，显现于外的。而暗含的"功能"或"职能"则是隐藏在其后的。它可能是无意识的影响，或者是令人回想起来首先注意到的影响。不过，这两种影响的存在方式并不总是容易分辨清楚的。无论是明显的还是暗含的，都是人们在关注"功能"或"职能"的影响时，应当和必须加以关注的。例如，我们眼下在研究法律监督的"功能"或"职能"时，就应当关注事实上同时存在的其对国家的法律制度和宪政体制所具有的明显的影响和暗含的影响。

其次，是指"功能"或"职能"的效力结果的显现方式，即"正功能"，还是"负功能"抑或是"无功能"。"正功能"当然是对现存总体制的积极影响，正功能的效力发挥得越大，越有利于保护、支持和协调现存的总体制。"负功能"当然是指对现存体制的消极影响，不消除这种"负功能"，就会扰乱现存的体制。"无功能"则是指既不支持也不扰乱现存的体制。在我们现在研究的法律监督的功能或职能时，如何更好地发挥法律监督对国家的司法制度乃至国家宪政体制的"正功能"，避免"负功能"和"无功能"，都是必须关注的一个重要方面。

二是用来指"功能"类似于数学上的从变量。我们可以认为"甲"现象是"乙"现象的功能，这意味着，如"乙"发生了变化，则"甲"就要相应的发生变化。不过，这种单向的"功能"或"职能"很少在实际中出现。在实际上，发生的"功能"或"职能"的影响常常是相互的，或是互相从属的。"甲"现象和"乙"现象在相互从属的情况下，其中一个发生了变化，就要影响到另一个。例如，在我们现在所研究的法律监督的功能中，就存在国家检察机关、审判机关和公安侦查机关之间的相互依存关系，其中任何一个机关发生了变化，都会影响其他两个机关的功能。那些主张取消人民检察院的主张之所以被认为是不可接受的，其根本原因之一，或许就在于中国现行宪政体制中三机关的相互依从性是不可拆解开来的。我们认为，笔者在下面即将进行的法律监督功能的探讨和研究，将是坚持和完善法律监督制度提供强有力的理论和方法论方面的支持。

总之，功能在研究客观世界——无论是自然世界和社会世界——中，是重要的认识论。在中国法律监督的理论与实践的研究中，重视引用功能论，当会取得其他的认识论所难以取得的效果。

（二）作为方法论的功能方法

如前所述，方法论是关于方法的学说，方法在其最一般的意义上被称为解决某种任务或某种问题的方式。由于功能论在认识论中的重要地位和作用，在当代特别是西方的社会科学中，包括社会学、文化学、社会或文化人类学、政治学、宪法学等学科，越来越重视和广泛地运用功能论来研究各种社会现象。被广泛运用的结果，功能论便逐渐演化成为方法论，并公认是研究社会现象的一个重要的科学方法。在有些学科，例如在文化或社会人类学中，功能的研究方法已被一些学者打造成为有影响的一个学派。[①]

功能的方法在中国的法律监督理论中也得到一定范围的应用，并且取得了一定的成果。关于这方面的论述已经在第一节中作出，兹不重述。

五　法律监督的积极价值

既然在价值哲学的范畴上，价值有积极与消极或正与负的分野。基于我们的立场，当然应该尽可能地发现检察机关、检察权或法律监督的积极的或正面的价值。社会科学中的所谓价值，绝不像经济学中的积极价值那样可以计量出来，并直白地呈现在客观事务的价签上，而是通常蕴含在客观事务的背面，是需要观察者通过精细的考察、分析才能发现出来的。从这个意义上来说，发现社会事务的价值是需要人们知识为基础，或许其本身就构成了一

[①] 参见［日］绫部恒雄《文化人类学的十五种理论》，中国社会科学院日本研究所社会文化室译，国际文化出版公司1988年版。另参见黄淑娉、龚佩华《文化人类学理论方法研究》，广东高等教育出版社2004年版。

种智慧性的"艺术"。

我们尝试对法律监督的价值蕴含作如下的发现。

（一）统一和整合法律运作体系——统合价值

从广义的法律自身的运作来说，基本上包含着立法、执法、司法、守法等要素，并使之成为结构性的监督环节，即法学上最基本的立法权、执法权、司法权及其各自权能组织和实施的立法机关、执行机关和司法机关；守法不是一种权能，也没有设立一个独立的机关，而是通过上述三类法律权能活动，以及由国家设立的权利义务体系和社会伦理道德体系来贯彻和实现的。无论如何，从终极的意义上来说，法律从制定到实施以及守法的全部运作过程，是一个由多个固态的"连接链"组成的机关环节依次相连，并在动态的流程中循序而次递运行而实现的。这其中每一个法律环节和流程都不可或缺，缺失了，法律的建制和运作流程就会断裂，法律的功能就无法实现。由此可见，上述每一个法律制度环节在整个法律的大家庭中都设定成为一个特殊的角色，并承担相应的职责。每个机关尽管是独立的，有着各自不同的合法来源，但谁都通过担当的角色功能，并齐心协力，最终为整个法律大家庭的紧密关系和协作作出贡献。

国家检察机关就是基于上述法律理念而设计和建构起来的。它的建制的意义，或者说它存在的最高价值，不仅在于它是法律设置中一个不可或缺的环节，其重要性和价值更在于它使法律运作成为一个贯通和流动的过程。它的这种价值我们可以称之为统合价值。这种价值是通过赋予国家检察机关一系列的职能实现的。具体来说，检察机关通过监督对违法犯罪行为和嫌疑人的侦查活动，以及亲自参与对职务犯罪的侦查活动，通过提起公诉和出庭支持公诉，通过对法院审判活动以及审判后执行的监督活动，使国家的侦查机关、审判机关和执行机关连接成为一个整体，构成对打击犯罪，维护国家法制和尊严，保护当事人权益的一个连续不断的流程。应该说，将各个司法机关统合起来并协力运作，这是检察机关和检察权最重要的价值之一。

（二）调处各司法机关及各自职权的相互关系——协调价值

与上述检察机关及检察权在国家法律体系的建制和运作中体现的统合价值不同，这里的协调价值主要体现在司法机关的职权，确切地说，在侦查机关侦查权和审判机关的审判权的调处方面。为了实现法律正义的终极价值，在近现代国家一改以往前近代国家的侦、诉、审一体的司法体制，而形成侦诉分离、诉审分离、侦审分离的分权体制，国家分别设立侦查机关、公诉机关和审判机关，各自担负法定职权，互不统属，互不干涉。但司法运作又势必要求要将犯罪侦查的结果付诸审判，而审判机关也只能在不告不理的司法理念下被动接受诉案。然而侦查与审判各自独立和相互分离的关系，使侦查的结果不能作为案件提交法院审判，而检察机关就在其中发挥了重要的桥梁和纽带作用，它通过行使国家的公诉权，以国家的名义将侦查机关的犯罪侦查结果进行审查，认为构成犯罪的，便以国家的名义提起公诉，并通过出庭支持公诉，或委托公诉性律师将犯罪嫌疑人交付国家审判机关作出有罪或无罪的终局判断。国家检察机关在这中间绝不是仅仅起到一个中转作用，而是在侦查活动和审判活动中，对这两个机关的职权活动进行必要的协调，使之既符合法律规范，又能实现法律的正义价值。由此可见，检察机关和检察权的这种协调作用，也是其价值的一个重要体现。

（三）防止和纠正侦、审机关的越权或滥权的行使——制约（匡正）价值

从检察机关和检察权的最初发生学的意义上来说，主要在西欧的中世纪后期和近代国家的前期的各国，特别是德国，曾广泛盛行"警察国"的治国理念与体制。当时的国家以维护公共利益的名义，赋予警察广泛而又很大的权能。警察的权能由于得不到有力的约束和钳制，因此而往往坐大，甚至滥施警察权，有时竟到不惜动用警察权干预民众的轻微的违法行为，学术界曾将此种情景比喻成"警察用大炮打苍蝇"。民众由于不堪其扰，故强烈要求转变治国观念和体制，于是"法治国"的治国理念和体制应运而生。法治国的要求是国家的一切社会和政治等事务，均由法律制度加以规范并以国家强制力要求全社会和包括警察在内的国家公务人员及其机关加以恪守，不得违反。检察权的设立及检察机关的建立，就是在这样的大背景下，为了转变"警察国"的治国理念与体制而重新设计和建构出来的国家法律制度。它的基本功能是要改变侦诉一体的体制，对警察的犯罪侦察权建构第一道防火墙，以防止警察权的越权形式和滥权行为，使广大民众免遭警察的专横对待和滥施惩罚。

而与此同时，在那个时代广泛实行的法院审判的"纠问制"，则使法院和法官在审判阶段深深介入对犯罪的调查、讯问、事实认定和法律适用的各个环节中去。这种混杂和广泛的权能，势必又在事实上形成法院和法官坐大的情景。法院和法官凭借其权势和威严，特别容易形成对犯罪嫌疑的诱导、误导，从而达到其强行成案并加以判罪的目的。这种"纠问制"不仅往往造成

对成案枉法判决的冤、假、错判的个案，而且从总体上使司法判决长期背负了司法不公、司法专横的恶名，从而严重损害了司法公正和司法作为民众排难止争的居间公正人的信誉。为了改变这种状况，便设计和建构了检察权或专职人员，实行诉审分离制，只允许法院和法官在辩控双方处于居间地位，以公正人的身份依据事实和法律作出判断，这种判断由于是基于认定的法律事实和适用适当的法律而纯粹变成一种知识上的"艺术"，从而使法院和法官从辩诉双方的法益中超脱出来，这被认为是近现代司法中一个极其重要的理念与机制。从这个意义上来说，检察权和检察机关或人员的设计与建制，通过使诉审实行彻底分离，其本身就蕴含着对审判人员和机关的制约或匡正价值。这种价值至今仍是社会追求正义，寻求司法公正的一个极其重要的价值诉求。

（四）对社会行为和国家公职行为进行有国家强制力的监督——反腐和清政价值

从最广泛的腐败意义上来说，社会成员的违法犯罪行为也是社会的一种腐败现象，被确认的犯罪人员也是社会的腐败分子。这不难理解，一切反社会的违法犯罪人员都是社会轻重程度不同的败类，而其违法犯罪行为也或轻或重地危害社会健康的肌体。而检察机关或检察人员以其国家赋予的特定职务行为，将违法犯罪中的较严重的犯罪嫌疑人以国家的名义交付国家审判机关加以审判，对其中确有较严重犯罪情节的人员实行法律制裁，这其中自然也蕴含了反腐的价值。

不过，今人的反腐概念还是主要用于国家公职人员的贪腐犯罪行为上。一系列国际反腐公约和国家反腐法律都是在这个意义上适用这个概念的。在当前的世界上，反腐败已经成为世界上许多国家的共同的热点话题。中国的反腐败的形势在当前尤其显得突出，反腐败的任务也格外艰巨。当然，反腐败是全体国家机关和广大民众共同的目标和职任。但是在国家机关中，只有检察机关和人员能以国家的名义对公职人员的贪腐行为进行侦查和起诉，将他们中的确实犯罪者绳之以法。在当前这个的反腐败斗争中，国家检察机关和检察人员尤其占有重要的地位，并发挥了主力军的作用。一大批从中央到地方的贪腐国家公职人员纷纷摔下马来，受到了应有的法律制裁，从而较好地体现了社会和国家反腐败、清明政治的价值。

（五）恪守法定职权主义而疏离社会利益纷争——社会和政治注意力的转移价值

检察机关和审判机关在政治制度的设计和建构的背后，就蕴含了这种价值。其理念与制度的基本出发点是：在一个社会和国家中，最理想的状态莫过于在社会公正和正义的平台上，调适好各种不同阶层、集团和社会成员之间的利益关系，使全社会处于一个安详、和谐的状态；与此同时，政治上公仆与主人的民主关系明确、政治清明、官员廉洁守责，也是政治和谐和政治得到支持、拥护必不可少的前提。然而，这毕竟是一个理想的状态和应该努力进取的目标，事实上难以完全实现。社会是由人组成的，在任何时代和任何国家，由于人性所决定，反社会的成员和反社会的行为包括违法犯罪行为总是存在的，并不以人们的意志和愿望而有所改变；与此同时，切实利益的诱惑和冲动，各阶层、各社会团体、各种行业特别是经济组织之间的利益纷争也难以禁止，甚至在中国目前通过各种行政垄断而获取超额利润的现象，尽管常遭诟病、指责不断，但迄无明显的改变，因为隐藏在这些垄断现象背后的利益关系，由于人性的弱点而难以斩断。面对这种状况，公众对社会和国家的管理者和主导者，难免存在个人的抱怨、对社会的不满甚至政治上的反抗等现象。我们通常把这些现象称之为不和谐的或影响安定团结的因素，将有关的反抗事件称之为"群体事件"。在中国当前的社会和政治环境下，社会和国家的管理者和主导者从社会和国家的根本利益和长远利益出发，做了大量化解工作，建构了一大批解决社会和政治纠纷的机制。但是，国家检察机关和司法机关在这方面所应发挥的调节纠纷作用还没有受到应有的重视。

检察机关和审判机关在这方面的价值是在如下的政治设计中体现出来的。首先，检察机关和审判机关可以用自己的职务行为、人民检察院和人民法院组织法上规定的法制宣传职能，以及近些年来强调建立和健全起来的信访、人访接待制度，人民检察员制度等组织和形式，将公众中的个人抱怨、社会不满、政治上的怨愤，最大限度地吸引到国家法制的轨道上来，通过国家法制行为加以化解，从而最大限度地减轻社会和国家政权的压力。其次，国家法律监督和司法判决当然以追求法律的公正为最高目标和己任。做得好，公众将赞美和拥护投以国家，因为检察机关和审判机关都是国家机器的一个组成部分，国家的信誉和政治信赖度会因为司法机关的公正司法行为而受益；即使司法机关由于种种原因没有做到或不被认为做到司法公正，引起了公众的抱怨和不满，也会集中在司法环节，从而起到转移公正社会和政治怨恨的效果。毕竟国家的司法机关是国家机器中的一个环节和局部，以一个环节和局部的信誉"损失"换取国家政治整体信誉的保全，在价值上还是可欲的。更何况，国家司法机关的信誉"损失"通常都是暂时的和分散在个案之上的，只要把持住总体上公正和廉洁，通过对个案的纠偏或纠错机制的调整，这些局部的损失也还是容易挽回的。

中国司法机关特别是检察机关的这种转移社会和政治不满和怨恨的价值还没有得到充分的认识，更没有被有意识地开发和利用，甚至在学术界也很少论及。① 对这种价值的认知和利用，无疑也是高度政治组织和政治"艺术"的体现。

（六）检察职权的优化配置和各种职能的一体行使——功利价值

在西方国家的宪政体制中，由于国家权力配置上的分权和制衡观念所指导，形成了以审判机关为主导的司法体制，由于法律监督的基本职能和任务已经在宪法监督体制中得到了根本的解决，所以无须在法律运行环节另建法律监督机制。从中国的法制的语境上看，西方国家的法律监督职能早已弱化到可以不必建制的程度，而公诉的职能甚至可以在国家行政机关或司法机关内附设行政性的公诉官员行使即可，而对职务犯罪的侦查和审查，也可以由国家专设的反贪机关和行政监察专员或督察专员来承担。这种职权上的分散设计和其他国家机关或人员的建制，实际上替代了中国式的检察机关和检察权的职能。但这并不是说，在西方国家的宪政体制上，就根本不需要诸如中国式的检察职能，只不过是被其他国家机关替代行使了。从国家权力配置的机理上说，任何国家都有设置法律检察权这种内在的需要，无一例外。当前在一些西方国家，特别是欧洲一些国家，已经和正在趋向建立独立的国家机关，并实行上命下从的一体检察体制，正是这种内在需要在权力体制建制这种最新法制趋势的体现。即使在美国那样的普通法系的国家，仍然没有实行检察机关独立建制，在从尼克松总统到克林顿总统的任内长达20多年的"特别检察官"制度，也是这种内在需要在国家宪政体制中的体现。而其在布什总统任内被取消，也并不是由于这种制度本身不具有合法性和合理性，而是因为其特别检察官的职权缺乏必要的法律规范而难以约束，以及开支过大等因素造成的。

---

① 笔者在拙著《宪法监督司法化》中有所论及，请参阅该书，北京大学出版社2004年版，第419页。

反观中国的宪政体制，由于缺乏西方国家那种分权与制衡理念以及宪政体制基础，由检察机关和检察权行使的法律监督的职权就成为必需而且无可替代，否则国家的权力链特别是司法运作中的关系链就会断裂。换句话说，如果国家不独立设置一个检察机关以行使法律监督等职权，包括司法权力在内的国家宪政体制就不是完整的，统一的国家权力当然也不可能在断裂的权力链上顺畅行使。当然，如果我们只从完整的宪政体制上的必要性来理解检察权和检察机关的设置，还是不够的。中国检察机关独立建制的优越性，就在于将西方国家的分散的检察权由各个国家机关行使的模式改变为由统一、独立的检察机关统一行使各个分散检察职权，特别是法律监督权。基于这样的体认，中国的检察制度不仅在权力的配置和行使上体现集中、统一的优化原则，而且在减少国家权力机关设置层次，节约建制财政和人力成本上，都体现最大化的功利价值。

（七）检察权的上命下从的领导与管理体制与运行——效率原则

在中国的检察体制中，最具特色的制度与活动方式，当属上命下从的领导与管理体制与运行方式。这种体制与运行方式不仅为西方国家所没有，即使在中国的其他国家的建制中也是独一无二的。这种体制与运行方式的设计，从根本上是源于国家法制统一行使的考量。在中国的立法上，传统上被认为是统治阶级意志的体现，是统治阶级手中压迫和镇压敌对阶级的工具，所以认为立法不能够也不应该体现阶级平等的原则；而在法律制定出来以后，在法律的适用上则必须统一，以事实为根据，以法律为准绳，在法律面前，人人平等。检察权的行使，即法律监督的法制环节，既然被设定在法律适用上，而不是立法的环节上，那么，为了实现国家法制适用的统一和实现法律面前，人人平等的法制目标，所以设置了这种上命下从的领导与管理体制。这种体制设立的背后，还是基于这样的一种假设前提，即上级人民检察院特别是最高人民检察院在法律的理解和掌握上更能做到准确和总揽全局，不容易出现太大的偏差；特别是上级人民检察院和最高人民检察院在部门利益特别是在地方利益上比较超脱，更容易把握法律适用和理解、司法解释的尺度。这样的法律理念以及设计实行的检察制度及其运行方式，较之分散型的或层阶型的领导与管理体制来说，更应当体现效率的价值，从而避免了在法律适用上由于不同规格和层阶的检察机关各自掌握尺度上难于统一而可能造成的迟滞或龃龉。

或曰，同为国家司法机关的人民法院，为何不实行上命下从的领导和管理体制？其基本原因，就是检察和审判的性质的不同，前者是以法律为统一的尺度加以适用，务使适用者免受不一样标准的待遇，而审判则是法官基于学识和经验对法律予以创造性的适用，而创造是法官个人的主观判断而实现的，故对创造性的法官主观意识活动，不能实行上命下从。当前的问题是，在审判的环节上，法官创造性的判断能力被越来越严重的行政化的上命下从的趋势所遏止。这种状况是违背审判的法理的，应当予以严肃的对待并切实地加以改革。不过，这已经是题外话了。

（八）便利吸纳公众参与——亲民价值

在中国的检察制度中，设立了多种机制以吸纳公众对法律监督的参与。

首先，按照人民检察院组织法的规定，各级各类人民检察院有通过自己的检察活动，向广大人民群众进行法制的宣传教育的职责。在讨论人民检察院组织法的修改期间，有学者提出要在组织法中取消这一规定，这是不正确的。在人民检察院组织法和人民法院组织法中继续保留这项职权，是很必要的，这体现了社会主义法制的特色，人民检察院最大限度地亲近民众，向他们进行国家的法制的宣传教育。

其次，现在在全国的检察系统中普遍设立的人民监督员制度，至少在公职行为的法律监督环节上能够反映民意，是一个有成效的亲近民众的制度形式。

再次，各级人民检察机关设立并不断改进的信访和接访制度、检察长接待日制度，也能在一定的程度上直接接近民众，听取他们的冤情申诉和抱怨，切实解决他们中的一些人或案件的具体问题。实践证明，这也是一种接近民众的有成效的制度和途径，应大力坚持下去，以更好地体现人民检察机关便利吸纳公众参与的亲民价值。

又次，就是建立和实行的公众参与反腐败的举报制度。

中国现时还没有建立政府督察专员制度，检察机关自行收集线索，主动实施检察职能的行为，虽然见诸报道，但肯定不会有多。现时中国贪官的纷纷落马，80%的举报线索都是来自民众的检举。现时检察机关正在健全公众举报制度，这是强化法律监督的重要举措，也是更好地体现亲民价值的一个重要方面。

此外，检察机关的亲民价值还体现在尝试对民事、行政案件的以抗诉形式实现的审判监督和判决的执行监督，这些监督是内含在法律监督的职能上的，是人民检察院应当担负而由于种种的原因而没有担负的职责，倘能坚持和推广开来，不仅具有重要的健全法律监督的意义，而且更能体现检察机关的亲民价值。

最后，但绝不是最不重要的，就是有些不同级别的各级人民检察院曾尝试主动发起和承担的公益诉讼责任。为了局部和广大的公众利益，由检察机关发起诉讼，更容易被国家司法权能，特别是国家审判机关所接受和支持，也就更能使公众的切身利益得到保护。这也是检察机关亲民价值的更好体现。对于这种亲民的机理与制度应当加以深入的研究。

（九）法律监督承担部分的宪法监督的职能——替代价值

中国的现行宪法上明文规定了全国人大和全国人大常委会作为宪法实施的监督机关，这就在宪政体制上确立了国家宪法监督制度。尽管如此，在违宪审查的意义上，中国宪法监督制度只有其名，并无其实。迄今为止，全国人大和全国人大常委会从未作出任何有关的违宪审查和判断。这种状况的形成，原因当然是多样的。其中的一个原因，就是因为有国家检察权和检察机关的存在，把在法律运行过程中存在某些局部的监督问题在法律监督的体制内化解了，从而从局部在事实上替代了国家宪法监督的部分职能。中国的宪法监督制度之所以长期得不到重视和完善，部分原因可能就是检察机关在法律监督的范围内卓有成效地履行了自己的职能。国家检察机关这种宪政地位和作用，体现的正是国家宪法监督体制的部分或局部的替代价值。

通过以上或许并不全面的介绍和分析，法律监督的价值蕴含是多元的、丰富的。价值尽管生于人们的主观意识、认定、判断和理想追求，但一旦被公众所意识，形成某种价值意识模式，便会不依任何个人的意志和偏好所转移，价值也变成为一种定式，主观也就具有客观的性质。上述列举的各种价值蕴含，就已经形成了社会的价值认定和共同的社会价值心理基础。当然，人们也许能够列举出中国检察制度的某些负面价值，主张取消检察制度的学者正是这样做的。不过，只要通过积极和消极或正面与负面的价值衡量，孰高孰低、孰大孰小，当不难发现。

六 法律监督的积极功能（职能）

在采取取消人民检察院建制的一派学术意见中，论者所立足的理论基点，从功能的意义上来说，恐怕过分重视了作为法律监督机关的人民检察院的负功能，即消极的功能，或者是无功能。既然认为人民检察院的建制在功能上是消极的或者是不存在的，那么，其逻辑的结果自然就是改制，以致最终要取消人民检察院的建制。而我们是站在与前述一派学术意见相反的立场，我们认为，作为国家法律监督机关的人民检察院建制之所以是必要的和重要的，从功能的意义上来说，正是客观地分析人民检察院建制的功能，即积极功能后得出的结论。具体说来，作为国家法律监督机关的人民检察院的积极功能，或简称法律监督的积极功能有如下一些。

（一）合法性功能

从最一般的宪政和法治的意义上来说，国家的全部公权力行使以及国家和社会上一些最重大的行为，特别是有关政治和法律事务的行为，都必须依法而行。在一个宪政和法治国家中，为各种国家和社会行为确定法律规范是最重要的政务和法务。这些都是合法性的基本要义。

本质说来，"合法性"具有普适性。这就是说，就人们最重要的社会行为，特别是政治行为来说，不论是作为公民的个人，还是作为国家和社会的管理者或统治者的公权力掌握者和行使者，都在宪治和法治之下，都有一个合法性问题。是否合法是判断国家和社会行为是否正当和被允许的首要标准。

作为法律监督机关的人民检察院，其最基本和重要的功能就在于它为国家和社会行为的合法性提供了根本性的法制和运作的保障。这种合法性的功能主要体现在三个方面：

1. 体现在为各种司法机关的司法活动提供合法性保障和监督

与检察机关密切相关的两个司法机关，一是人民法院，二是公安刑事侦查机关。在上述宪政和法治的语境下，人民法院和公安刑事侦查机关都必须依法办事，即审判活动要合法，侦查活动要合法。但审判和侦查活动是否合法，并不是由这两个机关自我认定的事。是否合法，在很大的程度上要取决于检察机关的认定。检察机关通过对法院审判过程和结果的监督，对于法院审判的合法性作出决断，如发现有违法的实质和程序情事，即以其法律赋予它的职权进行抗诉，从而有效地纠正法院审判中可能存在的不合法行为。对于公安刑事侦查机关来说，则主要是通过依法审查侦查的结果，以及侦查行为本身是否合法作出判断。如检察机关认为侦查活动及其结果有不合法情形，则通过依法要求重新或补充侦查，纠举违法侦查行为加以纠正。由此可见，检察机关在审判机关和刑事侦查机关之间的设置，从功能的意义上来说，绝不仅仅是起着如桥梁一样的交通作用，而是对两机关行使的公权力提供根本性的合法保障。从一定的意义上来说，检察机关的建制在近代的出现以及存在至今，这一事实本身就是以确保审判机关和警察机关的合法性为最初的动因和根据的。法律史表明，在国家的检察机关设置之前，这两个司法机关都曾大量地存在过法官的司法专断和警察的执法专横等违背法治精神的现象。终极说来，如果没有对这两个机关的合法性的强烈诉求，当今遍布世界各国的检察机关或许根本就不会产生和存在。

还应当指出，检察机关对审判机关和刑事侦查机关的合法性保障和监督既体现在法律的实质规范内容上，也体现在法律规定的程序上。特别是在当代，当"程序正义"的价值被极大地提升之后，保障和监督在审判和侦查程序中的合法性提出了更高的要求。正是在这一背景下，世界上许多国家的检察机关的建制和功能受到前所未有的重视，一些原来没有设置独立的检察机关的国家，也相继实行改制，先后建立起机构单设、职权独立的检察机关。

2. 体现在对国家公职人员的职务行为提供合法性的保障和监督

国家公职人员是国家公权力的实际掌握者和执行者。依照人民主权和民主的原则，国家的公职人员只不过是被选举出来或任命下来的为人民办事和服务的人员，即我们通常所表述的是"人民的公仆"。"公仆"的理念就内在必然地意味着，国家公职人员自身不存在任何身份上的特权。不仅不具有特权，而且为了使他们更好地履行公职，除了要求他们严格依法办事之外，还要在个人的品质要求他们必须和应当具有高尚的个人修养和公共美德，以保证他们以公正之心忠实地履行法定的职权。然而，人类都有与生俱来的自私自利之心和永无休止的名利欲望这些人性的弱点。这些弱点常常驱使一些（尽管是少数）国家公职人员忘记自身的"公仆"身份，而将自己手中掌握的公共权力变成为个人、家庭和小利益集团谋求私利的资源。这就是为什么当前世界各国依然存在着程度不同的公职人员的贪腐现象的人性根源。国家一日不灭，公职人员的贪腐行为就难以根除，反腐败也就一日不能休止。在当今的国家和国际社会中，反腐败已经成为全世界许多国家和全人类必须共同面对的重大政治、法律课题。在这场还远远望不到尽头的反腐败斗争中，国家检察机关的设置就被赋予重要的反腐败职权。通过检察机关纠举、侦查公职人员的贪腐和其他的违法犯罪行为，以保障国家公职人员队伍的纯洁性和公正廉洁，从而不断保持和提高国家公共机关和公权力行使的公信力。中国的检察院同世界上其他许多国家的检察机构一样，在这方面的功能越来越受重视，其中检察机关对公职人员的贪腐和其他违法犯罪的职务行为直接侦查权，并配备相应的装备、技术手段，就是这种重视的一个明显表现。事实上已经证明，检察机关不仅有资格，而且有能力完成这项合法性保障和监督的功能。

3. 体现在对公民、法人和社会团体、组织的私人和集体行为提供合法性保障和监督

检察机关在这方面的功能，主要是通过其职务行为实现的。在中国目前的法律体制中，这种功能尤其得到了重视和发挥。刑事诉讼法等法律规定，人民检察院负责审查刑事侦查机关对公民等违法犯罪行为侦查的结论、批准逮捕还是不逮捕，决定是否向人民法院提起公诉，还以国家的名义出庭支持公诉，还对审判过程和结果实行监督，并在判决后的执行各环节进行监督，所有这一切的职权行为，一方面保障没有违法犯罪的公民，或者虽有轻微违法犯罪行为依法能够免于刑罚的公民个人、法人和团体等行为依法受到保护；而另一方面，又使那些确实触犯了刑法，并依法应当受到惩罚的公民个人、法人和团体承担相应的刑事法律责任。从消极的方面来说，惩罚犯罪也是保障社会基本民众在总体上保持社会行为合法性的一个重要方面。目前中国的各级人民检察院最大量、最繁重的职务行为就是集中在这个方面。事实证明，中国的人民检察院在这方面的合法性保障和监督功能得到了显著的发挥，在维护国家法制的统一、尊严、法律秩序的安定等方面的作用自然也得到了凸显。

（二）合理性功能

在法律和法律思想史中，关于法与社会、法与正义、法与社会习俗或习惯、法与历史、法与人情、法与情理、法与理性等的关系，从来都是交织在一起的，为此还产生了许多的法学流派。本来，法律如按纯粹法学派的理解，只可从法律规范的自身中求得其意解，无须求助于其他社会规范。然而，法律实际上很难与其他的社会关系截然分开。事实上，法律本身就是各种社会关系综合作用的产物，它本身就是构成复杂社会关系的一个必要组成部分，并在获得稳固的社会地位以后，继续保持与其他社会关系和社会规范的千丝万缕的联系。其中，法律合理性的理念与实践就是从法律与其他社会关系和社会规范的相互关系中衍生出来的。

以往，人们通过新闻报道和影视等传播媒介逐渐形成了对检察机关和出庭支持公诉的检察官留下了过于严厉乃至刻薄的印象，在许多庭审情景中，无论刑事犯罪嫌疑人及其辩护律师如何申辩自己无罪，甚至人民法院也判决无罪，而检察官却坚称被告有罪并要求人民法院予以从严判处其刑罚。我们如何看待这种现象？首先必须肯定，检察院和检察官在考量刑事犯罪情节时，

必须坚持国家法制统一的标准，任何人在法律面前一律平等，犯罪的法律标准不因任何个人的特殊情况而予以改变或超越。表面看来，检察院和检察官似乎缺少人情味，但这是检察院的职权性质所决定的，必须予以坚持。

然而，从另一方面看，在法律的合理性的原则下，作为重要的国家司法机关——人民检察院也不应当是个例外。换句话说，人民检察院和检察官在体现法律的合理性方面也是应当而且有所作为的。人民检察院在执行法律监督职务中，不仅要关注对严重的刑事犯罪者予以严厉的惩罚，而且也要关注对情有可原的犯罪者予以法律允许范围内的轻缓处罚或免于处罚。尽可能地避免罚不当罪的现象发生。从一定的意义上来说，当前国家司法机关执行的刑罚轻缓化、宽严相济的刑事政策，本质上也可以认为是法律合理性原则的一种体现。值得欣慰的是，根据报道，现在一些人民检察院对于过于重罚的刑事判决相继提出抗诉，要求从轻改判。这种职务模式的转变，表明人民检察院对自身的职权功能的理解和体认越来越理性。人民检察院能自觉地坚持和体现法律的合理性原则，这无疑标志着国家的宪政和法治的巨大进步。

（三）规制功能

"规制"一词在汉语中并不常用，甚至在《现代汉语词典》中都没有列出"规制"的词条。不过，在近些年来的法学著述中，"规制"一词却越来越频繁地出现，其自身也成为多种法学学科的研究对象。我们猜想，这可能是从英文"regulation"一词直译过来的，"regulation"一词本身原有规则、规章；法规和管理；控制以及调整，调节；校准；稳定等含义，故始作俑者便简单地直译为"规制"，其结果却为法学术界所接受；于是约定俗成，乐为学者们所使用。

从最初的和最根本的意义上来说，法律职务是社会和国家控制、调节的规范体系。其产生和存在的根本意义，就在它对社会和国家具有规制的功能。作为国家法律监督的机关及其职权，既是国家宪政和法制总体系和公权力中的一个有机组成部分，又在其中发挥着不可或缺的规制功能。它的规制功能主要体现在两个方面。

一是在宪政和法制实体架构中的规制功能。法律常识告诉我们，任何真正意义上的社会和国家的实体架构都是一个复杂的体系，在宪法的总架构下，由各种不同类别的法律体系所构成，然而，从几何图形上看，这种架构体系是一个被西方法学界形象地比喻成"以宪法为山峰，以法律为峰谷"的立体架构。但这种架构并不意味着各种部分法律体系只是一个单向地服从宪法的关系。事实上，各个"峰谷"之间也是密切交织在一起的关系网，缺少了其中任何一个环节，该国的宪政和法制就不是完整的体系。而这种"峰谷"构成的法律关系网的整体性，又是由各个"峰谷"的功能实现和维系的。就法制"峰谷"的各个环节的功能来说，自然是各个不同的。立法机关有立法的功能，行政机关有行政执法的功能，审判机关当然有审判的功能，而检察机关的功能就是法律监督。终极说来，各种法律机关在功能上对其他的法律机关都有规制的作用，通过法律实体的规定，各环节的规制功能就从总体上确立和规范下来。在各种法律机关的功能中，检察机关的规制的范围最广，它的范围涵盖行政乃至全体国家公职人员的遵法、守法的行为准则；还涵盖国家审判活动的合法性监督，以及刑事侦查机关的侦查行为的监控。检察机关的这种规制功能是国家宪法和法律赋予的，是国家意志的体现，任何其他的法律机关都必须服从这种规制，以保证国家法制的统一地被遵守。

二是在法律执行环节特别是在刑事法律执行环节中的规制功能。这种规制功能是通过刑事审判的法定程序实现的。通过刑事诉讼法和检察机关的组织法等法律的规定，将刑事犯罪的侦查、逮捕、起诉、审判、监押和其他形式的执行方式确定下来。这一系列复杂的程序，如果站在法治之外的立场上看，也许或事实上是繁复的和代价高昂的，但从法律正义的立场上看，繁复的程序正是为了实现所谓的"程序正义"。为了实现这种程序正义，就要求程序的设计尽可能的合理和节约司法资源，这就要求必要的规制，不能随意而为。正是这一点，法治与人治从根本上区别开来了。在现代的法律程序中，检察机关的规制功能是独特的，是任何其他的法律机关所不能代替的，它的功能的发挥，就使法律特别是刑事法律的执行保持在稳定的、可预见的和可观察及监督的流程之内。

（四）疏通功能

检察机关的疏通功能与前述的规制功能有密切的联系。如果说规制的功能是静态的话，那么，疏通的功能则是动态的。疏通功能主要是在刑事法律执行的环节实现的。主要体现在两个方面。

一是就纯粹依法定程序进行的情况下，需要由检察机关在刑事侦查机关和审判机关以及执行机关之间架起疏通的桥梁。为了保证法律正义的实现和保障人权，刑事侦查机关和审判机关及执行机关的职权被严格区分开来。但在任何一个具体刑事案件的审判中，上述各个机关之间不仅不能相互隔离，而且还要保持密切的联系和流程的顺畅。这就需要在它们之间建立联系的桥梁和流通的渠道。在宪政和法治国家中，这种建造桥梁和流通渠道的疏通功能便为检察机关所专有。不难想见，如果没有这种疏通功能，无论是刑事侦查机关，还是审判机关，或是监狱等执行机关，它们的职权便无法行使，各自的功能也就无由实现。国家的法治也许又会倒退到以前司法黑暗和警察滥权的时代。

二是体现在法律流程特别是刑事审判流程中，复杂的案情和定罪量刑的人为因素的作用，往往使案件在刑事侦查、审判、执行的各个阶段的运行并不顺畅，发生阻滞的现象不可避免。一旦出现这种状况，就需要加以疏通。检察机关就是承担这一疏通功能的专门机关。检察机关这种疏通功能是通过其法定职权和职务行为实现的。检察机关一旦发现在法律流通特别是刑事法律流通环节出现阻滞状况，便通过法定的认可侦查、自己侦查、批捕、提起公诉、出庭支持公诉、发出检察建议书（现时中国制度）等职权行为加以疏通。在现时的法律生活中，检察机关的这种疏通功能不仅越显重要，而且频繁发挥作用。

（五）障碍功能

障碍功能与疏通功能好比一枚硬币的两面，只是发挥功能的角度不同。如果说，疏通功能主要是为了打通刑事侦查机关与刑事审判机关以及刑事法律执行机关之间联结的渠道，以保证刑事审判案件的顺利完成的话，那么，障碍功能主要发生在这种联结的渠道过于"顺畅"的状况下，因为过于"顺畅"不仅仅是因为各个司法机关工作努力，任务完成得到位；还有可能是因为没有尽到应尽的责任，该做的事没有做或没有做完、做好；更不待说，某些法的因素特别是司法人员贪腐等行为可能造成的伪造事实、枉法判决乃至制造冤假错案等情形。一旦出现或疑似出现这种状况，作为法律监督机关的检察院就可以利用自己职权所专属的障碍功能加以制止或纠正，直至对违法的司法人员予以法律责任上的追究。当然，检察机关的障碍功能也只能以法定专有的职权行为来实现，这也是法律监督合法性所必然要求的。在检察机关职权中要求侦查机关补充侦查、对法院判决的抗诉这些职权，就是为了实现这种障碍功能而设计的。

在中国的法学研究包括检察理论的研究中，对其所具有的独特障碍功能所知不多，研究更是不够。今后应大力加强这方面的研究，以引导检察机关和检察人员更自觉地发挥这种障碍功能。从一定的意义上来说，检验我们对检察机关的存在意义以及检察权的根本要义的理解和认识的深度，在很大程度上取决于我们对法律监督这种障碍功能理解和认识上的深浅。那些主张取消检察机关的学术意见，也可以说是对检察机关和检察权这种障碍功能缺乏基本体认的表现。

（六）救济功能

法律监督的救济功能，主要是基于对公民的权利和自由的保护而设计的。法律和法治的根本要义之一，就是"有权利，必有救济"；否则，权利就犹如一座撞不响的钟，没有实际存在的意义。然而，在当代人权昌明的时代，无论人们具有多么强烈的权利与自由的观念，也无论宪法和法律对公民的权利和自由规定得多么详备和周到，最终还要通过具体的和能够实际运行的法律制度和机制来加以保障和实现。当然，公民权利和自由的实现需要物质的和精神的基础，权利和自由的内容和实现的程度也与特定国家的特定时期的文明进步程度、生产力发展水平密切相关，这需要国家的建设和全社会的共同努力才能做到。但这属于公民权利和自由实现的积极因素，并不是我们这里研究的范围。我们这里讨论的法律监督的救济功能，毋宁说是从消极方面来实现公民权利和自由的保护的。救济从手段上来说，尽管可以认为是"消极的"，但从公民权利和自由的保护的立场上看，却具有积极的意义。

即使排除任何其他非法律的引述，将各个司法机关都平等地放在秉公执法的平台上考量，就以法院为例，总是百密一疏，不可能完全做到事实的认定和法律的适用百之百的正确。对于判决中出现的任何错误或失误，最终都要由案件当事人——无论是原告还是被告——承担权利或自由受到侵害的代价。当然，司法系统中无论是刑事侦查机关还是审判机关，本身都内在地存在纠偏和改正错误的机制。但一般说来这种机制由造成错误或偏差的机关自己主动启动，虽说应当可行，但实际上较为困难；事实上，更由于一些利益关系的阻碍很难实行。有鉴于此，同任何其他的纠错监督机制一样，系统或体制外的纠错机制就成为必要。检察机关在执行法律监督的职权中，就蕴含了这种纠错的机制。如果这种机制用在公民权利和自由受到侵害的情境中，实际上就可能导致受损的公民权利和自由得到法律救济的结果。中国的各级人民检察院在关注打击犯罪、维护国家法制统一和尊严的同时，也注重对公民权利和自由的保护，通过建议或经过抗诉，使一些受到损害的公民权利和自由得到救济。下面的两个案例就是证明：

案例一，《检察日报》2008年1月6日报道：罚金刑畸重，毫不含糊抗诉。经抗诉，江西萍乡一未成年人的罚金刑从2万元降到1000元。

[检察日报萍乡1月5日电]在大多数人印象中,检察机关对法院刑事判决的抗诉,基本上都是针对主刑判决不当提出的,但江西省萍乡市检察机关的做法却不限于此。日前,萍乡市安源区检察院对一起判处罚金刑畸重的抢劫案提出抗诉后,得到了萍乡市检察院的支持,最终维护了未成年被告人的合法权益。

　　2006年,刚满15周岁的小黎(化名)伙同他人抢劫2次,共抢得60元钱。2007年下半年,萍乡市安源区检察院依法以抢劫罪将小黎提起公诉。法院一审以抢劫罪判处小黎有期徒刑二年,并处罚金2万元。安源区检察院审查认为,一审判决认定事实准确,但对小黎并处罚金2万元属量刑畸重。根据我国《刑法》和最高人民法院《关于审理未成年人刑事案件具体应用法律若干问题的解释》的有关规定,对未成年人犯罪要从轻或减轻处罚。对此应理解为适用主刑和附加刑时都应当从轻或减轻,一审判决在判处主刑时减轻处罚,但判处罚金刑时却没有从轻或者减轻。

　　检察官还了解到,小黎因家庭贫困早年辍学,奶奶常年卧病在床需要医治,父母在当地一家小厂里做临时工维持生计,为小黎交纳2万元罚金是靠向亲友东拼西凑借来的。据此安源区检察院认为,一审判决在判处罚金时,显然没有考虑到小黎家庭的实际情况。

　　2007年11月20日,萍乡市检察院支持安源区检察院对该案的抗诉。12月下旬,萍乡市中级法院采纳检察机关抗诉理由,将罚金刑由2万元改判为1000元。①

　　案例二,服刑十年的死刑犯无罪释放

　　[检察日报太原1月25日电]今天,经山西省检察院建议,山西省高院对郝金安抢劫一案进行再审。下午3点,曾被判处死刑,缓期两年执行并服刑十年的原审被告人郝金安被当庭宣告无罪。

　　在今天的法庭调查和质证阶段,出庭检察员向法庭出示了郝金安案件发现的三个最新证据,即被抓获的杀害刘茵河的犯罪嫌疑人牛金贺、蔡德民、张广荣的供述。在这三份证据中,三人交代了他们十年前杀害刘茵河的经过,证实郝金安未参与杀害刘茵河。据此,出庭检察官指出:1998年11月18日,山西省临汾地区中级法院作出的"以抢劫罪判处郝金安死刑,缓期两年执行,剥夺政治权利终身"的判决错误,依法应当予以纠正。

　　经过两个多小时的法庭调查、质证,法庭宣布休庭。下午3点,法庭再

---

① 资料来源:《检察日报》2008年1月6日,第1版。

次开庭，经过合议庭研究，当庭作出判决：原判及复核认定原审被告人郝金安持刀向刘茵河要钱，后将刘致死的犯罪事实不清，证据不足，现有证据不能证明郝金安构成抢劫罪，原判以抢劫罪判处郝金安死刑，缓期两年执行，剥夺政治权利终身有误，应予纠正，当庭宣判郝金安无罪。

1997年腊月，曾经与原审被告人郝金安在同一煤矿打工的裴家河煤矿工人刘茵河被杀害。侦查机关在郝金安租住的民房中，搜查出带有刘茵河血迹的白衬衣和穿在郝金安脚上的与案发现场足迹花纹一致的皮鞋，从而认定郝金安为犯罪嫌疑人。1998年11月18日，郝金安被临汾地区中级法院以抢劫罪判处死刑，缓期两年执行，剥夺政治权利终身。

2007年3月29日，山西省检察院控告申诉处处长郝跃伟与副处长王小燕、助检员刘艳芳从汾阳监狱工作人员处发现郝金安申诉线索，通过初步审查发现原审处理证据严重欠缺。2007年4月，山西省检察院成立专案组，对郝金安抢劫案立案复查。2007年4月25日，案件复查终结，专案组认为原案属于错判，郝金安没有犯罪行为，应予纠正。2007年5月14日，山西省检察院向山西省高级法院发出再审郝金安案件的建议，5月15日，山西省高级法院决定对郝金安一案再审。5月30日，山西省高级法院向郝金安送达了再审裁定。2008年1月25日，山西省高院再审郝金安一案，后当庭宣告郝金安无罪。[①]

以上两个案例充分说明了法律监督机关所具有的救济功能对公民权利和自由保护的必要性和重要性。

（七）信息功能

以上所列举的法律监督的各种功能，按照当今计算机语言的表述，也可以简单地归类于所谓"硬功能"一类；依此类推，是否还有法律监督的"软功能"？我们的答复是肯定的。所谓"软功能"是指内含于检察体制之内而又不见诸制度性的功能。换句话说，这种功能并不总是通过检察权的设计和行使实现的，但它确实又是客观存在的，而且是重要的存在。问题是对于这种"软功能"，当前无论是学术界还是实务界还没有深切的体认，当然也谈不上有目的性的实现这种重要的功能。

作为法律监督可能存在的多项软功能中，信息功能也许是最重要的。首先，什么是信息功能？检察机关在行使职权，在具体履行法律监督的活动中，

---

① 资料来源：《检察日报》2008年1月26日，第1版。

就是向公民、社会和国家机关传送了某种信息，这种信息至少包含了什么是合法的信息，什么是不合法甚至是违法犯罪的信息。除此之外，检察设置和存在的本身，也在无形中向公民、社会和国家机关发送了信息。这个信息包含了国家法制的统一、权威以及法律面前人人平等、任何人都不能违反法律，违反了刑事法律还要负起相应的刑事处罚责任。

其次，这种信息发送给谁？同所有信息一样，法律监督信息也具有耗散性，并没有特定的目的意向性。事实上，这种信息可以说是向全社会和举国发送的。公民个人、社会团体、国家机关、国家公职人员都可以收到这种信息。这种信息量越大，社会和国家各方面所感受的信息越多，公民个人、社会和国家各方面越早、越多地承受这种信息，就越使公民、社会和国家各方面受益，越有利于法治的发展与进步。

再次，这种信息的效力如何？同所有软实力一样，虽然无形无象，但效力巨大，影响深远。法律监督所传达的信息最核心的内容，就是告诫人们牢记法律至上的信息，国家法制必须统一，任何人都不能违反，人们可以挑战任何权威包括上帝，但不能挑战法律权威。谁违反法律，都要被强制负起相应的法律责任。

最后，法律监督的信息功能值得重视吗？答案当然也是肯定的。世界上任何一种法律制度要得到认真的遵守和实施，全社会的理解、认同乃至信仰都是必不可少的基础和前提。法律绝不是一个可以机械性操作的事物，而是一个具有活力的有机体。要想增强法律的活力，就必须使法律变成人们的精神信仰。而法律信仰的培养，传送和接收正确的法律信息是一个重要的途径。作为法律监督机关的人民检察院，在发挥信息功能方面既必要又重要。无论是法学术界还是检察实务界，都应当细心加以体认和重视。

（八）法制教育功能

法制教育功能与上述的信息功能一样，都属于"软功能"范畴，两者也密切相关。信息功能和教育功能都是由检察机关发向公民、社会和国家机关的。只不过前者并非完全是通过职务行为实现的，而后者则是通过职务行为实现的。《人民检察院组织法》在第一章"总则"第四条中明文规定："人民检察院通过检察活动，教育公民忠于祖国，自觉地遵守宪法和法律，积极同违法行为作斗争。"这一规定没有明确的职权属性，可以理解为是法律条文对检察院法制教育功能的硬性规定，这体现了中国检察制度的特点。在讨论修改《人民检察院组织法》的过程中，曾由一种意见认为应当取消这一规定。

我们认为还是应当予以保留。理由是，检察院作为国家法律监督机关，本身就内含着特定的法制教育功能。在没有法律条文规定的情况下，这种功能可以视为"软功能"之一；而有了这一规定，"软功能"就具有某种"硬"的性质，至少使这种功能具有意向的明确性。这对于法制教育功能乃至全部法律监督功能的实现和展现效力，无疑是大有裨益的，同样应当予以重视和加强。

以上列举和初步分析的法律监督的各种功能，肯定不是全部的功能。在法律监督的功能方面，值得进一步加以系统而又深入地研究。

七 在检察学中引进和建构价值——功能方法论

在前面的四节中，我们分别就价值哲学和功能概念及其各自的方法论，法律监督的价值和功能作了较为深入的概括和探讨。我们自信这些概括和探讨还是应该能够站得住脚的。首先，"概括"者并非我们的独创，而是总结前辈和当代的学者们的科学成果。正如在相关部分所表明的，这些成果是学术界中许多学科在长期科研中积淀下来，并逐渐得到承认的。因此应当是可信的。其次，我们说"探讨"当然指的是笔者个人的探讨。其实，所谓"探讨"，无非是将其他学科常用的价值和功能的认识论和方法论引进法律监督的研究中来，以此拓展法律监督的学术视野和深度，我们不是这种认识论和方法论的创立人，但可以说是率先将这种认识论和方法论引进法律监督乃至创建中的"检察学"的研究中来的。这在学术上也可以称之为一种开拓性研究。

然而，受我们的学术"野心"，或换句话文雅的话说，就是受学术兴趣的驱使，我们在这里还想进一步拓展有关价值论和功能论及其方法的理论意义和实用价值。这种拓展拟从两方面展开。

第一，在认识论层面上，既然如我们在本文第五部分和第六部分所展开的抽象概括的那样，能够对法律监督的价值和功能进行梳理，那么，是否有可能将这种梳理进一步加以系统化和理论化？所谓系统化，就是从学理上是否还可以进一步发掘和分析，以抽象出更多或尽可能更全面的价值和功能？所谓理论化，即将那些抽象概括出来的价值与功能予以科学的阐明和诠释，是否能使之建立在真正理论的基础上？这就要求不能停留在只是给予理论说明的浅层次上，而是把着眼点放在"成为理论"或者说"理论化"的高台上。我们认为以上两个问题的答案都应当是肯定的。当然，要做到这一点并不容易，但通过努力还是可以做到的。无论如何，这两个领域的研究都应当具有广阔的学术前景。事实上，在其他的学科，例如宪法学科，价值论和功能论都已经自成体系，并见诸一些学术著述之中。[①]

第二，在方法论上，是否可能将价值方法和功能方法整合为一个可以称之为"价值—功能"方法？我们以为可能，不仅可能，此方法还可能极具学术诱惑力。

关于可能性的问题，我们可以从两方面加以分析：

首先，正如一些学科研究所使用的方法表明的，价值方法和功能方法是一个实用、有效的科学研究方法，其在阐明研究对象的本质和内涵等方面，具有其他社会科学方法所不可替代的优越性。正是这种优越性使学者们乐为广泛地加以采用，并常见诸学术著述中。[②]

其次，在法律学术研究中，结构的方法和功能的方法原本是各自独立发展出来的研究方法，后来因为研究对象的功能性联系产生了研究对象的结构体系，反之也是这样，结构性联系必然引出功能之间的联系。结果是这两种研究方法是在寻求同样的研究结论，造成一种殊途同归的效果。于是，有些学者便将这两种研究方法加以整合，发展出另一种独立的研究方法，这就是所谓的"结构—功能"研究法。这是一个先例，其示范作用就在于，在不同的方法论之间择其相近者加以整合，不仅是可能的，而且可能更有效、更实用。这也许就意味着将价值方法与功能方法整合为价值—功能方法在学术上不仅可以做到，而且还具有很强的科学方法论的诱惑力。

将价值方法与功能方法整合为"价值—功能"方法，并非只是出于新奇之想，而是有现实的根据。首先，从我们在前面的分析中可以看出，在价值和功能体系方面，有一些方面是重合的，即是说，有些内容既蕴含在价值层面上，又体现在功能层面上，两者同为一体，这就构成了将两者整合在一起的现实基础。其次，两者在一些方面所表现出来的差异，也可以视为一种互补。这种互补性从理论上来说，应当对包括法律监督在内的研究对象的研究

---

① 参见［荷］亨克·范·马尔赛文、格尔·范·德·唐《成文宪法——通过计算机进行的比较研究》，陈云生译，北京大学出版社 2007 年版，第 338 页。ALMOND, Gabriel A. and G. Bingham powell jr., *Comparative politics, A Developmental Approach*, Boston: Little, Brown and Company, 1966. 在该著作中，专设第六章"政府的功能和结构"。又参见第 343 页 44. SMEND, Rudolf, *Verfassung und Verfassungsrecht*, München und Leipzig, Verlag von Duncker & Humblot, 1928。

② 参见［荷］亨克·范·马尔赛文、格尔·范·德·唐《成文宪法——通过计算机进行的比较研究》，陈云生译，北京大学出版社 2007 年版，第 266 页。该著在第八章"宪法学"中，设了"研究途径"的专题。

具有裨益作用,而不会造成任何损害。

总之,基于以上考虑,在检察学中建构新型的"价值—功能"方法不仅是可能的,而且是可欲的,值得作出努力予以尝试。

八 法律监督的价值预期和功能实现

前面的分析和研究,当然不止于单纯的学术兴趣,实际上还具有很强的实践目的指向性。具体说来,在我们当下进行的法律监督的价值与功能的研究中,无论是作为价值和功能的认识论,还是方法论,对现实中国检察机关自身的组织、制度完善和检察司法实践,都具有重要的指导意义。

(一)有助于澄清当前检察理论研究中的一些混乱思路

前已指出,现时的检察理论研究方法,包括论列过的历史的方法、制度的方法,意识形态的方法,等等,尽管对检察理论研究的深入性作出了显著的贡献,但由于各自都有一定的局限性,对于澄清当前检察理论研究中的一些混乱思路,往往表现得欠缺强有力的说服力。撤销论的主张者和辩护者可以轻而易举地从中找到支持自己思路的理由和根据。正是针对目前检察理论中存在的困境,所以我们主张和倡导在检察理论中引进和适用价值论、功能论和作为方法论的价值方法、功能方法,期望开辟一条打开检察理论研究瓶颈的新通道。价值论、功能论和价值方法和功能方法或许也有其自身的局限,但它的优势是明显的,它超越了历史的方法对历史个别事件和过程的简单追述,也超越了制度的方法对各种制度的客观的、平面的描述,把上述各种方法单方面地研究客观对象扩展到了人的观念、思维和意识的领域和客观的实务领域,并致力于在客观认识对象和主观意识之间架起相互沟通的桥梁。现在更有价值哲学论者,认为事实与价值之间并不存在不可逾越的鸿沟,由此又提出了关于蕴含价值的事实和价值判断的事实特征的问题。[①] 但不管怎样,价值论和价值方法,功能论和功能方法现在已经被现代社会科学的学科所引进和适用,并取得了丰硕的成果。倘使我们在检察理论中有意识地引进和适用这些理论方法论,或许有望澄清其间的一些混乱思想。从价值论和价值方

---

① 详见[美]M.C.多伊舍文章《事实与价值的两分法能维系下去吗?》(概观),载刘继选编《价值和评价——现代美价值论集粹》,中国人民大学出版社1989年版,第175—202页。

法，功能论和功能方法的立场上看，主张取消检察机关的主张，归根结底还是以一个对检察机关和检察权的价值和功能的负面评价为基础的。直白地说，就是认为检察权和检察机关对中国的宪政和法治没有价值和功能，因为无用所以不需要，因为不需要就要撤销。其实这就是一个对检察权和检察机关的价值和功能认定和评价问题。如果我们能从价值论和功能论及其方法论上深入探讨检察权和检察机关存在的价值，研究检察理论的各个方面，或许可以澄清学术界关于检察理论的一些混乱思路。

(二) 坚持法律监督的正面价值、功能导向，积极、稳妥地推进检察改革

现在主导国家的政治力量再次强调要坚持改革开放的战略方针。在这样的全局背景下，加强和深化包括检察改革在内的司法改革势在必行。我们首先应当看到，在中国现行的检察和审判并行，相互协力和制约的司法格局，是宪法规定下来的，是中国宪政中确定的既成体制。这种体制在当前是适应现时中国国情的，能够为建设社会主义法治国家，实行法治作出显著的贡献。但我们同时也应当看到，目前检察权的行使和法律监督的职权的开展，无论在理论上还是在实践上都与法治的现实需要存在一些不适应之处，急需深化这方面的改革。目前在检察改革正在两个方面展开，一是检察系统内部在领导和管理体制、法律监督程序、人民监督员建制等方面实行的改革。这种改革虽然局限在现有的体制内，但通过体制内各种局部的改革和完善，使各项具体制度配置到位、运行顺适、流畅，这也是改革中不可忽视的一个重要方面，现时检察职能的行使之所以较之以前得到很大加强，在国家的法治建设中发挥了越来越重要的作用，是与检察体制内近些年来的积极改革的姿态和进取分不开，是这种改革取得成效的一个重要表现。二是在检察理论的学术层面上的展开，主要是学理上的探讨。学者和检察官提出的各种改革建议，目前集中在民事和行政的检察介入和参与方面，包括有关民事诉讼法和行政诉讼法的修改，对民事和行政司法审判的合法性监督、抗诉等方面；学者间还探讨了对判决执行、监狱的检察监督等问题，这些探讨和建议都有很大的检察理论意义和实践参考价值。

如果我们能站在更高处的学术视野，来看待检察改革问题，或许能在改革的广度和深度上进一步打开更广阔的检察改革思路，并迈出更坚定、更大的改革步伐。我们应当保持这样一种理论和实践的信念，即宪法上规定的法律监督的权能除具有最高宪法权威和定位的意义之外，在理论和实践上还具有很大的包容性和开放性。按目前实务界和学术界关于法律监督权能范围的

理解和共识之外，是否可以按照宪法解释的理论与方法，对法律监督的权能做引申和扩大的理解？换句话说，我们关于法律监督局限在法律执行和适用阶段的理解是否就是立宪的本意？有什么样可以站得住脚的理由认为法律监督就不能涉及立法的层面上来？再或者随着国家法治的深入发展提出的对立法的合宪性、合法性以及合理性提出更高的要求，是否有必要重新诠释宪法上关于法律监督的概念和范围？能否考虑在原有的法律监督的基础上，建构新的法律监督的机制，包括适当地介入对立法的检察监督？除此之外，如果我们能站在更高的宪政体制特别是宪法监督体制的平台上来看，在中国宪法监督运行还远没有到位和缺乏效绩的状态下，如果说在整体上实行司法化监督的时机和条件还不成熟，那么是否可以利用现行具有宪法定位的检察权和法律监督的职能，适当地替代宪法监督体制的部分职能？这些问题从学术上，无疑都是可以、应当和值得探讨和研究的。从广义的司法改革的意义上说，这些或许就是中国未来司法改革的方面和方向。

话归主题，所有上述的改革探讨、尝试和思路都是以检察权、检察机关和法律监督的特有价值为基础的，更与研究者和改革实践者个人和群体对检察权、检察机关和法律监督的价值认定、评价、喜好等价值感受分不开。离开了对检察权、检察机关和法律监督的钟爱和倾心的价值情感以及其整体功能的不可替代性，一切都无从谈起，甚至得出完全不同的评价和取舍态度。

（三）坚定法律监督的正面价值选择，大力促进检察功能更全面、更有效的实现

我们主张和倡导在检察理论研究中引进和运用价值论、功能论及其方法论，绝不仅仅是出于纯学术的兴趣和目的，至少不是最终的目的。对于方法论来说，其目的通常都是在理论与实践之间搭建一座互相交通的桥梁。即使我们把价值论看成一个是有独立意义的世界或体系，它也绝不是能够孤立存在的，毕竟人们生活在一个有意义或有价值的现实世界中，想做完美的理论超人是根本不可能的。从这个意义上说，价值论也需要注入实践的品格。具体说到检察权、检察机关和法律监督的价值层面上来，它也要与现实的检察体制与运行发生密切的联系。检察的特有价值不是像仙人那样从布袋中可以随意取用的宝器，它归根结底是要通过检察的权能或法律监督的功能来体现或实现。与检察理论研究中的其他方法不同，在价值与功能方面，价值方法和功能方法或许能够在两者之间建立起更紧密的联系。没有对检察权、检察机关和法律监督特有价值和功能的充分评价和肯定，就不可能倾心和全力地支持和履行检察职权，以充分地实现法律监督的功能；相反，如果没有检察功能全面、有效的实现，检察或法律监督的价值也就无由体现。从这个意义上说，检察功能的实现是检察价值的最好体现和表征。也可以说，两者也是一种互为因果的关系。

结论：在检察理论研究中引进和适用价值论、功能论及其方法论，不仅是一个绕有学术兴味的课题，而且还具有认识论、方法论两方面的理论意义，以及重大的实践价值。望本篇不算成熟的抛砖之作，能在检察理论学术界激起反响，愿更多的学术同人、先进共同投入这个领域的讨论和研究中来。

载于《法学杂志》2009年第10期

第十篇　宪法为什么是重要的

——基于西方"二元政治"的立宪主义原理的解读

内容提要：本文通过对"二元政治"的立宪原理的深入剖析，试图深刻揭示"立宪政治"与"常规政治"，以及相关的人民直接民主与代议制民主的本质与区别，指出作为国家根本法的宪法和立宪政治制度的宪政在国家政治生活中不可取代的地位和作用。这种解读或许有助于法学术界和实务界对当前忽视或否认宪法的最大法律权威和最高法律地位的势头，保持清醒的认识，并对社会主义宪法与宪政作出合乎理性的体认。

关键词：二元政治　立宪政治　常规政治　直接民主　代议民主　立宪主义

在当前中国学术界特别是法学界的学术研究中，出现了一个奇特的现象。就是有学者不断地作出各种努力以证言中国目前不宜进行社会主义宪政建设。言下之意，就是在中国只可以有宪法，不可以有宪政，申言之，就是在中国要建设一个没有宪政的社会主义法治国家。或者说，只能依法治国，而不能依宪治国。而在法学界则有友邻学科的学者通过张扬某类法律体系的地位和作用，以达到降低或否认宪法的最大法律权威和最高法律地位的目的；最近又有宪法学者以倡导代议机关至上的宪政解释的方式汇入这股潮流中。这种种将作为"山峰"的宪法削平同一般法律一样处于同一位阶的"谷地"的努力，说到底，就是忽视或否认宪法作为国家的根本法的性质以及宪法在整个法律体系中的"母法"地位。本文将从"立宪政治"和"常规政治"的"二元政治"的立场出发，着重分析一下当前中国忽视或否认宪法具有最大法律权威和最高法律地位的种种观念或意见，是如何与当代普世公认的立宪主义原理悖谬且相去甚远的。但这还不是我们的主要目的，本文立意最终是要说明如下的问题，即文题所显示的"宪法为什么是重要的"。

上述中国学术特别是法学术的研究中出现的奇特现象，在我们宪法学业内人看来，归根结底就集中在一个问题上，即宪法为什么是重要的？亦即为什么其最高的法律地位和最大的法律权威是不能诋毁的，以及宪法的规范为什么是其他法律所必须遵循而不能违背的？然而，我们清醒地意识到，要说清楚这个举世公认的现代立宪主义原理，绝不是一件容易的事。本文只是从西方"二元政治"的立场对此做一深入的分析，希图至少说明这样一个问题，即在西方国家宪法为什么被认为是重要的。

一　西方传统的和现代的政府理念

国家自诞生之日起，无疑注定会成为政治活动的最大平台和政治载体。但政治活动要有效地在国家这个平台和载体上运作，必须凭借某种制度性的中介来组织和动员民众参与政治活动，这种制度性中介就是我们现已耳熟能详的"政府"。不过，国家需要政府是一回事，而如何组织政府则又是另一回事。自国家产生以来，从世界范围上看，从一开始就同时兴起了两种基本的形式，一是专制政体，另一个就是民主政体。专制政体是一个普遍的存在，而民主政体则只在古希腊的城邦和古罗马帝国的贵族共和时期存在过。在西方资产阶级在近代革命成功以后，在如何组织新生资产阶级政权的问题上，资产阶级革命家和政治家便不仅面临政府形式或政治体制的选择问题，而且更重要的是如何组织和建构一个比历史上任何一种政治体制更为优良的政府形式的问题。留给他们选择的形式并不多，这是因为资产阶级革命是直接针对封建政权而进行的。如果在资产阶级革命成功以后仍一如既往地建立起某种改头换面的专制统治，这不仅有悖于资产阶级革命的初衷，而且也与已经被动员和组织起来的人民的意愿相对立，人民不仅不会情愿甚至根本不会答应他们用鲜血和生命换来的自身解放和摆脱压迫的自由丧失殆尽，从而又使自己重新被置于新的统治阶级的专制压迫之下。在这方面，资产阶级大革命前经过几个世纪的人文运动、启蒙运动所灌输和普遍得到熏陶的民主、自由和人权等思想最终发挥了重大的历史作用。正是这一全新的社会、政治和法律思潮的影响和催动，使取得革命成功的新兴资产阶级除了采取民主政体建立资产阶级政府以外，别无选择。这正是资产阶级革命区别于以往的阶级革命，如奴隶革命和农民革命的根本所在。以往的奴隶革命和农民革命由于缺乏新兴进步思想的指导且别无选择，只能在以往经验的基础上组建传统专制模式的新政府，打一个比方说，这就是"换汤不换药"。而新兴的资产阶级革命则不然，一则他们站在了两千多年人类政权建设经验的基础上，特别是以往专制政权失败的教训增进了他们的政治智慧；二则是他们得到了全新的社会、政治、法律理念的武装，以更开阔、更有远见的政治眼光来对待他们所面临的政权组织的现实问题，有能力和知识作更有理性的选择。

美国的"制宪先父"们之所以备受后人特别是美国人的敬仰，其重要的原因之一，就在于他们以其政治智慧和睿智不仅对建国后的美国政府的组建形式问题作了深思熟虑的思考，而且做了在当时有些冒险而在今天看来却成功的选择。

在深思熟虑方面，美国政治先哲们从一开始便这样提出问题。汉密尔顿在《联邦党人文集》中开宗明义地提出："时常有人指出，似乎有下面的重要问题留给我国人民用他们的行为和范例来求得解决：人类社会是否真正能够通过深思熟虑和自由选择来建立一个良好的政府，还是他们永远注定要靠机遇和强力来决定他们的政治组织。"[①] 须知，作出这种深思熟虑的提问是在200多年以前，相比中国100多年以后，在孙中山领导的资产阶级革命推翻封建帝制后，又相继发生张勋复辟和袁世凯称帝的逆历史潮流而动的经历来说，更显得难能可贵。提出建立一个良好的政府，让人类永远摆脱靠机遇和强力来决定他们政治组织的设想，这正是使近代国家走向民主政治之路的起点，它凝聚了美国政治先哲们对历史政权建构经验的高度体悟和新兴政治催生的政治智慧。

美国政治先哲们对政治经验的体悟和政治智慧的高扬并没有仅仅停留在出发点和目标的正确定位，还在于他们对古代政权建构经验的具体分析和准确把握上，这集中体现在其对古希腊的直接民主制以及相关的代议制本质的认识和把握上。对于古希腊的直接民主制，学术界通常是作为与近代的代议制相对立的政治形式来认识和把握的，认为直接民主是由人民自己当家做主，是一个由人民自主和自治的政治形式，现时我们仍在大力弘扬和推崇的各种直接民主制，基本上都是建立在这种对直接民主的体认和把握上。而在美国政治先哲们看来，古希腊的直接民主制，即通过召集几百人来代表其余的人而并不是由全体人民在一个国家举行会议，在讨论赞成与反对的理由后，清点人数并以"我们"的名义宣告多数派为胜利者的这种政治形式，并不值得美国在民主政治建制时加以模仿。因为他们认为这种代议制无非是"以偏概全"（Synecdoche），部分（大会）取代了它在代议制中所代表的整体（我们美国人民）。如果误以为国会就是汇集起来的人民，并且赋予它以最高权力，

---

① ［美］汉密尔顿等：《联邦党人文集》，程逢如等译，商务印书馆1982年版，第3页。

它将会以与其言辞不符的方式进行活动。① 麦迪逊在《联邦党人文集》第四十八篇中指出:"政府的一切权力——立法、行政、司法,均归于立法机关。把这些权力集中在同一些人的手中,正是专制政体的定义。这些权力将由许多人行使,而不是由一个人行使,情况也不会有所缓和。一百七十三个专制君主一定会像一个君主一样暴虐无道……即使他们是由我们选举,也不会有什么益处。一个选举的专制政体并不是我们争取的政府……"② 汉密尔顿也指出:"在民选议会中,人民的代表有时似乎自以为就是人民本身,面对来自任何方面最小程度的反对,就暴露出不耐烦和厌恶的病态……"③ 如此看来,麦迪逊等人并不认为政治上的代议制度就是实现民主的一种可欲的和有把握不变成专制政体的政治形式。麦迪逊并否认了这样的普遍观念,即认为代议制政府只是近代才出现的政府形式,而古代社会和国家完全不知道代议制政府的形式存在。他在美国制宪前明确地阐明了他的这一观点:"古代的人既非不了解代议制原则,也未在其政治制度中对此原则全然忽视。古代政治制度与美国政府的真正区别,在于美国政府中完全排除作为集体身份存在的人民,而并不在于古代政治制度中完全排除人民的某些代表。"④ 这就明确表明如下的政治哲学或政府观念,即无论是国会,或者总统,或是最高法院在日常情况下所发表的意见、命令、决定、裁决等,所表达并非就是美国人民真正的声音。总而言之,在代议制政府体制下,美国人民的政治意志是不可能由这种天真的"以偏概全"的体制来"代表"的。⑤

二 "二元政治"体制的设计

美国的"制宪先父"们能够以高深的政治智慧深刻体察和领悟古代民主和近代代议制政治的本质是一回事,而要通过具体的政治设计去突破其局限和难题又是另一回事。他们的伟大之处就在于亲手解决了这个政治难题。在事隔二百多年以后的今天看来,其解决之道不仅体现了高度的政治智慧,而

---

① [美]埃尔斯特、[挪]斯莱格斯塔德:《宪政与民主》,潘勤等译,生活·读书·新知三联书店1997年版,第184页。
② [美]汉密尔顿等:《联邦党人文集》,程逢如等译,商务印书馆1982年版,第254页。
③ 同上书,第365页。
④ 同上书,第323页。
⑤ [美]埃尔斯特、[挪]斯莱格斯塔德:《宪政与民主》,第186页。

且经受住了历史的考验,最终在一百多年以后创造出了一个高度发达的宪政国家,一个无人可以匹敌的世界超级大国。

他们的"二元政治"设计,可以简单地称为"二元政治"的体制。所谓"二元政治"体制,就是将国家的政治生活分为两个大的形式或方面。一为"立宪政治",二为"常规政治"。

"立宪政治"的根本特征,就在于为了谋求国家的公众利益,以"人民自己"的名义,通过一种"非正式的、未经授权的建议"的"非正规的、僭越的特权"而采取的非常规的制度形式表达的同意而认可。虽然"立宪政治"是最高类型的政治,但是,只有在少有的一些政治觉悟极高的时期,才能允许它决定国家的各方面重大的生活。在世界的宪法史上,这种非常规的制度形式通常是在革命成功以后,由革命胜利者组织和召开的"制宪会议"来实现的。这类的"制宪会议"通常是临时或在不无仓促的状态下召开的,因为它不是依据先前的法律召开的正式会议,所以说是"人民自己"行使"非正规的、僭越的特权"的表现,不具有严格意义上的合法性。但是,一旦这种会议能够召开,并且已经为国家制定出了一部正式的宪法,"就会消除先前的种种过错和罪过"[①](非常规性——笔者注),不合法就变成最合法的了。这种制宪会议一旦完成制宪任务,就立即解散,因为它"只有在少有的……时期"才能召开,所以下一次的"制宪会议"何时再召开,就是一个未知数了。但是,美国的制宪者们并没有希望宪法在制定出来以后永远保持不变,于是在宪法的条文上规定了诸多繁难的修改程序,目的是既给予宪法在日后的修改留有必要的空间,而同时又要保持宪法的稳定性,使其不能被轻易地修改。在其他的一些立宪国家,包括中国在内,既没有为制定宪法召集专门的"制宪会议",也没有在宪法上规定繁难的修改程序,在事实上使宪法容易且频繁地得到修改。这表明,有些立宪国家在宪法的制定和修改问题上还没有达到对"立宪政治"本质及其重要性的深刻认识的程度。其实,为了"公共利益",以"人民自己"的名义而召集"制宪会议",使宪法"难以修改"而保持最大限度的"稳定性",才是"立宪政治"的根本特征,也是"立宪主义"的精义和本质所在。

"常规政治"是根据这样的理念设计的,即美国的社会充斥着那些从与公共领域相去甚远的活动中获得最大满足的男人和女人,对于这些人来说,好的生活并非总是政治生活。麦迪逊等人甚至认为,那些只关心个人利益的普

---

① [美]汉密尔顿等:《联邦党人文集》,程逢如等译,商务印书馆1982年版,第204页。

通公民可能意味着公共事务上的麻烦，因为他们出于个人或小集团的利益而对公众利益漠不关心。从我们今天的眼光看，麦迪逊等人对普通民众的认识仍有一定的道理，尽管与当代的民主观念、英雄主义等观念有着很大的相左甚至冲突之处。试举一例便可说明：在当今日益恶化和处于非常严峻状态的环境污染和生态系统遭严重破坏的诸多因素中，燃油汽车所排放的废气是一个占很大比重的影响因素。基于环境保护特别是基于城市空气质量的改善，尽最大可能地减少汽车特别是私人小汽车上路，无疑是最可欲的控制措施之一。然而，对于万万千千的普通民众来说，恐怕很少有人去考虑环保的公共利益而暂缓购买甚至不去买私人小汽车，更多的甚至是大多数的人出于个人出行的方便甚至只是为了炫耀自己的富有和身份正在计划或已经实施了购买计划，即使是不断恶化的城市空气质量的报告像雪片般飞来，也不能阻止他们驾车出行的脚步。如果在一些特殊的场合，由政府或其他组织号召少开一天车或设个无车日什么的，有少数驾车人响应就很不错了。这些就在我们身边发生的日常故事，再次验证了麦迪逊等人对普通民众的认识和判断是有道理的。不过，应当指出的是，美国"制宪先父"们的伟大之处恰恰就在于，他们并不试图压制他们认为普通民众过的那种所谓枯燥无味的生活方式，而是通过宪法以个人自由的名义去包容他的利己主义打算和生活方式。"常规政治"就是为此而设计的。所谓"常规政治"，就是在国家的宪政体制中建构一个具有日常政治意义的系统，并搭建使普通民众能够表达自己及小集团利己愿望和利益，并能够使具有各种不同自我愿望和利益的个人和群体彼此交流的政治平台。这个政治意义的系统和平台通常就是称为议会或国会的政治机构。在这个机构中，容忍公民个人特别是代表他们利益的党派通过激烈的政治斗争实现他们对国家日常政治生活的主导权和控制权，从而达到实现他们愿望和利益的利己目的。换句话说，在立宪阶段之后的长时期里，通过使"常规政治"处于政治的主导地位，容忍各党派试图操纵政治生活的宪法形式以追求他们的狭隘利益，也就是以个人自由的名义容忍"常规政治"。鉴于议会主要的性质和职能是为国家进行立法活动，因此，公民个人及其利益集团为争取私利的政治斗争，主要的就是表现为争取日常立法权的斗争。谁掌握了国家的立法权，谁就获得了争取私利的最重要的法律保障。很显然，这种日常政治的意趣，同我们通常宪政理论中关于议会或国会或人民代表机关之类的权力机关是以全体人民的名义行使人民当家做主的根本政治权力的理念存在很大的不同。后者在学术上一般称之为"一元政治"的理念与体系，它的最可争议之处，在美国制宪者们看来，是无法以数量不等的"人民代表"

而实现全体人民的公共利益的。他们认为,只有"立宪政治"才能实现这一点,而"常规政治"则是其必要的配套机制。在这个配套系统中,为各种有政治抱负和野心的政治家们,实质上是为具有个人和集团利益的普通公民们提供了充分实现各自愿望和利益的空间和舞台。无论人们是将美国国会的参众两院看成政治秩序保持的舞台还是政治混乱的场所,它们所表现出来的政治活力确是不可否认的。从一定的意义上来说,它也是成就美国作为世界上无与伦比的超级大国的一个重要的宪政因素。

美国制宪先贤们关于"立宪政治"与"常规政治"分野并由此衍化而在宪政和法治国家的立宪权和立法权的分离以致最终出现的宪法和普通法律的两套法律体系并存的结果,被美国近代学者形象地描述为"以宪法为山峰,以法规为山谷"[1],这就是说,一个国家的法学实际上应当是一个上下一体的层级结构,而不是像一元论者那样把宪法刨平为一个单一的法律意义的平面。只要议员们或代表们是通过公平和自由的民主选举获得其席位的,一元论者就拒绝考虑那么支持某一具体立法的公民参与的质量。按照这一观念,由民主选举产生的议会或代表机关作出的政治决定永远也不可能比另一个议会作出的决定具有更大的合法性。[2] 对宪法和普通法律而言,无论一元论者如何强调宪法的最高法律地位和法律效力,其实很难得到实现。因为由同一个议会或代表机关制定或修改的宪法和法律,尽管可能在通过的程序或代表人数上有些差异的规定,如宪法的制定和修改需要2/3的代表通过,而不是像普通法律那样由相对多数通过,情况也没有根本性的改变,因为宪法没有从专门设立的"立宪会议"那里获得以全体人民的名义为实现国家根本公共利益为目的的更高的合法性。在中国,有人就认为宪法是由全国人民代表大会制定和修改的,由此就推导出宪法同普通法律一样,处于全国人大制定法中的同一位阶,因此不必要也不应该作为其他法律制定的依据,从人民代表大会作为最高国家权力机关的立场上看,违反了宪法并不构成任何法律效力的障碍。但显然,这就是不那么典型的"一元论"观点。我们认为,中国宪法的最高合法性究竟是源于1949年召集的"中国人民政治协商会议",还是源自1954年召集的第一次全国人民代表大会,或是源自其他的方面,如革命成功的事实等。这些都是可以讨论和研究的。但无论如何,用"一元论"的观点来否认宪法体现的是全体人民的根本意志和公共利益,以及否认宪法具有最高的

---

[1] [美]埃尔斯特、[挪]斯莱格斯塔德:《宪政与民主》,第205页。
[2] 同上。

根本法地位和最高法律效力，都是站不住脚的。"一元论"的推导观念，除了经不起历史事实的检验外，宪法本身关于最高法律地位和最高法律效力的规定也是"一元论"者所竭力要回避而又回避不了的障碍。在中国的宪法语境下，人民代表大会制度的政治和法律地位，说到底是源自宪法的授权，是宪法所集中体现的政治设计中的一部分，不错，全国人民代表大会可以修改宪法，但这项权力也是源自宪法的授权。这就是中国宪法和宪政体制的基本理论与实践。

美国通过在宪政体制中确立"二元政治"体系，最终实现了这样的政治理念与设计，即"立宪政治"尽管是间断性的、非常规的、与立宪时期相关的革命成果和公德密切联系的政治。立宪一旦完成，就在社会和国家的公共领域树立了一个类似婚姻关系中如结婚证书那样的符号系统，使全社会心理复杂、追求各异、利益相悖的各色人等，即普通民众能够获得一种在国家层面上交往形式以特别的意义并因而使全社会构成一种有别于个人日常生活中的普通关系的特殊共同体。宪法最终变成了国家的最高山峰，它成为一种象征，一种铭刻人民最高主权的丰碑。在这里，我们最终找到了宪法合法性的终极源泉及其最高法律地位和权威的终极根据。

三 "二元政治"的司法保障机制

把国家的政治设计成"二元政治"体系在今人看来也许并非特别困难，但要使"二元政治"体系能够协同互动，特别是要如何驾驭桀骜不驯的占主导政治地位的"常规政治"，使之不至于如脱缰的野马那样肆意践踏国家的宪政草坪，则绝非易事。除了其他一些控制思路，包括让有公共美德的人担任人民代表和国家公职人员以及实行权力分立以外，最重要的制度和权力运行机制的设计，就是通过普通法院实行违宪审查，或简称司法审查。这一制度给司法机关以特殊的权力，并给法官以特殊的激励，使司法机关有能力，也促使法官坚持先前以人民的名义在宪法上所作出的重大决策，以对抗"常规政治"的变化。

在美国的宪法史上，自始至今都一直在联邦最高法院的民主性存在着激烈的争论。其实，美国"制宪先父"们在宪法设计中并没有以任何方式假定司法机关的司法权高于立法权力的含义。它仅假定人民的权力是在二者之上；仅意味每逢立法机关通过立法表达的意志如与宪法所代表的人民意志相违背，法官应受后者而非前者的约束，应根据根本大法进行裁决，而不应根据非根本法裁决。① 在美国制宪者的心目中，"代议机关的立法如违反委任其行使代议权的根本法自当归于无效乃十分明确的一条原则。因此，违宪的立法自然不能使之生效。如否认此理，则无异于说：代表的地位反高于所代表的主体，仆役反高于主人，人民的代表反高于人民本身。如是，则行使授予权利的人不仅可以超出其被授予的权力，而且可以违反授权时期明确规定禁止的事"②。

基于以上关于司法机关民主性的体认，制宪者认为制定中的美国宪法绝不应当使立法机关本身即为其自身权力的宪法裁决人，而是把这项特殊的职责赋予联邦司法机关。他们主张使法院成为人民与立法机关的中间机构，以监督后者在其权限范围内依宪法行事。宪法应当被法官看作根本大法。当宪法与普通法律不一致的时候，应以宪法为准，并使普通法律归于无效。支持这种制度的背后理念，即是人民的意志高于其代表的意志。尽管美国"制宪先父"们的上述关于司法机关职责的设计并没有在宪法文本上实现，但这种思想和方案不久就在一项重大的司法判决之后得到非正式的但稳固的确认。

美国联邦最高法院关于国会立法是否符合宪法的司法裁定具有实质和象征这两种政治意义。从实质政治意义上来说，它是"常规政治"体系运作的调整阀。在美国的国会，一向以其激烈的党派斗争为其根本的特征，政治激情无限制的释放往往造成对"立宪政治"根基的冲击，联邦最高法院通过适时宣布国会的立法案违宪无效，从而使国会狂热的政治激情得以降温，及时地将有些脱轨的"常规政治"纳入"立宪政治"的轨道。再从象征的意义上来说，联邦最高法院的违宪判决通常都会造成政治上的振荡和巨大的社会效应，每一项的违宪宣告，都是在向美国人民显示，权力总部里发生了某种特殊的事情，这种特殊的事情应当引起普通民众的关注，看看他们所选出的代表是否能够成功地履行他们的职责，如果不能，至少应该和能够在下次选举中做点什么；其象征意义还在于，作为人民的代表在国会中的表现决不能为所欲为，他们应当而且必须忠实于体现人民根本意义的宪法，这不仅要受公共美德的约束，还要受联邦最高法院的监督。为了避免自己制定的法律频频受到联邦最高法院的违宪挑战，他们必须保持必要的谨慎和自警，务必不能使自己为实现党派利益的立法案过于出格而违背宪法。联邦最高法院的这种职责及意义，正像一位论者所指出的："简而言之，司法审查中最高法院的向后看的作法是一项至关重要的面向现在的

---

① ［美］汉密尔顿等：《联邦党人文集》，程逢如等译，商务印书馆1982年版，第393页。
② 同上书，第392页。

工程的一个必要的组成部分,通过这项工程,当今的普通公民群众可以调整他们授予那些经选举产生的、以他们的名义从华盛顿特区的最高权力机关发表意见的代表们的民主权利。"① 就这样,最高法院最终界定了美国常规政治斗争的性质,以及"常规政治"的运行方式。

从以上的介绍和分析可以看出,作为违宪审查的一个最典型的司法审查模式的建构并不是偶然的,更不像有些学者认为的那样是美国联邦最高法院"强夺"而来的。它实际上是美国宪法和宪政精心设计的产物,是"二元政治"中一个必要的和有机的组成部分,是势所使然,势所必然。当然,从学理的立场上看,"二元政治"是与"一元政治"相对立而存在的,"二元政治"本身也有其局限与不足,存在争议也在所难免。不过,至少从美国的情形看,"二元政治"是成功的政治设计,这一点不容置疑。尽管"二元政治"不一定具有普世的价值,至今还不能为其他国家特别是具有不同性质的政治文化背景的国家所接受和实行,但作为该种政治体系的违宪审查制度来说,其影响早已超出美国自己的范围,在世界范围内发生了重大而深远的影响。这方面可以看出一种制度性的建构可以基于某种形式的模仿、移植并取得成功,但在另一方面,我们也可以从那些实行违宪审查制度不那么成功或加以排斥的一些事例中得到必要的教益和启发,这就是一种重大的制度性建构,特别是像违宪审查制度的建构,或许不应当完全忽略其所赖以支持的理论基础。换句话说,对于任何国家来说,欲建立某种类型的违宪审查制度,都应当而且必须关注其赖以存在和发展的理论基础。如果只想从形式上创建或借鉴,泰半难以取得预期的结果,到头来可能会发现,其所付出的努力要么事倍功半,要么无功而返。

结论:基于以上"二元政治"立宪主义原理的解读,宪法作为国家根本法的地位和具有最高的法律权威和法律效力是不可动摇的,这早已成为普世公认的当代最高法律文明的标志性成果之一。那种刻意将中国的人民代表大会制度与西方的三权分立制度对立起来,但又不能准确、深入地分析人民代表大会制度内在的民主机理的那些"观点",表面看起来是"强词",实际上却没有什么说服力。

载于《中国社会科学院研究生院学报》2008年第2期

---

① [美]埃尔斯特、[挪]斯莱格斯塔德:《宪政与民主》,第208页。另需说明:此节中除引注的以外,有关"二元政治"的理念与设计均采自该书,详见该书第173—209页。

第十一篇　再论宪法为什么是重要的

——基于从高级法到宪法至上的知识背景和历史经验的解读

陈云生

内容提要：全文由四个部分组成。第一部分就时下法学界流行的"先有罗马法，后有宪法"的说法从各个层面进行了分析；第二部分通过从古希腊直到近代的历史追述，阐述了宪法的高级法知识背景和成长经验；第三部分基于近、现代宪法文本自身的规定，说明了宪法如何使之至上的法律地位得到了实体的确认；第四部分通过反思性体悟，指出当前中国宪法学术界和有关各方面仍然面对树立和重构宪法至上的理念与机制的现实任务。

关键词：启蒙学者　高级法　大宪章　共同权利和理性　宪法至上

今次再从"高级法"到宪法至上的宪法知识背景和历史经验方面做进一步解读。

一　从"先有罗马法，后有宪法"说起

在当下的中国法学界，在宪法学与友邻学科的"对话"中，先声夺人的"先有罗马法，后有宪法"的话语在法学界广为流传，并被认为是树立某一法学科优势地位的有力证据。言之凿凿，使人不能不信、莫敢不信。此言若从法律学科发生学意义上的先后次序上看，若再将"宪法"设定在近现代宪法的意义（目前是宪法学术界的公论）上，自是一个历史事实，无可争议。但倘若以此作为高扬某一学科而同时降格宪法的最高法律地位和最大法律权威的证言，就不再是无可争议的学术命题了。试浅析如下。

第一，从法律发展史上，作为一个时代类别的法律体系，是不应当轻率

地用"先后"来评判其价值和法律地位的。依照此种推论,别人也可以说:"先有希腊宪法,后有罗马法。"(史记古希腊思想家亚里士多德曾集158个城邦国家的"宪法"进行比较研究)这显然不能成为贬损罗马法地位和价值的理由。历史上不同的法律体系,其出现的时间总是客观地存在先后,这种时间上的先后显然区别于人的出生辈分的先后,人们因出生先后而使长幼有别,然后依社会伦理道德建立长幼的行为规范,如尊老爱幼等。即使如此,在现代的公民社会和国家,公民在法律面前一律平等,以大压小,以长欺幼也为法律平等原则所不容。"先有罗马法,后有宪法"之说很容易使人产生以先压后,以长欺幼的联想。

第二,按稍许有些过时的传统上公、私法律的分类法,罗马法应当归属私法序列,而宪法则无疑是公法属性,两者规范对象不同,体系也自然有异,无论如何,它们都各自具有特定的价值与功能,在一定意义上是一个相互补充的关系,共同构成一个国家的总的法律体系,它们之间既不存在可以相互取代,也不存在相互拒斥的关系。而"先有罗马法,后有宪法"之说,似有将两者放在对立位置的嫌疑。

第三,罗马法曾在罗马时期辉煌和极盛一时,但随着东罗马帝国的解体,罗马法曾衰落了几个世纪之久,更谈不上原封不动地保留下来。尽管人们不能否认,罗马法的基本元素乃至其原则在后世兴起的另一个崭新的、不同的文明中,即资本主义文明中得到复兴,并为19世纪的法、德、瑞士等国的民法体系所继承和发扬,但无论如何,资产阶级民法典只能视为一个经改造适用于资本主义生产关系的全新的法律体系,而不是罗马法的完整的、全盘的继承。而"先有罗马法,后有宪法"之说之所以令人存疑,恰恰在于很容易产生使世人以为罗马法在现今世界上仍然是一个法律体系真实存在,或认为现时西方民法典就是罗马法的近代变身的印象。以一个早已不复存在的古老法律体系作为支持某个法律学科的"坐大"的理由,并不能使人心悦诚服。

第四,即使光从"后有宪法"方面看,也还有一辩。"后有宪法"如果是指西方市民革命成功地建立资产阶级国家以后制定的近现代宪法,如前所述,这无可置疑。但是,请不要忘记,在罗马时代就有如同今天视为"宪法"一词渊源的"Constitutio"拉丁文的出现,这个词大概是由西塞罗所创造,用来描述各种形式的政府或政治制度。可见,"先有罗马法,后有宪法"之说或许还不是,或者根本就不是一个真实和无可辩驳的历史命题。

第五,宪法并不是像戏剧一样,大幕一拉,满台活灵活现的戏剧人物立刻就显现在观众的面前。宪法可不是这样,绝不是资产阶级国家一建立,就立即实行立宪并施行宪政。事实上，西方的正式成文宪法如以美国1787年宪法为基点，其酝酿时期早在前几个世纪就启动了。从这个意义上和世界范围来说，宪法和罗马法至少并行存在过几个世纪之久；而如果从宪政母国的英国来说，此说更是明显地违背了历史事实。诚如美国法理学家埃德加·博登海默所指出的："英国人对具体情势的要求所具有的那种实际判断和直觉意识，对建立唯一能与罗马法并驾齐驱的法律体系作出了贡献。"[①] 事实上，英国的宪政史最早可以追溯到11世纪。即使是作为宪法脱胎于母体的普通法历史的真正起点，也应从都铎王朝亨利二世在12世纪后半期前25年中确立了一个名为中央上诉法院的巡回法院制度算起。[②] 而在13世纪之前期的1215年，则有号称最早宪法性文件的《大宪章》问世。宪法史学界的权威学者向来认为，在英国虽然从未启动如后世许多国家的立宪程序，但其从事的全部法律活动仍被称之为"宪政运动"，从而英国被称为"宪政母国"。此种英国立宪史更可以证明，"先有罗马法，后有宪法"这个提法不仅有违历史事实，而且涉嫌是一个"伪命题"。

第六，罗马人拥有创造一个以理性和一致性为特征的法律制度的能力，他们成功地在私人与私人之间，即公民与公民之间建立起平等法律关系，在人类法律发展史上第一次成功地实现了对公民个人，也就是个体自然人的人身和财产权益真正法律意义上的平等保护。然而，罗马人并没有成功地建立起公民与国家的法律关系。他们在这方面的努力是失败的。这或许就是罗马法在后期衰落了几个世纪之久的内在原因之一。正是罗马人的这种失败和罗马法体系中的重大缺失，才促成了后世公法的创立，以及公法与私法二元法律体系的并驾齐驱。我们今人评价罗马法时，不能只高扬其辉煌的一面，而讳言其失败和缺失的一面。

第七，在罗马时代，是否真的不存在如后世出现的那种类似宪法的"高级法"观念与体系和形似"成文宪法"的法律体系，也还是一个值得探讨的问题。古罗马法学家西塞罗、塞涅卡、乌尔庇安等人对此都有论述。不过，这将在本文后面再行介绍。

然而，此文的目的与其说是为在当前法学学科间"对话"中显得底气不

[①] 转引自[美]埃德加·博登海默《法理学——法律哲学与法律方法》，邓正来译，中国政法大学出版社2004年1月修订版，第219页。

[②] [美]爱德华·S.科文：《美国宪法的"高级法"背景》，强世功译，生活·读书·新知三联书店1996年版，第19页。

足和显然受到"贬低"的"宪法"予以正名,毋宁说是为了重申一下有关宪法的背景性智识和成长的历史经验。这毕竟是宪法现象与生俱来的性质元素,是宪法学科总体系中不可或缺的部分。况且,这种知识在中国宪法学术界似乎早已被人淡忘,或许从来就没有受过重视。现在该是到了值得关注的时候了。这不仅是因为宪法是从历史中走来,而且是从"高级法"的法律高台上一路走来,宪法的最高法律地位和最大法律效力是在漫长的法律进化史上逐渐积淀下来的,可以说是一个历史的必然。然而,目前在中国法学界,这个历史的必然正在遭受动摇,甚至有面临被颠覆的危险。对历史给予必要的尊重和敬畏,应是科学态度的应有之意。中国当代宪法学人有责任通过对宪法史的追述与研究,为确立宪法至上的法律地位做些分内的事。

二 宪法的高级法知识背景和成长经验

在西方的思想史和学术史上,自古希腊的柏拉图、亚里士多德以来,就形成了一种被称为"二元论"的学术研究风格和传统,即认为在包括法律现象的每一个社会现象之后,冥冥中存在着某种神秘的力量——或为神,或为理性,或为先验的原则、精神,等等——在暗中支配或决定各种社会现象的产生、运行和发展。在牛顿发现自然界的万有引力之后,自然科学的这一成果再次刺激和强化了社会科学研究的这种进路。自中世纪晚期人文运动伊始,特别是到了近代法学和宪法学的产生和兴起之后,探求法律和宪法条文的背后或潜藏于其间的神性、理性原则及精神的研究范式,更是成为法学和宪法学研究的一贯进路,并形成长久的学术传统。从法律和宪法的神圣性到自然法及其先验的理性、再到主、客观唯心主义的世界精神和道德原则、进而到当代罗尔斯的正义论和德沃金的权利原则,直到当代复兴的各种变异的自然法,以及再度被提起的宗教道德原则,等等,都是这种"二元论"的典型体现。19世纪中叶至20世纪前半叶相继兴起和发展起来的法律实证主义和规范法学等学派,尽管以反理性主义的法哲学立场取得法学和宪法学研究的新突破,但很快便走向式微,并未对"二元论"的法学和宪法学研究传统造成颠覆性的破坏。至今,这种"二元论"的法哲学和宪法哲学的研究进路和方法在法学和宪法学的研究中还相当得势。现代美国宪法学者爱德华·S. 科文在《美国宪法的"高级法"背景》一文所展示的资料运用的彻底性和精确性,以及思想的深邃性,就是这种"二元论"研究进路和方法的典型范例。

按照科文教授的观点，美国宪法的合法性、至上性以及对它尊崇的要求，是基于一种超越正义原则的基础之上，即美国人民深信有一种"法"高于人间统治者的意志，宪法就是协调这个原则与政府权力关系的高级法文件。他详尽地考证了这种"高级法"的古老渊源以及转变过程。下面让我们循着科文及其他先辈们为我们开辟的坦途，探讨宪法是如何一步步地从"高级法"的历史土壤中发育、扎根和成长起来的。

早在古希腊时代，安提戈涅就已经将古老的习惯法置于人类制定的规则之上。一个世纪以后，狄摩塞尼斯认为法律都是一种发现，是神赐予的礼物。亚里士多德又进一步将国家的法律与"自然法"加以区分，而自然法的核心概念就是"自然正义"。一般认为，"自然正义"主要是一种立法者遵循的规范和指南。斯多葛学派在亚里士多德的基础上，又进一步充实和拓展了自然法的理念，认为自然法概念是一种道德秩序概念。最高的立法者就是自然本身，人们通过上帝赐予的理性能力与诸神一道，直接参与自然秩序的建构。自然、人性和理性是一回事。

古罗马法学派西塞罗又将斯多葛自然法中的抽象的道德秩序恢复为世界性的法律和政治观念。他认为，真正的法律乃是正确的理性，它与自然和谐一致，它散播至所有的人，且亘古不变，万世长存。人类立法不得企图背离该法，这是一项神圣义务；而且不得毁损该法，更不得废弃该法。事实上，无论元老院还是人民，都无法不受该法的约束；它也不需要我们自己之外的任何人作为其解说者或阐释者。不可能在罗马有一种法，在雅典有另一种法；或者现在有一种法，将来有一种法，有的只是一种永恒不变的法，无论何时何地，它都是有效。西塞罗还进而将其上述自然法理念提升为"正式法"，尤其是"制定法"与"真正的法律"两个相互区分的法律体系的高度。认为"真正的法律"是依照自然区分正确和错误的规则；而其他任何类型的法律不仅不应当看作法，而且也不应当称为法，或者只可勉强称之为披着法的外衣的法律。至于这种法律与真正的法律相冲突时，补救的措施就是前者服从后者，即制定法必须服从真正的法所体现的那些神圣不可侵犯准则。罗马人在成文法规中通常都要规定保留条款，通过这种方式使真正的法的那些准则成为约束立法权的"成文宪法"①。西塞罗不止一次借助这种条款，援引"真正的法律"来反对制定法；还有几次，他指出占卜官和元老院有权废止那些没有依据"真正的法律"制定的法律；他甚至在元老院的一次讲演中，直接诉

---

① 转引自［美］爱德华·S.科文《美国宪法的"高级法"背景》，第7—11页。

诸"正义的学说"来反对"成文法规"。西塞罗的自然法观念经罗马时代其他思想家和法学家如塞涅卡和乌尔庇安等的认可后又提升到一个新的高度,即从自然法衍生出生而自由或自然权利的内容。自然权利和理性后来又逐渐渗透到罗马的"万民法"中,自然法于是取代了"实证法"的外在形式,不仅具有确定的内容,而且可以得到强力保证的实施。① (这里的介绍正好对应了前文的"第七"所要表述的内容。——笔者)

从上述我们可以体悟到,人类近代社会以来不断提出和得到强化的宪法是国家根本大法,具有最高法律地位和最大法律效力的观念绝非人类社会即兴的、偶然的发明和创造,而是具有深厚的历史渊源。古代先贤们提出和弘扬的"自然正义"、"永恒不变的法"、"万民法"、"自然权利和理性"等观念,不仅至今还是我们讨论政治、法律,特别是宪法现象的课题和"对话"的基础,而且其所阐发的自然法或"高级法"的理念,尽管还显得朴拙和稚嫩,但其显现的蓬勃生机,终究要在后世开花结果。

自然法和高级法的观念在欧洲的中世纪得以赓续和发展。中世纪欧洲是一个世俗权威与教会权威持续斗争,并最终以教会权威取得压倒性主导和统治权的时代。适应这种时代变迁的需要,原来古希腊罗马的自然法观念也发生了重大的转变。古希腊罗马的思想家们普遍将自己的自然法的思想置于人性的普遍一致性、人类命运可观察的一致性和人类理性可发现自然法的一致性之上。自然法构成了实证法的优越性的终极源泉和最终原因。于是,自然法便成了立法者刻意使其法典化的目标。《国法大全》就是这种努力的结果。然而,在神权占主导和统治地位的时代,使这一进程发生了逆转。世俗的统治权经全面渗透了神权统治权之后,则变成了家长式的、不需承担责任的且不受任何制度约束的权力。为了适应这一时代变迁的需要,原来的自然法,即超越制定法的高级法观念,也相应地发生了改变。由于基督教教义和《圣经》的渗透和影响,原来基于人性和理性发现并法典化的自然法,则以"天国里弥漫的普遍存在"和"刻在人们心中的法律"的形式变成了神秘的超越法。而这种法律的宗旨和目的也由原来的经由启迪、开导权威以实现社会的正义,而变成了从外部制约和限制绝对神权政治统治,从而为了纠正社会普遍流行的不正义。这种限权的观念直接地影响了近代的西方宪法理论和分权学说,并在美国宪法中得到了典型的体

---

① 转引自［美］爱德华·S. 科文《美国宪法的"高级法"背景》,第7—11页。

现。① 由此可见，中世纪限权的自然法观念不仅没有中断"高级法"观念，反而进一步强化了这个观念。

到了人文运动时代，作为"宪政母国"的英国在培育"高级法"的观念和建构体系方面作出了特殊的贡献。英国由于其特殊的地理位置和立国经历，其高级法观念与欧洲大陆普遍流行的"高级法"从一开始就分道扬镳了。在英国的法律情境中，"高级法"不再是某些应当约束政治权威的原则如何以法律的面目出现，或者在多大程度上采用法律的形式，而毋宁是某些原本具有法律特征的原则如何表现为具有更高性质的原则，即有资格控制权威而且又以法的形式控制权威的原则。换句话说，问题不在于普通法如何变为法律，而是如何变为更高级的法。②

英国普通法之所以变为高级法，是普通法形成的基质和实施的体制所决定的，从更广阔的社会背景上来说，它是英国特殊的政治法律环境所催生的。

正确理性从14世纪起便被视为使普通法变为"高级法"的主要依据。只不过，欧洲大陆的高级法准则所依据的正确理性，一直是西塞罗诉求的正确理性，它是全人类的正确理性；而在英国，作为普通法基石的正确理性，从一开始就是法官的正确理性。普通法被看作依赖于知识或发现的法，更确切地说，是依赖于专家们，特别是法官们心目中的"法"。③

正确理性支撑了并建构了普通法变为"高级法"的最重要的观念基础，以及法官在实现这种正确理性所发挥的特殊作用，但这还不够，还需要一些特殊的观念延伸、衍化作为介质；而且这种介质的形成也不是一朝一夕就能完成的，事实上它经历了几百年的积蓄、转化的过程。

最重要的观念延伸和转化是关于理性优于或高于制定法，甚至优于或高于王权。亨利六世的大法官约翰·福蒂斯丘，在他的著作《英国法礼赞》中提出了统治权，即王权受限制的观念，并把这种观念建立在统治权源于民众这一思想之上。

宪法从一开始就不是作为一般法律创设的，而是作为高级法而设计的。近现代宪法赓续了古代"宪法"作为国家总体结构性规范和体系的原旨和内涵，这种原旨和内涵本来就含有"宪法"高于一般法律的底蕴，经启蒙学者

---

① 转引自［美］爱德华·S. 科文《美国宪法的"高级法"背景》，第14—15页。
② ［美］爱德华·S. 科文：《美国宪法的"高级法"背景》，第19—20页。
③ 同上书，第18页。

的改良和发扬，其高级法的特性愈加得以彰显和固化，一直最终确立了"宪法至上"的理念与地位。对于这种普世公认的理念与地位，除中国法学界的少数学者外，迄未受到过挑战。

在英国的宪法史上，1215年制定的《大宪章》是一个重大的事件。《大宪章》之所以重要和出名——以至于后人将其视为最早的成文宪法性的文件，而忽略了它实质上只不过是当时的国王迫于财政的压力，而给予特定的封臣阶层的特许状——首先它是一纸文件，它以文字语言表达的形式明确而又具体地体现了高级法的观念。《大宪章》从制定以后，整整持续了一个世纪的辉煌时代，以致在英国逐步培育出了对《大宪章》的崇拜。即使到了《大宪章》落寞以后，这种崇拜又成功地转移到普通法之上，继续滋润了培育"宪法至上"观念的土壤。

在西方宪法学史上，到了18世纪前半叶，则属于英国伟大思想家洛克了。洛克的著作《政府论》，特别是其下篇，现在还是许多宪法学人手边必备的学习和参考著作。洛克生活在英国17世纪资产阶级革命的时代，经历了英国内战、共和、护国制和复辟的起伏，以及1688年"光荣革命"成功的所有阶段。在封建贵族与资产阶级以及新贵族相互妥协而建立的议会制政体中，柯克时代所面临的王权欲凌驾于法律之上的权力基础和结构已不复存在，因而倡立法律至上的法学使命业已结束。王权被成功地改造成为议会主权的一部分和议会主权内在统一的结构中。在新的权力时代，议会主权和法律至上已实现有机的结合，然而，无论是议会主权还是法律至上或者两者的结合，又会面临新的权力内在和理念上和结构上的矛盾乃至冲突，议会主权一方面存在与法律至上关系协调的结构上的矛盾，而其自身又面临着何以和用什么来驾驭往往表现为桀骜不驯的政治权力，以致使其驯化在一个更有权威的理念和架构之下？而于此时，原先经过长达几个世纪倡导而树立起来的法律至上的理念与架构，在新的权力结构中，又何以和用什么来加以体现？很显然，单纯地用法律至上既不能也不应该成为驯化议会主权的手段，因为法律至上与议会主权已经有机地融合成为一体了。新的权力结构需要新的思维和结构来取代原来的理念与结构。为此，洛克站在新的历史起点，重新诠释了自然法，他把自然法从柯克的不可名状的"共同权利和理性"完全融化到可以看得见、摸得着的具体的个人的"自然权利"之中，而"自然权利"又具体在"生命、自由和财产"的三大权利之中。他对这三大权利的保护给予格外的重视，甚至认为"人民"为了实现对其权利的保护才同意通过"社会契约"的形式组织政府，并将公共权力"委托"给政府来管理，设立政府的唯一目的就是保护个人的自然权利不受政府及任何个人的侵犯。一旦政府侵犯了人民的自然权利，人民就有权实行反抗，以改变政府。

洛克既然主张人民的主权，确切地说个人的自然权利至高无上，政府的权力包括最重要的立法权力必须受到限制，且只能以实现人民的"公共福利"为行使权力的目的，那么，就必然地要求重建社会和国家的最有权威的理念与体系；洛克将这种权威的理念与体系设想为一种基本秩序或基本法。这种基本秩序或基本法不仅潜含着个人自然权利的内容，也同时潜含着对个人自然权利的保护机制，这种机制就蕴含着对政府权力的限制，以及对至高无上的基本法的不可违背性。正是在这里，我们才触及了洛克关于后来所谓"宪法"理念与机制的实质，即政府是基于人民同意的"社会契约"而建立的，人民保留了最高的，也是最终的权力，公共权力的行使必须以保护人民的自由、权利以及实现公共福利为宗旨，政府的权力因而是有约束的和受限制的；而无论是政府还是人民自己包括每个人又都在一种由自然法、神的意志支配下的基本秩序或基本法的框架内活动。这种基本秩序或基本法是不能违背的，它才具有绝对的权威和至高无上的支配地位。

三 宪法至上地位的实体确认

由洛克倡导的宪法学说和政府理论直接影响到美国的宪法制定和宪政建立，其中最重要的影响就是如何实现宪法至上的学说与理论。在美国宪法制定后等待各州批准之际，曾就如何组织政府问题展开了一场大辩论，辩论一方为以富兰克林为代表的共和主义者，另一方则以汉密尔顿、麦迪逊为代表的联邦主义者。前者主张在美国建立统一的共和主义政府，而后者则拥护宪法所体现的由各殖民地联合组建一个联邦政府，后者的意见集中体现在汉密尔顿等三人所发表的一系列评论性文章中，后来这些文章被集成《联邦党人文集》一书。在汉密尔顿所写的第七十八篇文章中，集中探讨了司法部门问题。在文章中，汉密尔顿明确地指出，美国宪法是一部"限权宪法"，"所谓限权宪法系指为立法机关规定一定限制的宪法。如规定：立法机关不得制定剥夺公民权利的法案；不得制定有追溯力的法律等。在实际执行中，此类限制需通过法院执行，因而法院必须有宣布违反宪法明文规定的立法为无效之权。如无此项规定，则一切保留特定权利与特权的条款将形同虚设"。① 又说："代议机关的立法如违反委任其行使代议权的根本法自当归于无效乃十分明确的一条原则。因此，违宪的立法自然不能使之生效。"② "解释法律乃是法院的正当与特有的职责。而宪法事实上是，亦应被法官看作根本大法，所以对宪法以及立法机关制定的任何法律的解释权应属于法院。"③ 汉密尔顿的以上评论，已经明确无误地将宪法称为"根本大法"，宪法不仅限制了立法机关的权力，而且法院有权宣布违宪的立法无效的责任。这一切都明示或暗含着宪法是至高无上的法律。实际上，美国宪法自身就是这样规定的。

尽管美国宪法自身规定其是联邦的最高法律，但由于制宪时代们的意见分歧，宪法并未明确规定联邦法院具有宪法解释权和宣布国会立法违宪无效的权力。直到1803年，联邦首席大法官马歇尔才在马伯里诉麦迪逊一案中，以判决的形式宣布法院有这项职权。由于这是美国立宪史上第一次以司法判决的形式实现了普通司法机关行使司法审查的职权，从法理上再次确认了洛克、汉密尔顿等人的宪法至上的学说。

由于美国宪法及司法审查对后世全世界各国宪法的影响，宪法至上的学说得到了普世的承认。据统计，在全世界的宪法中，规定宪法比普通法律具有更高的法律地位的总数远远高于没有规定更高的法律地位的宪法总数，分别是95%和20%。④

四　反思性体悟

宪法至上也许是历史上的先人，特别是宪法大师和先哲们留给我们的最重要的法律文化和法律体系遗产之一。当我们今天的宪法学术界人对于"宪法是国家的根本大法"、"宪法具有最高的法律地位和法律效力"的话语早已耳熟能详的时候，其实我们只是简单地承认和接受了这份遗产。至于其中由先人特别是几代宪法大师和先哲们付出几个世纪的艰难建树的过程，以及其

---

① 转引自［美］汉密尔顿、杰伊、麦迪逊《联邦党人文集》，程逢如等译，商务印书馆1982年版，第302页。
② 同上。
③ 同上书，第302—303页。
④ 参见［荷］亨克·范·马尔赛文、格尔·范·德·唐《成文宪法——通过计算机进行的比较研究》，陈云生译，北京大学出版社2007年版，第86—87页。

中蕴含的深刻的立宪主义原理，我们今人在大多数情况下都没有必要甚至根本没有兴趣去回顾和体认，正是这种内在机理的缺失，才导致人们对宪法只是作为治国的一个工具加以运用，而很少或没有从深层次的理念与宪法结构的意义上去体认宪法的真正含义及其价值。而现时法学界一些学者不遗余力地将作为"山峰"的宪法削平犹同作为"峰谷"的一般法律处于同一位阶的努力，也是对宪法至上性这样寓意深刻的立宪主义原理缺乏必要体认的表现。所有这些表明，在当下中国的法学界，仍需我们宪法学术业内人士去努力辩说和论证宪法的至上性。笔者即使不说这就是中国宪法学的"宿命"或"悲哀"，但至少从另一个侧面折射出宪法理论界基础理论研究的薄弱状态。站在今天宪法学的高度，我们仍然面临着树立和重构宪法至上的理念与机制的现实任务。先人孜孜以求地建构宪法至上地位的历史早已逝去，而他们留下的宝贵思想仍值得我们今人去追忆、体味、传承和发扬。

载于《中国社会科学院研究生院学报》2009年第2期

第十二篇　中国宪法价值目标的阶段性转变与终极价值目标的确定

——改革开放三十年中国宪法的历史性进步

内容提要：改革开放三十年期间，中国宪法取得了各方面的进步，其中最具有历史意义的进步之一，就是其价值目标经过多阶段历史性的调整与转变之后，最终确定了"社会和谐"的终极价值目标。如何实现这个终极的价值目标，就成为现在及今后宪法实施和宪政建设、改革亟待关注和实践的重大社会发展和国家建设课题。

关键词：阶段性转变　历史性进步　终极价值目标　宪法实施　宪政建设

在百年的中国宪法史上，在最近实行改革开放的三十年期间，中国宪法特别是现行宪法取得了长足的历史进步，这在宪法的价值目标的阶段性调整与转变、终极价值目标的确定方面，尤显突出。本文就此尝试进行分析。

一　宪法作为多价值的文件载体

人们常常将宪法视为一纸文件，或进而视为一个政治法律性的文件。这当然没有错。不过，这种认识通常只是从具有规范性的意义上来说的。宪法的规范性固然重要，是宪法实施和宪政建设不可或缺的行为规制。这就是说，宪法主要以强制性的规则体系要求人们从事某种行为，或者限制人们不能从事某种行为。在这个意义上，无论人们是否尊重宪法，也不论人们是否理解宪法，都必须依宪法设定的规则和规制的方式遵守和实施宪法，全社会和举国上下概莫能外，即使是国家公权力机关和各级公职人员，都没有宪法规则之外的特权。任何组织和个人如违反了宪法，都要受到查究，依照宪法和法律的规定承担起相应的责任；即使是国家的法律、行政法规和行政决定、命令等也不允许违反宪法，违反了宪法，通常都要启动"违宪"机制予以废止或纠正。

宪法规范之所以重要，就在于它为人们和国家公权力机关和公职人员的行为设立了一个在总体上可见的、界限分明和可具体遵行的行为准则（不排除而且需要用法律、规章及制度性细规则加以补充），把人们及国家公权力机关和公职人员的政治行为和社会行为约束在一个标准的行为模式或框架之下，从而使全社会和举国上下行不失矩，为不失范。人们遵守和实施宪法的行为即使很难达到"严格"的规范要求，但绝不能在这个层面上降低标准或放松要求。不过，我们还应当指出，即使我们在这个层面上达到了较高的标准或较理想的状态，从宪法实施的更高标准和更理想状态来说，也还是不够的。因为宪法的实施还关系到另一种体系，即价值体系。不论学者们关于一般的包括宪法和法律规范和价值的观念和学说存在多么大的分歧和争议，就一般的价值论和价值方法来说，在当代的学术界已经越来越重视和强调价值在人们认知和指导人们行为的哲学层面的地位与作用。在我们看来，就宪法的实施的总品质上来说，规范体系的重要性只能满足"行为"方面的合宪要求，而拥护、喜欢、信仰、献身这些"情感"方面的要求，对于宪法的遵守和实施是一个重要的内在驱动力。此外，作为有形的和无形的宪法价值目标，也有着极其重要的固定、导引和定向的作用，同样是宪法遵守和实施的重要因素。中国宪法在改革开放三十年间所发挥的固定和定向作用，以及所产生的价值影响是显著的。只是这方面的社会体验还不深刻，宪法学术界也几乎没有给予必要的理论关注。

宪法除了作为国家的根本大法的规范载体之外，还是一个价值的文件载体。作为价值载体，其重要的和基本的特点，就是"多价值"。"多价值"体现在不同的层面上，有的体现在具体的政治、法律和社会等具体事务方面，有的体现在超然的一般价值上；有些是由宪法文字明确规定下来，而另有些是暗含在宪法的精神和原则中的；有些价值是现实的，而另有些价值则是要实现的"目标"。强化对宪法多价值的体认，不仅关系到人们对宪法的规范、原则的认识和理解的深度，而且更重要的是关系到宪法实施和宪政建设的品质和方向。

从最一般的意义上来说，世界上各国的宪法以及世界性宪法发展的总态势，都曾发挥一定的和重要的各国社会和国家以及国际社会的价值目标的固化和定向作用，而且由于历史阶段性的发展情境所决定，这种价值固化和定向作用，通常也具有阶段性，即在不同的历史时期发挥不同的阶段性的价值定向作用。其间阶段性的适当和及时的转变，是对一个民族及其国家的政治智慧的考验，也是检验一个民族及其国家宪法和宪政是否成熟的一个重要指标。从世界性的宪法价值目标上看，可以大致地分为以下几个阶段。在17、18世纪至19世纪上半期，是立宪和宪政在英、美、法等少数西方国家的成功初建时期，其间的主要价值目标是废除封建特权、实行民主、实现自由以及完成由封建社会向资本主义社会的转型。现代作为普世的民主、自由的价值观，就是由那个时期的价值目标的导引而确认下来的。19世纪中叶起至20世纪初，主要在欧洲和中南美洲兴起的世界性立宪高潮中，其间的宪法价值目标，在欧洲就是实现由封建专制国家向民主宪政国家的转型。那个时期宪法的最大历史功绩，就是由英、美、法开创的暴力革命性社会的历史转型的方式，改变为非暴力的和平转型方式，现时在欧洲一些国家仍然实行的君主立宪制，就是这种由宪法实现的社会转型的结果。在中南美洲，其宪法价值目标就是由殖民地转为各自独立的民族国家。世界历史进入20世纪以后，由工业革命引发的社会和政治结构的巨大而深刻的变化所决定，那个时期的宪法价值目标，在经济领域中，主要集中在对资本主义生产关系和社会关系的调整，确定了资本主义的发展，必须服务公共利益的价值方向，其中特别是确定了对影响国计民生的大企业和垄断集团的节制和约束；在政治领域，社会平等的价值观得到伸张，其标志性成果，就是奴隶制的废除和妇女选举权的获得。第二次世界大战之后，作为世界性宪法价值目标主要集中在人权理念的张扬和人权保护机制的建立以及社会福利制度的建立和完善方面。这样的宪法价值方向至今还在导引着世界性特别是西方国家的社会进程。

二 改革开放三十年中国宪法的阶段性价值目标和终极价值目标

改革开放三十年，既是中国在意识形态领域中除旧立新的一场思想大解放运动，也是一次具有深刻社会变革、转型的社会运动，以及在深层次政治结构上的一场政治革命。同中国在历史上发生的重大变革和革命不同的是，这些都是围绕在宪法的制定、修改以及建立和完善宪政的层面上展开的，具有一部规定民主、法治、人权、正义、平等、自由、安全等价值的成文宪法和为实施宪法而建立起来的民主宪政，是一个社会和民族国家具有现代性的最鲜明的和突出的特征。如果说，中国人民自19世纪中叶起掀起的争取民族解放和国家独立的波澜壮阔的伟大斗争,就是吹响了向民族和国家进军现代性征程的号角的话,那么,自20世纪初开始并持续至今的立宪和宪政运动,则标志着中华民族和作为独立的国家已经走上了现代化的不归路。一百多年来,不论经历多少坎坷和挫折,也不论遭遇了多少失败和失误,中华民族和国家的现代化征程始终都是由宪法和宪政相伴,这种相伴既有对现代性成果的记录和固定,也有对现代化方向的定向和导引。离开了宪法和宪政,我们就无法全面而深刻地认识中国一百多年来的现代历史。中国宪法特别是现行宪法的现代性,集中体现在它融汇了近代普世价值观念及其价值体系,这就是正义、自由、安全、共同福利。

正义即通常所说的公正,是一个既古老又新鲜的话题,尽管各个不同的历史时期,持各种不同立场和主张的人对正义有不同的解读,但人类对正义的追求自古至今从未中断。人类之所以如此持续不断地探讨正义的理念及其社会实现的机制,这是因为人类早已认识到,单纯地发挥法律和其他社会规范的结构上的功能,即使采纳那些为人们的预期提供一定程度之安全保障的详尽无遗且精确到家的规则,并不足以创造出一个令人满意的社会生活方式。在人们的相互关系中消除随机性固然能够保障人际间的和睦相处,但在社会生活大规模组织的管理方面,特别是公共权力的行使方面,单纯依靠规则、制度包括法律制度并不能预防上述的组织者和管理者运用不合理的、不可行的或压制性的规则、制度包括法律制度以达到不合乎理性的目的。正是基于此种体认,人类早已意识到在人类社会生活的组织过程中还必须确认和实施某种合乎"正义"或"公正"的观念。这就是说,人类过上有秩序的社会生活所建构的由各种规范组成的大厦,必须只能建立在公正性和合理性之上。由各种原则、精神、义理所组成的正义理念所关注的是人类社会生活能否达到预期的文明、幸福、和睦等价值方面。

自由,有时也用权利的概念来表达,它是比权利更广泛的概念。自由在当代的法律制度中是被分解成各种法定的权利来表述和保障的。但这并不意味着自由完全是人在社会生活中人为地创造出来的。在西方一些法哲学流派中,特别是自然法学派认为自由是一种与生俱来的自然权利,要求自由的欲望是人类所具有的一种普遍特性,它植根于人的自然倾向之中。人性中似乎就存在着不以人们的意志为转移的要求获得尽可能多的自由的意向,人人都具有实现其人格力的强烈欲望,也都具有利用自己的聪明才智尽量展现他们运用大自然赋予他们能力的强烈意愿。当人类的这种欲望和意愿受到压制性的桎梏束缚时,作为个人被认为是受到了歧视、压迫、虐待等极不公正的待遇，因而常常表现出强烈的不满、逆反甚至是愤怒的反抗情绪，而对于社会和国家来说，如得不到及时的调整和疏导，往往会酿成群体性事件，甚至会产生社会危机。与此相反，如能解除对人的各方面自由的束缚，就能极大地激发人的各种潜能，使其主动能力、思想资源以及创造性得以充分发挥。正是基于此种对人性强烈要求自由的体认，才构成了近现代法律制度乃至整个社会制度和国家政权对自由这个价值蕴含的不懈追求和保障的愿望。

平等也是宪法和法律另一个重要的价值追求，通过对宪法和法律平等理想的追求和平等在实际社会生活中的实现，对人类的社会生活起着极其重要的调控作用。

平等是一个具有多种含义的多形概念，它可以指政治参与的权利、收入分配的制度上的平等，也可以是指弱势群体在社会地位和法律地位上的平等对待。它的范围还涉及法律待遇的平等、机会的平等和人类基本需要的平等。它也关注诸成合同的义务与对应义务间的平等保护问题，关注因损害行为进行赔偿时所作出的恰当补偿或恢复原状的问题，并关注在适用刑法时罪与罚是否相当的均衡问题。① 宪法和法律上平等的基本要求是：相同的人和相同的情形必须得到相同的或至少是相似的待遇，并在宪法和法律的平等立法和保护中，排除种族、性别、宗教、民族背景和意识形态等带有歧视性的因素，使生命权、自由权、财产权、受教育权和政治参与权等基本权利在社会所有成员中得到大致相同的分配，并在法律实施与执行法律职能的机关对这些基本权利予以同等的尊重和保障。与此同时，也必须对那些不能充分享受平等权利的弱势群体及个人予以某些方面的照顾或特殊保护。

平等对待和平等的保护构成了当代人类社会的一个重要的基本价值，因而也就成为宪法和法律所追求的一个基本的价值目标。

安全是当代社会的一个价值目标。霍布斯有一句格言："人民的安全乃是至高无上的法律。"② 足见安全对于人类个体乃至整个社会是多么重要。人们不遗余力追求的生命、财产、自由和平等价值只有在社会稳定的环境中才能实现。

除了来自生活经验方面的体察外，安全实际上也构成了一个心理现象和精神感受。人们在心理和精神上都有一个归属的需要，大到国家、民族，小

---

① 转引自［美］埃德加·博登海默《法理学：法律哲学与法律方法》，邓正来译，中国政法大学出版社2004年修订版，第307页。

② 同上书，第317页。

到乡里、家庭，人们只有置身于这些情境中才感到有所归依，这实质上也是基于安全感的一个方面。一个宪法和法律制度尽管不可能完全满足人们的安全感，但至少有助于建构一个文化框架。在这个文化框架中，个人能发现有益于其精神健康所必要的那种程度的内在稳定性。

此外，在当代的文明社会中，安全感又扩大到某些公害、风险、灾难，以及老龄、疾病、事故、失业，甚至衣食住行等社会性方面。为了求得人们对这些安全的需要，要求在紧急状态法、灾害防止法、食品安全法、社会保障制度等方面的法律也相应地建立和完善起来。[①]

共同福利也称共同利益，是通过宪法和法律调控所要实现的另一个价值。在一个文明社会的建构过程中，应当使个人努力和社会努力之间必须有一种积极的互动关系。如果没有一个社会制度框架给人们提供生产、工作的机会，那么人们就不能最充分地发挥其能力；相反，一个社会如果只靠群体的努力，也就无法完成那些可以称之为"文明"的任务。

（一）中国宪法的阶段性价值目标

人们公认，中国现代的改革开放是从1978年开始的。是年对于中国人民和国家来说，极具里程碑式的意义。对于已经结束的"文化大革命"以及中国将在此后的发展方向问题，执政党在具有重要历史意义的十一届三中全会上进行了总结和调整；与此同时，在国家体制内，也启动了宪法修改的程序，以一部1978年宪法取代了1975年宪法。1978年宪法的价值目标就是确立了"进入了新的发展时期"[②]，全国人民在新时期的总任务是："……在本世纪内把我国建设成为农业、工业、国防和科学技术现代化的伟大的社会主义强国"[③]。历史地看，尽管1978年宪法还带有"左"倾思想的深重痕迹，其所确定的新时期全国人民的总任务也与现在的认识有一定的差距，但在那个亟须结束社会动乱和实现社会转型的中国来说，用"新时期"切割与"旧时期"的联系，把国家的总任务转移到社会主义现代化建设方面来，作为当时尚未对"文化大革命"进行深入反思的中国人民来说，这样的宪法价值目标的确定是正确的和及时的。它为后来的宪法价值目标的不断调整和逐步明确，打下了必要的基础，确定了正确的方向。

---

① ［美］埃德加·博登海默：《法理学：法律哲学与法律方法》，第318—320页。
② 中华人民共和国1978年宪法序言。
③ 同上。

1978年是当代中国极不平凡的一年,除了全国人民代表大会通过制定1978年宪法以政治法律的形式结束了"文化大革命"之外,执政党还在同年12月召开了具有重要历史意义的十一届三中全会,会议全面清理了"文化大革命"的错误,深入总结中华人民共和国成立以来的历史经验,恢复并根据新情况制订了一系列正确的方针和政策,使国家的政治生活、经济生活和文化生活发生了巨大的变化。1981年执政党召开的十一届六中全会又通过了同样具有重大历史意义的《关于建国以来党的若干历史问题的决议》,把执政党关于历史的反思用文件的形式确认下来。这种情势表明,当时的中国共产党和全国人民已经为国家在实现新的历史性转变作出了思想、政治方略和国家政策上的必要准备。当时的中国迫切需要制定一部新的,或者说需要对1978年宪法作出重大修改的宪法,用国家根本大法的形式将通过拨乱反正而确立下来的新的建国任务、方略和指导思想等固定下来。

1982年宪法所确立的价值目标较之1978年宪法更加明确和坚定。

首先,作为拨乱反正的一项重大战略方针,就是把国家的工作重点坚决转移到社会主义现代化经济建设上来。一切工作都要围绕这个重点,为这个重点服务。为此,1982年宪法把有关国家的任务由1978年宪法的"总任务"的提法改为"根本任务"的表达。这种文字上的改变,蕴含着执政党和全国对国家任务的考量上的提升。序言明确表述这个根本任务如下:"今后国家的根本任务是集中力量进行社会主义现代化建设","逐步实现工业、农业、国防和科学技术的现代化,把我国建设成为有高度文明、高度民主的社会主义国家"。①

1982年宪法所确立的国家发展的战略方针,即总体的宪法价值目标为此后的中国实行改革开放的政策和国策确定了正确的方向,宪法的贯彻实施就是沿着这个价值目标进行的,并取得了一系列改革开放的重要成果。然而,随着改革开放的深入进行,原来确认的这个根本价值目标尽管在总体上是正确的,但它本身也有需要微调之处。此外,作为实现宪法总体价值目标的一系列子体价值目标,有的需要调整,而有些则需要补充。有关的微调、调整和补充,是通过三次对宪法进行局部修改而完成的。在1993年的宪法修正案中,基于对社会主义初级阶段的新认识,在序言中增加了"我国正处于社会主义初级阶段"的表述,并为此把国家实现的长远目标由原来的"把我国建设成为高度文明、高度民主的社会主义国家"调整为"把我国建设成为富强、

---

① 1982年宪法序言。

民主、文明的社会主义国家"①。此外，此次所作的另一个重要修改，就是把原来"实行计划经济"修改为"国家实行社会主义市场经济"②。

在一九八二年宪法中，尽管在序言中确立了"健全社会主义法制"的战略方针，但与经济建设相比，其重要性并没有得到特别的重视。但现代化的国家的根本特征之一就是法治化，经济建设也离不开法制的规范和保障。随着对法治认识的提高和法治的深入开展，需要在宪法上对作为国家根本战略方针的法治作出明确的规定，并且确定为宪法的一个价值目标以保障实现依法治国和建设社会主义法治国家的战略目标的实现。1999年的宪法修正案，最重要的修改之一就是在宪法第五条增加一款，作为第一款，规定："中华人民共和国实行依法治国，建设社会主义法治国家。"③

国家实行改革开放政策以来，在政治法律领域中取得的另一项重大成果，就是人权观念从承认到受到重视。当代现代化标识性话语和显著特征之一，就是人权观念的高扬和人权保障制度的昌明。中国的现代化进程是与世界性的现代化进程同步进行的，要融入世界现代化和全球一体化的进程之中，就必须提高对人权保护重要性的认识，重视人权的保护事业。为此，对于一九八二年宪法缺失的一般人权保护的规定，也需要作为宪法规范和价值目标予以规定和确认下来。这个任务是由二零零四年宪法的修正案完成的。该修正案把宪法第三十三条增加一款，作为第三款，规定："国家尊重和保障人权。"④

至此，我们已将一九七八年宪法和一九八二年宪法及其后来的修正案关于宪法价值目标做了系统的梳理。从中可以看出两个重要特点，第一是阶段性的调整，随着改革开放的不断深入，执政党和全国人民对国家发展的根本任务和各项战略方针的认识也在不断提高，通过宪法作为价值目标的阶段性调整，使这些认识上的逐步进步，用国家根本大法的形式确定和固定下来，发挥了根本性的定向功能与作用。第二是作为宪法的价值目标也是分为两个层次的，一是总体的价值目标，即国家的总任务或根本任务，二是分体价值目标，主要由一些治国的方略，包括实行市场经济，依法治国，尊重和保障人权所构成。通过把这些治国的方针转化为宪法的分体价值目标，从而使其得到国家根本法的固定和确认。宪法的总体价值目标和分体价值目标构成了

---

① 1993年的《中华人民共和国宪法修正案》。
② 同上。
③ 1999年的《中华人民共和国宪法修正案》。
④ 2004年的《中华人民共和国宪法修正案》。

一套完整的价值目标体系，从而为国家建设和社会发展建构了坚实而深厚的价值基础和价值取向。

（二）中国宪法的终极价值目标

然而，应当也必须指出，上述的各个时期和各个层面上的价值目标，本质上是属于"现实"或"实际"范畴的，也可以套用现代政治分析的话语，就是所谓的综合国力中的"硬实力"，综合国力中还有重要的一个方面，就是"软实力"。现代化的进程发展到当代，"软实力"越来越受到各国和国际社会的重视和强调。人们逐渐认识到，"硬实力"再强大，也不能代替，更不会自动就产生强大的"软实力"。"软实力"也是需要培育和建构的，而且需要更用心、用更大的气力去培育和建构。当然，"软实力"同"硬实力"一样，本身都是一个复杂的结构体系，需要综合把握，全面认识。但有一点是明确的，对于一个社会和国家来说，最大的"软实力"就是社会和国家的协调发展。这可以简单地表述为"和谐社会"或"社会和谐"。执政党在当前提出建设"和谐社会"的战略目标，是思想史上最新的重要思想成果，彰显了执政党对社会和国家发展理念深层次的体认和提高。我们必须认识到，社会的经济繁荣、国家的实力富强、发达的民主、健全的法制、人权的尊重和保障，都不必然会造成社会和谐的结果。国内外许多事例表明，往往是在一些经济发达、实力富强的国家和地区，社会矛盾尖锐、冲突不断，乃至战乱频仍，人民饱受摧残，苦不堪言。如同金钱并不必然使人幸福一样，富强并不必然导致社会和谐。当今的社会和国家，无论将"和谐社会"理解为一个公平正义、体制健全、充满活力、安定有序、诚信友爱、人与自然顺应的社会，还是理解为是一个多元互动、合作友爱、理性睿智的社会，无疑都是一个超越经济发达、繁荣的美好的社会理想和良善的社会结构，是人类永恒梦想和追求的社会价值目标。这种价值目标，既与社会的经济发展、极大的物质财富涌流密切相关，甚至作为必要的经济基础，又是超越其上的另一种价值体系。相对于追求经济发达、繁荣的价值体系而言，"和谐社会"的价值体系的实现难度还要更大，因而更需要现代社会的精心组织、建构以及需要人们为之付出更大的心思和劳力。

"和谐社会"的价值目标既然如此关切国家的发展方向和社会进步的深层次结构，那么，在国家的根本大法上固定和确认下来，在政治法律逻辑上应当是顺理成章的事。但由于传统的立宪观念及宪法体制，以及对和谐社会理念及建构的重要性缺乏相应的洞见，从世界性的宪法体例上来说，还罕见有这方面的规定或价值认定。中国现行宪法通过2004年的修改，较为明确地将"和谐社会"的价值目标确认下来。2004年3月14日第十届全国人民代表大会第二次会议通过的《中华人民共和国宪法修正案》第十八条对宪法序言的修改中，明确申明："……逐步实现工业、农业、国防和科学技术的现代化，推动物质文明、政治文明和精神文明协调发展，把我国建设成为富强、民主、文明的社会主义国家。"[①] 其中的"协调发展"的表述，就应当解读为建构"和谐社会"的另一种表述。在现行宪法中作出有关社会进步和国家发展具有终极价值意义的战略方向性的指陈，即使不能说在世界宪法史上绝无仅有，至少应当说是一个创举，彰显了中国宪法观念和体制在深度上的进步。

三 实现和谐社会的终极价值目标必须重视利用宪法手段和宪政安排

建构和谐社会是一项极其复杂的社会工程，需要集中社会中各个方面的资源和力量才能达到预期的目的。在当前，各方面的有识之士已经从政治、经济、法律、社会、道德、文化、教育等各个领域，从高端的政治，到社区中的邻里关系，再到个人的礼仪规范等方面提出了各种各样的设想、对策和建议。这些无疑都是建构和谐社会所必需的，值得认真地进行研究，择其善者而组织实施。

与此同时，我们也应当和必须指出，建构和谐社会，本质上只能在社会上绝大多数的成员可以理解和接受，并通过审慎的选择而确定下来的深层次的社会结构的基础上才能实现，而这种深层次的社会结构在当代就体现或蕴含在宪法和宪政之中。这是建构和谐社会的根本，建构和谐社会就必须抓住这个根本。这个根本是其他任何社会和国家因素都不能取代的；脱离了这个根本，即使其他对策和措施组织得再好、再有成效，也不具有影响社会和国家全局的组织力和协调力。在当前中国关于建构和谐社会的热烈讨论和大力实施中，我们认为恰恰是还没有意识到抓住宪法实施和宪政建设这个根本的极端重要性，也就是说，还都没有真正把关注点转移到宪法实施和宪政建设上来。这种状况应当引起高度的重视，并应切实加以调整和纠正。

在中国三十年的改革开放不断深入发展的过程中，一方面取得了举世瞩

[①] 2004年的《中华人民共和国宪法修正案》。

目的各方面的巨大成就,特别是经济长期在高位增长率上发展,被视为当代经济的奇迹。与此同时,我们也不得不面对经济高速增长所带来的各种负面效应,其中最重要的负面效应,就是社会长期存在也没有得到很好解决的不和谐现象。最突出的影响社会和谐的一些因素,如城乡发展程度的差距,东西部发展水平的扩大,贫富差别的悬殊,官场腐败,等等,长期以来不仅没有得到很好的控制和调整,而且还有愈演愈烈之势。至于矿难、生产安全事故、娱乐场所的人为灾难事故等,更是连绵不断,噩耗频传。2008年8月相继曝出有毒奶制品事件,又再次延续了有关食品安全的话题。面对这些大大小小影响社会和谐的因素和窘迫的社会问题,人们往往把解决之道寄托于多少有些超然于宪法和宪政之外的替代途径和方法上,诸如政策、政治感召力、道德规范、良心谴责、责任誓约,等等;这些途径和方法尽管必不可少,且极其重要,但无论如何都不能替代宪法和宪政在国家政治生活和社会生活中的地位和作用。因此,对于中国目前正在大力倡导和实行的建构和谐社会来说,我们应当将宪法和宪政作为实现这一宏伟目标和理想的主要途径和方略。只有大力、切实地贯彻执行宪法,逐步稳固地建立起健全、完备的宪政,我们才能真正在中国建设一个我们为之热切追求的和谐社会。从这个意义上来说,我们在当前应当利用一切可能的途径和手段,一方面大力宣传普及宪法精神、价值观和知识;另一方面要切实把治国的方略主要集中在宪法的实施和宪政的建设上来。总而言之,当务之急是要大力提高全民族的宪法和宪政观念,把我们建构和谐社会的注意力真正转移到宪法的实施和宪政的建设中来。只有高度重视利用宪法手段和宪政安排来建构和谐社会,才能尽早实现宪法所确定的终极价值目标——和谐社会。

载于《新视野》2009年第1期

第十三篇　反宪法规则决定的法律效力问题之由来：理论与实践

内容提要："反宪法规则决定的法律效力问题"是宪法学中一个古老而又未被彻底研究过的问题，它来源于宪法和法律的本质、特点，以及实施机制中与国家主权者的"决定"或"决策"密切相关的政治现实。具体说来，西方宪政发达国家创造出来的成熟宪法发展机制、新兴国家宪政赖以存在和发展的历史的社会环境的局限性、政治权力限制与反限制的悖论、理性的政治决策、心理上非理性等诸多理论与实践的因素导致了这个问题的客观存在。

关键词：反宪法规则　法律效力　政治权力运作　心理非理性

"反宪法规则决定的法律效力问题"是宪法学中一个古老而又未被彻底研究过的问题，是因为它关涉到宪法学中一系列的理论与实践问题，只是没有被单独立项，集中地加以梳理。本文将对"反宪法规则决定的法律效力问题"所涉理论与实践进行初步的梳理和探讨，以求教于同人。

一　西方宪政、宪治发达国家创造出来的成熟的宪法发展机制

在较早建立宪政、宪治的西方国家中，对于推动宪政、宪治稳固和持久发挥效能的最初构想，至少在美国等国家中，是寄希望于以繁难的程序形式阻碍对宪法可能发生的频繁修改，希图以一个经久耐用的宪法为依托建立稳固的宪政和宪治。但是，这一最初的构想很快就被证明是不切实际的和不可行的。因为随着人们的社会观念和科学技术的进步，社会和国家变革、发展速度越来越快，社会随之变得越来越复杂化。这种情势导致对宪法本身的功能和社会适应性的期望和要求也越来越高。宪法被期望和要求常用常新，在

不触动宪法所确立的社会、政治、法律根基和原则的基础上，不断作出恰当的调整，以适应社会和国家不断变革的需要。在这种情势下，原初设计的着眼于稳定不变的"刚性宪法"，因其繁难的修改程序使其无法满足这一对宪法的社会适应性的新期望和要求。于是，一些新的宪法发展机制便被创造和发展起来了。其中就包括在保持宪法所确定的社会关系基本稳定的前提下，不用频繁修改宪法的文本的方式，而是以司法审查和判决的形式来不断修改、补充和丰富完善宪法，以适应宪政、宪治的新要求、新需要。这种方式后来被社会和国家的各方面所承认，并逐渐发展成为一个成熟的宪法发展机制。

在宪法学和政治学的研究中，客观地看待和评价具有违宪审查权的普通法院和宪法法院以判决的形式修改、补充和发展宪法文本的事例更是屡见不鲜，现已史不绝书。当然，这种对宪法文本的修改、补充和发展往往是通过推翻先前早已得到确认的原则判决来实现的，如美国在20世纪50年代所做的对有色人种"平等保护"的判决推翻了19世纪下半叶曾作出的对有色人种的"隔离但平等"的判决；也有如美国联邦最高法院、德国联邦宪法法院通过对文本或宪法所体现的"基本原则"、"基本价值"的引申解释，而在事实上对宪法文本作出修改或补充。总的说来，普通法院或联邦宪法法院的这种做法不仅得到政治界和社会各界的最终承认或宽容，而且在学术界也最终得到肯定或赞许，尽管在当时或其后多少会招致激烈的批评或反对。至关重要的是，在西方的宪法和宪政史上，这种修改、补充和发展宪法的形式最终取得了合法的地位，并以其节约立宪和修宪的资源、稳定宪法和宪政、通过将政治斗争转化为宪法问题的辩论而最大限度地减少了可能引发的政治动荡或社会冲突、经常保持宪法的活力和生命力等优点和长处而备受推崇。举世公认，美国宪法是200年前制定的，至今只做过27次文字修改，其间曾有几十年未对宪法做过任何修改，但美国宪法仍保持其国家和社会的适应性且充满活力，其根本原因就在于美国联邦最高法院通过一系列具有宪法影响力的判决使其不断得到修改、补充和发展。如果说，美国是在200年的漫长历史时期才以此种方式显现其行宪的功力的话，那么，德国和法国则在短短的一二十年中，便以宪法法院、宪政院的宪法判决或类似宪法判决的形式，以被学术界称之为"宪法革命"的激昂步伐，将该国宪法从条文规定到其所蕴含的"基本原则"或"基本价值"向前大大地推进了一步，而与此形成鲜明对照的是，通过宪法文本修改的方式推动宪法进步的作用就显得不那么突出和强烈，尽管这些修改也是必要的和重要的。

不是通过宪法文本以法定程序进行的修改，而是通过司法审查或宪法判决的形式修改、补充、完善宪法，在逻辑上就提出了有权的司法机关或宪法法院依据什么准则或标准作出审查和判决的问题。虽然在理论和实践上有一派学者或法官强烈主张应以"制宪之父"们的原初立宪本意进行审查和判决，但这样做显然有悖于新机制创制的初衷，最终难以实行。新机制实施过程中大量的实例证明，法官通常是以其敏锐的职业素养、适应大众的社会心理要求、循着社会发展的脉动而作出适应时代要求和需要的审查和判决。不待说，这种审查和判决既出，往往具有违背原来宪法规定或原则的性质或因素。从广义上说，这也是"反宪法规则决定"的一部分。当然，这类"反宪法规则决定"常常会引起各方面的巨大分歧和争议。事实上，这种机制就其时期来说，确实是功过互见，不能一概而论。但从长期的宪政、宪治的发展来看，在差不多所有的西方宪政、宪治发达国家，它都不同程度地推动了宪法、宪政、宪治的进步和发展。正因为如此，此机制至今仍在不断地被应用，以致我们说它是成熟了的宪法发展机制。

二 新兴国家宪政赖以存在和发展的历史的、社会环境的局限性

第二次世界大战以后，西方国家在世界范围内的殖民体系逐渐解体，亚、非、拉美等世界各地的许多殖民国家纷纷独立，于是在世界各地涌现出一大批新兴的民族国家。这些国家便构成了后来被统称为"第三世界"或"发展中国家"的主体。这些国家的宪法通常都是在获得独立或建国后仓促制定的，更有些是受前宗主国的重大影响甚至是强加的。这样的宪法由于不是从成熟的市民社会中自然成长出来的，其他的一些历史的、社会环境的因素，就使得"反宪法规则决定"的现象势必变得格外突出。

在新兴的国家，人们在立国之初，原本对从西方引进的宪法和宪政抱有很大的期望和信心，以期解决他们在民族解放和国家独立后所面临的一系列社会、经济、政治和法律等问题。但是，由于这些国家的宪法没有像西方宪法那样构筑于已经确立的政治和经济条件以及对社会价值广泛认同的基础之上，即使宪法自身也没有创造这些条件，没有在短时期内形成这种认同。宪法只是简单地对革命成果的肯定，是对取得政权的统治阶级或集团的合法性的确认，而这些统治阶级或集团所取得的统治权通常是用暴力方式取得的，而维持其统治权又势必在很大程度上继续沿用暴力、压迫和剥削的形式。因

此，在这些国家通常把政治因素看得特别重要，以致常常把维护政治上的稳定和重要性推至无以复加的高度。

除了政治上维护统治权的需要外，在经济上也需要用强大的政治统治权，即以公共权力名义统制经济。不像西方国家，国家只是经济的反映，公共权力的设置和行使本质上是适应社会和国家发展的需要；在新兴国家，正好相反，由于原来的社会经济的历史限定，国家不是在社会和国家发展到一定程度的基础上自然地或通过革命建立的，而是外来强加的或是革命夺取政权后建立的。因此，国家不仅不能反映经济发展的需要，而且还是经济发展的发动机、总控制器。重建和发展经济的沉重和繁难的任务最终落在了国家的肩上，作为公共权力的国家机关不得不担负起组织、指挥、管理、资源配置等经济职能。在这一过程中，公共权力的集中、扩张、专断的现象不仅不可避免，而且愈演愈烈，以致像东亚、东南亚一些国家和地区所经历的那样，通过高度的政治集权或独裁做"发动机"，最终实现了国家和地区的经济腾飞。就这样，在行使高度集中或专断的政治权力的过程中，为了不断适应组织和发展经济的需要，"反宪法规则决定"就不仅不是偶然的现象，而且是经常可见的客观事实了。

新兴国家的社会利益的重新分配和社会力量的重组，也使得"反宪法规则的决定"势不可免。由于新兴国家是在原封建社会或宗主国统治的基础上建立的，原本的社会力量和个人自治的观念和机制极为薄弱，独立或建国后的急剧变革所带来的社会利益的重新分配和社会力量的重组，不仅使社会力量及公民个人感到无所适从，而且使国家的统治阶级或集团感到巨大的压力，因为按照西方模式制定的宪法和建立的宪政，本质上是以国家和社会二元分离的原则为基础的，在西方社会和宪政体制下，承认和尊重社会的多元性，以及鼓励社会力量及个人的自治权的享受和发展，作为国家公共管理机关的政治权力，不仅要"容忍"社会多元利益和多元群体的存在，而且还要在它们之间保持相对的平衡。而新兴国家繁荣政治权力，在急剧的社会变革和社会力量重组过程中，按照宪法所确立的范式往往不符合社会的实际情况，甚至与统治阶级或集团的意志和利益相左。在这种情况下，新兴国家的统治阶级或集团往往置宪法于不顾，而另去其他方面寻找自己统治权的合法性根据，甚至径直采取高压的政策，以防止社会力量和公民个人按照宪法规定的自治权的充分享受和行使，对统治阶级或集团的统治可能造成的危害。这就是为什么在新兴的国家人们常常感到宪法得不到应有的尊重和正确实施的根本原因之一。政治决策层需要不断地作政治决策以调整各种社会关系，包括公民个人的权利关系，特别是选举、集会、结社等政治权利与自由的关系。当然在这一过程中，一系列"反宪法规则决定"就势不可免了。在保证社会力量和个人服从所谓"国家长远的和根本的利益"的过程中，国家统治阶级或集团往往不在乎选择什么样的形式或程序，不管是合法的还是法外的，也不顾是否得到民众的同意或愤懑，就以专断的政治决策来治理国家和社会了。

新兴国家还存在不断地制造政治领袖人物的个人政治权威乃至个人迷信和神化崇拜的"温床"。由于阶级关系的不断变化和统治阶级或集团缺乏一致性，导致要求出现一个享有高度权威性的，甚至专制性的政治领袖人物。他被在急剧变革，潜伏各种社会、政治危机，又满怀幸福憧憬地期盼尽快改变贫穷落后状况的人们视为救世、强国、富民的大救星，社会各方面对他寄予特别高度期待的同时，也赋予他实现其抱负的无上尊严、权威，及至各项重大的、最高的政治权力。他的个人权威和感召力在民众的推崇和信奉、各级官员的阿谀奉承和献媚、新闻媒体持续的颂扬中，不断得到强化乃至神化，使他变成具有超凡个人人格魅力的伟大领袖人物；而他所掌握的政治权力也随着他的个人威望的极大提升而不断得到强化，以致使他俨然封建时代的君主那样，使自己凌驾于国家和法律之上，他差不多到了言出法随的地步，他的每一句话、每个指示、每个决定都视为最高的法律来加以贯彻执行。他甚至自己都认为自己可以不顾国家宪法和法律，为所欲为、无所顾忌。就这样，庄严、神圣的国家宪法和法律被他乃至全社会所漠视、淡忘，乃至被抛弃。他个人的威望、权威和无上的政治权力，是以牺牲宪法和法律的权威和效力为代价取得的。在这样的新兴国家，领导人物的个人感召力往往极大地超越于宪法和法律的规范效力。

从长远的或潜在的政治弊端来说，由于长期的人治盛行、法治怠慢，作为公共权力的非人格化的特征从根本上缺乏赖以形成的根基，逐渐导致国家政治生活的非民主化，政治上缺乏民主机制，国家就会脱离本来就没有深厚根基的民主轨迹，造成政治权力交替、道德标准认同、政治公信力等方面的危机，使国家长期处于混乱、无序、呆滞、缺乏生气和活力的状态，可以说，精英政治和官僚政治从长远来说，最大的弊害是对国家民主制度的损害。虽然国家宣称以民主立国，宪法也规定了人民主权的原则以及一系列相关的民主制度，但这种民主理念和制度与精英政治是格格不入的。虽然这种精英政治的长远的或潜在的政治弊端往往是通过对国家宪法和法律的正式修改而实现的，但是，大多数转变则是通过操纵、贬低和忽视国家宪法和法律的方式实现的。毫无疑问，对这一转变过程中所包含的"反宪法规则决定的法律效力问题"应当予以深入的研究，这有助于我们对宪法和法律的本质有更深入的理解。然而，不管怎样，这一转变无疑是民主和法治进程中的一个倒退，它对现代民主和法治的社会和国家的危害是巨大而深远的。[①]

三 政治权力限制与反限制的悖论

前面对于新兴国家的有关宪政实施方面的局限性的讨论，绝不意味着诸如此类的"反宪法规则决定的法律效力"问题，只是在新兴国家才有的独特或奇异的现象，而在发达的宪政国家根本就不会发生这类"反宪法规则决定"。事实上，即使在宪政发达国家同样也会存在这类现象，只不过由于发达国家的"反宪法规则的决定"并非出于这些社会和国家的宪政实施的历史的和社会环境的局限，而是部分地出于政治权力限制与反限制的悖论，源于宪政自身内在相关的政治权力的限制与反限制的悖论，是政治权力运作中可选择的调节机制。在任何宪政体制下，政治权力行使中偶然出现"红杏出墙"的现象，实在难以避免。

从更一般的意义上来说，宪法的修改、补充和发展存在其他的、有些更为重要的渠道和途径。事实上，说到底，宪法除了作为基本制度和基本正义观念的价值外，只不过是整个社会和国家的一个调节器和控制器，尽管是极其重要的调节器和控制器。一个不容置疑和辩驳的事实是：宪法在过去、现在和将来都是一个社会和国家的政治和法律性工具。工具性价值和功能是宪法的基本价值和功能之一，尽管宪法同时也具备其他的价值和功能，例如教育的，甚至是信仰上的价值和功能。而社会和国家是由压倒一切社会的集团和力量的占有统治地位的政治集团和力量所控制的。因而宪法往往成为在政治上占有统治地位的政治集团手中的治国安邦的重要政治和法律工具，尽管占统治地位的政治集团有些是真诚利用和使用宪法工具，而有些则假借宪法的名义而行本政治集团私利之实。不管怎样，至关重要的是，宪法已经成为

---

① 此处关于新兴国家宪法、宪政实施条件和环境的分析，主要参考和引用了（中国香港）亚什·凯的两篇文章：《第三世界国家的国家理论和宪政主义问题》和《宪政、宗教、多元性与国家主义的挑战》，载宪法比较研究课题组编译《宪法比较研究》（3），山东人民出版社1993年版，第248—272页。

所有占统治地位的统治集团手中可资利用的政治和法律工具，宪法也被证明能为所有的政治体制所利用，不管是民主的还是非民主的，甚至是极权的。了解和认识宪法的这一政治工具的价值和职能，以及它与占统治地位的政治集团和力量的从属关系至关重要，这不仅可以使人们破除对宪法的种种迷信和神话，使我们对宪法的性质、地位和作用保持一份清醒的认识；而且还有助于我们丰富对宪法本质、对宪法实施的机制以及对宪法监督的方式的认识；更为重要的是，政治在本质上是一场征服敌人、夺取政权、巩固政权的斗争，许多时候都演化成为你死我活的战斗，尽管在一场政治战斗中常常以妥协而结束。不仅在政治斗争过程中的双方或各方，甚至得到胜利的一方，都容不得任何规范，包括宪法规范的约束。本质上说来，任何宪法和法律都构成对占统治地位的政权集团和力量的约束。宪法和法律越精密，执行得越严谨，对统治者的约束就越紧密。而民主政治和宪法理论的一个恒久不变的悖论，恰恰就是社会和国家的统治者越是不想受宪法和法律的约束，宪法和法律内在的无形的力量越是要对统治者加紧约束；反之也是一样，宪法和法律越是要加紧对统治者加以约束，统治者越是希望并设法利用自己的政治优势和掌握在手中的决策机制来摆脱或减轻宪法和法律的约束。"反宪法规则的决定的效力问题"就因此而引起。

四　强国论和决策论影响下的政治权力运作

启蒙人文运动时期学者马基雅维利和启蒙学者霍布斯最先在宪法传统中确立了"国家权力垄断"的基本政治概念。马基雅维利把政治概念解释为不受规范约束的争夺权力的权力政治，在获得国家权力之后权力斗争就转移到政治领域的"决策主义"。严格意义上的政治决定是这样的结果，它是不能通过合理的共识来证明其正当性的。在法律和权利的问题上，也是决策主义的结果和产物。霍布斯在其代表作《利维坦》中的申明，至高无上的国家权力就是不受法律约束和限制的权力。这就是霍布斯心目中的"强权国"的理想。在这个"强权国"的理想中，一切权力，一切规范和法律，一切法律解释，一切命令和制度的安排，霍氏都把它们看作实质上的主权的决策，权力就是法律，而法律就是解决有关什么是权力的争端的命令。在他看来，权力不是真理，而只是颁布的法律而已。这就是霍布斯从绝对的国家权力为开端，到主权者有权作出包括法律在内的一切决策的必然结果，即从"强权国"到

"决策论"的必然结果。① 客观唯心主义哲学家黑格尔（Hegel，1770—1831年）也是一个国家权力的狂热鼓吹者，他认为国家是客观的精神，而个人仅以他是国家的成员而论才具有客观性、真实性和伦理性，国家的真意和目的便在于这种结合。每个国家的利益就是它自己的最高法律。道德与政治不成比例，因为国家是不受平常道德法律约束的。②

德国的卡尔·施米特在颂扬国家权力方面，也占特殊的地位。他在1928年出版的《宪法论》系统地阐述了他的宪法观和国家观。他被认是一个"双面"的理论家。一方面他是一位自由立宪主义方面最重要的专家之一，另一方面又是一位自由立宪主义的最为激烈的批判者之一。是他对自由立宪主义的观念进行了批判，认为自由立宪主义的观点过时了；又是他从霍布斯的著作中发现了"决策论"。他遵从霍布斯的观点逐渐形成了自己的理论体系。在这个理论体系中，首先否定了自由立宪主义的最基本的前提，即国家和社会的二元论，认为这种区分已经没有任何意义了。他以为以前的国家和社会的具体功能之间的区别逐渐消失，并导致自由的、中立的国家变成了"潜在的总体"的国家。在施米特的国家观中，他极力维护马基雅维利和霍布斯的观点。正如前面所指出的，这两位都信奉冷冰冰的政治现实主义，认为政治是一场征服和获得权力的战斗，容不得任何规范的约束；相信强权国家会压倒法治国家。在紧急状态下，法治国家必须让步："紧急状态清楚地揭示了国家政权的本性。在这里，使自己脱离了法律规范和（看似矛盾）权威的决定表明，它创制法律，但是不必守法。"紧急状态应当被视为"一种对于政治知识来说是关键性的、具有普遍意义的概念"，"对紧急状态的控制，是一种真正意义上的决策的权力"。在一定意义上，紧急状态不是一种混乱或无政府状态，而是一种秩序——由纯粹的权力而不是由正义所施加的秩序："国家的存在证明它比法律规范的效力具有更大的重要性。决策不受任何规范的约束，并在真正意义上成为绝对的。"③ 这种"绝对的"或"最终的"决策被施米特定义为："决策垄断"而不是"武力或支配权的垄断"，这是"国家主权的实

---

① 以上资料和观点介绍主要综述了挪威学者朗内·斯莱格斯塔德的论文《自由立宪主义及其批评者：卡尔·施米特和马克斯·韦伯》。详请参考 [美] 埃尔斯特、[挪] 斯莱格斯塔德编《宪政与民主——理性与社会变迁研究》，潘勤等译，生活·读书·新知三联书店1997年版，第119—145页。

② 参见 [英] 罗素《西方哲学史》（下卷），何兆武、李约瑟译，商务印书馆1976年版，第288—289页。

③ 转引自 [美] 埃尔斯特、[挪] 斯莱格斯塔德编《宪政与民主——理性与社会变迁研究》，第132—133页。

质"。他由此进一步阐明了他称之为"决策论"的理论：一项政治决策的效力的确立"与其内容无关"；该项决策"从规范主义的观点来看，不需要任何根据"。一项决策的作出，既无须讨论，也不必要得到推理支持。在政治生活中，重要的是作出了决策，而不是怎样作出决策。按照施米特的决策论理论，政治决策者既不受来自下面的公民全体的要求的约束，也不受来自上面的法律规范的约束。以此为立足点，他进一步申明了他的关于法律效力的异乎寻常的观点："一切法律价值和法律效力的最终法律根据，都存在于意志行为（the act of will）——决定——之中，这些作为决定的意志行为通常先创造 Recht（法），而且其法律效力（Rechtskraft）并不来源于决定规则的法律效力，因为一项决定即使不符合律令，也是正当的。反规范的决定的法律效力是一切法律制度的组成部分。"① 至此，施米特将他的关于法律效力的观点发挥得淋漓尽致。从中不难看出，基于"意志论"的哲学和他本人的"决策论"，他排除了一切基于法律价值、法律规范或法律规则自身所产生的法律效力，法律效力真正的根据或来源于社会和国家的当权者按照自己的"意志"作出的决定，而不论有关的决定是否符合法律。至关重要的一点是，他认为"反规则决定的法律效力是一切法律制度的组成部分"。施米特在 1932 年以后，又把他的"决策论"发展成为他称为"具体的秩序观"的新理论，该理论是指与现已存在的情境相对应的一种秩序论，鼓吹以"国家、运动、人民"为内容的"领袖国家"，领袖也变成了"法的监护人"。到此，施米特完全拒绝了一般宪政的理论与实践，堕落成为希特勒法西斯主义的理论家。②

综上所述，自马基雅维利、霍布斯始，中经黑格尔、尼采，降至 20 世纪初的施米特，高举"反自由立宪主义"的大旗，倡导了以"强国论"、"决策论"、"国家主权和独立"、"唯意志论"、"具体的秩序观"等我们姑且称为"强权立宪主义"的理论与原则。虽然这种理论确实会受到强力统治者、极权统治者，甚至法西斯统治者的青睐和利用，但如果纯从学理——这可能会受到置疑或非难——上看，是否可能会发现其中至少部分是合理的因素，或者至少反映了立宪主义中不容回避的一个事实，即国家政权事实上并非全部按照自由立宪主义所确立的建构原则和方式建立起来的。自由立宪主义无论怎样殚精竭虑地要通过建构"有限政府"而实现其"人民主权"和"保护公民

---

① 转引自［美］埃尔斯特、［挪］斯莱格斯塔德编《宪政与民主——理性与社会变迁研究》，第132—133 页。
② 同上书，第 134 页。

基本自由和权利"的社会理想,但国家权力和人民主权、公民基本自由和权利的相互关系配置,终究要循着自身的发展规律。如果我们从社会、国家发展的一般趋势以及最终的归宿上看,人类追求安宁、和谐、幸福的愿望以及能从两种或多种极端中寻求妥协和达到在某种框架内的一致的社会能力和政治智慧,终究能在民主与国家主权、自由和权利与国家公权力的实施方面形成基本的和谐一致,至少不致发生长期的、永久性的对抗或张力。综观世界各国的宪政史,包括最近三四十年间东亚、东南亚的一些国家和地区,确实出现过通过强有力的国家公权力的集权甚至专制的杠杆,撬动了社会经济腾飞的阀门并以超常的速度实现了社会的转型,而转型后的社会反过来对国家的公权力的集权或专制予以反制,使其逐渐实现向国家政治的多元化和民主化方向转变;即使从消极的意义上看,"强权立宪主义"在消弭"自由立宪主义"内在相关的"绝对自由化"、"权利人社会"等社会和政治弊端方面,也是不容否认的社会和政治副产品。说到底,强国、强权并不必然意味压制社会和国家的民主和人民的自由和权利。

因此,"强国论"或"决策论"者们关于"反宪法规则决定的法律效力"的观点,也不应该被认为是一个纯粹的反宪法和法律传统的论调,或是毫无可取之处的宪法和法律的效力观。我们应当永远不要忘记,宪法和法律只是社会和国家内部生成或造就之物,它们不可能来自天外或者神赐,更永远不是,也不可能又超然于社会和国家之外。这样的宪法和法律本质和特性决定了它们的工具性价值以及对社会和国家的从属地位。尽管有些人把"宪法至上"、"法律至上"、"依法治国"作为治国方略高唱入云,事实上,即使在一些法治发达的社会和国家,宪法和法律因素也必须在掌握社会和国家最终决策权的政治统治层的统一安排和调度之下,与其他的社会和国家调节因素,诸如道德、经济、习俗等在互动中,才能更好地或充分地发挥工具性的价值功能。这种宪法的工具性价值和对政治统治权的从属地位,又决定了它不能成为最高的或最终的决策,特别是政治决策的力量或机制,事实上,宪法和法律本身也经常成为最高决策考虑的对象和范围。在正常的社会和国家的情势下,每遇社会和国家发生重大变革、转型之类的大事,往往都要对宪法和有关法律作出修改,以适应社会和国家发展的需要。当然宪法和法律也往往并非必然地以文字修改或更新的方式而被修改,只要最高的政治决策层认为必要,也往往采取宪法和法律之外的政治或行政"决策"形式,包括全民公决来实现和贯彻有关的社会和国家重大变革或转型的政策或纲领,事中或事后再采取相应的修宪行动或通过护宪机关以适当行为赋予先前的"决策"行为以合宪性或合法性。当这种情事发生的时候，往往凸显了"反宪法规则决定的法律效力"运行机制及这种"效力"何以应当被承认和接受的政治现实。

五 理性的政治决策也会导致"反宪法规则的决定"

自从人类组建自己的政治社会和国家以来，如果从独立的政治科学上来看，政治决策无疑是政治行为中的一项重要内容，政治进程也无疑是在不间断的政治决策中流变的。决策者为什么要进行政治决策？当然是政治本身的需要。然而决策者究竟应当怎样进行政治决策？这其中就自然涉及影响政治决策的种种因素，对这些因素的罗列、对比、分析、考察便构成了政治科学一个独立的分支——政治决策学，或简称决策科学。第二次世界大战以后，决策科学受到越来越多的政治学家和行政学家的关注，并逐渐成了不同的学术理论和流派。

最先出现的决策理论和流派是所谓的"理性决策模式"。该模式的主要观点是：（1）决策者知道所有同具体问题有关的目标；（2）所有有关问题的信息都是可获得的；（3）决策者能辨别所有可能的选择；（4）决策者能够就所有选择作出有意义的价值评估；（5）最终的选择是在对所有选择的价值作出衡量和比较后作出的；（6）所做的选择能最大限度地满足决策者对该选择价值的期望。这种"理性决策模式"是从决策规范的立场出发的，不无天真地认为，决策者不仅应当以理性的思辨作出决策，而且可能在实际上能够作出理性的决策。

然而，事实上，决策者往往并不是都作出理性决策，即使在主观上有进行理性决策的愿望的情况下，也是如此。于是另有一种关于决策理论和流派的出现，这就是由著名的行政学家赫伯特·西蒙所创立的"有限理性决策模式"。这种理论和流派认为：（1）决策者事实上并不能完全掌握有关决策所需要的所有信息；（2）即使决策者掌握了所有与决策有关的信息，他处理这些信息的能力也是有限的；（3）决策者的决策通常不是在深思熟虑下作出的，很可能是匆忙作出的；（4）决策者的决策行为通常受到有关信息的实质和获取的先后次序，即先入为主的影响；（5）决策者的决策能力在复杂的决策状况中受到限制；（6）决策者的决策行为受到他本人过去经历的影响；（7）决策行为受决策者本人个性的影响。西蒙认为，政治决策者的理性决策是"有限的"，对政治决策结果的评判应以"满意"代替"最佳"。

当代美国著名的政治学家、"政策分析"的创始人查尔斯·林德布洛姆所创立"渐进决策模式",在当代的政治决策理论中具有广泛的影响。该模式认为,决策过程只是决策者基于过去的经验对现行政策稍加修改而已,这是一个渐进的过程,看上去似乎行动缓慢,但积小变为大变,其实际速度要大于一次大的变革。他认为政策上大起大落的变化是不可取的,往往"欲速则不达",它会危及社会的稳定。他主张在西方的民主体制中政府应推行渐进的政治,这主要应当体现在实行渐进的决策上。为此,他极为赞赏那些奉行渐进主义的决策者们。赞美之词跃然纸上:"按部就班、修修补补的渐进主义的决策者或安于现状者或许看来不像个英雄人物,但他却是个正在同他清醒地认识到对他来说是硕大无朋的宇宙进行勇敢的角逐的足智多谋的问题解决者。"[①]

对以上三种政治决策科学的模式或流派作系统全面的分析和评价,显然不是本文的任务,这里只就与我们讨论的主题有关的问题,作一个简括的分析。我们基本的倾向是:不论这三种模式或流派有何等或大或小的价值,也不论它们之间有多少相同或相异的方面,但有一点是相同的,即它们对政治决策的重要性、独立性和决策本身、规范本身的重要性,都给予了高度的重视,如果从我们所研究的宪法学的立场上看,似乎这三种模式或流派对于政治决策必须依循宪法的规范、原则、精神等方面都显得不大关心,至少在文字的表述上是如此。不难想见,这种高度独立性的政治决策会自然地,更不用说自觉地要与国家的宪法的规范及其基本原则保持一致。换句话说,这种由政治决策者以其所掌握的信息、决策目标、个人能力、个性等为基础作出的独立色彩很浓的政治决策,虽非全部,但至少会有一部分是与宪法的规范及其基本原则相悖的,这就是我们所谓的"反宪法规则的决定"。说到底,政治决策作为独立的政治行为,不论它怎样被多么睿智、理性的决策者理性地进行,总会出现一些"反宪法规则的决定",可以说是势之使然、势所必然。于是为我们的主题研究增加了可资研究的素材。

[①] 引自[美]查尔斯·林德布洛姆《决策过程》,竺乾威等译,上海译文出版社1988年版《译者的话》,第4页。

六 心理上非理性导致宪政行为中的"反宪法规则决定"

2002年诺贝尔经济学奖授予了研究实验经济学的弗农·史密斯和研究心理经济学的丹尼尔·卡尼曼。后者本来不是研究经济学的。1979年,他与同事阿莫斯·特韦尔斯基一起,发表了运用心理学作决策的新的经济理论,被称为"预期理论"。卡尼曼通过这个理论,把人们在不确定下作出决定的非理性系统化,在感知心理学当中开辟了人们作出判断和决策的新途径。所谓"预期理论",就是以实验分析生活在具有不确定性世界中的人们,在多种可能性之间作出什么样选择的理论。以往经济活动中的决策理论都是以期待效用理论为基础。所谓"期待效用理论",就是人们合理"把效用(满足程度)最大化,在此基础上作出决定"。这种思考方法是以人作出决定的理性为前提的。

但是,人们逐渐发现,用"期待效用理论"作出的最佳判断,往往同人们实际作出的决策之间有很大差别,最大的问题出在人们作出判断和决策的"理性"方面。以"理性"为前提的理论分析人的"理性"是有局限的,实际上常常作出非理性决定。这种"人的非理性"是预期理论作为实证理论诞生的背景。

有意义的是,这种新兴的心理经济学对我们的宪法学研究应当具有很大的启发和借鉴价值。综观以往的宪法学,尽管在世界范围内也出现过一些不同的流派或研究层面,但基本上都是以宪法规范以及以这些规范为基础的延伸,如宪法的基本价值或基本原则等,为宪法学研究的基点。但较之经济学的总体理论体系来说宪法学实在显得单一和薄弱,像心理宪法学之类的学科或理论完全是有必要性的,也具有很高的学术研究价值。[①] 假如我们参考和借鉴"心理经济学"的理论,在宪法学中实际上也盛行所谓的"预期理论"。人们满怀期望以宪法的性质所独具的最高法律效力和法律权威来达到建成法治国和宪治国的预期的目标和目的,才精心地制定宪法,然后用心呵护和努力实施宪法的各项规定,贯彻其所蕴含的基本价值和基本原则,一旦发现违

[①] 笔者不揣鄙陋,已在几年前完成了一部96万字的《宪法人类学》,就是试图拓展宪法学的学科理论研究范围,通过多年的努力,终于可望找到出版社接纳和出版了。(另注:后由北京大学出版社于2005年3月出版)

背宪法情事，就动用宪法保护机制加以纠正，甚至使违宪责任人负责相应的宪法责任。在宪法的贯彻实施过程中同样存在把宪法的效用（满足程度）最大化的价值期望和诉求。为此，要求人们，特别是对宪法实施负有重要责任的公共权力机关及其公务人员，乃至对宪法看护的护宪机关及其人员，都期待和要求他们对宪法的贯彻实施作出理性的决定并采取合乎理性的行为，其基本原则是不违宪，不仅不违宪，还要最大化地有利于行宪。由此可见，现行宪法的力量与实施可以说完全是建立在"理性预期"的基础上的。然而，正如经济学中所关注的那样，问题出在人们，特别是对宪法实施和司法监督的公共机关和责任人员，他们的理性自觉是不充分的，其理性行为更是有局限的，由于社会、国家、个人等各方面复杂因素的影响，使它（他）常常作出有关宪法实施和监督的"非理性决定"。这种"非理性决定"，即使不完全是，至少主要是我们这里所谓的"反宪法规则的决定"。由此可见，"反宪法规则的决定"的现象产生和存在，除了前面所探讨的各种社会、政治本身方面的原因外，还有心理上的根源和基础。这本身完全可以构成宪法学上的专门的研究领域。但限于我们这里研究的主题，这里只是提示一下，希望能引起学术上的关注。无论如何，这种心理上的因素是造成"反宪法规则的决定"的重要原因之一，这是不容否认和置疑的。

七　结论

通过上面背景性的介绍和理论分析，我们应当对"反宪法规则决定的法律效力"问题有了初步的了解和认识。不过，下面还想进一步表明作者对这一问题的基本态度和几点看法：

第一，"反宪法规则决定的法律效力问题"的提出，不是源于任何有关宪法和法律的法律效力理论和运行机制的逻辑推理，而是源于宪法和法律的本质、特点及实施机制中与国家主权者的"决定"或"决策"密切相关的政治现实，不论人们是接受它还是拒绝它，它都是一种客观存在，不能否认，也不能回避。

第二，不论"反宪法规则决定的法律效力问题"是由任何有负面政治背景的学者提出或倡导的，它都是宪法学和法律学中一个重要的理论问题或学术问题；而且这种理论或学术问题还关系到宪法和法律的本质、实施机制，以及法律的效力等深层次或重大的理论或学术领域。在迄今为止的宪法学和法律学的理论或学术研究中,这一领域还没有被密切关注过,更不待说得到了彻底的研究。就理论或学术的立场上看,对它进行深入的、科学的研究不仅可能,而且实属必要,因为它最终无论是从积极的方面还是从消极的方面影响到宪法和法律的实施。随着宪政的拓展和深入发展,这方面的理论或学术研究亟待受到密切关注和深入研究。

第三,"反宪法规则决定的法律效力"理论在实践的运用中是把"双刃剑"。一方面,在其得到理智的、科学的、合理的和正当的实用的场合,确实弥补了宪法和法律滞后,宪法和法律修改的繁难、不便、延迟,以及可能因此而引发的政治斗争或社会动荡之类的缺陷或弱点,从而以一种便当的、直接的形式和途径促进了社会的发展、经济的进步以及提高了人民的福祉。不待说,这是它的有利的方面。相反,在那些反宪法和法律规则的决定或决策行为得不到限制、控制,或者被恣意滥用的场合,它便公开地成为宪治、法治的对立物,成为赤裸裸的反民主的行为,甚至是专制或法西斯式的暴政。自不待说,这是它的不利,甚至祸国殃民的方面。正因为它具有这两种极端的利、害的双重性,所以对它的适用应当保持清醒的头脑和极高的警惕性。应当牢牢地记住,对它的适用要慎之又慎,趋利避害应当成为任何作出反宪法和法律规则决定的理性选择,乃至金科玉律。当然,这是针对理智的政治决策者而言的,而对那些暴戾的统治者而言,他们绝不会让自己决策权的行使受到任何限制,当然更谈不上理智地运用它。

第四,"反宪法和法律规则决定"欲取得有利的预期,除了决策者自身要务必自警,理智地作出决策之外,也还需要建立或强化对这种决策行为的制度化制约机制,即这种决策的作出一定要增加透明度,有关的信息要公开,决策一定要以公开、合法的形式作出,即使当时做不到这一点,事后也应当予以补救,使其达到合法性的要求。

第五,从实行各种对违宪行为进行司法审查制度的国家的经验证明,这种司法审查的方式不仅有效地利用了司法资源、节约了政治资本;而且以司法机关的独立性和独特的法律权威,在对"反宪法规则的决定"的合宪性、合法性的补救方面,或者在排除不当的有关决策方面,发挥独特的作用。这是一个值得重视的经验,具有很多的、各种综合性的价值效应,应予深入地加以研究和借鉴参考。鉴于本研究的宗旨,我们特别重视司法机关在这方面的地位和作用,认为它构成了我们倡导实行宪法监督司法化的一个重要的根据和理由。

第六,"反宪法规则决定的法律效力"问题在学术上,它不仅关系到宪法和法律的效力、适用、实施、本质等一系列的深层次的宪法和法律理论问题，而且在一般哲学、政治学、社会学乃至社会—政治哲学等领域也有着广泛而又深入的潜在研究价值，其中一个亟待研究的问题是：某种受到限制、约束、合理及正当运用的"反宪法和法律规则的决定"可否在一定的程度上、一定的范围内成为宪法和法律正式修改机制的"替代"？如果回答是肯定的，那么至少我们就应当重新审视和反思有关宪法和法律的本质、价值、功能，以及与有关的社会、政治，包括政治权威等方面的关系问题了。不过，我们认为这种研究不会从根本上动摇或推翻长期以来已牢固扎根的宪法、法律和社会、政治等方面的理论根基和传统，正如亚什·凯所言，它应当丰富我们对法律（还应当包括宪法——笔者注）本质的理解。我们还想补充的是，这种研究还应当丰富我们对社会、政治的本质以及其他方面相关关系的理解。

"反宪法规则决定的法律效力"的理论与实践在学术上极具争议和挑战性；在实践上也因为与法西斯主义、帝国主义的干系而长期背负了坏名声。不过，通过我们上述的介绍和分析，在学术上似乎也应当给予它一个容身之地；至于在宪政实践中究竟是发挥它的利的作用，还是害的作用，关键还是政治决策者们所做的选择，以及相关的监督、约束机制的运作如何。当然，这最终还是要取决于人民的意愿。从长远的趋势上看，只有人民才能对政治领导人或阶层的"反宪法规则决定的法律效力问题"作出容忍、承认或反对、拒绝的终极"决定"。因此，即使对这样一个极具争议和挑战性的问题，也大可不必将其拒之千里，视为邪恶，唯恐避之不及。

载于《中国社会科学院研究生院学报》2005年第1期

第十四篇　宪法文化的启蒙、自觉与超越

——感怀现行宪法颁行三十周年述作

内容提要：中国现行宪法颁行已然三十周年，以及中国宪政风雨兼程历时百年一直走到今天，在何为宪法、何为宪政以及宪法和宪政的价值与功能等方面，就社会和国家的各个层面的总体态势而言，需要从发生学意义上的最初源头再行教育，是为宪法和宪政的"启蒙"；而在如何对待中国自己的宪法和宪政与他国宪法和宪政的相互关系，以及是否需要进行并如何做到相互借鉴、交流、互动等问题上，也亟须提升到宪法和宪政文化层面上予以考量和对待，此为宪法和宪政的"自觉"；更从长期的历史趋势上看，中国宪法和宪政必然会融入世界性的宪法和宪政的发展潮流，成为世界性的宪法和宪政大格局中的一个有机组成部分，以及在宪法理论和宪政学说方面必将实现国际性与中国本土性、普适性与具体适用性的相互融汇，进而超越东西方而浑然成为一体的宪法和宪政文化。

关键词：宪法和宪政文化　启蒙　自觉　超越

现代意义上的中国立宪和行宪走过百余年的风雨路，而中华人民共和国的立宪和宪政史也经历了60多年，其中的功过是非、沉浮与枯荣固然值得认真地总结，但那是一篇大文章，非本题所要论及。而现行宪法自1982年颁行至今，已历整整三十周年，作为国家的根本大法，其在国家的改革开放和社会大规模转型中起到了重要的引导和规范作用。自不待言，现行宪法自颁行30年来，在社会主义现代化建设中彰显的价值与发挥的功能，自然也应当加以认真地总结，相信法学界特别是宪法学界在此现行宪法颁行三十周年之际，一定会在上述宪法价值和功能等方面，特别是在宪法文本立言、宪政立制和对社会和国家一系列根本性和重大国是的引导和规范作用方面进行大量、广泛和深入地总结和分析。我们在本文中拟另辟蹊径，从另一个宪法和宪政侧面，即从宪法和宪政所赖以支撑的宪法文化的角度尝试进行学理分析。宪法

文化较之宪法文本的释义和宪政制度的诠释，无疑更具有深义解读的难度，笔者学力不逮，只能勉为其难，拟从以下三个方面进行探索，即宪法文化的启蒙、宪法文化的自觉、宪法文化的超越。

一　宪法文化的启蒙

何为启蒙？从最一般的语义上来说，它涵盖两层意义：一是指就个体而言，使初学的人得到基本的、入门的知识，此即启其才智而摆脱蒙昧、无知状态，人们常把过去的私塾和现代的小学教育称为"启蒙教育"，此即是也。二是指就社会群体而言，通过普及新知识、新思想、新观念，使那个特定时代社会群体的人们，摆脱先前的愚昧和迷信状态，此为"启蒙"。如果这一过程要经历较长甚至几个世纪的时期，要对几代人进行这种开启民智的教育，学术上和史家通称为"启蒙运动"。作为"启蒙运动"又有两层意思所指，一是泛指通过宣传教育使社会接受新思想、新事物从而使社会在整体上得到显著的阶段性进步。在中国的学术思想界，有许多主流学者曾将在1919年前后发生的，以倡导西方科学和民主为宗旨的大规模的教育和思想解放运动称之为中国近现代的"启蒙运动"。另一"启蒙运动"则是专指西方思想史上一个在特殊时期的具有特定思想内容的思想解放运动，这就是西方思想史上发生在17、18世纪的"启蒙运动"。那场特定意义上的思想解放运动之所以称为"启蒙运动"，是因为它前承"人文运动"特别是其中的"文艺复兴运动"的宗旨和思想成果，又致力于开启一个全新的思想体系的建构运动。在西方特别是西欧的中世纪晚期，在基督教神学思想和经院哲学的禁锢下，再加上政教合一的政治统治权力的强力控制，完全泯灭了人的自然本性特别是社会本性，扼杀了作为社会主体的自主性和个人生活的自主选择性，使人沦为被称为"上帝"的神主宰下的"奴婢"，在思想上只能以神意为依归，在行为上则完全听命于神意的安排。这就是说，在那个中世纪时代人已不再能称其为"人"了，作为神学"奴婢"，他们一切听命于神。其无知无欲，较之民智开启之前的蒙昧和野蛮时期人的愚昧程度来说，有过之而无不及，故学术界称那个时期为"黑暗"时期，意即当时人们生活在黑暗之中，不知所为，不明所向，浑浑噩噩地度其一生。但是，社会总要发展，人也在不断进步，再僵化的思想体系都不可能永远地将人的思想、观念禁锢起来，一场新的大规模的思想解放运动呼之欲出，势不可免。从12、13世纪直至16世纪主要在西欧兴起的那场声势浩大的"人文运动"特别是"文艺复兴运动",就是在这种时代要求下应运而生的。那场运动以倡导人的自然和社会本性的重新发现和回归人的社会主体性为主要内容和宗旨,冀望将人们的思想从基督教神学和经院哲学的禁锢下解放出来。但那时的人文学者对究竟通过什么途径和以什么方式达到人的思想解放的目的仍然很迷茫,鉴于那时的人文学者主流一致认为古希腊时期的文明发展无论是在思想观念领域特别是在哲学领域,还是在文学、艺术领域都达到很高的程度,人文主义学者当时认为只有回到历史深处,即古希腊时代去"复兴"其文明,才是摆脱人类自然本性被泯灭、思想被禁锢的路径选择和实现方式。但历史是不会完全回复到古代的深处的,当时人文学者尽管在致力于从古希腊文明特别是从古希腊艺术的"复兴"中,取得了思想解放的巨大成果,但最终没有找到能够引领社会向前发展的正确路径。这个历史性使命最终由"启蒙运动"来完成。启蒙学者在人文学者积淀的思想成果的基础上,致力于发现人类自身的理性和自然法为主要观念体系的,以此达到人类思想解放的目的。这是一套系统的全新的思想体系,是人类认识自身及其社会的真正新的出发点,就是在这个意义上被后人称为"启蒙运动",而其中一批卓有建树的学者被后人称为"启蒙者"。

在中国的近代史上被通称为"五四运动"的那场具有重大历史和思想意义的运动,也被一些学者称为中国的"启蒙运动","五四运动"中的领军式学者如陈独秀、李大钊等则被称为"启蒙者"。"五四运动"虽然也被称为"启蒙运动",但与西方的"人文运动"特别是其中的"文艺复兴运动"以及承接的"启蒙运动"不同,中国的"启蒙者"并不主张回到中国历史深处中去,相反却认为中国之所以在近代成为一穷二白的国度,完全是中国古代自身以儒学为核心内容的古代文化,特别是儒教中被简约称为"三纲五常"的伦理体系是"吃人的礼教",也是扼杀中国社会进步的"元凶",因而提出"打倒孔家店"的反传统的口号,致力于倡导主要源于西方近代的先进的"科学"和"民主"的全新观念以及建构全新的自然和社会结构体系。这在当时的中国来说,无论是在人们的思想解放上还是在社会结构的建构设想上确实可以称为一种"启蒙"。因此,如果将中国的"五四运动"称为中国的"启蒙运动"确也名副其实,只是在中国包括史家在内的学术界约定俗成地习惯将那场启蒙运动称为"五四运动"罢了。

本题意义上的"启蒙"同一般开启民智意义上的"启蒙"有相通之处,但同欧洲和中国的那种成规模、长时期的"启蒙运动"又有所区别。区别之一是我并非刻意地去发动一场规模浩大的"启蒙运动"。这首先是我本人尚有自知之明,且不说本人既无资格又无能力去做任何一件惊天动地的"伟业",发动一场宪法文化上的"启蒙运动"无疑就是一个"伟业",单就个人做人的低调品性,特别是淡泊明志、乐于守成和安贫乐道的个人内在的价值追求,连想都不去想去做建功立业的"壮举"。区别之二是我们并不倡导去发动大规模、长时期的"宪法文化启蒙运动"。我们清醒地认识到,发生在西欧前近代时期的"启蒙运动"和中国20世纪20年代的称为"五四运动"的"启蒙运动",只能是在历史上给定的特定社会情境下的产物,虽说现实中发生的事有时同历史上发生的事有着惊人的相似,但像前述历史上的那两场"启蒙运动"恐怕不会在今天和未来再次出现,因为失去了发生像那两场"启蒙运动"的社会条件。区别之三是现今社会的民智基础较之几十年、几百年前的民智基础大不相同,先前的民智是一个在基督教神学和经院哲学禁锢下的蒙昧状态,在强大的、渗透到个人社会生活各个方面的状态下,人们甚至意识不到个人是作为独立的人格个体的存在,因而完全泯灭了人自身的本性;而在当代,社会的文明程度和人类的开化程度早已同先前的社会和人类不可同日而语了。单就宪法文化来说,经过几百年的立宪活动和宪政建制历程,宪法和宪政的基本理念早已深入人心,即使在中国这样后发立宪和建构宪政的国家,经过百年的立宪和建构宪政的历练与熏陶,"宪法是国家的根本大法"、"宪法是国家的总章程"这样的基本理念早已为人所耳熟能详。如此说来,现在再来倡导"宪法文化启蒙"似乎并无缘由。然而我们并不完全这样认为,之所以现在还提出和倡导"宪法文化启蒙",是基于如下的对现行行宪的深沉忧虑和对改善宪政建构的期盼。

第一,对作为国家根本大法的宪法,重视程度远远没有达到理想的状态。尽管作为中国宪政运动已历时百多年,光是中华人民共和国的立宪史都已超过一个甲子,加上新中国成立初期起临时宪法作用的《中国人民政治协商会议共同纲领》,新中国成立后已经制定过5部宪法,更对宪法做过多次的局部修改,但从总体上来说,我们至今还没有在治国的层面上真正把宪法作为治国的工具性作用重视起来。中华人民共和国在历史上长期形成的主要依靠执政党和国家政权的政策的治国方略和传统,在执政党和国家确立依法治国的战略方针以后,依然没有作出重大的战略转变和调整,治国政策的运用无论是在重量上还是在运用的熟练程度上都胜于治国法律的运用,更远胜于对宪法的运用,这就使宪法的工具性价值的发挥大打了折扣。

第二,对宪法的综合性价值与功能长期处于低层次状态。现代的宪法,已经不是在一二百年之前只是用一些简单的条款规定国家政治活动的规则就基本上达到宪法品质的要求了。现代宪法早已逐渐演化成为一个综合性的政治法律乃至社会性的文件了，被赋予或期待实现综合性的价值与功能。但在中国，我们长期以来仍然主要视宪法为政治文件并主要发挥其政治价值与功能，对其他的价值与功能包括其法律价值与功能则在不同程度上予以忽视、轻视甚至缺乏起码的体认。

第三，在国家自20世纪80年代组织的大规模的三次"普法"活动中，从指导思想到组织实施的过程，都以普及"刑法"、"治安管理处罚条例"等惩戒性法律、条例为主要内容，而其宗旨也主要放在教育公民要遵法守法、避罪远罚。而作为国家根本大法的宪法，其普及的程度和范围既低又窄，对提高公民的宪法意识和增强各方面特别是政治层面认真和加大贯彻实施宪法的自觉性和积极性助益不大。以致直到今天，我们仍然必须承认就举国上下各个层面的总体来说，宪法观念淡薄的状况依然没有明显的改观。

第四，在法治与宪治的关系上，强调和重视前者，轻视和忽视后者。本来，领导国家的执政党和国家政权通过党的纲领和国家宪法早在20世纪90年代中期就确立了依法治国，建设社会主义法治国家的治国战略方针，这应当说是中国政治进程上具有里程碑式的巨大进步。然而，由于我们缺乏必要的宪治观念，如同在"普法"中出现的情景一样，我们只强调和重视依一般的法律治国，而轻视乃至忽视宪治，甚至都很少有人提到或听到"宪治"这个词。在西方宪政发达的国家，"宪治"的理念很普及，与此相对应，我们的"宪治"的概念，普通人对这个词都很陌生，更别说"宪治"的理念早该是深入人心了。之所以出现这种状况，归根结底是我们的宪法观念淡薄，"宪治"理念的缺乏。

第五，宪政观念的缺失。在前述法治与宪治的关系的认识和对待上出现重前者轻后者的偏差，尚情有可原，毕竟对法治的重视与强调事实上是可以部分地"替代"宪治，并不失两者之间在本质及目标、宗旨上的一致，而在国家的宪政方面则无从找到能够"替代"宪政的政治法律方面的资源，即使是执政党和国家的"政策"，各种管理上的"制度"都不能"替代"依据宪法而建构的一整套国家的根本制度。如果说宪政观念的缺乏在中华人民共和国60多年行宪的经历上无论如何都不应当出现的话，那么，再把宪政与国家政治领导力量倡导的治国的大政方针和政策对立起来，是很不应该的。这也是宪政观念缺乏的体现。

第六，中国现时在社会和国家各个层面，包括政治界、法律实务界和学术界对宪法的价值与功能的体认和运用还主要体现在其工具性的价值与功能方面。这虽不失为重要的体认与运用，但毕竟是浅层次的。也正是因为是浅层次的，故在体认与运用方面存在两种颇为极端的偏差。

一种偏差是把宪法看成一种"箩筐"似的东西。这在宪法重新修订或局部修改时表现尤为明显。各个利益团体或部门包括各社会组织和国家机关通常希望或强烈要求将它们的愿望和利益诉求写进宪法从而被正式确认和固定下来。应当承认，各社会团体和国家机关希望在宪法中能够反映它们的愿望并表达它们的利益诉求这种做法并没有什么不妥，是一种再正常不过的事情，宪法本来就是"容天下之私，以成一国之公"的特殊文件。这就是要求我们必须从积极的方面对这种自利行为加以肯定。希望在宪法上留下它们愿望和利益诉求的印记，这本身恰恰说明它们，或者说它们所代表的各个利益群体的广大民众对宪法重要性的体认和尊重，希望宪法能成为社会各阶层谋求权益的保障书。但反过来说，各种愿望和利益诉求并非都是经过审慎的理性把握后提出的，局部的利益也并非总是与社会和国家的根本的、长远的利益相协调，当然更非总是一致的。通常在重新制定宪法或局部修改宪法时总是通过各方面的"博弈"之后取得某种妥协或折中的结果，而不致造成各种愿望和利益诉求的显失均衡。但我们同时也认为，在中国宪法文化缺失启蒙的状态下，一种理想的平衡状态并不一定总能达成，潜在的利益失衡的危险还是存在的。我们之所以认为现时的基本社会和国家层面以及在广大民众之中需要进行宪法文化上的启蒙，就是基于这种体认。

另一种偏差是把宪法视为一种"百宝囊"似的东西。似乎里边藏着无数的"法宝"，只要公民、社会和政治层面需要，就把这个"百宝囊"打开祭出所需要的法宝，并最终像神话小说中所描绘的那样，持宝者必能大获全胜。在现行宪法颁布30年的过程中，从公民私房的不合理拆迁到社会层面的各种时代话语，宪法这个法宝都曾被使用过。不错，正如前面我们分析过的，宪法确实不应当仅仅作为规范社会和国家的重大事务特别是国家政治法律深结构层面的事务，还应当贴近老百姓的生活，使它以适当的方式直接影响公众的日常生活，包括增进他们的社会福祉。但我们也必须清醒地意识到，宪法毕竟不是国家的法律大全，正如斯大林所正确指出过的，宪法是国家的根本法，而且仅仅是国家的根本法。除美国加利福尼亚州宪法有关种植葡萄藤税收的精细规定外，世界上绝大多数宪法都不是直接为公众日常生活和社会、国家琐碎事务的管理设计和制定的。这是宪法不同于其他的法律的根本性和特殊性。但中国公众对此并不十分了解，有的甚至缺乏这方面的基本常识。在他们的朴素的情感中，只是简单地认为既然宪法是国家的根本大法，一定就是最管用的，因而在他们的切身的合法权益受到侵害时，就情不自禁地拿出宪法文本对侵害者宣示对自己合法权益加以保护的主张和勇气。从"文化大革命"中的国家主席到改革开放以后的城市房屋拆迁中的住户居民，都曾这样简单地、直接地用高举宪法文本的方式试图保护自己的合法权益，但结果可想而知。因为在全社会、国家层面在对中国宪法性质及其运作方式还处于很低层次的认识状态下，对立方或许用另一种认知去解读宪法及其法律效力，他们或许也只是简单地认为"权比宪法大"或"钱比宪法贵重"；再或许说"宪法和法律是管老百姓的，而不是管政府的"；抑或干脆就说："宪法算个啥，在这里不管用"，等等。总之，以上情景中的双方都缺乏对宪法起码的认识和尊重，宪法不受重视也就不足为奇了，这也正是我们提出和主张要在我们当今时代需要在全社会、国家的层面上进行宪法文化启蒙教育的现实根据之一。

或问，你在本文前后宣示了两种观点：前一种观点认为宪法应当尽量贴近老百姓的生活，使其得到经常的、灵动的适用；后一种观点又如刚刚所主张的，宪法是国家的根本法，不宜拿来直接为公众的日常生活和社会、国家琐碎事务的管理所适用，这岂不前后矛盾？我认为并不矛盾。前一种尽量贴近适用是指宪法存在这方面的潜能，应尽量发掘适用以为一般法律的补充和助益，并非要人们将宪法视为普通法律一样直接加以适用。为此，我们并不赞成"宪法也是法"这样的非科学严谨性的表述，而主张不适宜拿宪法来直接适用。这除了宪理和法理上的考量之外，更主要是关系到宪法的适用方式问题。这个问题的逻辑起点是应当承认宪法具有这方面可以直接服务于公众合法权利和福祉的潜能和价值。逻辑次序的展开应当是：鉴于宪法是特殊的法律文件，又不能像对待普通法律那样直接由国家的司法、行政机关等直接适用，而必须以某种专门建构的机关、某种专门设计的机制来加以适用。换句话说，宪法只能通过某种特殊的中介环节和某种专门安排的转换机制才能用于为公众的合法权益和福祉服务。中国在21世纪前十年间所讨论的宪法适用的"司法化"或简称的"宪法司法化"，就是这种适用的中介环节和转换机制。还可以再用一个最显然的例子来加以说明。在美国于1954年由联邦最高法院通过判决推翻1896年的"隔离但平等"种族关系的原则以后，虽确立了种族隔离是违宪的新原则，但在各项民权法制备之前和其间，历史上沿袭下来的种族隔离政策仍在事实上实行，直到20世纪60年代之前和其间，美国的有色人种即使手里拿着美国宪法的文本仍然不能坐进专为白人使用的火车、公共汽车，不能进为白人开设的餐厅吃饭，也不能与白人一起进影院看电影,等等。只有一些勇敢的有色人种冒着坐牢的危险"坐进"或"进入"白人场所从而引发一系列的司法官司以后,经法院的判决,才最终不仅在宪法和法律上而且在事实上彻底结束了种族之间的隔离。当然,观念上的藩篱要彻底清除还需假以时日,这是后话,另当别论。此例足可以说明在一个成熟的宪政国家,宪法是怎样通过司法中介和审判机制而适用到普通大众日常的社会生活中去的。不过,话说回来,这种适用的原理与机制已经超出了宪法文化的启蒙的话语意境,而成为更深层次的宪法文化自觉的话题应当关注和讨论的意蕴了。

还可以举出另外一些有关宪法文化启蒙必要性的理由,但仅这几点就足以说明问题了。如此说来,我们主张和倡导在宪法文化上来一次启蒙式的教育,绝不是空穴来风,而是根据和基于中国现实宪法文化的实际状况而作出的体认和研判。

二 宪法文化的自觉

首先必须申明,宪法文化的自觉这个理念由我个人在宪法和法律学术界率先提出,并不表明这是一个由我个人原创的概念和理念,而是受在中国备受学术人敬佩的社会学大师费孝通先生的启发。费老从学60多年,在社会学、人类学等领域学贯东西,成为一代学术宗师。他在最近20年间,作为一个耄耋老人却高瞻远瞩,心怀学术壮志,根据中国的学术实际,明确提出和力倡要在中国实现"文化自觉"。根据费老自己的解释,他提出和倡导的"文化自觉"的核心要点如下:

"文化自觉"是当今时代的要求,并不是哪一个人的主观空想,它指的是生活在一定文化中的人对其文化有"自知之明",并且对其发展历程和未来有充分的认识。同时,"文化自觉"指的又是生活在不同文化中的人,在对自身文化有"自知之明"的基础上,了解其他文化及其与自身文化的关系。十年前在我八十岁生日那天在东京和老朋友欢叙会上,我曾展望人类学的前景,提出人类学要为文化的"各美其美、美人之美、美美与共、天下大同"做出贡献,这里特别意味着人类学应当探讨怎样才能实现文化的自我认识、相互理解、相互宽容和并存及"天下大同"的途径,这正是我提出"文化自觉"看法的背景的追求。简单地说,我认为民族关系的处理要尊重"多元一体格局","多元一体格局"是在中国文明史进程中发展出来的民族关系现实和理想，这对于处理文化之间关系，同样也是重要的。全球化过程中的"文化自觉"，指的就是世界范围内文化关系的多元一体格局的建立，指的就是在全球范围内实行和确立'和而不同'的文化关系。①

费孝通先生还在另一篇文章中提出他所以提出"文化自觉"的背景及其意义，他指出：

"文化自觉"。这四个字也许正表达了当前思想界对经济全球化的反应，是世界各地多种文化接触中引起人类心态的迫切要求，要求知道：我们为什么这样生活？这样生活有什么意义？这样生活会为我们带来什么结果？也就是说人类发展到现在已开始要知道我们的文化是哪里来的？怎样形成的？它的实质是什么？它将把人类带到哪里去？这些冒出来的问题不就是要求文化自觉么？②

"文化自觉"只是指生活在一定文化中的人对其文化有"自知之明"，明白它的来历，形成过程，所具有的特色和它发展的趋向，不带任何"文化回归"的意思，不是要"复旧"，同时也不主张"全盘西化"或"全盘他化"。自知之明是为了加强对文化转型的自主能力，取得决定适应新环境、新时代时文化选择的自主地位。文化自觉是一个艰巨的过程，首先要认识自己的文化，理解所接触到的多种文化，才有条件在这个已经在形成中的多元文化的世界里确立自己的位置，经过自主的适应，和其他文化一起，取长补短，共同建立一个有共同认可的基本秩序和一套各种文化能和平共处，各舒所长，联手发展的共处守则。③

费孝通先生提出的"文化自觉"的概念和理念，不仅在文化学、社会学和人类学领域具有重大学术影响，并成为近20年来热门的研究话题，而且在整个中国学术界都有强烈影响。受费老"文化自觉"理念的启发，我个人在宪法学术界乃至整体法学术界率先关注和研究"宪法文化自觉"的话题，尽管不是我们原创的，但也绝非一个毫无意义的联想。在我们看来，对"宪法文化自觉"的关注和研究，不仅恰逢宪法和宪政的时代话题，而且具有十分重大的宪法理论和宪政实践的意义。但本文的主要任务，还是要简要地说明一下，为什么在中国宪法学术界需要实现宪法文化的自觉？

---

① 费孝通：《文化自觉 和而不同——在"二十一世纪人类的生存与发展国际人类学学术研讨会"上的演讲》，《民俗研究》2000年第3期，第13页。
② 费孝通：《反思·对话·文化自觉》，《北京大学学报》1997年第3期，第20页。
③ 同上书，第22页。

"宪法文化自觉"与"宪法文化启蒙"既有性质上的内在关联,又有事理逻辑上的承接和顺延关系。本质说来,既然客观上存在"宪法文化启蒙"这个客观前提,那么,就可以肯定地说在宪法文化上还没有实现达到"自觉"的程度。然而,这仅仅是问题的一个方面,我们在学术上更关注另外一个层面的问题,即是如果说"启蒙"更集中表现在社会的一般层面和普罗大众并非仅仅是"宪法意识"的薄弱,而是更多地表现在"宪法知识"的缺乏甚至"不识"状态的话,那么,"自觉"似乎更集中体现在社会的思想界特别是知识精英的阶层。经验告诉我们,任何有理智的人都不会傲慢无礼地说思想界人士特别是知识精英们对"宪法意识"尽付阙如的或对"宪法知识"毫无所知,而是指他们对宪法文化在认知上还没有达到"自觉"意识的程度。从我们宪法学业内的观点看来,在中国的思想界特别是知识精英阶层至少有相当多的学者对"宪法文化"都处于这种不那么"自觉"或者"不自觉"甚至是"完全不自觉"的状态,谓余不信,请看下列的事实和分析。

第一,现实知识阶层中有一些学者,包括法学者甚至宪法学者至今不承认宪法在国家的法律阶梯中占据最高的地位,同时具有以包括国家各项基本法律在内的所有的其他法律、法律规范性文件所不可比拟的最高法律权威和最大法律效力。"以宪法为山峰,以法律(法规)为峰谷",这是自有近现代意义上的宪法产生以来就内在生成的法律阶梯次序的安排,是被西方政治实务界、思想界和学术界乃至一般民众所接受、承认、尊重和遵从的,即是说已经成为人们所耳熟能详的常识性认知,也绝不是夸张之词。而在中国的知识界特别是法律、宪法知识界,不仅达不到这种"自觉"认知的程度,还长期坚持否认中国也有这样的法律阶梯次第顺序存在,甚至致力于削平"山峰"与"峰谷"之间的差距,使之变为没有任何起伏的"一马平川"。他们这种认知程度和学术努力不仅体现在宪法和法律一般关系的不自觉状态,更进而源于他们对国家政权结构的认知误区。在他们看来,全国人大作为最高国家权力机关,它所做的一切活动和行为,包括制宪、修宪和立法都是一样的,没有性质、品级和次第上的差别。这是对国家政权过于简单化的认知,实际上是一个认识误区。在中国的政权结构中,在立宪伊始就确立了如下的组织和活动原则:首先是在一个非常规的特殊时期,即在推翻原政权、废除旧法统而筹建新政权时期,以全体人民的名义制定新宪法或起临时宪法作用的纲领性文件作为政权建制的民主基础;接着组建国家政权机关,以"议行合一"为原则,建立一个代表全体人民的意志和利益的最高国家权力机关,再由最高国家权力机关组建或派生其他国家权力机关。作为最高国家权力机关的全国人民代表大会尽管有权制定或修改宪法，也有权制定国家的法律，但在这两种场合全国人大是以不同的身份出现的。在制宪或修宪的场合，它是国家的立宪机关；而在立法的场合，它只是实行国家立法权的国家机关，因为宪法明文规定由全国人大执行国家的立法权，故也可以认为此时的全国人大只是执行国家的立法权，并非典型意义上的立法机关，或者也可以认为此时的全国人大临时作为也可以说暂时降格为国家的立法机关。由此可见，尽管宪法和法律由同一个国家机关制定出来，但并不表明它们在品质和位阶次第上都是同等而无差序的。人们哪怕思想知识界甚至法律和宪法学术界人士一旦陷入这个认识误区，势必会对中国宪法的深层次结构性特点乃至宪法文化陷入不自觉的状态。

　　第二，现实知识阶层中包括一些号称思想理论学者和政治学者对宪政的曲解和阻挠建立宪政的努力，也是对宪法文化的不自觉的集中体现。长期以来，他们对什么是宪政、国家为什么需要宪政一直陷入深深的误区而不能自拔。甚至认为一旦国家建立了宪政，哪怕全然是社会主义性质的也不行，据说如果那样一来，就会发生"红旗倒地"、"国家变色"的严重后果。基于此种体认，一些学术"精英"人士力主不能在中国建立和实行宪政，甚至在治国的层面上都不能提"宪政"这个词。如此一来，我们作为宪法学专业的研习人员认为，这早已不是对宪政这个词和理念缺乏起码认知的问题，而变成了对宪政概念和理念的严重歪曲了，不论他们在主观上是无意的还是故意的，都改变不了这个看法和对待态度是对国家宪政的曲解这个事实。还应指出，如果他们只是将上述关于宪政的观点和态度局限于学术层面上，本着学术开放的立场可以看作一种学术自由的表述。但他们并没有止于单纯的学术表述，而是以实际行动试图直接影响国家的政治进程，现时的政治决策层面至今没有明确提出和确认建立社会主义的宪政，虽原因是多方面的，但与少数思想和政治学者的反向努力，从而造成的宪政观点的混乱也有一定的关系。由此可见，他们对宪政所持的曲解态度和阻挠建立宪政的努力已经在事实上对国家建立宪政造成了负性影响。

　　第三，学术界对宪法文化缺乏自觉还集中体现在对宪法和宪政的多价值和综合功能缺乏必要的体认。前已指出，宪法发展到当代，早已不仅仅是单纯的治国所必需的政治法律工具了，而是逐渐演化成为多价值和综合功能的国家深层次组织结构的载体。除了工具性价值之外，人们还期待从宪法和宪政中获得更多的价值利益和功能效益，包括精神层面的爱国主义的坚守、社会和国家一体化的体认、忠诚和诚实的回归、社会和谐的建构、正义的实现、信仰的自由,等等,但中国现实的知识界对宪法和宪政的认识还远远没有达到这种自觉的程度。集中体现在对现实社会矛盾的突出呈现以及由于不断激化而导致的大规模群体事件频发的原因分析和对策选择,就很少从宪法和宪政方面进行考量和对待。一味地以强势的姿态出现而利用各种手段"维稳",而轻视和忽视宪法和宪政的强大调控与和谐社会的作用,正如人们所看到的,并没有取得人们期待的"维稳"效果。

第四,长期以来,知识界包括一部分法学者甚至宪法学者对如何发挥宪法在治国中的重要作用,并没有达到自觉的程度。他们把宪法的作用主要放在政治的层面上,为此,他们一般也承认宪法的重要性,也支持对宪法进行必要的修改以实现此种功能。与此同时,他们也主张和强调在一般意义上加强宪法的实施,但他们反对采取一切可以利用的政治法律手段加强宪法的实施,特别是反对利用"司法化"的手段加强宪法的实施。在过去的十几年间,法学界特别是宪法学术界对所谓的"宪法司法化"的命题讨论和争论得很激烈。见仁见智自不必说,但有些宪法学者持一种颇为偏激的意见,认为中国宪法从不出现"司法"这个词,进而认为何来"宪法司法化",完全否认和摒弃了国家司法机关在监督宪法实施方面存在的经常性的、制度化的司法资源,这不仅与世界上绝大多数国家利用和通过司法化的手段监督宪法的实施的理念与制度相悖,也是对中国宪法规定的宪法监督制度的非科学认识和把握。其结果,正如人们所看到的,中国的宪法监督制度和机能至今仍处在几乎是空置和边缘化的状态,这绝不是社会和国家各方面所期待实现的。

第五,中国的法学界和宪法学术界在对东西方宪法文化和宪政体制的相互比较、交流、互助、借鉴等方面至今没有达到理性而又科学的认识和把握的程度,这也是对宪法文化缺乏自觉的体现。由于中国在历史上长期处于强盛的大国地位,官民视自己的国家为"天朝上国",将八方臣服岁岁来贡视为理所当然。这种历史积淀日久,就逐渐在思想界形成了至今仍在相当的程度上存在的"文化封闭主义",自视完美清高,外国有的东西必定能在中国找到源头,所有西方先进的制度发明泰半都是由中国传播出去的。这种立场和态度在学术研究成果中可以说屡见不鲜。例如本来是由西方创造的法律文明成果的被称为"权利"的价值观念和实体体系,也有学者能溯本求源,竟也能从古老的中国文化传统中找到"权利"的起源。诸如此类,不一而足。再经近代中国积弱成为"东亚病夫",遂沦为西方列强争夺和瓜分的殖民地半殖民地之后,知识界乃至全民对于西方列强除了用坚船利炮轰开中国的国门一直存在刻骨铭心的记忆之外,还对利用各种"软文明"即思想、文化上的侵略手段至今仍习惯性地高高筑起防卫之墙，凡是来自西方的一切思想和制度文明都特别敏感，防卫之心常备不懈。表现在学术上高度强调中国特色的背后，或明或隐地暗含着对西方思想或制度文明的拒斥。试举一例可以说明这种对东西方二元分野及对西方拒斥的立场和态度。

据报道：于2011年年底由几家高层次的哲学研究机构联合主办的首届"哲学：中国与世界"论坛在杭州举行。此次论坛以"我们关切什么"为议题，思考哲学今后发展的方向，围绕"哲学是什么"、"如何进行哲学研究"、"哲学与现实的关系"等问题展开深入讨论。与会者指出，对"哲学"本身的关切，从根本上说是达成哲学自觉的关切；对哲学如何切中现实的关切，对理论形态的当代人类自我意识的关切，对哲学的当代理论创新的关切，对这些塑造和引导新的时代精神的关切；哲学的各个二级学科、不同的研究团队以及学者个人的特殊关切应该统一在"哲学自觉"的共同关切下；重要的是哲学能做什么而不是哲学是什么。与会者认为，首先，以哲学的方式关注并影响现实生活，是当代中国哲学不可推卸的重要使命。到此为止，从论坛举办的指导思想到各种议题的讨论都可以说非常正确、无可挑剔。但接下来的报道从我们研究的立场上看，就有值得分析之处了。先看如下报道："今天的中国哲学家应当用自身的方式而不是西方的模式去解释中国思想和中国哲学。这是中国哲学家对自身哲学传统的一种自我意识。……"① 首先应当指出，中国哲学家对自身哲学传统要有一种自我意识，这个大前提并没有错。问题是要实现这个大前提，就"应当"用自身的方式而不是西方的模式去解释中国思想和中国哲学，就会令人怀疑这种路径选择是否正确了。在我们看来，"用自身的方式而不是西方的模式去解释中国思想和中国哲学"这条路径根本走不通。因为首先哲学的东西分野很难判然分清；其次是东西方哲学各有自己的优长与不足，拒斥西方哲学在避开了其不足之处之余，也自然舍弃了其优长的助益，这与倒洗澡水将孩子一起倒掉是一个道理。而如果按照费老"各美其美、美人之美、美美与共、天下大同"的那种真正意义上的"文化自觉"相对照来实现上述"用中拒西"的路径选择，也许会令关切"哲学自觉"的哲学家们意想不到的是，他们本来是想统一在"哲学自觉"的共同关切下，不期然自己却早已偏离"哲学自觉"的命题而浑然不觉。

其实这种不自觉的样态在法学界和宪法学界也屡见不鲜。一些法学者和

---

① 记者莫斌的报道：《哲学自觉与创新：中国哲人的共同关切》，《中国社会科学报》2011年12月13日，第12版。

宪法学者长期囿于一种似是而非的固定之见，就是要在创立具有中国特色的法学、宪法学理论的同时，也鄙视和摒弃西方法律文明的优秀成果；或者虽然在口头上说对西方的法律文明要借鉴和参考，而在骨子里却是批判和否认。这种立场和态度在我们看来，也都是对包括宪法文明在内的西方法律文明的一种不自觉的表现。

第六，中国宪法文化的不自觉还突出地体现在固守过时的观念，不能与时俱进适时地转变观念。前已指出，中国的宪法、宪政连同近代的宪法文化是近代"西学东渐"、"中体西用"的一个重要的支脉，作为这种"西学东渐"、"中体西用"整个复杂过程的一个奇特现象，就是中国先后和同时引进和吸纳了"西学"中截然对立的和完全不同质的两种思想和观念体系，先是引进和吸纳了西方传统的资本主义思想体系，其中就包括了传统西方的立宪主义和宪政学说；20世纪20年代"五四运动"前后，特别是中国共产党登上历史舞台并逐渐独立自主地掌握中国新民主主义革命领导权以后，又主要吸纳主要是通过苏俄革命传到中国来的马克思列宁主义，并最终确立为中国共产党根本的指导思想，其中包括无产阶级革命和无产阶级专政的国家学说，并以这一学说为基础逐渐成形的马克思列宁主义宪法理论和宪政学说以及与之相联系的宪法文化。马克思列宁主义被认为是放之四海皆适用并永远正确的革命理论，但再正确的理论总是特定时代的产物，随着时代的不断变迁和发展，总有些个别的理论或结论会因时代的发展和情势的变迁而不再适用。这是事理逻辑使然，就如同一个人一样，不可能永远都那么年轻，即使保养得再好，也会随着岁月的流逝而韶华不再。过去人们忌谈马克思列宁主义的个别理论或结论也会过时，那并不是科学的、实事求是的态度。

马克思列宁主义个别理论或结论已经过时的最显著的例子，莫过于"民族文化自治"的理论。"民族文化自治"的理论产生于19世纪国际共产主义运动深入发展的时期。列宁在十月革命前后，曾经多次否定民族文化自治，主张以民族自决权和民族区域自治来解决俄罗斯的民族问题和建立联盟国家问题。自那时以后，苏联民族理论界就一直把民族文化自治作为理论批判对象，直到20世纪80年代末至90年代初，民族理论界才开始重新评价民族文化自治理论，并倾向于予以肯定。自苏联解体以后，民族理论界再次看重了民族文化自治理论的价值及其在调整民族关系、保障民族权益方面的有效作用。他们认为，在当今世界上的许多国家通过实行民族文化自治，有效地改善了民族关系，保护了各民族特别是小民族的利益。一般说来，在任何多民族的国家中，由于各民族都极为珍视包括语言文字在内的民族文化，把民文化视为在这个日益全球一体化进程中能够保持本民族基本特征和满足民族自豪感的最后的一片净土、阵地，特别是许多小民族没有政治、经济、社会等方面的优势地位，对包括语言文字在内的文化上的保留、发展等方面的要求更为强烈和迫切。民族文化自治较之其他的自治形式更易于满足各民族、特别是弱小民族的文化要求，是保障各个民族，特别是分散居住的少数民族和其他小民族合法权益的有效形式。此外，民族文化自治不仅不排除联邦制等解决民族问题的根本政治形式，反而可以作为联邦制的补充，进而完善和发展联邦制。俄罗斯民族理论界认为，民族文化自治也适用于作为俄罗斯联邦制的补充，也容易被俄罗斯各族居民，特别是分散居住的民族和小民族的人民所接受。

值得注意的是，俄罗斯政府已经接受和采纳了上述实行民族文化自治的主张和意见，并于1996年6月17日颁布了《俄罗斯联邦民族文化自治法》，逐步在全国各地推行。该《民族文化自治法》规定，民族文化自治是隶属于某些民族共同体的俄罗斯联邦共和国公民的社会团体，在此基础上为独立自主地解决保护和发展民族语言、文化教育、艺术的自我组织。民族文化自治的组织系统由俄罗斯联邦民族文化自治章程规定，可以建立村、乡镇、区、市、地区和联邦的民族文化自治机构。民族文化自治享有广泛的权利，主要有：开展保护民族风俗传统，发展民族语言文化和艺术的活动；向国家立法机关、执行机关和地方自治机构提出民族文化利益的要求；按照法律规定创办大众传播媒体，获准使用民族语言传播信息；保护和丰富民族历史文化遗产，自由利用民族文化财富，创办非国立的学龄前教育机构以及初级、中等和高等专业教育机构，参与编制教学大纲和教材；为保护和发展民族文化，可以建立非国立的戏院、图书馆、博物馆等文化活动机构；通过自己的全权代表参加非政府组织的国际活动，并根据有关法律与外国公民和社会团体建立人文科学联系。民族文化自治机构的活动得到了国家和地方自治机构的财政上的资助，为此，成立联邦、地区和地方的基金会。

《民族文化自治法》还突出规定，民族文化自治权利并不是民族区域自治权利，实现民族文化自治权利不能损害其他民族共同体的利益。因此，参与或不参与民族文化自治活动不能作为限制公民权利的理由；同样，民族属性也不能作为参与或不参与民族文化自治活动的理由。[①]

[①] 这部分的观点和资料转述于陈联璧《俄罗斯民族理论和民族政策的现状》，《民族法制通讯》1999年第2期，第38—40页。

从以上介绍可以看出，现在俄罗斯的理论界和政治界对俄罗斯和苏联的民族问题和民族关系的历史和现状、经验和教训的反思、总结是严肃的、认真的，其变化不仅给人以深刻的印象，而且也显示出向积极的、进步的方向发展的迹象。苏联的民族理论与中国的民族理论在相当长的时期内基本上保持一致，尽管两国各自采取了适合自己的民族政策、制度和政治形式来解决各自的民族问题，但在指导思想和信奉的原则上是相通的。现在俄罗斯对苏联的民族理论的反思，以及对苏联民族政策和制度的改变，对于中国的理论界和政治界来说，绝不应当仅仅作壁上观，而是应当以此作为契机，进一步深化中国的民族理论，特别是民族区域自治理论，进一步完善和发展包括民族区域自治在内的民族政策和制度。我们认为，这应当是中国理论界和政治界所应当采取的正确态度。本部分对此做详尽的综述和分析，其目的也在于希望能从中得到启迪。

然而，在中国的民族学界、法学界，包括宪法学界，从总体上来说，仍然一如既往地认为"民族文化自治"是绝对"错误"的。记得在前两年有一位宪法学者在申报一出版基金时，由于在文稿中介绍过"民族文化自治"的来龙去脉的背景、现时俄罗斯民族理论界对这一理论的反思以及在反思的理论上俄罗斯在20世纪90年代制定《民族文化自治法》的过程连同介绍该法的主要内容；并在此基础上考虑到在中国的多民族统一的理论中，由于大量的散居少数民族人口分布在全国各地而又不能在国家的民族区域自治政策和法律的涵盖和规制之下的特殊国情和族情，为加强对大量分布在全国各地的散居少数民族人口的总体保护，协调他们与同居一地的其他民族主要是汉族居民的相互关系，增进民族间的团结，该学者提议在中国散居少数民族人口中有条件地试行"民族文化自治"以补充民族区域自治法涵盖面和规制的缺失。本来，无论是介绍民族文化自治的背景知识，还是介绍现时俄罗斯民族理论界的学理反思以及介绍俄罗斯在20世纪90年代制定《民族文化自治法》的过程及其主要内容，本质上都是学术界层面上的问题，并无什么不妥，在如此开放的学术自由时代更是无可挑剔的。即使提出有关的立法建议，也只是提供国家立法机构制定相关法律时的参考意见，是否可行或是否在什么时机实行，都是立法机关决策的范围之事，无关提出建议的学者的主观过错，怎么这也被认为是"绝对错误的"呢？思想上的墨守成规以致僵化的程度如此之深，足以说明我们在学术界和知识阶层多么需要宪法文化乃至一般文化的自觉。以上只是试举一例，类似的例子绝不仅止于此。在破除僵化的思想，做到与时俱进，适时地转变观念方面，不仅是实现一般文化自觉的不可或缺的一环，而且当然更是实现宪法文化自觉的重要一题，应当引起足够的重视。

第七，中国宪法文化的不自觉还体现在如何将作为国家根本大法和最高法律权威及最大法律效力的宪法与社会和国家的日常活动以及与广大人民群众的日常生活经常地、密切地结合起来，从而使宪法规范的作用得到积极的、灵动的发挥方面。长期以来，社会和国家的各个方面以及广大人民群众习惯地将本领域、本部门和个人的日常活动及生活与普通法律规范联系起来，因为普通法律离他（它）们最接近，甚至须臾不能离开。而对于宪法，则认为它是管国家大事的，是管国家的方向和目标的，并且其内容也是高度概括和抽象的。总觉得离人们和各个方面、部门的日常生活很远，当公民的宪法权利受到侵害时，如果不是直接发生在刑事、民事和行政等方面，也不知道如何利用宪法去救济和保护自身的权利，而在国家的立法方面，至今也没有关注如何充分发挥和利用宪法这一宝贵的法律资源，创设某种机制或建立相应的配套制度，使宪法不仅发挥其在规范国家政治法律大事的同时，也能最大限度地在社会和人们的日常生活中发挥直接的、密切的规范作用。这种状况的出现，原因是多方面的：

首先，这是由宪法的性质、地位和作用的特殊性引发的约定俗成之见。宪法从最初发生学的意义上来说，就不是为了指导社会和人们的日常生活而设计和制定的，除个别宪法，例如美国加利福尼亚州宪法规定种植园种植的葡萄藤三年之上才纳税，三年由免税等直接规范生产经营等活动之外，鲜有例外。但人们特别是法学、宪法学业内人士和国家的层面不应当永远持此固定之见，随着社会进程的加快对法律资源需要的与日俱增，以及人们对自己权益保护日益关注和迫切需要，在充分发挥一般法律的规范作用的同时，如也能适当地利用宪法这一资源作为一般法律的补益，岂不更好？只是以往固定之见早已形成认识上的障碍，妨碍人们从宪法角度去思考这个问题，故长期以来没有在这个具有重大理论和实践价值的领域去尝试做点什么。

进而言之，如何将宪法变成社会和人们日常生活密切相关的行为规范，其实也是一个法律特别是宪法智慧和宪法技巧问题。非有深厚的宪法知识底蕴和娴熟的运用艺术而不能为，这就与我们本题所探讨的宪法文化自觉问题联系起来了。没有必要的宪法文化自觉，在如何发挥宪法在社会和人们的日常生活中的作用问题上是难有进取性的作为的。

在中国的现实情况下，如果一下子就提到宪法文化自觉的高度，并指导宪法发挥日常的规范作用还一时难以做到的话，至少在下面的情景的改变上应当而且可以有所作为。在中国，我们对待宪法一直存在着冷热不均、忽冷忽热的状况，通常是在宪法需要局部修改或重新制定的时候，或者在遇到年度或重大节日由宪法学术界发起纪念活动时，宪法才会一下子热起来，但时过境迁，宪法的关注热点会在突然间冷却下去，周而复始，这种状态一直存续至今，而且热的时间总是很短，而冷的时间总是很长。在宪法遭到冷遇的时候，就像一位养尊处优的长者，在丰厚的福利的优待下过着事事不用操心的优裕和雅致生活，平常他的门前也是车马稀疏，很少有人探望和问候。只有到需要他或节庆之时日，才会被请出来受人们顶礼膜拜一番。这种状况的长期存在，归根结底是宪法文化尚未达到自觉状态的一种表现，应当尽快加以改变。不论是社会和国家层面，还是舆论媒介，特别是法律和法学界都应当持续地关注宪法的实施，使其不仅成为指导和规范国家大事的重要的工具，而且也要使其变成社会和人们日常生活给力的助手、朋友，或者使其变成人们权益的真正意义上的"保护神"，并进而成为我们"信仰"体系中的一个重要的组成部分。

第八，中国宪法学术界在宪法文化上还有一个突出的不自觉的表现，就是在宪法学分支学科的建构上表现一定的或很大的盲目性。应当说，改革开放以来，中国宪法学在坎坷不平的道路上蹒跚而行，端赖几代宪法学前辈、先进和全体同人的共同努力，业已取得骄人的成绩，特别是最近十多年来，宪法学已获得了突飞猛进的发展，无论在广度上还是在深义上都有佳绩可见。但正如月有阴晴圆缺古来不能两全一样，中国宪法学的发展也有值得反思和改进之处，其中一个重要的方面就是在近十多年来由宪法学者们相继提议或着手致力于创建具有中国特色的宪法学分支学科中，表现出强烈的以偏概全、立己排他的倾向。这从一个侧面表明，即使在我们宪法学界，同样面临着提高宪法文化自觉的时代使命。

20世纪90年代以来，一些宪法学者特别是一些有学术造诣的先锐学者，对于创造具有中国特色的宪法学分支学科注入了很大的热情，并致力于各种宪法学分支学科的建构，且在其中提出了许多有价值的创意、设计乃至较为完整的体系。其中较为突出的有如下一些：

从对宪法理论体系的研究衍生出"宪法哲学"或"宪法逻辑学"；从对宪法文本的研究衍生出"宪法解释学"；从对宪法规范的研究衍生出"规范宪法学"；从对宪法政治的研究衍生出"宪法政治学"；从对宪法与经济结合的研究衍生出"宪法经济学"或"宪政经济学"；从对宪法与社会结合的研究衍生出"宪法社会学"；从对宪法与人类学结合的研究衍生出的"宪法人类学"；从对宪法的比较研究衍生出的"比较宪法学"，等等。

对于这些宪法学分支学科的较为详尽的评论，已由我本人在另外一个场合作出。[①] 这里自不必重复，况且这也不是本题的主题。但就宪法文化的反思的意义上，似乎有些事理还有加以分析的必要。

首先，是关于宪法学在当今及今后一段时期深入发展的路径选择问题。毋庸讳言，中国宪法学的研究之路并不顺畅，除客观上存在一些窒碍情形之外，在宪法学人中的主观方面也有些需要反思之处，加上中国宪法学的起步较晚而缺乏深厚的底蕴，所以在宪法学研究中磕绊前行势在难免。然而我们必须看到，当今的宪法学术界在前辈披荆斩棘开创的基业的基础上，毕竟汇集了一批有学识、有进取心的学者，并且已蔚然成为一个可观的群体。他们中的一些先进的有识之士，鉴于宪法学发展中一些实际障碍难以一下子就跨越过去，但又不甘做平庸无为的宪法学人，于是另辟蹊径，试图通过宪法学分支学科的创建而拓展宪法学的广度和深义研究，其智慧可许，其精神可嘉。确实说来，即使在宪法学本体论的意义上来说，这都应当认为是一个不错的路径选择和突破口。需要反思的是，这种路径选择毕竟只是宪法学中的"阳光大道"的边路选择，它们最终要回归到宪法学本体意义的"阳光大道"。我们之所以认为有些学者在这方面没有达到自觉的程度，就是因为他们的努力给旁观者这样的印象，即他们似乎有沿着他们自己开辟的旁道或边路一直走下去，即使走到天黑也不止步；不仅自己这么走下去，还想规劝其他的宪法学人甚至带领宪法学大军都跟着他们按他们选择的路径一直走下去。这就是一种偏颇，一种路径选择上的不自觉表现。我们认为，只有一条宪法学本体论的大路通向宪法学的作为最终目标的"罗马"，其他的边路或旁路必须紧靠着这条大路，并且沿着通向"罗马"的这条"大路"的方向前行，才能最终独自或回归到"大路"之中才能与同道一同到达"罗马"这个宪法学"真理之城"。

其次，就是在各宪法学分支学科相互关系的把握上尚未达到宪法文化意义上的"自觉"高度。现时中有意无意流露出来的倾向值得反思和改进，特别是那种涉嫌"舍我其谁"的态度，"只此一家别无分店"的张扬，或独树一帜，千军万马归于麾下的迷狂，等等，都应当说是对各宪法学分支学科相互关系的把握还处于不自觉的状态。其实，从宪法学的整体和全局上看，真正有科学存立价值的宪法学分支学科彼此之间绝非那种势不两立、相互排斥

[①] 详见陈云生《超越盲目与迷狂——宪法学分支学科的理性建构》，《宪法学的新发展》，中国社会科学出版社 2008 年版，第 227—346 页。

的关系。如果上升到费孝通所谓的"各美其美、美人之美、美美与共、天下大同"的文化自觉的高度上看，各宪法学分支学科之间也应当建立这种和谐与共、相互取长补短、共同协进的关系。这就是我们提出和倡议的宪法文化自觉的真正意蕴。

最后，但不是最不重要的，就是宪法学分支学科的创建应当也必须遵循科学"类型学"的基本分类规范，绝不应当将宪法学分支学科的创意与实际进行变成不合类型学和章法的率性或任意行为。这也是宪法文化自觉中的应有之义。在西方，由德国学者马克斯·韦伯创立的"类型学"已经得到学术界的普遍认可，其提出的分类标准等问题已经成为科学分类的规范指导。中国学术界对此尚未熟知体认，故宪法学分支学科的创意和创立过程中，有些显然偏离科学分类的规范。把本来应属于宪法学中一个领域或一个方面问题的研究轻率地将独立出来冠以某某宪法学分支学科的做法，其实并不可取。因为一者，将传统上本来一直在宪法学总论中研究的问题硬拉出来另立"山头"，非但是行之者自己有生拉硬套之嫌，其他宪法学者也许不能或很难适应这种变化之巨大，行之者也很难让其他宪法学者一律跟他勉为其难。学术行为不同于政治或行政行为，"号令"一出，人们未必就会相拥紧随之。二者是对宪法学分支学科自身科学性的把握未必准确到位，应当首先树立如下的科学分类观念，即不是什么样的知识体系都适合作为分科体系，宪法学也不例外。我们认为，在宪法学的总体知识或相关学科的知识体系中，至少应满足以下几个条件：其一，应当有明确的研究对象，该研究对象应当具有独立的品格，而不是模棱两可或飘忽不定的。其二，应当要具有足够的知识总量，使该分支学科能够在体系上树立起来，而不只是一团杂乱知识纠结在一起。其三，该分支学科应当具有显明的条理性、层次感，上下里外融合成为浑然一体，而不是七零八落的知识混乱地集结在一起。其四，宪法学分支学科最理想的形制应当是与其他相关学科结合而建，两强结合，共谋发展、相互提携、相得益彰。当今科学研究领域的综合学科、边缘学科、跨界学科方兴未艾，正在作为学术先锋傲然挺立在学术前沿。毫无疑问，宪法学分支学科的创意与创建，应当紧随当今此种学术潮流而不致落伍。其五，宪法学分支学科一定要预估或预设具有重大的学术价值，现时的或潜在的都行，最好是具有宪法学术战略性的或长远性的，而不仅仅是战术性的或临时性的。由上可见，在宪法学分支学科的创意或创建上，现时留给我们需要反思的方面很多。

总而言之，前面所列举的只是有关宪法文化自觉的一些较为突出和需要改进的方面，但绝不止这些。现在我们可以说回答了在本题开头所提出的为什么在中国的现时宪法学术界需要实现宪法文化自觉这个原初的设问上了。我们现在更加深信，中国宪法学术界在一系列重大的理论与实践问题的研究上之所以在总体上长期不能深入下去和拓展开来，甚至在个别理论与实践问题的研究上还陷入了盲目、迷狂的不确定把握状态，绝不是仅仅可以用真正开展研究的时期不长或宪法人才的培养需要一个较长的过程这样的说辞就可以搪塞、敷衍过去的，也不是宪法学博大精深、研究需要逐步深入的话可以淡而化之的。在我们看来，中国宪法学术界之所以长期处于肤浅和边缘状态，除了现实学术专业之外的各种因素的窒碍以外，在我们宪法学术界也存在深层次的观念和知识结构等方面的问题，而其中最核心、最根本的问题恐怕就是缺乏必要的宪法文化的自觉了。如果说这还不足以说明问题的话，那么，或许还应补充上同时也是受缺失宪法文化启蒙的拖累，由于没有经过宪法文化的启蒙阶段的熏陶而最终导致的学术底蕴的浅薄。总而言之，现时留给我们宪法学术界关于宪法文化自觉的话题是回避不了的。在我们看来，历史上的宪法文化启蒙的陈年老账总是要还上的，还比不还好，早还比晚还好。这不仅是一个事理逻辑问题，而且也还是一个人类思想史包括宪法文化史的规律问题，这需要我们这一代乃至接下来几代宪法学术人深察、自醒和实际完成的学术使命。而对于宪法文化自觉这个更高层次的宪法文化的体认与践行问题，我们认为这是深嵌在中国宪法学术界内部深层次的各种结构性问题的症结所在，更是不容回避的，不仅不能回避、还必须直面相对并着力加以解决，且必须立即着手采取实际行动来解决的问题。我们认为，宪法学术界现在应当有这种紧迫感。如果到现在为止对此还处于浑然不觉甚至麻木的状态的话，那么，现在是该警醒的时候了。我在古稀之年以绵薄的学术之力率先进行这方面的研究和向全体宪法学术人发出此等倡议，目的就在于唤醒宪法文化启蒙和学术自觉这个酣睡多年的长梦，从我们这一代宪法学术人开始为此做点什么，方不辱历史赋予我们的使命。

第九，深藏在宪法深处的宝贵政治法律资源以及宪法广泛适用的功能至今尚未得到关注、研究和对待，这也是宪法文化不自觉的一种显见的表现。前面我们已就宪法的多元价值和功能的不自觉状态做过一般性的分析。如果从更深义的立宪原理的层面上看，还可以作出进一步的分析。这方面的话题很多，可以作出一篇大的文章，限于篇幅，这里只就几个具体的方面做些简单的分析。

就中国的立法层面而言，由于对宪法文化没有上升到自觉的程度，对宪法的忽视是贯穿中国立法过程中一个长久的现象。最近一二十年虽有改观，但也只停留在有关立法案的序言或引言中用了"依据宪法"制定本法的表面言辞作为立法的根据而已。即使这种表面文章,还不时受到法学术界和个别参与立法的人员的反对,他们声言普通立法例如在有关的民事立法方面不必写上"依据宪法"制定本法的词语。因为在他们看来,既然宪法和其他法律包括民事立法都由全国人大制定,其法律地位和效力就应当是平等的,在平等的法律之间有何缘由要写上"依据宪法制定本法"的字样?关于这方面欠缺的宪法文化自觉,在前面已经做过分析,自不必重述。

我们这里所要分析的是更深层次的对宪法的忽视或轻视。这种深层次对宪法的忽视和轻视是指在立法全过程中,从规划、调研、起草以致到法案在全国人大或全国人大常委会通过、颁行期间的每个环节,尽管可能延至三至五年甚至更长的时间,但从来没有立法人员和参与专家想过这样一个简单的问题,即有关的立法内容是否已经明文在宪法中做了规定了,或者虽然没有明文规定但暗含着这样的内容,只要通过宪法解释就可以达到专门立法的宗旨和立法事项的要求?如何能做到这一点,不仅使宪法的根本法地位和最高法律权威得到高扬,而且还能尽可能地做到立法资源的节约使用,何乐而不为?然而在缺乏宪法文化自觉以及宪法观念淡薄的宪政氛围中,这么一个极其简单而又明了的问题常常被忽略。通常的做法是将宪法放置在封闭的"楼阁"中妥善地加以保管,而参与立法的人员和专家竟在"楼下"另开房间,自顾自地按照自己的理想去制定有关的法律。从立法结果上看,我们必须肯定最高国家权力机关即使在缺乏宪法文化自觉的情况下制定出的法律,绝大多数都是现实社会和国家生活所必需的,构成了建构社会主义法律体系的重要组成部分,因而也就彰显了社会主义中国法治的进步。这是必须首先肯定的,任何人也抹杀不了的。但我们也必须看到,有些立法内容,包括个别的立法事项特别是在宪法修改过程中添加的某些内容,从宪法文化和宪法内容上看,是有是否必要的反思余地的。

从最近二十年的立法上看,关于伸张国家主权不容侵犯,国家领土不容分割,维护国家的统一和民族团结等内容的立法,完全可以从宪法明文规定或内含的宪法原则的权威解释中满足某个或某些立法原意的要求。是否应当或值得另起炉灶值得反思。

在宪法修改时平添了保护人权的条款,此一举措被官民视为中国法治和人权保护的巨大进步,好评如潮。如果放在其他场合,例如在外交场合的政治法律宣示或学术层面的研究上确实如此。现时毕竟是一个人权昌明的时代,无论怎样高扬人权及其保护的重要性和必要性都不过分。然而,在修宪和立法中如何科学地、适当地强调人权保护的内容却不仅仅涉及修宪和立法技术的问题，更可能引起对宪法文化乃至一般法律文化的反思问题。

2004年在修改宪法时加上了"国家尊重和保障人权"的条款，在我们看来，至少有两方面的问题需要反思和探讨。

一是从西方的立宪主义到列宁关于宪法是"一篇写着人民权利的纸"的宪法思想，认为宪法本来就是为保障人权而制定和实施的，这种立宪主义尽管有以偏概全之嫌，但确实具有保护人权的确切意向性和具体保障内容及相关的宪政体制设计和建构，确实是立宪的根本宗旨之一和一项重要方面的内容，这在东西方的宪法和宪政中都是体认的，并无什么争议或立宪层面的重大偏离。这就是说，中国宪法原先没有规定"国家尊重和保障人权"的条款，并不意味着中国的宪法原先缺乏这种社会主义立宪原则的底蕴。且不说其他方面的内容，单以公民的"基本权利和义务"单列一章，对公民的基本权利详加规定，就足以表明中国宪法对人权的保障是何等看重了。

二是在规定"国家尊重和保障人权"的条款时并没有同时相应的照顾到在同一宪法中"公民基本权利"的相应规定，既没有厘清"人权"和"公民基本权利"各自规范范围，也没有澄清两者之间的相互关系。如果我们按照宪理与法理的通常理解，首先这两者肯定不是相互截然分开的，更不是互相对立的或是相互排斥的。准确说来，应当是在保障人和公民的权益方面宗旨是一致的；内容上是有重叠或交叉的；在权利的等级及品质上可能还存在"基本"或"重要"与"一般"的轻重考量；在保障力度上也可能有应当"特别加大"和"加大"的分别；而在保障的顺序上也可能存在"优先"和"不容忽视或轻视"的差异。如此等等，都不是在宪法条文中加上一款"国家尊重和保障人权"所能解决得了的。在我们的宪法学业内的观点看来，宪法的这一添加条款似乎并未达到彰显国家在当代人权保障和依法治国的方面的巨大进步，相反从修宪技巧上看，倒显得生硬而不够融洽，似乎是粘贴上去的。正是基于此种考虑，我们倾向认为中国现实的人权观念即使在最高的宪法论坛上仍显得生涩而不成熟，所以我们认为应当实现宪法文化的自觉。

还值得在此提出分析的另一个问题是法治与宪治的关系问题。世人皆可以承认和肯定，中国自20世纪90年代中期接受法治的理念，并在执政党和国家两个层面上确立依法治国、建设社会主义法治国家的治国战略方针，是一个具有重大历史意义的里程碑式的进步。然而，在我们看来，在全社会和国家对于这个晚来的法治理念颇感欣喜和钟爱有加之余，却缺乏审慎的理性对待。

一是我们对"法治"的真谛和核心价值在缺乏深切体认的情势下，以为是最终发现和找到的治国"法宝"，进而引发一系列对"法治"非严谨的理解和泛用。

二是我们并没有察觉到"法治"这个词及其理念在西方早在一百多年前就确立下来了，近代以来"西风东渐"的结果，中国走向法治与宪政早已历时一百余年，即使在中国，也并非完全是新奇之物，只不过我们在一百多年间的先人和我们自己并没有在习惯上使用这个概念罢了，这或许也是法律文化不自觉的一个表现。

三是在中华人民共和国的历史上，总体上我们并非不重视法治，在改革开放之后更是如此，光是宪法就制定了五部（含起临时宪法作用的《中国人民政治协商会议共同纲领》），更不待说成千上万的法律和法律规范性文件了。事实上，中国高扬"法治"只是在下列的情景下才有意义，即中国正在实现从依政策治国向依法治国转变过程中逐步淡化政策色彩而加重法治的分量，突出强调法治意在表明中国正在加速实现这个治国方案的战略转变，绝不表明中国特别是在改革开放后的中国原先没有"法治"，或者"法治"或"依法治国"全然是一新的开端或起步。过去二十年社会和国家层面上对"法治"概念的使用和理念的宣传，给人的印象似乎就是这样一个"忽如一夜春风来，千树万树梨花开"的全新景象。

四是在处理"法治"与"宪治"关系上，出现重前者轻后者甚至忽视后者的偏差。中国的宪政已走过百年，这期间我们并不能只是将其视为一个单纯的立宪过程，行宪自然也在其中，只不过是在风雨的路上磕磕绊绊的前行罢了。无论如何，中国的宪政和宪治是近现代中国史上的一股重要潮流，即使单纯从历史的维度上看都不容加以轻视和忽视，如果离开这百年的宪政运动，史学家可能还真不知道该如何去书写中国的近现代百年史。中国立宪、宪政和宪治在中华人民共和国建立后继续前行，在改革开放以后更是加快了脚步，成绩斐然。我们认为，只有在这个大历史背景和宪政、宪治这个平台上理解和对待法治这个治国方略，才能给其以正确的定位和把握。否则就会产生偏差，如同现实所出现的状况一样。无论如何，"法治"只可以在"宪治"的大环境下高声强调才有意义，不能丢了西瓜只捡了芝麻，更不能以忽视"宪治"甚至以牺牲"宪治"为代价去片面地强调"法治"。当然，要做到这一点并非易事，其中当然不能缺少"宪法文化的自觉"乃至一般"法律文化的自觉"这个前提和省思了。据此，我们把这个问题归在"宪法文化自觉"的命题下予以检讨，应当是站得住脚的。

三 东西方宪法文化的超越

首先，应当申明一下有关这种"超越"的基本立场和态度。

长期以来，我本人在多种场合都表示过如下的一种观点，即认为那些试图创造出完全具有中国特色而不含任何西方宪法和宪政元素的宪法理论和宪政学说的努力是徒劳的。宪法和宪政既不是中国本土长成的，也不是从外太空降到中国这块土地上来的。中国的宪法和宪政从最初的源头上来说，是近代一百多年前开启的"西学东渐"和"中体西用"风气的产物，即使我们可以从立宪原理上与西方的立宪主义作出"切割"，但这种"切割"绝不能做得很彻底；而在宪法样态和宪政形制上总会与西方的宪法样态和宪政形制保持相当程度的相似性关联。如果我们致力于创新一种全新的东西，尽管在理论上和实践上并非不可能，但如果是那样，也就不能称其为传统意义上的宪法和宪政了。宪法和宪政是人类经一两千年的文明积淀才结成的法律文明的成果，它们共同关切人类的福祉；面对需要解决的共同的社会和国家问题，特别是政治法律深层次的结构问题，它们采取的宪法手段和宪政路径大体上也采取相同或相近的安排或选择。宪法和宪政应当成为全人类共同的交流平台，中国宪法和宪政也应当成为世界性宪法和宪政的一个组成部分，而不应当成为与世界性宪法和宪政格格不入的"另类"。尽管我们并不认为在宪法和宪政的层面上完全应当采取费孝通先生那种"各美其美、美人之美、美美与共、天下大同"的立场和态度，但也不必要对西方的宪法和宪政采取拒之千里的立场和态度。中国宪法自有其长处，特别是在长期保持政治稳定和集中举国之力从事以经济建设为中心的现代化建设方面，都有其独到之处。中国之所以在经过短短30多年的时期就跻身于世界强国之列，是与宪法在这方面发挥的独特的规范、保障和促进作用分不开的。令人遗憾的是，我们的宪法学术界延至整个法学界和政治学界不少的学者对此并没有展开真正具有科学意义的研究，而是更多地表现出非理性的或负性的评价层面上，而作出这种评价的参照系又都是源于西方的政治结构特别是其中的政党政治的理论与实践。与此同时，中国的宪法学术界有些学者还在西方的宪法和宪政问题上采取两种截然相反的立场和态度。

一种态度是以西方的宪法和宪政为参照系试图彻底改变中国的宪法和宪政，例如在法学界，就有一些学者强力主张依照西方检察理论及其形制彻底改造中国的检察理论及其形制，提议撤销中国的现行检察院建制，改行西方的那种以审判权为核心的司法建制。这虽然只是较为极端的一例，但也足以表明我们有些法律学人尚未到"各美其美、美人之美、美美与共、天下大同"的法律文化自觉的程度。

另一种态度则是对西方的立宪主义及其宪政结构和形制采取不加分析的拒斥态度。在我们的理论界尚未进行深入研究的情况下，就以"不搞西方的那一套"的轻蔑性的语言否定西方的宪法和宪政某些原理和结构。就以"三权分立和制衡原则"为例，不论其内含多少非科学、不合理、低效率的元素，但从其最初的发生学的源头上看，其在防止政治权力过于集中，免民众陷于独裁的政治困境，并非完全是不可取的，至今仍是一切国家政权都必须面对和解决的政治难题。再从管理学的立场上看，"分权"也可以认为就是政治权力上的"分工"。现代化发端和兴盛于分工。分工越精细，效率越提高，社会物质生产和事务管理，无不尽然，政权更是如是。从管理学意义上来说，分权与分工，哪怕是政治分权与分工，都不具有意识形态的色彩。政治分权与分工完全可以做到取其管理便利与效率的利和益。政治分权是如此，在西方宪法和宪政的其他方面，值得我们学习和借鉴的地方，也还不在少数。

现在让我们回到现实的宪法和宪政层面上来，在"超越"的语境下，我们认为应当特别关切的理论与实践问题有如下一些：

（一）在执政的合法性方面，西方的宪法文化以及宪法和法律安排都在强调通过完善的选举制度获得相对或绝大多数的多数选票的支持以取得合法执政的地位。平等的、秘密的、无记名的投票结果，应当认为是民意表达的最适当的形式，尽管选举制度本身也存在这种或那种问题，但在民意表达上确也找不到比选举更好的制度形式。在西方宪法文化发达和宪政制度稳固的国家，任何政党都不会轻视或慢待民意，没有选民投票支持，任何政党都不可能取得合法的执政地位。当然，政党政治也存在弊病。例如一味地迎合和顺从民意，特别是一味地迎合和顺从暂时的、眼前的民众私益，通常会失去社会和国家长远的、根本的利益的考量与进取。但无论如何，通过投票表达的民意都应当受到尊重和重视。这对于中国目前事实上存在的非形制化的"经济合法性"或"发展合法性"来说，无疑是一个非常可欲的补充和助益。顺便提及，关于政权合法性问题，在理论界特别是在宪法理论界研究得很不够，甚至没有意识到这是一个亟待关注和需要加强研究的新课题。除传统上的"选举合法性"命题之外，还在事实上存在的"经济合法性"或"发展合法性"、"强军合法性"等新的合法性问题，这些都亟待关注和加强研究。除此之外，最近一些年还在国际范围内出现了一个全新的合法性形式，即所谓的"承认合法性"，尽管它是国际强权政治的产物，与传统的国家主权理论和国内民主选择理论相悖，但它毕竟已经存在。在中东、北非一些国家例如利比亚、也门等国家，国际强权国家就蛮横地以"承认合法性"成功地实现了政权的更迭。现时的叙利亚政权也因为国际强权国家正在使用"承认合法性"的"武器"而面临遭到颠覆的危险。这些都应当在宪法文化自觉的关切下进行深入的研究。此当另议，不在话下。

（二）在宪法监督方面，西方宪政发达的国家的相关理论与实践特别值得我们学习和借鉴。自1803年在美国初始实行不成文的宪法监督以来，先是以惯例的形式出现，后逐渐演化成为一种固定的制度，并逐渐在世界各国普及开来，并在欧洲和亚洲相继发展出"宪法委员会"或"宪政院"以及"宪法法院"等新型形制，但不论什么形制，都是围绕司法权的充分利用而展开的，学术界将此宪法监督简约地称为"司法化"的形制或模式，对于全世界多数国家普遍实行的司法化的宪法监督形制或模式，只需用简单的推论就可以认定该形制由来有自，必有其合理性和科学性乃至其他显见的利益存在，更不待说其在实际上内在地含有重大的理论支撑度。这样的宪法监督的理论与实践无疑要求我们应当理性地对待，在加强理论研究的同时，也借鉴其外在的形制。然而，在缺乏"宪法文化自觉"的中国，长期以来，除了在宪法理论上有少数学者对此予以关注和研究外，社会和国家的其他方面包括政治、司法实务方面的所思和所为，似乎都值得认真反思和探讨。固然，中国有中国的国情，宪法早已明文规定在中国实行由最高国家权力机关亲自担当宪法监督职能，这在中国立宪原理和政权建制结构上都顺理成章，无可挑剔。但在实际运作中由于观念的淡薄、配套制度的欠缺，以及体制的过于庞大而缺乏运转的灵活性等原因，使中国的宪法监督体制不仅没有发挥立宪初始时期待的价值与功能，而且事实上变成了"虚置"状态。为改变这种状况，在宪法学术界有些学者包括我本人长期以来都在致力于宪法监督理论与实践的研究，以期有效地改变中国宪法监督的弱化、边缘化和虚置的状况。在宪法监督的形制上，提出在宪法框架下和国家宪政体制内建立"宪法委员会"、"宪法法院"等专门机关，也有学者提出由现行的司法机关分担部分的宪法监督职能。平心而论，这些意见或建议都是在严谨的科学研究的基础上，密切考察中国的宪政实情提出来的，应当说有一定的科学性和合理性，值得认真地对待并在实际宪政的建制中加以考虑。然而，现实在实际上的做法是先预设一个"是错误的"前提，然后动用国家舆论和理论资源在全国范围内予以清查，接着开展理论批判。这就使本来是学术层面上的问题，人为地变成了非学术性的问题了。这种过度反应的做法，并没有取得任何学术上的利好，而在国家宪法监督体制的改善和运作方面也没有取得任何助益，劳民伤财，乏善可陈。这些都应当放在"宪法文化自觉"的题目下予以反思，并在超越东西方宪法文化藩篱，放在世界性的宪法监督体制的交流、互动、相互学习借鉴的宏观平台上加以考量。

（三）将宪法和宪政的论题放在公共论坛进行平等交流也是适合在"超越东西方宪法文化"的语境下讨论的话题。长期以来，人为地构筑在东西方宪法文化之间的藩篱一直在阻隔不同社会制度、不同意识形态国家之间在宪法和宪政问题上进行交流和沟通。基于不同的立宪主义和宪政结构原理，在不同的国情和历史情境中形成的不同国家，自然地会制定不同内容和不同形制的宪法，以及建构各具特色和不同体制的宪政，这本是最自然的社会和国家现象了。然而，不论各国宪法和宪政在立宪主义和宪政结构原理方面有多么大的差异，它们所面临和需要解决的问题都是人类的基本社会和国家问题。全人类共同生活在这个我们称之为"地球"的星球上，无论是人类所面临的基本物质生活需要问题，还是社会组织和国家政权建构问题，抑或现今所面临各种现代性问题，如环境、生态、战争与和平、可持续发展等，都大致相同或基本相似，人类的政治法律文明发展出来的宪法安排和宪政手段，也都是为了解决和调适、规制这些问题而设的。这就是进行宪法和宪政平等交流最基本的人性和社会、国家基础。面对需要解决的共同人类生存和发展问题，在基本相同或大同小异的宪法形制和宪政体制的平台上，有关宪法和宪政的各种基本问题都是可以在共同关切下和公共论坛上进行平等交流，即使暂时还做不到"各美其美、美人之美、美美与共、天下大同"，但至少是可以相互了解，加强沟通以致达成相互理解和尊重的效果。在过往的很长时期内，由于强烈的意识形态的影响和自保、防范的主观意识作用，我们都习惯于像守卫边疆的边防战士那样坚守岗位，时刻提高警惕并准备着阻击一切可能来犯之"敌"。在改革开放的早期，笔者曾有幸参加一些重要的国际性法律学术会议。通常在大会正式开始前，总要由中方的会议组织者召开多次的内部预备会，其内容主要是布置如何批判西方学者的各种"错误的"或"反动的"观点，在宪法和学者领域，举凡西方的立宪主义、三权分立和制衡原理，自由、平等、人权，等等，无一不在批判之列，并且落实在每位中方与会者身上。还要做到责有专负，严阵以待，对西方每位发言者的观点和言论都要严加批判，务使其"流毒"不致流散。现在，这种情景早已有了很大的改观，许多国际性的宪法学术会议都能在一个共同的主题下进行平等交流,让西方的宪法学者自由阐发其观点也变成平常之事。只是东西方的宪法文化藩篱还不能完全拆除。通常的做法早已不是预先召开小型的预备会,而是由中方的一位资深的学者作一个"主题发言",意为要中文的发言者保持同一的发言基调,但已不是硬性要求。这样做的结果,便使中西方宪法学者在会议的共同主题下,在同一讲坛上也是各说各的话,各唱各的调,从而使学术交流的深度和广度大打了折扣。这种情景的一现再现,归根结底还是由于我们在"宪法文化自觉"的程度上还没有达到"自知其明"或"各美其美、美人之美、美美与共、天下大同"的境界。需要反思和改进的方面还不止于此。这就是我们在"宪法文化自觉"关切下讨论"超越东西方宪法文化"这一主题的动因和目的。

至于如何做到或实现"东西方宪法文化的超越",这是一个大题目,需要讨论的问题很多,需另续篇幅再行研讨。这里只想回归本题讨论的原点,即从宪法文化的"启蒙"、"自觉"的语境再行重申和强调"超越"东西方宪法文化的议题,并作为本文的总结。

关于宪法文化的"启蒙"一题在前面已经作过较为详细的探讨,这里自不必重述。但需强调的是:要想实现宪法文化的"自觉"并达致"超越"东西方宪法文化的境界,实现宪法文化的"启蒙"是最基本的前提和出发点。没有在全社会和国家的各个层面普及宪法和宪政最基本的知识,没有经常长时期的"宪法文化启蒙"教育过程,社会和国家的各个层面或许永远停留在对宪法和宪政一知半解或懵懵懂懂的状态,即是永远摆脱不了对宪法和宪政为何物的"蒙昧"状态。如此这般,就不可能达到"宪法文化的自觉"的认识高度,更不要侈谈对东西方宪法文化的超越了。我们认为,要在中国历史上缺乏"宪法文化启蒙"教育的前提下,一下子就进入了立宪和宪政建构的实际操作方面,启蒙的功课是非要补上不可的,是不可逾越的。这不仅是事理逻辑使然,也为历史和现实的立宪活动和宪政进程中的种种不尽如人意的缺憾所一再证明。可以认为,现在不仅是到了需要补上"宪法文化启蒙"教育这一课的时候了,而且还可以说恰逢其时,一是国家安定,人心思治求安;二是宪法的制备越趋完善,宪政建设也在平稳推进,完全可以在一个相当和平和安定的社会环境和国家情境中,细细谋划,徐徐图进地进行各种必要的"宪法文化启蒙"教育活动。机不可失,失不再来。这就是我们在中国宪法学术界率先提出"宪法文化启蒙"这个历史和时代命题的最初由来和深远意义。

"宪法文化的自觉"也是达致超越东西方宪法文化的必要前提和基础。如果说"宪法文化的启蒙"是达致超越宪法文化境界的最初的或最基本的前提和基础的话，那么，"宪法文化的自觉"则达到上述同一境界的第二次第的或第二阶梯的前提和基础。又由于"宪法文化自觉"主要是在知识界或理论层面实现的，理论的先导作用尤其显得重要。任何一项重大的社会运动或理论在任何阶段要实现具有实质意义的重大转型，都离不开科学和先进的理论指导或思想先导，否则，这种类型的运动或转型都不可能按预定目标顺利进行；勉强推进，由于缺乏正确的先导，必然导致没有明确目标和迷失路径选择的推进，如果出现这种情事，往好处说是一种盲目的推进，往坏处说则可能导致事与愿违的反向结果。由此可见，先行的或同时实现的"宪法文化自觉"对于达到更高国际境界的"宪法文化的超越"的重要地位和作用，怎么强调都不过分。

最后尚须强调指出，我们在行文中将这个本来是一个完整的主题分解为三个部分，即"宪法文化的启蒙"、"宪法文化的自觉"和"宪法文化的超越"，完全是基于叙事论理的方便，并非指这是三个判然分明的，互不相干或各自独立的阶段，必须依序要次递进行。事实上，这三个阶段或许有轻重缓急、或在次递进行中有一个先易后难或由浅入深的路径选择考量，但绝不意味着一定要分阶段地依次进行。宪法文化是一个大的整体概念，其中的"启蒙"、"自觉"和"超越"也必然存在内在的关联与互动关系，不应人为地予以割裂。在中国现实不断地完善宪法制备和健全宪政体制的过程中，我们一定要对中国的宪法和宪政的总体把握，特别是对其中的优长与不足，也要有"自知之明"。如何将中国的宪法文化服务于和指引中国宪法变得更加精良、宪政建制更加完善，以及如何努力使中国自己的宪法文化融入世界性的宪法文化之中并成为全人类宪法文化整体中一个有机的组成部分，从而做到既能吸纳世界性宪法文化的"百川"，使之更加博大精深，又能为全人类的宪法文化总体作出中国自己独特的贡献等这些问题，都是值得我们宪法学术界以及中国社会和国家的各个层面认真关切和予以深入的研究。这就是我们提出和研究宪法文化的"启蒙"、"自觉"与"超越"的根本意义和最高宗旨所在。

第十五篇 宪法、法治理论与实践

一 检察理论应当重视吸纳宪法理论和宪政学说的学养元素[①]

陈云生

内容提要：宪法是国家的根本大法，宪政是国家根本的政治、法律制度。基于宪法和宪政的根基，并在其他法律学科学养元素的滋润下而培育和发展起来的宪法理论和宪政学说，早已长成枝繁叶茂的参天理论大树。正在培育和不断成长中的检察理论或"检察学"，如欲成长成为参天的理论大树，在强固传统刑法、刑诉法等法律理论体系的同时，在当前及今后应当重视吸纳宪法理论和宪政学说的学养元素。一般意义上的宪法理论和宪政学说所能提供的学养元素是检察理论或"检察学"在培养和成长过程中是必不可少的，也是任何其他法学科的学养元素所不能取代的。因为宪法理论和宪政学说是唯一能为检察理论或"检察学"提供合宪性的立论标准和对各种检察理论或观念予以客观而又科学分析的评价系统。

关键词：宪法 宪政 检察理论 "检察学" 合宪性 评价系统

（一）一般意义上的宪法和宪政

毋庸讳言，中国既往和现实的检察理论或检察学界的许多学者正在大力倡导建构的"检察学"，基本上是建构在刑法和刑诉法这两个法学学科基础之

[①] 此为笔者承担的最高人民检察院2009年重大课题的阶段性成果，项目号：GJ2009年A01。

上的，从事检察理论或"检察学"专业研究的专家、学者基本上或大部分也都是具有这两个学科理论背景和学养。其自然而然的结果，就是使既往和现实的检察理论或"检察学"吸纳的基本上是刑法和刑诉法这两个学科的学养元素，甚至可以说这种吸纳差不多已经到了饱和的程度。这种理论和学说状态有它的优越性，有了这两大法律学科理论的支持和作为发展的平台，就使检察理论赫然傲立于众多法律学科之林，或者发展成为一门如一些检察理论学者所倡导的那种名为"检察学"的独立学科。相比之下，至今尚无学者倡导建构什么"审判学"之类的学科。检察理论或"检察学"借力刑法学和刑诉法学使自己获得广大的发展空间和勃勃生机，这既是它的幸运，又是它的优势。

然而，我们也必须清醒地认识到，既往和现实的检察理论研究中常常被提及或作为基础理论的相关宪法理论和宪政制度中的一些重大理论与实践问题，在相当多的著述中往往都显现出或多或少的迷茫、似是而非、游移不定、以偏概全、自相矛盾或缺乏逻辑自洽性等认识上的盲点、片面性甚至误解等弊病，这在相当大的程度上影响了检察理论向着健康、深入的方向发展。这也是造成检察理论中长期存在诸多争议、聚讼不止的根本原因之一，更是形成检察理论研究中长期不能突破的某些难点的原因所在。为此，笔者坚信，看似与检察理论或"检察学"不甚相关的一些宪法理论和宪政制度问题，在中国检察理论现时的情境下反而显得重要和必要了。为此，我们认为现时有必要重视吸纳宪法理论和宪政学说的学养元素。但这并不是一个知难行易之事，不论是否真有如常理所说的"隔行如隔山"的情形存在，但说对宪法和宪政在真正科学层面上的认知，就绝不是一件简单容易的事。一者，宪法和宪政作为多元的价值体，在体量、空间和历史等维度上展开，就足以锻造出一个如今被称为宪法理论和宪政学说的博大精深的重量级学科。二者，由于中国特有的学术和政治情境，宪法和宪政始终没能在经世治国的层面上占有显著的地位，也没有在其中发挥应有的价值和功能，而宪法理论和宪政学说在整体法律科学上，至今都没有摆脱被边缘化的窘状，更遑论成为一些西方国家法学术界的那种"显学"。考虑到上述这些状况，我们认为别无良法，只有从最基础的基本知识梳理和展示做起。此外，还需说明的是，这里所列的宪法理论和宪政学说与检察理论并非全部所关切的问题，相关的其他问题，拟另写专文予以探讨。

1. 何为宪法——人类最伟大的社会发明 ①

拙译《成文宪法——通过计算机进行的比较研究》（WRITTEN CONSTUT-IONS A Computerized Comparative Study）于 2007 年 3 月由北京大学出版社再版。该书曾于 1987 年 10 月由华夏出版社作为《二十世纪文库》的首选法学类书目出版，并于 1990 年 8 月由台湾的"久大"和"桂冠"两大文化和图书公司再版。原著的作者是荷兰鹿特丹伊拉斯谟大学的两位宪法学教授亨克·范·马尔赛文和格尔·范·德·唐。他们在原著的前言开头，写下了如下一段耐人寻味的话：

当一个刚刚升入天国的人询问圣彼得，他是否可以得到一部地方宪法的时候，他惊奇地被告知这是不可能的，因为根本就没有这种东西，天国里的居民是宁愿不要宪法的。这样一想，人们可能要问自己，宪法是否还真正重要？在这个问题上经过 5 年争论之后，我们已经得出结论：宪法的确应该得到它们所受到的重视，尽管天国和英格兰树立了有影响的先例！②

此段话的耐人寻味之处，至少有以下两点：

第一，西方人（这里当然是指具有长久宪治和法治传统的西方发达国家）的宪法和宪治观念之强，令人叹服！当他们还活在人世间的时候，宪法作为国家的根本法，就与他们结下了不解缘，与他们终生相伴，须臾不可分离。他们生活的社会，因而称为法治和宪治的社会；他们生活的国家，因而称为法治和宪治的国家。宪法对于他们的重要性，已经远远超出了它作为国家和社会具有最高权威和最高法律效力的规范实体本身。换句话说，宪法对于他们，已经不仅仅是确定其所生活的国家和社会的经济、政治、权力和社会组织的基本架构和活动原则；也不仅仅是为了规范全体公民包括他们的各种社会组织、团体的行为准则和行为模式，宪法在实际上还作为一种观念形态，广泛而深刻地渗透到他们的精神生活领域，寄托了他们的政治信仰和社会理想。他们之所以那样地信赖宪法、钟情宪法，归根到底是他们知道，宪法会给他们带来社会的安宁与秩序、政治的规矩与透明；还会给他们带来种种社会的、经济上的平等机会与机遇。总之一句话，宪法所造就的国家与社会，会给他们带来幸福以及对更进一步幸福的企盼，尽管他们也知道，宪法所造

---

① 这是著者本人多年研习宪法学的成果，已在本人的专著、教科书中发表过。详见陈云生《宪法监督司法化》第一章，北京大学出版社 2004 年版；陈云生编教科书《宪法学学习参考书》第一章，北京师范大学出版社 2009 年版。

② 英国是不成文宪法的国家，故作者有此说。

就的国家和社会不会也不可能尽善尽美，面对纷乱的世象甚至残酷的竞争，他们有时不得不迫于无奈作出痛苦的抉择乃至个人的某种牺牲。然而不管怎样，他们对于宪法的迷恋和敬畏的确到了痴心不改的程度。这种社会利益的和精神心理的双重驱动力使他们视宪法为治国安邦的根基，视为个人追求幸福生活的护身符和指路灯。

经过几百年漫长历史时期的宪治实践和宪法体验，宪治、宪法已然深入人心，熔铸到他们的灵魂中，混化到他们的血液里。在西方宪治发达的国家，无论国家和社会的情势发生了多么大的变化，宪法总是像中流砥柱一样，稳稳地屹立在国家和社会深深的根基上，从未动摇过。在这样的国家，持各种不同政治态度的人包括那些怀抱政治野心的政治家，可以施展各种伎俩，包括合法的和非法的（如非法的政治集资、窃听等）的手段从事竞选，以夺取或保住最高的国家政治职位，并实现自己的政治抱负或政治野心。而他们一旦得逞，几乎没有例外地宣称自己忠诚于原有的宪法，继续遵循既定的宪政方针；或出于变化了的情势，修改或制定新的宪法，从而使自己获得合法的宪法资格和地位。没有人试图超越宪法，因为这会冒极大的政治风险，宪法上的任何问题在宪治发达的国家一向被认为是十分敏感的，即使专司宪法监督的机关，非到万不得已，都不敢轻易提起宪法诉讼或争议；当然，更没有人敢冒天下之大不韪而抛弃宪法，或背离既定的宪法轨道。人们从新闻媒体不时地听到或看到西方国家出现政治危机，有的国家政府更迭频仍，一年几次变换政府，像走马灯似的你上台我下台，有的政府甚至只有短短几天的寿命。但不管怎样，纷乱变动的政局并没有影响其国家的稳定和宪政的整齐划一。人们为了登上政治宝座，有时会争得你死我活，但没有人会超越宪法所确定的政治游戏规则而施以其他的法外力量，因而基本上排除了像某些宪制不发达国家那样常常见到的军事政变或外来的武力干涉，更排除了各种非宪法规制的政权交替。宪治发达与不发达，宪法在国家政治生活中是否起作用，是一个极其重要的方面，也是是否真正实行宪治的分水岭和试金石。这大概就是宪法的生命力和魅力所在，当然也是人们崇信、敬畏它的根本原因所在。正因为如此，才有开头那位刚刚离开尘世而升入天国的人，迫不及待地向他的天国主宰讨要一部地方宪法的故事发生。是习惯成自然，没有一部宪法的保护和遵守，他可能感到无可适从，会认为无法过正常的天国生活。斯人的敬宪、尊宪的观念和习惯，并没有因去到另一个世界而有所改变，而且还成了他初来乍到天国时第一件要办的事，这种挚着和诚信的精神，实在值得称赞，也足以令人赞叹！

第二，世俗的人类社会的绝大多数国家现在普遍有了自己的宪法，已经离不开宪法。从前面个人对宪法的尊敬和诚信的精神和态度，我们大体上已经揭示了宪法对个人乃至他的国家和社会的重要性。宪法之所以具有如此的重要性，是由它的特殊性质、多价值的功能所决定的。在我们这个纷争不已的人类社会，以及诸多变乱多难的民族国家，普遍需要一部自己的宪法，而且感到离不开它了。宪法之所以对现代国家和社会如此重要，首先是由它的特殊性质决定的。

宪法究竟是一种什么样的法律呢？遗憾的是，学术界至今还没有找到一个大家普遍赞同的统一说法。源于宪法的多样性、复杂性以及囿于观察者个人的眼界及其所在国宪法情势的局限，他所给出的宪法定义或说明，只能反映该国宪法或同类宪法的情形，一旦用另一部宪法或另一类宪法来对照，就可能不适用了。此外，西方学者的一些武断的命题，又给试图下一个普遍定义的努力增添了困难。例如，早期在法国，曾流行没有三权分立就没有宪法的断言，按此标准，后世的宪法中就有相当多的一部分被排除在宪法行列之外了，因为这类宪法既没有确立三权分立的原则，又没有三权分立的实际规定。尽管如此，现代的宪法学者还是在宪法的法律性质、主要规范的内容、法律效力以及法律功能等方面，取得了相当普遍的共识。如果说，给宪法下一个普遍接受的统一定义目前还不大可能的话，那么，对宪法的概貌给予比较科学、准确的说明和描述，是完全可以做到的。概括地说来，宪法是由下列一系列特质构成的法律实体：

其一，宪法是近现代社会和民族国家的产物。尽管中外的古代直到中世纪，都不乏"宪"、"宪章"、"宪法"的记载，但学术界已普遍承认，那些只不过是指普通的典章制度或具有某种法律特质的法律实体，充其量只具有近现代宪法的某个或某些性质或内容。近现代宪法在性质和内容上要广泛和丰富得多。把宪法看成近现代社会和民族国家的产物，并在性质和内容上与古代、中世纪的"宪"或"宪法"区分开来，是有充分理由的，可以并已经得到普遍的接受和承认。

其二，宪法集中了国家统治者或管理者的最高意志，代表了国家统治者或管理者的最高利益。不管人们对国家的性质和阶级属性的认识有多么不同，但有一点是肯定的，就是国家的统治者，不管是某一个人、政党或其他政治势力、阶级、阶层、全体人民，都是把他（它）们最想确立的立国或治国原则、纲领、方略等在宪法中固定下来，使之昭示人民，并使人民自愿或强迫地接受和顺从这些原则、纲领、方略等。据此，国家的统治者或管理者便可以有效地组织和实现国家和社会一体化的目标，集中全国和全社会的意志和力量，共同实现国家的统治者或管理者预定的国家发展方向和社会理想。

其三，宪法规定的都是有关国家和社会的一系列重大事项。宪法虽是国家的根本大法，但并不是包罗万象的法律全书或法律大全，它是并且只能是国家的根本法，即通常只规定有关国家和社会的一系列重大的和根本性的事项（当然也有个别的宪法例外）。这些事项通常包括：国家的政治结构，权力体系的设置、活动和相互关系原则。一般说来，近代宪法最初主要是为巩固和组织政权而设计和创立的。所以早期宪法通常具有浓厚的政治色彩，通称政治法。这一特点沿袭至今，现代各国家都必然具有这方面的内容，概莫能外。随着宪法地位的不断提高和作用的显著发挥，有关国家和社会的一些其他重大事项，如经济制度、文化教育制度，以及一些有关国家和社会的重大国策，便逐步收进宪法的条文中来，成为宪法中重要的和不可缺少的内容。正是在这一点上，宪法的根本法地位和作用充分显现了出来，并与普通法律区别开来。

其四，宪法规定着公民的基本权利和义务。在任何国家和社会，都有一个国家和社会与其人民以及个人与个人之间关系的问题。近现代国家通常把以往国家和社会颇为复杂的相互关系，大大地简化了。它们把社会上的人变成具有特定法律地位的公民，然后在宪法上规定公民应当享有的基本权利，以及必须履行的基本义务。基本权利和基本义务的设置和规定并没有一定之规，但国家和社会生活的共性以及各国制宪时的相互参考，常常造成有关基本权利和义务方面一些相似或相近的内容规定，由此相延逐渐形成惯例，使世界上绝大多数国家的宪法都有关于法律面前、人人平等，公民享有集会、结社、表达意见等自由和权利，以及劳动和受教育的权利，等等。有关基本权利和义务的规定，也不是随意而为的。国家统治者或管理者总是在把国家的整体利益与公民个人的利益做全面的、综合的考量以后，再通过权利和义务的宪法和法律形式分配给每个公民。因此，在公民的基本权利和义务的背后，体现的是国家、社会和公民各方的利益以及相互间的关系；并且，这种利益的分配通常被认为是限定在某种合理的"度"内，至少国家的统治者或管理者认为是合理的。

在宪法上规定的公民基本权利和义务，表面上看来只是或多或少的一些章节或条款，实际上却是极为复杂的法律现象。从广义上说，这种法律现象植根于有关国家和社会的深厚的文化根基之上，或者说，是某种具有特质的文化沃土历史地、自然地培养出来的产物。正是由于这一原因，世界各国宪法包括基本权利和义务的规定都不尽相同，它们所体现的社会文化背景和价值观自然也是各异。希望以一种统一的、超然的社会文化标准或价值观来看待或评价各个相异的基本权利和义务的体系及相关原则，是非科学的、不现实的。强而为之，势必造成误解甚至反感，根本无助于问题的解决。在一国的特定社会文化的情景下，盲目地吸纳异质的权利和义务系统和价值模式，往往也达不到借鉴的预期目的。只有立足于本国自己的社会文化背景之上，出于自身政治、经济、社会、哲学、价值观和价值取向、社会心理等立场上对权利和义务现象的深刻理解，才能正确地认识和解释宪法上的权利和义务现象，才能取得预期的宪法权利和义务规定的国家和社会效果。也只有在这个基础上吸纳异质的权利和义务体系或价值模式，才能与自身的权利和义务体系或价值模式有机地结合起来，成为其中自然融合的一部分。

在宪法上着力规定公民的基本权利和义务，是人类宪治、法治乃至人类整体文明的一大进步。它留给我们许多的经验、教训、幸福、满足、无奈、痛苦、求索、诉求、企盼、困惑和迷惘。总之，留给我们探求不尽的话题。在当代，公民的基本权利和义务又以人权幽灵的姿态在全世界游荡、徘徊，无孔不入，人人受其株连，有人为之欢乐，有人为之愁苦。这又给人类权利的探索和思考增加了新的难度。本书将以随笔的形式，基于社会文化的深层次背景，透过从混沌的史前蒙昧时代直到当代的漫长历史跨度，从文化、政治、经济、哲学、价值、社会意识等全方位、多视角揭示人类权利和义务的本质、相互关系、运行发展的规律、不同权利和义务价值观及价值模式的冲突与融汇等深层次的问题，为人类权利和义务的理论研究和实践活动，多开拓一些思路，多提供一些思考。

其五，宪法具有最高的法律地位和法律效力。宪法作为国家的根本法，除了表明它规定的都是有关国家和社会最重要的事项以外，还表明它具有最高的法律地位和法律效力。这种最高性是指：宪法在国家法制体系中的地位最高，宪法因此号称"母法"或"父法"，所有的法律文件及它们相应的规范体系都必须源自宪法、从属宪法，与宪法的原则和规定相一致，而不允许相背离。这就是宪法学上著名的也是聚讼不已的"合宪"和"违宪"问题。这个问题之所以著名和聚讼不已，是因为它在概念界定、性质认定以及判断上的难予把握。宪法的最高性也表现在与其他的社会行为规范，如社会道德规范、政党或社会团体的章程、纲领，以及宗教的教义、教规等相比，宪法是最高的，其他的社会行为规范的遵守都不能违背宪法的原则和规定，也不能妨碍宪法的遵守和执行。宪法的最高性还表现在它的规范范围涵盖全国全社会，概莫能外。不仅一切公民，就是一切政治或社会势力、团体、组织包括政党，都必须在宪法和法律的范围内活动，都必须认真地遵守和执行宪法。

其六，宪法是国家立法的基础和依据。宪法是国家的根本法、最高法，而且只能是根本法、最高法，不是也不应该是法律大全。国家宪法只就有关国家和社会的一系列重大事项作出规定，而不是一览无遗地对所有事项作出规定。在国家和社会各方面生活的管理中，只有宪法的根本性规范显然是不够的，还需要国家立法机关从事经常性的、大量的日常立法工作，使国家和社会的各方面生活都能够有章可循、有法可依，从而保证国家和社会得到稳定、模式化的和有秩序的管理。立法机关的日常立法活动及其制定出来的所有法律、法规、规章等，都必须以宪法为基础和依据，而不能违背，否则就构成所谓的"违宪"，而违宪的法律、法规等是无效的。法律、法规等之所以必须与宪法相一致而不能相违背，其根本原因首先是如前面所说的，宪法是国家的根本大法，是国家的统治者或管理者的根本意志和国家与社会的最高利益的体现。法律、法规等与宪法相一致，就是服从这种最高意志和最高利益的法律形式上的体现。其次，这也是维护国家宪治和法治统一的需要。一个国家和社会的有效治理，其基本条件之一就是要建立和维护宪治和法治的统一。法出多门，必然引起各方面的利益冲突，从而给国家和社会的有序、协调的管理造成障碍。因此，法律、法规等必须与宪法的精神、原则和规定相一致，不能相违背，则是宪治和法治的必然要求。

最后，宪法并没有确定的文书形式。世界各国文化背景和社会情势不同，制宪风格和宪法形式也各异。英国尽管是近、现代宪政的发祥地，是最早实行宪治的国家，但至今都没有制定一部统一的成文宪法，甚至在其法律体制中，也没有明确标识哪个或哪些法律具有较高的法律地位或法律效力。只是其中的一些法律、判例、权威学者的意见被官民倾向地认为是宪法性文件。不过，近些年来在英国国内兴起了一股越来越强烈的立宪思潮，官民中越来越多的人要求制定一部统一的成文宪法典。英国的宪法是典型的"不成文宪法"，除此之外，现在世界上实行"不成文宪法"的国家只剩下新西兰了。还有为数不多的一些国家实行所谓的"复式宪法"或"复合式宪法"制度。这些国家的宪法不是一部统一的宪法文件，而是由几部称为宪法性法律合并而成的。世界上绝大多数国家的宪法都采取单一的文件形式，即一国具有统一的成文宪法。这种宪法形式明显地具有统一、显现、悬示、便于保存、好学好记、易于贯彻实施和监督等特点和优点，所以大多数国家都乐于采纳，通行于全世界。

通过上述介绍和分析可以大体和初步地了解宪法是什么性质的法律文件，以及宪法对于国家、社会、个人何以如此重要的原因。那个刚刚升入天国的西方人想必是在这样的宪法治理下及其相应的社会情境中颐养了天年，使他（她）离开尘世以后都难以忘怀，并实实在在地养成了尊宪守法的心态和习惯。所以他一升入天国，就迫不及待地向他（她）的新主人讨要一部地方宪法。这样看来，斯人的举动当在情理之中。

中国是世界上著名的文明古国，古代虽以德礼教化和人治为治国的根本方略，但从不排斥法制，并辅之以法制。在漫长的历史进程中，通过引经断狱，以礼入法，形成了具有浓重的封建道德和礼教的古代法制。这其中，尽管在《尚书》、《国语》等古代典籍中不乏"宪"、"宪法"、"宪章"的记载或陈述，也不甚明了地形成过"大经大法"的意识，但总体上说，中国古代法制里缺乏作为国家根本大法的法的体系。在封建专制的年代，皇帝自称"天子"，口含"天宪"，言出法随。在世俗的封建王朝里，倒是皇帝老儿宁愿不要宪法，因而根本就没有宪法。如果把中国的地上王国与西方的天上王国作一比较，或许相映成趣，一个是地国不需要宪法，一个是天国不需要宪法，人间、天上都曾有过没有宪法的时代。由于中国古代根本就没有宪法，自然更谈不上宪法治理，先祖们由于缺乏宪法体验和宪治经历，自然无从形成现代宪法观念和宪政经验。在中国古代的传说、神话、小说、戏剧中，不乏正统的天国和阴曹地府的统治者或主宰者，如玉皇大帝或阎罗王们，以及民间传说中的怪力乱神展现在天上、人间和地府，但从未听说过他们那里曾经制定或实施过宪法。同样，也未听说过，一代又一代的先祖们在世间享尽天年以后，或上天堂或下地狱，会有什么人向他们的新主人讨要一部地方宪法。在中国广大的地域内，民间长期流传祭拜灶王爷的习俗。传说每到一年一度的阴历腊月二十三，灶王爷就要上天国向玉皇大帝汇报每个家庭的情况，并带回玉皇大帝下达给每个家庭的旨意。人们总是希望灶王老爷向玉皇大帝报喜不报忧，报善不报恶，企盼他带回玉皇大帝的良好祝愿，保佑家人幸福、平安。笔者清楚地记得，小时候每到腊月二十三的清晨，便被老人拉来按在地上向灶王爷神像叩头，口中还要跟着老人反复叮嘱灶王老爷"上天言好事，下界保平安，不干不净瞒埋着"。在供奉给灶王老爷的祭品中，粘牙的关东糖是必不可少的。据说灶王老爷吃了关东糖以后，牙就沾在一起，因而无法向玉皇大帝汇报家中的阴暗面和坏事了。这真是一个矛盾的诉求，张不开的嘴巴怎能言好事呢？这一民俗从一个侧面反映了国人以家庭为群体本位、向善从良和企盼幸福、平安的观念和愿望。从中根本看不出我们的先祖有何宪法观念和宪治的企盼。这与上述西方人的宪法观念和宪治诉求相比较，又是相映成趣的。顺便指出，目前社会上愈演愈烈的欺上瞒下、报喜不报忧的恶劣社会和官场风气，或许能从这一民俗所反映的人们价值观中，找到古老的、深厚的社会心理基础。

然而，星移斗转，时代在变迁，世事在进步。随着西方列强的坚船利炮敲开了中国腐朽的清王朝闭关锁国的大门，一向以泱泱的中央帝国自命不凡的"天朝"，如同受到了8级地震般的震撼。正如马克思在1858年写的一篇文章中指出的："一个人口几乎占人类三分之一的幅员广大的帝国，不顾时势，仍然安于现状，由于被强力排斥于世界联系的体系之外而孤立无援，因此竭力以天朝尽善尽美的幻想来欺骗自己，这样一个帝国终于要在这样一场殊死的决斗中死去，在这场决斗中，陈腐世界的代表是激于道义原则，而最现代的社会代表却是为了获得贱买贵卖的特权——这的确是一种悲剧，甚至诗人的幻想也永远不敢创造出这种离奇的悲剧题材。"①

可喜的是，国人并没有在这场突兀而来的国家和民族劫难中沉沦，更没有甘心充当那个离奇的悲剧题材中的失败角色。国人终于从失败和耻辱中奋起。他们首先对西方世界产生了好奇心，想弄明白那里究竟用什么稀奇古怪的法宝打败了自己。这其中他们发现了一件闻所未闻、见所未见的稀罕物，这就是我们前面所介绍的称作"宪法"的东西。于是官民齐动手，官家派大员出洋考察，民家则倡行开国会、制宪法，实行"君主立宪"。一时朝野沸沸扬扬，终于把这种似觉好用、又感陌生的东西引到这块古老的土地上。到20世纪开启之初，中国终于有了自己的宪法。以后则一发不可收拾，在你方唱罢我登场的军阀时代，宪法像走马灯一样地变来换去，也像少女一样被人随心所欲地装扮。渐渐地，庄严神圣的国家根本大法被那些只信枪炮威力的武夫们糟蹋得不像样子，从而失去其庄严神圣的光环。

随着新中国的诞生，宪法才真正在这块古老的土地上落地生根。但是，宪法还没有来得及完全适应它生长的条件和环境，又在一次又一次的政治风雨中饱受摧残。现在，中国终于认识到宪法和法律在治国中不可替代的重要地位和作用，已经坚定不移地踏上了依法治国、建设社会主义法治国家的道路。不过，我们应当清醒地认识到，实行依宪依法治国，并不是简单地制定一部好的宪法和与之配套的法律、制度就能实现的。制宪立法固然重要，但更重要的是保证它们得到切实的贯彻实施。而宪法和法律的实施并不是简单

---

① 《马克思恩格斯选集》第二卷，人民出版社1972年版，第26页。

的宪法和法律运作问题，它涉及包括社会文化背景在内的一系列经济、政治、社会等问题。或许是中国在几千年漫长历史时期形成的超稳定社会文化价值模式影响的结果，国人常常用传统的社会文化观念去理解和诠释极具现代精神的宪法和法律，这势必使宪法和法律在实施中走了形、变了样，从而不能得到正确的贯彻实施。目前不容回避的问题是：国家花了大量的人力、物力和精力制定了宪法和许多法律、法规，却没有使它们在国家和社会的各方面生活中发挥应有的作用，其中不少的宪法和法律规定都流于形式。国家的法治陷入难以解脱的悖论，一方面制定了宪法和法律，另一方面却没有注意使其得到正确的贯彻实施；现实改革开放的需要，又要求制定更多的法律并进一步完善宪法，结果还是没有得到正确的贯彻实施。这种状况的形式，或许可以从中国目前还缺乏现代宪治和法治实施的社会文化基础得到部分解释。我们别无选择，只有下工夫营造适宜现代宪治和法治的文化氛围，才能真正实现依宪依法治国、建设社会主义宪治和法治的战略目标。

2. 何为宪政——人类最伟大的社会工程

宪政对于当代人类社会和国家的重要性，其实早已超出了西方传统宪法学认为的是对政府活动或施政行为规范化约束的制度体系的认识局限。宪政以及作为其建制来源的宪法的价值功能和作用，早已扩展到了极其广大的领域，宪政不再主要是针对政府施以规范化的制度约束，而是在社会生活和国家生活的各个重要领域起着任何其他次级制度或规范体系所不可代替的约束、调控、调节等价值功能和作用。具体说来，主要体现在以下一些方面：

（1）宪政是最深层的人类社会和国家的结构

每个社会都有一个深层次的结构，或者为某种深层结构而斗争，这个结构旨在或具有形成或界定社会（包括其政策或功能履行）的作用。[①] 从最一般的社会—政治哲学上看，一个社会的形成是由各种因素促成的，其中较为重要的因素通常包括政治、经济、社会、文化和意识形态等方面。然而，这些因素之间并不是孤立存在的，它们相互或彼此之间要么相互关联，要么形成一般关系或因果规律。正是这种关联、一般关系或因素规律构成了上述一个特定社会的深层次结构。我们通常见之于社会和国家的政治体制、行政设置、党派制度甚至经济制度都不是孤立存在的，更不是彼此不相干的，它们统一于国家的政体，即现代社会和国家的宪政之中。没有政体或宪政，所有

[①] ［美］斯蒂芬·C. 埃尔金等：《新宪政论——为美好社会设计政治制度》，周叶谦译，生活·读书·新知三联书店1997年版，第75页。

上述因素就不可能凝聚成为一个整体的社会力量，也就是说不能取得国家的形式。因此，政体或宪政是比社会和国家其他的因素或制度更为重要的制度，即社会和国家的根本制度。

现代宪政体制是全部人类文明和文化、思想进步的重大成果。但是，这绝不意味着，宪政是自发产生或形成的。事实上，社会只是提供或创造了宪政产生和形成的条件和基础，而宪政的产生或形成，归根到底还是人所创造和精心设计的产物。人类组织社会和建立国家，并相应地建立起政体或宪政，不管其过程多么曲折、类别多么殊异，从长期的历史趋势上看，总是向着文明和进步的方向发展。及至近代，特别是到了现代，宪政更是人类为实现自己的价值和为了过上美好的社会生活而精心设计的制度。

既然宪政是通过人类活动审慎选择的结果，那么，人类在做这种制度选择时，一定具有某种社会目的的指向性或者是为了达到某种社会理想。在诸多可以选择的社会目的指向性或社会理想中，安全、稳定、祥和、富裕等无疑会成为首选。人类的天性是在追求一种可预见的、稳定的秩序，希图在这个有秩序的世界中求得安宁、发展和幸福。当然，作为有理性的人类，无论是其个体还是某一群体，在追求安全、稳定的秩序的同时，也不会忘记自己毕竟是身处在一个"危机四伏"的世界，诚所谓"居安思危"是也。不仅如此，有些人包括一些学者，例如尼采，甚至认为，人应当"生活在一种不安全感之中"。[1] 最新的生物心理学研究表明，人的与生俱来的"恐惧感"是促成人类进化的重要元素。有关的研究成果表明，在人类进化的初始时期，为了生存，人类的初民对自己周围陌生和危机四伏的世界关系总是充满着持续的"恐惧"，正是这种"恐惧"心理驱使人们趋利避害，最终使人的智力进化胜出了其他所有的动物而成为"万物之灵长"。此外，最新的生物医学研究表明，保持适度的"紧张"，对于增强人的免疫力，提高健康水平，是不可或缺的重要元素。不待说，紧张通常是源于体力的或心神上的"压力"，而这种压力是基于某种程度上的"恐惧"。但不管怎样，社会发展到今天，正如美国著名的心理学家马斯洛所指出的："我们社会中的大数成年者，一般都倾向于安全的，有序的、可预见的，合法的和有组织的世界，这种世界是他所能依赖的，而且在他所倾向的这种世界里，出乎意料的、难以控制的、混乱的以

---

[1] ［美］埃德加·博登海默：《法理学：法律哲学与法律方法》，邓正来译，中国政法大学出版社2004年版，第239页。

及其他诸如此类的危险事情都不会发生。"① 人类及其社会和国家既然发明了宪法，创建了宪政，自然就会使自己追求安定、幸福、和谐的社会生活的理想熔铸于宪法和宪政之中，使之成为建构和谐社会的政治法律工具，又鉴于宪法和宪政是迄今为止人类所能创造和选择的最得力的社会调控和国家治理的工具，这种工具因其具有的国家强制力而最受人类特别是政治精英们的青睐，因此就理所当然地成为人类及其社会和国家建构和谐社会理想载体和工具，并为人类及其社会建构和谐社会提供和打下了最深层的人类社会和国家结构的基础和基本框架。

（2）宪政是建构清明政治最基本的政治法律工具

前已指出，建构和谐社会是一项极为繁杂和漫长的社会工程，是由各种人类社会因素合力建构的，也是由全社会一体共同促成的。这就是说，每一个社会的因素，每一次人类的大规模的社会活动，都有可能影响和谐社会的建构或影响社会的和谐质量。但是，这并不是说，在所有的社会因素和人类社会活动中就没有重要性程度上的差别。我们在充分肯定其他社会因素和人类活动的重要性的同时，也必须肯定和承认政治因素和政治活动是其中最重要的因素和活动，这是因为，在人类的文明特别是社会发展史上，国家是其整个过程结出的最大和最高的成果。这种成果的出现意味着，人类最终找到了基于各种传统的社会关系，精神和道德等因素又超越这些因素而使自己的社会更有效和更有力地组织起来的政治形式。人类社会的政治组织形式特别是到了近、现代以后，有了极大地丰富和发展，但是，迄今为止，一切的人类政治组织形式在广度、深度以及组织的有效性和影响力等方面，都没有也不可能超越国家这种组织形式，国家这种政治形式，在当代以及可以预期的未来都是和必将是人类能够有效地组织起来的基本组织形式。

然而，我们也必须想到，人类的国家有这种政治组织形式对人类自身来说，也是一把双刃剑。它既能够利用来为人类的安全、秩序、福利服务，进而把人间变成"天堂"；也能被某些阶级、集团甚个人所利用而成为人类社会灾难的渊薮，即将人间变成"地狱"。"天堂"与"地狱"的天壤之别，向人类提出了一个自古至今不断被求索和探究的课题，即如何使国家成为人类社会生活的"天堂"而不是"地狱"？要实现这样的社会目标别无他法，只能通过人类自身对国家这种政治形式实施有效的政治控制，只有实现对国家这种政治形式实施有效的政治控制，即只有实现对国家的掌权者和管理者有

---

① 转引自［美］埃德加·博登海默《法理学：法律哲学与法律方法》，第239页。

效的政治监控，才能保证他们真正地为社会和国有的公共利益而实施对国家的统治和管理，这就是说，只能在国家的治理中建立起清明的政治，包括科学、合理和有序的政治权力及其合理的安排和公正廉洁、公开透明的政治活动和政治行为，才能够实现建构和谐社会的目的，在当代，宪法、宪政之所以成为建构和谐社会最重要的政治法律工具，说到底就是因为只有宪法、宪政才能建立科学、合理的政治制度，进而实现政治的清明。

自西方启蒙运动以来，启蒙学者们就在不断地提出和强化对人性普遍的不信任。如早期的启蒙学者洛克就认为人类的弱点是经不起攫取权力的巨大诱惑，而他们攫取权力的欲望并不是出于增进公共利益的目的，而是借助制定和执行法律的权力以满足他们自身的私利，法国那位因倡导三权分立而名垂后世的著名学者孟德斯鸠更是认为人性卑鄙，有权必滥。而资产阶级哲学家休谟则以一段看似极端的论述而为后世广为流传："政治作家们已经确立了这样一条准则，即在设计任何政府制度和确定几种宪法的制度和控制时，应把每个人都视为无赖——在他的全部行动中，除了谋求一己的私利外，别无其他目的。"[1] 及至资产阶级革命成功后的立国制宪时期，美国的"制宪先父"们在参与制定美国宪法的过程中，更是强烈地认为人类具有自私和滥用权力的天性，表现出对人性的不信任和防范的态度。例如杰斐逊就不无武断地指出："权力问题，请别再侈谈对人类的信心，让宪法来约束他们吧。"[2] 麦迪逊则认为近代历史足以证明，健全的治理不能依赖传统的公民美德和公共教育的概念来保证防止党派专制，这些方法不能克服人类天生的私心，即使在他们担任政治活动家时也是如此；他还认为，天赋才能和财产所有权上的差异将不可避免地产生私利和党派斗争。[3] 而汉密尔顿说得更明白："……人是野心勃勃，存心报仇而且贪得无厌"[4]，基于这种对人的自私贪婪和滥用权力倾向的本性的深刻体察和强烈反对态度而制定出来的宪法，被认为是"尽量地节约使用美德"的宪法，他们刻意在宪法条文中设置多重监督和制约机制，以约束政府的执政行为而不致使其成为"专制政府"。联邦制首先是被用来制约中央政府的权力扩张的，通过中央政府以及各州政府相互之间的制约，州政府出于保护公民与地方利益将会进一步保证反对扩大全国性政府机

---

[1] [美] 斯蒂芬·C. 埃尔金等：《新宪政论——为美好社会设计政治制度》，第27—28页。
[2] 《宪法比较研究》课题组编：《宪法比较研究》（3），山东人民出版社1993年版，第8页。
[3] [美] 汉密尔顿等：《联邦党人文集》，程逢如等译，商务印书馆1982年版，第45—46页。
[4] 同上书，第23页。

构的权力。除此之外，全国性的代议制、两院制，间接选举、政府三大权力系统之间的分权与制约，等等，都是构成制约政府的复杂机制和环节，目的是通过它们的合力以有效地限制政府的执政活动与行为，从而实现清明政治。

然而，假如我们只是关注这种人性上的弱点以及由此而导致的政治上的阴暗面，并因此便丧失对我们人类的信心，也是不对的。因为这样做对我们人类及社会本身并无益处，反而会使情况和境遇变得更糟。人类的伟大之处就在于，她在总体上永远不会自暴自弃，人类有一颗永不停息的跳动之心，永远保持对周围世界的好奇和进取，这同人类的天生弱点一样也是人类的天性。其实，依现代的生物心理学观点看来，自古以来关于人性之辩，特别是善恶之分，都是不同的阶级和立场之人的价值判断，实在说来都是一种先验的"假定"，并无科学上的有力支持，基于这种认识，即使在政治推理中，假定人性普遍堕落和假定人性普通正直本身并没有实质性差别，人类普遍接受以国家这种高度政治形式组织起来，并审慎地选择自己的政体（现代为宪政）形式设立政府以分掌各项国家职能，并努力建立和实现政治上的清明，这本身就意味着，人类尚有一种美德和道义可以作为信任的基础，我们人类在近代通过制定宪法，建立政府，实行宪政，一方面要限制、约束和监督公权力机关特别是它们的公职人员的施政行为，预防公权力的滥用和公职人员的腐化；另一方面，只要给予各类公权力机关和广大公职人员以必要的信任，支持它（他）们秉公执政，以造福人类的公共利益和福祉。总之，我们人类的宪政任务是要建构这样的政府结构和政治体制，在其中既要有效地预防和克服政治上的腐败和权力滥用；又要在平常时期和非常时期都要使我们尽最大限度地发挥人类具有的善性和公益之心，以实现政治上清明、廉洁和公正的社会理想。只有做到这一点，我们才能将建构和谐社会建立在坚实的政治基础之上。

（3）宪政是保证司法公正的最根本的体制保障

不论古今中外的何种社会制度和国家形态，欲保持其稳定和安康，都必须保证和保持司法的廉洁和公正，这是最基础的制度因素，也是关键的环节。历史经验表明，许多国家由于长期存在大范围的司法不公现象，往往会引起民众的强烈不满乃至对抗，从而引发社会动乱或革命，并进而导致国家的衰落直至败亡。这种情况即使在当代的民主国家仍然如此，而且由于现代社会的民主观念、正义观念、自由和平等观念广泛地深入人心，社会公众对司法不公尤其敏感，更对司法腐败特别反感。有鉴于此，通过革命取得国有政治统治权的资产阶级，便在国家政治制度的设计中倾注了很大的精力，希图设计出最能保证司法公正的政治体制和司法制度，并最终在近代资产阶级当权者制定的国家宪法上将政治家和思想家们精心设计出来的政治制度和司法制度在宪政中加以实施。可以说，宪政体制中的司法制度是近、现代宪法和宪政区别于任何一种社会制度的最显著的特征，彰显了社会的发展和国家的进步。

那么，近、现代国家的宪法和宪政关于司法体制的规定和实行的最核心的本质特征是什么呢？简而言之，就是"司法独立"。司法独立源于西方国家总体政治体制中的三权分立。既然国家的政治体制在总体上分为为三个互不统属、各自独立而又相互制约的分支机构，而司法系统又是其中之一，那么，司法独立就是其中应有之意了。

在现代，任何社会和国家欲保持安定和祥和，都必须从保证司法公正和廉洁做起。这已经为许多社会和国家的历史和现实经验所证明。相反，在一个大范围、长时期存在枉法判决、司法腐败的社会和国家，是根本不可能建构起和谐社会的。在任何的现代社会和国家，保证司法公正和廉洁都是一个关系建构和谐社会的关键因素。

（4）宪政是社会利益冲突的最佳和最有效的调节器

同前近代社会相比，近、现代社会在社会的组成和结构等方面显然复杂得多。其中的一个重要的方面，就是社会呈现利益的多元发展态势。从历史发展的观点来看，社会利益的多元化既是社会进步的结果，也是社会进步的根本驱动力之一。

近、现代社会的利益多元化的发展及其结果的出现，并不是偶然的。可以说，这是近、现代社会的包括思想、政治、法律、人权、社会、经济、文化等诸多社会进步因素综合作用的结果和产物。

这首先是思想解放和观念更新的产物。在自由、平等、人权等思想和观念的指导下发展的社会结果，每个人自然都有权拥有自己的志向和以自己的方式获取社会利益和满足幸福的愿望。然而，从一般的社会哲学的立场上看，人类社会绝不应该也不可能以个人而不是以社会为基点而得到生存和发展，一盘散沙的社会是没有生命力的。人的社会性决定了人类应该也许只能以各种形式的、性质的群体方式存在和发展。人类在社会生活中有意无意地总要按照历史给定的社会条件和社会情境而成为各种性质和形式的利益群体，大到民族、种族、文化集团，小到社会、邻里、家庭；从政治上的党派到生产、经营中的行业组织，等等，都是人类结合的社会群体，而这些群体由于各种不同的利益诉求或利益链接，构成各种不同的利益关系体。从历史上看，每一类人类社会制度中都会存在不同的利益群体，只不过前近代社会中的利益群体的数量比较少，而且其自觉性和自主性不那么强烈罢了。而近代社会特别是到了现代社会，由于上述社会价值的主导，社会的利益群体在数量上急剧增多，更为重要的是，各利益群体的自觉性、自主性的及组织能力和影响力都极大地增强了。因此，只有现代社会才称得上是真正意义上的多元社会，多元利益群体的利益整合、利益协调才能真正提到现代社会的组织和结构的社会议事日程上来。

其次是现代多元社会利益群体的出现，还与现代社会的自由市场经济体制与社会生产方式密切相关。市场经济体制的基本元素是由生产者或经营者自主地决定生产或经营的各种事项（当然不排除特别是当代新形势下还需要国家公权力的介入，包括为市场经济的发展创造国内、国际的良好的市场和法律等条件，以及实行有利于市场上正常运作的监控行为），通过积极地参与市场竞争而使生产或经营在市场上占有优势，从而求得生存和获得更大的发展空间。从市场的全局上看，虽然在非垄断情况下各个生产者或经营者的投资、生产、经营活动有相当大的盲目性和随意性，但市场运行仍有一只看不见的手在调整，这就是市场运行的内在规律，它是通过供求关系的变化而自发地调整全社会的投资、生产和经营活动，使市场能够保持相对的基本正常运行的态势（当然不排除导致经济崩溃的现象）。市场经济的最大优越性就在于：它通过市场规律的自发调节作用，使市场永远保持活力和进取的态势。相比这种市场经济体制，其他的经济体制如由国家主导的计划经济体制或垄断型的经济体制，其最大的弊害是缺乏活力，由于没有经常的竞争性激励机制，这些经济体制往往导致经济体制的僵化和经济运行的停滞，最终导致经济效益的低下。两相对比，优劣毕见。这就是当代世界上许多国家都力行或通过改革而实行市场经济体制的根本原因。

现代社会是一个多元的社会，那么在利益的多元群体阶层之间势不可免地会出现利益上的对立甚至冲突。如果这些对立和冲突得不到及时的、适当的调节，势必会引起社会的不安定甚至混乱，社会因此也很难保持安定和祥和的状态。为此，现代社会的统治者和管理者莫不把调节社会的利益对立和冲突当作自己国家治理的重要政务。在采取社会的、道德的、文化教育的各种措施对此予以调节的同时，更重要的是利用宪法和宪政这一最重要的政治法律工具来调节各种群体、阶层的利益对立和冲突。

宪政通常是通过以下方式和途径来调节社会利益对立和冲突的：

宪政首先通过各种制度性安排，落实宪法关于尊重个人和团体有保持个性和自主发展的规定，通过制度性的规范、约束和监督机制消除对任何个人、社会阶级和阶层、各种社会团体和行业组织等歧视性行为，无论在实质上还是在形式上都要保证个人和各种利益群体能够自由、平等地得到发展。在各种制度性的安排中，法制尤其被看重在社会利益调节过程中的价值和作用。通过实行法治，使社会利益的调节具有规范性、普适性、可预测性和强制性的机能，从而更加稳妥和有效。

其次是通过宪政的制度性设计和实施，并通过强化国家权力的干预力度，使一般的社会利益或公共利益取得相应的确定地位。任何个人和社会组织、团体的利益都不允许凌驾于公共利益之上，不允许损害社会的经济秩序和妨碍社会的公序良俗以及普遍的价值准则，等等。它为一般社会利益或公共利益和个人、社会团结或组织确定一个为广大公众都能理解和遵循的总的利益架构。在这个架构中，一般的社会利益或公共利益与各种利益群体利益乃至个人的利益通过各种制度性的安排而得到整合，最终达到使各种不同诉求的社会利益得到合理调节，进而使社会得到和谐发展的目的。

再次是通过宪政中法律制度的安排，使各种社会、文化、经济、宗教、政治行业等各种社会组织或团体，一方面取得合法存在的地位，这为它们的存在、活动和管理取得必要的合法基础；另一方面，通过法律制度的安排，所有合法社会组织或团体都能取得特定的法律权能、活动范围和方法，等等。这对于它们有效地组织和影响它们各自联系的公众，更好地发挥其社会功能，都是重要的法制保障。没有有力的法律及制度安排，各种利益群体的组织和活动就不会得到必要的规范、引导和监控，利益上的对立和冲突往往导致利益群体之间的冲突，社会动乱往往由此引发。

复次是通过宪政中的政治制度的安排，使各社会利益群体的组织和团体依法取得政治上的发言权和彼此进行政治上协商的机会。通过各种制度性的建制，特别是在国家权力体系中的代议机关，使各种合法的社会组织和团体都依法取得政治上的发言权，吸引和组织各种社会组织和团体广泛地参与国家的政治生活和国家政治事务的管理，通过各种政治制度性的安排，一方面能够增强国家政治上的民主性，提高政治决策的质量和政治活力，另一方面通过各种社会组织和团体在国家政治体制内，特别是在国家公共权力机关内的政治协商，使它们之间可能存在的社会利益冲突通过政治途径得到调节。在当代，宪政中的政治协商的功能和作用越来越受到重视和强调。即使是宪政发达的西方国家也不例外。① 此外，通过对政治权力的控制和联合，也使多元的政治格局得到整合和协调。正如克莱尔·帕雷所指出的："自从启蒙时期以及边沁及其信徒阐述了功利主义的原则以来，宪法和法律的制定者和实施者一直在寻求恰当的宪法机构。他们努力驾驭政治权力，通过控制和取舍达到社会各种力量之间的均衡。"② 总而言之，通过宪政在政治制度上的各种安排，可以有效地消除社会多元利益群体在政治上的冲突或对抗，从而成为建构和谐社会最重要的条件和保障机制之一。

最后是通过宪政中的制度性安排，使已经发生了的利益冲突获得了一个正式的非确断性和确断性缓和或化解机制。在前面的几点分析中，都是重点在于预防或防止发生社会利益群体之间或群体与个人之间产生利益上的对立和对抗，宪政体制在这方面发挥着独特的引导、规范和调节作用，这是应当充分肯定的。但是，并不是说在宪政体制下就可以完全预防或防止社会利益上的对立和冲突。事实上，这种利益上的对立和冲突还是会发生的，这是一个规律性的发展事态，不以人们的意志为转移。即使如此，宪政的优越性就在于，它可以利用各种制度性的安排或制度性的机制使各种随时发生的利益对立和冲突得到调和或化解。在一个宪制国家，由一个独立的、公正的和权威的司法机关来保障社会的利益的协调，被认为是宪政体制的"精髓"。

总而言之，在宪政体制下，通过各种制度性的、非制度性的安排，使各种随时可能发生的利益对立和冲突能够得到及时的调解和化解，从而使多元社会的利益在各群体或个人间保持一个大体的平衡，进而使社会和国家维系在一个总体和谐的状态中。

（5）宪政是效率、民主、正义的最佳调整体制

从最一般的社会政治思想来说，人类之所以断然采取革命的手段，不惜以鲜血和生命的代价实现了从前近代社会向近、现代社会的转变，其终极的动因，归根到底是源于人类的三大价值诉求。其一是对美好生活的追求，特别是人类对物质利益的追求，这在人类的历史长河中就从来没有停止过；其二是对社会和国家政治参与的追求，在人类经历一两个千年的封建皇权和神权的残酷统治以后，再也不想让皇帝和神仙为他们做主，而要求自己亲自参

---

① ［英］M. J. C. 维尔：《宪政与分权》，苏力译，生活·读书·新知三联书店1997年版，第326—329页。
② ［英］克莱尔·帕雷：《宪法与少数人集团》，刘兴武译，中国社会科学院民族研究所世界民族研究室编，1981年，第12页。

与社会和国家事务的管理；其三是要求获得平等、自由的社会主体地位，不再受到各种社会差别以及歧视性的对待。这三个方面便是被历代学者所概括和浓缩的效率、民主和公正的三大价值体系。毫不夸张地说，全部近代的社会史、国家史包括宪政史以及思想史都是在围绕着实现和调节这三大价值体系展开的，只不过在近代的各个历史时期因情势的不同，这三个价值体系所处的历史地位和社会作用有所差别而已。但这三大价值体系的总体社会地位和作用迄今并没有发生根本性的改变。

在近、现代的社会结构和国家体制中，效率价值观的起伏变化最大。受西方启蒙思想和西方早期政治家治国理念的影响，早期西方近代国家的政府并没有赋予在提高社会经济效率方面担负重要角色。那时的思想家和政治家笃信"有限政府"理念，认为"管理得越少的政府越是好的政府"。他们将个人的志向、欲望、幸福的满足与实现的目标交给公民个人，让他们通过个人奋斗和参与竞争去达成。然而，到了20世纪初和上半叶，社会情势发生了显著变化。自由市场经济虽然造成了资本主义社会空前的繁荣，社会财富的总量以惊人的速度增长，但是社会却出现了严重的两极分化，即富者愈富，穷者愈穷。除此之外，市场自由竞争的盲目性导致了周期性爆发经济危机，使社会陷入了严重的倒退；加之垄断性的经济活动严重危害了社会公共的利益，这就在客观上需求政府加大对经济事务的干预，以往放任的经济活动受到了必要的限制和监督。那时候政府对效率的关注开始受到了重视和强调。特别是到了第二次世界大战以后，欧美一些先进国家先后步入了福利社会阶段，公众急剧膨胀的福利追求以及相关的消除贫困、减少失业、加强环境和生态的保护等一系列事关社会发展全局的诉求，已经形成了一股强大的社会压力，迫使政府去面对、去解决。自那时以来，西方福利国家的政府再也不能坐享"有限政府"的"超脱"与"清闲"了。它们必须时时绷紧"效率"这根弦，丝毫不能懈怠，通过不断地调整和制定新的经济政策，以求尽快解决社会面对的各种窘迫的社会问题，最大限度地满足公共对日益增长的福利需求。否则，它们就不能继续执政。可以说，现代国家的所有政府都不能对事关社会发展和政治合法性的"效率"问题漫不经心了。

民主则是西方资产阶级革命时期的一面思想旗帜，也是资产阶级革命成功后立国的政治纲领。"主权在民"或"国民主权"因而成为西方宪政国家根本的政治基础和政权合法性的终极源泉。正是因为民主是西方宪政国家最重要的政治关切点，所以民主的实际建设在西方宪政国家得到格外的重视。不过，由于近、现代国家基于地理和人口的因素进行可能和有效统治及管理上的需要，除极小的国家实行直接的民主以外，绝大多数国家实行的都是间接民主，即通过民众直接、间接地选举代表，组成各级代表机关，在国家的中央通常设立一个名叫议会或国会的全国代议机关，由国家宪法赋予其代表人民行使国家主权的宪法地位，其主要职权就是立法权，早期的资产阶级思想家和政治家所认为，国家的立法权是人民主权的最高和最集中体现，应当紧紧地掌握在人民（通过代议机关的代表）手中，因此那时曾广泛流行着"议会至上"、"唯立法权"的理念与实践，这是西方宪法国家关于民主理念最初的实践及其制度性建设。

作为西方宪政三大基本价值观之一的"正义"，在西方宪政国家一向受到重视，可以说"公正"是西方自思想解放运动以来，在人类价值观方面的一个必然的结果和重要的成果。在人文运动中倡导的人性回归和对人的主体性的强调，在启蒙运动中弘扬的生而自由和天赋人权，以及在资本主义社会建立以后和发展过程中所鼓励的人格平等、自由竞争和平等保护，都是导致人类正义价值观的积淀与确立的重要的思想和社会基础。但是，我们必须指出，正义的价值观的起源和形成绝非从资产阶级思想解放运动和资本主义社会起始的。事实上，正义是一个古老的命题，在漫漫的历史长河中，人类无论处在何等的社会情况之下，从来都没有停止过对正义的向往与追求。与此同时，作为人类的智者和代言人，历代的思想家们也从未间断过对正义观念和实践的思考、探索和研究。从古希腊的柏拉图、亚里士多德到中世纪的神学家，到文艺复兴时期的人文学者以及相随而来的启蒙学者，又到17、18世纪的唯心主义思想家、19世纪浪漫主义思潮中的诸多学者，再到20世纪革命运动中的思想家，直至晚近的美国学者罗尔斯，都对正义的理念与实践进行过认真的思考、探索和研究。从一定的意义上来说，现代社会正义观念的形成也是历史上人类对正义的追求、思索和探讨的逻辑结果。

此外，由于当代的人格和利益已经广泛地融入和纳入人权和公民权的法律原则和法制保护的范围，关于个人的尊重和平等对待，包括排除歧视性对待都已经纳入人权和公民权的法律和法则保护的体制与机制之中了。最早发展起来的一些刑法原则，如一罪不二罚、法律不溯及既往、疑罪从轻、无罪推定、有利被告、罪刑法定、罚当其罪、是否构成犯罪由法院通过审判决断、司法独立、法官职业保障，等等，都是为了确保司法公正所产生的必不可少的理念与机制。而由民法发展起来的民事法律关系中原、被告双方法律地位平等，以及体现民事法律关系平等对待和保护的一系列原则，以及由行政法律发展起来的罚必当错、使受处罚的行政当事人在听证程序中有为自己申辩的权利和机会、行政机关以及行政工作人员的自由裁量权受合法性和合理性限制和约束、信赖保护等一系列理论与实践，无不是为保障个人受到公正的司法对待而提出、设计和实行的。现在举世已经公认，司法公正是确保公民个人和社会成员享受社会正义的最后一道社会屏障和最重要的保障机制。从而司法独立以及其有效地行使职权成为宪政体制中最重要的制度设计，有的学者认为甚至这构成了现代立宪主义的"精髓"。

还应特别指出，经济领域里的社会正义在现在社会中占有极其特殊的地位，举凡自然资源、社会财富的占有和分配，都直接、间接地关乎社会正义问题。中国自古就有"不患寡而患不均"的说法，就是人们对物质财富在社会各阶级、阶层、个人之间的占有和分配的重要性认识的生动、贴切的表述。在古代，在社会财富的占有和分配方面的长期"不均"，往往就是造成农民起义和有时伴随而来的改朝换代的直接社会原因。及至现代社会，社会资源和财富的占有和分配如果得不到适当的把握和协调，同样会引发强烈的不满，并往往造成社会不安定，甚至引起社会动荡。在当代，任何国家的统治者或管理者欲建构和谐社会，都不会对此掉以轻心或漫不经心。正义原则被认为构成了国家的基础。[①]

从以上三个方面的分析可以看出，效率、民主、正义这三个基本的价值体系，即使分别开来看，都是关系到建构和谐社会的重要因素。但是，如果我们仅仅认识到这个层面上，显然还是不够的。更深层次的问题或许是这三种价值体系的协调问题。因为在这三个价值体系之间，不仅并非一种顺适的、成正比例发展的关系，而且还是一个内在相关的矛盾或冲突关系。强调和重视提高效率，常常导致社会控制特别是公权力控制的加强，因为在通常的情况下，强有力的经济干预特别是通过公共经济政策的干预，可以在经济效益方面取得快速的、明显的成效。这已经被无数的事实所证明。但是，通过这种方式提高的效率，往往会以牺牲部分的民主为代价，国家的统治者或管理者为了提高经济效益，通常会站在生产的经营者或管理者一边，从而自觉不自觉地会压制部分的或广大的民众的民主诉求。同样的道理，效率的提高，往往会导致富者愈富、穷者愈穷的社会效果，这势必会引起社会的不公正。如果一个国家的统治者或管理者在公共政策的制定和（或）执行上处理不当，还可能造成"劫贫济富"的社会效果，这种状况如果得不到及时、妥善的解

---

① ［英］昆廷·斯金纳：《现代政治思想的基础》，段胜武等译，求实出版社1989年版，第538页。

决，造成社会正义的缺失就是势不可免了。反之也是一样，一个国家如果过分强调和重视民主和正义，往往会阻滞经济上的活力，导致效率的降低。

应当强调指出，尽管在这三种价值体系事中存在内在相关的矛盾，有时甚至形成尖锐的冲突，但绝不是说这种矛盾或冲突就是不可调节的或难以调和的。近、现代宪政的最大优越性之一就在于，宪制为适当调处上述三方面的关系建构了一个平台。从一定的意义上来说，宪政中的全部的政治、经济、社会等制度，特别是其中最基本的政治、经济、社会制度，可以说就是为了适当调处这三种基本价值体系之间的关系而设计的。

为增强和提高经济效益，宪政所设计的经济体制通常是自由市场经济体制，主要通过在生产和经营的各主要环节进行自由竞争和市场自发的调节作用，使经济的发展能够保持旺盛的活力；而且在宪制条件下，这种经济活力可以得到长期的、稳定的保持，因为这种活力发自经济必然性之中的生产者和经营者对经济效益和利润永无止境的追求。当然，在专制或经济统制的条件下，通过国家公权力的强力干预也能取得高效率甚至经济奇迹。但那只能是短期的，不可能长久维持。而通过宪政安排取得的经济效益，从短时期看可能不会太明显，甚至会出现停滞、倒退的现象，但是，从长期来看，它会以稳定、持续的发展来体现其最终的经济高效率。

在维护和增强国家的民主性方面，宪政的政治设计更有其独到之处。宪政中的政治制度最明显的特征是其民主性的体现，特别是其中的代议制，是迄今为止在国家主权层面上实现民主的最佳制度选择。民众通过选举自己的代表，在国会或议会中实现国家主权，通过制定或修改法律贯彻和体现民意，议会还对政府的另外两个分支——行政和司法部门有监督和制约职能，使这两个政府部门不能在行政职务中擅权或越权而导致对民众的压迫、不公正甚至是对民主造成威胁。

宪政中的司法机关是维护个人和社会公正和正义的最后一道关卡。它通过行使审判职能和在一些国家中行使的司法审查职能，使国家和法律得到适当的或正确的执行。公民、法人或社会团体中一旦发生权利受到损害的情形，即可以通过诉讼使法院在审判过程中作出判断，从而有望使受到侵害的权利得到司法上的救济。当然，司法机关及其审判职能在古今中外的各类国家中都是存在的，但以往的国家司法机关由于缺乏制度上公正性的保障，往往发生枉法判决、滥施刑罚的现象，所以其公正性是没有保障的，并没有也不可能真正地实现在维护社会正义的价值目标方面的担当。而在宪政体制下，由于从制度上致力于司法的独立性保障，至少在理论上和在绝大多数的国家，司法的公正性基本上是可以得到保障的。这就是为什么一个独立的、公正的司法机关及其职能的适当行使，被认为是宪政的"精髓"的根本原因所在。

关于宪政为效率、民主和正义之间的关系设计最佳调节机制，早已被法学术界所研究和承认。正如有学者所指出的："效率、民主和正义这三种价值确实发生了尖锐的冲突，但这种冲突可以被制度化并被控制，也正是这种冲突当年从根本上促成了权力分化的概念。因此，职能意图、组织结构以及隐含在程序中的价值结合起来了，赋予了这一政制（指宪政——笔者注）学说一种含义。在许多关于权力分立的著述中的明显不合逻辑的背后曾有一种逻辑关系。"[①]

总而言之，宪政为效率、民主、正义这三种基本的价值观和价值体系的关系协调提供了基本的制度性安排和保障，并在人类有意识的调控特别是通过公共政策的调控下，已经使这三者之间的关系基本上达到了协调的发展。这既是宪政的优越性的表现，又是人类宪政经验成熟和行宪能力提高的表现。

（6）宪政是立宪政治与常规政治（政策）有机整合的最佳机制

在宪法学的意义上，宪政体制下的政治大体上可以分为两大类，一类是所谓的"立宪政治"，另一类是所谓的"常规政治"。这种区分之所以必要和重要，我们最终可以从宪政的科学性和合理性中找到它的根据和理由。

立宪政治之所以必要和重要，首先是由宪法的政治特性所决定的。在近、现代国家可选择的已经存在过的政治性文件中，只有宪法取得了正式的、具有最高法律权威和地位的根本大法的形式。它通常是由最具权威和合法性的最高立法机关或专门成立的制宪机关制定和颁布实施的。传统上，有关社会和国家的一系列重大的政治事项，如政治机构的设置、政治权力的分配、政党在国家政治生活中的地位和作用、各种政治势力和政治力量之间的相互关系、公民参与国家政治生活的组织和形式、公民的基本政治权利与义务，等等，都是各国宪法通常所规定的事项。正因为如此，宪法才被认为是"政治法"或"政治性文件"，它所具有的政治性已是一个不争的事实。相比之下，社会和国家中大量存在的其他政治性文件，如一般只适用于各政党和政治组织的章程与纲领等，即使取得了某种样态的国家形式，也只是代表了某种政治角色和政治关系的一个方面。宪法正是由于具有这一特点，才与政党等政治组织的章程、纲领之类的政治事件区分了开来。国家因为有了一部正式的

---

① ［英］M.J.C.维尔：《宪政与分权》，苏力译，生活·读书·新知三联书店1997年版，第333页。

宪法，才取得了合法的国家体制形式，也因此才具有权威地位和以国家暴力机器，如军队、警察、法庭、监狱等为后盾的强制力。除此之外，国家权力的管辖范围还具有一般性和普遍性，举凡一国范围内的政治机关以及它们的公务员，一切政党、社会组织和公众团体，以及全体公民、法人，无一例外地都处在国家主权的管辖范围之内。由此可见，"立宪政治"是宪法政治的固有本性，是宪法的内在性质所决定的。宪法学、政治学和国家学都应当关注和研究宪法的政治性，不仅要在学术上保持其准确定位，而且还要探讨它的范围和程度，以便为国家的统治者或管理者的政治行为，为国家的政治生活和政治关系提供参考和指导意见。

其次，"立宪政治"的重要性，还表现在保持国家总体体制层面上的稳定和总体政治和谐方面。宪法所规定的都是有关社会和国家的重大事项，从社会—政治哲学的立场上看，这些事项之所以能在宪法上作出规定，一方面是因为它们是某种特定的社会—政治情境决定的，是历史发展的必然成果，另一方面是由公众和政治精英们共同选择的结果。在一个理性的社会情境中，公众和政治精英们通常为了把自己的社会和政治生活安排得有序和协调，总会将得到公认的价值观、社会目标和国家理想等通过宪法固定和确认下来，作为社会—政治生活的基本框架，既便于组织和安排社会—政治生活，又便于大家共同遵守。正是这种框架性组织安排和得到公认后的自觉遵从，才能使立宪政治具有明确性、稳定性和协调性。这既是立宪政治的内在要求，也是其重要性和优越性的重要体现。

然而，对于一个宪政体制来说，光有"立宪政治"是不够的。"立宪政治"所确立的政治只是一个基本的架构，并不确定政治组织和活动的细节和流动细则。它需要"常规政治"加以补充并使之有效地运作。"常规政治"的基本特点在于它的灵活性和适应性，这最适宜通过公共政策或执政党政策来规范和调整。政治上的领导精英应当而且必须在"立宪政治"的框架下，充分发挥自己的政治才能，审时度势，适时地推出或修改有关的政策，使"常规政治"保持必要的和适当的灵活性和适应性，以适应不断变化的国内外社会、政治形势。在一些宪政经验尚不成熟的国家，不仅公众，就是政治精英们总以为不分社会和政治事务的性质与巨细，只要入宪就好。这实际上是对宪法和宪政理解上的一个误区。

将"立宪政治"与"常规政治"划分开来固然必要和重要，但更重要的是，必须将两者有机地结合起来，使之并行不悖、协调发展。宪法和宪政正是为使这两种政治有机整合构建了一个理想的平台。宪政通过各种制度性的安排，使"立宪政治"始终确定在一个相对固定的格局内，使国家的基本政治保持长久的稳定性；与此同时，宪政也是通过各种制度化的安排，给"常规政治"必要的和充分的开放空间，通过其有效运作，使本来有些呆板、格式化的"立宪政治"灵动起来，从而使国家总体的政治生活既不失去基本的方向和确定性，又能始终保持必要的和充分的活力。宪政的这种政治调节作用在所有的国家治理模式中是独一无二的，任何其他的治理模式都不会达到此种效果。这就是宪政优越性的重要表现和魅力所在。

（二）宪法理论和宪政学说关乎检察理论或"检察学"的基础性研究

正如一些识者所正确指出的那样，中国的检察制度首先是一个宪法和宪政问题，非基于宪法和宪政而不可解释和对待。[①] 在主要基于刑法学和刑诉法学而立论并自成体系的检察理论中，能有此见地实属难能可贵，表明中国的检察理论正在向更广阔和更深入的学术佳境大踏步地前进。不待说，这对于改善以往和现时检察理论研究中长期存在的"自说自话"，罔顾其他法学科特别是宪法学科基本知识和研究方法的状况来说，是一个令人欣慰和振奋的学术进展。然而，我们同时也认为，作为一个长期从事宪法学研究的专业人员，并没有满足于目前这种状况。开始重视宪法理论和宪政学说只是一个极好的开头，但要使检察理论如同深深嵌入刑法、刑诉法理论和法律体系与制度之中一样，也深深地嵌入宪法理论宪法层面与宪政体系中去，还需要作出很大的努力。我们认为，中国目前的检察理论从总体上来说，离这样的学术目标还有很大的距离。要缩短这个距离，不仅需要从事检察理论研究的同人提高这种学术研究重要性的认识并作出积极的努力，同时也需要从事宪法学研究的人员更多地参与到检察理论的研究中来，毕竟，中国的检察理论是中国宪法学说中一个不可或缺的重要内容，同时也是中国宪政中一个不可或缺的、具有鲜明中国特色的重要制度。只有通过这种多学科研究队伍的合力研究，才可期冀总体的检察理论在尽可能短的时期内在学术品位和质量上有一个较大的提升。我们认为，这种学术品位和学术质量上的较大和较长提升，首先就体现在宪法理论和宪政学说关乎检察理论或"检察学"的基础性研究。

可以从几个方面来理解这种基础性。

[①] 代表此种意见的学者和著述有如下一些：孙谦主编：《中国特色社会主义检察制度》，石少侠：《检察权要论》，甄贞等：《法律监督原论》，韩大元主编：《中国检察制度宪法基础研究》等。因为是概述，恕不一一明列出处页码。

首先，它关系到检察制度的合宪性问题。

在现时的检察理论中，有一些学者从宪政建构必要性的高度才认识检察制度存在的合法性，还有的认为"衡量检察权之正当性及其理性的价值标准"，"应当着重透视这一公共权力的配置是否秉承了法治的基本理念，是否符合现代刑事诉讼法程序的内在精神以及检察权的运作是否能够确保上述价值观念成为指导诉讼过程的理性力量。这是我们评价中国检察制度及检察权理论的基点"。[1] 这虽然很必要，但还不够，应从"合宪性"的高度来认识检察制度存在的必要性。合宪不仅确立检察制度在中国的建制根基，而且在宪法这一根本法的形式背后体现的是人民的根本意志和国家的最高利益。中国的检察理论无疑应当从这样的高度和深度来为自己打下牢固的基础。现时的检察理论著述人包括一些有影响力的学者通常只是从宪法的既成规定的层面来为自己的观点立论，几乎无人触及这一深层次的最高意志原理。而另有宪法学专业人员的论述，也只是简单地从宪法认定的角度来分析宪法对检察制度的确认作用。有论者指出："检察机关的宪法地位是由检察机关的法律性质决定的。"[2] 这样的表述不论论者有意还是无意，都使中国检察制度合宪性确立的重要性打了折扣。给人的印象是，"检察机关的法律性质"似乎是"先定的"，是这个"先定""决定"了"检察机关的宪法地位"。这似乎将宪法对检察制度确立的立宪重要性弱化为只是被动的保障作用。宪法确实存在这种保障作用，这种保障作用也是重要的宪法职能之一，在宪法学专业语术上，通常表述为宪法的确认或巩固的职能。[3] 但从宪法学的意义上说，这种情况通常发生在一国宪政发展的特殊时期或特殊环境，如在中国的改革开放时期，对于经济体制由计划经济向社会主义市场经济的转型，在执政党和国家的经济政策发生重大的转变之时，通过现行《宪法》在序言中先行确立的国家实行"改革开放"的方针的先行授权，由执政党和国家主导现行在国家的经济体制上实行了经济体制的转型，而后在证明这种新的市场经济体制是适合中国国情并发挥卓著经济成效、可以正式确立为国家的宪政中的经济体制上的根本制度时，在条件成熟时，通过修改宪法使之正式得到根本大法的合宪性确认。宪法理论和宪政学说尽管有这种情况发生，但通常只是特例，并不允

---

[1] 郝银钟：《中国检察权研究》，载《刑事法评论》第五卷，中国政法大学出版社 2000 年版，第 10 页。

[2] 韩大元主编：《中国检察制度宪法基础研究》，中国检察出版社 2007 年版，第 38 页。

[3] 参见陈云生《宪法学学习参考书》第三章，北京师范大学出版社 2009 年版。

许这种事后追认的常态化。因为维护宪法和宪政的稳定并使之具有至上的权威,宪法理论和现在学说认为这具有更高的宪法价值和宪政功能。基于这种立宪主义体认,一个国家的权力配置,公共机关的设置、组织和活动原则等重大事项,通常都是在宪法制定前精心地研究和设计而后才在宪法上确立下来的。宪法规定的根本意义就在于它把预备立宪阶段的各种讨论乃至争论的意见经过集中而后作出选择,在理论上形成代表人民共同意志的宪法形式。一种立宪事项,例如我们现在讨论的中国检察机关的宪法性质,一旦在宪法上确立下来,便在理论上确认为是人民这个国家最根本的权力来源的共同意志的体现,而不论在预备立宪阶段人们在讨论这个事项时有多少不同的甚至对立的意见,时人及后人在认识这一事项时,只能以宪法的规定作为基础。当然,在宪法解释学中,有一种通常被称为"原意主义"或"原旨主义"的解释方法论。这种方法论对于理解现时宪法最初的真实原意确实大有裨益,对于使实施的宪法不致太过背离立宪的原意也有重要的理论指导的作用。但这种方法也存在难以克服的局限和弊病,一是追踪原始立宪资料不易,因而很难确切地把握立宪者们的原意,容易造成后世解释者的各种甚至是完全不同的主观揣测。二是即使解释者们能够准确地把握原先立宪者的原意,但宪法在理论上是应当而且可以与时俱进的。新的情势需要对宪法作出适合新情势的解释,以便使宪法更好地为社会和国家的重大事务适时地作出调整和规范。这种宪法变动的理论方式是得到宪法学理论和宪政实践的承认的。为了避免因这种"原意"解释方法产生任意性的弊病,在宪法解释学中又同时发展出另一种解释方法,即所谓的"文字解释方法",这种方法主张对宪法的解释只能以宪法规定的"文字"为准,脱离宪法文字的解释都是不可接受的。在西欧哲学上的实证主义思潮的影响下,在宪法解释中也发展出宪法的实证主义解释方法。在中国的宪法学术界,"文字"的解释方法也被一些宪法学者所重视和强调,这对于促进对中国现行宪法的正确理解和贯彻执行有着积极的促进作用。但这种方法的运用也需要科学的把握,现时一些宪法学者在讨论宪法司法化时,就有据《宪法》上没有"司法"二字而从根本上加以否定的学术意见。这就使这种方法的运用由不当而转向偏颇了。

宪法理论和宪政制度作为检察理论和检察制度研究的基础,并不排斥检察理论包括一些学者正在大力倡导建立的独立检察学科自身内在相关理论与实践的研究。前已指出,检察理论与实践在刑法学科和刑诉法学科具有广阔的学术发展天地,中国的检察理论界和检察实务界在这个领域的研究已经取得了不凡的成就,检审关系、检侦关系、检察制度内的组织和活动原则以及领导体制和与检察官相关的各项具体制度，都是检察理论与制度研究中的重要内容，在这些领域中国检察理论与相关制度的研究同样取得了令人瞩目的成就。但从总体的检察理论和制度的研究上看，以宪法和宪政为基础的研究却处于比较或相当薄弱的状态。这就是为什么中国检察理论与制度的研究在法学术界至今还存在激烈的争论乃至完全对立的观点和主张的根本原因之一。离开了宪法和宪政这个共同的研究基础和可以达成共识的平台，法学术界的各个学科的学者站在各自的学科立场上进行研究，造成"公说公有理、婆说婆有理"的状况，就不足为怪了。

（三）宪法理论和宪政学说可以成为检察理论和检察制度研究中各种不同观点和意见的客观评价系统

尽管检察理论学术研究已将检察制度的起源追溯到西方的古希腊时代和中国的秦汉时代，但不可否认的是，现代检察制度的形成在西方不过200年，而在中国直至民国初年才正式从西方引入而建制，至今不过100多年的历史。检察理论和制度相对于以审判权为核心的"司法"理论和制度发展既晚又薄弱，甚至在西方以三权分立为基础的宪法理论和宪政体制至今都没有给检察理论和检察制度找到一个恰当的宪法和宪政的定性和定位。检察理论和制度在西方的宪法和宪政发展史上至今还存在的不确定状态，与苏俄和苏联建国后检察理论和制度得到极高的强调和重视，形成了鲜明的对比，延至后来的东西方在检察理论与制度上拉开的巨大差距远远地超过了其他任何成型的法学理论和制度。在中国实行改革开放之后，包括法学研究自由在内的学术研究自由以及总体上的思想解放程度的提高，一些检察理论和制度的研究者都将自己的学术研究兴趣扩展到西方后发现，西方国家的检察理论和制度竟与先师之苏联而后独立建立具有中国特色的检察理论和制度，竟是如此的不同。于是在面对现时中国的司法改革的理论方面和制度建制的课题时，便提出了以西方的司法制度为主要参照系的改革意见，鉴于西方宪法和宪政没有给予检察制度以确定的地位，在此类的司法改革意见中，便对中国的检察制度提出了种种质疑，甚至主张将检察机关和检察制度撤销，以西方的司法制度为参照系再建中国的司法制度。这种主张和意见自然为主张坚持和强化检察制度的学术意见所反对。后者依据中国宪法和宪政所确立的检察机关和检察制度的优势地位，对前者的意见进行了批驳和争论，虽然有些反对意见似乎超出了学术上平等讨论的界限，但总的说来，后者抓住了中国检察制度合宪性这个根本，从而揭示了主张撤销检察机关的意见缺乏现行中国宪法和宪政支持的理论困境。

　　站在宪法和宪政的立场上看，西方的宪法和宪政之所以没有给予检察制度以确定的地位，实为其来有自。从立宪理念到宪政体制对检察理念和检察制度的集体无意识的"轻视"或忽略，从根本上说来，也并没有影响到宪法和宪政的总体品质和功效。况且，西方各国在宪法和宪政发展过程中逐渐意识到了检察制度的重要性和不可替代性，于是通过局部的改革和建制，已将检察制度以它们认为适当的形式融入一般法制，特别是检审之间、检侦之间的法律关系层面上来，尽管除了少数国家没有将检察制度提升到宪法和宪政的高度上，但通过一般的法制的调整与建制，也发挥了相当不错的功效。由此看来，对西方的检察理论和制度的重视，从消极的方面来说，并不是完全不可以接受的。大而言之，这是学术自由，应当予以尊重和保障；从积极的方面来说，反对的观点和意见中似乎切中长期困扰中国检察制度中的一些软肋和困境，在改进和加强中国检察制度中应当而且可以成为反鉴之道。对此，检察理论队伍中有的学者采取了公允的评价态度："必须承认，尽管检察权'行政权说'、'司法权说'和'双重属性说'均不同程度地存在着理论上的缺陷与逻辑上的矛盾，但在三权分立的模式下，从不同角度观之，各种学说又具有一定的合理性与合法性，都在某种程度上表现出与其宪政体制和权力结构的吻合，这也正是上述各种学说在西方各国历久不衰的原因之所在。"[①]还有的论者指出："对检察体制改革进行的一切理论探索都是可贵的。"[②] 这些都是值得赞赏的科学包容态度。充分利用宪法理论和宪政学说，客观地评价检察理论中的各种意见，是当前中国检察理论界值得反思和重视的一个重要方面。

　　总之，站在宪法和宪政全视阈和整体背景下，截然相对的意见和主张都可以找到各自的宪法理论和宪政体制的支持。即使在中国的国家层面上，检察制度尚有三建三撤的坎坷经历，何必苛求法学者们认同同一种意见和主张？更何况，相反的意见和主张事实上从一个侧面激励了对检察理论和制度更大的研究兴趣，并成为研究的动力，成为检察理论向纵深方向发展的催化剂，使检察制度向着更完善的方向前进。从这个意义上来说，针锋相对的意见和主张对促进检察理论和制度的进步和完善，还真是功不可没呢！

　　对于当前蔚然成为主流的检察理论，从我们所理解和专业考察的宪法和

[①] 石少侠：《检察权要论》，中国检察出版社2006年版，第60—61页。
[②] 韩大元主编：《中国检察制度宪法基础研究》，中国检察出版社2007年版，第13页。

宪政的全视野上看，尽管论者言之凿凿，但实际上在宪法和宪政上不耐推敲；从整体检察理论体系上看，似乎是从一个模子中脱坯而出，不仅话题相近，所持立论和论证也大同小异，鲜见有人提出自己独创的学术意见。试举几例：在检察权或者被不确切地称为"法律监督权"的认识，不外乎归类于"司法权"、"行政权"、"半司法权"、"半行政权"、"双重权"、"独立权"几种，好在每种"权能说"都有人主张，任选其一或其二总是有所凭据；在论及检察机关建立和检察制度建构的理论基础时，"挺检说"在排除"撤检说"所依据的西方权力分立说的同时，几乎无一例外地借用与三权分立说不可分割的"制衡原则"作为自己立论的"基础"、"依据"，甚至"原理"。罔顾中国的立宪主义原理和宪法中"人民法院、人民检察院和公安机关办理刑事案件，应当分工负责、互相配合、互相制约，以保证准确有效地执行法律"的明确规定，非要将检察机关的权能和某些职权生拉硬扯地置于对国家行政机关、审判机关特别是前者虚构的严格的制度性的"监督"关系。还有，对中国现行宪法上关于"法律监督机关"和"检察权"的明确规定的学理解释上，也几乎无一例外秉承"本质说"、"同一说"、"形式与内容说"、"上位说"，而没有考虑到这两个概念的宪法"疏离"的宪法安排和宪政建构或许蕴涵着深刻的立宪原意，问题恐怕不是像有些学者所想象的那样简单，只要将两者之间的界限通过学理上的"粉饰"和"掩盖"，就可以消弭两者在立宪上实际存在的"疏离"。此外，对"法律监督"作包括更高层面的"宪法监督"的"广义"解释，更是与现代蔚然成为时代潮流和宪政发展中异军突起的"宪法监督"大势和宏大制度建构工程相去甚远。如此等等，都是值得当前检察理论界认真反思和需要深入研究的问题。

我们认为，只有站在宪法和宪政的学科立场上，才能对各种包括针锋相对的检察理论和观点进行全面的分析和评价，从中找出各自的学术优长与不足，经过理论上的整合，使检察理论获得更科学的发展空间。

参考文献

1. 孙谦：《检察：理念、制度与改革》，法律出版社2004年版。
2. 孙谦主编：《中国特色社会主义检察制度》，中国检察出版社2009年版。
3. 孙谦主编：《检察论丛》第14卷，法律出版社2009年版。
4. 韩大元主编：《中国检察制度宪法基础研究》，中国检察出版社2007年版。
5. 王桂五：《王桂五论检察》，中国检察出版社2008年版。
6. 张智辉：《检察权研究》，中国检察出版社2007年版。

7. 庄建南主编:《强化法律监督与检察权配置》,中国检察出版社 2006 年版。

8. 甄贞等:《法律监督原论》,法律出版社 2007 年版。

9. 石少侠:《检察权要论》,中国检察出版社 2006 年版。

10. 王少峰主编:《检察制度理论思索与研究》,中国检察出版社 2005 年版。

11. 中国法学会检察学研究会编:《检察学的学科建设》,中国检察出版社 2008 年版。

12. 闵钐编:《中国检察史资料选编》,中国检察出版社 2008 年版。

13. 何勤华主编:《检察制度史》,中国检察出版社 2009 年版。

14. 谭世贵:《廉政学》,法律出版社 1995 年版。

15. 刘明波编:《外国监察制度》,人民出版社 1994 年版。

16. [瑞典]本特·维斯兰德尔:《瑞典的议会监察专员》,程洁译,清华大学出版社 2001 年版。

17. 王叔文主编:《香港公务员制度》,中共中央党校出版社 1998 年版。

18. 陈云生:《民主宪政新潮——宪法监督的理论与实践》人民出版社 1988 年版。

19. 陈云生:《宪法监督司法化》,北京大学出版社 2004 年版。

二 农业行政执法问题研究[①]

农业是国民经济的基础,目前正处在由传统的自然农业向现代化的产业农业的伟大变革中;而我国又把依法治国、建设社会主义法治国家确定为治国的根本方略和长远的战略目标。在这种形势下,大力加强农业行政执法问题研究,对于巩固农业的国民经济的基础地位,推进农业向商品化、专业化、现代化转变,实现依法治国、依法治农,都具有重要的理论意义和实践意义。

(一) 当前农业行政执法的总的形势及主要存在问题的基本估计和分析

1. 当前农业行政执法的总的形势

当前农业行政执法的总的形势可以概括如下:农业行政执法问题以其内在的价值蕴涵和作为法治不可或缺的重要环节,突出地提到建设现代化农业和实行依法治农的议事日程上来,农业行政执法的重要地位和不可取代的管理和规范作用正日益引起重视和普遍的关注;农业行政执法工作在全国范围内已逐步展开,但在各级、各类农业行政管理部门之间、各地之间发展很不

---

① 这篇研究报告是笔者于 1997 年承担的农业部软科学办公室的招标项目的最终成果。此文发表在《广西政法干部管理学院学报》2000 年第 1、2、4 期。

平衡；加强农业行政执法的软、硬件还缺乏坚实的基础，甚至相当薄弱，执法的难度很大，难以加强力度，在全国范围内普遍存在不同程度的农业行政执法难的问题。一些地方的农业行政管理部门发挥了可贵的改革和首创精神，创造性地发展了一些在现有体制内可行的、行之有效的组织形式和途径，加大了执法的力度，取得了显著的社会效益，其经验和做法值得国家农业行政主管部门认真总结和推广；当前农业行政执法的力度、广度和深度距离依法治国和十五大的要求还有很大的差距，全党、全国特别是农业行政管理部门正面临十分艰巨的规范农业行政执法力度的任务和历史使命；目前有些农业行政主管部门、公务人员包括一些行政执法人员，特别是一部分各级农业行政负领导责任的人员，对依法治农、兴农和加强农业行政执法的必要性和重要性，缺乏应有的或正确的认识，法律意识和观念淡薄，对法律、法规和依法行政的知识欠缺，更有一些人本身还存在其他方面的素质问题，不仅不能有效地领导、组织和实施合法的、有效益的依法行政，从而促进农业生产有序的、稳定的发展，而且在执法过程中屡屡出现滥用执法职权、违法执法、执法犯法等恶性执法事件，坑农害农、拆屋毁船、伤人害命等违法、犯法事件不断披露于广播、电视和报端，严重损害党群和政群关系，也给法律、法规的公正性和严肃性造成巨大的伤害，更对农业行政执法工作和农业行政执法队伍自身的良好形象造成难以弥补的损失。这些都表明，加强农业行政执法队伍的建设，尽快提高农业行政执法人员的素质，是当前大力加强农业行政执法工作中一个亟待解决、再不容忽视的重大问题。

2. 当前农业行政执法中存在的主要问题

（1）缺乏统一、完整的农业行政执法体制

执行法律是国家和社会为建立和维护公共利益、增进公众福祉，以及进而完善人类自身而有目的、有计划地实施法律的行为和活动。执法是立法的延续，是把人们的法律意识和观念，以及国家和社会所制定或确立的法律规范变成国家和社会生活中的现实的实践过程。

一个完整的法律行为或过程从来都应当至少包括立法和执法这两个方面。这就是说，执法从来就是国家和社会法律行为和活动的一个不可或缺的方面，也是一个极其重要的方面，国家和社会通常都要建立、健全统一、完整的执法体制，包括法院等司法体制，以保证执法工作有序、稳定地进行，避免执法工作中的盲目性、随意性，以及执法权的可能被滥用、被腐化，等等。农业行政执法是国家整体执法中的一个重要的组成部分，在法理上对整体执法的上述原则和要求，同样适用于农业行政执法。这就是说，为了保证农业行政执法的顺利、有序和有效进行，建立统一、完整的农业行政执法体制，从法理上说，就成为必要的、基本的和必然的要求。

由于种种原因（下面将进行分析），我国至今没有建立起一个统一的、完整的农业行政执法体制，包括没有统一的、明确的农业行政执法主体，统一、完善的农业行政执法制度以及统一、强有力的农业行政执法队伍，等等。现行的农业行政执法主体处于非明确、不确定、散乱或无资格状态。首先，作为各级农业行政管理机关必然是也应当是农业行政执法主体的资格和法律地位，至今没有被明确地确认下来，不仅在社会、在其他国家机关，就是在各级农业行政管理机关内部，也有人不知道或不承认各级农业行政管理机关具有当然的执法主体的法律地位和资格。有些人至今认为执法工作是国家司法部门的事，与农业行政管理部门无关。其次，由于我国农业行政执法主体的资格和地位通常都是由单行法律、法规、规章确定、授权或委托的，所以散乱不一，造成多头执法、重复执法，甚至无资格的企事业单位执法的现象。再次，存在大量的执法与技术推广、产供销等经营合体的现象，即同一个单位既负责行政执法，又从事技术推广或农业生产资料的生产、供给、销售等经营活动，形成政、企、事不分，自己执自己的法的局面，即俗话所说的既当裁判员、又当运动员。

现行农业行政执法的制度、程序不统一、不健全。首先，目前的体制中缺乏明确预审制或许可制，通常实行追惩制。这在种子的执法中表现尤为明显，大量的非法制种、非法流通和销售得不到严格的、有效的种前监控，待到劣种、假种造成大面积减产或绝收的既成事实以后，才可能受到查究和追惩。其次，农业部制定了统一、严格的执法程序，从受请、立案、查处各个环节都有统一程序规范，执法文书的制作也有了统一、严格的格式要求，从而造成了连贯的、规范的执法条件。但在执法过程中经常发生的违法、犯法现象，这些相关的执法制度、程序并没有得到很好的执行。现行体制中缺乏统一、强有力的农业行政执法的专业队伍，这是当前农业行政执法中一个突出的问题。如果单从农业行政执法人员的总数上看，从全国到地方，其数字是相当庞大的。但由于目前的执法工作都是按农业系统的各个专业股、站分别进行的，在基层具体负责执法的人员就很少，甚至达不到法定的至少要有两个人执法的要求。执法人员如此零散，又没有健全的执法制度规范执法行为，再加上上述的一些其他原因，致使基层的农业行政执法工作普遍存在力量薄弱、执法工作不规范、办案质量不高，以及出现前述种种执法违法、执法犯法等弊病。

(2) 缺乏强有力的、经常性的执法监督

任何执法工作和任务，最终都是通过负有执法责任的具体人员实施执法行为和活动而完成和实现的。既然执法始终是人的行为，受各种主、客观条件的影响和限制，难免会发生各种失当、差错，甚至违法、枉法、犯法等情形。为尽量避免和减少此等情事的发生，维护法律和执法的公正性和严肃性，就需要对整个执法活动实施密切的、经常的和有效力的监督。为此，在世界性的法治史上，相继建立并不断完善各种形式的法律或执法监督制度，在当代，宪法监督制度、行政法监督制度等更是取得了长足的进步，成为当代法治发展中一个十分瞩目的发展潮流。农业行政执法是行政执法体系中一个重要的组成部分，对农业行政执法实施密切的、经常和有效力的监督，同样具有不可或缺和不容忽视的必要性和重要性。在我国的农业行政执法中，还具有相当的紧迫性。正是因为我国目前还缺乏这样健全的和有力的监督制度，才导致上述那些农业行政执法中出现的一些无序的、不规范的、违法的和犯法的现象。为了改变这种状况，国家权力机关、司法机关、党政纪律检察机关，特别是农业行政管理机关做了大量的执法检查和监督工作，其中由全国人大牵头组织的较大规模农业法执法检查等活动，对包括农业行政执法在内的农业法律、法规的贯彻实施，起到了很好的检查、督促和改进作用。但是，这类检查毕竟是有限度的、非常规的，其作用自然也是有限的。还可能存在为应付检查而弄虚作假，或检查一过又恢复如常等现象。因此，尽管从全国至各地已经实施了多次检查，农业行政执法中普遍存在的各种混乱和违法等现象，并没有得到有效的遏止，一些恶性的执法违法、犯法的事件不断出现。可见，临时的、局部组织的执法检查不能代替强有力的、经常的执法监督。目前农业行政执法中缺乏强有力的监督体制和机制，是一个亟待解决的突出问题。

(3) 存在与其他行政主管部门界限不清、权责不明的交叉或重复执法问题

多头执法、重复执法的现象存在于农业行政管理体系的内部，也存在于一些相邻的或相关的行政管理部门之间，如种子的管理权在农业行政管理部门，而对违法的种子营销的行政处罚权却操之于工商行政管理部门。1997年5月8日实施的《农药管理条例》立足于"大农业"的立场，正确地把"用于预防、消灭或者控制危害农业、林业的病、虫、草和其他有害生物以及有目的地调节植物、昆虫生长的化学合成或者来源于生物、其他天然物质的一种物质或几种物质的混合物及其"制剂"都纳入"农药"的范畴，在列举的

"农药"类别中,甚至包括"用于农业、林业产品防腐或者保鲜的"。这种采用"大农业"的概念,把有关直接用于农、林业及其深加工制品的杀虫剂、生长剂、防腐剂、保鲜剂等制剂,都纳入"农药"的范畴,在我国农业行政法规的制定中是一个引人注目的进步和良好的开端。在这种农业行政法规的管辖权范围内,把有关的违反农药管理、制售等行政处罚权统一赋予农业行政管理部门,应当是合乎法理和顺理成章的事。但是,在该《条例》中却把这种行政处罚权分别授予了农业行政主管部门、省级以上人民政府化学工业行政管理部门、工商行政管理机关、法律和行政法规规定的其他有关部门。不仅如此,对于"假冒、伪造或者转让农药登记证或者农药临时登记证、农药登记证号或者农药临时登记证号、农药许可证或者农药生产批准文件、农药生产许可证号或者农药生产批准文件号的",却规定由"农业行政主管部门"和"化学工业行政主管部门"分别收缴或者吊销有关的证、号,并规定两"部门"都有权没收违法所得和处以罚款。这虽然是现时管理体制分工造成的既成事实,但在这样一个新制定的行政法规中,却可以考虑完全赋予农业行政主管部门承担这些职权。因为这样单一规范事项的农业行政法规中,就规定如此多部门的执法主体,势必会在该《条例》的贯彻实施中造成执法困难,甚至混乱。特别是该《条例》中并未明确规定农业行政主管部门和化学行政管理部门如何共同行使没收权和罚款权,难免会因此发生权限争议,而一旦出现权限争议情事,又因没有明确规定协调或裁决的机关,很可能会发生怕负责任而互相推诿,或者为争取获得罚没资财权而互不相让等情形。不管怎样,其结果都不利于行政执法,还很可能损害行政执法。

1998年1月1日生效的国务院颁布的行政法规《生猪屠宰管理条例》,把生猪屠宰的行业管理权和生猪屠宰活动的监督管理权授予国务院和县级以上人民政府的商品流通行政主管部门,但对于违反生猪屠宰管理的执法权,却分别授予了商品流通行政主管部门、卫生行政管理部门、工商行政管理部门以及其他有关部门。而对于原来由农牧部门行使的动物检疫权以及相应的执法权,如何与该《条例》相协调,却没有作出相应的规定,是终止行使,还是继续行使?如继续行使,势必会造成多头管理、多头执法、重复和交叉执法等无序或混乱的状况。

由各个单行的行政法规、规章等规定的有关农业行政执法和其他相关的行政执法,普遍存在这种多头执法、重复和交叉执法的现象。由多头执法、重复和交叉执法造成的执法权责不明、权限不清、执法不力等现状,是我国农业行政执法中亟待解决的一个突出问题。

(4) 对地方党政领导机关和党政主管领导干部缺乏严格的、强有力的约束、监督和执法机制

作为地方的党政领导机关和党政主管领导干部，特别是县级以下的党政领导机关和党政主管领导干部，包括作为农村基层群众自治的村民委员会及其负责人，其主要的领导责任本来应当放在贯彻实施国家的法律、法规，特别是有关农业、农村和农民的法律、法规；落实党在农村的各项政策；指导、帮助农民推行先进的科学技术、实施科学的管理，引导农民和农业生产逐步走向商品化、产业化和现代化；在一些偏远、贫困地区则要尽快引导农民脱离贫困，吃饱穿暖。应当肯定，许多地方的党政领导机关在上述各方面做了大量的、艰苦的工作，并且取得了显著的成绩，我国粮食连续三年获得丰收，农副产品也有很大的发展，乡镇企业成为国民经济中的一支重要力量，已有两千万农民摆脱了贫困，解决了温饱问题。在不同的时代，还先后涌现了一大批像焦裕禄、孔繁森那样全心全意为农民鞠躬尽瘁、死而后已的模范领导干部，受到广大人民群众的爱戴和敬仰。但是，我们也应当看到，当前一些县级以下的党政领导机关和党政主管领导干部在领导农业生产和农村工作中存在一些不容忽视的问题，有些问题竟成为贯彻落实农业法律、法规和党在农村的各项政策、加强农业行政执法的热点和难点问题。

热点和难点问题之一是农业生产中的瞎指挥和强迫命令。有些地方，特别是一些县级党政领导机关和党政主管领导干部，根据一些不可靠的市场信息，没有经过严格的考察和论证，更没有妥善的应急和补救措施作保障，就贸然作出决策，强迫农民种植某种农作物、经营某种农副业。有些由于产销对路，取得了可喜的效益，而更多的则由于市场行情变化，产销不对路，给农民造成极大的损失。课题组在各地农村调查过程中，农民和基层农业行政主管部门对此反映强烈。看到和听到一些地方的农民按照党政领导机关和党政主管领导干部强迫命令而种植的水果、农作物、蔬菜等，因没有销路而烂在树上、沤在地里而感到十分痛心。当然，这其中不乏"好心办了坏事"者，但确有许多却是为了显示自己的"政绩"或其他利己心理而作出的不负责任的行为。到头来，有关的党政主管领导干部照样"高官得做，骏马得骑"。而倒霉的则是农民，他们忍痛刨掉果树、毁掉作物，损失无人赔偿，叫天天不应，呼地地不灵。农业行政主管机关由于权限和职责所及，又无明文的法律、法规所依，根本不能为农民仗义执法，眼睁睁看着农民利益受损而无可奈何。

热点和难点问题之二是落实党在农村的各项政策，特别是落实有关减轻农民负担的政策难。在我国社会主义法制不健全，特别是有关农业、农村和

农民的法制不健全的情况下，党为农业、农林和农民制定了各项政策，主要是土地承包政策、粮食和农副产品收购政策、乡统筹村提留政策以及其他的减轻农民负担和增加农民收入政策、扶贫政策，等等。这些农村政策在现阶段，对于巩固农业的基础地位、发展农业生产、维护农村稳定、保护农民利益等方面，发挥了重要的指导、规范和管理的作用。按理说，作为党的下级乃至基层组织，以及相应的政府部门和村民自治组织，特别是在其中负主要领导责任的党政领导干部，应当按照下级服从上级、全党服从中央，以及统一服从国家行政机关的统一管理和贯彻上级行政决议的原则，忠实地、认真地和模范地贯彻党和国家在农村的各项政策。我国许多地方的党政机关、组织和干部确实这样做了，并且取得了可喜的成绩。我国农业生产稳步发展、粮食丰收、农民生活改善，是与它（他）们的努力分不开的。但是也应当看到，至今还有相当多的地方党政机关和领导干部，对落实党和国家在农村的各项政策，采取阳奉阴违，"上有政策，下有对策"的态度。致使土地承包频频变更，随意废止和改革承包合同的事情不断发生；有的地方延长土地承包期30年的工作至今没有完成；还有的乡村干部擅自提高机动田、经济田等数额，以高价承包或再承包获取高额承包款；有的地方压级压价，甚至拒收粮食、棉花、农副产品，导致增产不增收，损害农民利益；不少地方采取虚报瞒产、高估高算等手段计算上一年度的平均收入，变相地提高农民按实际收入应缴的5%的统筹份额，有的地方竟因此高到农民实际收入的10%，甚至20%；更有一些地方巧立名目、巧取豪夺，公然在5%的提留限额外收取费用或无偿调用劳力；有的县为了修路、办学，甚至为什么书记、市县长之类的"工程"肆意和公然地向农民集资、摊派；若有农民拒交或无力交符合政策的或不符合政策的费用，便派出蛮横的清收队伍，强取豪夺、牵牛赶羊，甚至扒房毁屋，农民敢怒而不敢言。以上情况表明，农民实际上已经成为我国现阶段最软弱的社会阶层，他们的自立耕作和经营的权利得不到应有的尊重和保障，他们的利益最容易受到侵害。在一些党政机关和干部的眼里，农民就像"唐僧肉"，各路"妖神"都可以吃一口，不吃白不吃。我们在基层调查过程中，一些基层的农业行政主管部门的干部和群众疾愤地向我们反映：天天讲要减轻农民负担，究竟谁在加重农民负担？只有有权的党政机关和有权势的人才能加重农民的负担，不把这些机关和有权人管好，减轻农民负担就是一句空话！这种反映和现实确实值得我们认真反思。我们党和国家为落实各项农村政策、确实减轻农民负担、增加农民收入做了大量工作和种种努力，在党的一系列重要文件上一再重申有关的政策和要求，十五大报告上更是强调:"坚持把农业放在经济工作的首位,稳定党在农村的基本政策,深化农村改革,确保农业和农村经济发展、农民收入增加。"[1] "要尊重农民的生产经营自主权,保护农民的合法利益,切实减轻农民负担,使广大农民从党在农村的各项政策和工作中得到实惠。"[2] 江泽民在 1998 年 1 月 9 日闭幕的中央农村工作会议上再次强调,做好当年的农业和农村工作,关键是稳定党在农村的各项政策,特别是要进一步稳定和落实土地承包政策、减轻农民负担政策和粮食收购政策。为落实党的各项农村政策,全国和地方各级人大、党政纪律检查部门、司法机关、各级政府、农业行政管理机关做了大量工作,左一个通知,右一个检查,又是成立减负法庭(山东寿光),又是成立减负办公室,真是能想的办法都想出来了,结果虽有成效,但问题仍然多多,局面并未根本改变。这一事实再次凸显了依法治农的必要性和重要性。要建立和发展现代化的商品、产业农业,光靠党的政策不行,因为党的政策缺乏法律那种内涵的规范力和强制力,对于那些既缺乏党性、又缺乏群众性(人民性)的少数党政干部来说,很少或根本不起必要的规范和约束作用。只有依靠国家法制,包括强有力的农业行政执法体制,才能真正保护农民的合法权益,减少和遏止少数党政干部对农民和农业基础地位的侵害。而我国现行的农业行政执法体制在约束、规范和制裁少数党政机关和主管领导干部的害农侵农方面,还很少或根本不能发挥作用。这是我国农业行政执法目前必须面对和解决的一个突出问题,而这个问题至今尚没有引起有关方面应有的认识和重视。

3. 造成现实农业行政执法存在问题的原因分析

找出现实农业行政执法存在的主要问题的原因,可以有针对性地改进工作,切实加大农业行政执法的力度和质量。鉴于农业行政执法不单纯是一个法律问题,而是关系政治、经济、社会等综合而又复杂的问题,造成现实存在种种主要问题的原因,自然也是多种多样。这里主要就有关的一些最重要的原因,做一个基本的分析。有些相关的深层次的原因,可以留待今后相关的课题中作进一步深入研究。

(1) 执法的大环境还没有完全培育出来

对现代的法治国家来说,其法治水平的高低,不仅取决于该国的社会文化背景、政治和经济发展程度等综合国力的影响,还直接关系到该国法律及

---

[1] 《中国共产党第十五次全国代表大会文件汇编》,人民出版社 1997 年版,第 26 页。
[2] 同上书,第 37 页。

其相关制度建设的环境,通称法律环境,包括立法的质量与完备程度、司法和执法的质量与水平、人们遵纪守法的观念及自觉程度等方面。没有任何一个国家因为缺乏良善的法律环境,而呈现高水平的法治状态,相反,国家欲实现真正的法治,就不能不特别重视良善的法律环境的培养,我国自然也不例外。由于历史的和现实的各方面原因,我国的法律环境的培育工作可以说刚刚开始,国家的立法质量、司法和执法水平、人们对法律的尊敬和遵守的观念和习惯等,都处在较低甚至很低的水平上。在这样宏观的法律背景下,作为总体法治一个重要环节的农业行政执法,就不能不受其影响。上述农业行政执法目前存在的种种问题和困难,从根本上说来,就是受总体上不够良善的大的法律环境制约所致,也可以说是这种法律环境下的必然产物和结果。因此,要克服目前农业行政执法中存在的种种问题和困难,就应当而且必须重视法律大环境的培养。

当然,培育全国性的法律大环境,是全党、国家机关和全体人民的共同责任,需要方方面面,特别是负领导责任的党政机关和领导干部的共同努力。但是,这绝不是说,农业行政执法的大力加强就只能消极地坐等这样法律大环境的培育成功,而农业行政管理部门不能有所作为。恰恰相反,农业行政管理部门应当努力在培育法律大环境的历史使命中,作出应有的贡献。在当前要率先垂范,坚定不移地树立起依法治农的观念,以及从各方面大力加强农业法制建设和加大农业行政执法的力度和组织建设。当前一些地方的行政管理部门在加大农业行政执法的组织建设和执法力度中所做的改革、尝试和努力,已经使当地的农业行政执法环境得到相应的改善,这就是为全国性法律大环境的培育作出了值得肯定和称道的贡献。

(2) 政府职能的转变还没有取得实质性进展

加强行政执法,是以政府切实地把自己的职能主要集中在行政管理和宏观调控方面为前提条件的。如果像我国目前那样,政府的主要注意力和精力大部分或主要放在从事实业的生产、经营方面,所剩不多的精力放在行政管理上,甚至无暇顾及行政管理。在这种状况下,包括行政执法在内的行政管理就不会受到应有的重视,更谈不上达到统一、效能的行政管理原则的要求。作为我国行政管理总体系中的一个重要部门的农业行政管理部门,同整体的行政管理体系一样,目前正处于政府职能转变的改革过程中。但由于积习日久,习惯成自然,要改变谈何容易!课题组在一些省、市、县的调查中深切感到,农业的技术推广、产业规划和指导、种子制售等生产经营活动,占据了农业行政管理部门主要的领导和经管力量,必要的行政管理只能放在次要的位置上,有的省市至今还没有建立独立的行政立法和执法的管理部门,可见有些地方的行政执法工作还没有真正引起重视和提到议事日程上来。在这种状况下,农业行政执法中存在的前述种种问题和困难,就是自然而然的事情了。

(3)农业法律、法规不统一、不完善

"工欲善其事,必先利其器。"要实现强有力农业行政执法,就必须首先建立、健全统一的、强有力的行政执法体制,而这一体制的基础,就是要有统一的、完善的法律、法规作为基础和前提条件。而我国目前正是缺乏这一基础和前提条件。前已指出,我国目前对农业行政执法的规范,基本上是单行的法律、法规各自分别确定的或授权的。由于有关的法律、法规又是由各个行政管理部门直接制定或创意、主要参与制定的,所以有关的规范,特别是主管和执法主体的确定和规范极不一致,出现了多头主管、执法,主管和执法交叉、重叠等现象。只要这种状况不改变,有关的农业法律、法规不统一、不完善,目前农业行政执法的上述种种问题和困难就不可避免。

(4)缺乏科学的、现代的"大农业"观念和管理体系

从一般的行政学和行政法学的基本原理上看,作为行政管理总系统的各个子系统,就其范围和性质上看,尽管极其庞杂和繁复,但从科学的行政管理的立场上看,尽可能要求理顺各个条块,以便于实行统一的、科学的、效能的管理。条理不清、板块重叠、职能交叉、管理无主,一向是行政管理和行政立法、执法的大忌,也是造成行政管理混乱、效能低下和行政执法无力的根本原因之一。现代国家越来越重视理顺行政管理的条块,确定各自管理的范围、职权和权限,尽可能减少和避免条块混杂。权限不明和职能混淆等极易造成行政管理混乱和管理效能低下的弊病,以期实现行政管理的系统化、科学化和效能化。

现代的行政管理和行政法,除了上述从静态上注重条理板块、归口管理之外,还注意从动态上把握本系统、本条块在日后向纵深的和横向的发展。这即是我们通常所说的所谓"大系统"的观念和管理模式,例如"大能源"、"大环境"、"大文化"、"大农业",等等。随着科技的进步和社会、经济等不断地向前发展,新生的产业、门类等会不断地向纵深和横向发展。如果每出现一个新产业、新门类就设立一个专门的管理机关,或随意归附某个或几个相关的机关管理,其结果势必会造成机构越设越多、重复和交叉管理、权责不明、互相推诿或无人负责、管理效率低下等行政管理上的弊病。世界上许多国家的政府,之所以存在结构臃肿、冗员充斥、管理效率低下的状况,很

大一部分原因就是这种管理观念滞后、管理系统不科学造成的。换句话说，是因为缺乏"大系统"观念和没有集中对口管理造成的。相反，凡是行政管理效率较高的政府，一般都是注意"大系统"的科学管理的政府。例如在"大农业"的管理体系下，主管的农业行政管理机关，不仅直接管理、调控、指导农产品、农副产品的产、供、销各个环节，而且横跨农业资源、农产品、农副产品的深加工等相关的产业和门类。这就在很大程度上减少和避免了上述行政管理上存在的机构臃肿、重叠、交叉、管理效率低下等弊病。我国的农业行政管理也存在上述的种种弊病，其中一个重要原因，就是缺乏明确的和一贯的"大农业"观念和管理体系。首先，在国务院各部委的设立和管理范围及相关的权限上，就存在相互交叉、重叠和管理权限不明确的状况。特别是在农业及相关产业、行业的管理上，长期存在管理权限不清或交叉管理、重复管理的现象，还有的事项分散给几个行政管理部门管理，造成无人负责、互相推诿，或是在收费、处罚权等管理权限上相互争论、互不相让等弊病。其次，在农业系统内，也存在上下不对口、分散管理的弊病。在20世纪80年代进行的机构改革中，为了取得因地制宜、灵活管理的成效，没有经过科学论证，就贸然地把农业部统一管理的种子、化肥、植保、动植物检疫、农机等系统的权限，下放给各省、市等地方政府自行设立机构和分配行政管理权限，结果各省和自治区及直辖市、地、市、县的机构设置和归口管理权限极不统一，不仅与农业部的管理权限不吻合，而且许多省、市、地、县的管理权限在本地区也不一致，致使上下管理不对口、管理权限混乱。特别是农业部许多事关农业发展全局和大计的方针、政策、行政规章、措施、部署等，不能在本系统统一贯彻执行直至基层，给农业的行政管理造成很大的混乱和困难，在地方造成了许多不必要的、额外与其他归口管理部门的协调工作。这样的行政管理体制违背了上下一致、连续一贯的科学管理原则。事实证明，这样的管理体制无利多弊，是造成农业行政管理困难和混乱的重要原因。当然，也是造成农业行政执法分散、形不成合力、软弱的重要原因。

（二）加强农业行政执法的几个认识和观念转变问题

认识和观念是行动的先导，没有对事物本质的科学认识和正确的观念，就不可能取得预期、良好的结果。农业行政执法也是这样，与其说它是农业行政管理和农业行政执法的实际运作问题，毋宁说是对农业行政管理和农业行政执法的科学认识和观念转变问题。我们认为，下列一些认识和观念转变问题，对于改善和加强农业行政执法是至关重要和必不可少的。

1. 加强对农业行政管理职能的认识，尽快实现从重技术推广、重产业经营向重行政管理的转变

长期以来，我们的农业行政管理部门都把自己的职能和工作重点放在推广先进的农业科学技术、直接领导和参与农林（果）牧副渔各业的生产和经营方面，并相应地忽视农业的行政管理工作。其结果不仅形成了本来应当管好的行政管理工作没有管好的局面，而且还造成了严重的政企、政事不分的状况。在这种观念和体制下，农业行政执法没有被看作农业行政管理中必不可少的和重要的政府职能，因而没有受到应有的重视。至今仍有一些地方把农业行政执法看作农业行政管理部门分外的事，或看作国家司法机关的事，其根本原因，就是对农业行政管理机关自身的"政府职能"缺乏明确的认识。农业行政管理部门应当自上而下地加深自己对应当担负的"政府职能"的认识，及时地实现从重技术推广、重产业经营向行政管理的转变。党的十五大报告对政府职能转变提出了明确的原则要求："要按照社会主义市场经济的要求，转变政府职能，实现政企分开，把企业生产经营管理的权力切实交给企业；根据精简、统一、效能的原则进行机构改革，建立办事高效、运转协调、行为规范的行政管理体系，提高为人民服务水平；把综合经济部门改组为宏观调控部门，调整和减少专业经济部门，加强执法监督部门，培育和发展社会中介组织。深化行政体制改革，实现国家机构组织、职能、编制、工作程序的法定化，严格控制机构膨胀，坚决裁减冗员。深化人事制度改革，引入竞争机制，完善公务员制度，建设一支高素质的专业化国家行政管理干部队伍。"[①] 这一机构改革的原则要求和改革方向，尽管是针对全国性的机构改革而言的，但同样适用于农业行政管理部门。农业行政管理部门应当按照十五大报告这一原则要求，率先在本部门内研究、贯彻执行，切实地转变农业行政管理的"政府职能"，实现政企分开。（关于政府职能转变问题，另有阶段性研究报告，参见阶段性成果二）特别值得注意的是，党的十五大报告还专门对"加强农业基础地位"提出了明确的要求。例如稳定党在农村的基本政策，深化农村政策；要多渠道增加投入，加强农业基础设施建设；大力推进科教兴农，发展高产、优质、高效农业和节水农业；长期稳定以家庭联产承包为主的责任制，完善统分结合的双层经营体制；改革粮棉购销体制，实行合理的价格政策；建立健全农业社会化服务体系、农产品市场体系和国家对农业的支持、保护体系；要尊重农民的生产经营自主权，保护农民的合法权

[①] 《中国共产党第十五次全国代表大会文件汇编》，人民出版社1997年版，第26页。

益，切实减轻农民负担，等等。这些原则要求很好地体现了农业行政管理的科学原则和主要内容，是政府必须承担的重要职能。作为政府重要的行政管理部门的农业行政管理部门，更应当率先研究、贯彻执行这些原则。只有真正按照这些原则去做，才算真正实现了农业行政管理部门的"政府职能"。

2. 加强对法治是农业行政管理的核心和基础的认识，尽快实现从依政策调整为主向依法律调整为主的转变

法治是人类治理国家的经验结晶和最高成果，现代国家或迟或早都要进入法治时代。我们正在走向法治之路，党的十五大报告明确提出要在我国实现依法治国，建设社会主义法治国家的治国方针和战略目标。作为农业行政管理部门，就是要坚定不移地走向依法治农、依法兴农之路，尽快实现从主要依靠政策调整为主向主要依靠法律调整为主的战略转变。

法律规范从其性质上来说，是统治阶级、集团、政党意志的集中表现。统治阶级、集团、政党在维护本阶级及其同盟阶级的最根本和最长远的利益时，总是把有关的总体设计、具体设计和操作设计浓缩、固定于一套称为"法律"的体系或网络之中，并赋予其国家的和社会的形式。法律一经有权的国家机关制定出来，便超越其表达利益的阶级、集团和政党，而具有全国家和全社会一体规范和遵行的效力，社会的其他规范，如政党的政策、行业规范、职业道德、宗教信仰等，都不具有全国和全社会一体规范和遵行的效力，而只能适用于政党、行业、宗教团体等局部的人类社会群体。法律规范的国家形式是超稳定的，古今不变的，更无例外。而其他的社会规范并不必然具有国家形式，是否具有国家形式要视具体情况而定，并随着情况的变化而变化。例如，政党的政策只在执政时才有较大可能变成法律以获得国家形式；宗教的信仰只在政教不分并获得国教地位的情况下，才可取得国家形式，正像中世纪欧洲的天主教国家以及现今某些伊斯兰国家那样。在政教分离的国家，宗教信仰通常是宗教团体、个人自愿选择的私事。

法律规范这种国家性质还决定了它具有如下的一些特点。

第一，法律规范的确定性。法律规范至少在两方面具有确定性。一是内容，当国家立法机关着手制定法律时，总是具有明确的意向性，即以什么为规范的客体或对象，立法是为了达到什么目的。为了实现这一目的，总要对所要规范的事项作出明确的规定，例如在制定打击刑事犯罪的法律时，就必须确定什么是犯罪，以及犯了罪给予什么样的处罚，等等。法律的制定之所以采取复杂的程序，其目的就在于避免盲目性和随意性，保证确定性。法律规范的确定性归根到底是为了明示于全国、全社会，便于人们了解、熟悉、

遵守和实行。法律规范在内容上具有确定性，这是法律制定的基本要求。

法律规范在形式上也要求具有确定性。法律是以文字表达出来的规范体系，文字要求精当、规范，顺乎文理，合于逻辑，行之既久，便约定俗成，形成法律文本的专门表述形式和格式。相比之下，其他的社会行为规范，例如道德规范就主要见之于某种或某些典籍，有的也融于法典或法律化。但是，法律通常是以明确的文字和固定的或统一的格式表述出来的。法律规范文字表述的确定性，这也是任何法律文本的基本要求，目的也是便于人们了解、熟悉、遵守和执行。

第二，法律规范的可预测性。法律制定的目的在于规范人们的社会行为。为了实现这一目的，立法者便把自己惬意的社会行为抽象成为一个或一组行为规范，并用法律的文字表述于特定的格式之内，以此向全社会昭示，什么行为是国家允许的，什么行为是国家不允许的；什么行为受到鼓励和支持，什么行为要受到处罚；什么是应当享有的权利与自由，什么是应当履行的义务和责任，等等。法律规范的可预测性的根本意义就在于，法律以预先布告的形式向世人明示人们社会行为的法律意义以及相应的社会行为的法律后果，以便人们在从事法律行为时可以预先对自己行为的法律意义及其后果进行估量、判断，然后决定取舍。法律规范的这种可预测性对于人们的社会行为及国家的法律秩序具有重大的意义。它鼓励和支持了人们的合法行为，避免或减少了人们的违法和犯法行为。这一正一反，便促成了国家建立良好的社会法律秩序，实现其依法治国、平天下的目的。可见，法律规范的可预测性是法律的一大特点，也是其一大优点。

第三，法律规范的强制性。准确地说来，法律规范只是在法律文本上以文字表述出来的人们社会行为的准则，白纸黑字而已，无所谓什么强制性或随意性。法律之所以具有强制力，归根到底在于它已经取得了国家形式，是以国家的名义颁布、以国家的机构执行、以国家的强力作后盾。特别是它以法院、检察人员和机关、监狱、警察等一整套暴力机构为依托，对任何违法犯罪的行为进行查纠、惩处，甚至可以采取包括限制人身自由和剥夺人的生命的极端强制手段。在现代国家，任何其他的社会行为规范都没有像法律规范这样来得强硬和有力。例如，对于一般的违反社会公德的行为，通常采用自律或他律的非强制性手段予以解决，即违反者的个人良心责任和社会舆论或他人的谴责。宗教信仰也是这样，在政教分离的情况下，宗教信仰完全是个人自愿选择的事，其他任何人和社会组织都无权强迫人们信仰某一宗教、而不准信仰另一宗教，也不能强迫人们信仰一个宗教内的某一教派而不准信仰另一教派。总之，在宗教信仰上不能强制，国家也不能动用强制力干涉正常的宗教生活。法律规范则不然，它昭示于以国家强制力为后盾在先，而以实际的国家强制力予以贯彻实施于后。法律在本质上就意味着强制，拒斥和排除随意。这就是法律区别于其他社会规范的基本特点，也是其一大优点。法律在国家和社会中之所以必要、重要和不可替代，正在于此。

从以上法律规范的性质和特点可以看出，以法律调整各种社会关系，在一般意义上都是必要的和重要的，对于农业的调整自然也不例外。长期以来，由于我国对法治重要性的认识不足，法制也不健全，在国家各个方面的工作，包括农业和农村工作都主要依靠党的方针政策。在目前的农业和农村工作中，党的各项农村政策，例如土地承包制度、粮棉收购政策、减轻农民负担政策等，仍然是根本的指导方针，必须认真贯彻执行。党的十五大报告和江泽民在1997年1月9日闭幕的"中央农村工作会议"上，都反复强调要稳定党在农村的各项政策，特别是土地承包、减轻农民负担和粮食收购政策。但是，我们也应当看到，国家立法机关已经为农业制定了《农业法》等法律，国务院、农业部和相关的部委已经制定了一大批有关农业和农村的行政法规、规章，各省市的农业行政管理部门也相继制定了许多的规章、措施、办法等。可以说，有关农业和农村的法律规范体系已经基本成型，已经基本上摆脱无法可依的状态。在这种状况下，有关农业和农村的法律、法规的权威应当而且必须得到尊重，应当而且必须达到有法必依、执法必严、违法必究的法治要求。无论如何，强调落实党在农村的各项政策不能成为忽视依法办事的理由或借口。况且，党的十五大报告明确提出，到2010年要形成有中国特色的社会主义法律体系，到那时，有关农业和农村的法律体系也将相当完善。为了适应这种法治发展前景，现在也应当把主要依靠政策调整向主要依靠法律调整，提到重要的议事日程上来。总之，在这一重要的治国、治农的重要指导方针的转变上，加深认识和提高紧迫感，是必要的、重要的。

3. 加强对农业行政执法紧迫性的认识，尽快实现从与己无关、等靠司法机关向自强图治的转变

对于农业行政执法重要性的认识，随着国家法治的深入发展，以及在农业和农村实际工作中遇到的种种问题和困难的不断出现，已经在社会各方面，特别是在农业行政管理部门领导干部和工作人员中有了很大的提高。人们越来越感受到，发展农业、从事农村工作，包括落实党在农村的各项政策，没有法制不行，有了法制，没有强有力的行政执法也不行。但是，对于农业行政执法紧迫性的认识，目前并没有得到很好的解决，行政管理部门中，包括

一些领导干部和执法人员，至今仍然认为农业行政执法与己无关，是国家司法部门的事。这种认识既与国家的法律大环境有关，又与对行政法、行政执法缺乏了解有关。应当通过法制的宣传、教育，在农业行政管理系统内使大家都进一步认识农业行政执法的重要性和紧迫性；特别是要进一步认识农业行政管理部门自身作为国家农业行政执法的主体的资格和地位。农业行政执法不是与己无关，而是密切相关，是国家赋予自己的职权，是应当认真履行的国家机关的责任。农业行政执法不是与国家司法机关无关，而是也只能是在特定的情况下，如引起行政诉讼的情况下，才能成为司法机关管辖和处理的范围。而大量的日常行政执法工作，包括依法对行政行为相对人的违法处罚工作，都应当由农业行政管理机关内有权的部门和执法人员担负起来。因此，那种把农业行政执法的工作留给司法机关，总希望司法机关以强制力加以干涉的想法和做法，都是不正确的，有害的。至今全国农业行政执法总的状况不尽如人意，特别在一些地方农业行政执法工作很薄弱、很不得力，一个重要的原因就是对自身的农业行政执法的主体资格和地位认识不够，并且缺乏紧迫性，总是想等待和依靠国家的司法机关来为农业行政管理机关做行政执法工作。事实上这是不可能的，因为国家的法律制度不允许。应当教育至今仍持有这种看法和态度的农业行政管理部门的公务人员，特别是其中的领导人员和执法人员，尽快地实现从与己无关、等靠司法机关向自强图治的转变，切实地把农业行政执法的职权担当起来。

4. 加强对农业行政执法应自上而下、统一规划实施的必要性的认识，尽快实现由上级作为不大、分散管理，到积极统一规划、实施的转变

严格说来，农业行政执法本身是一个综合的系统工程。它首先要求要有统一的法律基础。前已指出，法出多门，多头立法，导致农业行政执法主体多元，执法职权重叠、交叉，在这种立法状态下，是不可能建立上下一贯、统一的执法体制的。其次，要求要有上下一贯、统一的执法体制，包括统一的执法制度、队伍、执法规程，等等，缺乏这一连贯、统一的执法体制，要想实现强有力的行政执法，是不可能的。而我国的农业行政执法的现状，正如前面所指出的，在这两方面都存在重大缺陷，致使形成执法混乱、无序、软弱等弊病。要改变这种状况，需要包括国家立法机关、上级国家行政机关在内的各国家机关、社会各方面的共同努力，但是，就建立、健全上下一贯、统一的执法体制来说，作为农业行政管理的最高机关农业部则负有势在必行的、重大的职责。前已指出，农业行政管理机关作为国家最高行政管理机关的一个部门，其作为国家行政机关和执法主体的资格和法律地位，是国家宪

法所赋予的，也就是国家总体结构确定的。尽管现在国家刚刚走向法治，有关的农业法律、法规还不够规范、完备，但这绝不能构成对农业行政执法的各项制度可以放任自流的理由。既然国家宪法和总体结构赋予农业行政管理机关的行政管理和行政执法主体的资格和地位，农业行政管理机关特别是其最高的管理机关农业部，就应当切实地把这项职能担当起来，自上而下地、统一规划实施建立和健全农业行政执法体制，使这项工作能够规范地、有序地、有力地开展起来。应当承认，当前农业行政执法工作存在的体制不顺，领导不力、混乱无序等弊病，在很大程度上是我们农业行政管理部门，特别是农业部对这一工作的性质和职责缺乏明确地认识，以及因此而没有切实抓起来所造成的。

　　除了上述认识上的欠明确外，现行的领导和管理体制也是造成农业行政执法不力状况的重要原因。首先，农业部对农业行政执法缺乏统一的规划。如同国务院在农业、土地、林业、工商行政管理、物资流通等领域的立法和执法情况一样，农业部在自己本系统内，在制定有关的农业行政规章或贯彻实施国务院农业行政法规的过程中，也往往把执法权分散赋予本系统各管理部门行使，而没有能把握好这一原因，至少在本系统内执法权限分散、交叉、多头执法的现象完全可以避免。其次，在农业行政管理部门，也像我国其他的行政管理部门一样，本应都实行宪法所确定的部门首长个人负责制。但是，实际上在首长个人负责制下，习惯性地演变成首长个人负总责，而由两位以上的副首长按各个专业系统分工负责的领导体制。在这种体制下，作为各个专业系统负实际领导责任的副首长，为了搞好本系统的工作并获取显著的业绩，自觉不自觉地从本系统领导的便利和实际利益出发，总想尽可能地扩大本系统的管理权限，特别是管理和执法的权限。而现行的农业法律、法规以及领导体制，又为这种扩权行为提供了依据或体制上的可能性。一个系统的权限包括执法权限扩大了，甚至跨越了相邻的或相关的系统，在本系统看来可能是应当的、必须的，而从农业系统管理的全局和整体上看，就是管理和执法职权重叠、交叉，甚至冲突或无人负责。

　　特别值得注意的是，在当前的农业行政执法中，存在上级特别是农业部冷、作为不大而下级特别是市、县级热、积极作为的反差。必须肯定，有些下级农业行政管理部门从加强农业行政执法的迫切需要出发，发扬首创的改革精神，大胆地设想、勇敢地闯，在一些地方走出了加强农业行政执法的新路子，创造了一些便于和加强农业行政执法的新形式、新体制，值得认真地总结和推广。一些省、市、县的农业行政管理部门的领导干部和工作人员的这种勇于探索的改革精神，是难能可贵的，应大力鼓励和支持，并认真总结和推广其经验和做法。但是也应当看到，由下级自行闯出农业行政执法的新路子的做法，绝非长久和合宜之计。因为这不可能形成能在全国统一领导、建制和实施的农业行政执法体制，如果长期地任由这种状况自然发展下去，势必造成在全国各地形成五花八门的农业行政执法体制，将会给管理上造成新的混乱，也不便于形成上下统一、有效的领导。作为农业行政管理机关特别是农业部，现在应当尽快改变任由下面闯，而自己作为不大的状况，应当转变观念和态度，组织专业力量认真调查研究，总结地方各种成功的经验和做法，尽快地建立上下一贯、统一规划实施的农业行政执法体制。应当认识到，这一工作迟早都要做，而且只能由农业部而不是其他国家机关去做。与其晚做，不如早做；与其等待、观望其他国家机关去做，不如安下心来自己来做。

5. 加强对农业行政执法监督重要性的认识，尽快实现从执法监督不力到严格依法办事的转变

完全意义上的法治，前已指出，至少应当包含立法和执法两个方面，如果扩及开来，还应包括法制的宣传教育、树立尊重和遵守法制的观念和习惯，以及违法的查究和惩处制度，等等。在我国，习惯上概括为"有法可依，执法必严，违法必究"三项指导方针。其中的"执法必严"主要是针对执法环节而定的。任何法律如果得不到贯彻执行，都只能成为纸上仅供欣赏的文字，对现实的社会生活没有任何实际的规范意义，也就达不到立法的初衷和目的。重视和加强执法在实现依法治国的整个过程中，其地位和作用的重要性是显而易见的，再怎么强调也不过分。农业行政执法的重要性是由这一根本的法理决定的，忽视或不重视农业行政执法，就不是对农业法治的完整和深刻的理解，依法治农、以法兴农就无法实现。要搞好包括农业行政执法在内的执法工作，不仅要做到执法必严，还要做到执法规范，执法本身没有违法、犯法的现象出现，加强执法监督，就是一个不可缺少的环节并且起着十分重要的作用。

就世界范围而言，加强对法律实施的监督已经成为当代法治发展的一个新潮和大势。从宪法到普通法律概莫能外，各种各样的宪法和法律监督体制和形式如雨后春笋，不断涌现；而这种宪法和法律的监督正在不断地向制度化、专门化、模式化和司法化方向发展。近几十年，有关行政立法和行政执法的监督，更是成为行政法研究和讨论的重点和热门课题。在现代法治国家，人们对包括行政权力在内的权力滥用、腐败的日益增长的关注，以及对必以

权力制约权力这一从权力本质上不断深化的认识，构成了加强法律实施监督的宏观的、深远的理论和实践背景；而认识到法律是由人执行的，执行法律的人受主、客观条件的影响和限制，特别是受实际利益的影响和驱使，难免会出现偏差、失误，甚至徇私枉法等情形，因此加强包括行政执法在内的法律监督，从最一般的意义上来说，都是必不可少的，必须要加强的。在我国，加强农业行政执法的监督，还有特别的必要性和紧迫性。由于农业行政执法体制、行政执法人员素质等方面的原因的影响，在我国本来就不规范和有序的农业行政执法中，却出现了令人十分担忧和关注的状况，其中最突出的，就是执法违法、执法犯法的现象不断出现。近几年新闻媒体曾几次对几起重大的农业行政执法违法、执法犯法，例如渔政的见死不救，非法执法过程中的毁船、打伤人等事件予以曝光，在社会上引起强烈反响和震惊。这种状况再也不能继续下去了，必须尽量减少和避免执法过程中的违法、犯法现象。我们再也不能容忍极少数的农业行政执法人员在那里任意胡为，再也不能听任他们败坏农业行政执法队伍在总体上的良好现象，以及推及开来的党群关系和政群关系。为此，大力加强对农业行政执法的监督，就成了十分必要和重要的。作为农业行政管理机关，特别是它们的最高领导机关农业部，在加强农业行政执法监督方面，不仅负有重大的职责，而且可以大有作为。这就要求首先要加强对农业行政执法重要性的认识，尽快实现从执法监督不力到严格依法办事的转变。

（三）加强农业行政执法的具体建议

鉴于农业行政执法是一项系统的社会和法律工程，因而这里的具体建议将分两部分提出。

1. 由农业行政管理机关在现行法律、政策确定的体制内直接地采取措施

（1）对现行农业部制定的规章和其他规范性文件进行一次彻底的清理，统一确定和短制行政执法的主体

前已指出，当前农业行政的多头执法，重叠、交叉执法，部分是由于农业部在不同时期、不同管辖层面上制定的行政规章和其他规范性文件，在没有通盘考虑和规划的情况下，把行政执法职责或权限赋予了不同的专业系统。鉴此，由农业部自己把现行的农业规章和其他规范性文件进行一次彻底的清理，是必要的。在此基础上，把原来重叠、交叉的执法权加以理顺，该撤的撤，该并的并；还可根据变化了的情况和市场农业经济发展的需要，调整原来配置不当的执法权，对自己直接管辖的全部执法权，按照统一、效能、权

能明确的原则重新进行科学的配置。这是加强行政执法的基础工程。

（2）切实抓紧政府职能的转变工作，彻底将执法权能（其他行政管理权能）和技术推广、产业经营的权能分开

要加强农业行政执法工作，另一个前提条件是农业行政管理部门要真正把自己的工作放在行政管理和行政执法上来，切实地担负起作为政府的一个部门的政府职责。否则，如果像以往和现在这样，农业行政管理部门把主要精力和大部分时间，都用在技术推广和农牧副渔的生产和经营管理上，使农业行政管理部门实际上变成巨大的农业产业实体，就无暇或只能以很少的精力和有限的时间，关注行政管理和行政执法问题。因此，只有农业行政管理部门自身切实实现政府职能的转变，把自己主要精力和大部分时间用于行政管理和行政执法上，行政执法工作才可望收到应有的重视和加强。

（3）统一建立、健全的农业行政执法体制及相关的工作规程

首先，应当在农业行政管理系统自上而下建立一支独立的、统一的、有规格的、专职的、能机动灵活有效工作的农业行政执法机构和执法队伍。具体设想是：

在农业部建立"农业行政执法总队"，该"总队"应当是独立机构，直属部长领导，可考虑由分管政策法规系统的副部长兼任"总队长"，由政策法规司的司长兼任"常务副总队长"，负责日常的领导工作。"总队"下设"办公室"作为工作机构，"办公室"可考虑设在政策法规司的执法监督处内，与执法监督处合署办公，一套班子两个办公机构，由处长兼任"办公室"主任。"总队"总辖全国的农业行政执法工作，有权根据行政执法工作的需要，报经部长或"总队长"批准或同意后，发布有行政执法的部署、安排、意见、指令，或作出有关的决议、决定；有权领导农业行政管理体系内直至基层的农业执法队伍，有权调配部分地区直至全国的农业行政执法队伍从事全国性的执法工作，或执行某个或某些专项执法工作；有权组织执法力量执行不定期的或临时的农业行政执法检查工作；有权组织执法力量对某些有重大影响的农业行政执法案件进行专项检查或直接进行执法检查；有权对各省、自治区农业行政执法机构的设置和执法队伍的建立作出指示、决定或提供有关的建议、意见；有权对各省、自治区的农业行政执法队伍负责人的任命、罢免、奖励、处分提出建议或意见；有权对各省、自治区农业行政执法作出评价、提出改进工作的建议或意见；有权对各省、自治区农业行政执法中的处置不当或失误作出重新处置或改正的指示；有权要求各省、自治区的农业行政执法机构将重新处置成改正的结果报告农业部"农业行政执法总队"；有权对重

大影响的执法案件直接进行调查和作出处理决定；"农业行政执法总队"有权对部直属的各专业行政执法工作进行领导、指导、协助、调配和组织执法机构及执法力量、检查、督促等。

考虑到实际工作需要、国家编制等因素，农业部"农业行政执法总队"不设专业的行政执法队伍，特殊需要时由部署各专业口及省、自治区、直辖市所属的执法力量统一调配使用。"总队"的主要职能是对全国的农业行政执法力量统一调配使用。"总队"的主要职能是对全国的农业行政执法队伍实行统一领导、检查、督促、协调。就是说，重在领导，而不是重在执法的具体实行。

在各省、自治区、直辖市的农业厅建立"农业行政执法大队"，其地位、组织、职权基本上与上级的"总队"相同，其管辖范围当然限于本省或自治区、直辖市。基于上述同样的理由，"大队"也只设立领导班子、工作机构，不建立专业的执法队伍，特殊或临时执法需要时，在所属的执法队伍中随时抽用或调配。

地区和设区、县的市设立"农业行政执法分队"，其地位、组织和职权与上级的"大队"基本相同，只是其管辖范围限于本地区、本市。基于上述同样的理由，"分队"也只设立领导班子、工作机构，不建立专业的执法队伍，特殊或临时执法需要时，在所属的执法队伍中随时抽用或调配。就是说，地区和管辖区、县的市的"农业行政执法分队"，也是重在领导、检查、督促、协调，而不是重在具体执法。

县、区和不设区、县的市建立"农业行政执法队"，除设立领导班子、办公机构外，还要建立专业的执法队伍。其人员从现有的编制中调配，一般应包括本县、区和不设区、县的市农业局的领导成员、各专业股、站的执法人员。人员应限在7—12人之间为宜，人数太少形不成合力和整体优势，太多又会带来管理、运作、经费等方面的困难。关于"农业行政执法队"的地位、人员组成、领导班子、办公机构、办公条件、经费来源、执法运作等方面的具体设置、组织、活动，各地已经做了一些大胆的改革和创建工作，并取得了一些成功的经验和做法，应组织专门的力量进行调查研究、总结，使之更加完善、健全并逐步定型，以便在全国农业行政管理部门推广。课题组经过实地的调查研究，认为湖南省浏阳市的"农业行政执法队"的经验和做法，有较高的总结和推广价值，应继续总结、提高和定型。

其次，应进一步建立、健全一整套科学的、有效能和便于操作的工作规程。包括执法的各项制度，特别是其中受理和立案的程序，规范的收费和上交制度，处罚的调查、取证和决定制度及程序，各类行政执法文书的制作必须符合规范，等等。对农业部已经制定的有关制度和格式文书，要求下属要严格贯彻执行。在这之前，一定要认真研究和熟识国家的《行政诉讼法》，从《行政处罚法》等法律、法规，要使农业行政执法的工作规程符合上述有关国家法律和法规，而不能相抵触；还要注意贯彻便于操作、注意效能的行政管理和行政法执的原则。

（4）建立、健全各种不同形式的专项的、固定的培训、考核和持证上岗制度

行政执法工作是通过执法人的执法活动而实现或完成的。执法人的政治、道德、业务素质直接关系到执法质量的好坏。因此，培养和造就一支高素质的、胜任工作的执法队伍是必要的。

（5）大力吸纳、培养和重视使用法律专业人才

第一，采取各种优惠政策，大力吸引和接纳法律本科和专科毕业生到农业行政管理系统工作。要下决心在几年内至少为每个县农业局配置一名法律专门人才，每个省、市农业厅、局的政策法规处，也要配备相当比例的法律专门人才。

第二，在农业部和各省、自治区农业厅聘请3—5名资深的法律专家组成顾问组和顾问团。在西方法治发达国家，农业行政管理部门通常都建有自己的法律班子或法律顾问团体，可以经常性地研究或垂顾有关农业法治中所遇到的重大法律问题。在我国，由于客观条件的限制，一时还难以组建农业行政管理部门自己的法律班子。但"借鸡生蛋"，通过聘请资深的法律专家组成较稳定的顾问班子，就重大的农业法治中的问题立项研究、组织论证或征询立法，是可能的，也是可行的。

第三，下决心自己培养法律专门人才，在农业行政管理系统内创建独立的法律教育体系。其办法有二：一是在本系统所属的农业大专院校内组建法律系，全面、系统地实施完整的法律教育。现行的农业大学内建立经济法律系，对学生重点实施经济教育的做法是不科学的，应当废止。农业法律人才，特别农业行政法律人才，应当是全能型的。要制订规划，给农业行政管理系统所属的大专院校下达指令性计划，实行定向招生、定向分配，以保证足够的生源并能分配到农业行政管理部门工作。二是借用普通法律大专院校的教育地位和优势，定向选送学员进行教育、培养，毕业后充实到农业行政管理部门工作。

（6）在农业行政管理部门建立和实行农业行政督察员制度

在西方法治发达国家，督察员制度正方兴未艾，它起源于瑞典，现通行

于全世界许多国家，督察的范围涵盖立法、行政、军事、私人企事业等各个领域，其中行政督察员制度尤其得到显著的发展。该制度已定型并有了发达的理论研究。在我国的农业行政管理系统的部、省（区、直辖市）两级，可考虑建立和实行农业行政督察员制度。依照通例，任命督察员和副专员，下设办公机构。其主要职权是对全国或全省（区）范围内的农业行政工作进行检查监督，重点是督察农业行政人员、包括农业行政执法人员是否忠实地履行了自己的行政或执法职责，有无违法或犯法事情，接受各方面特别是行政相对受害人的诉求，也可以自己主动提出督察的目标和范围。依据查证结果，分别情况向有管辖权的司法、人事部门提出处理或惩罚意见、建议。该制度的建立和实行，可以把当前实行临时性的各种专项执法检查固定化、权威化和制度化，这对于提高农业行政和农业执法质量，保护农民合法权益等方面，具有重要的意义。

（7）建立农业行政执法专项基金

眼下的农业行政执法由于缺乏必要的资金支持，不是不能开展，就是不能有效地开展，有些必要的执法工作，由于没有资金或物质条件而不能进行。有些已经开展农业行政执法工作的地方，资金源也不稳定，或是存在以罚款充资金等不符合国家财政政策的混乱现象，极易造成执法权的滥用和腐败，加重行政执法相对人的负担。应当在现时的行政拨款项目内，建立专项的农业行政执法基金，专门用于农业行政执法工作，杜绝违反国家财政政策和滥用执法权的弊端。

（8）在基层农业行政管理部门建立与司法等机关密切的协调和支持关系

农业行政管理部门虽然是农业行政执法的主体机关和主要职责，但并不意味农业行政执法只可以由本部门独立完成，而不需国家的司法机关、工商流通等行政机关的协调和支持。事实上，不仅需要而且必不可少。因为国家行政体制规定，农业行政的强制执行权、假冒伪劣种子等处罚权只能由法院、工商行政管理等机关实施。因此，要顺利开展和加强农业行政执法工作，必须而且应当与司法机关、工商流通等行政机关建立密切的协作与支持关系。

2. 由农业行政管理机关认真组织研究，提出设方案，向党和国家建议在更高层次的国家体制内，施行一些重大的改革和建设

（1）在全国人大体制内设立"农业委员会"作为常设委员会

通观西方法治和农业发达的国家，例如美国，在国会中设立"农业委员会"作为常设的专门委员会。这些"农业委员会"在反映农业的利益和愿望、统管农业方面的立法事务、监督农业法律、法规执行等方面，发挥了重要作

用。在美国，以不到人口几百分之一的100多万农业人口，长期保持发达的、高效的、现代化的农业生产，向世界上许多国家输出小麦等农产品，除了高科技、高效的农业管理等因素之外，国会的"农业委员会"发挥重要的立法、监督作用，也是一个重要原因。作为我国国家权力机关的全国和省级人大，由于没有设专门的"农业委员会"作为常设委员会，而是把农业方面的立法监督等子系统统合在"财经委员会"，因而没能把有关的农业立法、监督等事务作重点突出地抓起来。我国的农业立法相对于工业立法滞后，不完善；农业执法监督也不力，虽近来组织多次农业法执法检查，但没有形成制度。这种状况与我国一贯强调的农业在国民经济中的基础地位不相称，或许也是造成农业生产发展迟缓、农民减负光喊实际上减不下来的原因之一。因此，国家权力机关体制内的这一缺失应尽快补建起来。

（2）在国务院内设立农业监察机构，实行"农业总监"制度

农业监察机构直属国务院，与各部、委同一职级。代表国务院对上自国务院各部、委及直属机构，下至地方各级人民政府执行农业法律、法规情况，落实各项农村政策情况进行监督、检查"农业总监"有权主动实施他（她）认为有必要进行的各项农业事务，包括农业执法和落实农村政策的监督、检查；"农业总监"有权主动实施他（她）认为有必要进行的各项农业事务，包括农业执法和落实农村政策的监督、检查；监督、检查的对象包括国务院所属各部、委及其他直属机构，地方各级人民政府及它们的所属行政机构；"农业总监"还有权对国务院和全国行政系统自部长、主任以下的各级行政管理部门、人民政府首长以及全体行政公务员个人有关执行农业法律、法规和落实农村政策的情况，进行监督、检查；"农业总监"有权对违反国家农业法律、法规，违反农村政策的任何行政机构、人民政府、行政首长、行政公务人员，依据不同情况提出处分意见，分别交与国家司法机关、行政监察机关、行政或政府首长处理。重大违法事项和违法个人，可由"农业总监"直接报告国务院总理，由总理作出处理或处分的决定。"农业总监"的处理或处分意见具有权威性，如无特殊情况，有权处理或处分的机关须遵照执行。

"农业总监"由国务院提名，全国人大任命，国家主席公布。国务院总理依据"农业总监"的提名，任命2—5名"农业总监"。为便于事权集中，有效地进行监督、检查。一般由农业部长担任"农业总监"，至少2/3的"农业副总监"由农业部副部长担任。

"农业总监"根据工作需要，任命国家农业督察专员、副专员若干名，代表"农业总监"对国务院所属各部、委、直属机构，各级人民政府及它们的

首长、公务员进行监督、检查。农业督察专员、副专员只对"农业总监"个人负责,独立行使监督、检查权,不受其他任何机关和个人的干涉。如"农业总监"制度被国家采纳,"农业督察专员"、"农业督察副专员"可与前述的"农业行政督察专员"、"农业行政督察副专员"合并为一。

"农业总监"设办公机构,办公机构应设在农业部内,可考虑与部内政策法规司的办公机构合署办公,以精简机构、压缩编制、节省开支。

(3) 制定《农业行政执法法》

前已指出,在现行的农业法制中,由于缺少这样一部统一的农业行政执法法,才造成体制不顺、多头执法、交叉执法、执法无序等弊病。应向国务院建议制定这样一部法律,最好由全国人大常委会批准通过,作为国家法律通行全国。

(4) 制定《农业法典》

我国现行的《农业法》过于简单、粗疏,且一些规定已经不适应市场经济的需要。应积极向国务院和全国人大倡议制定一部全面规范农业事务的国家基本法,即农业法典。其中要特别注意规范农业行政执法的活动和行为。西方法治发达的国家,通常都有这样一部全面规范农业事务的基本法典。这是一个值得重视和学习的经验。若要在我国真正实现依法治农、依法兴农,走现代化商品、产业的农业之路,就应当尽快制定这样一部有关农业的基本法或农业大法。

(5) 统一农业系统的管理体制

农业系统上下不对口,给管理和执法工作造成很大的困难和混乱。应向国务院建议,在即将进行的机构改革中,废止各地方自主设立农业管理机构和决定归口管理的做法,按照统一行政管理和原则,在全国统一设置农业行政管理机关,上下对口,以保证农业部的政令能统一贯彻到基层农业行政管理部门。

向国务院建议采取"大农业"的观点,凡是有关农业,农产品深加工的产业、行业的行政管理和执法,统一归口到农业行政管理部门,需要设立新的行政管理机构的,由农业部统筹安排、设置,以免造成管理和执法的分散和混乱。

(6) 在国务院内设立"行政管理和执法权限争议协调小组"

现行行政管理权限的交叉、重叠的体制,造成一些行政管理和执法职权的冲突。而现行的由相关行政管理部门自行协调的体制,容易造成久商不决的局面。应建议国务院设立"行政管理和执法权限争议协调小组",由其会同有关的行政机关协调,协调不成,由其裁决,立止争议,以免久拖不决,影响农业的行政管理和执法工作。

(7)就重大的农业政策进行调研,向党和国家建议进一步完善或改革,并适时地转变成为国家法律

党和国家目前正在大力贯彻实施各项重大农村政策,特别是土地承包政策、粮食收购政策、减轻农民负担政策,在许多方面都关系到农业行政管理和执法事项。应就这些政策组织调研,使之进一步完善或加以改革,并适时地转变成国家的法律。现在党和国家已经把农村的土地承包期延长了30年,但有的地方在土地承包问题上做了许多文章,严重损害了农民的合法权益。应尽快制定《农村集体土地承包法》,把土地承包期、承包程度、发包人和承包人的权利和义务以法律的形式固定下来,明确规定违反土地承包的法律责任和处罚办法,以减少当前及当今在土地承包中存在的损害农民合法权益的现象。

在粮食、棉花等农产品收购政策方面,国家虽三令五申,但拒收、压级压价、打白条等现象屡禁不止,严重地损害了农民的利益。在这方面也需要制定必要的法律、法规,规范粮食等农产品的收购政策。为了适应市场经济发展的需要,有关的法律、法规还应当规范农业产业的机构调整,推广合作制,鼓励和规范农民在自愿的基础上建立产业协会,发展行业组织,使农民真正成为农产品市场的主体,通过有组织的力量主宰农产品市场的产、供、销活动,切实保护好农民自身的利益,确保收入不断增加。要通过有关法律、法规的制定和实施,逐步引导农民摆脱目前只能被动地依靠国家收购政策照顾的局面,成为市场农业经济的主体。

在减轻农民负担问题上,需要通过国家立法进行重大的改革。现在农村乡、镇和自然村的5%的统筹、提留,其合理性就值得研究。因为这5%的统提虽然取自农民,但并没有完全用在农民身上。就其纯粹的公益用途来说,也只有一部分用在了农民的身上,如修建农用水利设施、修路、办学等。有些费用实际上用在了国家行政管理事务上,如征兵、计划生育等事业的花费,实际上应当由国家行政费用承担,由农民负担不尽合理;教育是国家的责任,也理应由国家承担教育费用;村干部由于负担贯彻国家法律、政令的责任,也应当由国家发放工资,由农民提留费支付他们的工资也不合理。事实上,由于农民已经按规定缴纳了农业税,就不应再承担上述行政费用的开支。至于前述的各种"妖神"把农民视为"唐僧"都要分咬一口肉,集资、摊派屡禁不止,还在5%统提上大做文章,弄虚作假、瞒产谎报,实际大大突破5%

的统提限额，加重农民负担，更是普遍存在的现象。至于利用农民的血汗钱在农村养肥了一批名为干部、实际上是新生的腐败分子，也是严重存在的触目惊心的事实。这些都说明，5%统提的政策漏洞太大，不易掌握，还极易被滥用。长此下去，不仅农民的利益得不到有效的保障，最终影响农业的国民经济的基础地位；还极大地影响了党群、政群关系，造成国家不安定的隐患。

建议国家取消统筹、提留政策，不留尾巴，通过机构改革，大大精简乡、镇行政管理人员，只设乡、镇长1人及1—2名助手，由国家发放工资。至于乡、镇及自然村需要举办的公益事业，由农民自然集资，或由农民协会、行业组织负责筹集，由集资农民集体决议并监督集资款的开支，彻底堵塞通过国家权力集资、摊派、统提而相当普遍造成的挪用、滥用、中饱私囊、大吃大喝、贪污腐化等弊病。

统筹、提留政策应当尽快改变，否则，减轻农民负担、加强农业行政执法将难以奏效与改观。

参考文献

[1] 党国印：《当前农村社会移定的问题与对策——首都"百名博士百村行"专题报告》，载《中国农村经济》1997年第3期，第43—46页。
[2] 农业部法制宣传领导小组办公室：《农业法律知识读本》，中国检察出版社1997年版。
[3] 山东省农业厅：《全省农业法制工作会议资料汇编》，1996。
[4] 江西省农业厅：《农业法执法检查有关法规汇编》，1996。

三　宪法和宪政视阈下的诉讼监督

——试析省级人大常委会通过的相关《决议》、《决定》

内容提要：省级人大和它们的常委会以及包括省级人民检察院在内的检察权能即司法权能与机关定义，已由宪法作出安排并建构于宪政之中，厘清这种宪法关系和宪政地位，是理解相关《决议》、《决定》合宪性和合理性的关键。宪法上关于"监督"与"领导"的规定有着重大而明显的意义之别，辩明其相互关系也是理解相关《决议》、《决定》适格性和正当性不可或缺的一个方面。相关《决议》、《决定》的文件形式与内容的选择应当在认真研究之后再作出抉择。

关键词： 宪法和宪政视阈　合宪性　合理性　弱语境　主导地位

引言

在中国社会急剧转型和法治不断深入发展的总体形势下，客观上提出了加大国家的法律控制的需要，对包括检察改革在内的司法改革提出了更高、更迫切的要求。近期许多省级人大常委会纷纷通过加强人民检察院法律监督工作的《决议》、《决定》，就是适应上述形势和需要的新发展。鉴于有关方面对此给予了密切关注并进行了热烈的讨论，宪法理论和宪政学说对此也不应当失语，对上述的《决议》、《决定》进行解读，不仅应当，而且必要。否则，宪法学就会因脱离现实政治法律生活而失去应有的学术活力。假如宪法理论和宪政学说不能深刻地解读上述的《决议》、《决定》，它就不配称作一个博大精深的优势法学学科。

（一）宪法关于地方人大和地方人大常委会以及包括省级人民检察院在内的检察机关的权能定性与机关定位

许多省级人大常委会近期作出的有关加强人民检察院法律监督工作的《决议》、《决定》，从宪法理论和宪政学说上看，引起学术兴趣的首先不是它们的法律形式、法律效力及实施效果等问题。这些问题如果值得特别关注和分析的话，那是因为必须是建立在符合宪法规范，有宪法理论和宪政学说支撑的基础上和前提下才能进行，否则，对这些问题的讨论和分析就失去了意义。

宪法理论和宪政学说长期以来忽视一个学术问题的研究，即在宪法安排和宪政制度设计上如何为国家权能的"定性"和为国家机关"定位"的问题。前者关系到国家宪政制度的根本政治设计，具体关系到权力配置问题，是集权还是分权的设计问题。如果是分权，分成多少权、各权力体系之间的关系如何配置；如果是集权，其他国家权能的关系如何配置与调处，等等。后者则关系到设立什么样的国家机关和如何为各个国家机关量身定做哪些职权以匹配其所担当的国家"权能"，以及各个国家机关之间的关系原则等国家机构安排问题。世界上古往今来的所有国家都必然存在这种国家权能的"定性"和国家机关的"定位"问题。所不同的是，现代国家通常都是通过宪法安排和宪政制度设计实现的。中国的宪法和宪政当然也不例外。只不过中国宪法和宪政在国家权能的"定性"方面不同于其他许多国家,具有鲜明的特色而已。

先从中央和地方国家权力机关方面看,按照中国宪法安排和宪政设计,在国家层面上设立一个"最高国家权力机关",在地方设立"地方国家权力机关"。这一安排和设计意指国家权力和地方权力的统一行使,这显著区别于西方的三权并列平行、互不统属的政权建制。但宪法的这种安排和宪政设计,并不意味着中央和地方国家权力机关的权限广大无边,以至于像瑞士法学家狄骥所描述的英国议会那样,除了将男人变女人、女人变男人之外,无一事不能为的那种程度。中国宪法在规定中央和地方国家权力机关在国家和地方层面的最高的和相对高的法律地位的同时,也相应地列举包括它们的常设机关的具体职权。在学术上,我们也可以将这种列举视为一种"限权"方式,即作为最高国家权力机关和地方的权力机关,其权限的行使要受到宪法上列举职权的限制。即使是现行《宪法》第六十二条列举全国人大职权第十五项的所谓"兜底"条款,即"应当由最高国家权力机关行使的其他职权"的规定,也用"应当"的前置词加以限定。这是用"合理性"标准对最高国家机关权限的"约束",以免发生其权力无限的地步。如果全国人大常委会要行使这样的职权,也须按宪法第六十七条第二十一款的规定予以授权。值得注意的是,《宪法》第五节在地方国家权力机关的规定中并没有这类的"兜底"条款,这反映了中国单一制的国家结构特点。由此引发的问题是,目前许多省市人大常委会纷纷制定的上述《决议》、《决定》将面对是否有宪法条文明确依据的考究。即使人们能够从其他相关的法律文件中找到或解释出相应的法律依据,在立宪主义和宪政体制下,还有一个是否合宪的讨论或分析的空间,也不能一律毫不区分地用做法律依据。

再从检察权和检察机关的方面看,按照宪法安排和宪政设计,将检察权能连同审判权能共同定性为"司法"[①],即中国的司法权能是一分为二或合二为一的。学术界有时形象地称"双轨制"或"双驾马车",这也是中国宪政制度显著区别于西方三权分立体制的一个重要方面,极具中国特色。除此之外,宪法安排和宪政设计还有一个显著的特色,就是将检察权的"定性"与

[①] 对于检察权能是否是"司法"的定性,学术界有不同意见,此当别论。

检察机关的"定位"做了被笔者称为"疏离"的规定。① 与宪法安排和宪政设计中关于人民法院既是国家权能中的"审判权",即"司法"权,又是国家机构中的"审判机关"相一致的确定形成显明的对照,《宪法》第一百二十九条明文规定:"中华人民共和国人民检察院是国家的法律监督机关。"法学术界包括检察理论界对此条款延及"法律监督"的概念和体制的解读,从笔者所持的宪法理论和宪政学说的立场上看,是与宪法安排和宪政设计的原意不切合的。②

但无论如何,从上述宪法安排和宪政设计中,我们可以读出如下的一些至关重要的信息:

第一,检察权能的司法定性是基于国家整体的权能作出的,司法权能与立法权能、行政权能是处在同一位阶的,包括检察权在内的司法权具有最高位阶的"国家性"。换句话说,检察权是国家的检察权,不是地方的检察权。中国是单一制国家,检察权统一由国家所专有而不是由地方分有或地方与国家并有,这应当是关于检察权的宪法安排和宪政设计的基本体认。这一体认意味着包括省级人大和省级人大常委会在对检察机关实行监督时,对事关检察权能的事项应当谨慎从事,尽量做到按宪法的定性和定位有所为、有所不为。目前一些省级人大所作出的相关《决议》、《决定》,在这方面不耐推敲。其中一些内容似乎有偏离上述宪法安排和宪政设计之嫌。

第二,包括省级人大常委会在内的地方国家权力机关与检察机关的相互关系,须以宪法和其他国家法律为依据进一步予以厘清。依据《宪法》第五节的规定,包括省级在内的地方人大和地方人大常委会在人民代表大会这个根本政治制度下,确实有明确的政治、法律关系的确定,正是对这一确定的体认,给省级人大常委会作出的上述《决议》、《决定》以合宪性根据。但对此仍有进一步分析和辨明的必要。还是让我们先看一看《宪法》是如何确立这种政治、法律关系的。《宪法》第一百零一条规定:"……县级以上的地方各级人民代表大会选举并且有权罢免本级人民法院院长和本级人民检察院检察长。选出或罢免人民检察院检察长,须报上级人民检察院检察长提请该级人民代表大会常务委员会批准。"第一百零四条规定:"县级以上的地方各级人民代表大会常务委员会……监督本级人民政府、人民法院和人民检察院的

---

① 详细的分析,请参见陈云生《检察权与法律监督机关"疏离"的宪法安排及其寓意解析》,载《法治研究》2010年第11期,第3—8页。
② 同上。

工作……"

关于第一百零四条的监督规定的意解，本文将在下面再作出分析。下面将针对"选举并且有权罢免本级人民检察院检察长"的规定作出分析。

在宪法理论和宪政学说上，宪法学术界在宪理上通常概括地将此种产生方式称为国家机关的"派生"，意指国家机关须以合宪性或"合法性"为依据。而由其他机关所建立，即使在实行三权分立体制的美国也是如此。如联邦法院法官的选任须由总统提名、参议院批准，法官职位一旦完成这个"派生"程序，便依宪法的规定独立行使审判权，从此与提名的总统和批准的参议院脱离了直接法律关系。在人民代表大会制度下，只有作为最高国家权力机关的人民代表大会才有权决定包括检察机关的建制、法律地位和职权，以及选举和罢免包括最高人民检察院检察长在内的中央国家机关的首长。但从宪法和宪理上说，最高人民检察院等中央国家机关一旦脱离产生它们的母体，便具有独立的权能"定性"和机关"定位"，从此便依照宪法和相关法律（以不违宪为前提）行使职权，它们与产生它们的母体之间的关系也要由宪法和相关法律的规范来调整。除此之外，在国家单一制的结构下，县级以上的地方各级人大只需依据宪法和相关法律的规定选举或罢免地方国家机关的首长。但对各级人民检察院检察长的选举或者罢免，还须报上级人民检察院检察长提请各该级人大常委会批准。从宪理和法理上说，县级以上各级地方人大和它们的常委会对其行政区划管辖下的司法机关的产生，即人民法院和人民检察院的产生，从发生学的意义上说，该是到此为止了。对各该地方人民检察院的建制、法律地位、工作机制、监督方法等事关基本组织和活动原则等方面，均须依照宪法和相关法律所作的规范执行。我们不能用人类的父母与子女之间的亲属关系的"常理"来看待地方人大与其产生的人民检察院之间的关系，在地球上所有的动物中，没有哪一种动物像我们人类那样哺育、呵护自己的子女长达十几、二十年之久。在中国传统文化的语境下，竟至许多上了年纪的老人还心甘情愿地做个模范的"孩奴"、"房奴"，又竟至有极少数的子女在老大不小之后还安之若素地做个"啃老族"。我们不能用这样的人情"常理"看待县级以上地方人大和各该人民检察院的相互关系。如果再用动物界的例子打个比方，倒是应当像刚刚孵化破壳而出的小海龟，全凭预设基因的指令和自己稚嫩的幼体奔向大海，从出生第一天起就开始自己漫漫的人生路。所不同的是，县级以上地方各级人民检察院自产生之日起，就应当依照宪法和相关法律的规范承担起被赋予的全部职责。宪法和相关法律已经给各级人民检察院规定了保障其忠实地实行职权所必需的组织和活动原则，在宪政和法治发达的状态下，检察机关大可不必奢望，也无须其他国家机关给以宪法和法律之外的关爱与指点。而各级其他地方国家机关也应当"欲有所为，当先知止"（亚里士多德语）。

（二）"监督"与"领导"之辩及其意义解析

现在重拾前面放下的话题，即县级以上各级人大常委会对各该级人民检察院有监督之职权。但如何理解、解释和实施这种"监督"却有很大的讨论空间。

首先需要讨论的是，讨论中的这种"监督"是广义的"监督"还是狭义的"监督"？是严格政治法律意义上的"监督"还是一般社会意义上的"监督？是积极的"监督"还是消极的"监督"？在一般法理和宪法学的研究中，对包括宪法监督在内的"监督"的理解上存在着上述三个方面的不同认识。就宪法监督而言，笔者个人的见解是主张在以上三个方面都应采取同时承认和尊重的态度，认为都是同等重要的。① 因为那是宪法，宪法性质的根本性和调整范围的宽阔性以及政治法律效力的综合性、至上性，决定了对宪法的监督应当而且必须采取上述的立场和途径。而眼下讨论中的法律监督或诉讼活动中的法律监督，在其性质已经表明是国家检察机关的法律监督或诉讼活动的法律监督，在一般法律监督缺失的情况下，按照《人民检察院组织法》等法律的规定，检察机关的法律监督主要浓缩成为诉讼活动的法律监督，所以就不存在广义的、一般社会意义理解的余地，相反，只能理解为是狭义上的和专门法律意义的监督。至于是否或应当是积极的监督，在学术上可能有不同的理解。纵观这些《决议》、《决定》的内容，正如有论者所指出的，基本上属于宏观层面的安排，如把强化法律监督、维护公平正义作为检察工作的根本任务；以人民群众反映强烈的影响司法公正的突出问题为重点，加强对诉讼活动的法律监督工作；创新监督工作机制，改进监督工作方法，增强监督实效，等等，这些内容主要是一些原则性规定，旨在为检察监督提出总体发展方向。② 这虽然只是针对北京市人大常委会作出的相关《决议》所进行的概括，但具有代表性，就目前20个左右省市、自治区人大常委会所作出的相关《决议》、《决定》来看，犹如从一个模子里印出来的一样，大同小异。

---

① 详见陈云生《民主宪政新潮——宪法监督的理论与实践》，人民出版社1988年版。
② 转述韩大元文《地方人大监督权与人民检察院法律监督权的合理界限》，载《国家检察官学院学报》2009年第3期，第30页。

从我们宪法和宪政专业的立场上看，省级人大常委会对检察工作的监督更重要的方面，还是应当放在消极性的监督上，即如果发现各该级人民检察院的法律监督特别是在诉讼活动中的法律监督存在非法的、不适当的行为或没有尽到责任的行为，等等，直接针对需要改进或必须加以纠正的问题进行监督。这种监督虽然在学理上被称为消极的监督，但其实具有积极的价值和意义。

还必须提及的是，在地方公、检、法三部门中，地方人大常委会从政治建制的立场上看，是唯一可以居上进行监督的机关，这给相关的《决议》、《决定》的作出提供了适格的地位。但对三机关之间相互关系的统一协调的权力和资质，仍然有研究的余地，至少不是《宪法》和法律规定的必须履行的职权。

现在再来说"领导"。现行《宪法》中关于"领导"的规定在国家行政机关特别是在国务院的职权中做了八项规定；在第一百零八条中也明确规定："县级以上的地方各级人民政府领导所属各工作部门和下级人民政府的工作……"这诸多的"领导"规定突出了关于行政事务性质的统一性和整体性的特点的宪法安排和宪政设计，其宗旨是强化行政指挥和管理的效率，体现了"行在于一"、"断贵于独"的行政本质要求。这里且不去说它，但行政上的"领导"体制却给我们对检察机关的"领导"体制的理解予以启迪，不由得不加以重视和分析。

检察机关的"领导"体制集中体现在现行《宪法》的第一百三十二条的规定："最高人民检察院是最高检察机关。最高人民检察院领导地方各级人民检察院和专门人民检察院的工作，上级人民检察院领导下级人民检察院的工作。"此外，这一领导体制还间接地体现在现行《宪法》第一百零一条的规定中："……选出或者罢免人民检察院检察长，须报上级人民检察院检察长提请该级人民代表大会常务委员会批准。"这一"领导"体制从发生学的意义上来说，最初是来自列宁的司法思想和苏俄、苏联的检察机关领导建制的实践借鉴。学术上通常称之为"垂直领导"，又由此垂直领导体制衍生出"检察一体"、"上命下从"之类的检察理论与实践。在中华人民共和国成立初期，并没有全盘照搬苏俄和苏联的纯正垂直领导体制，具体体现在1954年《宪法》第八十四条的规定中："最高人民检察院对全国人民代表大会负责并报告工作；在全国人民代表大会闭会期间，对全国人民代表大会常务委员会负责并报告工作。"仅此而已，并没有县级以上人民检察院向各该级人大负责并报告工作的规定，也不见任何县级以上人大常委会对各该级人民检察院工作监督的规定。笔者于2010年5月在广西恭城县人民检察院调研时，在其院精心布展的陈列室竟意外地发现一份由当时最高人民检察署（即最高人民检察院的前身）署长签署的对该县检察院一位副检察长的"任命状"。由于当时交通不便，这份"委任状"竟在路上传递了大半年之久才到达恭城县被委任的人员手中。由此可以佐证当时的中国检察院垂直领导体制"上下一体"的执行状况。反观现行宪法关于人民检察院领导体制规定，中间加上了县级以上人大和人大常委会对各该级人民检察院检察长的选举、罢免和监督的规定。学术界有学者认为这是由新中国成立初期的"垂直领导"体制转变为"双重领导"体制，即由最高人民检察院和相对上级人民检察院的单一领导改为由县级以上地方人大和它们的人大常委会的"共同领导"。笔者对此持保留态度，毕竟现行宪法分别使用两套词语概念表述这种体制的。尽管在学术上有广泛的关于"选举"或者"罢免"、"监督"的理解和解释的余地，但不论怎么宽泛，这类用词从语义学上看相对于"领导"而言，无疑是一种"弱语境"的表达方式。如果硬说这种规定就是"领导"也显得过于牵强。在检察理论的研究中，有一种主流的学术意见认为宪法上关于"检察权"和"法律监督"职权的分别规定无甚太多值得关注的意义，从而在学理上用一种"本质一致"、"同一"、"大小概念"之类的理由来模糊或弥合两者之间显见的"疏离"情状。[①] 但那只是一种学术意见，见仁见智都是可以讨论的。而现在各省级人大常委会相继通过的相关《决议》、《决定》表明，这已不仅仅是停留在学术层面上，而是渗透到国家的宪政和法治层面上来了。这些《决议》、《决定》给我们提出了一系列值得深思的相关问题。其中与此题直接相关的问题是：现行宪法关于"选举"和"罢免"以及"监督"的规定与"领导"的规定如何理解？它们真的就是一个"双重领导"体制吗？如果是，怎样才能作出有说服力的学理解释、让人们信服"选举"和"罢免"以及"监督"即为"领导"的一种别样的表述。如果不是，接下来合乎逻辑的问题应当是：省级人大常委会是否做了宪法规定由它们必须做的事？抑或是做了负有"领导"责任的机关依宪、依法应当做却没有做或尚未来得及做的事？也许，从这些相关的《决议》、《决定》中折射出来的合法（宪）性和正当性，值得法学术界和政治法律实务界深思。

唯一值得负有"领导"责任的机关思忖和踌躇的事，是如何协调检察机关与公安、法院的关系问题。其实，从宪法理论和宪政学说的立场上看，宪

[①] 详细的分析可参见陈云生《检察权与法律监督机关"疏离"的宪法安排及其寓意解析》，载《法治研究》2010年第11期，第3—8页。

法关于法律监督的规定的原意,是在中国建立两套宪法意义上的监督体制,一套是宪法监督,由全国人大和全国人大常委会行使,另一套是"法律监督",为人民检察院所专有和独享。"法律监督"是仅次于"宪法监督"位阶的监督。依据这样的宪法安排和宪政设计,法律监督的地位相对于审判机关和侦查机关的地位来说,本来就应当居于主导的地位,也就是说,这本来就是题中应有之义,只是现在还做不到而已。因此,从协调公、检、法三机关的关系方面来说,负有"领导"责任的检察机关也并非全无用武之地。

(三)关于《决议》、《决定》的文件形式与内容的合宪性、合理性的探讨

近两三年来,省级人大常委会纷纷出台有关加强人民检察院的诉讼监督或法律监督工作的《决议》、《决定》。此种《决议》、《决定》的出台,被认为是中国政治法律生活中一件有影响的大事,引起各方面的关注也很自然。有宪法学者曾就北京市人大常委会的《决议》进行全面的分析和讨论。① 笔者欲另辟蹊径,从另外两个方面再行探讨。

1. 关于《决议》、《决定》作为政治法律文件的性质与形式问题

在中国现行宪法上,已经为中国法律体系建构了一个阶梯式的结构体系。这个结构体系的最高层自然是宪法独占,接下来则是"基本法律"阶层,再接下来便是"法律",再接下来则分为两支,一支为国务院制定的行政法规及各部、各委员会制定的规章;另一支则为省级人大和它们的常委会制定的地方性法规。这样的法律阶梯式结构的构成,完全符合法学术界公认的"以宪法为山峰,以法律(法规)为峰谷"的国家法律结构体系。除此之外,在中国确实还存在着大量的其他具有法律性的文件形式,诸如条例、决议、决定、措施、办法、命令等,其中有的符合相关规范性文件的归类,有些则不能。但这类法律性的文件又是中国法律体系中不可或缺的重要组成部分,往往规范现实国家法律生活中最鲜活的内容。在学术研究上,笔者长期以来习惯上将这类文件称之为"具有法律规范性文件",一则是为了表示同上述法律体系中的由宪法使用的正式称谓相区别,二则也是为了突出其具有的法律规范性及其必要的法律效力。尽管中国目前确实还没有就这类文件形式作出规范性规定,在学术上也没有作出一致公认的分类系统或分类标准。但无论如何,将这类《决议》视同地方性法规还是有些牵强。

---

① 详见韩大元"地方人大监督权与人民检察院法律监督权的合理界限",载《国家检察官学院学报》2009年第3期,第30页。

依笔者个人之见，认为这类《决议》、《决定》还是称之为"法律规范性文件"为宜，又考虑到它们还不是一些纯粹的法律文件，既然是由政治机关作出的，因此再附上政治性，称之为"政治法律规范性文件"似更恰当些。不过，这只是一般性的学术探讨，与本题的讨论没有太大的意义关切。

2. 关于《决议》、《决定》的合宪性、合理性问题

真正与本题意义讨论关切的问题是：省级人大常委会在这类事项上使用《决议》、《决定》的文件形式，是否符合宪法的规范？不错，现行《宪法》在第九十九条明确规定："地方各级人民代表大会在本行政区域内，保证宪法、行政法规的遵守和执行，依据法律规定的权限，通过和发布决议"……"有权改变或者撤销本级人民代表大会常务委员会不适当的决定"。但没有其本身可以作出"决定"的规定。从中可见，地方各级人大使用《决议》的文件形式有宪法依据，这不是问题。问题是宪法上没有使用《决定》文件形式的依据。更须注意，这项规定只是针对"地方各级人民代表大会"作出的。在第一百零四条关于县级以上地方各级人大常委会职权的规定，见之于文字的只有"讨论、决定本行政区域内各方面工作的重大事项"等规定，并没有见诸作出《决议》的规定。不过，从第九十九条规定的普适性上看，以及从第一百零四条的"各方面工作的重大事项"的规定上看，如果作出延伸性的解释，是可以涵盖《决议》、《决定》中的相关内容的。换句话说，相关的《决议》、《决定》是经得住合宪性检验的，这不应当成为问题。

然而，对于宪治、法治健全的国家来说，现代的趋势除了应当满足合宪性、合法性的要求之外，还应当经得住合理性的检验。武断专横、恣意妄行、随心所欲、超越逻辑、违背事理等政治法律行为都为现代的宪治与法治所不容。对于当下省级人大所作出的相关《决议》、《决定》的合理性，尽管不存在上述的严重情形，但在仔细推敲之下，也不无值得商榷之处。

在前面的分析中，在论及检察院的"领导"体制时，就涉及了这类《决议》、《决定》该由谁做最适当的问题，这自然是合理性的一个重要方面。除此之外，在本标题的语境下，我们又想到由省级人大常委会作出什么内容的《决议》、《决定》最适当的问题。很显然，近一二年来省级人大常委会相继作出这类《决议》、《决定》，显然是事出有因。据北京市人大常委会内务司办公室的分析，《决议》出台的背景除了其他方面之外，其中就有"诉讼监督工作中还存在一些亟待解决的困难与问题"，此语可谓一箭中的。如果作为负有监督之责的省级人大和它们的常委会直接针对那些久已存在的困难与问题作出相关的《决议》、《决定》，显然具有更直接的针对性和现实需要性。但

综观现有的《决议》、《决定》，感觉其基本的格调还是原有体制的宣示、原有原则的重申，以及一些涉及激励性的或是劝勉性的内容，并没有见到其中涉及检察界所企盼的那些"亟待解决的困难与问题"。在表面上的轰轰烈烈之后，有利益关切的方面更希望看到实质性的内容，而不是那些空泛的体制上和原则上的重申与强调。

笔者在承担最高人民检察院理论研究 2009 年重大课题①之后，在孙谦副检察长的热情关照和最高人民检察院办公厅的大力支持下，于 2010 年 4—10 月曾先后到安徽、广西和河南的省区、市、县三级检察院进行调研，召开的座谈会总计有十几次之多。主要是在基层检察院进行。在座谈中，检察干警反映最强烈的一些问题有办案经费的缺乏，编制紧缺，在职级厘定、享受待遇等方面与同级别的公安、法院干警存在着明显的差异，职级与待遇不配套，等等。这些都在一定程度上影响了检察干警的积极性和检察队伍的稳定性，在客观上也形成了公、检、法三家中检察部门成为相对弱势的现状。对这些久已存在而又亟待解决的困难和问题，在省级人大常委会作出的《决议》、《决定》中几乎失语。而在我们看来，作为地方国家权力机关的省级人大常委会最适合在这些方面作出相应的《决议》或《决定》，哪怕这些《决议》、《决定》不太符合规范文件形式上的要求，也是可以得到宽容的。考虑到既然目前乃至不可预期的未来尚且不大可能对国家分级财政体制和分级人事管理制度作出重大的调整，那么地方政府对包括检察机关在内的财政给付和人事管理就在相当大的程度上掌握决定权和配置权，而地方政府作为地方国家权力机关的执行机关的法律地位，又决定了它们必须向产生它的地方权力机关负有执行之责。在这一系列的宪法和法律的逻辑关系的合力作用下，我们可以肯定，如果省级人大常委会能够在这些方面作出一些实质性的《决议》或《决定》，如根据本行政区域经济发展的状况适当提高财政给付的比例，以及适当增加基层人民检察院的一些编制，调整和提高检察干警特别是基层检察干警的某些待遇，如再可能，消弭与公安、法院干警在职级厘定和待遇上的一些差别，等等，如果那样的话，对包括诉讼监督在内的法律监督工作的加强是可以期许的，对于各级检察机关和检察干警不啻雪中送炭。

中国有句极富哲理的俗话："打铁还靠自身硬。"包括诉讼监督在内的法律监督要取得过硬的业绩，终将要由检察机关自己去践行。至于现时中国检察机关由于种种主客观原因不能或无力去取得宪法、法律和广大人民群众所

---

① 项目名称："具有中国特色的社会主义检察制度的完善"，项目号：GJ2009A01。

期待的优良业绩,以致寄希望于省级人大常委会施以援手的原因以改变现状的窘境,不是本文要探讨的主题。但上述俗语也有另一个方面值得关注,那就是忽视了客观条件的作用。就以"打铁"这个生产活动而言,盘一个好的炉灶,多添加一些优质的木炭或煤炭(不知道现在有没有用电炉打铁的,恐怕还没有),再配置一个好的铁砧、锤子、铁钳之类的工具,对于打出好的器具是完全必要的。如果把检察机关比作"打铁人",那么省级人大常委会当是"置办这些必要工具和满足这些必备条件的人",它们有能力为"打铁人"创造更好的实际条件去支持、帮助"打铁人"打出各种好的器具,问题是如上述的那种需要作出实质性的投入,而不是站在一旁高喊"加油"或做"技术"指导。现代的法治与日常事理相通之处由此可见一斑。然而,事理还有另外的一个方面,就是"做总比不做好,有人做总比没人做强"的事理,这又与现代法治的精神拉开了距离。现代宪政和法治是要国家机关、社会组织和个人等依宪、依法作出责任担当的。

关于省级人大常委会作出的《决议》、《决定》引出值得探讨的话题决不是上述三个方面。① 限于篇幅,这里就不再讨论下去了。

最后,重申几点突出的印象和感想,应该不是多余之举。

第一,从长期的历史趋势上看,省级人大常委会的相关《决议》或《决定》的纷纷出台,应该看作具有中国特色政权建设和检察制度的加强与完善的探索中的一个历程。凡是探索性的东西,都不应该寄以太高的效绩期望。

第二,诉讼监督只是全部"法律监督"之中的一个"网结",解开和强固这个"网结"可以作为加强法律监督工作的一个"切入点"或"突破口"。"法律监督之网"的强固必须对组成的其他"网结"进行整体的调整和加固。换句话说,全局的观点和全盘操作过程不可缺失。

第三,包括诉讼监督在内的一切政治法律行为都需要理性的考量引导和精深的理论研究做支撑的基础。兴之所至,动不动就搞出个大动静来,难以取得预期的成效。跟风随进,缺乏独立思考,致使千篇一律、千人一面的格局一现再现,同样不可取。

第四,宪法理论和宪政学说不受重视乃至被轻视、忽视的状况再也不能继续下去了。当前中国政权学说和检察理论亟须吸纳宪法和宪政的学养元素以丰富自己的理论体系。宪法学博大精深,它能为解析各种政治法律现象提

---

① 相关的探讨笔者已经完成了一系列专论的写作,有的已经发表,有的即将发表,还有的正排队等待发表。

供独特的，也是其他任何学科不能取代的视角和探索路径。本文只是对此所做的一个尝试而已，切盼法学界同人的批判和检验。

四 回归司法理性，稳妥推进改革

——地方检察调研报告

（一）引言

本人清醒地意识到，作为不是在检察业内从事实际检察工作的研习人员，缺乏对检察业内实际工作，尤其是地方基层检察院实际工作的经历，个人早在40年前曾经从事过短暂时期的非典型的检察工作（当时是公检法合署办公，由中国人民解放军实行军事管制）所取得的些微经验，早已不再适合当前的专业检察工作的实际状况。但同时也认为，本人的检察实践经历和经验的缺失完全可以从其他途径中得到适当程度的弥补，其中最重要的途径就是到实际中进行调查研究。调查研究的方法，实事求是的态度，不仅被奉为马克思列宁主义、毛泽东思想的思想原则和工作作风，就是在一般社会科学中也被确认为必要的科研方法和途径之一。在一些特殊的社会学科门类中，调查研究还是成就相关学科研究的"不二法门"，例如在人类学的研究领域，田野调查，特别是深入调查研究特定人类群体至少两年以上，被公认为人类学研究的必要途径和方法，否则，任何这类研究成果都难以得到学术界的认同，而把这类学者称为"摇椅上的学者"，而相关成果称为"书斋中的人类学"。本人从十多年前就致力于"宪法人类学"（已出版专著）和"法律人类学"的研究，深知从典型的"田野调查"到一般性调研方法的重要性，在承担最高人民检察院的重大课题后，就很重视运用调查研究的方法。由此可见，于我而言，重视运用调查研究不仅仅是对个人专业经历和经验缺失的一种有效的弥补途径，还具有获得一般社会科学研究方法论的补益的价值期待；此外，更重要的是，通过调查研究所获取的来自实际部门和业务中的鲜活的材料和信息，通过反思和梳理、整合、归纳，最终化成为本课题研究最终成果的有机组成部分。在此次由孙谦副检察长主编的"法学家论检察"系列丛书中，我个人的《论检察》中先期收入发表，当然也是一个可选择的发表机会。故精心撰写此项调研报告以备于此"丛书"中发表，一者冀望能增加本人《论检察》之著的一部分实质性内容；二者也意欲改变此类著述常常表现出的呆板的叙事和分析的品貌，增加一些此类著述常常缺乏的鲜活性和可读性。

（二）相关背景

2009年承担最高人民检察院检察理论研究所重大课题"中国特色社会主义检察制度的完善"之后，在最高人民检察院副检察长孙谦的热心关照和高检院办公厅李清亮秘书的大力支持下，曾以个人和课题组的身份进行过两次大规模的调研活动。

第一次调研2010年5月、6月、8月先后在安徽、广西、河南进行。

在安徽的调研始于2010年5月19日，是日在安徽省检察院八楼会议室召开座谈会，由省院专职检委员杨建民主持，参加座谈会的有省院反贪局、反渎局等单位负责人，以及合肥市检察院和蚌埠市检察院的负责人。

5月21日由省检察院研究室副主任王敬安陪同去九华山和黄山市参观，并在市院进行调研。

在广西的调研是从2010年6月2日开始的。是日上午在桂北罗城仫佬族自治县检察院五楼会议室召开座谈会，座谈会由检察长谭泽江主持，全体干警参加。

6月2日下午在桂北宜州市检察院召开座谈会，由一副检察长主持，各科室负责人参加。

6月5日在桂林市检察院会议室召开座谈会，由市检察院检察长主持，各处室负责人参加。

6月5日下午在恭城瑶族自治县检察院展览室参观，收集了有关检察史和现实的一些珍贵资料。

6月7日在广西壮族自治区检察院会议室召开座谈会，由曾学愚副检察长主持，各处室和南宁市检察院负责人参加。

6月8日下午在百色市检察中院会议室召开座谈会，由副检察长李荣虎主持，各处室负责人参加。

6月9日在德保县检察院和靖西县检察院进行调研，寻访20世纪六七十年代的老检察院旧址，同时向年青干警讲述40多年前检察院的组织和业务开展状况和经历。

在河南省的调研于2010年8月29日进行，是日下午三点在省检察院三楼会议室召开座谈会。由省院专职检委余秀华主持，各处室负责人参加。

8月30日去平顶山市检察院参观和调研。

9月1日在洛阳市检察院召开座谈会，由种松志检察长主持，各处室负责人及新安县、孟津县和涧西县检察院检察长参加。

9月3日在焦作市检察院召开座谈会，由胡保钢检察长主持，各处室负责人参加。

9月3日下午去嵩县检察院参观和调研。

9月4日去安阳县检察院和林县检察院调研，去红旗渠参观并接受革命传统教育。

第二次调研2012年5月14日在河南，先后在洛阳市检察院和嵩县检察院，南阳地区的西峡县检察院、镇平县检察院、桐柏县检察院以及信阳市检察院参观和调研。

（三）调研主题

1. 现行地方检察院检察业务的实际运行状况。
2. 检察改革怎样深入发展。
3. 检察体制如何完善。

（四）调查方法

1. 基层走访；
2. 个别访谈；
3. 进餐中询问；
4. 参观检察史和业绩展览室；
5. 索取内部刊物、相关出版物、画册、图片、各种公开资料等；
6. 出发前拟出明确的调研提纲并提前发往调研单位，到目的地后召开各种规格和形式的座谈会，座谈中既有本人启发式引导，又适时地在重要节点做一些个人评论，以期进一步引发联想和讨论；
7. 在作学术报告中留出足够多的时间与检察干警直接互动和交流；
8. 通过帮助和协助基层检察院申报高检院项目进一步了解和收集更多的相关信息；
9. 在调研中对感兴趣的资讯或材料一时不能从基层检察院取得的，交代相关接待人员日后收齐用邮寄方式送达。

（五）调研提纲

1. 第一次在安徽省、广西壮族自治区、河南省人民检察院的调研提纲如下：

（1）对高检院自我启动的改革举措有何评价，你认为哪些应当坚持哪些应予调整或取消？

（2）贵院在自我改革或贯彻高检院改革方面有哪些举措和经验？

（3）你心目中理想的检察院建制和职能是什么？

2. 第二次调研提纲：

地方检察官群众性自治组织的规范管理与活动机制创新。

（六）调研信息总汇

1. 对检察改革的评价和期望

正如第一次调研提纲所示，我们始终将调研重点放在 30 多年来特别是最近一些年来大力启动和推行的检察改革上面。本人确信，检察改革不仅构成中国改革开放总的战略方针和实际进程中的一个重要组成部分，而且还特别关系到中国司法改革的总体进程和方向。如何认识和对待检察改革，应当成为当前检察理论和实践研究重点关注的领域；检察改革进行得顺利，不仅有利于检察制度本身的健全和完善，而且还能协同国家推进整体的司法改革朝着良性的方向发展，从而有力地推进依法治国、建设社会主义法治国家的战略方针的实现。又鉴于本人承担的最高人民检察院的重大课题的研究宗旨和重点内容之一也都放在检察改革的方面，认为只有通过科学和理性把握的，经过深入研究后启动和推行的检察改革，才能克服现实体制内以及运行机制中的一些弊端或窒碍，使检察院朝着体制健全、运行顺畅的良性方向发展。而如果对检察改革失去符合司法规律的理性把握，甚至已经在某种程度上失去对正确方向的清醒认识和把握，就会造成与改革期望的目标渐行渐远，甚至相悖的状况。而作为法学理论研究者，特别是从本人的宪法理论和宪政学说的专业视角上观察，似乎觉得当前检察改革确实存在一些值得反思和须待深入研究的问题。不过，有关的反思分析和意见将在本调研报告的后面以专题的形式详加分析。此处还是先将通过调研和座谈从地方检察院特别是基层检察院收集来的大量信息先行梳理和汇总如下：

首先应当肯定，从我们的调研中得到了一个对检察改革持普遍性肯定和积极评价的意见。在各地检察院包括基层检察院的座谈中，许多检察干警对改革开放以来特别是自 2009 年年初各地检察改革规划实施以来所取得的改革成果予以充分肯定，不仅大大小小几十个改革项目取得了明显的效果，而且还进一步提高了改革的积极性，重视程度空前，甚至每月都有新的改革举措出台，检察改革因而呈现出大好的局面。

除了上述的积极评价态度外，有的地方检察干警，如广西桂林市中级检察院研究室诸葛旸主任，对最高人民检察院自 2005 年至 2009 年检察改革规划实施以来由最高人民检察院启动和推行的改革进行了系统、全面的梳理和介绍。其中包括：最高人民检察院对行政执法犯罪，除加强内部监督之外，还加强了外部的监督；为了防止检察院在对职务犯罪人的批捕环节上出现违规、违法操作，最高人民检察院决定省级以下检察院的批捕权上提一级，即由提请逮捕的检察院报请其上级检察院批准逮捕或决定不逮捕；最高人民检察院还在全国检察系统内全面推行同步录音、录像，以监视相关的收押、侦讯等司法环节，从而有效地防止了刑讯逼供等违法行为的发生；在刑罚执行环节，特别是对减刑、保释等司法环节加强了检察监督；还积极以制度的建立推进人民代表、人民监督员对检察的外部监督；在公诉环节特别是主诉检察官制度的建立方面也采取了一些积极的改革措施，等等。

但我们此项调研的宗旨是要发现检察改革存在的一些问题，并针对这些问题进行相应的理论分析，提出改进或完善的建议。为此，作为调研人员，我们有意向地引导被调查人员特别是引导座谈人员更多地谈及检察改革中存在的问题和不足。正如个人所期待的那样，在这次大规模的调研中，确实听到了对改革发出的各种不同的声音。主要有以下几个方面：

（1）目前检察院系统内普遍认为对法律监督的机关定位和权能确定缺乏明确的法律确认，除宪法和检察院组织法作出总的定性、定位规定以外，其他现行法律鲜有规定，目前主要是通过各种改革措施特别是高检院推出的改革措施来加以调整。对此地方检察院及其干警在理解和把握上有一定困难，有不同意见也缺乏顺畅的渠道向上反映，只能勉强执行。例如，高检院出台规定，检察院的业绩要以法院再审改判率作为量化评价标准，这样做的结果使本来应当将抗诉客观化的标准发生了变异。按理，客观化的标准应当是该抗的一定要抗，不论有多少该抗的案件都要抗；同时，客观化的标准也要求不该抗的就不要抗，一件没有就一件不抗。抗多了不一定就表示业绩好；相反，一件没抗也不表明业绩就差。目前这种做法实际上使本来应当主动实施的对审判的监督变成了被动行为，使法律监督在宪政体制中本来占据的高位司法行为矮化成为看法院眼色行事的依附行为。像这类改革就不利于充分发挥法律监督的价值与功能。

（2）关于地方检察院的领导体制和检察官独立办案的相互关系问题，也是此次调研反映出来的一个突出问题。首先，从地方检察院的外部领导体制来说，来自上级检察院的领导，因为是由宪法和检察院组织法规定的，必须执行；来自地方同级人大的"监督"，在人大和检察院内通常也理解成为"领导"，为此人大常委会经常抽调检察院干警去人大机关值班或从事中心工作，有的地方检察院干警反映，他们一年中至少要有两个月被抽调去从事与检察业务无关的行政性事务工作，这种情况有时也会以同级党委的名义出现，党委把公检法看做自己领导下的业务部门，认为可以随意支配公检法机关及其干警从事党委领导和主导的"中心"工作，如"招商引资"、"维稳"、"抢险救灾"等。还有的反映纪委抽人太多，一年两年地抽，人大也抽人去"值班"。除此之外，同级党委及其职能部门的政法委员还经常会以党的领导集体或主要领导人个人的名义干涉检察院的办案，有的案件的立案及侦察程序特别是职务犯罪的案件要先向党委汇报，只有得到批准后才能进行，而这样做的结果就使检察院及检察官的办案只能被动进行，办案质量无法保障。有好几个地方检察院反映，在全国近几年暴露和公开报道出来的几个重大杀错人的案件，就是因为不顾检察院的正确意见而强行要求办案而造成的。但这种领导体制和领导关系至今没有得到有力的调整，宪法和检察院组织法等规定的检察院办案的独立性得不到保障。

其次，从检察系统内部的领导关系上看，地方检察干警反映最大的问题是办案的主动权并没有朝着有利于强化主诉检察官的地位、职权和责任的方向发展。在全世界范围内，公认的司法规律就是主诉检察官的独立地位和自主办案、自我负责的机制的强化和得到司法乃至宪政制度上的确实保障。凡已经接受侦讯的案件必分派一名主侦检察官负责，有关是否提出公诉等大事，也由主侦或主诉检察官小团体内投票决定。此范围以外的任何机关、组织、个人都无权干涉，也不能过问，否则就是干预司法的违法犯罪行为。而在中国检察制度中，由于行政化的色彩越来越重，检察官基于体制上的限制和个人自保心理，凡事必先向本检察院内的领导请示，没有检察院内领导拍板决定，主办检察官便不会采取任何主动的办案行动。更有检察委员会原本是依照国家执政党和国家政权组织和活动原则，即民主集中制的原则而设，目的是取集体智慧以保障办案质量，最大限度地减少差错，但由于对于这一制度的研究及其运行机制的调节向来没有得到应有的重视，以至实行到现在，它事实上已然朝着违背司法规律的方向越走越远。凡一切重大案件的起诉或不起诉都要由检察委员会决定。而检委会委员的决定并不是建立在对案件亲办或详尽审查一切侦讯材料的基础上，现在的实际做法往往只是听取实际负责办案的检察官的口头"汇报"之后便匆忙作出决定。而这个决定有时又与主办检察官的意见相左，即使是这样，主办检察官也只能服从，没有任何有效途径改变检察委员会作出的有时明显错误的决定,于是发生冤假错案就不可避免了。又如果发生了冤假错案,往往又由主办检察官承担责任及其后果,因为人们在观念上早已认为检委会的"集体智慧和能力"永远高于主办检察官的"个人智慧和能力"。在现实的检委会的实际运作中,由于检察院检察长必然是检委会的成员和召集人,所以事实上检委会的"集体决定"往往又以检察长的意愿为依归,事实上还是检察长说了算。其结果是,检委会的高位"集体决定"效应与检察长个人领导权威的"行政化服从"效应叠加在一起,更加强化了对检察职业的司法规律的违背,使本来应当充分发挥检察官独立自主办案的责任与能力都进一步受到消融,以至于现在的检察官除少数外,大多数都表现出责任心不强,凡事都要向领导汇报,等领导发出具体指示后,甚至不问是否对错就去执行。至于出了差错之后,特别是重大的冤假错案在新闻媒介曝光之后,总要有人出来承担责任,而主办检察官此时往往被推出来成为"替罪的羔羊"。

在此次大规模的调研和座谈中,这个问题是地方特别是基层检察院干警反映最多也是最突出的一个问题。

(3) 在调研和座谈中,地方检察院特别是基层检察院反映较强烈也较多的另一个问题,是检察系统内机构设立的无序乃至失控现象。在召开的十几次地方检察院的座谈会中,没有哪一个检察院不谈这个问题的。他们反映,由于《检察院组织法》是在1979年制定的,至今尚未进行过修改,而随着改革开放的深入进行,检察院的建制无论人员还是机构现在早已不能与三十多年前同日而语了,在检察院内适当地进行机构调整或为适应新的检察业务工作的开展而增设一些新机构,也都是应当的、必须的。本来,按照检察一体化的检察专业的客观要求,检察院应当也必须从内部机构设置上保持相对的统一,那样会使检察业务工作的开展更便于最高人民检察院和地方上省一级检察院的统一领导和业务工作的部署和统一,同时也便于各个检察院系统内检察业务流转、交接和协助。然而,现实的做法不仅没有达到上述对于检察领导、业务工作有效、便利开展的目的,相反却人为地造成了一些不顺畅乃至窒碍的情景。也许最高人民检察院认为自身的机构设置和调整因业务范围等方面的差异,并不适合在全国各级检察院统一实行,也许还认为各地各级检察院由于各方面的地方差异能选择最有利于地方特点的机构建置,故此将这项重要的机构改革权力下放给各地方检察院,于是各地方检察院便充分利用这项权力纷纷出台自己的机构改革方案并着手实际建制。结果正如一些地方检察院干警在座谈中所强烈反映的那样,检察院内部机构设置越来越乱,机构设置五花八门，名称也各异。不仅各省（自治区、直辖市）、市、县的检察院内部机构设置不一样，就是在同一省级内的设置也不统一，机构名称、级别、数量都不一样。

有的地方检察院的检察干警还谈及机构设置越来越乱的深层次原因，就是长期以来检察体制没能实现一体化、专业系列化的统一管理。地方检察院的编制是地方自定的，干部由地方安排，所以只能走行政系列，且通过横向比较，地方在确定机构设置和编制数量时，即使面对检察院的特殊情况和需要，也不太愿意甚至不能给予过多的"照顾"，而地方各级检察院受原来编制及检察官待遇的限制，除了通过要求地方人大和政府设立新的机构、增加在编人员外，也别无他法可行。这就是各地检察院不断地要求新设机构，或者拆分原有机构，甚至新设没有机构依附的专职检察员、调研员等的内在驱动力，机构设置越改越乱也就不可避免了。除此之外，解决检察官及其他干警的待遇问题也是形成机构设置五花八门、官多兵少的内在动因之一。在国家财政分级管理体制下，只要国家一天不设立专项的司法资金，就只能依靠地方财政拨款解决检察院必要的经费开支及改善检察官和其他干警的工资、福利等所需资金。但这唯一的途径绝不可能如检察院期望的那样顺畅，其结果就形成了能办案的检察官流失现象严重、办案人手严重不足的现象，在有限的编制范围内，还出现了官多兵少的现象，极端的例子是出现一个科有7位科长、副科长，只有一位科员的现象。一个科只有一人甚至两个科室只能配备一名干警的现象也并不鲜见。

在座谈中，几乎所有的发言人都谈到检察机制内部机构设置的合理性问题，特别是将反贪、反渎和预防三个本为一体的检察职能人为地加以分开，许多人对此感到不可理解。那些从事这项业务的检察干警至今对如何将这三项业务分解清楚并协调处置三个专业及三个职能部门的相互关系颇感困惑。

在调研中，我们还被告知，现地方检察院特别是基层检察院，一方面干警流失现象严重，另一方面招人又较困难，有的基层检察院招人要求具有学士学位，而法院、公安招人就没有这道门槛。门槛一高，招人难度就加大，一些基层检察院长期处于不满员状态。如广西百色市西林检察院编制是33人，目前在岗的只有20多人，平均一个部门不到两人，有的科只有一人。若再要分拆科室，就只能两个科一个人了。现在许多的基层检察院正在推行在乡镇设检察室这项改革，那样会使本来就人手不够的基层检察院在干警的安排上更加捉襟见肘。为了承担检察院日益繁重的检察业务工作量，现在许多地方检察院特别是基层检察院只能招用一些正式编制之外的人员从事一些业务性工作，以减缓承担的业务压力。

此外，按惯例，上级检察院为了加强自己的人才储备和提高业绩，不断地从下级检察院抽调业务骨干到上级检察院任职。这种做法对下级特别是基层检察院来说似乎也显得不那么厚道。笔者早年曾在广西西部少数民族地区工作过，那时我们这类干部被戏称为"口袋干部"，即只要分派到边疆的少数民族地区工作，就如同装进"口袋"中一样，再也不用想或很难调出来，包括上级机关。笔者就曾经历过这种"待遇"，由于意外地被地区公检法军管会的负责人看上，就欲调笔者出所辖县公检法军管会到地区工作，并通过地区组织部门下了调令，但旋即就遭到县委领导班子的拒绝，理由是我们是少数民族地区贫困县，比上级地区更需要像笔者这样的干部。面对这项不成文但足够硬的"理由"，地区组织部门只得不情愿地收回已发出的调令。现在，在检察院系统内，面对强势的上级，下级只能服从。但反过来，上级在检察干警力量的调配方面是否也应当体恤或照顾一下基层检察院呢？这是一个值得探讨的现实问题。当然，下级特别是基层检察院的主要负责人特别是检察长，通常都是由上级检察院调配或轮换的，这已成为一项重要的任免和轮换惯例，从一定的意义上来说，也是对下级特别是基层检察院的"厚待"。此当别论，不属我们调研范围。

2. 对检察干警待遇的意见反映

这次调研给我们的另一个突出印象是反映地方检察院特别是基层检察院干警的待遇包括工资、福利、职务津贴以及职级厘定等方面存在的问题。主要集中在以下几个方面：

（1）目前地方检察院检察官的等级没有与实际挂钩，除反贪、反渎统一外，其余都不统一；各省、自治区、直辖市也不统一，至于地方检察院特别是基层检察院差别就更大了。《检察官法》将检察官的职级分三等十二级，但并没有落实，目前工资待遇、职级与待遇不挂钩，有其名无其实。

（2）检察官的任命资格要求比法官高一级，但待遇都比同级法官低。现在县级检察院检察长一般只能享受行政副处级待遇，副检察长只能享受科级待遇。况且这些都不是由国家人事领导部门以正式文件定下的，而公安和法院都是由中组部正式下文确定的。

（3）有的基层检察院在工资以外的其他待遇方面，与公安、法院存在明显差别。例如公安可以发办案津贴，有办案提成，而检察官不享受这种待遇；又警察可以买人身保险，检察官也没有享受这项待遇。警官在退休后仍享受职务津贴，检察官一退休就不再享受。与法院相比，法官节假日工作能享受节假日补贴，检察官一年到头不休假，也只能发奖，不能享受节假日补贴。

（4）检察官职级厘定体现不出来激励机制，例如三级与四级在职级待遇的工资差别只有十元人民币，简直微不足道。

（5）监狱检察官级别定在科级，而监狱的行政级别是副处级甚至是正处级，级别的不对等以及检察干警与监狱公安干警的个人级别差异，在一定程度上也影响到了对监狱执法的检察监督。

针对以上检察院干警在待遇上与公安、法院的差别，有的基层检察院检察干警自编并流行一些带有自嘲口吻的口头禅，试举几例："大公安，小法院，不三不四检察院"；"公安是做饭的，检察院是端饭的，法院是吃饭的"；"公安是杀猪的，检察院是刮毛的，法院是卖肉的"，等等。

3. 对最高人民检察院和检察理论研究专家的期待意见

在调研中，我们还从一些地方检察干警特别是基层检察干警那里得到了一些对最高人民检察院和检察理论研究专家的期待意见。对最高人民检察院来说，希望在出台一些重大的改革举措前多派员或组织专家深入地方，特别是希望多深入边远地区的基层检察院进行调研，然后根据调研所得到的实际材料深入进行论证。那样做之后出台的改革举措会更符合地方特别是基层检察院的实际情况，实施起来也会顺畅而无明显的窒碍情况出现。例如，我们在广西桂西和桂北一些边远地区的基层检察院座谈中，一些检察干警对职务犯罪嫌疑人的逮捕决定上提一级的做法予以充分肯定，认为对保证办案质量有一定作用的同时，又对只给七天时间就要完成审查和批准逮捕或不予逮捕的法定程序的规定表示不解，认为时间太短。他们反映，对于同一个案件，同级要审查一次，然后再报上级审查一次，而且材料往返都要人接人递，路近还可以，路远又交通不便的地方光花在路上的时间恐怕都要用上三至四天，甚至更长，三天时间就很难完成这一批捕程序。为了抢在七天内完成程序，根本没时间进行实质性审查，只是简单地审查一下是否符合法定程序就不错了。他们反映，总的拘留时间即使不上报也很紧，一上报就更紧了。如此一来，办案质量就很难保证了。

另外，有的地方检察院干警还反映，最高人民检察院与银行、保险、工商等部门的协调不够，这些与检察院办理经济案件特别是职务犯罪案件经常有协助关系的部门没有官方建制的代码可用，信息情报系统覆盖面不宽，不能形成信息共享，有需要这些部门协助侦办的案件，只有靠个人或领导出面去疏通关系才能做到，既不规范，又不方便。希望高检院能够重视并解决这一长久存在的问题。

对检察理论专家，各地检察院也提出希望，认为检察理论专家们不能只关注宏观方面的问题，也应当关注一下微观方面的问题。专家们要多到下边走一走，多调查研究地方特别是基层检察院的实际情况，使研究成果更符合检察工作的实际。

4. 地方检察院有些好做法有待总结

这次调研中，我们还发现了一些地方检察院在某些方面有突出的业绩和表现。如河南洛阳市的涧西区检察院在创建未成年人犯罪案件审理机制方面做了大量的工作，有特色，有创新。还有一些地方检察院，例如河南嵩县检察院，结合本地历史文化积淀的优势，将传统思想与观念注入现在的司法思想与观念之中，开创了一个传统与现代结合的全新思想文化建设模式。也有一些地方检察院，像广西恭城瑶族自治县检察院，在重视软实力、创造独特品位的展览室方面给外来的参观者留下了深刻的印象……这些都值得很好地总结和推广。但这类成果宜做专题深入调研并写出专题调研报告，这里只是提及一下而已，留待以后有机会再作此类调研报告。

(七) 调研分析

通过调研特别是多地点、多批次的座谈，我们了解和获得了来自地方检察院特别是基层检察院大量实际、鲜活、生动的信息。出于职业的惯性，作为调研者的本人也在不断地进行思考，试图从理论高度对所获的大量信息进行分析、梳理，看看能否从中总结出一些有价值的理论意见，这不仅对个人长期以来从事检察学研究是一个内容充实、理论提高的过程和成果，更期望能以某种形式，例如公开发表等，将此信息及本人的学理意见传达到检察业务的实践层面上去。不过，笔者个人不能确实把握的是，此类信息是否早已为检察实务界所了如指掌，到头来笔者自以为是向业内传达的只是一些大家都已熟知的信息，对检察实务界来说并无什么新意可取。但转念一想，即使真的那样，我也不认为这样做就是毫无价值的行为，因为那种情景至少可以证明笔者从调研和座谈中所得到的信息还是基本符合检察实务界的实际，也就是说还是可信的。此外，关于笔者个人的基于此等信息所做的学理分析，因为是建立在调查事实的基础之上的，至少可以证明本人的学理分析不是只坐在书斋里冥思苦想出来的，正像笔者个人和其他许多理论研究者通常所做的那样。当然，在学理上都是一个学者们见仁见智的广阔空间，本人的学理分析不一定或肯定地说不会到处受到欢迎，但在多元的学理林立的大格局下，总是会为检察学理这棵大树增添一些枝叶。倘若如此，我们从调研到这个调研分析的写作，总算没有只做无用之功。闲言少叙，试分析如下。

1. 改革热情需加以适当理性引导

处在现阶段改革开放一浪高过一浪的大潮中，势所使然，全国各行各业都表现出极高的改革热情，检察系统自然也不例外。在我们的调查和座谈中，有的地方检察院就反映这种热情之高竟致月月都有改革措施出台的盛况。这固然可嘉许，但也必须清醒地认识到，改革并不是目的，它只是一个手段而已，即是说：要通过改革来达到健全检察制度和机制，提高检察业务质量，以使国家的检察司法真正保障国家的各项社会主义建设和发展事业顺利进行。为此，我们在坚持改革热情高涨的同时，也要保持一份冷静的心境，而不致使检察改革如脱缰的野马，只知道向前狂奔而不知所终。目前检察系统的改革总的发展态势是好的，是积极向上并健康发展的，但隐隐地给人以有些急躁冒进之感，不仅表现在如月月有新的改革举措出现的改革发生的频率之上，而且还表现有些改革举措尚待时日检验，还在存在种种非议和不同意见的情况下，就大面积地推广甚至在全国范围内推行。这种多少有些贸然进行的改革实在应当引起高度的重视。须知，改革总是以制度形式体现出来的，一旦成型后发现不妥而再重新转制，不仅可能造成不必要的制度成本损失，留下诸多后遗症需要清除，而且更可能失去真正需要改革某些弊端的先机，在总体上给改革造成不必要的损失。

历史上的许多重大改革，没有一次不是因为急躁冒进而缺乏必要的冷静对待而导致失败的，苏联戈尔巴乔夫的改革就是最近的一例。当然，我们国家由于国家全局性的改革采取了稳步推进的方针和步骤，堪称积极推进改革开放的同时，也保持相对冷静观察，一旦发现出了偏差就迅即加以调整的楷模。处在这样的大改革环境下，我们应当看到，检察改革只不过是国家总体改革的一个重要组成部分，即使有些急躁冒进，也不至于过于出格。但我们也应当清醒地认识到，检察改革中存在的上述问题完全可能给检察这一国家重要司法职能造成一些不必要的损失或伤害。因此，冷静地对待检察改革热情，永远不会失去其保持平稳发展的价值。

如何坚持检察改革热情的同时给以冷静的理性引导，是当前检察改革亟待重视和解决的一个突出的现实问题。

2. 改革应遵循司法品性

举世公认，作为社会和国家法律现象中的司法具有与其他社会和国家现象如政治、经济、文化等不同的品性，也有人称此为司法规律。笔者本人并不赞同用规律来表达司法专业运作的机制，因为规律乃是一个确定的运作模式，可重复经验而不变其基本的结构或运作方式。当然，如果非要把有关司法结构和运作的某些特殊的品性及运作方式称为"规律"，也无不可。但笔者更喜欢用品性、性状或特点、特殊性来表示其与其他社会或国家事务之间的不同。尚未见法学术界为此专门研究的学者或成果。根据以往大量的著述和现实乃至历史经验，笔者个人认为作为检察专业的司法品性，至少有以下几个方面：

其一应当是其独立性。古代的司法并不具有这一性状，故弊病丛生，腐败难遏，正因为如此，才以现代司法的独立性作为社会转型和国家新创的显著标志。司法独立性在原意上首先是指其机构的独立性，而其实质体现在司法官员的独立性，从其立制、建构、遴选、经费、任职、待遇、退休等一系列环节都与不同于政治、行政等机关及其人员的以上各个环节不同的方式显现，最终达成独立性的品性或特点。其次是其司法业务的运行机制，无论是审判机制还是检察机制，也都以不允许外来干涉而形成自主决定的独立性。中国由于多种原因特别是由政治体制所决定，现在宪法和检察院组织法都只规定第二位的独立性，即独立审判或独立检察。既然这是检察业务的司法特性，又是宪法的明确规定，无疑应当成为检察改革的方向性规范，即一切有关检察的改革都不能背离这个特性。现时检察体制由于逐渐积淀而成且越来越严重的行政化倾向，显然与检察权独立行使的特性和宪法安排是相悖的。这也应当成为当前及今后检察改革应特别关注和改进的一个方面。

其二应当是检察一体化。检察一体化是检察业务司法性的另一个重要品性。无论是西方还是东方，特别是列宁所倡导和建构的检察制度，目的都是保证国家的法制得到毫无差别的统一实施，举国上下在遵守和执行法制方面必须实行统一标准。而要达到这一客观的统一标准，首先就要求检察体制的统一，检察业务的开展不能多头并进，检察决断不能议出多门。为此，检察体制上下级之间、检察体制各个分支机构之间、检察的领导体制的安排上首先要做到统一，这是组织机构上的统一。再一个统一是检察司法业务的程序、检察业务指挥与号令的统一，检察决断的统一，不能各行其道、号令群发与决断不一。这是检察业务司法性状的一个必要特征，这一特征为检察司法所专有，甚至连审判司法都不享有。在审判司法中，一个案件可经多次审判，每次裁决都允许不同，只以最终裁决为定夺，而检察司法就不行，只能以一个声音说话，一断定夺。如果现实还做不到这一点，或者有些改革措施出台反而阻滞了统一指挥，导致号令的多出或决断的反复，那一定是对检察业务这一司法特征在认识和把握上出现了偏差。我们在上面调研和座谈中得到的信息就存在这种状况。

其三应当是检察的权威性。包括审判在内的司法都应当具有权威性，检察作为国家司法之一翼自然也不例外。不过需要强调的是，检察的权威性较之法院、公安更应突出，或者说应当具有更大的权威性。这不是由人主观设定的，也不是仅凭人的价值意识而作出的有利于检察的判断。其所以具有或者说应当具有更大的权威性，是由其特殊的司法价值与功能决定的。固然，表面看来，检察居于法院和公安的中间位置，其职业也只是在刑侦与审判环节之间架起沟通的桥梁，如果不细察，似乎给人以论侦察不如刑侦机关强势，论决断不如法院可成终局之权威，但实际上，如按典型的、高标准的业务运作，检察业务绝不止于穿连沟通那么单纯和简单。对于刑侦，检察机关和检察官的引领方向、保障合法性应当先于和重于公安机关的刑侦活动；而对于法院，其公诉、求刑，监督审判过程与判决结果，直到监督判决的执行及后续的刑罚执行，检察官的安排、参与不仅不能缺位，而且还关系到办案质量的根本保障。由此看来。检察的高权威性是不容置疑的，现实之所以出现检察较之公安、法院"矮化"的现象是不正常的，主要是由诸多的体制外因素造成的，同时，也与检察系统从上到下的"谦逊"与谨慎、畏难心理相关联。要在一夜之间改变这种状况不大可能，但从一点一滴做起，以各方面都可以理解和接受的方式逐步推行，总会慢慢地加以改观。重要的是，自己不要陷入迷失检察权威性的误区。为此，重新审视相关的改革措施，如以法院的重审率为标准来评价检察业绩的优劣等，就成为必要。

检察职业的司法品性当然不止这些，这里仅举其要者而已。不待说，调研和座谈所反映出来的诸多问题中，有些是与对这一检察权威性认识不够相关联的。此情此节，无疑应当引起重视并深入进行研究。

3. 检察改革应当有理论支撑和先导

任何改革都是一项极其复杂的社会工程，检察改革自然也不例外。虽为检察改革，但也有牵一发而动全身之功。为此，应当充分地认识检察改革的复杂性和联动性，要想使检察改革进行得顺畅，并取得预期的效果，特别是为了避免失去正确的方向性而不致陷入误区，先期进行深入研究，为全局性的改革甚或某项局部改革进行深入的理论研究，就成为检察改革必须要下的工夫。依照这种先期性、引导性和支撑性的标准来审视已经进行过或正在进行的再或是即将展开的改革，并不总是尽如人意。相反，给人以理论脱离实际、检察理论的研究总在实际改革进程之后、检察理论对检察改革举措支持不力等印象。就以"人民监督员"制度的设立及其在全国范围内推广为例。

其实在"人民监督员"制度的背后，深嵌着有关检察的职业性与人民性的偏好与结合方式等这样深层次的理论问题，也关乎检察院是否需要适用直接民主和怎样实现其民主性的问题，还涉及检察体制内的这种改革的合法性等一系列问题。检察体制之所以实行这一项改革，显然不是基于深入的理论研究之后作出的改革选择，或可能是基于某种似是而非的狐疑或诘难而作出的"应付"之举，虽假以改革之名，但终因其缺乏强有力的理论支撑和先导而后发无力，或流于形式而无多大的"直接民主监督"效应，又由于其合法性难以最终确定而使该制缺乏在国家层面上的正式建制之支持，至少在目前是这样。

我们检察体制近三十多年来已然培养出一支强大的理论队伍，学者型检察官也一批又一批地涌现，及至检察学早已在创造之中，大量高品质的检察理论著述更是如潮涌来。但细观之下，给人的总体印象仍然停留在高端、宏观的理论研究上，对检察实际特别是检察改革实际关注得不够，并且总是稍嫌滞后于检察业务的开展和检察改革的启动与推行。在调研和座谈中，地方检察院干警们期待检察理论专家多关注一下微观层面的研究，而不仅仅停留在宏观层面上。这就从一个侧面暗示了检察理论与实际不相契合，理论滞后改革的现实状况。值得检察理论队伍及法学界其他领域致力于检察理论与实践研究的学者，包括笔者本人的深省和反思。

4. 检察改革应统一规划、协力共同实行

除了任何改革都应当统一规划，有步骤有序地组织和推行的基本的或普遍的要求之外，检察系统的一体化内在品性更要求如上的统一进行。如前所述，检察的司法品性及职能不同于其他行政机关的品性及职能，甚至也不同于法院的审判品性及职能，保证法制在全国得到普遍一致的遵守的基本职能要求，没有给检察院和检察官如其他行政机关那样多的自由裁量权，甚至也没有给如法院和法官依所谓的"自由心证"那样的极具个性化的裁判权。检察院和检察官在参与司法诉讼乃至法律监督的各个程序环节中，只能依法制说话，其司法性的作为，包括侦讯、判断、决定的唯一标准就是法律。任何凭个人感情或"心证"以及任何对法律的个人理解和解释都必须排除在检察院和检察官办案和决断的考虑和依据之外。检察专业之所以对职业化提出更高的要求，就在于检察院和检察官只能保证和监督法律得到普遍一致的遵守和执行，包括对其自己办案的要求，也包括对刑侦机关、社会组织和团体、公民个人是否无差别地遵守国家的法律乃至政策和纪律（在一般体制下），等等。这一职业化的特点不仅对检察官个人的道德、专业素质提出了更高的要求，而且也要求作为国家专门行使检察权或担负法律监督职能的检察院必须按照一体化的组织、管理和垂直领导这种标准去作为，包括对检察改革的作为。为了保障达到上述标准和展现检察专业的基本特点，检察系统的改革应当由最高人民检察院统一规划并统一实施。如果地方检察院——无论是哪一级的检察院——有改革的想法和方案，应当首先报最高人民检察院批准并以最高人民检察院的名义启动、推行相关的改革。现在事实上将检察院改革的启动权下放给各级检察院自行启动和推行的做法应当调整，下放的改革权力也应当收回。至于现实中推行的各种五花八门的所谓"改革"，以及月月有改革举措出台的现象和状况，应尽快加以改变。

5. 检察改革应当慎重启动，经试验后再推行

在前面的几点分析中，已然包括了应当慎重启动检察改革举措的充分理由。这里之所以再单独提出来加以强调，也是基于我们对调研和座谈得来的信息的强烈印象和感觉。检察改革无疑是一件十分复杂的变革行为，或改旧立新，或扩展或压缩，总之要有破有立。检察改革的思路既出和改革方案既定之前，除了上述要进行充分的理论论证和调查研究之外，还应当经试验后再推行，务使相关的改革不出大错和避免走弯路，这也是循着有领导、有组织和有序进行改革的稳妥路径选择所要求的。现实检察改革中仓促启动，未经一定时间和地域范围的试验就一哄而上的做法，都是对改革持不够谨慎的态度表现。须知，任何改革都是一场法律关系变换和结构调整的活动。改革前的法律关系和结构体系无疑应当得到充分的论证和评估，在确信已经到了非变动不足以推进社会或相关事业向前健康发展的情况下，才能实行改革，这种论证和评估在学术上通常称为"必要性"或"意义"的研究，但只有此项"必要性"和"意义"还不够，还应当进行可行性研究。当然，可行性涉及实践和具体步骤的问题，并非总是由理论论证所能解决的。试验就是解决"可行性"的最佳路径选择。当然，如前所述，试验也应当由最高人民检察院统一部署实施，先局部实行，然后进行总结，确信是一项利好的改革举措之后再在全国范围内推行。现实中往往只是一些尚未经过充分论证和试验的地方检察院的做法，在短短一两年或三四年间就迅速在全国范围内推广的现象，已经一而再再而三地发生过。而最高人民检察院在其中的领导、组织和协调的作用似嫌没有得到充分的彰显，这种现象和状况同样值得反思和进一步研究。

6. 检察改革应当重视本土资源与自己历史经验的运用

检察改革无疑是一项极其复杂的工程，同时也是一项"艺术"。从理论上

说，只有运用全部人类政治、法律智慧与技术，才能出色地完成这项工程，或者将检察这一宏伟的法律大厦打造成为一件如精美艺术品一样的精品。但是，如果要达到这一高标准要求，不能仅凭改革热情和勇气，还必须首先在我们的检察实务界和检察理论界培养高素质的设计师和工程师。接着就是下一个逻辑次序必然会提出的另一个问题必须解决，那就是如何发现、培养和锻造出大量的具有这样高素质的检察改革设计师和工程师。检察改革如同其他一切事业的改革一样，总是在历史的长河中不断推行的，是在从事日常检察业务工作中发现问题才来解决问题的，这也就是说，是日常的业务工作中遇到障碍或不适宜时才催动人们进行改革的，而改革之后理顺了关系，完善了结构，健全了机制，从而又进一步促进日常业务的顺利开展。我们不能设想，让检察系统中的全部或一部分干警完全停下手中的业务去专门接受与改革相关的教育。即使真的这样做，未必是或肯定不是一个科学的、正确的改革思路和路径。这就提出来如何从整体上大幅度提高检察队伍的素质这一严肃话题了。我们在调研和座谈中深切感受到，现在检察队伍的素质在整体素质上的确是很高的。他们提出问题、分析现象和解决问题的思路之尖锐、清新给我这样一个检察业外的调研人员留下了深刻的印象。但我们同时发现了一种普遍倾向的存在，就是谈起检察理论、实务的问题来，总是情不自禁地与西方的或中国的港澳、台湾地区的检察理论与实践相联系，相比较，而鲜有从中国本土资源与自己的历史经验中吸取有益教益来分析和设计当下的中国检察改革，即使大量的检察理论著述中也难觅这方面能给人留下深刻印象的理论分析意见。但在安徽省检察院的座谈中，资深的专职检察委员杨建民先生在发言中明确建议：（现时检察院）"内部分工、划分应回复到建国初期，内部维系一条龙"，我们深表赞同。在当前设计和从事的检察改革中，这的确是一条正确思路和路径的选择。长期受到忽视，不仅在情理上不应当，在实际改革中也多少闭塞了人们的思路和路径的选择。

有多少理由可以提示人们重视和运用中国本体的资源和自身的历史经验，这里不必一一细表，这道理人们耳熟能详，问题是如何真正从观念和路径选择上落实到检察改革上来。不过，有一点我们还想在此强调一下，除了其他的理由外，我们还认为中华人民共和国成立初期的检察思想和制度设计，特别是其中的一体化形制和垂直领导体制才是真正体现中国检察制度特色的实质内容。用形象的拟人化来表述，那个时代虽然检察思想和制度还很年轻，正因为其年轻才体现出如童稚一般的"纯真"，而"纯真"即是"天真无邪"，总是受到人们的喜爱和推崇。且不论检察制度是否也同人一样会随着年龄的增长与涉世渐深而与"纯真"或"天真无邪"渐行渐远,就以人而论,一些到了耄耋之年的长者还依然保持一份"童真"之心和"童趣",竟然也是使他(她)成为一位健康长寿之人的一个重要的利好因素呢!中国检察制度是否还要找回60多年前初建时期的一些"童真"?这倒是一个蛮有趣味的问题,值得考虑甚至加以研究。

7. 组织和引导理论力量多从事实际的调查研究

这样做的理由在社会上更不待说,在检察理论界和实务界相当普及,几乎人人明白,自然不用我们多讲。但我们也认为这是一个"知易行难"的问题,本质上是人们自己包括检察理论界的学者们自身把握的问题。我们在上面的"信息总汇"中已经列出这是地方特别是基层检察院干警们很期待的一件事情,希望检察理论专家们多到下面特别是多到基层走一走,多倾听一下他们的意见,包括对一些出台的改革举措的看法和评价。我们作为圈外的学人深入地方特别是基层检察院,原来还有些许不受欢迎的担心,可是一旦"落地",到处受到的欢迎和热诚接待使笔者本人及课题组成员深为感动。这一事实从一个侧面反映了地方特别是基层检察干警对检察理论研究的殷切期待。他们说我们一行人是建院以来第一次直接面对的理论人员,希望今后见到更多的专家学者深入基层进行调研。我们从他们在座谈中敢于直面问题的发言中,感到了他们这种期待的真诚。我们在此时此刻也总是表示这是我们应当做的云云,听起来有些矫情,多少有些言不由衷的感觉,倒不是我们不愿意下基层,实乃有诸多的困难与不便。不过,只要有机会和可能,我们一定会履行诺言。因为这是使自己的检察理论研究尽可能贴近和符合中国检察实际的必然要求。正如有识者曾经指出过的,现在学术界出现一股强大的"宏大话语时尚追求潮流"(见《中国社会科学报》2006年9月26日报文),这或许就是当前学术浮躁的一大表征。不待说,在这种学术浮躁之风劲吹之下,学术界许多学者都不再从事甚至不屑于进行艰苦劳神费时的田野调查。检察理论界是否也存在此种现象,我们没有调查过,不敢妄下断语,但鲜见有生动鲜活的实证材料支持其宏大体系的检察理论研究的著述,倒是一个显见的事实。这或许是个人的主观感觉。但从一些地方检察干警希望理论专家们多到下面进行微观层面的研究期待中,确实应当使我们检察理论专家们感悟些什么。毕竟"春江水暖鸭先知"嘛!

8. 检察改革应努力寻找适当的突破口

现时的检察改革从总体上给人以普遍开花,甚至是丢了西瓜捡了芝麻的感觉。现在全国全社会普遍赞赏和肯定中国检察体制在20世纪90年代初所进行的那场具有里程碑意义的重大改革，即在中国检察院体制内普遍设置反贪机构，现在的反贪业务又延伸到反渎和职务犯罪预防的更广泛的方面。其实，那场改革并非"师出有名"，除了在检察职业中有职务犯罪案件的侦查权一项外，在建制上都没有宪法和任何其他法律上的根据。之所以受到充分地肯定和支持，笔者个人认为是选对了改革的突破口。在中国的宪政体制中，缺乏专门的、职业化的反贪机构是一个显见的缺失。检察院不失时机地抓住了这一点，通过在其自己的体制内设立反贪机构，恰恰是补上了中国宪政体制中的一个空白，受到肯定和支持就不难理解了。其实，世界上一些国家如新加坡的廉政公署以及中国香港地区的廉政公署，也都是在国家反贪情势特别需要的情况下产生的，只不过它们走的是独立建制的道路。中国的检察体制在国家没有选择或基于其他理由不欲建独立的反贪机构的情势下，不失时机地抓住了这项体制改革的突破口，成就了现在检察院重大职能的拓展。这一历史经验对我们很有教益，现在的检察院内应当运用更多的政治、法律智慧和技巧，努力寻找那样的突破口，使中国的检察改革迈向一个新台阶。这与局部的细微的改革相比，显得更重要，意义更重大，成效更显著。当然，这方面的改革由于牵一发动全身，更应加强理论研究和各种关系的疏通与协调，但总是有机会和可能加以选择和实行的，只是需要多一点智慧、技巧，以及还不可以缺少的细致、耐心和勇气而已。顺便提出，笔者在"中国特色社会主义检察制度的完善"的结项报告中，就提出了几个个人认为有价值的突破口，希望得到检察理论界和实务界以及国家有关方面的关注和研究。

9. 不能长期忽视事实上存在的检察干警待遇差别所造成的负面影响

在我们调研所到之处，特别是在基层检察院的座谈中，几乎每一场总会有人谈到这种与公安、法院干警在职级、工资、补助、福利待遇上的差别，讲到动情之处，往往发言者情绪会有些激动，嗓音也随之提高，又往往有其他干警随声附和，激昂之状令人印象深刻。笔者虽然在此期间曾接受他们的托付答应一定要把他们的意见反映上去，尽管有些表态且信誓旦旦，但其实只想到将来以某种形式公开发表以唤起各方面的关注，至多也是通过中国社会科学院《要报》向国家政治最高层直接反映，能否实现心中并无把握。无论如何，个人的同情之心还是有的，并往往在当场有所言表。作为一介书生，人微言轻，这等人事、财政上的"大事"非笔者的资格和能力所能撼动。我在此期间所作的学术报告中还进行过一些显然并不总能打动人们心扉的"说教"（例如在广西百色市检察院所作的学术报告），如我辈在20世纪六七十年代那种只知埋头工作、不敢奢望报酬之类的"艰苦奋斗"的经历等。说时自己就觉得不再有多少"底气",时代毕竟不同了,在社会如此激烈的转型和变迁中,人们早已在物欲横流中尽享了"恭喜发财"之类的新私利观的熏陶,只讲奉献、不计报酬的时代恐怕早已一去不复返了。少数人包括一些高官们"贪欲"之甚、贪腐之烈让善良的人们觉得仿佛他们本来就不是我们的同类,或许是来自外太空某个角落的"邪恶世界"。话说回来,如何对待检察干警与公安、法院干警之间的待遇差别,确实不仅仅体现在物质利益的平等诉求方面,更关乎人们在所谓"人权时代"所倡导的平等待遇的心理底线。长期得不到适当的调剂,在事实上已经造成了一些消极的、负面的影响,这首先表现在检察队伍的稳定性缺乏保障,一方面流失的检察干警较多,另一方面又苦于招不进合适的人才。在许多基层检察院,一些中坚的业务骨干眼见通过升职提高待遇这唯一改善个人生活质量的通路不畅,也毅然"跳槽"离去,或正在盘算自己下一步的出路。检察业务骨干的流失,对于本来编制不满员的基层检察院来说,为应对日益加重负荷的检察业务,不得不相对大量地吸收非专业人员以承担相应专业性很强的检察业务。这样做,当然对提高办案质量、大力加强检察业务不会是个利好的因素,如此等等。这种状况在检察业内上下都心知肚明,各级领导更是期望能大幅度地提高本部门内干警的物质待遇,但碍于体制和情势,现仍苦无良策。好在国家在边远地区的基层检察院已经拨付了相当丰厚的财政拨款,并固定成为一种财政制度,使享受的基层检察院至少在办公经费上有了大幅度的改善。就检察院的整体来说,还是存在可以寻求更多改善途径的余地的,一如公安、法院已然能得到相对好一点的改善那样。

  理论界包括笔者本人长期以来曾在学理的层面上力倡国家对司法机关包括检察院和法院实行国家专项预算和固定拨款制度的改革。碍于现有的财政分级管理制度,现在还难以实现较大的变革,一时还不能实现,但学理上的影响还是有的,至少使社会各方面知道,国家的司法机关只有实行专项资金的国家预算和拨款制度,才是唯一正确的司法财政保障机制。然而,令笔者意想不到的是,我辈这一理论论证和倡议竟然在检察体制内受到非难。早在前些年笔者在沿海一个发达地区的检察院作学术报告并进行调研时,当提到上述的论证和倡议时,竟当场受到非难,说这样的倡议在他们那里不受欢迎。细问之下被告知,当地检察院通过非正常的制度通道从地方政府获得的财政拨款相当丰厚,其丰厚的程度比想象中国家在将来的固定拨款可能还要高出许多。为此,他们宁愿在现有体制内享受这种优惠待遇而不愿加以改变。笔者当时着实有些愕然,自己多年的努力竟然如同"美酒",并非所到之处都受欢迎。可见，中国地域之广阔和经济发达程度差异之大，竟使任何一项改革包括司法财政体制改革都变得如此复杂，改革之难由此可见一斑。但转念一想，从全局和长远的利害选择上看，我们还是主张进行这项改革。因为从非正常的关系和渠道获得的地方财政优待，一方面难于保证其稳定性，另一方面又可能对本来需要大力改善的司法机关形象和司法公正造成不利的，更可能是负面的、消极的影响。利弊权衡之下，自当舍其临时的"小利"而取其根本性"大义"。不知此言以为然否？

以上调研报告"信息汇总"，不准确之处由笔者本人负责，与地方检察院和其中的检察干警无关。至于析理中的观点错误，本人更是责无旁贷。欢迎检察理论界和实务界以及各方面的有识之士提出批评、指正。

第十六篇　宪法学作为整体新型智库的创意与构想

内容提要：宪法学在社科乃至人文领域的智识价值与功能具有独特的优势，在当代社科领域重点关注的智库建设中也不应当缺位或失语，通过作为整体新型智库主动、积极地参与其间，可望作出特殊的贡献。宪法学横跨政治和法律两大社科领域，从宏观度量到中观体认再到微密纤察，从长远的国家战略考量到近期实现社会发展和法治目标的进路，都需要宪法学的积极投入，并贡献其独特的智识资源。宪法学以学科的整体优势参与国家智库建设，又显著区别于体制化、组织化的通常智库建设的思路与形式。社会宏观结构分析、特定宪制模式类比、宪法统计学是参与智库建设可供选择的具体路径。十八届四中全会文件的相关启迪，可以即时激发现实宪制建设具体咨询的想象力。

关键词：整体新型智库　社会分析　模型研究　数据统计　想象力

当前智库建设受到前所未有的重视和强调，各品类多层次的智库建制如雨后春笋般拔地而起。各级各类智库吸纳了众多学科的智识优势和各自学科的精英人士，特别是经济学智识和经济学家。从世界性智库建设的总体上看，除少数国家外，大多数国家都缺乏浓厚的意识和兴趣去吸纳法律智识和人才，尤其没有充分关注宪法学学科和宪法专家参与智库建设，中国尤其如此。其原因是多方面的，简单说来，主要有以下几种：一是法学从总体上来说，是建立在应然层面上的学说，主要关注通过什么样和怎样的法律调整，使社会和国家达到理想层面的善治目标，不善于应对现实社会和国家治理中遇到的种种困厄和挑战；二是改革开放以后的十几年，国家一直以经济改革为战略重点，除本无深厚根基的经济法受到高度重视外，其他法律体系一般只置于保驾护航的从属地位，宪法学在1982年新宪法制定和宣传教育告一段落后，更是处于被边缘化的状态；三是宪法学在边缘化的境地中，除少数有权威影响的学者外，宪法学者主流群体主动参与改革进程，实际解决改革开放中所遇到的重大理论与实践问题的积极性不高；四是宪法学本身长期囿于传统教义学的局限，故步自封，缺乏进取精神，使宪法学学术影响力严重折损，由于缺乏勃勃学术活力，在改革开放中失语和缺位就是逻辑的结果。然而，这正是一个值得反思的问题。在我们看来，当前社会和国家总体智库建设要得到健全的组织建构和高效能的运作，宪法学的智识是不可或缺的，宪法专家的以适当的形式参与智库建设，也是必不可少的。宪法学作为整体新型智库的构想和路经选择，不仅是可欲的，也是可行的。本文立足于宪法学科的优势及宪法学人参与的途径和方式等方面，谈一些粗疏的意见。

一　宪法学作为整体新型智库的价值预估

可以从多角度预先评估这种价值。

（一）丰富现有智库的品类

近些年来，随着改革开放向全面深入的进程发展，复杂的国际和国内形势不断发展变化，既向我们展现了发展的大好机遇，又向我们发出了挑战，这就需要执政党和国家及时转变社会和国家治理的能力与方式，其中大力加强科学决策、民主决策，建立现代化的社会和国家治理体系及大力提升现代化的社会和国家治理能力，从而大力增强社会和国家软实力，顺利实现全面建成小康社会。全面深化改革、全面依法治国、全面从严治党的战略布局协调推进的社会转型和国家治理的现代化。就是在这种社会转型和国家治理现代化的大背景下，对于包括法学在内的社会科学在其中发挥的作用日益凸显。

经过60年的执政和国家现代化建设，执政党和国家政权在积累了丰富的政治经验的同时，又进一步提升了执政的理念和智慧。执政党和国家深切地认识到，现在已不是像改革开放初期那样，只以执政党战略重点和国家治理目标的转变，以及相应的政策调整就能实现以经济建设为战略重点的转变。今日社会和国家已进入改革开放的深水区，面对极为复杂的国际国内形势以及由此提出的各种挑战，执政党和国家政府更具有政治理智和智慧，并要这一理智和智慧与蕴藏在广大人民群众中特别是他们中的知识精英阶层的理智与智慧结合起来，一并转化为社会和国家治理的专门知识与技能，待经过实践检验成熟之后再固化为各种专门的制度与机制，从而将社会和国家治理的现代化水平提高到新的科学规范水平，几年来，特别是在十八届三中全会通过的《中共中央关于全面深化改革若干重大问题的决定》中，明确提出加强中国特色新型智库建设，建立健全决策咨询制度以来，将新型智库建设提高到战略布局的高度。接着习近平总书记在中央全面深入改革领导小组第六次会议上进一步强调要从增强国家软实力的战略高度，把中国特色新型智库建设作为一项重大而紧迫的任务切实抓好。随后，中共中央办公厅、国务院办公厅印发了《关于加强中国特色新型智库建设的意见》，系统地阐述了为什么建设、建设什么以及怎样建设等一系列重大理论和实践问题，从而将当前的新型智库建设纳入了有明确方向指导、运作规范有序、有组织领导和系统操作的正确轨道。

就是在上述背景下，当前中国新型智库建设正在蓬勃发展，各级各类新型智库有如雨后春笋般地涌现出来。特别值得关注的是，此项新型智库的热建过程中，从体制到形式方面确实涌现出一批具有"新型"特点，因而显著区别于传统西方智库的体制与形式的智库。说其新，新就新在其以整体社科学术机构、教育系统等为主体和平台而建构起来的各级各类智库。如以高等院校为整体建构的智库，以地方社会科学院为整体建构的智库，中国社会科学院通过整合涉疆研究力量，在北京成立"新疆智库"，以提高执政党和政府关于新疆决策的水平，等等。

不过，由于本人的资讯局限，迄今为止，尚未见到公开报道以一门人文学科为整体智库进行建制的先例。为此，我们提出以宪法学这一专业学科作为整体新型智库的建构设想，应当视为首例的一个全新的智库创意。倘能得到认可并通过宪法学主流群体的共同努力加以实现，这就意味着，在中国各级各类的新型智库建设中，又增加了一个全新的品类，即以宪法学学科为整体的新型智库。

（二）传统宪法学价值与功能的超越与升华

宪法在最一般意义上举世公认，是一国的根本大法，它关于国家根本的政治与法律的总体结构，构成全部的制度实体和社会与国家价值观以及社会理想和国家长远目标的根本基础。其价值与功能如同一个人的心脏和大脑一样，也是维持社会和国家"肌体"的机能与机制。在现代社会和国家，情境变化之速和转型之巨前所未有，令许多人难以适从。但社会和国家无论是多么快速地发展变化以及由此变得多么复杂，终究要坚持自己运行的脉动而前行，社会和国家既不能信马由缰四处游荡毫不在意去向何方，也不能失去秩序而变得混乱不堪。如果说，过往的宪法主要是作为社会和国家的调节器而发挥价值与功能的话，那么，现在的宪法依然需要在继续发挥这种调节器的价值与功能的同时，更需要强化作为社会和国家的稳定器的价值和功能。因为社会和国家越是发展变化之速，越是日见复杂，对这种稳定器的价值与功能的需要越是强烈，社会和国家对宪法的上述价值与功能的需要是持续的、不间断的，这是由宪法的本质和特点决定的宪法具有强烈的实践性品格，它不是为了装点门面，甚至也不是简单地作为政治合法性和法律有序性的象征。它需要适应社会和国家的变化情势不断地进行调整、修改甚至重新制定，以保持其活力和适应性。从这个意义上来说，宪法与社会和国家始终保持内在的交互影响性的联系，它本身从未远离社会和国家，绝不"孤单"或拒人千里之外。宪法的这一实践品格不仅要求政治权力中心时刻予以关注和理智地加以贯彻实行，也需要广大人民群众予以尊重和遵行，既身受其惠，就要心敬其真实的价值与功能。对广大宪法学业内群体而言，关注宪法在实际运行中的各种问题，包括积极因素和消极因素，都是专业范围内学者们的分内之事。如果从调整、完善宪法制度和宪法机制的角度上看，宪法学命中注定具有一般意义上的智库价值与功能。因为无论从政治主导性方面看，还是从宪法实施的强力机制上看，提供给政治决策层科学的决策咨询意见和建议供其参考和选择，都是宪法学专业人士历史和时代使命所在，义不容辞。

但从另一个角度看，宪法学既然是一项科学的事业，那就必须遵行科学研究的规范。宪法学作为对宪法的专业性研究体系，应当而且必须在两个方面实现超越。其中一个就是要超越芸芸众生包括政治家们对宪法和宪法实施日常之见或一般性认知。这种认知对宪法的遵行和日常政治法律生活的重要性是显而易见的，是宪法实施机制总体中不可或缺的重要组成部分。但宪法实施并非只是简单的条文理解和贯彻，甚至不是单纯的宪法制度的建立、完善和包括宪法监督机制在内的运行机制的有效进行。宪法作为人类社会的伟大发明，宪法制度作为人类社会的伟大工程，其背后具有强大的内在支撑力量和驱动力，这种内在力和驱动力表现于外的，就是某种其状可名的立宪主义、宪法原则、宪法精神和宪法概念等。这种深潜在宪法背后的内在力量是一般民众和政治家们通常不甚了解的，毕竟我们不能苛求每一个普通公民和政治家都成为宪法学业内的高手。但对宪法学专业人士来说，他们必须深入这个领域，尽可能地从理智上去认识这些隐藏在宪法背后的巨大力量，哪怕关涉信仰层面的神圣力量也不能轻易放过。这就是宪法学的宿命和使命，只要立志在宪法学领域耕耘，就必须予以面对。这就是宪法学的科学体系对宪法的一般认知和寻常之见的超越。

另一个是超越实践层面。如前所述，宪法学是一个实践性很强的学科，关注和研究现实实践是其理论体系的重要一面，但宪法学的科学精神不能仅止于此，又如前述，宪法学甚至不应当只停留在其对立宪主义、宪法原则和宪法精神的阐述方面。宪法学更应当超越实践和现行的宪法原则、精神方面，从宪法原理上更深入地阐释宪法在"应然"的层面上究竟什么是"良宪"，以及通过实施"良宪"而达到"良善治"直至达到社会和国家治理层面上的"善治"，最终实现"止于至善"的美好社会理想和国家治理目标。要做到这一更深层次的对实践和一般宪法原则、精神的超越并不容易，无论从哪方面来说，都是对宪法学专业人士的一个严重挑战，但不能回避，否则，宪法学并不配称其为科学。

如果按照一般科研规范的要求做到上述两个超越，毫无疑问地应当受到褒奖，目前中国宪法学的研究总体状况可以说基本上做到了这两个超越，尽管我们认为在理论的研究力度和深度方面还差强人意，需要改进和加强的方面还有很多。但如果从我们所创意和倡行的将宪法学打造成整体新型智库的立场上看，仅止于上述两个超越就显得不够了。作为智库的本质内涵，是要以宪法学自身的智慧促成宪法决策的智慧，而宪法决策本身也是一项科学的事业，固然也需要坚实的宪法理论基础支撑和对现实宪法实践的深刻洞察，也许还更需要对现实多少有些游离于宪法体制的各种"政策"准确地加以把握、领会和分析。因为执政党和国家政权在治国理政的过程中，灵活地制定、运用、调整各项相关政策可能更容易取得及时的政绩效应。在传统的宪法教义学的框架下，宪法学多少有些自视清高，对宪法是国家的根本大法形成了某种莫名的、无意识的优越感，对现实的应用政策缺乏关注的热情，因而提出的宪法性咨询意见和建议总给人以不切实际的感觉，更难以引起直至决策层的重点关注。究其原因，就是我们宪法学术界对与宪法决策相关的政策决策关注不够，更缺乏相应的研究。

据业内人士分析，政治决策是一种重要的政治行为，在第二次世界大战后在西方受到了越来越多的政治家和行政学家的关注。最初的政治决策理论是所谓的"理性决策"，认为像经济领域中的"理性人"那样，在政治决策中，决策人也是可以做到"理性决策"的。后来这种"理性决策"理论受到著名行政学家赫伯特·西蒙的"有限理性"理论和林德布洛姆的"渐进决策"理论的挑战而失势。但不论怎样，西方政治学家和行政学家对决策的"政策分析"和

"决策过程"的各个环节进行深入的研究,具有影响政治决策的理论价值与实际决策引领的功能,值得中国包括宪法学术界的参考和借鉴。[①] 在中国的政治学界,自20世纪90年代末,也开始关注"公共政策"的研究。记得在一次学术研讨会上,"公共政策"研究的倡导者和主持人对笔者表示对此类新领域的研究尚有些犹豫和把握不定,希望我予以支持。本人在会议发言中,从宪法学的立场和角度强调了对"公共政策"研究的必要性和重要性。

在宪法学作为整体新型智库的构想和倡议中,作为重要的一个思想来源和启迪,我们仍坚持认为,宪法学专业应当毫不犹豫地深入"政治决策"的领域中进行跨学科的研究,并认为这种学术超越是成为有效能的宪法学整体新型智库的一个必要的专业技能和学理基础。

(三) 强化依宪治国和依宪执政的重要途径和方式

自从中共十八届四中全会通过的《中共中央关于全面推进依法治国若干重大问题的规定》中明确提出"坚持依法治国首先要坚持依宪治国,坚持依法执政首先要坚持依宪执政"之后,宪法学术界在备受鼓舞的同时,也在积极探索如何以专业的知识和技能强化依宪治国和依宪执政的途径和方式。提出的各种可行的方案都值得尝试和试用,愚以为,将宪法学专业作为整体打造成为新型智库,也是一个极可欲并值得尝试的途径和方式。宪法不乏成熟的理论,但要将这些理论逐步落实在宪法实施中去,因牵涉到各种社会、政治关系和不可预知的变量,肯定是需要一个或长或短的过程,但这一过程通常都会经历很长的时期,此其一。其二,宪法的实施需要建构各种宪法制度,没有各种与实施宪法相配套的制度,宪法的贯彻实施是难以想象的。现实中最突出的一个事例就足以证明这一点,自1954年宪法明文规定对宪法的实施进行监督以来,虽先后规定由全国人大和全国人大常委会作为宪法监督的机构,但由于至今未能建有相应的具体负责的专门业务机关以及必要的监督程序等,使最高国家权力机关对宪法的监督长期处于"虚置"状态,甚至从未作出过任何一件有关"违宪"的决定。这一实例足以证明,建立各种宪法制度对于宪法实施是多么重要和不可缺少。不待说,这种宪法建制任务也不是一蹴而就的,需要假以时日逐步建立和完善,更有些还可能要经过试验建立,才能决定是否要确立下来。对于宪法制度的建构来说,是贯穿宪法实施的全

---

① 详见[美]查尔斯·林德布洛姆《决策过程》,竺乾威、胡君芳译,上海译文出版社1988年版,第1—4页。

过程的，绝不是那种一个接一个连续不断地见诸"显著政绩"式的事业。在经济领域，我们可以连续不断地推出改革举措，所以很容易"显效"和得到"红利"，宪法建构不能是这个样子，这是由宪法的根本性和稳定性的特质所决定的。

以上两个因素决定了依宪治国和依宪执政必定是一个漫长的，在特定意义上也可以说是一个"隐性"的社会工程，但这并不意味着我们在对待宪法实施方面只能依着其本然的逻辑进路行事，也就是顺其自然，只能慢慢来或徐徐图之。事实上，放在新型智库的视野下看，我们宪法专业还是可以转变传统的宪治和依宪行政的观念，换一个角度看，宪法实施毕竟是一个极为复杂的整体事业，有些需要稳妥推进，而有些也可以即时性着手进行，如前述的公共政策领域，还有些有关宪法"基本建设"范畴内的制度，如十八届四中全会决定的宪法宣誓制度和确定的宪法日之类的建制，是完全可以从需要以顶层设计和建构"大制"的繁难建制中分离出来，根据需要和可能随时提出相应的建制意见或建议，以供政治决策层面参考和作出决定。顺便提及，我们在本文的最后部分，将循此思路提出一些具体的这类意见和建议。总而言之，宪法学以其博大精深的学理基础和对现实宪法实施的情境的深切洞察，只要把研究进路作出适当的转向，在为政治决策层提出各种现实政策或建制方面，就是大有可为的。从这个意义上来说，宪法学作为新型智库资源，通过向政治决策层提供及时的公共政策或宪法建制的咨询意见或建议，一方面会增强宪法学专业的活力，改变人们关于宪法远离社会、"不食人间烟火"的偏见；另一方面，对于落实政治领导和决策层关于依宪治国和依宪执政的战略目标和布局来说，其意义非比一般，因为这样会强化依宪治国和依宪执政的途径和方式，最终顺利实现依法治国的战略目标。

二 宪法学作为整体新型智库的哲理意义上的"场域"题设及其意义分析

（一）哲理意义上的"场域"题设

目前社科学术界主流群体用"功能"表意社科的"智库"价值与意义，与"阵地"、"殿堂"合称社科的三大功能，即"阵地功能"、"殿堂功能"、"智库功能"。这是一个很好的表述架构和分析平台，具有很强的科学性和实用性。

不过，就笔者个人而言，我更倾向用"宪法学智库场域"来设题，主要理由如下：

第一，此题的前置词之一是智库，立意明确。古往今来，政治统治和政治决策都离不开"智库"的特殊贡献，朱元璋在打天下的过程中，山野人周颠向他提出"高筑墙，广积粮，缓称王"三条战略方针，得到朱元璋的赏赞与实行，终于建立大明王朝，此是古代"智库"价值与功能突出一例。当今的社会转型过程中，社情国政一事二事万几，纷繁复杂，非为强大"智库"襄赞，绝难达致善政目标。今日社科学术界主流高扬"智库功能"，由来有自，潮流所及，势之使然，"智库"当得到广泛而又深入的研究。

第二，本题的"场域"是一个关键词。"场域"是由"场"和"域"两个词撮合而成，虽是个人的主观臆造，但绝非毫无根据。

先从"场"来看，在中国的传统文化特别是古典哲学中，从来就没有从一个人为设定的概念出发，运用主观和客观的"二元思维"去认识世界，看待人生的认识论传统。在中国传统哲学中堪称最为经典的核心观念，就是"天人合一"和"物我合一"。中国先民看待世界万事万物和人生从来就是非线性的和非概念性的，而是一个广大悉备、恢宏浑阔的整体宇宙观和整体认识论。如果非要用西方哲学的概念和框架来表述这种整体认识论，最贴近的表达当海德格尔的"存在论的构成域"。其他西方古典哲学家柏拉图、亚里士多德、笛卡儿、康德、黑格尔等所创立的哲学概念和哲学体系，都不能捕捉传统中国哲学的"广大"、"玄之又玄"的"高明"之处，也无法理解中国的道家、儒家、释家的"天人合一"、"物我合一"的真正枢机之处，即世上万事万物的内外相和的"从容之道"、气缊化生的"阴阳相冲"，以及缘起性空之道的"烦恼即菩提"这类的相互缘起构成的"域"或"境界"。只有海德格尔的"构成域"的概念和思想体系才能触及中国传统哲学的精妙神明的机枢之处，从而架起了中西方哲学沟通交流的理解桥梁。

再从"域"来看，海德格尔在《在与时》一书中，充分阐释了他的"存在论构成域"的思想。他一反西方古典哲学将人视为主体，而被认识的世上万物为客体的"主客二分"传统，而是把人看作"域性"的"缘在"。这世界是与它相缘而生的世界，首先"就是一个与它息息相通的打开之域"。"缘在"在与这个世界打交道的原本方式也因此不是主体对应客观的，而是域状的、前反思的和拓扑式的。这种看待人与世界相互关系的方式，在西方哲学中具有"转向"的里程碑式的意义，它与中国古典哲学中的"道"息息相关，中西方哲学的壁垒因此被打破，从而成为东西方人都可以理解和接受的世界观和认识论。①

由上可见，"场域"结合了中西方认识人和世界的主要思想方式和路经，用来作为我们智库研究的独特视角，是有中西方两优相兼的深厚的哲学认识论基础的。

在中国传统文化中，"气"被作为一个极其重要的人文概念，广泛地用于天地创造和人事治理，构成传统文化中的宇宙观、人生观和价值观的重要概念之一，广泛地流行于与"气"相关的礼仪制度之中，成为道德礼乐之本和治礼兴邦的关键价值观念和价值体系。传说轩辕黄帝之时，"炎帝欲侵陵诸侯，诸侯咸归轩辕，轩辕乃修德振兵，治五气，艺五种，抚万民，度四方，教熊、罴、貔、貅、䝙、虎，以与炎帝战于阪泉之野。三战，然后得其志"②。可见，"治五气"早在上古传统时代就是建邦立国的战略大事。

在传统文化的衍生和进步中，"气"又与"质"、"气"又与"场"连用，表示某种难以言说清楚又确实使人感觉其存在的某种冥冥之中的东西，沿用至今。

现代中国式哲学中有一新的流派从哲学上构造全新的"场有"概念，力求赋予"场"以真正科学上的哲学意义。这就是所谓的"场有哲学"或"蕴徽哲学"。什么是"场有哲学"，论者说："顾名思义，乃是一种以场有为本，以场有为研究的对象和以场有的义理为依归的哲学。那么什么叫做'场有'呢？'场有'就是场中之有、依场而有和即场即有的意思。一切万物都是依场而有的，一切有都是场中之有，而场本身也是有。"③从这个观点来看，宇宙间的任何事物都是一依场而有的"场有者"，都是不可能外于场有而存在的。事实上，事物本身就是场有；宇宙间的任何一物都是一个"小场有"，都是一相对相关的所在，都是场有自身的分殊。④

在西方哲学中，从尼采等人的透视主义到梅洛·庞蒂等人的现象学、伽

---

① 关于海德格尔的"存在论构成域"的详细研究，请参阅《海德格尔的现象学起点》，《哲学研究》1993年第10期；《海德格尔的〈康德书〉——理解〈在与时〉之门》，《德国哲学论文集》第13集，北京大学出版社；《海德格尔与古希腊的前柏拉图哲学》，《北京大学学报》1994年第1期。载罗嘉昌、郑家栋主编《场与有——中外哲学的比较与融通（一）》，东方出版社1994年版，第205—221页。

② 司马迁撰：《史记·五帝本纪》，中州古籍出版社1994年版，第1页。

③ 罗嘉昌、郑家栋主编：《场与有——中外哲学的比较与融通（一）》，东方出版社1994年版，第22页。

④ 同上书，第22页。

达默尔的解释学和德里达的解构论,从皮尔士、詹姆士和杜威等人的实用论到后期维特根斯坦哲学等,也都具有场有型的或非实体主义的哲学性格。在现代科学方面,从格式塔心理学、荣格的心理学到相对论、量子物理学和系统论等通过对古典实体观的批判,发展出关系实在论、关系整体论等主张,给予场有型哲学以有力的科学支持,此外,当前环保运动有关的环境哲学也在应用的层面上渗透着场有的精神。日本哲学家广松涉在对黑格尔和马克思深入研究的基础上,吸收现代物理学革命的思想成果,建构了关系主义本体论体系。显然,这里的透视主义和关系主义本体论等,都是以不同的名称或不同的侧重表达了与场有论相同或相似的哲学信念。因此,不妨通称其为"场有型哲学"[①]。

本题中的"域"就来源于海德格尔的"域论"。不过应当指出,在中国的社科研究的语境中"视域"、"视角"等概念的应用也广为流行,表达的也是一个特定的全域性概念。

(二)"场域"论题研究的意义

此论题研究的意义可以从以下几方面来审视:

第一,"场域"的学理意义对"功能"的学理意义又是一个适度的超越。"场域"具有时空意义上的广阔性和涵摄性,用于对"智库"的研究同样具有这类效能。"功能"用在宪法的研究上,也可以称为"宪法职能",被认为具有多重意义。[②] "智库功能"只是其一,但宪法学的这种"功能",或者确切地说"宪法学智库"对于现时政治决策的影响力,远不如"经济学智库"对政治决策的影响力,这就是为什么当今所有国家的智库人才多偏选经济学人才而非宪法学人才的原因。"宪法学智库"的对现实政治决策的主要影响力,除了对政治决策提供即时性的咨询和建议外,更主要体现在对国家和社会的宏观大势的审视,以及对国家和社会的大政方针的顶层设计方面。这是"宪法学智库"的独特优势,较之"功能"具有总体效用方面的超越性和优越性。

第二,利于发扬宪法学学科的总体优势。关于宪法学学科的总体优势,

[①] 罗嘉昌、郑家栋主编:《场与有——中外哲学的比较与融通(一)》,东方出版社1994年版,"主编的话"。

[②] 详见[荷兰]亨克·范·马尔塞文、格尔·范·德·唐《成文宪法——通过计算机进行的比较研究》,陈云生译,北京大学出版社2007年版,第十一章。

在"题设"部分刚刚作出简单梳理,兹不赘言。只想强调指出,这种学科优势一旦与"智库"联系起来,将会大大增厚"智库"学理底蕴。在通常情况下,"智库"总是以即时性的效用彰显作为最高的价值取向,或可能智库精英们无暇深度顾及有关政治或政策咨询意见或建议的学理基础。在这种状态下做出的政治或政策决定可能会不太经得住科学性的检验和长久的考验。"宪法学智库场域"下提供的咨询意见或建议恰好能厚重其理,因而更能承受相关政治或政策决定的科学之重。

第三,补正和增益现时智库重"量"轻"质"和重"国内"轻"国际"的现状。这一点与前述密切相关。近年来,中国的智库发展很快,为推动改革开放和社会主义现代化建设作出了重要的贡献。但从总体上看,还存在诸多方面的不足。诚如论者指出的,从智库的研究成果上看还存在研究重复的多,提供描述性研究的多,超前性决策咨询研究成果少;解释政策的多,发现政策实施中的问题并提出解决方案的少;总结政策实施经验的多,揭示教训的少等问题,这需要引起我们的高度重视。① 又有报道称有研究成果表明:鉴于我国大部分智库把自己的研究选题局限于当前的国内事务,应引导和鼓励我国智库拓宽研究视野,不仅仅局限于中国,而是更加关注与本国密切相关的全球性、战略性、前瞻性问题的研究。②

对于以轻"质"和缺"全"的不足,宪法学正好利用其学科优势予以补正而得以增益。

第四,立意宪法学人的集体参与。当前的智库建设无论受到多么高度的重视,限于智力资源和财力的局限,都不可能也无必要无限制地扩充其"存库量",况且智库从来也不是以人多量广为能,而是以精干、高效为胜。从组织结构或体制方面来看,终究不会以"广大悉备"为指归。而在"宪法学智库场域"的语境下,不仅宪法学的总体智识可以作为智库建设的理论支撑,而且全体宪法人都可以成为智库非在编的成员,目前中国的宪法教研人员保守估计也有两三百人的庞大规模,这对于各级各类的智库建设来说,无疑是一个宝贵的人才储备资源。

第五,就是通过吸纳中国优秀的传统文化和中西哲学中的"场域"概念及其理论,不仅取其厚其理论深度之效,而且在现今的交叉学科、综合学科研究新潮的背景下,也是对智库乃至宪法研究的一种扩展尝试,对科学的方

---

① 详见李永杰文《智库建设走向重"质"新阶段》,载《中国社会科学报》2015 年 4 月 15 日。
② 详见王眉《中国智库国际传播能力亟待提升》,载《中国社会科学报》2015 年 4 月 15 日。

法论具有增益的效用。此外，宪法学也亟待提升自己的学术品质，引进哲学进路是一个极可欲的路径选择。毕竟，诚为西方人胡果所言，历来的法学家都具有哲学的素质。当今之宪法学人当以此为继。①

第六，也是最后一点，但绝不是不重要的，就是有利于从长远和深度的立场上训练宪法学者成为有影响力的政治、法律和公共政策的顾问或有价值的社会资源，为公众提供智识咨询。宪法学者尽管具有特定的专门知识，但并不一定能够做到这一点。因为宪法学者运用他们的思想、知识和研究成果影响乃至改变世界，是另一个层面上的专门知识与技能，非经过相关训练和刻意培养不能达成。在我们现时的法学教育和研究体系中，这种训练和培养还基本上是一个空白。如果我们宪法学人能够充分利用目前国家智库建设这个平台，有意识地强化上述的训练和培养，对于提高宪法学人在出版物、网络、听证会甚至国家的立法、执法和司法活动中的公共参与率和影响力乃至话语权，是大有裨益的。面对目前宪法学研究的诸多窒碍窘况，与其怨天尤人，不如反躬自省。只有自立自强，才能令人敬重和诚服。②

三 宪法学作为整体新型智库的学科、学理优势

宪法学无论在社会科学的总体之中，还是在法学的系列学科中，都具有极其独特的地位和价值、功能，非常适合对"智库场域"这类的大型论题进行研究。这与宪法学作为法学中的优势学科是分不开的。具体说来，主要表现在以下一些方面：

首先，宪法学源远流长，智识积淀甚厚。宪法学作为国家的根本大法之学，如果从古代宪法之学起始，到如今已有二三千年的历史了。古希腊的亚里士多德曾集58个城邦国家的宪法于一书，他还在《政治学》中分析了当时各种不同形式的政体，详细分析了它们各自的优势与弊病。

---

① 关于引入哲学的思考，详见陈云生《权利相对论——权利和义务价值模式的建构》的自序、第八、九章，人民出版社1994年版；《宪法人类学——基于民族、种族、文化集团的理论建构及实证分析》的自序、第一章，北京大学出版社2005年版。
② 据报载：美国纽约大学出版社将于12月出版马萨诸塞大学安默斯特分校公共政策与管理中心主任、经济学教授李·巴吉特（Lee Badgett）的新书《公共教授：如何用你的研究改变世界》（*The public professor: How to Use Your Research to Change the World*），就学者如何增加公共参与以及促使自身研究发挥实际效用提出个人建议。笔者此处发挥即受该报道启发。详见《中国社会科学报》2015年4月24日。

在古印度的文明中，梵文中有两个不同的词语："nifi"（正义）和"nyaya"（正理）。两个词语都有"正义"的意思，但前者意为组织规范且行为正确，而后者现实的正义这一全面的概念，即认为制度、规则以及组织的重要作用必须在更广阔且更具包容性的正理范围内加以衡量。正理不可避免地是与现实世界相联系的，而不仅仅与我们所面对的制度和规则相联系。① 放在今日的宪法学视野下解读，"正理"即当"宪理"，除了对治国理政的现实制度和规则观审外，本身还包容不成文的"活的宪法"宏观涵括性。

在中国的古代政治文明中，从最初的时代起，就孕育了内涵十分丰富的宪法性内容及与现代宪法既神似又形具的古代成文宪法类文件。作为六经之首的《周易》被史家称为经世之学。《象辞上传》在解释《屯》卦的卦象时就说："云雷，屯；君子以经纶。"② 其意是说，天地初创万物生成之后，人类社会仍处在洪荒、野蛮的状态，亟须经世治国之人（君子）从杂乱中理出头绪来，就像从混乱的丝缕中理出头绪来，使无序变有序，使初民过上有秩序、安定的社会生活。古籍《中庸》又将经纶视为"大经"，引申为筹划治理国家的大事，即"大法"、"常规"。原文是："唯天下至诚，为能经纶天下之大经，立天下之大本，知天地之化育。"③ 在中国古籍中，最具现代宪法神韵与形制的，非《洪范》莫属。"洪范"，就是"大法"，治国大法，具体分为九种："初一曰五行，次二曰敬用五事，次三曰农用八政，次四曰协用五纪，次五曰建用皇极，次六曰乂用三德，次七曰明用稽疑，次八曰念用庶征，次九曰向用五福，威用六极。"④ 此即所谓的"洪范九畴"的治国大法，相传是上天赐予大禹，以表彰他治水之功，后传至殷商再传周代武王，用此洪范大法治理国家，最终达至"彝伦攸叙"的善治，成就了上古时代圣王的理想之治。在中国的上古典籍中，其他如《史记》、《大学》、《中庸》、《春秋左传》、《论语》、《孟子》等，都有大量有关古代治国理政的各种宪法性理念和形制的记载。后世各王朝的"会典"也汇集了各种有关国家和社会治理的各项大政方针，这些都可以从宪法学的视角加以解读和分析。

其次，宪法学就治国理政中的大义与微幽早已极深研几，钩深致远，得

---

① 转述"印度法理学中的经典区分"相关内容，详见［印度］阿马蒂亚·森《正义的理念》，王磊、李航译，中国人民大学出版社2012年版，引言第16—18页。
② 陈襄民等注译：《五经四书全译》（一），中州古籍出版社2000年版，第146页。
③ 陈襄民等注译：《五经四书全译》（二），中州古籍出版社2000年版，第1635页。
④ 江灏、钱宗武译注，周秉钧审校：《今古文尚书全译》，贵州人民出版社1990年版，第233页。

到了全面、深刻的理解,"治大国若烹小鲜",宪法学并不像人们通常所认为的那样只是像治国的总章程一样发挥效能,实际上在中观和微观的分析和把握上同样具有优势。

再次,宪法学基于宪法作为国家的根本大法的特殊地位与效力,在治国理政方面提供的宏观把握方面是任何其他法学学科所不能企及的。这在宪法学中已有充分的阐述,这里不必细表。

最后,宪法学作为一个现实的学科,在为治国理政提供即时性的可选择的方案或路径外,又由于所有宪法都具有规划未来的纲领性品格,所以宪法学更长于长远思考,其所具有的前瞻性与其他法学学科相比,也具有独特的优势。这一优势对于国家和社会长远战略目标的实现至为关键。

四 宪法学作为整体新型智库研究的彰往及其过往经验总结

宪法学作为智库研究具有彰显的过往历史,其经历值得记述,其经验更值得总结,本题对此进行探讨。

(一)宪法学作为整体新型智库研究的彰往

当今包括宪法学在内的学术界,由于时间的流逝,可能早已淡忘了中国宪法学在改革开放的37年间在智库建设方面所发挥的重要作用。这种作用是一个历史性的贡献,值得我辈过来人予以追述,更值得当代宪法学人感怀并对其精神财富加以传承。

说来有些令人不可思议,信不信由你,中国实行改革开放的晨曦竟是由宪法学作为"启明星"开显的。1977年一部全新的苏联宪法颁布并实施,基于当时中苏两国正在交恶,以及中共在意识形态上与苏共的"修正主义"思想与路线的对立,当时由中国社会科学院法学所几位杰出的中青年法学家、后来成为中国法学界著名的权威学者,在《人民日报》上相继发表了一批针对苏联新宪法的批判文章。从今日的学术观点来看,当时的批判文章并非全由宪法学专业知识和理论为立论的基础的,但在那经过十年动乱期间持续不断的批判后,当时中国的社科学术基本上沦为一望无际的"荒漠"。当时见到《人民日报》上的几篇文章,尽管不是学术论理性的,但一下子就把人们的注意力集中在宪法上,如笔者当时就很好奇,原来世界上还有国家会制定这样的宪法,而不是那样的宪法,一部宪法有人这样看,而另有人却持完全不同的看法,这其中肯定有很深的门道。顺便提及,正是这种好奇心促成了笔者对宪法学的研习兴趣,以致最终走上了专攻宪法学的治学道路,这且不论。这些文章在当时对人们的思想应当或者肯定地说发挥了某种启蒙作用,对于执政党和国家即将开展的改革开放的伟大进程奠定了民众的认同的共识基础,对于日后改革开放的顺利进行功不可没。除此之外,对于中国1987年宪法的制定也预做了知识储备,这一贡献也应当予以关注。

从严格的智库意义上来说,几篇文章当不是对当时的政治决策有针对性的咨询而发的,但从实际效果来看,视为起到宽泛意义上的"智库"作用也无不可,绝非妄言。

严格意义上的"宪法学智库"发挥巨大的咨询和建议功能始自1981年。随着改革开放的正式实行和对"文化大革命"中党和国家的民主、法制遭到近乎彻底破坏而造成的严重后果的反思和痛定思痛,党和国家适时地提出"加强社会主义民主,健全社会主义法制"的战略方针,与此同时,党和国家的工作重心也由阶级斗争转到经济建设中来,提出了实现"四个现代化"的社会发展目标。在这种情势下,带有"文化大革命"印迹的1978年宪法显然不再适用,制定一部全新的宪法已提上议事日程,党中央审时度势,组成了以全体中央委员参加的"宪法修改委员会",着手新宪法的制定工作。

恰如"兵马未动,粮草先行","宪法修改委员会"旋即组成了以张友渔为首的"秘书组",立即着手大量的宪法制宪先期的准备工作。由于张友渔曾担任过中国社会科学院法学所第一任所长,加之时任所长兼宪法室主任王叔文也是秘书组成员,所以包括笔者在内的宪法室全体成员全部被秘书组调动起来,全力以赴地为制定新宪法做服务工作。当时的工作流程总是比宪法制定的各个环节先行一步。秘书组根据宪法制定的每一项条款的表达,每一个宪法制度的制定,向我们布置具体的调研任务,并完成相应的研究报告和具体的条款或制度的建议。自1981年宪法制定(或宪法修改)程序的启动至1982年12月4日新宪法颁布实施的近两年期间,法学所宪法室的全体研究人员实际上担当的都是典型的"智库"功能,只是没有如今日的"智库"名分罢了。据不完全的统计,到宪法制定完成时,我们所收集的文字资料,写出的调研报告总计多达700万字左右,足见当时的工作量是何等之大了。但可惜此等资料未能正式出版,遂成今日宪法史研究中的一件憾事。此是题外之话,不必伸言。

在1982年宪法正式颁行之后的20年间,宪法学教研群体和一些学者以宪治担当的责任心继续发挥各种智库功能。重要的事迹有如下一些：

自20世纪80年代中期起，宪法学术界针对1982年宪法中关于全国人民代表大会和全国人民代表大会常务委员会监督宪法实施的规定，在出版的大量宪法专论和专著中，有众多的宪法学者提议在全国人大体制内设立"宪法委员会"或"宪法和法律委员会"，以具体组织和制度实现对宪法监督的职能。

自1985年中国法学会宪法研究会成立时起，在每年一次的例会上都是以"宪法监督"或"宪法实施"为会议主题，与会的宪法学者和人大官员就宪法监督的理论与实践问题，进行了多方位、全视角的研究和分析，其中提出了一些切实可行的意见和建议。此一主题设立延续了长达十年左右，足见宪法学术界对这一主题的集体重视程度之高，非比寻常。

前辈宪法学权威学者王叔文（曾两任法学所所长和宪法室主任、中国法学会会长）利用自己人大代表的身份，在20世纪80年代曾连续两次在人大的年会上，联合其他代表联名向人大会议提交议案，建议在全国人大中设立"宪法委员会"。

在20世纪80年代（或90年代初）中国法学会宪法研究会曾以集体的名义向全国人大提交报告，建议将1982年宪法制定的日期12月4日定为国家的"宪法日"。

老一辈宪法学家张庆福（曾任法学所宪法室主任和中国法学研究会会长多年）和青年宪法学家李忠曾在20世纪90年代以社会科学院的《要报》的形式联合向中央提议设立"宪法宣誓制度"。他们还以同样的方式向中央提议在全国人大体制内设立"宪法委员会"。

青年宪法学家莫纪宏以及笔者也多次以《要报》的形式向中央提出过多方面的宪法建制建议。笔者还曾就制定《农业法典》，设置农业总监，通过国务院机构改革实行"大部制"，以及建立统一、综合的行政执法机构和执法队伍等，直接向中央建言。

还特别值得一提的是，1999年根据中共中央的六项建议，第九届全国人大第二次会议对1982年宪法进行了六条修改，除对序言进行了更科学的表述外，还就涉及治国方略和分配制度，农村集体经济，个体经济，私营经济，反革命活动这些条款的内容作出更加符合国家和社会实际需要的实质性修改。特别是其规定依法治国，建设社会主义法治国家的治国战略方针在宪法中的确立，对于治国理政具有重大的战略意义。

需要指出的是，对于这次具有里程碑式宪法实质内容提升的修改，包括中共中央和全国人大和全国人大常委会的领导给予了极大的关注，修改前期做了大量的调研和专家咨询工作。由于参与领导和主持此次宪法修改的主要领导人之一的全国人大常委会副委员长李铁映曾长期担任过中国社会科学院院长，所以有关宪法修改的调研和专家咨询工作便顺理成章地分派给中国社科院法学所宪法行政法研究室承担。当时我们研究室接到如此重大的调研任务后，全体成员便立即全力以赴地投入这项光荣的任务之中。但在修改的进路和具体内容上，研究室出现了两种意见，一种认为应利用好这次修改机会，应该尽可能多修改一些内容，做到应改尽量改；另一种意见是认为全面修改的时机尚不成熟，尽管我们当时并不知晓中共中央此次修改的建议已明确在六个方面。但认为诸多内容的修改愿望与当时的政治氛围不太吻合，与其没有实现的前景，倒不如集中精力在"急需先改"、"可改可不改的先不改"的修改进路上，只作出重点的修改。从专业的立场上看，前一种意见更可取，因为这能使宪法得到进一步的完善；而从现实的立场上看，后一种意见也许更符合中共中央和全国人大常委会的修改初衷。由于两种意见争执不下，后报请所、院领导同意后，写出两种修改意见各自独立的修改报告，一并呈送中共中央和全国人大常委会参考。由于坚持后一种意见者只有我一人，故只能由笔者承担第二种修改宪法思路和内容的报告。报告提交上去以后，具体的审议过程我们自然不得而知，但结果却是可以看到的，笔者的报告以宪法专家的意见的形式被全国人大常委会的法制工作委员会印发作为内部文件在特定范围内传阅，还在正式的关于宪法修改案的说明中得到基本的利用。

以上的回顾只想表明，宪法学人在历史上出曾深度参与宪法的修改工作，从智库的意义上来说，这就是典型的智库功能的实现。至于是否有智库的名分或建制序列，反倒显得不重要了。宪法学人在历史上确实认真负责地担当过执政党和国家的智库资源，这应当成为中国宪法学术界引以为荣和值得骄傲的智识担当。

这里还要强调一点的是，本部分只是基于笔者的亲身经历和所见所闻而记述下来的宪法学人作为执政党和国家智库资源的点滴事例，如全面地挖掘和整理，绝不止这些。此当别论。

（二）宪法学作为整体新型智库的过往经验总结

以上只是表明宪法学智库场域的彰往经历，其实过往过程中的经验才是最值得总结的，分析起来，至少有以下几条经验可鉴。

第一，体现了强烈的使命感和责任担当精神。在中国优秀的传统文化中，优秀的文人文化是其中重要的组成部分。传统的中国文人在漫长的历史长河中锤炼和积淀了一些成为传统的优秀品质。其中最重要的之一，就是"致君尧舜上，再使风俗淳"的历史使命感、家园情怀和时代担当精神。到了近代年，沦为半殖民地半封建社会中国先进的文化中继承了传统文人的上述精神品质，一代又一代的优秀知识分子就怀有强烈的救亡图存的民族和家国情怀，不懈地致力于改变中国近代以来的悲惨命运，励精图治于实现国强民富的现代愿景，其中就包括历代优秀的宪法学人致力于引进西方的宪法和宪政和推行中国的宪法和宪政。当代中国宪法学人不仅继承和发扬了近代以来中国宪法学人的民族和家国情怀，而且还进一步继承和发扬了中国优秀传统文人的"致君尧舜上，再使风俗淳"的历史使命感和时代责任担当精神，以自己特有的专业知识，致力于国家的实现完备的立宪和推行卓有成效的宪治，最终贡献于国家实现四个现代化建设的时代潮流中。当今中国国力之强以及国际地位和影响力之大，其原由之一就在于中国有了一部切合中国实际需要而又较完备的宪法，使各项社会主义现代化建设事业在一个经过深思熟虑而又不断改革的既定轨道上深入进行。这首先应当归功于作为领导国家的核心政治力量的中国共产党，领导全国各族人民制定并根据变化的形势和社会主义现代化建设进程中的实际需要适时地修改宪法，以及建立新的宪法制度。自不待言，这其实与一代又一代宪法学人的贡献，包括作为智库资源的贡献分不开的。这是中国宪法学术界宝贵的精神财富，应当在当下及今后永远地继承和发扬下去。

第二，研究真问题，提出切实可行的立宪和宪治的建言和建议。宪法学理博大精深，既可探赜索隐，又能钩深致远，还能微密纤察，一个宪法学人穷其毕生精力，能懂其中一二就已经算是成就非凡了。但宪法学作为智库资源毕竟不同于深奥的学理研究，按智库的本性及要求，必须在可容许的不长时间期限内完成相关课题的研究并提出切实可行的建言建议，而这些问题通常又是执政党和国家迫切需要的现实问题，这对善于严格审查、深刻理解、宏观把握和长远思考的宪法学人来说确实是一大考验。所幸的是，当代中国宪法学人经受住了这种考验，正如前面的回顾所表明的，在建构深理大义的宪法理论的过程中，宪法学人也在研究中逐渐磨砺了对现实问题的关怀和洞察能力，对问题作出的分析及所提出的建言建议，不仅符合客观实际和需要，而且切实可行。一些有关立宪、推行宪治和建立宪法制度的建言建议被执政党和国家权力机关采纳之后，取得了很好的甚至卓有成效的政绩，为推进社会主义现代化顺利进行作出了重要贡献。事实表明，中国宪法学人这种能力无疑是一种宝贵的智识资源，对于极深研几的宪法学智识背景而言，弥足珍贵，值得中国宪法学人进一步予以发扬。

第三，不计名分和报酬，招之即来，敬以成事。过往的经历表明，无论在国家全面立宪还是局部修改宪法过程中，中国宪法学人都是招之即来，兢兢业业，完满地完成各项指定的调研任务，根本不会计较个人的名分问题，像在1982年制定宪法期间，中国社会科学院法学所宪法研究室的绝大多数成员都不具有"秘书组"成员身份，甚至连辅助性的工作人员的名分也没有，但全体成员无人计较有无名分问题，只是把接到的各项任务当成自己分内之事，唯一想到的就是如何将其做好，完满地完成任务。在1982年宪法制定的两年期间，由于随时待命，根本没有正常的作息制度可言，没有节假日，不休周日，加班加点直至深夜竟成为一种常态。所有的额外付出，均无额外的报酬可言。但我们参与人没有人计较这些，任劳任怨地勤奋工作。这与当下各级各类智库建设投入大量人力物力形成序列编制相比，形成鲜明对照。中国宪法学人更应当珍惜自己的无私奉献，不计名利的精神品格。

第四，勇于提出符合宪法原理的不同于现实政治考量的宪法建制建言建议。从宪法学的博大精深的理论层面上看，同一种宪法理论以何种宪法建制形式发挥其理论价值或智库功能，是应当也是可能存在多种选项的。中国宪法学人在以往作为智库资源发挥作用时，最可称道的政治和学术品格，就是并没有一味地投主流的政治考量之所好，以谨小慎微的顺从态度提出相关的宪法和宪法制度的建言建议。通常都能直面问题的实质，以精深的学理提出各种不同的选择意见或方案，以供政治主导层面全面考量和选择。这在建立具有中国特色的宪法监督制度的过程中表现尤为突出。在执政党和全国人大决定在中国建立由最高国家权力机关亲自监督宪法实施的制度之后，宪法学术界在30多年间持续不断地，以各种方式和途径向政治主导层建议在全国人大或全国人大常委会的体制中，建立相应的"宪法委员会"或相应的机构，作为日常的、专门的专职机构，具体负责经常性专业工作，以协助最高国家权力机关更好地实施宪法监督的职能。这样做不仅不违背现行的宪法监督制度，而且通过增强效能，还望彻底改变现实的宪法监督制度。由于缺乏相应负责的日常机关的辅助工作而长期处于基本上的"空置"状态，从而从根本上提升现行宪法监督制度的运作水平和质量。令中国宪法学术界欣慰的是，这一建议终于在《中共中央关于全面推进依法治国若干重大问题的决定》中得到了积极的回应，相关的制度和机制呼之欲出，指日可待。类似的例子还有很多。这种勇于提出不同于现实政治考量的建言建议，是极可宝贵的学术担当精神的体现，值得继续发扬。

五 宪法学作为整体新型智库"场域"的察来路线图和现实路经选择

可以从长远和现实两个视域来分析宪法学作为整体新型智库的强化建构问题。

（一）宪法学作为整体新型智库的察来路线图

前面已就宪法学的过往彰显经历作出了分析，现在再谈"察来"，则是关系到强化宪法学作为智库场域的未来规划问题，既可以视为一个平面蓝图，也可以视为前行的路线图。这一规划非常必要，因为只有依靠科学的规划绘制蓝图或标明路线图，才不致使宪法学的智库场域的强化建构越趋牢固和昭彰成效。书不能尽言，只谈三点供学术同人参考。

第一，注重社会分析。这里以"社会分析"来表述学术意境是以"社会学"的学术意境分开来说明的，社会学是一个庞大的社会科学门类，显扬已有两三个世纪，著述如林，大师代有辈出。孔德以来的社会学家，诸如马克斯·韦伯、涂尔干、弗洛伊德、米德等，他们对"社会"的种种洞见，能够帮助我们虽生活于社会之中，但通常并不了解社会学之芸芸众生发现并理解我们身处的真实社会。我们用"社会分析"可以视为一个微缩的"社会学"版本，只取一些有的层面进行观察和分析。关于法律学与社会学的密切相关和重大区别，学界已有成熟的探讨[①]，最近十几年来，在中国法学界出现了了法学研究中"社科法学"与"法教义学"两种方法论，甚至有人称之为"两大集团"之间的论争。"社科法学"是一个统类的概念，用以表述主张者力图引进"法社会学"、"法人类学"、"法经济学"等学科的理论体系（如果有的话）和研究方法，以加深对现实法律的研究，弥补法教义学缺乏灵活性和开放性的不足。有学者也称"社科法学"为"政法法学"或径直称其为"法社会学"。限于主题，这里无需介入这两派（如果已成"派"的话）之间的论争，只想指出，无论两派争论的结果如何，从社会学的视角研究法律体系和

---

① 感兴趣的读者可参阅［英］罗杰·科特威尔著、潘大松等译：《法律社会学导论》中的导言、第一、第二章。华夏出版社1989年版，第1—72页。

法律现象的迫切性已经突显出来，并且已经成为一个不容忽视的事实。这里还想指出，不论法律学和宪法学和社会学在研究主论方面，方法和观点有多么大的差异，但这两门学科都涉及社会关系的全部重要形式，并且有一个在根本上相似的主题，即"合法权利的本质、社会控制机制的本质、宪政的社会基础、公民权的产生以及公共领域和私人领域之间的关系"[1] 法学家萨维尼也曾指出："法律是生活的全部内容，但要从一个特定的角度观察。"[2] 其实，宪法才是生活的全部最重要内容，宪法观察社会所需要的特定视角，并非只有社会科学中的社会学才能提供。但社会学的视角是绝对不可缺少的，因为只有社会学具备观审全部社会生活的综合性。反之，从社会学的视角看，宪法作为一种社会治理、行政治理和国家治理的调节机制、一种专业领域和一门学科，都可以成为社会学解释的研究客体。正是因为宪法学如此重要，先是孟德斯鸠，继之是韦伯、杜尔克姆、伯雷托都毕生从事社会的整体结构研究。马克思还将社会学提到一个更高的历史高度，他的社会科学体系径直被命名为"科学社会主义"。

社会学的综合、系统和整体的智识体系在吸纳成为法律学和宪法学研究的智识资源时，是通过一种被西方学者称为"社会想象力"来实现的。这种想象力不断地以广阔的社会为背景尝试诠释宪法的详尽知识，执着地寻求宪法发展和社会大变迁之间的关系；认为宪法以复杂的方式与用宪法治国理政和治理社会之间是一种相互影响和相互作用的关系；并且这种想象力始终感到需要在合乎逻辑的经验性资料和严格的理论阐述的情况下对法律和宪法进行系统化的探讨。

最近十几年来，中国宪法学术界有领军学者韩大元力倡在中国建构"宪法社会学"这一全新的分支学科，这是一个极有远见的创意，值得大力加以推进。从"宪法学智库场域"的研究主题上看，也有重大的理论和实践价值。宪法要成为卓有成效而又受人尊敬的智库资源，就必须重视吸纳社会学智识及其视角。当然，当代社会学早已突破了传统的研究范式，在现实巨大的社会转型期间，新的社会问题、新的社会群体、新的经济结构、新的城乡布局、新的人口结构等问题层出不穷，都需要宪法学人予以关注并进行有深度、有质量的调查研究。这种种的社会学智识资源对于强化"宪法学智库场域"的

---

[1] ［英］罗杰·科特威尔：《法律社会学导论》，潘大松等译，华夏出版社1989年版，导言第6页。

[2] 同上。

重要意义和价值再怎么强调都不为过。

第二，模型研究。何为模型？简而言之，就是对要研究的客体，基于特定的研究宗旨或目的，经过科学的分析而抽象出对象物的本质属性和特征，进而建构一种思维形式的模拟物，即思维模型，用来进行推理、演算和分析，从而获得对研究客体的知识。思维模型又可以类型化为理想模型、数学模型、理论模型、半经验半理论模型等。模型作为社会科学的表征术语，在中国的学术界较为陌生，学者们常用的是"模式"这个术语，它们之间有什么联系和区别，笔者没有研究过。但就"模型"来讲，在西方社会科学界早已成为一种常用的研究技术和方法，也有用于宪法学研究的先例。[①] 本人认为，引进宪法模型研究对于强化宪法学智库场域的建构至少具有如下的意义或价值。

首先，可以作为研究对象的表征，便于开展研究。以宪法为例，就世界性和历史性的各国宪法来说，都是一个庞大的体系，除非研究者只选其中一部宪法进行研究，如果就某种类型或某一时期的宪法概貌进行总体研究的话，可以借助早已公认的宪法类型或由研究者根据需要自行拟制类型，从而便于进行相关的宪法内容或宪法原则的深入研究。如果用在智库咨询的场合，便能以一种政治和政策决策者易于理解和接受的方式获得相关决策所必须依据的宪法信息。当代是一个信息的社会，信息对包括政治决策在内的各种决策的重要性早已不言而喻。准确、充分和及时的来自古今中外各种宪法及相关信息，对于相关的政治法律决策是绝对必要的和重要的。

其次，有利于政治或政策决策者比较、鉴别和抉择。在政治或政策决策过程中，情理上应当有多种选择，为什么选此而不选彼或其他肯定也是比较、鉴别之后择优而选，即使没有更好的选择，至少也要选其最小有害者。宪法智库所从事的先期模型研究，如同马赛克般地布列在决策者面前，可以通过直观的审视，各种宪法模式一目了然，孰优孰劣，哪一种模型更适合自己的国情和需要，就可以作出明智的选择了。表面看来，这种指认选择模式的决策似乎是失于过分的简单和便宜，近乎草率，但实际上大量详尽、仔细的模型研究早已在事前由智库资源完成了。模型研究越细致入微、越周全精透，相关的政治法律决策越可靠和越适当。

第三，数据统计。这是任何科学决策都必用的信息资料，不能全面地、准确地把握包括统计数据在内的信息，就不可能作出科学而又明智的决策，

[①] 详见［荷兰］亨克·范·马尔塞文、格尔·范·德·唐《成文宪法——通过计算机进行的比较研究》，陈云生译，北京大学出版社2007年版，第十章。

此理至明且显，无须深论。在中共中央十八届四中全会作出的《中共中央关于推进依法治国若干重大问题的决定》中，决定建立宪法宣誓制度，习总书记在《说明》中就引用了142和97这两组数字，在强调在中国建立宪法宣誓制度的必要性的同时，也暗含着在中国建立宪法宣誓制度其实是顺应了世界性宪法建制趋势。引用相关统计数据用以支持建立宪法制度，这在中共中央的纲领性文件中是一个开创之举，这给予我们宪法学术界以明确的研究导向。宪法学研究不应当仅仅是宪法原理和内容的描述、解释和微显阐幽式的分析，还应当有大量的相关统计数据的积累。中国宪法学长期以来缺少这种对统计数据的关注。一些宪法研究著述中还存在随意引用数据的现象，以讹传讹，令人不能容忍。宪法数据统计也许是费时又不讨好的工作，但又不可缺少且极为重要，是宪法学研究中的一项基础建设，如同城市建设中的水、电、路、网等基础设施一样，是城市建设中必不可少的。统计数据对宪法学研究，以及作为强化宪法学作为整体新型智库来说，也是必不可少且极为重要的一项基础性工作。

（二）现实的路径选择

在《中共中央关于推进依法治国若干重大问题的决定》中，决定在中国建立宪法日和宪法宣誓制度，除宪法日和宪法宣誓制度本身的意义外，还是一个明确宪法建制导向。宪法日和宪法宣誓这类制度建设，在宪法学中称为"宪法建设"，即我们通常表述的"基本建设"之意。宪法作为国家的根本大法，其最高的法律地位和最大的法律权威除了源自宪法自身的原理和内容外，也来自不同于任何其他的法律体系所具有的宪法制度建备。作为宪法制度这类基本建设的项目，向来是一个开放的体系，但宪法制度建备却多少与相关国家对宪法的重视程度有关。不待说，越重视建制就越多，反之就越少甚至没有。执政党决定在中国建立宪法日和宪法宣誓制度，除了本身对于弘扬宪法精神和更好地贯彻实施宪法的意义之外，也是一个明显的对宪法高度重视的表征，还预示着在今后还可能建立更多的宪法制度的导向。在世界各国，除宪法日和宪法宣誓制度外，还有一些相关的宪法制度在或多或少的国家建立。诸如"宪法广场"、"宪法大道"、"宪法花园"、"宪法战舰"、"宪法展示厅"等各项制度或各种纪念物。这些可以作为中国的建制和设立纪念物的参考。

只要中国宪法学人充分展开自己的"宪法想象力"，是可以提供多种方案或建议供执政党和国家参考的。这也是宪法学作为整体新型智库强化的一个必要方面，应当予以重视并切实着手进行。具体建议：

（1）将首都北京的长安街改名为"宪法长安街"或"长安宪法大道"。

（2）将首都北京的天安门广场改名为"宪法广场"。

（3）选择某一新建的大型花园或公园改为或取名"宪法花园"或"宪法公园"。

（4）给新建造的特大型船舰，首选航母级战舰命名为"宪法号"。

（5）在全国各级国家权力机关的大厅内设立不同规格和档次的展示厅、台、柜等，在其中永久性地布展精装本的宪法。

宪法学作为整体新型智库是一个值得关注的研究领域，它关联宪法学理论领域和实践领域，无论对宪法学研究成果品质的提升，还是对现实的国家智库建设的价值与功能，怎么高度估计都不为过。

第十七篇　民族区域自治的远古史影及其价值蕴含

——基于优秀民族文化的探源研究

内容摘要：作为当今中国基本政治制度之中的民族区域自治制度具有古远而厚重的历史基础，寻根探源可以追溯到在古代的历史深处。中华各民族的先祖在遥天纪年可确考的历史时空中就创造了灿烂的古代文明，其中的优秀民族文化从物质生产、社会结构、精神生活到结盟、恤遗、服贡、怀柔等制度性元素，都构成了民族区域自治的理论与制度的本土历史资源。探究这些资源不仅能更深入地理解民族区域自治制度，而且更有利于全面贯彻实施民族区域自治制度。

关键词：寻根探源　远古优秀民族文化　价值蕴含　神话同源　中华民族认同　精神家园　史鉴

中国的民族区域自治，如果从1947年5月1日内蒙古自治政府成立算起，至今已走过了近70年的光辉历史。改革开放以后，民族区域自治又被执政党和国家确立为具有中国特色的三大基本政治制度之一。该制度在中国的贯彻实施成就非凡，硕果累累。中国作为世界上最大的多民族国家之一，是唯一没有实行联邦制和单纯的民族自治的统一国家，但通过在中国的单一制的国家结构内实行民族区域自治，在实现各民族平等、团结、共同发展与进步以及在实现国家的安定、祥和等方面所取得的成就，不仅中国各民族人民有切身感受，而且得到了世界的公认和瞩目。

在实践取得巨大成就的同时，民族理论的建树和研究上同样也取得了显著的成就，通过在民族学、民族法学、宪法学等学术界的长期坚持不懈的努力钻研和大力推动，民族区域自治理论成长为一个跨学科又自成一个完整体系的综合学科，其中大量的专门著述和难以计数的论文、文章，足以彰显这个理论结构的恢宏与精奥，使之成为极具有中国特色的理论体系。但我们也应当看到，中国的民族理论仍然具有广大的理论空间需要拓展，理论深度需要发掘。我们认为，除了其他方面，在民族区域自治理论乃至一般民族理论方面，至少在历史的深度挖掘方面还很不够，相关的著述虽屡为涉及，但不全面和深入。本文尝试对此进行研究，期望能填补这一理论的缺失。我们坚信，当今民族区域自治制度之所以如大树一样卓然挺立，并不仅仅是政治设计的成功，还在于它的根深深地扎在中国这块古老文明的土地上，是中华传统文化特别是其中的优秀的民族文化孕育和培植的结果。

一　探源研究的意义与价值

对民族区域自治的探源研究具有综合的意义与价值。

（一）有利于对中华优秀传统文化的阐发与弘扬

在对民族区域自治的探源研究中，势必要寻根溯源与传统优秀民族文化之中，这无需多做解释，因为今之民族区域自治制度是极具中国特色的基本政治制度，它是由代表中华各民族共同意志的共产党和人民政权在新民主主义革命和社会主义革命中，在中华人民共和国成国前后的人民政权建设中，不断探索、总结，最后确定为共产党和国家政权在中国这样一个多民族的统一大国中，解决民族问题和国家结构问题的政策抉择和国家结构形式以及国家的基本政治制度。这一政策和制度是中国自己独创的全新政治形式，在多民族大国中举世无双。但这并不意味着中国的民族区域自治制度只是革命和国家政治领导力量及其领导人运用先进的理念和政治智慧苦心设计的结果，这只是民族区域自治能在近、现代抉择和确立的一个方面，尽管是一个重要的方面。另一方面，中华传统文化的深厚土壤的培育也是不可或缺的方面。中国传统文化也可称为中国古代文明。加拿大学者布鲁斯·G.崔格尔在其新著《理解早期文明：比较研究》中，曾就以下世界六大文明进行比较研究。他研究的早期六大文明中，除埃及、美索不达米亚、墨西哥谷地的阿兹特克及周边人群、玛雅、印加和约鲁巴等记载最丰富的古代文明外，还有商代中国。[①] 其实何止商代，从三皇五帝传说到有史迹可考和文字记述的夏代、商代

---

① ［加］布鲁斯·G.崔格尔：《理解早期文明：比较研究》，徐坚译，北京大学出版社2014年1月版。

和周代，都孕育了灿烂的远古文明。在制定和修改的中华人民共和国宪法各文本时，都在序言中明确记载："中国是世界上历史最悠久的国家之一。中国各族人民共同创造了光辉灿烂的文化……"这就对中国传统文化或古代文明的历史地位做了明确的认定和记载。

另需特别说明的是，2011年，在中共十七届六中全会上，中共中央作出了《关于深化文化体制改革推动社会主义文化大发展大繁荣若干问题的决定》，其中明确指出："优秀传统文化凝聚着中华民族自强不息的精神追求和历久弥新的精神财富，是发展社会主义先进文化的深厚基础，是建设中华民族共有精神家园的重要支撑，要……加强对优秀传统文化思想价值的挖掘和阐发，维护民族文化基本元素，使优秀传统文化成为新时期鼓舞人民前进的精神力量。"[①] 我们此项从民族区域自治探源方面对远古优秀民族文化的研究，从最一般的意义上来说，其实也是对优秀传统文化思想价值的挖掘和阐发，同时也是对优秀民族文化基本元素的深度阐释与弘扬，完全符合中共中央上述决定的精神与要求。

（二）有利于提升民族区域自治的价值与功能品位

在以往和当下的学术研究中，无论是民族学界和宪法学界，检视起来都有一个共同的学术倾向，那就是把民族区域自治主要置于工具性价值的品位上，重点阐发通过政策性调整、法律性规制和制度性运作，使中国各民族的相互关系得到和谐的调整，在保障各民族政治地位平等的基础上，加强民族团结，促进共同的进步与繁荣。民族区域自治这种工具性价值的肯定不仅必要，而且怎么强调都不为过，但这只是民族区域自治综合价值与功能的一个方面，本质上是属于"形而下"哲学层面上的。在价值哲学的视角下，还有一个超现实工具性的"形而上"的层面，即精神方面，这在民族领域大致包括中华民族自强不息的精神气质、中华民族的认同感和归属感、祖国的荣誉感和自豪感、共同祖先和起源的神话传说认同以及包括敬天尊地天人合一的自然观等方面。这些共同构成了中华民族的精神家园。这种精神家园对中华各民族的凝聚力和感召力较之西方的超大宗教信仰的凝聚力和感召力，丝毫也不逊色。通过这种在寻根溯源的探讨中充分

---

① 中共中央：《关于深化文化体制改革推动社会主义文化大发展大繁荣若干问题的决定》（2011年10月18日中国共产党第十七届中央委员会第六次会议通过），《人民日报》2011年10月26日，第1版。

发掘优秀的远古民族文化，在收到提高精神文明的社会效应的同时，自然也会提高民族区域自治的价值与功能品位，即民族区域自治绝不仅仅是调整民族关系、促进民族团结、实现各民族共同发展的根本政策和基本的国家制度，同时它还是宝贵的教育资源，是提高中国各民族的凝聚力和对祖国的忠贞归属的绝佳教材。

（三）进一步增加对民族区域自治理论自信和制度自信

民族区域自治在中国这样多民族统一的大国中卓有成效地制定和实施，前已指出这举世无双。而其之所以举世无双，除了现实的民族关系和国家结构等政治性考量和抉择之外，还在于其深远厚重的历史基础。历史是给定的，中国在五千多年的有迹可考的文明发展过程中，从历史地给定了自远古的历史时代起，各民族就共同生活在这块古老的东方土地上，共同开发疆土，共同创造生存的自然条件和精神家园。尽管在中华先祖的那个时代，并没有我们今天所能辨识和有固定称谓的"民族"，而是以氏族、部落、部落联盟等初具形制的类民族联合体的形式存在。但后来的事态表明，它们中的相当大的一部分在漫长的历史长河中逐渐演化而成为当今的各民族，尽管一些少数民族在历史演化过程中的称谓几经变换，也包括一些归化为其他民族的族体，但不管怎样，中国从古远的时代起，就是各民族的共同家园。有多民族存在，就有各民族相互关系的调处问题，中国各民族的先民在这方面可以说进行了在今天可以称之为理性的创造，积累了宝贵的经验。这些创造和经验早已潜移默化地渗透到近、现代中国民族政策和国家制度的抉择和确立过程中，如在经过文化自觉的提升，有目的地在民族区域自治的继续完善和大力实施过程自觉地运用远古的优秀的民族文化，将会进一步提升作为民族政策和国家制度的品质和实施效能。这在中国当前执政党和国家层面，以及在全国各民族人民日益提高走中国特色社会主义道路的理论自信和制度自信的宏观背景下，肯定会进一步提升对民族区域自治的理论自信和制度自信。这种自信的提升，更将鼓舞我们朝着既定的目标，坚定不移地将民族区域自治制度坚持和贯彻实施下去，为创造更和谐的民族关系，维护国家的安定团结，实现美好的社会和国家发展目标作出贡献。

总而言之，我们此项探源史影及其意义分析研究，决不是"发古之幽思"之举，而是基于深切的对现实意义与价值的体察。

二　民族区域自治的远古史影及其意义分析

关于民族区域自治的远古史影是一个极为庞杂而深奥的研究对象，在此一篇容量有限的论文中，当然不能尽言。此文只取两个层次进行简约的梳理及初步分析：一为观念上的，二是形制方面的。

（一）民族区域自治的远古观念史影及其意义分析

1. 发生学意义上的神话同源及其意义分析

神话起源于不知纪年的遥远的上古时代，在那荒蛮的时代，人类最初只能以语言进行交流，或可以结绳记事。但发达的人类大脑已经开始了对自身、自然及相互关系的探索，并以极其原始朴拙的思维直奔如下人生的哲学主题：我们是谁？我们从哪里来，我们往哪里去？世界上几乎所有的"我们"都会发出这样疑问并作出他们自己的回答。这种思考和回答必然是以我们今人称之为"神话"的形式表达出来的。那个时代今人也称为"神话思维时代"或径直称"神话时代"。由于没有文字可用，神话除部分用岩画或我们大多尚不破解的契刻符号表达外，其余绝大部分都以世代口口相传的续衍方式留传至今。神话又被今人分为传说、叙事、思维、表象、仪式等多种形式，其内容在今人看来显得过于夸张、怪诞，令今人匪夷所思。但自漫远的上古时代留传下来的神话绝不是我们今人（包括某些学者）所认为的纯属"迷信"，以至"绝不可信"。事实上，神话传承下来的是这样而不是那样，不仅蕴含了极其丰富的"意义"体系，而且经近、现代人类学、古文献学、考古学、政治学、民俗学等各个学科的综合研究，我们今人已从古老的神话传说中发现了不少远古时代的"史影"，乃至"史实素地"。

传说的人文学科，长期以来都以文字作为研究"神话学"的基础学科。这些状况的形成是不以神话为史，而是作为文艺作品而致力于从中发现其中的真、善、美。而晚近几十年来，神话学的研究早已超越了文学的学科基础，而成为人类学、考古学、语言学、社会学（民俗学）等学科的研究对象。其发展势头之猛着实令人惊异，且成果累累，一大批专著相继问世。

特别值得提出的是，学术界对于神话作为人类自身及其思想在发生学意义上的起源研究给予了高度的重视乃至偏好。在科学高度昌明的当代，今人仍在延续我们上古的先祖们关于人生哲学最基本问题的思考和追问，这足以令人惊异如此自恋并陶醉于高度文明和发展的当代人，至今还思考早在旧石器至新石器时代的人们思考和追问的人生哲学问题竟如此的一致。更令人不可思议的是，今人对上述人生哲学的思考与追问并没有比远在万千年以上的先祖们的思考和追问前进多少，以至于我们今人仍然需要怀着极其虔诚的态度向我们的先祖致敬和学习。这就是为什么当代中国在发展社会主义先进文化，建设中华民族共有精神家园，树立社会主义核心价值观，凝聚新时代鼓舞人民前进的精神力量时，正如前引中共中央的《决定》所表述和强调的那样，"要加强对优秀传统文化思想价值的挖掘和阐发，维护民族文化的基本元素"。正是以上的理论背景和政治感召，才使我们对民族区域自治的研究产生了通古贯今的神话同源的学术联想和价值共享。

中国上古神话具有极其丰富的内容。根据学者刘城淮在《中国上古神话通论》中的分类有以下一些：生物神话，其中又包括动物神话和植物神话，地理神话，其中包括山岭神话、河海神话、矿物神话、火山地震神话；气象神话，其中包括风神话、云雨神话、雷电神话、霜雪神话；天文神话，其中包括太阳神话、月亮神话、日月神话、日月食神话、星辰神话、三光神话、虹霓神话、岁时神话；宇宙神话，其中包括创世神话、天庭神话、大地神话、四方神话、幽都神话、登天入地与隔绝三界神话，等等。[①] 在这些繁杂的神话中，几乎没有任何一则是专属某一民族的，事实上都可以说是现时各民族共享的，即使从其最初创立时期起，都是如此，尽管在那个漫远的上古时，民族还是以氏族、部落、部落联盟、部族的最初形式存在，限于篇幅，本文只以两则创世神话和一则创人神话加以介绍和分析。

在创世神话中，最著名的一则当属"盘古开天地神话"，简称"盘古神话"，它在古籍记载和民间口头流传中有多种版本，叙事有别，但开天地主旨明确。据《绎史》卷一引《五运历年记》记载："盘古，垂死化身，气成风云，声为雷霆，左眼为日，右眼为月，四肢五体为四极五岳，血液为江河，筋脉为地里，筋肉为田地，发髭为星辰，皮毛为草木，齿骨围殴金石，筋髓为珠玉，汗流为雨泽，身之诸虫因风而感，化为黎甿。"[②] 盘古开天地，造山坡河流，划舟来住人，造海来蓄水。盘古开天地，分山地平原，开辟三岔路，四处有路通。盘古开天地，造日月星辰，因为有盘古，人才得光明。[③] 另据

[①] 刘城淮：《中国上古神话通论》，云南人民出版社1992年版，第252—337页。
[②] 同上书，第321页。
[③] 同上书，第322页。

《艺文类聚》卷一引《三五历记》记载:"天地混沌如鸡子,盘古生其中,万八千岁。天地开辟,阳清为天,阴浊为地。盘古在其中,一日九变,神于天,圣于地,天日高一丈,地日厚一丈,盘古日长一丈:如此万八千岁,天数极高,地数极深,盘古极长。"① 这只是两部典籍记载,其他典籍的记载恕不能一一引述。除此之外,瑶、壮、白、苗、毛南、侗、彝等少数民族也都有大同小异版本的盘古开天地的神话传说。②

关于创世神话在西方世界也出现过,只是比我们中国要晚了许多世纪。其中最著名的创世神话当属《圣经·旧约》中记载的上帝耶和华,在七天之内就创造了包括天、地、万物和人的一个完整的世界。西方的思想家、哲学家对这种创世神话进行了各种解读。最近由美国人类学家詹姆斯·皮科克所作的哲学解读,对我们对创世一类的神话解读颇有启发。他指出:"希伯来人在文化的观念上则作出了不少贡献。在他们的创造观念中,人是'按照上帝的形象'被创造,并被上帝赋予统治地球的权力。这样,人就与非人区分开来。创世记不仅设法解决了重要的哲学问题'为什么会有一些事情而不是什么都没有?'(是耶和华创造了物质、天堂和地球),也解决了这样的问题'为什么会有生命出现而不全是无生命的天地?'(耶和华的呼吸给予生命)和'为什么有有意识的活动而不全是无意识的活动?'(耶和华的创造中人和动物之别从伊甸园到"现实世界"的转换)。最后一个问题也可以这样表述:'为什么有文化而不是只有自然?'"③ 按照这种哲学分析理路,中国的盘古开天辟地的神话同样具有上述的哲学意义。首先,它表明我们先祖以中国方式设法解决了重要的哲学上"为什么会有一些事情而不是什么都没有"的问题,即自然界中的天、地、万物由来有自,是盘古(或加上其弟盘生)用肉身化育,以其自我牺牲的英雄行为成就了天、地、万物。这就解决了原始初民对自身以外的周围世界,大到天体中的日月星辰,小到一草一木以至金石、珠玉从何而来的哲学困惑。除自然界外,在一则上引的《五运历年记》盘古开天地神话版本中,还有"身之诸虫因风而感,化为黎甿"的记载,"黎甿"者,即"黎民百姓"是也。看来,人也是盘古开天地的结果,但百姓,即人不是盘古自体肉身化育的,而是他身上的"寄生虫"在风的感化下变成的。

---

① 刘城淮:《中国上古神话通论》,云南人民出版社1992年版,第322页。
② 关于瑶、壮、白、苗族的盘古开天地的神话传说的版本,详见刘城淮《中国上古神话通论》,云南人民出版社1992年版,第321—328页。
③ [美]詹姆斯·皮科克:《人类学透镜》,汪丽华译,北京大学出版社2009年版,第29页

我们先祖关于"我们是谁，我们从哪里来"的哲学思考颇有创意，这不像《圣经·旧约》中那样是由上帝并用"上帝的形象"创造出来的，还被上帝赋予统治地球的权力。在盘古神话中，人并不是直接由盘古创造的，甚至都不是其肉身化育而成的，而是他身上的"诸虫"被他的"气"化成的风"所感"而生成的。这一创造人的方式表明了我们先祖的宇宙观和人生观与古希伯来人有一个重大的区别。前者虽然也解决了"为什么会有生命出现而不是全无生命的天地"的哲学问题，但不像后者那样赋予人以统治地球的超越权力。换句话说，我们先祖之所以让人以这种方式出世，其深处的观念只是表明他们并不想让人成为比其他周围世界上的任何有机物或无机物有显著或重大区别的物种，人不过是自然生成（通过盘古开天地）的一个物种而已。初民们这种朴素的自然观构成了后世中国传统文化中最重要的核心观念之一的"天人合一"宇宙观的基础。这一基础与我们所探讨的民族区域自治制度的观念基础之间的联系，本文在下面还将详加分析。

盘古开天地的神话重在解决"为什么会有自然界诸物的分野"，而不是原初的"天地混沌如鸡子"的样子这样的"创世"问题，而关于人的"创造"方式尽管与自然诸物有所区别，但人的意义毕竟与自然诸物的意义显著不同，单纯的创生方式并不能解决人在宇宙中的地位以及人与自然诸物之间的意义差别问题。这个问题的解决还需要通过另外的形式来解决。"女娲造人"的神话就应运而生了。

"娲，古之神圣女，化万物者也。""传言女娲人头蛇身，一日七十化。""黄帝生阴阳，上骈生耳目，桑林生臂手，此女娲所以生七十化也。""俗说天地开阔，未有人烟，女娲抟黄土作人，剧务力不暇供，乃引绳于泥中，举以为人。"

这些古文的意思是：民间传说，天地开辟之初，大地上并没有人类，是女娲把黄土捏成团造了人。她干得又忙又累，竭尽全力干还赶不上供应。于是她就拿了绳子把它投入泥浆中，举起绳子一甩，泥浆洒落在地上，就变成了一个个的人。后人说，富贵的人是女娲亲手抟黄土造的，而贫贱的人只是女娲用绳沾泥浆，把泥浆洒落在地上变成的。

"女娲抟土造人"神话可以如我们理解的在盘古神话中对造"黎甿"，即百姓叙事的不足，或也可以理解为专突出"我们是谁，我们从哪里来"的哲学思考而精心创造的"创人"神话。这一神话一般哲学意义就在于：人作为自然界中的一个物种，无非来自自然，连神人女娲"造人"的质料，也是大自然中极其普通的泥土，而非什么"特殊的材料"。人被造出之后，也生活在自然中，在盘古开辟的土地上生活、繁衍后代，与大自然中的天空、土地、花草等万物和谐地生活在一起。不言而喻，这则女娲补天的神话再次强化了我们的先祖关于我们人与自然万物，即"天人合一"的宇宙观核心理念。同时也进而回答了"我们的世界为何是这个样子而不是别的样子"，以及"我们的世界中为什么要有人，有人的世界和无人的世界有什么不同"这类的哲学追问。

在关于民族区域自治的史影及其价值蕴含的探讨中，我们当然不能只满足于上述一般哲学意蕴上的分析，而是要致力于寻觅出这种上古神话对于当今的民族区域自治制度的深远影响。当然，上古神话作为优秀的传统文化从宏观背景上也具有影响，但我们更认为上古神话还对现今的民族区域自治制度具有更为密切相关的观念影响。

首先，让我们看一看现今民族区域自治制度制定和实施所依据的一些基本原则。

中国的民主制度决定了我们必须以先进的、科学的民族理论为指导按照国家的民主原则来建立各民族之间的关系。在先进的、科学的民族理论中，民族平等和民族团结问题占据核心的地位，因为我们所讲的民族问题，就是民族关系的问题，就是各民族之间平等与不平等，团结与不团结的问题。所以，民族平等和民族团结是马克思主义处理民族问题的根本原则。中国共产党和国家一贯坚持以先进的、科学的民族理论为指导思想，在处理国家的民族关系上，一贯重视发展平等、团结、互助的新型民族关系。中华人民共和国成立以来，中国共产党和国家一直比较重视调整和解决民族关系问题，并且取得了显著成绩。经过长期的一致努力，中国各民族人民已经建立起了平等、团结、互助的民族关系，为了巩固国家的统一和进行社会和国家现代化建设提供了根本的保障。60多年的历史经验也证明了，只有各民族人民建立起平等、团结、互助的民族关系，才能保障国家的安定和团结，促进少数民族的繁荣昌盛，推进国家和民族自治地方的现代化建设的顺利进行。如果破坏了各族人民和睦共处与兄弟合作的关系，就会导致国家和民族分裂的严重后果。中华人民共和国以来的经验还表明，中国的民族关系是新型的民族关系，它的基本特征就是民族平等、团结和互助。

坚持民族平等是中国的一项基本的民族政策和制度，这一政策和制度得到全国各族人民的热烈拥护和支持，各民族人民自觉地把民族平等作为处理民族关系的行为准则。在中国共产党和国家长期进行的民族平等的教育下，民族平等的观念已经深入人心，国家机关工作人员、广大各族人民群众都能自觉地尊重各民族的平等地位和权利。在中国正在进行的现代化建设过程中，无论是相对聚居的民族，还是交错杂居的各民族，都以平等的民族成员的身份，积极地参加了国家的现代化建设，谁也不歧视谁，谁也不排斥谁。在各级国家权力机关中，各民族的代表都能平等地共商国家大事，对于一些少数民族代表提出的合理意见，其他民族的代表总是认真地加以考虑，并在可能的条件下给以应有的照顾。在其他国家机关中，各民族的干部也都能平等地在一起工作、学习和生活。在汉族居住的地区，对于前来参加工作、学习的少数民族的干部和群众，都表示欢迎，并尽可能地给予照顾。在少数民族地区，也欢迎汉族和其他民族的干部、科技人员和有技术专长的群众去参加发展和建设。所有这些，都说明了中国各族人民之间已经建立起了牢固的平等关系。

民族团结对我们的国家来说，是关系国家建设事业的成败，关系国家前途命运的大问题。中国各族人民在几千年的共同交往和共同生活中，结成了亲密团结的友好关系。在各民族人民掌握了自己的命运以后，他们更加珍视这种友好团结的情谊。各族人民共同认识到，无论在历史上，还是在现在以至于将来，各民族人民的命运紧紧地联系在一起，汉族离不开少数民族，少数民族离不开汉族，只有团结才能得到生存和发展，分裂就会导致国家的衰败、民族的危亡。如果说在民族、民主革命历史上，没有各族人民的团结奋斗，就不会推翻压在人民头上的帝国主义、封建主义和官僚资本主义的"三座大山"，不能得到国家的独立和民族的解放，那么在现在和将来，没有各民族的团结奋斗，就没有国家的现代化，就没有国家的富强和人民的幸福。各族人民只有团结起来建设国家，同心同德、齐心协力地早日把中国建设成为现代化的、文明、民主和富裕的国家，才符合各民族人民的根本利益。除了极少数的民族败类妄图分裂祖国、破坏民族团结外，各族人民都希望加强民族之间的团结，并为维护和发展这种团结关系，消除历史上遗留下来的民族隔阂和民族猜忌，正在作出不懈的努力，这就是中国现在的民族关系的基本事实和重要特征。

民族互助也是中国新型民族关系的一个重要特征。这一民族关系的建立，是中国共产党和国家执行民族共同发展和共同繁荣政策的必然结果。由于历史上的原因，中国各民族在经济和文化等方面的发展，是很不平衡的。在中国消灭了民族歧视和民族压迫制度以后，在民族平等和民族团结的基础上，为各民族的发展和繁荣创造了很优越的社会条件，使各民族人民都有机会发挥自己的聪明才干，为中华民族和本民族的发展和繁荣作出贡献。

应当看到，中国少数民族人口少，经济和文化等都不够发达，缺少现代工业和技术，干部和知识分子也很缺乏，光靠少数民族自己的力量，要想在短时间内获得较大的发展，是不可能的。所以需要兄弟民族的帮助，特别是人口众多、经济和文化等比较先进的汉族人民的帮助，这对于少数民族的发展和进步，是十分重要的。中华人民共和国成立以来，曾有大批的汉族干部、科学技术人员和其他人员到少数民族地区工作，与少数民族同甘共苦，团结奋斗，为少数民族地区的建设事业作出了重要贡献，受到了少数民族人民的信任和爱戴。当然，民族互助不是单方面的，少数民族对汉族地区的经济发展和人民生活的改善，也给予了巨大的帮助。事实证明，中国各族人民在平等、团结的基础上，已经牢固地建立起了互助的关系。

通过认真地总结经验，中国各族人民用根本法的形式确定了这种新型的社会主义民族关系。现行《宪法》在序言中首先肯定："平等、团结、互助的社会主义民族关系已经确定，并将继续加强。"《宪法》第4条也规定："国家保障各少数民族的合法的权利和利益，维护和发展各民族的平等、团结、互助关系。禁止对任何民族歧视和压迫，禁止破坏民族团结和制造民族分裂行为。"第52条还规定："中华人民共和国公民有维护国家统一和全国各民族团结的义务。"《中华人民共和国民族区域自治法》对此也做了相应的规定。这些规定，反映了中国民族关系的实际，表达了各族人民的共同愿望，也为《中华人民共和国民族区域自治法》关于民族关系的规定，确定了根本的依据。

民族问题是个长期存在的问题，在中国现阶段以及今后相当长的历史时期内，不可能没有民族问题的存在。尽管中国从民族理论上和实践上已经确定了平等、团结、互助的新型民族关系，但这并不是说，在中国就没有影响民族关系的因素了。事实上，这种因素还是存在的，这就是大民族主义，主要是大汉族主义，还有地方民族主义。因为这两种民族主义都影响和妨害新型的、正常的、良好的民族关系。因此，必须加以反对。在中国，汉族占全国总人口的绝大多数，在全国的政治、经济和文化生活中，都有广泛而又深刻的影响，容易忽视少数民族的特点和需要，不注意照顾少数民族的利益。所以，汉族人士应该保持高度的自觉，经常注意自己不要犯大汉族主义错误，并注意克服已产生的大汉族主义。地方民族主义也会损害新型的、正常的、良好的民族关系，因此也必须加以反对。正是针对中国的这种实际情况，《宪法》在序言中指出："维护民族团结的斗争中要反对大民族主义，主要是大汉族主义，也要反对地方民族主义。"这对于维护新型的、正常的、良好的民族关系，是完全必要的。只有正确坚持民族平等的原则，结合中华人民共和国成立以来的经验和教训，制定一系列严格、正确的方针、政策、制度，并且使之得以在实践中发挥作用，才能够在中国真正地维护和发展各民族的平等、团结、互助的新型的民族关系。

中国一贯坚持各民族共同发展、共同繁荣的政策

中华人民共和国成立以来的历史经验证明，民族团结、民族平等和各民族共同繁荣，对我们这个多民族的国家来说，是一个关系国家命运的重大问题。各民族共同发展、共同繁荣，是中国共产党和国家付诸几十年实践的一项基本国策。在新的历史时期内，为了更进一步调整和解决中国的民族关系和民族问题，中国共产党和国家在大力倡导发展民族经济的同时，更加坚定地执行各民族共同发展、共同繁荣的政策。

中国是一个多民族的统一的国家，在现行民主制度条件下，中国共产党和国家的基本的民族政策就是要使各民族共同发展、共同繁荣。这就是现行民主制度优越性的重要表现。让各民族共同发展和繁荣，既符合先进的、科学的民族理论的精神，又符合整个中华民族和每个民族的根本利益。要使祖国变成强大的国家，就必须极为重视和加强各民族在共同基础上的进步和繁荣。我们应当十分清楚，在中国这个统一的多民族的大国，只有汉族地区的发展和繁荣，是不能建成现代化、文明、民主和富裕的社会主义国家的。只有各个少数民族人民和汉族人民一起，共同来发展社会主义经济，使各个民族地区都繁荣起来，才能实现新的历史时期建设社会和国家现代化国家的宏伟目标。中华人民共和国成立以来，国家在支持鼓励少数民族自力更生、发愤图强的进行经济和文化等项事业的建设的同时，还在财力、物力、人力等方面给予少数民族地区以大量的援助，帮助少数民族逐渐发展和繁荣起来。在基本建设、财政和税收等方面也都对少数民族地区实行了优惠政策，给予不少的照顾。在人力方面，国家先后派遣了大批的干部、技术人员和其他人员到少数民族地区工作，帮助少数民族培养了大批自己的干部和科学技术人员；支边青年和驻守少数民族地区的人民解放军，也积极帮助少数民族地区发展经济和文化等事业。事实证明，国家的这项各民族共同发展、共同繁荣的基本政策，是完全正确的，成效也是巨大的，受到了全国各族人民的共同拥护和支持。

坚持各民族共同发展和繁荣是中国共产党和国家关于民族问题的一贯政策。在几十年实践经验的基础上，现行宪法再次肯定了国家的这项政策。《宪法》在序言中就表明："国家尽一切努力，促进全国各民族的共同繁荣。"在

总纲第四条中规定:"国家根据各少数民族的特点和需要,帮助各少数民族地区加速经济和文化的发展。"在民族自治地方的自治机关一节中的第 118 条规定:"国家在民族自治地方开发资源、建设企业的时候,应当照顾民族自治地方的利益";第 122 条规定:"国家从财政、物资、技术等方面帮助各少数民族加速发展经济建设和文化建设事业。国家帮助民族自治地方从当地民族中大量培养各级干部,各种专业人才和技术工人。"这些规定以根本法的形式把国家的各民族共同发展、共同繁荣的政策固定下来了。《中华人民共和国民族区域自治法》根据宪法的这些原则性规定,又做了许多具体的规定。

中国坚持各民族都有使用和发展自己的语言文字的自由,都有保持或者改革自己的风俗习惯的自由

民族语言文字是构成一个民族的重要因素,也是民族的一个重要特征。每个民族的语言文字又是这个民族的民族文化的重要形式,它记载并传播着本民族在生产斗争、社会活动和科学进步中的宝贵经验,保存并传播本民族创造的丰富多彩的文化财富和思想财富。一个民族的政治、经济、文化的发展,人们的思想文化交流,对本民族历史文化的继承,都离不了本民族的语言文字。因而,一个民族的语言文字,对该民族的形成、发展、进步和繁荣,以及民族关系等,都具有特别重要的作用和影响。民族语言文字还对维系民族的感情方面,发挥着重要的作用。中国各个少数民族,大多数有自己的民族语言,只有部分民族没有自己的文字。

民族的风俗习惯也是在民族形成发展的过程中逐渐形成的,有其历史的必然性与合理性,它在不同程度上反映着该民族的生活方式、历史传统和心理感情,是民族特点的一个重要方面,对民族的发展进步也有重要影响。

中国共产党一贯坚持民族平等、语言平等以及各民族都有使用民族语言文字的自由的政策,尊重少数民族的风俗习惯,也是中国共产党的一贯政策。早在 1938 年,毛泽东在党的六中全会的报告中就提出:要"尊重各少数民族的文化宗教、习惯","应赞助他们发展用各族自己语言文字的文化教育"。在《论联合政府》中,毛泽东也强调,少数民族"他们的语言、文字、风俗、习惯和宗教信仰,应被尊重"。[1] 中华人民共和国成立以来,中国共产党和国家为了保障少数民族的平等权利,尊重少数民族的风俗习惯,提高少数民族的科学文化水平,促进少数民族经济文化等各项事业的发展和繁荣,制定了一系列的民族政策,采取了一系列措施,并取得了巨大成就。例如,在少数民

---

[1] 《毛泽东选集》第 3 卷,人民出版社 1991 年 6 月第 2 版,第 1084 页。

族的语言文字方面，中国共产党和国家不仅要求人们在日常生活、生产劳动、通信联系以及社会交往中都注意使用民族的语言文字，还要求教育机构在有本民族通用文字的少数民族地区，实行民族语言文字的教学，并在一些有条件的民族自治地方建立了使用本民族语言、文字的新闻、广播、出版事业。1957年，国务院还批准了关于少数民族创制和改革文字的方案。对于少数民族的风俗习惯，中国共产党和国家也不允许以行政手段加以干涉。对于各个民族来说，他们完全有权利拥有传统的良好的风俗习惯，在这方面，他们完全是自由的，不受任何干涉和阻挠。例如，傣族过的"泼水节"、蒙古族的"那达慕"大会、回族的"开斋节"等风俗习惯，国家都给予高度重视和尊重，不仅派人员去慰问，还给予一定的经济补助以帮助少数民族过好自己的节日。中国共产党和国家也允许各个民族保持和发展自己的风俗习惯，即使是对有些少数民族不良的、有害的风俗习惯，也由本民族在自觉自愿的基础上进行改革，任何别的民族都不能代替，国家机关也不允许用行政手段加以干涉。

中华人民共和国成立以来，中国共产党和国家的这一民族政策得到了较好的贯彻执行，并得到了全国各族人民的拥护和支持。《宪法》也再次确认了这一正确的民族政策，在总纲第四条中规定："各民族都有使用和发展自己的语言文字的自由，都有保持或者改革自己的风俗习惯的自由。"在民族自治地方的自治机关一节中的第十二条规定："民族自治地方的自治机关在执行职务的时候，依照本民族自治地方自治条例的规定，使用当地通用的一种或者几种语言文字。"在人民法院和人民检察院一节中的第一百三十四条规定："各民族公民都有用本民族语言文字进行诉讼的权利。人民法院和人民检察院对于不通晓当地通用的语言文字的诉讼参与人，应当为他们翻译。在少数民族聚居或者多民族共同居住的地区，应当用当地通用的语言进行审理；起诉书、判决书、布告和其他文书应当根据实际需要使用当地通用的一种或者几种文字。"这些规定，是国家对少数民族的语言文字和风俗习惯的政策在宪法上的体现。它使《中华人民共和国民族区域自治法》的有关规定，有了宪法的依据。

中国宪法突出地规定了民族区域自治制度

民族区域自治是中国共产党在先进的、科学的民族理论指导下，结合中国具体的国情、族情而确立起来的解决中国民族问题的根本政策，也是国家解决中国民族问题的基本的政治形式和国家的一项重要的政治制度。在有一定少数民族聚居的地区实行民族区域自治，体现了中国共产党和国家民族平等和民族团结的基本政策。实行民族区域自治不仅有利于少数民族人民更好地管理自己的内部事务,充分保障少数民族的权利,而且对促进社会主义大家庭的团结、发展国家经济、繁荣社会主义伟大祖国,也起着重要作用。中华人民共和国成立以来的历史经验证明了,实行民族区域自治,有利于社会主义国家各民族人民的和睦共处和通力合作,是完全符合中国国情的一项正确的基本国策和基本制度;在宪法的起草、讨论过程中,立法机关就确定了必须坚持民族区域自治制度的制宪的指导思想。在现行宪法的条文的规定上,民族区域自治制度占了很大的分量,具有突出的地位。主要体现在:

第一,关于民族区域自治制度的总的规定。

《宪法》第四条规定:"各少数民族聚居的地方实行区域自治、设立自治机关行使自治权。各民族自治地方都是中华人民共和国不可分离的部分。"这是《宪法》关于民族区域自治制度的总的规定。它确立了中国实行的是民族自治和区域自治相结合的自治制度;由民族自治地方的自治机关行使自治权;各民族自治地方在国家整体中的地位。这些规定,充分说明《宪法》是《民族区域自治法》的立法基础和依据。

第二,民族自治地方的自治机关的组织和活动原则。

《宪法》第一百一十二条规定:"民族自治地方的自治机关是自治区、自治州、自治县的人民代表大会和人民政府。"按照这一规定,中国的民族乡不是一级自治地方单位。民族乡的人民代表大会可以依照法律规定的权限采取适合民族特点的具体措施,但不能行使自治权。同样,按照这一规定,民族自治地方的人民法院和人民检察院也不是民族自治地方的自治机关。

关于民族自治地方的自治机关的组织,《宪法》也规定了必须遵循的原则,第一百一十三条规定:"自治区、自治州、自治县的人民代表大会中,除实行区域自治的民族的代表外,其他居住在本行政区域内的民族也应当有适当名额的代表。"这一规定,是为了保证民族自治地方的自治机关具有广泛的代表性,使它们真正能够代表各族人民的利益行使自治权。对于民族自治地方的自治机关的主要负责人,《宪法》也规定由实行区域自治的民族的公民担任。第一百一十三条规定:"自治区、自治州、自治县的人民代表大会常务委员会中应当有实行区域自治的民族的公民担任主任或副主任。"第一百一十四条规定:"自治区主席、自治州州长、自治县县长实行区域自治的民族的公民担任。"这些规定对于保障民族自治地方的自治机关充分地、有效地行使自治权,具有重要的意义。

关于民族自治地方的自治机关的活动原则,按照宪法的规定,一律适用民主集中制的原则;规定民族自治地方的自治机关可以根据本地方实际情况贯彻执行国家的法律、政策；规定自治区的自治条例和单行条例，报全国人大常务会批准后生效，自治州、自治县的自治条例和单行条例，报省或自治区的人大常委会批准后生效，并报全国人大常委会备案。

第三，规定了民族自治地方的自治机关享有同级地方国家机关职权。

《宪法》第一百一十五条规定："自治区、自治州；自治县的自治机关行使宪法第三章第五条规定的地方国家机关的职权。"这就是说，凡是地方国家机关能够享有的权利，民族自治地方的自治机关同样享有。例如，《宪法》规定省、直辖市的人大和他们的常委会在不同宪法、法律、行政法规相抵触的前提下，有制定和颁布地方性法规的权力。作为与省、直辖市同级的自治区的人大和它们的常委会，同样享有这项权利。

第四，规定了民族自治地方的自治机关多方面的自治权。

《宪法》第一百一十五条首先规定，自治区、自治州、自治县的自治机关"依照宪法、民族区域自治法和其他法律规定的权限行使自治权"。关于这些自治权，按照《宪法》的规定，主要有以下一些：

1. 制定自治条例和单行条例权。《宪法》第一百一十六条规定："民族自治地方的人民代表大会有权依照当地民族的政治、经济和文化的特点，制定自治条例和单行条例。"自治条例是依据《宪法》和《民族区域自治法》确立的原则，规定各民族自治地方的自治机关的组织和活动原则等综合性的条例。单行条例是民族自治地方的自治机关就某一方面需要解决的问题所作的规定。自治条例和单行条例都具有法律规范性质，对于保证民族自治地方的自治机关的自治权的行使，具有重要的意义。这是一项一般地方国家机关所没有的权力。

2. 财政自治权。《宪法》第一百一十七条规定："民族自治地方的自治机关有管理地方财政的自治权。凡是依照国家财政体制属于民族自治地方的财政收入，都应当由民族自治地方的自治机关自主地安排使用。"财政自治权是一项重要的权力，只有保障这项权力，民族自治地方的自治机关的自治权，才有实际的意义。

3. 经济建设的管理权。《宪法》第一百一十八条规定："民族自治地方的自治机关在国家地计划的指导下，自主地安排和管理地方性的经济建设事业。"这一权力，对于充分调动民族自治地方的主动性和积极性，促进少数民族地区的生产发展和经济繁荣，具有重要的意义。

4. 公共事务的管理权。《宪法》第一百一十九条规定："民族自治地方的自治机关自主地管理本地方的教育、科学、文化、卫生、体育事业，保护和整理民族的文化遗产，发展和繁荣民族文化。"这些规定，对于促进少数民族地区的社会主义精神文明的建设，对于促进各少数民族的进步和发展，同样具有重要的意义。

第五，组织公安部队权。

《宪法》第一百二十条规定："民族自治地方的自治机关依照国家的军事制度和当地的实际需要，经国务院批准，可以组织本地方维护社会治安的公安部队。"这对于保卫少数民族的合法权益，在民族自治地区建立安定团结的社会秩序，打击破坏民族团结和民族自治地方的社会秩序等犯罪行为，是很有必要的。

以上就是现行《宪法》对中国民族自治制度所作的原则规定。这些规定集中体现了中国民族区域自治制度所具有的中国特色及优越性。它为中国的民族区域自治的实施确定了根本的政策和制度的原则。正是根据《宪法》的这些原则性的规定，《民族区域自治法》对于民族区域自治制度的各方面的基本问题都做了具体的规定。

总之，现行《宪法》全面地规定了国家的民族政策，确定了民族区域自治是解决中国民族问题的基本政策，充分地保障了少数民族的权利，给《民族区域自治法》的制定奠定了坚实的根本法基础。《民族区域自治法》是实施宪法规定的民族区域自治制度的基本法律，针对《宪法》的原则性规定，它对中国的民族问题作出了许多具体的、详明的、科学的规定。《宪法》和《民族区域自治法》颁布以来，共同成为解决中国独特的民族问题的指导思想和行为准则。

其次，再来看一看中国的宪法和民族区域自治法是怎样以国家根本法和基本法的形式确立民族平等的原则和政策、制度的。

1949年颁布的《中国人民政治协商会议共同纲领》明确规定："中华人民共和国境内各民族一律平等"，"禁止民族间歧视、压迫和分裂各民族团结的行为"。1951年政务院颁布了《关于处理带有歧视或侮辱少数民族性质的称谓、地名、碑碣、匾联的指示》，根据这个指示，各地都对有关问题做了处理。1952年，政务院又颁布了《中华人民共和国民族区域自治实施纲要》和《关于保障一切散居的少数民族成员享有平等权利的规定》。1953年，中央人民政府颁布的《选举法》对少数民族在全国人民代表大会和地方各级人民代表大会中代表名额，也做了相应的规定。到了1954年制定中国第一部《宪法》时，更是把民族平等政策用宪法的形式肯定下来。《宪法》在序言中指出："我国各民族已经团结成为一个自由平等的民族大家庭"，在总纲第三条中明确规定:"各民族一律平等。禁止对任何民族的歧视和压迫,禁止破坏各民族的平等权利。"这些宪法、法律、法规的贯彻实施,对于保护各民族的平等权利,起了重要作用。

在中国进入新的历史发展时期以后,1979年五届全国人大二次会议上,又制定了《地方各级人民代表大会和地方各级人民政府组织法》、《全国人民代表大会和地方各级人民代表大会选举法》,在1982年的五届全国人大五次会议上还做了必要的修改。这些法律对保证少数民族的平等权利,做了许多具体的规定。其中,《选举法》第十五条规定:"全国少数民族应选全国人民代表大会代表,由全国人民代表大会常务委员会参照少数民族的人口数和分布等情况,分配给各省、自治区、直辖市的人民代表大会选出。人口特少的民族,至少也应有代表1人。"此外,还专设一节规定少数民族的选举。它规定,有少数民族聚居的地方,每聚居的少数民族都应有代表参加当地的人民代表大会。聚居境内的同一少数民族总人口数不及境内总人口数15%的,每一代表所代表的人口数可以比当地代表大会每一代表所代表的人口数少1/2;民族人口数特少的自治县,还可以少于1/2。人口特少的其他民族,至少应有代表1人。散居的少数民族应选当地人大的代表,每一代表所代表的人口数可以少于当地人大每一代表所代表的人口数。五届全国人大第五次会议在《关于第六届全国人民代表大会代表名额和选举问题的决议》中,还规定全国少数民族应选全国人大代表的名额,应占全国人大代表总名额的12%左右。全国人大常委会还掌握一定的机动名额,其中有些根据情况分给有关的省、自治区、直辖市,以保证人口特少的民族的代表当选。国家还采取了许多具体的、有力的措施,认真地贯彻和执行了上述的法律和决议,切实地保证了少数民族能够平等地享有管理国家事务和地方事务的权利。除了以上这些在政治上和法律上真正地实现了少数民族的平等权利之外,国家还采取了许多重大措施,为实现各民族在经济和文化等方面事实上的平等,做了不懈的努力,并取得了显著的成效。

通过认真地总结中国长期以来坚持民族平等原则的经验,1982年《宪法》再次确认了中国的这一重要的民族政策。第四条明确规定:"中华人民共和国各民族一律平等。"在国务院职权的第八十九条规定:"领导和管理民族事务,保障少数民族的平等权利和民族自治地方的自治权利。"为了保证少数民族管理国家事务和地方事务的权利,第五十五条规定:"全国人民代表大会由省、自治区、直辖市和军队选出的代表组成。各少数民族都应当有适当的名额的代表。"第一百一十三条规定:"自治区、自治州、自治县的人民代表大会中，除实行区域自治的民族代表的代表外，其他居住在本行政区域内的民族也应当有适当名额的代表。"第三十四条还规定："中华人民共和国年满18周岁的公民，不分民族……都有选举权利和被选举权；但是依照法律被剥夺政治权利的人除外。"这些规定都是从各方面确认了国家的民族平等政策，《民族区域自治法》正是根据《宪法》的这些原则性的规定，对民族平等问题作出了具体的规定。

与此相呼应，《民族区域自治法》在序言中也申明："实行民族区域自治，对发挥各族人民当家做主的积极性，发展平等、团结、互助的社会主义民族关系，巩固国家的统一，促进民族自治地方和全国社会主义建设事业的发展，都起了巨大的作用。今后，继续坚持和完善民族区域自治制度，使这一制度在国家的社会主义现代化建设进程中发挥更大的作用。"

最后，让我们再体察一下，在民族区域自治的立制原则中能否从上古的"创世"与"造人"神话中找出相应的内在关联：如果存在这种关联，我们能否得出相应的结论，即当今的民族区域自治植根于中国上古神话奠定的中国传统文化之中，甚至从上古的神话传说都能找到它的"史影"。

我们认为这种内在联系是存在的，特别是民族平等、团结的民族关系原则就植根于盘古神话和女娲神话所奠定的"人性平等"的理念之中。"人性平等"在上两则上古神话中得到了潜在的寓意。在盘古神话中，"身之诸虫因风而感，化为黎甿"的叙事，就蕴含了"人性平等"理念。后世和今人虽如此自恋，且高傲得不可一世，自封"万物灵长"（莎士比亚语），但其出身竟如"诸虫"一般的"低微"。而"诸虫"之间也并没有尊卑贵贱、贤与不肖、聪慧与愚钝之分，大家在地位上是一律平等的。再从女娲神话来看，造人的"质料"更是再普通不过了，只是"一抔土"而已。大地几乎可以信手取来，不仅取之自然，而且并无质量上所谓实质性差别。这样捏出来的人当然不仅是同质，而且地位在发生学意义上更是没有尊卑贵贱、贤与不肖、聪慧与愚钝的差别。这就是人的本来样子，人性上当然是平等的。

如果上述的平等原则就是基于人性平等的理念还不充于让人深察二者之间的内在关联，从而确认民族平等何以能和必然是从中国传统优秀文化深处生根并循着赓续相继的历史逻辑结果的话，那么，我们还可以反观西方希伯来人的"创世"与"创人"神话中的意蕴。基督教的创世神话中，人是上帝按照自己的形象创造出来的。但人之初在只有亚当和夏娃的二人世界中，只因夏娃禁不住受蛇的引诱而偷食了"禁果"，从此上帝给人类赋予了从一出生就带有"原罪"的本性，只有靠信奉上帝并皈依基督教才能获得救赎，而上帝会无条件地赐人以慈爱和恩眷。在这种创世和创人神话中，人一开始就不具有独立的人性，人是上帝创造的，故人性必定与上帝的神性是一体的，又由于上帝的神性是至高无上的，可以说人性是被泯灭的。无欲无求的信徒们的人性还必然依教义区分的善恶为前提才能成立，因为人生来就有恶性的一面，故需要上帝的救赎、导引才能向善，而善的目的性依归则彰显上帝如慈父般的爱怜和全能。人从一出生就带有的善恶分野也与中国上古神话中的人性平等反映其趣的。当然在中国传统文化中，原初的这种人性平等在后世的儒家学说中被定性为"性相近"，人与人立世之后相互之间的差别并非由人性差别过大造成，而是"习相远"使然。孟子的"性善说"和荀子的"性恶说"都只是在人性平等或人性相近的基础上，各自强调自己的主张而已。而基督教教义中的人性善恶论则是一个两极的二元对立。被视为"异端"的鲍格尔米勒派（意文"爱上帝者"）受保罗派二元论的影响，竟至宣扬上帝生有二子，一是恶的代表撒旦，也被称为"魔鬼"，一为善的代表耶稣基督。善与恶势不两立，最终善将战胜恶。正是这种基于人性善恶两分导向的结果，在基督教乃至以基督教为核心价值观的西方文化中，在后世演化出人与人水火不容的"斗争哲学"。从希伯来《旧约》圣经中的"上帝的选民"对异族的动不动就杀光使其灭绝的古史，到12—13世纪长达两个世纪的"十字军东征"，以讨伐"异端"为名，对异教徒的屠城灭种，再到第二次世界大战中，被屠杀的700多万希特勒们所谓"冤鬼"化身犹太的后裔犹太人，再到20世纪末期美国学者亨廷顿所谓"文明冲突论"的炮制，以及在这种现代理论包装下在最近一二十年霸权国家在中东、北欧、北非发动的一系列侵略和占领的战争，更至目前仍由霸权国家及其盟友仍在坚持的把一些他们不喜欢的国家政权划分为"邪恶轴心国家"或"流氓国家"，等等，我们从中都可以或明或暗地看到这种善恶论的人性两极对立划分的影响。中国人从上古神话时代就体认人性是平等的，虽然也能区分他者是"非我族类"，也有为平叛和扩展领地的目的对异族的征伐，但不会基于人性善恶区分，更绝不会以宗教信仰的理由去屠杀所谓的"异教徒"。还不止于此，在中国漫长的历史长河中，以儒教为核心价值观的中国人，还先后接纳、融合了外来的佛教、伊斯兰教和基督教包括犹太教。古犹太国灭国后，犹太人流散到了全世界各地，主要是欧洲地区，其中的一支也流散到中国开封等地。在世界其他地区的犹太民族为了生存保种，顽强地守住了自己的文化和传统。只有流散到中国开封等地的犹太人才真正为中国人所友好接纳,并最终融入中国的传统文化中。①

(一) 亲缘意义上的始祖同源及其意义分析

中华人文始祖文化内容极其丰富、深厚。包括神话和传说中的盘古氏、女娲氏、有巢氏、燧人氏、神农氏、伏羲氏都被视为中华民族的始祖,其说虽间有差异,但这种差异并没有影响中华各民族对共同始祖的认同和崇拜。

现今中华各民族共同追认炎帝和黄帝(有一说炎帝就是神农氏,另一说黄帝为神农氏。又有一说伏羲、神农、黄帝为三人)为中华人文始祖由来有自。据《尚书序》记载:"古者伏羲氏之王天下也,始画八卦,造书契,以代结绳之政,由是文籍生焉。"②《管子·轻重》云:"神农氏作,树五谷淇山之阳;九州之民,乃知谷食,而天下化之。"③

黄帝在古籍中出现得较晚。据《史记·五帝本纪》记载:"黄帝者,少典之子,姓公孙,名曰轩辕。生而神灵,弱而能言,幼而徇齐,长而敦敏,成而聪明。轩辕之时,神农氏世衰,诸侯相侵伐,暴虐百姓,而神农氏弗能征。于是轩辕乃习用干戈,以征不享,诸侯咸来宾从。而蚩尤最为暴,莫能伐。炎帝欲侵陵诸侯,诸侯咸归轩辕。轩辕乃修德振兵,治五气,艺五种,抚万民,度四方,教熊、罴、貔、貅、䝙、虎,以与炎帝战于阪泉之野,三战,然后得其志。蚩尤作乱,不用帝命。于是黄帝乃征师诸侯,与蚩尤战于涿鹿之野,遂禽杀蚩尤。而诸侯咸尊轩辕为天子,代神农氏,是为黄帝。"④

人文始祖文化在中国的产生和发达,并不是偶然的,而是具有复杂的历史背景和文化原因的。前述多民族的同源神话只是作为各民族保留古老同源记忆的一个方面。另一个不可忽视的方面则是来自血缘同源方面的追认。人类生于父母,繁衍子孙,世代不绝如缕,以后形成的夫妻、家庭、家族,再以此形成的宗族、部族、部落联盟、初级国家,直到形成以"家天下"朝代延续和更迭的家国一体的封建国家。可以说,人类的以血缘为纽带而形成的一系列的社会关系,较之其他所有的社会关系都更稳固和长久。这是人类一种普世的社会联系纽带,概莫能外。只要看一看亚洲的印

---

① 关于犹太人流散并融入中国传统文化之中,学术界多有研究,笔者本人也亲赴开封进行考察,各家探寻和研究的结果也不尽相同。作为其说之一,可参见邱永君《关于历史上的开封犹太散落》,载陈义初主编《河洛文化与汉民族散论》,河南人民出版社2006年版,第459—463页。
② 陈襄民等译注:《五经四书全译》(一),中州古籍出版社2000年版,第289页。
③ 陈义初主编:《河洛文化与汉民族散论》,河南人民出版社2006年版,第413页。
④ 司马迁:《史记·五帝本纪》,中州古籍出版社1996年版,第1页。

度、巴基斯坦、新加坡、马来西亚、泰国、菲律宾、日本、韩国、朝鲜这些国家的"家族政治"或"世袭模式",就足以知道以血缘为纽带而形成的家庭、家族在政治权力上有多大的影响了。其实,何止亚洲,就连西方发达国家也不能"免俗",只要看一看自诩"民主典范"的美国,在近半个多世纪以来,豪门肯尼迪家族、布什家族等在美国政权高台上占有何等重要的地位和影响就足够了。

中国在漫长的小农经济为基础的社会形态中,家庭既是生产、生活的基本单位,又是最基础的社会组织,还构成了国家的基础。为维持稳定与和谐的家庭关系和社会关系及国家秩序,儒家创造和弘扬了以"孝"为基本的齐家和治国的一系列核心价值观,维系了中国几千家的传统社会的稳固和发展。在当代,随着社会的急剧转型,传统家庭的结构形式及其稳定性受到了空前的挑战,"孝"等观念的淡薄使人失去了最重要的敬畏之心,日渐显见的人情冷漠、扭曲、变态,终于引发了一系列的激烈的人情冲突。意识形态主导层面显然意识到了传统"孝文化"流失现实这一严重事态,制作了一系列的有关"孝文化"的公益广告,试图复兴中华传统优秀文化的这一核心价值观。但这一努力的效果还有待时日检验,对于失去其社会根基而又致力于复兴和继续弘扬传统的价值观的努力,这对任何社会和国家来说,都是对其掌控社会意识形态和彰显其政治智慧的一种考验。

与上述家庭、亲情、孝文化的转型、流失和式微的情景形成鲜明反差的是,在中华民族的大家庭中和中华各民族赖以生存和发展的归属感和"根文化"不仅没有流失和消退,反而历久弥坚,不断焕发新的生机和活力。传说中的炎帝,特别是黄帝被中华各民族,或者全体中国人包括海外华人公认为共同的人文始祖。当然,如前所述,他们被公认为共同的人文始祖是各种复杂的历史、社会和文化诸因素共同合力致成的,但其中作为血统上的追认和体认也是一个重要的因素。按《史记》的记载:"黄帝二十五子,其得姓者十四人。"[①] 如果是真,光是黄帝这一支经过数代繁衍,其各代直系子孙衍生出一个庞大的家族,也当是情理中的事。史书中关于黄帝的后代繁衍的连续性和可追踪的各种支系,多有记载。《史记·三代世表》还记述说:"舜、禹、契、后稷皆黄帝子孙。"[②] 又据史书记载:"《世表》言五帝、三王皆黄帝子

[①] 司马迁:《史记·五帝本纪》,中州古籍出版社1996年10月版,第1页。
[②] 同上。

孙，自黄帝转相生，不更禀气于天。夫观《世表》则契与后稷，黄帝之子孙也。"① 商人既为黄帝的子孙，传至第五代孙契成为商人的始祖，由舜帝赐子姓。子姓在后世中国发展出约 120 个姓氏，在现中国位列前 100 个大姓氏中，其中王、林、宋、孙、萧、邓、傅、戴、钟、郝、孔、汤、尹、黎、武等共约占全国总人口的 15%，而王姓是中国目前第一大姓。② 由此可见，光是从黄帝一人繁衍下来的庞大人口，就足以支撑中国人的相当大的一部分将黄帝视为血缘始祖的合理性和可靠性。除此之外，根据《史记》、《左传·文公十八年》、《管子·揆度》、《吕氏春秋·恃君览》、《周书·文帝纪》、《魏书·序纪》等古籍的记载，远在西南地区的蛮族、西部地区的西戎族；东部的东夷族；北部的北狄族，以及后来建立北周的宇文泰，建立北魏的鲜卑族拓跋氏，都自称是炎帝和黄帝的后裔。由此可见，不论是以汉族为主体的农耕各民族，还是北方以游牧为主的少数民族，都被公认或自我承认是炎黄二帝的子孙。③ 时至今日，中华各民族以及海外华侨、华裔人士，几乎普遍认同自己是"龙的传人"、"炎黄子孙"，并以此引为自豪和骄傲。这是世界人类史中最为奇特的现象，试想想，现今为 13 亿人口，占全世界总人口近 1/4 的中国人都认同自己是同一位或同二位先祖的后裔，这该是多么强大的认祖归宗的追远力，这种追远力最终演化成了中华民族的凝聚力和向心力，以及对祖国的归属感和依附感。这是无比强大的精神力量，这种力量之强大比起任何虔诚的宗教信仰来说，都毫不逊色。体认到这一点，就不难理解中国作为世界上最古老的国家能屹立几千年而不倒，以及中华民族传承几千年而不散的内在原因。

中国当代的民族区域自治之为制，说到底就是在统一的国家政权和版图内，有我们中华民族大家庭中的兄弟关系，即各少数民族在自己或大或小的聚居区域内自主地治理本民族、本地区的相关重大的政治、经济和社会等事务。从中华民族和祖国的整体来说，有合有分，合而不统，分而不散。形成这种独特的民族政策和制度，其历久弥坚的精神力量，除了前述的创世神话和造人的同源之外，就是这里所述的以血缘为纽带的始祖同源。始祖同源在

---

① 王充：《论衡·案书篇》，转引自陈义初主编《河洛文化与殷商文明》，河南人民出版社 2007 年版，第 303 页。

② 刘文学：《论黄帝在中华民族历史上的地位——兼述殷商对黄帝文化的继承》，转引自陈义初主编《河洛文化与殷商文明》，河南人民出版社 2007 年版，第 303—304 页。

③ 有关的详细内容请参阅易华《中华民族认同三题》，刘文学《论黄帝在中华民族历史上的地位——兼述殷商对黄帝文化的继承》，均见陈义初主编《河洛文化与殷商文明》，河南人民出版社 2007 年 10 月版。此外，由刘永俭主编的《河洛文化与姓氏文化》（上、下）中有多篇文章，均可参考，恕不一一列举。

中国演化成为极具特色的始祖文化和根文化,最终形成了中华民族的强大凝聚力和向心力。又是这种力量引导了中国几千年的历史进程和文明进步,其中就包括我们作为研究主题的民族区域自治。

(二) 民族区域自治的远古形制史影及其意义分析

初民社会极其简朴,不可能也不需要如同后世那样复杂的政策制定和制度建构,但这并不意味着我们的先祖对其简朴的社会完全采取放任的或自然主义的态度。事实上,即使是极简单的社会结构内,也需要我们今人谓之为"理性"的思考和态度加以调适,否则人类社会就会在相互冲突中被消解殆尽,不可能有后世及至今天的我们及社会和国家。虽说我们先祖们在包括民族关系等社会事务的调处方面所思所做,在我们今人看来是那么的"不成体统"甚至匪夷所思,但从科学的立场上来审视,其所思之合理,其所做之理智,仍然令我们叹为观止,情不自禁地心生敬仰之情。再如果我们不再持某种莫名的自恋情结或者历史虚无主义,我们会感叹古之先民竟如此的具有聪明才智,他们审时度势,因势利导,最终把中国的远古差异如此悬殊的各类族群引向共同生存、共同开疆拓土、共同携力建国的历史进程。我们现今之民族政策和制度之所以是这个样子而不是别的样子,或者说我们之所以有今天的民族区域自治而不是别的单纯的民族自治或如单一民族治,再或如联邦制,其实由来有自。正如远古乃至上古的形制史影在漫长的历史进程中逐渐放大、清晰起来,最终聚焦而形成现今的民族政策和制度,其中当首推民族区域自治的政策和制度。鉴于这方面的史料极丰富,此文不能尽言,择其要者而述之析之。

1. 先皇修德振兵,抚万民,度四方,首开调处民族关系的先河

"修德振兵,抚万民,度四方。"在上古炎黄时代,国家尚未定型,由于缺乏统一而强大的国家力量的辖制,包括"少数民族"在内的各种"诸侯"群雄并起,相互侵伐,以武力争夺对本族群生存最有利的地域占有。族群混伐,受害最烈的当然是各个族群的民众,即所谓的"百姓"。当时的社会发展已经到了这样一个阶段,即必须建立一个统一的国家,各个"诸侯"拥戴一个共主,以保安康,以炎帝、黄帝作为皇权象征的人文始祖,此时从上古神话及血缘始祖传说中降临到人世间,从抽象的人文始祖转换为具象的、人格化的先皇,基于世俗生活和调处不同族群之间关系的需要,先前在神话传统中的人文始祖也从此登上皇位,以驭四方,统一行使国家政权。

适皇帝初登天子皇位时,群雄四起,诸侯侵伐连连,反叛者众多且势大,

百姓陷入水深火热之中，要稳定时局，重建社会秩序并不容易，据《史记·五帝本纪》记载，光是轩辕黄帝在当时为攻坚克难付出的心血和辛劳就令我们常人难以想象，竟到了"未尝可居"的程度。比起当代的治国理政的政治家们来说，都有过而无不及。当时轩辕黄帝主要干了五件大事：

一是"习用干戈，以征不享"，就是要熟练掌握军事，训练军队。还要用于实战，征伐不祭祀的族群或诸侯。在取得"诸侯"咸来宾从"而又无力讨伐"最强悍的而又反叛最烈的蚩尤部落时，又恰逢"炎帝欲侵陵诸侯"的困难局面，于是轩辕黄帝又继续"修德振兵"，进一步强处军事力量，以备战炎帝以及讨伐蚩尤。后来，轩辕黄帝果然打败了欲侵诸侯的炎帝，三"战于阪泉之野"，并最终与炎帝所属部落融为一体，成为后来的华夏族的母体。而对于反叛的蚩尤部落也大举讨伐，"战于涿鹿之野"，并最终捣杀蚩尤，还取得了平定其他叛乱的最后胜利。统一了当时的"中国"，并被各路诸侯共同拥戴而成为天子，是为皇帝。用今天的话说，养军用武是建立国家、巩固政权、维护国家安定和统一的最重要的手段之一，古今皆然。传说中的上古皇帝或许就是最杰出的军事家和谋略家，开创了中国以军立国、治国的先河。

二是"修德"。德在治国传统文化中具有核心价值观的重要地位，先民从神话传统中的人文始祖时起，就倡导人以修德立命、成人，至春秋时代，孔子的学生曾参为修德立身竟至"一日三省吾身"，此行被视为修德的极致和典范；齐家也以立德为先，所谓"忠厚传家久"，就是古人以德持家的经典观念和箴言；"治国"更是强调德的经纶首要，极为重视"依法治国"。此一治国方略竟沿用了二三千年而不衰，当今虽被"依法治国"取代，然而"德治"之声仍不时传来，足见其影响至深至远。我们的人文始祖，从传统中的燧人氏、伏羲氏、神农氏开始，就都是道德的典型。据说神农氏（非黄帝版本）为解百姓民生之食及医治疾病，遍尝地上百草，最后因误食"断肠草"而牺牲了自身的性命。轩辕皇帝因"修德"而致"诸侯咸来宾从"，以及诸侯咸归轩辕"并"诸侯咸尊轩辕为天子。至于皇帝修的是什么德，《史记·五帝本纪》并没有详述。但这种天子个人"修德"并"以德治天下"的理念确定下来并延续成为传说，积淀成为中国传统优秀文化中的个人美德和以德治国方略的标尺开了个好头。后世的帝尧者放勋，《史记》记载他"其仁如天"，"富而不骄，贵而不舒"。"能明驯德，以亲九族。九族既睦，便章百姓。百姓昭明，和合万国。"这里的记述，已见尧帝"修德"及"德治"的具体内容，可说又进一步打好基础。至于虞舜帝重华，堪称又一位修德典范和德治楷模。他虽屡遭父母和弟的追杀，但他仍然"顺适不失子之道"，以及"复事瞽叟，爱弟弥谨"。"舜年二十以孝闻。"① 作为中国夏朝的开国之君的夏禹，《史记》记载："禹为人敏给克勤；其德不违，其仁可亲，其言可信；声为律，身为度，称以出，亹亹穆穆，为纲为纪。""禹伤先人父鲧功之不成受诛，乃劳身焦思，居外十三年，过家门不敢入。""薄衣食，致孝于鬼神。卑宫室，致费于沟淢。"② 后世的商王成汤，更是"汤德至矣，及禽兽"③。再后的周朝的文王姬昌又是一个道德楷模："遵后稷、公刘之业，则古公、公季之法，笃仁，敬老，慈少。礼下贤者，日中不暇食以待士，士以此多归之。"④ 除了上引诸多记述的《史记》以外，古籍如《尚书》、《国语》、《诗经》等也多有关于彰明先皇和先贤"明德"的记载，春秋时代的《左传》、《论语》等记述更为多见。这一关于个人修德和治国以德的传承最终凝聚和固化了中国古老的核心价值观，影响和支撑中国几千年的文明史，构成了近、现代民族区域自治的远古史影，对其价值蕴含的分析及其影响的阐述，本文下面还将进行。

三是进行实业建设。《史记》记载黄帝登天子位以后，"治五气，艺五种"，"时播百谷草木，淳化鸟兽虫蛾，旁罗日月星辰水波土石金玉，劳勤心力耳目，节用水火财物"。⑤ 皇帝后继者尧、舜、禹等先皇更是加大了实业建设的力度，特别是自尧至禹持续的治水努力，终至大禹帝时，"于是九州攸同，四奥既居，九山刊旅，九川涤原，九泽既陂，四海会同"⑥。

四是进行对民教化、安抚和制度文明建设。《史记》记载黄帝"抚万民，度四方，教熊、罴、貔、貅、䝙、虎"，"迁徙往来无常处，以师兵为营卫。官名皆以云命，为云师。置左右大监，监于万国"。⑦ 后来的先皇在对人的教化和官制方面的建设更趋进取和详备。

五是进行精神文明建设。《史记》记载黄帝"万国和，而鬼神山川封禅与为多焉。获宝鼎，迎日推策。……顺天地之纪，幽明之占，死生之说，存亡之难"⑧。此后各先帝在这方面都有进一步的建树。在初民时代，人们秉持朴素的自然观，认为星辰日月、山岳河海的变幻莫测都是由冥冥中的神灵所支配，而人自身也由灵魂主使。为了得到神灵的保佑，人们便通过祭祀鬼神山

---

① 此处引文均引自司马迁《史记·五帝本纪》，中州古籍出版社1996年版，第3—4页。
② 司马迁：《史记·五帝本纪》，中州古籍出版社1996年版，第6页。
③ 同上书，第10页。
④ 同上书，第14—15页。
⑤ 同上书，第1页。
⑥ 同上书，第7页。
⑦ 同上。
⑧ 同上。

川以及占卜、巫术等形式顺适天地变化规律以保持与自然和谐的关系。在初民时代，各族群普遍信仰自然神灵，也发展出各种与神灵进行交流的祭祀和祈祷仪式，原始萨满教之所以在北方族群中普遍流行，都是源于初民希望与天地神灵沟通的强烈愿望。在南方的族群中也流行着一些类似的祈祷仪式。我们今人有时斥之为远古"迷信"的这些信仰及其仪式，其实在我们先祖的认识中是极为神圣的。正如英国学者柴尔德认为的那样，古人创造的"迷信"对于他们安于现状和承受严酷生活压力都是必需的，宗教是支撑社会结构得以矗立的不可或缺的脚手架。[①] 虽然远古时代并没有形成确定的教义和仪观，但无疑都是后世宗教发展的源头。我们的先祖就是在这样不知不觉中逐渐建构起来他们共有的精神家园。在后世形成的多元一体的中华民族大家庭和创造的共同精神家园，以及各民族平等、互助、友好相处的相互关系中，其中就蕴含了我们先祖们的重大贡献。先皇们特别是皇帝在那遥远的文明初开阶段，以中国初民的集体智慧并以他们作为人文始祖的符号象征为中华传统文化包括先民理解和处理族群关系的优秀文化，打下了最初的基础。中国历史既然从这时起就开了个好头，中国各民族就沿着这条历史逻辑之河一直走下来直到今天。在此漫长的历史期间，商、周及春秋战国时代不仅赓续了先皇时代关于族群的理解和相互关系的调处方式，而且又在此基础上更前进了一大步，对族群观念的理解和相互关系调处的方式进一步具体化、精细化，最终奠定了后世中华民族多元一体以及调处民族关系的原始基础，其要者可简单梳理如次。

2. 以德代武，重教慎伐

尽管皇帝创设对叛乱的族群进行武力征伐，对百姓加以抚慰并以德律己教人的"恩威并举"的策对型制，但到后世发生了重大的先后及轻重的调整，即在"恩威并举"的大框架下，慢慢转向不一味强调动武，或者说先教后伐，最后达致"不战而屈人之兵"的用武的最高原则和境界。这一新的观念和做法从大禹时代就启蒙了。《尚书·大禹谟》记载一次实例，就很好诠释了这一转变。当时舜帝在位时，少数族群"三苗"不遵循教命，于是命令大禹率军讨伐他们。大禹接受命令后就会聚群臣和各路诸侯，誓师说："济济有众，咸听朕命。蠢兹有苗，昏迷不恭，侮慢自贤，反道败德，君子在野，小人在位，民弃不保，天降之咎，肆予以尔众士，奉辞伐罪。尔尚一乃心力，其克有勋。三旬，苗民逆命。益赞于禹曰：'惟德动天，无远弗届。满招损，谦受益，时

[①] 陈淳文：《探索早期文明的精神世界》，载《中国社会科学报》2013年3月13日。

乃天道。帝初于历山，往于田，日号泣于旻天；于父母，负罪引慝。祗载见瞽瞍，夔夔斋栗，瞽亦允若。至诚感神，矧兹有苗。'禹拜昌言曰：'俞！'班师振旅。帝乃诞敷文德，舞干羽于两阶。七旬，有苗格。"①

这是一个用德治代武力征伐的典型事例。同样的事例还发生在东周时代的周穆王身上，尽管他做了一个教员，但祭公谋父一片苦心陈词的劝阻，还是折射了春秋时代续赓了先王时代的以德代武、重教慎伐的思想和做法。

据《国语·周语上》记载：周穆王将兴兵征伐远在边陲的犬戎族群。祭公字谋父作为周穆王的卿士，竭力以古论今，加以劝阻。祭公对周穆王说："不可，先王耀德不观兵。"其意是说，先王注重道德教化，实行德治，轻易不兴兵，只有在少数族群犯下大罪恶的情况下才实行武力征伐，而不为一些小小的过失就扬威动武。接着他详细地向周穆王追述了"先王之于民也，懋正其德而厚其性，阜其财求而利其器用，明利害之乡，以文修之，使务利而避害，怀德而畏威，故能保世以滋大"②。大意是说周代的先王们对待老百姓，向来是勉励他们树立正确的道德观和做合道德之事，增厚其性情；尽最大力量满足他们对财富的需求，使他们获得兵甲和末秅以资使用，还要明确告知他们什么应当喜好，什么应当厌恶。用礼法教导和约束百姓，务使他们能够做到趋利避害，秉持道德并惧怕威严。先王这样做了，所以才能江山稳固，国富民强。除此之外，先王还告诫说，如少数族群有违阙不供国祭者，先修正其意志使其自责而改过，有不按礼法祭祀之事就要"修言"，即发出号令让他们去做，有不按宾服之礼行事者，就要通过法典约束他们，有不按时朝贡的就要厘定尊卑职责的名分，让他们按自己的名分朝贡，有边远的少数族群不服天子管辖，就要制定法典、道德礼法让他们归附。如以上五方面王者都做到了，少数族群还是不肯服从，此时再加以刑诛，即用兵征伐而不迟。祭公谋父接着又劝道，现在犬戎刚刚死了两个君王，新君以其职分来归附和朝贡，说明他们本性还是淳厚的，能始终如一地坚守原有的道德礼法，天子谴责他们不守宾服之理是说不过去的。但周穆王对此好言相劝不但不听，还是发兵予以征伐。虽以胜利告终，"得四白狼、四白鹿以归"，但结果是"自是荒服者不至"。正是周穆王责犬戎以作乱，暴兵露师，伤威毁信，最终使犬戎

---

① 陈襄民等译注：《五经四书全译·尚书·大禹谟》（一），中州古籍出版社1996年版，第311—312页。

② 此段多次引文和释义均引自《国语·周语上·祭公谏穆王征犬戎》，详见上海古籍出版社2008年版，第1页。

族群疏远王朝而不再宾服。

以上两例一正一反，恰如其分地印证了在上古和远古时代统治者对少数族群在奉行恩威并施总的策对中，天平倾向以德教化，以及自身率先立德、以德调整与少数族群关系的一侧；武力只是在暴乱、反叛的重大情势发生时才使用武力征伐，小过不用武，绝不动辄动用杀伐。这种策对、方针背后体现的是爱民、亲民、教民、佑民的"仁政"精神。当时人口极其稀少、实力极其薄弱的各边陲的少数族群的人民，由此得以生息，在相对强大的"王政"庇佑下，得以发展、壮大，部分成为后世的中国少数民族的群体。

3. 誓、诰、会盟

初民社会交通不便，更无后世的信息传送手段。先王每临大事，便召集群臣、众将将有关的出征的理由、作战乃至治国的基本策对进行公开发布。据《左传》、《尚书》的记载，禹帝时曾有发布壮大政令的《大禹谟》，其子启出征前曾在甘地发布誓言，史称《甘誓》。但记述是启召集"六卿"，所以并非严格意义上的对族群关心的策对。

至商代开国之君成汤伐夏桀时，所发誓言开头说道："格尔众庶，悉听朕言。"庶即百姓、平民，虽未言之是否包括各个族群的百姓，但在那个初民社会，民族尚未正式形成，商王汤的百姓大概不会只属于他的部族的人。到了"汤诰"中，明言汤率领"诸侯"在安邑西的明条大败夏桀军队以后，又乘胜灭了"三㚇"各诸侯国都归顺了汤，并拥汤为天子。汤胜夏以后回到国都亳，诞告万方，王曰："嗟！尔万方有众，明听予一人诰。""诰"即告诫，形同今天加冕讲演，陈明国策的国情咨文之类。在汤诰中高声向"万方有众"宣告国是。表明商朝时已将各少数族群纳入王朝的辖制之下，并明确了告知"万方诸侯"必须承担的义务和天子自己对"万方诸侯"的责任："凡我造邦，无从匪彝，无即慆淫，各守尔典，以承天休。尔有善，朕弗敢蔽；罪当朕躬，弗敢自赦，惟简在上帝之心。其尔万方有罪，在予一人；予一人有罪，无以尔万方。呜呼！尚可时忱，乃亦有终。"[①]

到周代商时，在周文王五十一年，武王在孟津（今日河南孟津县）大会诸侯，并作征伐动员，声称："嗟！我友邦冢君越我御事庶士，明听誓。惟天

[①] 江灏、钱宗武译注、周秉钧审校：《今古文尚书全译·商书》，贵州人民出版社1990年2月版，第125页。

地万物父母,惟人万物之灵,禀聪明,作元后,元后作民父母。"① 意思是说,我友好国家的大君和我的大小官员们,仔细听着誓词。此时的诸侯已经建国,为以后的会盟打下了基础。在《泰誓下》中,武王"大巡六师,明誓众士"。"六师"当时指各路诸侯的军队,还亲切地称他们为"我西土君子"②,即我西方的将士。这比《泰誓上》的对西方少数族群的态度又进了一步。此类誓、诰作为与各少数族群的辖制和调处相互关系的形式,在周代一直延续到后期。

西周末期,随着周王室衰颓,周天子再无号令天下的权威,北方和西北的各族类共同体纷纷侵入中原地区,在黄河中、下游与华夏族杂居错处,相互争夺地盘,到东周时,这种局势发展尤甚。以致在东周天子的都城洛阳附近,就聚居着陆浑、伊雒等戎族,在卫国的城墙上可以望见戎州。可见当时族类共同体混杂之一斑。到春秋时期,由"四夷"所立之国已为数众多,就是在有能力争霸的大国中,就有由夷狄立国的秦、楚、吴、越等。在此种情势下,各国为了自身利益,如大国为了争霸,小国为了能在大国夹缝中生存,相互连片结盟,时称"会盟"或"盟会"。一部《左传》记载了大量的"盟会"史实。如《左传·隐公元年》记载:"三月,公及邾仪父盟于蔑,邾子克也。公摄位而欲求好于邾,故为蔑之盟。"是说鲁隐公因为摄政而想和邾国结好,因此两国在蔑地(今山东省泗水县东部)。值得注意的是,邾国就是戎狄之国。又记载说:"惠公之季年,败京师于黄。公立,而求成焉。九月,及宋人盟于宿,始通也。"③ 意思是说,在鲁惠公晚年,鲁国曾在黄地打败了宋国。隐公即位后要求和宋人讲和。九月,在宿地和宋人结盟,两国开始通好。还记载说:"郑共叔之乱,公孙滑出奔卫。卫人为之伐郑,取廪延。郑人以王师、虢师伐卫南鄙。请师于邾。邾子使私于公子豫,豫请往,公弗许,遂行。及邾人、郑人盟于翼。"④ 这就是说郑国的共叔段叛乱后,他的儿子公孙滑逃到卫国,卫国人帮助他攻打郑国,夺取了廪延。郑国人率领周天子和虢国的军队攻打卫国南部边境。又请求邾国出兵。邾子派人私下和鲁国大夫公子豫商量,公子豫请求出兵救援,隐公不同意,公子豫便自己去了,和邾国、郑

---

① 江灏、钱宗武译注、周秉钧审校:《今古文尚书全译·商书》,贵州人民出版社1990年2月版,第204页。
② 同上书,第214页。
③ 陈襄民等译注:《五经四书全译·春秋·左传·隐公》(三),中州古籍出版社1996年10月版,第1767页。
④ 同上书,第1768页。

国在翼地结了盟。① 在上述《隐公怨念》一文中一连出现了三个会盟的记载，可见当时结盟是多么频繁，其中《春秋·左传》全书中这类记载还有很多不胜枚举。

上古至春秋战国时期，中国境内的各民族共同体在正值大迁徙、大融合的黄金时期，其间的统一朝代更替，夷狄立国的变换兴亡，不仅孕育了中华民族一元多体的民族基本格局，形成了"华夷之辩"、"华夷内外"、"诸夏亲诺"、"华夷限域"等民族观念，而且在此期间积累了丰富调处各民族关系的政治智慧和经验。作为今之民族区域自治形制史影的"誓"、"诰"、"会盟"，留给我们的历史价值，除了其他方面之外，最重要的也许就是形成的各民族平等相待、友好协商、精诚团结，命运与共等历史遗产。不难设想，中国古代的民族关系中，如果只有如西方以"异端"、"劣种"之类为借口的斩尽杀绝，就不会有统治者如天子、君王们信誓旦旦的"誓言"，或教化劝喻、明理、责己之类的"诰"，当然更不会有盟会和订约之事的发生。很显然，没有对少数族群的尊重、爱戴、宽宥之心，没有平等相待、结好通谊之情，就根本不会"会盟"。古之此等形制体现的历史价值在当代得到了体认和尊重。今之民族区域自治在历史抉择、创设、健全和发展过程中，各民族平等相待、友好协商是最根本的前提和条件。从民族区域自治创立之始，在关于民族区域自治以何种规格建立民族自治地方，由哪个或哪些民族为主导和实体建立民族自治机关，在一个民族自治地方和自治机关内，如何协调与共居一地的其他民族，包括汉族的关系，民族区域自治地方如何冠名，等等，都是在国家政权的主导下，由各平等地位民族友好协商而定下来的。至于在民族地方建立和民族自治机关建立以后，在政治、社会、经济等领域事关民族各项事务的发展，更是各民族协力推进的结果。由此可见，中国民族区域自治堪称民族平等、团结和友好相处的典范。这一结果的形成绝非偶然，除了其他现实的因素和政治智慧意外，还是对上古和远古时代调处民族关系史影所蕴含的历史正面性价值继承和发扬。中国上古和远古就给我们今人奠定了这样的历史基础，而这种历史基础在历史发展进程中不断展现其逻辑力量，到了近、现代，终于结出了民族区域自治这颗硕果，每想到此，今人当为我们先祖的政治智慧和创下的丰功伟绩而感叹和骄傲。

---

① 陈襄民等译注：《五经四书全译·春秋左传·隐公》（三），中州古籍出版社1996年10月版，第1766—1768页。

4. 贡服

自上古虞夏时代起，先王就立下"贡服"制度。该制以百里计远近规定各种不同的贡服制度，这在尚未以确定的疆土为国家建制的古代，也不失为丈量远近的实用方法。看似粗疏，但不失其因远近而行差别的对待。在《尚书·虞夏书·禹夏》中记载大禹所行贡服，原文如下："九州攸同：四隩既宅，九山刊旅，九川涤源，九泽既陂，四海会同。六府孔修，庶土交正，厎慎财赋，咸则三壤成赋。中邦锡土，姓，祇台德先，不距朕行。五百里甸服。百里赋纳总，二百里纳铚，三百里纳秸服，四百里粟。五百里米。五百里侯服。百里采，二百里男邦，三百里诸侯。五百里绥服。三百里揆文教，二百里奋武卫。五百里要服。三百里夷，二百里蔡。五百里荒服。三百里蛮，二百里流。东渐于海，西被于流沙，朔南暨声教讫于四海。禹锡玄圭，告厥成功。"① 其意是说，在大禹九州治水完成之后，四方徒土地可以居住了，九条山川可以通行，九条河流各归其道，九个湖泽也修了堤防，四海之内进贡的道路畅通无阻，各处的土地都要征收赋税，并按土地等级及远近上缴赋税。国都以外五百里叫作甸服，分别按一百里、二百里、三百里、四百里缴纳规定的谷米。甸服以外五百里是侯服，分别按一百里、二百里、三百里服劳役。侯服以外五百里是绥服，三百里的推行天子的政教，二百里武装保卫天子。绥服以外五百里是要服，三百里的要和平相处，二百里的要遵守刑法。要服以外五百里是荒服，三百里的尊重他们的风俗，维持同他们的联系，二百里让他们自由流动迁徙，进贡与不进贡听其自便。自此南北东西连同土地和声教连为一体，包括外族居住的地方。

贡服制度的起初是源于天子向全国征收赋税而实行的。但大禹王作为先祖的人文象征，在亡国之初就意识到贡赋及其制度对于国家的重要性。这且不说，上述贡服制度所体现的王道精神堪称大的政治智慧。在古代，人类先民一般都是在土地、水利、气候等条件相对优越的地方定居，依次建立聚落和连片的都邑，待王朝建立后，则选其大的都邑建立王城，成为国都，现今考古发掘的殷墟及其他古代王城，莫不如此。司马迁在《史记》中说："昔三代之居，皆在河、洛之间。"② 河洛即黄河与洛水，是中华文明最早的发祥地之一。又说："昔唐人都河东，殷人都河内，周人都河南。夫三河在天下之

---

① 江灏、钱宗武译注、周秉钧审校：《今古文尚书全译·虞夏书》，贵州人民出版社1990年2月版，第87—88页。

② 司马迁：《史记·封禅书》，中州古籍出版社1996年版，第420页。

中，若鼎足，王者所更居也，建国各数千百岁，……"① 照此推理，离王城最近的地域应当最富庶，越远越荒蛮。贡赋的品类及数量按土地肥沃程度和远近各有不同。值得注意的是，初民们在这一制度中有意无意地竟体现了对少数民族群体的尊重、团结、关怀与照顾的情感与思想。按照这种贡服制度以五百里为一纳贡的粗疏设计，"绥服"、"要服"、"荒服"分别距国都1500里、2000里和2500里，这种国土距离，即使在今天也是相当遥远的，现今世界上一些小的国家，直线距离也不过几里、几十里、几百里。在上古时代的中国，1500里之外肯定是个很遥远的距离了，至于2500里之外，绝对算得上是"荒蛮"之地了。为贡取名称之为"荒服"，再恰当不过了。按今天中国的民族分布状况来说，少数民族绝大多数都居住在祖国的边陲地带。由此可以反推，在上古时代居住的1500—2500里之外的民族群体，应当就是《尔雅·释地》所说的"九夷八狄七戎六蛮"② 等少数族群。而郑玄对"流"的解释也是"流谓夷狄流移，或贡或不"。③ 在这里，先民奉献给我们这种对待少数民族群体的政教、奋扬武威、和平相处、遵守法律、尊重其风俗习惯、保持同他们的友好联系、不强求纳贡等观念及相应的制度，是极其包裹的优秀文化遗产。在当今的民族区域自治建制和实施过程中，尽管我们并不一定总是或全能意识到，但实际上早已潜移默化地熔铸其中了。在当今的民族区域自治法、制度及相应的实施当中，所大力贯彻的民族相互尊重、平等补偿、友好相处、共同协商的原则和精神，以及不断加大的对边远少数民族地区的国家资助，包括不断加大投入的在边远少数民族地区的建设、脱贫扶助、财政转移支付，还有由中央协调的内地发达地区基本固定的"对口支援"，等等，无一不能从上古贡服制度以及其他形制找到相应对应的史影。即使是"贡与不贡听其自便"的照顾性形制，在中华人民共和国成立后对少数民族地区一直实行税收减免政策，在全国农业税全部取消之后，现代的"贡服"制度早就彻底终结了。

5. 恤遗

在上古及远古时代，社会初开，各民族共同体的民众为了争取最优越的生存环境和条件，彼此争战势不可免，在国家初定之后，掌握统治权的王朝

---

① 司马迁：《史记·货殖列传》，中州古籍出版社1996年版，第910页。
② 江灏、钱宗武译注、周秉钧审校：《今古文尚书全译·虞夏书》，贵州人民出版社1990年版，第88页注（5）。
③ 同上书，第90页注（29）。

基于维护自己的统治利益和确立自己的合法性乃至神圣性的需要，通常会对战败亡国的遗民作出适当的安排，如通过分封，令其亡国之君的子嗣作为诸侯国国君继续统治其民族群体，当然还需要迁往新的地域或其遗族群体较多的旧地，并对其实行一定程度的优待政策。这种恤遗史实在古籍中多有记载，尤以商周亡国之初及在东周的春秋时期为盛。

据《史记》记载，周武王伐纣战于牧野，商纣王兵败赴火而死。武王又杀了其爱妾妲己，在旋即释放了被纣王囚禁的箕子，将被纣王剖心而死的比干墓保护好之后，"表商容之闾，封纣子武庚禄父，以续殷祀，令修行盘庚之政。殷民大悦。其后世贬帝号，号为王，而封殷后为诸侯，属周"①。此事在《史记·周本纪》中也有记述："封商纣子禄父殷之余民。武王为殷初定未集，乃使其弟管叔鲜、蔡叔度相禄父治殷。已而命召公释箕子之囚。命毕公释百姓之囚，表商容之闾。命南宫括散鹿台之财，发巨桥之粟，以振贫弱萌隶。"②武王克殷之后两年去世，成王年少，由周公摄政当国、管叔、蔡叔怀疑周公篡位，就与殷后人武夷叛乱。"周公奉成王命，伐诛武夷、管叔，放蔡叔，以微子开代殷后，国于宋。颇收殷余民，以封武王少弟，封为卫康叔。"③ 由此可见，自周武王灭商至周成王命周公东征平定殷后人武夷的叛乱。除了印证殷人不甘失败妄图复国之外，又表明周人与殷人虽非同一民族群体，但在灭商亡国之后，仍对殷商的后人予以宽容乃至优待；即使在殷后人叛乱被平定之后，仍新辟宋地准其立为诸侯国，全不以殷后人以叛报德为恨，实施大规模报复。这是何等的宽宏大量，堪称周初"恤遗"的典范。

另须说明：《史记》此处记载与《逸周书·作雒》所记不同。据后者记载，武夷叛乱次年，周公为东征"作师旅，临卫攻殷，殷大震溃。降辟三叔，王子禄父北奔"。王子禄父即武夷，这是说武夷未被诛杀，而是向北逃窜了。此后又有召公奉命北征武夷与北方的戎狄。此史实在西周金文和清华简《系年》中得到证实。④ 时光流转，800年后，周幽王无道。《史记·周本纪》记载："幽王以虢石父为卿，用事，国人皆怨。……又废申后，去太子也。申侯怒，与缯、西夷犬戎攻幽王。幽王举烽火征兵，兵莫至。遂杀幽王骊山下，虏褒姒，尽取周赂而去。于是诸侯乃即申侯而共立故幽王太子宜臼，是为平

---

① 司马迁：《史记·殷本纪》，中州古籍出版社1996年版，第13页。
② 同上书，第16页。
③ 同上书，第17页。
④ 马卫东：《召公封燕与周初北土经营》，载《中国社会科学报》2014年4月16日。

王，以奉周祀。"① 其中所记的申、缯、西夷犬戎在另一古籍《竹书纪年》中也有明确记载。据现代研究，古、申、缯三国当在今陕西省华阴至河南三门峡的黄河南岸一带。② 就其居住地，以及与西夷犬戎联手攻周并诛杀幽王，我们可以合理地推断申、缯二国当是少数族群的国家，至少与西夷、犬戎有密切联系的诸侯国。如果真是这样，我们又看到一个反面的例子，即从少数民族群体对主体民族的群体的宽容与体恤。少数民族群体虽杀了无道的幽王，但不灭其国，更不对周人斩尽杀绝，而是让周幽王之子继承王位，既维持其正统的天子位，又能使其奉祀周室。关于这方面的恤遗记载，在《尚书》、《国语》中还有很多，限于篇幅不能一一列举。

如此看来，在远古商、周时代，从当时的立国主体民族到以侯立国的少数民族，都对处于逆境其他民族示以同情、体恤、照顾和优待。这不能不说是人类史上的一个奇迹，世所罕有。不待说，这种民族关系必然孕育了民族间的友好相待、和谐共处的价值蕴含，即使对在征伐中战败的一方，无论是主体族群还是少数族群，也使其能够生存和延续下去。我们当代的民族区域自治所蕴含的民族平等对待、和谐相处，同甘共苦、携同进步、共促繁荣的内在精神和原则，其实由来有自，上古和远古民族间通过"恤遗"体现的良好关系与理念历史积淀，在当代终于结出了硕果。我们今天之民族区域自治中，新时代"恤老少边穷"，以全新的形式得到了彰显。

6. 抚边与拢疆

世之立国，即使在上古和远古时期国家初创时期，都会面临一个中央与地方的关系问题，在古代则见之于京畿、荒蛮、邦国、诸侯、多方等概念。诸侯国自古就是一个多民族大国，处在中央统治地位的王朝及其族群采取什么样的策对处理与周边包括远在边陲的诸侯邦国及各自的族群关系问题，历来被统治者视为关于兴强败亡的大事，丝毫不能掉以轻心。这类策对在记事、记言等各类古籍中史不绝书。现仅取《尚书·周书·多方》一例加以说明。

周成王从奄地返回，到了都城镐京，周公替成王发布了一通诰命，告诫各邦国国君。史官记录下了诰词，撰写出《多方》。在诰的开头，周公以成王的名义说："猷告尔四国多方，惟尔殷侯尹氏，我惟大降尔命，尔罔不知。"意思是我要庄严地向你们发布命令，你们切不可置若罔闻。诰的内容很丰富，

---

① 司马迁：《史记·周本纪》，中州古籍出版社1996年10月版，第20页。
② 详见周宏伟文章：《溱洧涣涣　申曾何在——西周推翻者旧迹寻踪》，载《中国社会科学报》2014年4月16日。

第十七篇　民族区域自治的远古史影及其价值蕴含　　473

除了重申以周代殷是秉承天命具有绝对合法性,并以相当篇幅陈说服周尊王的利害之外,就是谆谆告诫各诸侯邦国和殷商各位官员,要他们和睦相处,勤勉治国理政。原文如下:"王曰:呜呼!多士,尔不克劝忱我命,尔亦则惟不克享,凡民惟曰不享。尔乃惟逸颇,大远王命,则惟尔多方探天之威,我则致天之罚,离?尔士。王曰:"我不惟多诰,我惟祗告尔命。"又曰:"时惟尔初不克敬于和,则无我怨。"①

用现代汉语翻译过来就是,王曰:"哎呀!正告你们各邦国和殷商各位官员,现在,你们为我们周国奔走效劳,向我们的三监称臣,已经有五年之久了,这期间,朝廷向你们征用劳役,征收赋税,数量完全适中,而且符合政令你们不能不遵守法度。如果你们邦国之间不一睦,你们就应该设法和睦起来!如果你们家庭不和睦,你们也应该设法和睦起来!如果你们的封地政情清明,说明你们能够勤勉地治理政事,那么,你们的上司就不会再去忌恨你们过去的恶行。你们还应该以恭恭敬敬地态度安守你们的职位,并和你们封地的百姓和睦相处。如果你们善于利用这个洛邑,你们就可以永远致力于治理你们的田产,你们上天也会给予你们怜悯,我们周国也会重重地赏赐你们,把你们选拔到朝廷中来,加封你们的官职,让你们做大官。"②

此番诰命,虽假借天命带有警告和威胁的意味,但口气还较温和,期望服从和谐之情跃然纸上,堪可称为一篇劝喻性的范文,表明周公和成王对民族亲睦、和平相处的殷之情。这在中国民族关系史上,可算是一个值得留传和铭记抚边与拢疆的佳话。

另一个这样的佳话发生在秦始皇建立统一的秦帝国初期的抚边与拢疆佳话,特别值得玩味。据《史记·货殖列传》记载:"乌氏倮畜牧,及众,斥卖,求奇绘物,间献遗,戎王。戎王十倍其偿,与之畜,畜至用谷量马牛。秦始皇令倮比封君,以时与列臣朝请。而巴寡妇清,其先得丹穴,而擅其利数世,家亦不?清,寡妇也,能守其业,用财自卫,不见侵犯。秦始皇以为贞妇而客之,为筑女怀清台。夫倮,鄙人牧长、清,穷乡寡妇,礼抗万乘,名显天下,岂非以富邪?"③其中的乌氏倮应当是当时的少数族群之一,以畜牧养殖为业并发达致富,由于其与戎王交往密切,当处秦国的边陲地带无疑。

———————

①　陈襄民等译注:《五经四书全译·尚书·周书》(一),中州古籍出版社1996年版,第484—485页。

②　同上书,第488—489页。

③　司马迁:《史记·货殖列传》,中州古籍出版社1996年版,第909页。

秦始皇"令倮比封君，以时与列臣朝请"，此举非比寻常。因为秦始皇刚刚尽灭六国而统一天下，而让一个少数族群的首领"封君"并且能时时入朝与列臣共"朝请"，足见秦始皇心中另有玄机和谋略。我们以大胆地猜想，秦始皇意在安抚西边的少数族群，为巩固新建的帝国以及相继开启的各项建国大业而建立一个稳固、安定的西部大后方，免除后顾之忧。况且秦氏家族祖上源起西戎，以养马见长，历史上长期为皇家养马，周孝王时分给土地建邑成为周超的附庸。秦帝国建立后，秦始皇优待乌氏倮甚至封君，也有顾及乡土、职业之情。秦始皇作为新朝始皇，其势正旺，但能善处西部少数族群，不论出于什么原因，都是一个深谋远虑的大举。

相比能封君与"朝请"的显赫地位相比，作为平民的巴人清的地位就卑下得多了，况且还是个寡妇，这种地位和身份在当时本来是只有受歧视的份，怎么竟然得到一代以天子独享的秦始皇的青睐呢？据有关的专家解读[①]，秦始皇之所以特别优待这一少数族群地区的巴地寡妇清，原因是多样的。其中值得关注的有如下几点：一是清本人特别能干，值得钦佩。据说清18岁嫁入夫家，在几年内丈夫和公公先后病亡，24岁成了寡妇，独立支撑和经营庞大的家族产业，且卓有成效；二是其经营的产业属当时的国家战略物资。朱砂不仅是重要的矿物原料，而且还是宝贵的药材，在中医药里至今还在使用，尽管不断受到西方的质疑与禁止进口，但国人却深信其药理与药效。秦灭六国过程中，战事频繁且浩大，对朱砂这种战略物资大量需要，又由于清家族"数世"以来就从事朱砂的开采、冶炼到销售的垄断式经营，秦始皇从统一大业和治国需要上倚重清的家族产业，当也是政治理性的体现，而令其拥有私人武装以守护其产业，也在情理之中。须知秦始皇灭掉六国后，尽收天下兵器集中在首都咸阳铸成12个金人，连民间的兵器都要收缴销毁，与这种极端的做法相比，竟允许清拥兵自保，这绝对是异常的宽容和善待。三是秦始皇作为凡人肉身，具有强烈的追求长生不死的愿望和情结，派徐福东渡大海以求长生不老仙药就是明证。既然朱砂是道家炼丹必不可少的重要原料，刻意求取长生的秦始皇将清请入皇宫以"贞妇"优待，或可让她在宫内用朱砂制药或作为健康顾问随时请教咨询。从追求长生不死或可成为可以理解的人生目标，但此举的盲目性或可招致严重的后果，包括秦始皇在内的各代君王，都疑似服用含有朱砂成分的丹药而亡，令人欷歔，堪叹古人的无知。不过，

[①] 中央电视台第九频道于2013年年底做过一期节目，几位专家对《史记》记载的巴寡妇清之受秦始皇优待的缘由做过详尽的解读，视频和语言资料不能一一详引，望读者见谅。

这是题外之话，或可不论。四是秦始皇可能出自其对身后世的安排。据说秦始皇陵墓下用了大量的水银铺成"河"或"海"，这种特殊的需要或可促成秦始皇优待清的一个理由。这一点需要日后的考古发掘才能证明。

以上各方面都可能或可合情合理地解释秦始皇为什么如此优待巴寡妇清的缘由。但专家们认为还有更重要的原因，就是安邦治国的战略考量。笔者深为赞同并愿与读者分享如下的分析：前已指出，秦灭六国、统一帝国甫定，百废待兴，北筑长城，南修灵渠，筑贯通全国的通连大道，建阿房宫，开陵寝等等一系列浩大工程相继和同时动工，这还是硬体实业，至于统一文字和度量衡，车同轨乃至为控制舆论而焚书坑儒等硬实力建构，也亟须投入巨大的人力、财力和智力。在那样一个时代，巩固边防，安抚、和睦、怀柔乃至亲善周边特别是西边、西南和南方的蛮夷族群，保证他们的服从和服教，成为秦帝国安邦治国的极其重要的政治环境和条件。作为具有雄才大略的中国第一个统一帝国的君王，虽以无情和严厉甚至残暴著称，但面对自己治国理政的需要，还是从战略大局出发，对周边的少数族群采取正确的策对。这不仅表明秦始皇不仅是一个现实的合理性行动者和承担者，同时也是一个历史理性的继承者和发扬者。因为根据上引《史记》的记载，巴寡妇清的先人"得丹穴，而擅其利数世，家亦不訾"。这表明其祖开采、经营丹砂已有好几代人了，所以才得以发财致富，"数世"在时间上至少可追溯至东周至少是战国时代。作为后人的秦始皇并没有武断地中断其产业和家业，而尊重其历史成就，通过优待其现在主人巴寡妇清，已达到安抚边陲、拉拢、怀柔乃至亲善边疆少数族群、巩固大后方的战略目的。

中国的巴蜀文化之所以如此发达，特别是通过对三星堆文化的发掘和研究，现在的学术界公认巴蜀文化是中国文明起源中的重要一元，其精神和实体构成了中华优秀传统文化的一个不可分割的、重要的组成部分。这种历史结果的出现绝非偶然，是中国先民，包括像秦始皇那样的古代政治家共同努力促成的。按现在分类语境表述，就是中国历史上的主体民族和少数民族共同缔造的古老文明的成果。由此可见，我们今日在言及祖国的历史和多元一体的民族关系时，我们为了耳熟能详的诸如"共同开拓和守护祖国的疆土，共同缔造中国的古老文明"等话语，绝不是虚妄的套话，而是历史的、实事求是的真实写照。上述秦始皇优待巴寡妇清这一历史事实，以生动的事例再次彰显了中国的先人在处理中央和地方的关系、主体民族与少数民族关系等方面高超的政治智慧。尽管安抚、怀柔、拉拢之类的行动方式带有强烈的统治者的政治偏私用心和意图，以及相应的少数族群的自愿或被迫的降顺、贡服和朝请之类的归服方式也带有被动或压服的色彩，但在客观上却给予了少数族群生存、发展的历史机遇。这种中央与地方的关系，主体族群与少数族群的关系尽管是建立在不平等的基础之上的，但历史累积下来，却形成了祖国的统一和民族相互依赖、谁也离不开谁的内在价值。这种价值在当代民族区域自治中，从政策、法律和制度的制定与实施过程中，以全新的形式和基础得到了进一步彰显。

三 继承和发扬优秀的传统民族文化的价值，加强民族理论研究，坚持和贯彻民族区域自治制度

近代以来，中国的积弱成为西方帝国主义恃强欺凌和掠夺的对象，中国的开明人士和先进知识分子率先反思中国传统文化的封闭性和僵化性，认为中国之所以在近代沦为被西方列强任意宰割的殖民地和半殖民地的境地，中国传统文化被指责负有不可推卸的责任。于是发动了一次又一次新文化运动，至1919年的"五四"运动达到高峰。在各次规模的"新文化"运动的冲击下，一方面西学东渐，向西方学习先进的民主与科学的势头长盛不衰，至今余波仍不时如潮涌来；另一方面，中国传统文化在持续的西方文化涤荡下以及自我遗弃下走向式微、衰败，竟至在"文化大革命"中不分优劣良莠统统置于"四旧"的范畴内受到无情的、毁灭性地摧毁，从传统思想观念到包括文物在内的古代各种文化遗存无一幸免，造成了人类文化史上一场罕见的悲剧、浩劫。

然而，时光流逝，"风水"轮流转。随着中国改革开放的成功，国势大增，令世界都刮目相看，国人包括政治阶层和知识阶层在研判中国之所以如此成功的原因时，又反向体认到中国优秀传统文化的博大精深及其对国家和社会全面、深刻和持久的影响力。于是官民齐力复兴中国传统文化，国学随之兴起并渐次发达起来，还不忘在世界各国建立几十上百的"孔子学院"，向世人传播优秀的传统文化，特别是儒家思想。这是一个良好的转变和发展势头，也可以说是现时代的文化理性回归、文化自觉的提升。在这种宏观背景下，我们需要对传统的优秀的文化进行更深入的发掘、提炼，使之成为熔铸现代文化的有机组成部分。我们认为，当前学术界应当尽快加强民族理论、民族政治和民族法律的研究，提高贯彻实施民族区域自治制度的自觉性。理由如次：

第一，从民族理论研究层面上看，我们认为在以下几方面亟待改善和加强。

首先，是对中华民族多元一体的基本格局体认和研究不够。在这方面，的确已发表和出版了浩如烟海的文章和著作，但与之相对应的是，一些学者包括一些有影响力的学者仍持有不同的看法。他们甚至认为，中国的多民族是在中华人民共和国成立后人为地"造"出来的，是人为地民族"识别"的产物；即使有民族，也不过是孙中山先生提出的"五族共和"中提到的几个民族，这显然是缺乏历史常识的表现。基于这种认识，自然就会对现实的各种民族观念、民族关系以及各项民族政策和法律、制度提出质疑，以至提出重新认识和调整的主张和意见。中国从上古时代起就有"华夷"之辩、"四国"之说、"多方"的表述。学者论述现实民族问题时，如果全然不顾这样的历史事实，其论述的科学性、可信性肯定会受到置疑，不是建立在事实，包括现时的和历史的事实的任何理念与学说，都难以成立，这是科学理性所决定的。

其次，是对民族问题特别是民族关系问题的全部复杂性和长期性缺乏体认和研究。一些学者认为，现实的民族关系中出现的一些问题，特别是一些造成严重后果的负性、恶性事件，不是认真地主要从民族分裂势力、民族人性沦丧的少数人方面找原因并实施正确的对策，而是认为是现代民族观念误导和政策的制定与实施失当的结果。他们或许天真地认为，只要在中国只承认一个或几个少数民族，也不再去实行民族区域自治，就会减少或不再发生民族问题和民族地区的暴力事件。这种认识除了上述对中国的民族历史缺乏必要的、实事求是的认识外，再就是对民族问题和民族关系的全部复杂性缺乏体认。民族问题和民族关系的复杂性和长期性之所以被世界性民族学、人类学所公认，也是马克思列宁主义和毛泽东思想等先进理论所不断重申和强调的，除了其他的科学理论支撑这种公认观点和科学学说之外，就是对民族问题和民族学态度所采取的历史主义的或历史唯物主义的立场和态度。可以合理地推论，对民族问题和民族关系持过于简单化、单一化、片面化的主张，正是对民族的历史采取虚无主义立场的必然结果。本文立论的目的之一，我们认为就是为了弥补民族理论和民族主张这种认识的欠缺或偏颇。

再次，是在民族理论研究中偏重现实问题的述说，而这种现实主义态度又偏重理论和学说的现实，相对缺乏对历史事实特别是"深历史"的关注。最近十几年来，随着民族理论和学说向广度的拓展，学者出版了一大批各少数民族的研究专著，其中尤以西南地区的一些少数民族的研究，特别是结合田野调查的研究为盛，与此同时，对民间法特别是有关少数民族的民间法的研究成果也很丰硕。但这弥补不了在民族理论和学说方面具有历史深度的研究，特别是从上古神话和传说方面的历史最深处发掘民族问题和民族关系的史影、史实素地及其蕴含的价值。正是基于这一缺乏，我们认为就当前的民族理论与学说的著述的总体而言，尽管体量硕大，堪称浩如烟海，但缺乏理论深度，给人以千篇一律的感觉。而理论深度的缺乏，至少就是导源于历史深度的欠挖。不深识中国民族历史的过去，就不能说清中国民族的现在，更遑论中国民族历史的未来。不待说，本研究的主旨之一，就在于弥补现实民族理论和学说的欠缺和不足。

最后，但绝不是不重要的，就是在跨学科、综合利用相关学科的知识与方法很不够。由于在中国很早就形成了民族及民族法的语境、话语体系、专门概念和理论体系，使民族学，继而民族法学自成一体，被强势地铸造成独立的学科。这种独立学科在教育体系和研究体制的全力推动和组织下，渐成一种封闭性、半封闭性的理论体系和学说，这两个学科完全可以做到不用凭借其他学科的支持与助益，便能自成一体系，不仅自立还能自足。在这种学科孤立研究的状态下，从事该学科研究的学者，包括一些有学术影响的学者，缺乏学术拓展和深化的学术自觉意识，甚至对其他相关学科的知识和方法不感兴趣。这是亟待改进的学术立场。在民族问题和民族关系方面，近几十年来在国际范围内的人类学，特别是文化人类学或社会人类学领域取得了重大的进步，但在中国人类学的研究只有少数大专院校和科研机构在进行，这方面的研究人才也是寥若晨星；最近二三十年来，随着一大批新的考古发现及其研究，全新的文字资料和实物史料在中华文明探源、中华民族的多元一体等方面取得了突破性的或重大的进展，本文上述转述的文献史料，已被许多新出土或新发现的历史文献和实物史料所证实。但我们的民族理论和民族法学理论没有意识到把两者结合起来进行跨学科、进行综合研究的必要。意识不到，实际投入自然不足，其结果就是长期呈现如下的民族理论和学说的总体态势：宏大叙事，常言大义有余，精微研究欠缺。这事在我们看来虽然极其重要，但知尚且不易，行动起来更难。本文也只是浅尝辄止，抛砖引玉而已。

第二，从民族区域自治的实践层面上看，至少有三个方面亟待加以改进。

首先，在贯彻民族区域自治法和实行民族区域自治制度的过程中，偏重财政和实际硬件建设项目等方面实力的投入，而在民族教育特别是在科学、理性的民族观、民族历史教育，以及民族传统文化等方面的软实力投入方面相对不足。实事求是地说，自中华人民共和国成立以来，特别是改革开放以来，国家在少数民族地区的资金投入十分巨大，累积起来差不多是一个天文数字，此外的基础建设工程更是众多，路、水、电、通信等基本项目的相继开展和完成，使少数民族地区，特别是边远的少数民族地区的生产、生活条件得到了极大的改善，少数民族人民的生活品质得到了根本性的提升，这是完全必要的，对于巩固和睦的民族关系，维护民族团结和祖国的统一，发挥了重大的作用。今后应当继续坚持做下去，以更大的投入加快少数民族地区的建设。但这只是问题的一个方面，另一方面即在物质生活提高之中以及之后，也不应当忽视少数民族的精神生活和文化建设方面提高的需要。由于特殊的历史和生活环境所造成的，少数民族在宗教信仰、本民族的传统继承和发扬、民族的心理素质和精神家园的维护等方面，都有各自的特殊需要。这种需要是内在的、深潜的，如果国家、社会和其他兄弟民族特别是汉民族缺乏这种体认意识，就会不自觉地忽略少数民族这种特殊的精神和文化需要。长期累积的结果，就会造成不良的后果，甚至爆发极其严重的负性事件，给民族团结和国家的安定造成损害。在当前及今后国家和社会各方面实施对少数民族地区的帮助和支援中，应当把宗教信仰、民族文化保护与继承、科学的民族观和国家观等有关精神家园的建设，放在同物质和资金支援同等重要的地位。

其次，大力加强有关民族区域自治的法制建设，尽快推进自治区自治条例的出台。新中国成立之初我们通过制定《宪法》和《民族区域自治实施纲要》，以及配套的一批行政法律规范性文件，打下很好民族立法的基础，基本满足了实施民族区域自治制度的需要。改革开放以后，于1984年又制定了《民族区域自治法》，之后二十多年间，该法又做了几次修改，加上一大批行政法规和规章等相继出台，对保障民族区域自治制度的实施起了重要的作用。然而，近十几年来，在国家层面上对民族区域自治的立法几乎没有令人印象深刻的推进，尤其是全国五大自治区至今都没有一个自治区自治条例出台，有关方面包括民族法、宪法学术界的一些学者，对此表现出某种焦虑情绪，显得很无奈。在中国早已将民族区域自治制度作为国家三大基本政治制度之一的宏观背景下，五大自治区的自治条例长期缺席，这在民族法制的整体上，确实是一个不小的短板，应当引起必要的重视。如果除了在做好其他的功课之外，在视野和技术上还感到心有余而力不足的话，我们建议是否可以回到历史深处，向我们的先祖包括传说中的人文先祖们讨教一番呢？要知道，我们先祖在那极其恶劣的生存环境下，竟奇迹般地用各种理念和形制调整了如此复杂的民族关系，使中国大体上沿着民族和睦相处的历史轨迹曲折而行直到今天，即使在相互征伐中也能做到适可而止，使各个民族特别是少数民族族体也有机会生存和繁衍下来，一直走到今天，形成了多元一体的中华民族大格局和祖国的统一整体，这不能不说我们先祖具有何等高超的政治智慧！我们今人倘能以史为师，从古人那里学来一些解决民族问题和调处民族关系的智慧和技巧，当会对当今完善、推进民族法制建设，包括制定各大自治区的自治条例大有裨益。

最后，加大对先进的民族思想、民族法制的宣传教育，尽快提高国内外对民族区域自治的中国特色和优越性的认识。从国际上看，各方面对联邦制和民族自治耳熟能详，但对民族区域自治特别是中国的民族区域自治所知不多，甚至完全无知。在国际性学术交流中，连我国近邻的韩国、日本的学者竟然不知道中国一直在实行一种名为民族区域自治的制度，这令我们业内人士感到错愕。原因在很大程度上是我们对外宣传不够。据从国外访学归来的学者介绍，在国外一些大学图书馆竟成排地摆放国内民族分裂分子首领的"著作"，竟是连篇累牍，相比之下，正面宣传中国民族政策和民族区域自治制度的著作却几乎找不到。可以想见，这一极不对称的宣传局面会在国际上产生什么样的负面影响。至于在国内，也有加大对执政党和国家民族政策、民族区域自治制度宣传、教育的必要。国人即使不像业内人士那样熟知民族区域自治制度，但至少要有一个基本的了解。就在近些年，经常在视频媒体上听到主持人或嘉宾谈及广西时，不是以"广西壮族自治区"而是以"省"称之，令我辈业内人士深感国人对民族区域自治这一重大的基本制度了解是如此缺失。原因无他，就是宣传、教育不足。我们应当把对民族区域自治的宣传教育提到一个更高的地位，尤其应当在"普法"中加强其宣传、教育的力度。人文类报纸、杂志也应当多发表一些相关的学术研究文章、专论。这也需要有关方面予以支持，编辑人员解放思想。民族问题、民族区域自治制度、民族政策不是，也不应当视为"禁区"而应当大力加强宣传、教育和研究。在这方面，我们似乎也应当从古人那里悟到些道理，学些什么。

第十八篇　宪法学"时空转向"与"时空宪法学"的建构期待

内容提要：当代极为复杂和深刻的社会转型实践提出了各种人文社会科学必须直面和解决的一系列的理论问题。传统的人文社会科学的概念和理论体系相应地实现"转向"，势必成为一种必然的发展趋势，事实上这种"理论转向"自20世纪下半叶开始已经悄然进行，并取得了相应的成就。作为法学总体系中的重要一翼的宪法学自然不该殿后。宪法理论和宪治实践的现实早已提出宪法学理论转向的迫切要求。宪法学的理论转向中的"时空转向"是一个亟待关注的重大理论和实践问题。时空科学与哲学为宪法学时空转向打下了深厚的理论基础，而人文社会科学特别是社会学的理论转向为宪法学的理论转向提供直观的参照体系和启迪。宪法学的"时空转向"具有拓展宪法学视野和深化其学理基础的意义和科学价值。从时空的视域建构全息宪法学，包括时空宪法学、全球宪法学和方内宪法学，不仅必要，而且可行，值得期待。

关键词：宇宙科学与哲学　后学　时空转向　广延　时空宪法学

发生在2013年5月后有关宪法及其民主政治的大辩论，尽管持续时间不长，很快趋于平静，但这场大辩论留给我们太多的学理反思，是不能也不应当在短期内消弭的。严肃的宪法学除了关注话语权、神学式的追问和辩论等现实层面的问题之外，其实更应当从宪法概念和宪理深义等学理层面进行深刻的反思。为什么同样的一个宪法概念，一个与宪法密切相关的民主政治理念，不同立场和观点的学者竟然会发生如次殊异的分歧，以致达到冰炭不同炉的激烈程度？除了显见的各种原因之外，有一个方面似乎还没有引起宪法学术界的普遍关注，那就是宪法学本身包括宪法概念和宪法原理等宪法理念与结构，是否存在先天的缺陷？再或者这种先天的缺陷更容易引起人们学理认识上的歧见？是否有可能从根本上对成型已久的宪法学传统概念和理念进行彻底的反思？并在此反思的基础上建构一门即使不可称为"全新"的宪法学，至少可以视为对传统宪法学的极大超越或理论创新？当然，我们也清醒地认识到，凡是有理论存在的地方，都会有分歧，"公说公有理，婆说婆有理"在所难免，但不能因此就否认真理的相对客观性。我们也许应当承认，人们无论是对自然现象还是对社会现象的认识只能逐步达至真理认识，但如果我们对自然现象或社会事务的认识从确立认识对象时起就存在偏差或谬误，再加上人的主观歧见，自然就不能形成共识，更不可能期望趋向真理。在宪法学的概念及义理领域，我们就认为存在这种状况。严肃的宪法理论和实践的现实告诉我们，是该对传统宪法学的理论与体系进行深刻反思的时候了。建构创新乃至全新的宪法学能够在取得宪法学术方面的普遍共识方面，完全是可以期待的，或至少不必为一些学术界人士对宪法及其实践所持的极端偏见所困扰。或许只是我们一厢情愿地认为，如果我们将宪法学的概念和理论体系建构在更科学的坚实基础上，就会减少或消弭由于意识形态的固定之见或者认为宪治技术上没有可操作性而造成的对宪法学的冲击和干扰。我们清醒地认识到，理论上的论争会永远存在，根本不可能杜绝，宪法学也不例外，但这绝不意味着某些非学术性的争论是必要的或值得鼓励的。无论如何，一切学术活动都必须以最终趋向于服从真理为依归，即使从节约学术智力和资源的成本这一单纯的经济计算上考量，都应当如此。

基于以上学术态度，我们认为对本主题的研究是可欲的，尽管非常不成熟，但研究方向应当是正确的，至少值得自勉和自励的。

一 宪法学"时空转向"的理论背景

宪法学"时空转向"的理论背景，至少可以从两个大的方面进行会集，不待说，这一会集可以为宪法学的"时空转向"提供基础性的学理支持。

（一）时空科学与哲学

人作为地球上唯一进化成为高级智能的灵长类动物，从其智力初萌的时代起，就对人自身的本性和与人的生存息息相关的自然性不断地发出哲学性的两大"追问"。关于人性的追问不是我们现在要讨论的问题，而关于自然性的哲学追问是这样的：为什么会有我们现在生活的宇宙，这个宇宙为什么会有万物,而不是什么也没有?自古至今,人类就不断地对此进行探索。在这个持续万千年的探索中,第一个了不起的成就,就是将我们周围的环境,从天上的日月星辰到地上的万象景观,再到人各自身边的诸物统统抽象地概化为"宇宙"、"天地"、"世界"这类概念。尽管这些概念并没有也不可能被设定严格的界限,但总是给人类对自然界的探索建构了语言表达的平台和理论分析的框架。中西初民孜孜以求的探索,到近现代积淀成为一个庞大的学科群——宇宙学。从天体物理到理论物理再到量子物理力学,如今人们关于宇宙的认识已经达到空前发达的程度,以至于有的宇宙科学家已经信心满满地宣称:他们已经破解了一个又一个的宇宙生成和演化的大致情景,并从宇宙初始生成了"奇点"的大爆炸到一种可能的归宿,即宇宙各种星系早晚都会经坍塌、压缩和被"黑洞"吸收,宇宙最终复归于什么也没有的"无"。

关于宇宙生成、演化和复归于"无"的描述,尽管极其简括,但也昭示了人类对宇宙的了解已经达成共识的基本成就。这个基本成就的取得除了人类孜孜以求的探索精神作为精神支柱,以及从长期的生产、生活实践积累经验的知识等因素之外,还在于人类从初民时代起,就找到了认识宇宙的切入口和适当的视角,那就是构成宇宙特别是宏观和中观宇宙的两个基本维度,或称两个基本元素的"时"与"空"。"时"与"空"被认为是构成宇宙的基本形式,宇宙中的万物从浩瀚的天体、日月星辰到我们地球上的自然界乃至我们周围的各种万物包括我们自身,无不以"时空"的形式生成、演化、存在和消亡。要了解宇宙,要追问宇宙中为什么有万物而不是什么也没有,就必须从万物为什么会有始有终,又为什么在某一个位置上而不是随意在什么地方开始。

在中国优秀的传统文化中,积淀了大量的"时空文化",说明中国先民也是最早关注天体、自然和人生状态的人类先祖之一。春秋时代的楚国大夫屈原就曾作《天问》,词中写道:"遂古之初,谁传道之?上下未形,何由考之?冥昭瞢暗,谁能极之?冯翼惟象,何以识之?明明暗暗,惟时何为?阴阳三合。何本何化?圜则九重,孰营度之?惟兹何功,孰初作之?……"[①] 从哲学的意义上看,这应当是中国古代知识精英最典型的关于"天",也就是"宇宙"的哲学追问,其中就包括对时间和空间的"惟时何为"和"孰营度之"。本来,"宇"和"宙"在造字之初都是指空间处所的结构,"宇"的本义是屋边,"宙"的本义是栋梁。然而,"宙"在后来经两次演化之后就专指时间的

---

① 转录于肖巍《宇宙的观念》,中国社会科学出版社1994年版,引言。

概念了。此即所谓"一演之为舟舆所极覆（即舟车所能达到的极限），再演之为往古今来"①（《说文》段注）。此后经由《齐物论》释文引《尸子》语："天地四方（一说四方上下）曰宇，往古来今曰宙。"自此之后，"宇宙"成为"天地时空"的总称，沿用至今。由此可见，中国先民的"宇宙"概念，从一开始就是用来表达时间和空间的。从这个意义上来说，"宇宙"就是"时空"，中国先民在仰望星空和观察自然和自己身边事物的初始阶段，就已经把时间和空间这两个宇宙存在的基本形式一并考虑在内了，并能用语言文字概化地但又清晰地表达出来了。

在中国的传统文化中，人们更习惯用"天地"和"世界"指称"宇宙"，事实上在科学方面用"宇宙"也并不普遍，如用"天体物理学"代称"宇宙物理学"等。"天地"用法之所以常见，这可能与中国古老哲学有关。在中国古老哲学中，天和地被抽象化为"乾"和"坤"，都被视为"元"，即元始，《易经·象辞上传》释《乾》卦要旨为"大哉乾'元'，万物资始，乃统天"。②释《坤》卦要旨为"至哉坤'元'，万物资生，乃顺承天"。③"乃统天"和"顺承天"，都是将"天"指代"宇宙"。《易经·序卦传》也说："有天地，然后万物生焉。"④

中国民间和学术界也常用"世界"指代宇宙，如人们常说的"大千世界"或"世界观"等。中国文字的"世"，也是一个时间概念，30年为一世；"界"训为"境也"或"限也"。"世界"在本义也诠释了时间和空间的概念。在佛教经典《十界严经》四上，也有"世为迁流，界为方位"的释义。一般认为，宇宙指天上，世界更多用于天下，也称俗界。

与之相对应的是，西方人的"宇宙"基本上是一个空间概念。

现在通常用两个英文词"cosmos"和"universe"来表达。前者来源于希腊文"kosmos"，本义是秩序，与表示混沌"chaos"相对，意指有秩序的宇宙，不是混沌未开的。后者来源于拉丁文"universo"，表示万有，意近中国语词大千世界，包罗万象。从辞源上看，西方的"宇宙"从成辞之日起，就欠缺时间的概念，或许正是因为这一欠缺，在后世的"宇宙学"中及相关的学术研究中，才有对时间概念偏重研究的学术现象存在。

---

① 转录于肖巍《宇宙的观念》，中国社会科学出版社1994年版，第1页。
② 陈襄民等注释：《五经四书全译》（一），中州古籍出版社2000年版，第94页。
③ 同上书，第95页。
④ 同上书，第273页。

同任何自然科学和人文哲学一样，人类的时空观在漫长的历史中，也有一个从直观的观察而抽象出时空概念和体系的阶段。在中国传统文化中，人们从直观观察得出"天圆地方"的界域观念，《易经》在乾、坤之后，所设的第三个卦名即为"屯"，屯即充盈，《易经·序卦传》解释《屯》卦的意义时就说："盈天地之间者，唯万物，故受之以屯；屯者盈也，屯者物之始生也。"① 此外，在中国的古代典籍中，也用"天地玄黄，宇宙洪荒"等词语表示天地初开时期的混沌状态。这些远非科学的状态描述，不期然正与近现代天体物理学中的"大爆炸"理论中所描述的宇宙初级状态以及"星云说"正好吻合。因此，中国传统文化中的天地之始的抽象观念就天然地具有朴素的唯物主义性质。

在西方，通过古人的长期观察和西方古代贤人的抽象思维，也形成了西方特有的早期的时空观念。

在希腊之前，巴比伦人和埃及人就记录了行星的运动，尽管他们并不知道晨星和昏星就是同一个。巴比伦人或可能还有埃及人都相当可靠地预言了月食，表明他们已经发现了月食的周期。他们已将一个直角分为90度，把一度分为60分，这一发明沿用至今。

古希腊哲学家毕达哥拉斯在希腊人观察天体认为天之形状似天穹（天球）的基础上，首次明确提出地也是一个球体，并认为以地球为中心，天体和谐有序地运行着的"地球说"。希腊语的"cosmos"就是表示这个有秩序运行着的天体。柏拉图虽然没有过多地关心实际的天体，但他在追求心灵洞见的过程中，却用全部身心去关注理想天体的运动的数学，用几何学的单纯性度量天体的秩序和美，以证明他关于善的理念的正当性。亚里士多德的诸多著作中，有一部名为《论天》的著作。在这部著作中，他提出了一种简单而又愉快的理论。他以月亮为界，其下的东西有生有灭，而月亮上的一切东西，都是不生不灭的了。不过，他也认为大地是球形的，位于宇宙的中心，认为除了土、水、气、火四种地上元素之外，还有一种他称为"第五元素"的自然运动，第五元素是圆运动，各层天都是完美的球形，都被想象成做等速的圆运动。西方早期的宇宙观主要特征是封闭的、有秩序的天体的自然运动，就是围绕地心做完美的圆周运动。

总之，古代西方人特别是古希腊人把地球和天体都看成做圆周运动的球形；他们还能推算出地球、日、月的大小以及日与月之间的距离，所使用的

---

① 陈襄民等注释：《五经四书全译》（一），中州古籍出版社2000年版，第273页。

方法虽然简单，但很有效；他们在度量天体时所用的数学和几何学知识，都是令人惊叹的了不起的天文学或宇宙学的成就。尽管他们提出的一些假说、观测的结果被后来的宇宙学所证明是非科学的而被摈弃了，但他们通过长期的密切观察和孜孜以求的探索所积累的宝贵知识和方法，却构成了后世西方天文学或宇宙学的知识和方法论的基础，正是在这个基础上，循着古代先哲们所创立的假说、观念和方法，近代的哥白尼、牛顿才将天文学或宇宙学推向新的科学高度，包括时空在内的知识再加上引力学的知识和方法论之后，被推向一个全新的科学高度。

到了近代，哥白尼的"日心说"颠覆了两千多年的"地心说"，将人类关于空间视野从偏居太空一隅的小小地球扩展到广阔的太阳系，从而唤醒了社会近代科学的自觉。到了伽利略、牛顿时代，尤其是牛顿的引力学彻底改变了人类看待天体的观念和方式。万有引力的发现为天体的空间存在方式和运动注入了革命性变革观念因素。古典的、中世纪的宇宙概念，即以质的规定的统一性和秩序井然的存在和运动规律，以及将天上和地上分成受不同规律支配的分层说被彻底地、永久性的颠覆了。天体的空间变成了一个开放性和无限伸展的整体，受同一的基本规律即万有引力所支配。万有引力被视为宇宙的创造者，它彻底摧毁了神创造宇宙的目的论。是万有引力的作用决定了天体的位置、天体的运动方式，以及空间关系的变化。

西方宇宙学在这个阶段所取得的成就，特别是将天体视为一个开放的和无限延展的整体的观念，大大地提升了人类认识宇宙的真容和规律性。除了这些宇宙科学上的成就外，包括19世纪由达尔文创立的生物进化论在内的近代科学成就，还深深地影响了人类看待自身及其社会的方式，一些全新的社会或人文科学的体系和方法论，特别是逻辑实证主义、社会进化论等相继出现并逐渐取代古典的、中世纪的理性主义，理性主义遭到批判和摈弃。无论在自然科学界还是社会科学界，科学都逐渐占据了主导的地位。

到了20世纪初，现代宇宙学开始显现端倪。首先是起源于大爆炸而致宇宙膨胀的理论（也可称为假说）诞生了。该理论已经精确地计算出宇宙诞生于137.98误差在0.37上下亿年前的一个"奇点"的大爆炸。根据宇宙学家对宇宙大尺度特征的观测和分析，包括各向同性、变光速、宇宙宏观背景红外辐射、宇宙弦、黑洞、暗物质、反物质、虫洞等的分析，天文学家便能将创立关于整个宇宙的结构及其起源、演化以及未来趋势的各种假说勾画出来。其中爱因斯坦在20世纪初创立的狭义相对论和广义相对论，证明了引力不是一种超距作用，而是通过引力场传递的。引力场会改变空间的几何性质，使空间发生弯曲，其曲率取决于引力场的强度和物质的分布。顺便提及，天体物理学家正在时空弯曲的理论和观测的基础上，致力于研究如何发现宇宙中的所谓的"虫洞"，为人类未来的太空旅行或移居其他天体寻找可行的"时空隧道"。

这一阶段的宇宙成就，集中表现为在引力场理论和宇宙膨胀观测的基础上，能够建构各种宇宙模型。这些模型表明，"古老的关于基本上不变的、已经存在并将亟须存在无限久的宇宙的观念，已为运动的、膨胀的并且看来是从一个有限的过去开始并将在有限的将来终结的宇宙观念所取代"[①]。

更概括地说：从混沌中诞生出有序的宇宙（cosmos）；

有序的宇宙转变为万有的宇宙（universe）；

而这个"万有"的宇宙竟创生于"无"。

创生于"无"的"万有"宇宙，经漫长的演化，最终复归于"无"。

自爱因斯坦创立相对论理论以来，时间和空间不再是为观测行为提供一个虚无的观测对象。人们观测到的实际上是以时空方式表现出来的宇宙结构，宇宙结构和时空在演化中纠结在一起，而演化的力量就来源于引力和电磁力，这两种力才是宇宙也就是时空的真正设计师和创造者。然后，相对论只能解释引起大爆炸的"奇点"以后发生的事情，为什么会有"奇点"？在"奇点"大爆炸之前是否有事件，它会不会又是先前的"宇宙时空"演化的后果？这些不是经典力学，以及现代相对论所能解释的。为解开这一谜团，量子力学应运而生。量子力学理论认为，奇点在大爆炸之际，引力场变得如此之强，以至于不引入量子理论就不能刻画消解奇点的创生问题，为此，现代的宇宙学认为，宇宙创生论必须充分考虑非定域的量子效应。量子引力论开辟了另一种新宇宙创生可能性，该理论从一个全新的观点来看待时间和空间问题。正如霍金所指出的："量子引力论开辟了另一种新的可能性，在这儿空间—时间没有边界，所以没有必要指定边界上的行为。这儿就没有使科学定律失效的奇点，也就不存在在该处必须祈求上帝或某些新的定律给空间—时间设定边界条件的空间—时间边缘。人们可以说：'宇宙的边界条件是它没有边界。'宇宙是完全自足的，而不被任何外在于它的东西所影响。它既不被创生，也不被湮灭。它就是存在。"[②]

---

① ［英］史蒂芬·霍金：《时间简史》，上海三联出版社1993年版，第32页。
② 同上书，第121页。转引自肖巍《宇宙的观念》，《中国社会科学出版社》1996年版，第233—234页。

以上关于宇宙科学史的简括介绍足以表明，自古至今，自中而外，人类对于构成宇宙基本存在形式的时间和空间的创生、演化规律是如此的着迷。密切地观察、科学的观测、哲学的沉思、各种宇宙模型的创立，各种有待求证的假说的提出，所有这一切都推动关于时间和空间的科学不断地走向进步。这种进步不仅极大地提升了关于宇宙时空观念、结构体系和演化方式的科学认知，还旁及深深地影响了社会科学各个领域的发展和进步，及至当代，在一些社会科学的率先和成功向"时空转向"，并在"时空转向"的带动和影响下，许多门类的社会科学都向"时空转向"已经变成一般的学术发展趋势。从我们简单地介绍过的时空科学史足以表明，时空理论的日益进步和丰满，就足以打下自立、自强和自足的深厚基础，这足以昭示和启迪社会科学中的所有门类，要使本学科得以进一步的发展和深化，除了以其他途径和方法论以为助力之外，其实注入时空观念也是一个极可欲的路径和视域选择。既然时空自身的理论是如此的厚重，又既然有些学科已经率先和成功地实现了向"时间转向"，包括宪法学在内的其他学科何不循此成功路经大胆一试，勇闯天涯。人类永无休止的好奇心表现在科学研究上就是孜孜不断地探索未知领域。实现各学科自身理论向"时空转向"，就是一个极可欲的面向和路经选择。

二 现实的社会科学的"时空转向"的一般趋势和成就

可以从两个方面切入这个论题。

（一）社会科学的"后学"转向和从时间向空间的"转向"

人类的科学探索精神一天不灭，科学就不会停下自己的脚步，由于人类智识的限制，科学的进步总是呈现阶梯式的向上提升，每个历史阶段都会有那个阶段的科学成就。如果科学真理有顶峰的话，我们只能通过持续不断的努力，逐步接近真理的顶峰。这应当就是包括自然科学和社会科学在内的科学研究的一般规律。

人类为了更好地认识自己所处的科学环境和社会状态，往往通过各种不同手段将科学水平和社会状态加以类型化的划分，并以每个时代最具标志性生产和社会状态用极简单的词语加以统摄、概化，成为一个时代的标志。最具鲜明特色并被全人类所共识的时代划分，当是人类伴随进化和进步所作出的社会性质的划分。这就是从初民社会的原始社会到奴隶制社会再到封建社会又到资本主义社会,最后经过社会主义阶段达至共产主义的高级社会形态。这种划分特色鲜明,但含有意识形态因素,最后的共产主义阶段只得到以马克思主义为思想指导的理论和社会的认同。如从生产力发展水平作为标志,将人类走过的漫长历史依次简单地划分为狩猎和采集社会、农耕社会、工业社会和信息社会。如从历史发展时期划分,则又可依次分为原始时期、古代时期、近代时期和现代时期。其他的分类还有一些,无须细说。无论如何,这种将人类自身及其社会类型化的努力和尝试,为人类深入认识自身及其社会搭建了过往经验的平台,提供了展开分析的框架。但这些分类也有局限性,分类在吸引人类认识过去和现在的同时,却不能为人类认识远近不同的将来或未来提供舞台。人类社会终究是要向未来前行的,未来将出现什么样的状态?人类将会面临何种机遇和挑战?这对于人类未来的前途肯定是至关重要的。以往这被视为"未来学"的领域,只吸引少量未来学家的关注,而如今,各种社会科学的众多学者甚至主流群体将自己的关注度投向未来,致力于未来趋势的发展研究。由于未来是一个未定型的社会状态,人们便简单地称此等未来为"后现代社会",而基于"后现代社会"进行的研究也相应地称之为"后现代学问",简称"后学"。自20世纪下半叶特别是80年代以来,在西方世界,各种"后学"如雨后春笋般成长起来。中国在那个时候正值改革开放之初,但相应的"后学"也引起了学术界的关注。别的领域的进步情况我们没有进行考察,但在法学领域,在一些学者的口头和著述中已经频频出现"后现代法学"的表述了。"后现代法学"将自己的关注点集中在"后现代"中法律的本质的变化、法律规范和实施机制的变化、世界公民权利与义务的变迁、国家主权与全球政府的转换、未来的知识领域等。与法律学密切相关的政治学,则致力于研究则将自己"后政治学"的关注点集中在未来民主的形式,没有对手的协商民主,理性共识,化解种族、宗教和国家间冲突的"包容性共识"以及人类、社会的宽容等方面。

总而言之,"后现代性"以及相应的社会科学各门类的"后现代学"的发展,已经构成了一种学术发展的趋势。由于人类对自身及社会的长远关注和对未来命运的终极关怀,为各种"后现代学"的发展提供了根本的内驱力,所以这一发展势头会越来越强劲。在这种学术发展的大趋势下,所有门类的社会科学,也包括宪法学迟早都要作出相应的反应,反应最终会成为一种学术自觉,进而推动社会科学的各学科向"后现代学"的纵深发展。

(二) 现实的社会科学的"时空转向"所取得的成就

社会科学中的所有门类的理论都程度不同地践行着"时空转向"。历史学的"时空转向"是突出的一例。历史就是逝去的过往,历史学研究的也是过往的事件,历史学未来就与时间打交道的学科。历史虽说是再现过去的事件,还原以往的经历,但从何时着手却是一个问题。学者们根据自己的研究宗旨和需要,选择研究的起点是相当随意的,或远或迟,各自由之,但学术的交流乃至权威学者的学术影响往往最终会在该学术领域形成某种共识。例如,笔者在近些年来由于深化宪法学研究的需要,拜读了中国现代法制史的许多著述,惊奇地发现,中国法制史的主流学者群基本上都是从有成文法律出现的春秋战国时期作为中国法制史的起点,尽管有的法制史著述在论述法律发达史和法律思想史时也溯及了上古和三代时期的一些立法和实施的情况,以及某些法律观念,但从总体上看,却表现出对上古和三代时期的法律和思想相当漠视,有些论者甚至认为那些没有文字记载的"传说"都不可信,故不予置论。随着历史学的深入发展,特别是近几十年来一些重大的考古发现,都已确凿地证明了,即使在三代时期就存在特定的法律形制了,更不待说,即使是上古时期的神话和传说都蕴涵着大量的与法律相关的信息。只是由于我们始终坚持"信而有证"的治史信条而致视界太过狭窄,没有引起关注罢了。

在西方史学界,学者们较早地实现了历史学的深度时间转向。据英国《今日历史》(History Today)杂志2013年第11期发表的英国阿伯丁大学历史系容休教授保罗·杜克斯(Paul Dukes)撰写的文章:《大历史、深历史和人类世》(Big History, Deep History and the Anthropocene),对西方新出现的三个新历史名词"大历史"、"深历史"和新近提出的"人类世"进行了对比分析。

西方学者首先打破被中国一些历史学者奉为经典教义的"信而有证"的治史信条,率先提出了"大历史"的范畴。在西方史学家中,克里斯蒂安以研究"大历史"最副盛名。他早在1991年,就在美国世界史学会官方杂志《世界史杂志》(Journal of World History)刊发了题为《为"大历史"辩护》(The Case for "Big History")的文章,作者开门见山地抛出了一个问题:历史学研究的具体时间范畴是什么?他给出了一个颇为极端的答案:"历史学研究的时间标尺是从宇宙大爆炸至今的所有时间。"①

何为"深历史"？斯梅尔等人认为，人类一直对自身的起源很感兴趣，但历史学家不太情愿去书写信史时代来临之前的长远历史。"深历史"的支持者认为，历史的定义绝不是依赖于书写的发明，而是取决于解剖学上现代人的进化。因此，"信而有证"不应该成为历史学家探究过去的限制。

关于"大历史"和"深历史"之间的区别，前者主要是最大可能的时段（宇宙的时段）对过去作为连贯一致的研究；而后者的研究只关系人类进化史，特别是人类大脑对于我们理解历史的作用。

"人类世"一词最早于 2000 年由荷兰大气化学家、诺贝尔化学奖得主保罗·克鲁岑（Paul Crutzen）和生态学家尤金·斯托莫（Eugene Stoermer）正式提出。克鲁岑和斯托莫认为，人类已不再处于全新世，而是到了"人类世"的新阶段。"人类世"是一个与更新世、全新世并列的地质学新纪元。二人认为，"人类世"始于 18 世纪下半叶，以 1784 年詹姆斯·瓦特发明蒸汽机为"人类世"的时间起点，主要关注工业革命、人类活动对气候及生态系统造成的全球性影响，特别是对地质和人类历史带来的深刻影响。"人类世"这一概念一经提出，即在 2011 年的地质学会会议上得到了大多数西方学者的认同。

克里斯蒂安说："在西方的大学课程中，历史学仍然主要关注的是过去几千年的人类历史。这其实阻碍了学者完整而全面地了解人类、人类起源和人类历史。然而，不得不强调的是，没有对史前历史的认识，人们就很难理解'人类世'这一词汇。若想了解'人类之所以成为生物圈的主导力量'等问题，如果不身处时间和空间的大框架之下，这一问题终将无解。"②

除了与历史学相关的上述"时间转向"之外，在时间观念方面也正在向客观性方向转向。中国先哲孔子早在两千多年前，曾站在江边看着滚滚流去的江水，无限深情地感叹："逝者如斯夫！"其时，不仅东方的中国人，就是西方人也将时间看成一种流逝的现象。人们把时间比喻成匆匆来去的过客，一个事件朝我走来，然后经过我们，接着又远离我们而去，就像树叶顺着时间的河流漂来，经过我们又向远处漂去一样，又像船行于时间的海洋之上，永无定所。这种时间观是一种运动样态，早已被人们所认知并形成共识。然

---

① 《中国社会科学报》记者张哲的文章：《扩展人类理解历史的疆域——对话"大历史"、"深历史"、"人类世"叙述者》，载《中国社会科学报》2013 年 11 月 15 日。

② 关于"大历史"、"深历史"、"人类世"的观点和资料，均转述于记者张哲的报道《扩展人类理解历史的疆域——对话"大历史"、"深历史"、"人类世"叙述者》，载《中国社会科学报》2013 年 11 月 15 日。

而，时间也许并不总是做如此的有来无往的线性运动，除了爱因斯坦在广义相对论中认为在引力场的强大作用下，时间（还有空间）都会发生扭曲变形，不再做线性向前运动之外，还有学者提出时间的客观形成说，据报道，美国麻省理工学院哲学副教授布拉德福德·斯科（Bradford Skow）却不认为时间像这样处于运动之中。在他看来，如同相对论所讲，时间是时空的一个维度，时间不以某种形式"经过"我们；相反，时间是统一的、更大的宇宙架构的一部分，而不是某种在其中来回运动的东西。在新书《客观形成》（Objective Becoming）中，斯科阐述了整块宇宙理论（block universe theory）的时间观。

斯科说，从某种意义上讲，整块宇宙理论并不完全与人们的直觉相悖。说时间没有流逝不是指什么都没有发生，事件不是发生过了就永远消失，它们只是存在于时空的不同区域而已，我们所在的环境在时间上是分散的，"整块宇宙理论认为，人在时间上是延展的，与空间上的延展类似，我们不是位于一个单一的时间点上"。

在《客观形成》中，斯科花了大量笔墨分析各种相互对立的时间观，包括现在论、增长的整块宇宙论（growing block universe thery）、移动聚光灯论等。现在论认为只有现在的事件和实体才是真实存在的；增长的整块宇宙论认为过去和现在是存在的，但将来不存在。随着时间流逝更多的事物在形成，所以整块宇宙是在增长；移动聚光灯论认为过去、现在和将来都是真实存在的，"现在性"随事件顺序而移动，好似不停移动的聚光灯照在哪个地方，哪个地方就是现在，已经被照过的地方是过去，还未被照过的地方是将来。尽管斯科称上述理论中最有说服力的是移动聚光灯论，并解释了该理论可能与相对论相符的某些方面，但他的最终结论是整块宇宙论最能说明时间的本质，其他观点则各有缺陷。[①]

社会科学的空间转向最早是由人类学率先发起的，早期的人类学家早在一百多年前就摈弃了以欧洲中心主义为核心内容的研究范式，认为那是欧洲殖民主义的产物，不能引导人们全面地认识人类自身的文化进化史。具体地说，创立人类学的先驱摩尔根、泰勒等提出了文化、社会进化的时间序列，着重文化的纵向发展；文化移动和传播学派最早实现了人类学的空间转向，该派通过研究物质文明的地理分布，说明文化流动和传播的空间序列，关注不同文化之间的横向联系。

在西方，早期的地理学和人类学研究，最终形成了一个全新的社会科学

[①] 转述和引介于王悠然编译的《客观形成》，载《中国社会科学报》2015年2月9日。

门类——人文地理学。早在19世纪20年代,德国地理学家卡尔·里特尔将人类文化与环境之间的关系作为自己研究的主要内容,开创了人文地理学研究,被誉为"人文地理学之父"。19世纪90年代,德国另一位学者弗里德里克·拉采尔提出,地理学应该考察人类的生活方式及思想观念对于外部环境所产生的影响,并将该领域的研究命名为人类地理学。20世纪20年代,美国地理学家卡尔·索尔正式提出文化地理学的概念,主张将文化景观纳入地理学研究的范畴,通过文化景观来研究人类活动所形塑的区域人文地理,他也因此被称为"文化地理学之父"。到了20世纪70年代,文化地理学发展出文化生态研究、文化源地研究、文化扩散研究、文化区与文化景观研究等一系列研究领域,形成一个完备的学科体系。

20世纪70年代文化地理学逐渐走向成熟,到了20世纪90年代,爱德华·索雅在一次访谈中,将20世纪六七十年代以来受到文化地理学派影响、主张实现人文社会科学研究空间转向的学者群泛称为"文化地理学派"。可见,文化地理学派是一个宽泛的概念,并不是有固定成员的学术实体组织。

文化地理学派空间理论的奠基者是文化地理学家列斐伏尔,他1974年出版的法文版著作《空间的生产》是第一部系统研究都市文化空间的专著。这本书和他的另一部《都市书写》成为文化空间理论的经典之作,也为文化空间理论介入都市研究开了先河。列斐伏尔突破了传统的空间观念,他认为,主宰人类生活的是社会空间,并在此基础上提出了关于空间的社会生产理论:在后现代社会,自在的空间是不存在的,所有空间都是人类社会活动的产物,每个族群、社区都会将自己的理念、价值观与世界观等精神体系编码在空间的生产中。因此,列斐伏尔指出,我们现在的研究应该由空间中的事物转向空间自身的生产。他的研究开启了当代西方理论"空间转向"的序幕。

列斐伏尔为西方文化空间研究奠定了理论基础,然而文化空间理论的完善及其理论框架等工作则是由詹明信、福柯、索雅等人完成的,他们的文化空间理论对诸多学科产生了巨大影响,受影响最深的是文化研究。詹明信在《后现代主义,或晚期资本主义的文化逻辑》一书中将城市空间看作一个可以阐释的文本,将城市空间的布局与设置看作文本叙事的语法。这是第一次有学者赋予空间文本性,在空间分析与文化研究之间建立起了关联性。

而福柯则是在空间研究中引入权力概念,考察了空间的建构与权力之间的关系,分析了权力在空间的组织和分配上的具体表现。

索雅的空间理论及其都市研究的基础是"第三空间"理论。索雅把物质空间称作"第一空间",强调的是"空间中的物体",把精神视角的想象性空间称为"第二空间"。他指出,虽然"第一空间"和"第二空间"分别涉及城市的物质和精神两个层面,但传统的地理学以及后来兴起的文化地理学各自强调了空间的物理性质或者精神层面。忽略了都市空间的复杂性。鉴于此,索雅提出了"第三空间"的概念——"第一空间"的物质世界和"第二空间"的精神世界的结合体,是一个能更恰当描述现代都市空间状况的概念。"第三空间"让研究者能够从物质性空间出发,进入都市空间内在的文化印记,去探索都市空间背后的文化生态。索雅在20世纪末基于文化空间理论的都市研究打破了都市研究中政治经济视角的独霸地位,为思考现代城市文化进程提供了一个全新的视角。[1]

在西方,又有了有关时间与空间一并转向的著作出版。在加拿大麦吉尔大学考古系教授布鲁斯·G.崔格尔在2014年1月出版的《理解早期文明:比较研究》中,作者运用跨文化比较方法,对世界六大文明进行对比,并通过比较不同的文化特征来探讨早期文明演化中共同的动力因素。例如,书中对埃及、美索不达米亚、商代中国、墨西哥谷地的阿兹特克及周边人群、玛雅、印加和约鲁巴等七个记载最丰富的古代文明,进行了比较研究。著者对这些文明的社会政治组织、经济制度、宗教和文化等问题,也提出了很多独到见解。与此前研究不同的是,该书对不同文明的相同和相异之处都给予了关注,尤为注重阐释古代文明中人类行为的相似和相异之处。[2]

在中国的传统文化中,"上下四方为之宇"中的"宇"作为空间概念本身就内含了宇宙的空间性,而不是视为宇宙是扁平的。《易经》中的六十四卦,代表着六十四种情境,每一种情境都可以一种空间场域,占卜者在占问时,实际上是将自己期盼和愿望与随时呈现或选取的空间场域相结合,就这样,占卜者个人的心境、空间和时间相互交融,构成一种对占卜者和卜筮者而言既神圣又神秘的一种"情境"。在这个情境中,心灵和外在世界、个体与神灵或宇宙整体相互沟通和融为一体,占卜者的心灵在此"情境"中受到冥冥之意的启示,获得对过去、现在和未来相互呈现和融合的体验。当然,这是中国古代高度哲理化的空间概念。在空间的实体方面,传说中的黄帝在"得其志"之前,"乃修德振兵,治五气,艺五种,抚万民,度四方……"[3]

---

[1] 转述和引介于陈义华《人文社会科学研究的空间转向——文化地理学派及其文化空间理论的兴起》,载《中国社会科学报》2013年10月16日。

[2] 转述和引介于黄建秋《〈理解早期文明:比较研究〉中译本出版》,载《中国社会科学报》2014年3月24日。

[3] 司马迁撰:《史记·五帝本纪》,中州古籍出版社1994年版,第1页。

其中的四方就是当时中国的四方疆土。尧帝时设"四岳"之职，当是掌管天下四方的官职。更难得可贵的是，尽管早在上古时代的河洛文化中，就确立了河洛地区为国之中的地理概念，但司马迁撰《史记》中并不仅仅治"中国"自身的历史，对于当时中国周边地区的南越、东越、朝鲜、西南夷、大宛、乌苏、康居、奄蔡、大月氏、安息等，也都做了记载。可见，在汉代，就有了中国与周边邻国的相邻关系与交往的概念和实际联系。

但须指出的是，中国传统文化中的空间概念用之于中国与外国关系时，也出现了重大偏差。历代强大的中央王朝以其自认为正统和中心的"优势"，形成了盲目的优越感，总是以为唯我独尊，让四夷来朝、纳贡，直到晚清对即将到来的外国列强的坚船利炮的威胁浑然不觉，兀自还为英国来华使节朝见乾隆皇帝是否用跪拜礼坚持不让。闭关锁国的后果就是中国变成了东亚病夫，不堪外国列强的单独或联合的攻击，造成近代中国被外国列强瓜分和半殖民地化的悲惨历史。

中华人民共和国成立后，由于帝国主义和反华势力的长期封锁，加上我国自己的一些原因，致使中国仍在长时期内处于孤立的状态，在国际缺乏广泛活动的空间。这一进程只是在20世纪70年代中美建交以后才有了初步的改善。真正使中国在国际上显现大国的地位，是改革开放以后的事。改革开放使中国的国家综合实力有了大幅度的提升，国际影响力也快速增长，大国外交充分展开，特别是提出"一带一路"的国际经济战略以及组织创建"亚洲基础设施投资银行"（以下简称"亚投行"）之后，中国的国际形象和外交影响力更是与日俱增。

就是在这种发生根本性改变的国际、国内情势下，中国的理论界的研究范围也不再仅限于中国的事务，而是把研究的视野投向了广大的国际空间视野。思想开放了，带来了观念上的变化，国际学术界的多元主义的文化视角深深地影响和改变中国的理论界研究的价值取向，激活了中国学术界普遍的空间意识。中国理论界在重新梳理和研究当代的西方各国各自不同的多元文化发展脉络的同时，也唤起了研究中国各地文化特别是少数民族文化的自觉，各学科的学者们纷纷把自己的研究范围投向了广阔的边疆地带，现代城市建构、乡村社会转型、中央和地方关系等问题。可以肯定地估评，中国学术界各门类都已经或正在实行理论研究的空间转向。

有学者还注意到，当代的中国社会科学还出现了从时间转向空间的学术趋向。论者认为，自17世纪以来，在西方的历史哲学传统中，以笛卡儿思想为代表的理性主义文化结构逐步取得主导地位，线性因果观变成了理解时间的重要维度，历史被再现为时间的流逝。同时，时间因其成为必然性之象征而成为历史理性的载体（例如在康德的历史理性批判那里），并与欧洲基督教之末世论相结合，成为维系大写主体之意义的内核。与此相对应，作为西方历史哲学传统之空间观念却受到了忽视，作为维系大写主体之意义的双重支柱之一的空间严重短缺以至于造成不平衡。当代中国人文社会科学的发展中，出现了空间理论强势回归的发展趋势，包括哲学、文学、历史学、社会学、地理学、建筑和城市规划等学科的广泛重视，成为一个新的学术和理论生长点。

论者认为，通过反思空间理论，当代社会科学的各门类学者试图在历史意识中更加尊重多样性、历史发展的不平衡性，历史选择的多种可能性。重新理解空间，不仅是纠正人们关于现代性理解之欧洲中心主义假设的一个重要参照视角，而且可以与本土传统的智慧相结合。这也就决定空间视角在今天中国的意义不只是一种反西方中心主义的新的理论切入点，而且是激活人们去再考虑当代世界文化发展的脉络。[①]

中国社会学的"空间转向"已然率先进行。本来，从社会学产生并发展至今，社会学一直都在一定的或特定的"社会空间"进行，这就是说，社会学天然地就与一定的或特定地域如国家、地方、城市、乡村、社区这类的地域空间相联系。既然如此，那为什么社会学又率先提出并实现"空间转向"的发展趋势？根据论者的分析，大致有以下几个原因：

一是拾遗补缺。在传统的社会学体系中，尽管不乏空间视角，但从未将"空间"这个外生变量转化为内生变量，社会学常以模糊的文化因素来掩盖空间变量对社会现象和人类行为的影响。现在提出"空间转向"就表明学者们意识到或自觉到，要使空间因素进入社会学的分析模型，就必须把空间变得可以测量从而得出量化数据。这就意味着"空间转向"不仅只是个提法，还需要做大量的实际的研究和测量工作，以弥补传统社会学体系和研究方法与技术的缺失。

二是现实出现的新型"空间"特别是不断扩展的互联网虚拟空间需要进行研究。虚拟空间的出现，已经并正在迅速地影响了社会结构的转型，也在深刻影响人们的经济行为、交往方式和观念。这种全新的社会变化需要研究，否则，社会学只能停留在传统体系里而不能变成具有现代性的科学。

三是空间系统有着独立存在的逻辑和运作机制需要进行研究。空间作为

[①] 引用和转述于胡大平《从时间转向空间》，载《中国社会科学报》2013年8月26日。

一切社会现象和人类行为的出发点,内含着多种影响社会发展和人类行为的因素和运作机制,例如,特定的和新型的空间内的社会阶层的划分和相关主体的形成,社会关系重构,社会权力的配置,等等。理论和实践空间转向还应当特别关注社会和国家权力的变化和重新配置问题。我们的社会已不再是传统社会只用工、农、兵、学、商的简单分类就能大体确立社会的阶级或阶层的结构样态了。现行宪法关于国家权力的典型传统配置是"工人阶级领导的、以工农联盟为基础"。这种权力配置确立了中国的政体是"人民民主专政的社会主义国家"。在社会转型中社会阶级或阶层已然发生了重大的变化,尤其是传统农业的基本消失,大量的农民进入城市务工或创业,典型的农民阶级已实现华丽转身而变成企业家、城市白领和蓝领员工。变化还不止于身份的改变,更在于社会和国家以财富的积累丰厚、事业的业绩之巨和所掌握的信息更丰富为社会成功的导向,不论何人,属何种阶级,只要满足上述全部或一部标准,就认为是成功人士。人一旦事业成功,通常就会追逐权力,社会和国家的权力配置也会向成功人士倾斜。时间一长,国家的权力结构就自然发生变化,进而影响国家的国体和政权的基础。所有这些,都是宪法在空间及至时间转向中应当予以特别的关注并重点加以研究。这些层出不穷的全新社会景象都需要进行研究。如果还囿于以往认为空间只是居住场所的传统观念,显然已经大大地脱离了社会现实。人们需要新的空间理论重新认识和理解社会和国家现象,乃至人类行为。

四是"空间转向"也是中国变成负责的大国所必需的。改革开放以来,中国的综合国力和国际影响力有了极大的提升。特别是最近一、两年来,"一带一路"、"金砖国家银行"、"亚州基础设施投资银行"等大战略的提出和推进,都彰显了中国作为全球新兴力量的国际责任。这就对社会学的研究提出了更高的要求,以便更好适应中国在全球中的新的角色。"空间转向"能够提供新的社会学视角和知识,有望建构一个新的、有别于西方的全球空间秩序。[1]

---

[1] 此处观点和分析综述于记者郝日红报道:《中国社会学的"空间转向"值得期待》,载《中国社会科学报》2015年5月15日。

三 宪法学"时空转向"的学理意义和科学价值

在作出上述基础性的铺垫之后,现在是时候回到我们的主题上了。让我们先分析一下宪法学"时空转向"的学理意义和科学价值。

(一) 深化对宪法概念和理念的认知

长期以来,宪法学术界通常将宪法置于如下的学理背景之下:宪法是特定历史的产物,具体说来是资本主义文明诞生之后才出现的法律现象;宪法被视为国家的衍生物,在资本主义国家只能产生资本主义性质的宪法,在社会主义国家就必然产生社会主义性质的宪法;宪法被赋予强烈的工具理性,即宪法是治国理政的总章程,是国家的根本大法,宪法还可以成为实行阶级斗争最有力的武器;宪法是规范公民与国家相互关系的政治文件;宪法是宣示国家主权的最重要的政治文件,只有宪法才能确定谁是国家的主权者;宪法规定有关国家重大政治事务的最集中的政治文件,国家权力是如何配置的,设立什么样相应权力地位与职权的政治机关,以及各机关之间的相互关系和运作机制;宪法规定国家最重大社会事务的政策与方针,包括经济、文化、教育、军事与外交等;宪法确立国家的法律体系与法律机关及法律运行机制,号称"万法之母";宪法容天下之私,以权利的名义和形式确认公民应享受的利益与行为,极端的说法是宪法就是为了保障公民权利而制定的一张纸,如此等等,不能尽而言之,迄今为止所有的宪法定义和宪法概念论说,已从各个方面对宪法进行了界说。但不论这种种界说有多少共识还是分歧之处,都是对传统宪法概念力图从本质、内涵和外延方面进行把握和认知。这是在近现代几个世纪的长时间内,经由一代又一代的学者,特别是哲学家和法学家包括宪法哲学家和宪法学家共同努力所取得的最高宪法科学成果。我们对此深感敬重之余,也逐渐体认到这种宪法概念和理念定见还不足以反映宪法最本质的内在根据性,也就是说,目前宪法学术界关于宪法的定见仍然是浮在表层的肤浅之见,对于宪法所体现的人性基础、社会组织的巨大功能缺乏洞见。除此之外,在时间的流转和空间的界域方面也存在着认知上的片断性和局限性。宪法就其本源的发生学意义上,或许萌动乃至人类文明形成的历史深处,而目前的宪法学术界对此的认知不仅还是个空白,甚至还没有引起学术主流群体的关注和研究兴趣。毋庸讳言,要把宪法学术界对宪法概念和理念的认知提高到新的历史高度，首先就是突破宪法概念和理念的与近现代国家相关联的固定之见。宪法就其空间界域的意义上说，即使是从社会组织的功能上看，也绝不止于西方近代的资本主义文明或近代基督教板块的界域，有理由认为宪法应是所有人类文明范式共同的社会组织方式，宪法的这种社会组织功能在遥不可及的未来都会继续存在于人类文明的有界与无界之中，即是说未来的人类文明无论是以疆域的形式存在，还是以"大同世界"的形式存在，都会以某种宪法的形式维系其存在。更极而言之，即使未来在地球被某种自然力量或人为力量（例如核战争）毁灭之后，人类被迫移居其他类地宜居星球，甚至乘"星际方舟"之类的太空舱体中长期漫游在茫茫无际的太空中，也需要宪法之类的规范实体维系各种形式的人类社会及其实体的存在。

此外，宪法概念除了上述传统的学术主流表达之外，还有诸如"活的宪法"、"软的宪法"或"不成文宪法"等表达。这类表达方式之所以出现并存在，其背后恰恰体现了传统宪法概念所存在的内部先天缺陷。宪法作为国家的一种特殊的政治文件，并不仅仅以书面的形式，即通常所说的"成文宪法"形式存在。它的涵摄性本始就囊括国家和社会生活的方方面面；它的影响力扩及国家和社会种种有形或无形的结构和体系中，无论人们是否意识到，或意识到了又以其他的概念或理念表达，都不会影响我们所谓的"宪法"实质性的存在。尽管这种"活的宪法"、"软的宪法"或"不成文宪法"等的学理研究尚未成为宪法学术主流，也还存在一些争议，但无论如何，这类种种表达所蕴涵的传统主流宪法概念及其理念所存在的内在缺陷肯定是一个事实，可以视为"书不尽言"和"言不及义"的意境下的一种客观存在。正因为受此"意境"启发，才萌发我们创意"宪法时空"的概念及其理念。我们认为，在"活的宪法"、"软的宪法"以及"不成文宪法"的表意下，是无法表达作为"时空"概念及其理念中时间上的无节点延续的深远性和空间上的无界域的广延性。

总而言之，宪法的时空转向既是传统宪法概念的延展，又是一个对"传统宪法"理念的一个重大创新，甚至可以说是一个全新的宪法概念和理念。其作为人类社会的根本组织性本质，在时间上的深延性和空间上的广展性，都是传统宪法概念和理念所不可比拟的和不可企及的，因而具有重大的学理意义和重要的实践价值。

（二）匡救学弊

改革开放以来，宪法学的命运总是飘忽不定，忽顺利忽困顿，令我辈业内人士心生感慨，又颇无奈。改革开放之初，基于"文化大革命"的沉痛教训，国家的政治主导层面明确提出"发展社会主义民主，健全社会主义法制"的新历史时期国家战略方针。这个战略方针不可或缺的两个方面的民主和法制都需要宪法确认下来。果然，从一定的意义上说，国家的改革开放就是从制定1978年宪法，接着又制定1982年宪法起步的。1982年宪法的顺利制定和颁行，是中国政治法律一个具有重大历史意义的里程碑式的进步，表明中国从此走向符合国家命运、前途和融入国际社会的正确轨道。宪法学术界在那个几乎是一片知识荒漠的艰难时代，不辱历史使命，以高尚的家国情怀和高度的职业责任感，一方面大力宣传、讲解1982年宪法的基本内容和宪法原则、精神，在广大民众层面普及宪法的基本知识，取得了明显的成效；另一方面，又在批判西方和苏联1977年宪法原则和内容的基础上，几乎在一片宪法废墟的基础上艰难地开展研究。当时宪法学术主流群体清醒地意识到，执政党和国家、全民和宪法学术界花如此大的精力和时间精心制定的新宪法，应当得到很好的贯彻执行。这种学术自觉就自然地使宪法学术界主流将宪法学的关注点锁定在宪法的实施和宪法监督方面，并在持续差不多十年的时间内，从理论与实践再到制度进行了差不多彻底的和全面的研究。直到20世纪80年代末，宪法学都是那个时代的"显学"。在宪法学的教学特别是培养硕士、博士等类高级专业人才方面，也领先于其他法学学科。总而言之，宪法学在改革开放之初确实成就了一个辉煌的时代。

然而进入20世纪90年代以后，宪法学的命运发生了显著的改变。基于各种各样的原因，宪法学的研究接连遭遇挫折，尽管在1999年和2004年宪法修改期间宪法又重新回到舆论与民众之间，但持续的时间不长。总之中国宪法学自20世纪90年代初到如今总是在曲折的路径上踽踽而行。特别是在2013年5月以后，由于几位宪法专业外的人士利用强势的话语权给宪法学中的民主政治理论的研究造成了严重的困难，宪法学的主流学者群好像有突如其来的感觉，一时都回不过神来，致使正常的宪法学研究至今尚未回到正确的轨道与方向上来。

与此同时，宪法学术主流群体中一些著名学者、大家、青年才俊为捍卫宪法学的科学性和纯洁性也作出了艰苦的努力，令人感佩。然而少数宪法的学者发出的"民主政治到底离我们有多远"的"神学式"追问，除了表明宪法学理上的困乏之外，别无他益。

以上宪法学术态势清楚地表明，现实的中国宪法学研究中确实存在两股思潮，这两股思潮之间的对立和论辩与宪法科学理性相去甚远。从这个意义上来说，在我们本人的学术视野中，视它为现实宪法学研究中的"学术时弊"。有弊病就要医治，不然就会影响正常的学术研究的健康成长。

我们提出宪法学研究的"时空转向"，即将宪法学置放于深远历史和无限空间的时空背景下，重新审视宪法的概念和理念，以及宪法实施特别是有关民主政治的理论与实践。这种时空背景下的宪法理论与实践绝不会再有宪法的时间上的间断性和空间上的国家性或地域性。于是，宪法变成了贯穿全部人类历史，即从最初的人类初民社会起始到遥不可预期的未来的历史；这就意味着，宪法曾不限于近代西方资本主义国家创始的法律现象，而是全球人类的历史。而在空间背景下，宪法不再仅仅是特定国家制定出来的政治法律性文件，而是所有的国家都会拥有的政治法律现象，不论是通过专门机构制定出来的各种形制的宪法文件，还是自然就形成的天然的、不成文的品性的政治法律现象。也许有人会讥笑我们太过天真，此想法太过异想天开，但我们在下面会给出我们的理由。从匡正学弊的立场上看，实现宪法理论与实践的"时间转向"，无疑应当视为医治上述两种非理性宪法思潮的一个药方，或许还是一个能达到根治效果的良方。不论这种宪法概念和理念是否太过天真，太过异想天开，反正在广阔恢宏的时空背景下，都不会给以持上述两种偏激立场的宪法学术思潮留有可以支持其存在的余地。皮之不存，毛将焉附？

（三）面对现实

如果有人以为我们只为上述的"匡正学弊"而倡导宪法学研究的"时间转向"，那肯定是一个误解。我们虽为"小民"、"草根"之类的宪法学人，但气量还不至于狭小到不容得宪法学中偏激的治学立场与理念。我们提议和倡导宪法学"时空转向"还有其他更重要的考量，其中之一就是面对现实的考量。

在我们前面的人文学科"时空转向"的学术背景的介绍中，我们曾提到中国社会学的"空间转向"的必然性的问题，那就是在市场化和全球化背景下的社会转型日趋深入，特别是城市化的过程中的农村人口向城市转移所引起的社会关系的变化，以及连带引起的对社会权力的重新配置与协调，一系列中国对外经济大战略的提出、倡导和推行，需要从全球和大的国际地区合作的视野看待中国的和平崛起，以及作为新兴大国所应负责起的国际责任担当，等等。所有这些新出现的国内和国际局势都需要"空间社会学"的知识贡献。其实，从法学特别是宪法学的学科立场上看，上述引发社会学研究"空间转向"的现实根据，同时也适用宪法学的"时空转向"与"时空宪法学"的倡导和建构的必然性分析，那么，让我们具体看一看究竟有哪些具体的现时情势变化，需要宪法学以时空的视角来审视、研究，以致进而引发建构"时空宪法学"的期待？

第一，城乡结构的转型与城市化的发展。随着改革开放的深入和继续推进，在传统社会和国家结构方面引起的重大变化，莫过于城乡结构的变迁。原来中国社会和国家的结构是以城乡的并立的二元结构为主体而建立起来的。这一城乡二元结构决定了自中华人民共和国成立以来的社会治理和国家建立政权的形式，并通过宪法确认和固定下来。自中华人民共和国成立以来通过的历次宪法，在事关国家的国体特别是政体方面，在国家政权的设置与权力的配置方面，在宪法关于城乡选民的代表权的民众基础方面，都是以城乡的二元结构为基点的。现行《宪法》第一条的国体内容就明确规定："中华人民共和国是工人阶级领导的、以工农联盟为基础的人民民主专政的社会主义国家。"[①] 其中的领导阶级和工农联盟就是以城乡二元结构、工人阶级和农民阶级的并立而设计和规定的。在《宪法》的其他一些条款的规定，如国家经济结构、农村集体经济形式、国家土地制度等也都体现了城乡结构的二元特点。不难设想，按照目前城市化建设的速度与规模，城乡结构势必还会发生重大的转型和变化，即使还会存在某些乡村类型，至少在城乡各占比重方面会发生重大变化，中国未来的社会结构格局肯定不再会是"农村包围城市"的样子，随着大批农民进城务工甚至彻底脱离农民身份，城市包括高级管理层、白领、蓝领、职工的比例也肯定会大幅度提升。这都是可以想见的人口结构变化。除此之外，在高度城市化的情境中，人们的社会关系、文化观念乃至家庭生活等各方面都会相应地发生重大变化，对这些变化，我们宪法学不能视而不见、听而不闻，更不能无动于衷，因为这种种变化从根本上会影响到国家的国体和政体，不能想象，我们宪法学术界竟然能对未来肯定会影响宪法所规定的国体和政体这一重大宪法理论与实践问题能漠然处之。宪法学的历史使命和宪法学术界主流群体的社会责任担当，都要求我们对此重大变化作出深入的研究，此诚所谓学术上的未雨绸缪。在这一研究中，引进和扩大时空视角，肯定能对此种未来的变化作出预判和规划。

---

① 《中华人民共和国宪法》第一条。

第二，市场化引起的社会变迁。中国的改革开放是从经济起步的，到如今已近40年，虽说已进入全面改革开放的阶段，但经济领域内的改革开放仍然是重中之重。马克思在《共产党宣言》中对资本所做的利害参半的评判，完全适用于对中国现实资本的利害分析。但我们在这里主要关切点还不是这一方面，从宪法学的立场上看，我们更关切市场化现实以及更加高度市场化之后所引起的变迁和政治权力向资本的倾斜。资本既然能主导市场，间接地也就主导了社会，势必引发传统社会的一系列重大变革，包括人们的消费观念的变化导致的消费主义和享乐主义，以致物欲横流。在此过程中，又势必影响人们相互间的社会关系，相互联系和交往的方式，直至社会伦理乃至文化的观念中的以事业成败论英雄，以文化观念中的是否娱乐化为标准判定文艺作品的优劣，等等。这些都已经是市场化的显见结果。除了这些方面之外，我们最大的对市场化结果的关切，还是在政治权力向资本势力转移方面。

资本具有无限扩张和膨胀的本性，没有人能停止它扩张和膨胀的脚步，包括对政治权力的觊觎和贪求，只有获得强势的资本政治话语权，才能更好地促使和保障资本的曲线扩张和膨胀。这种状况在西方一些资本主义发达国家早已显现，至如今资本的势力已深入政治结构乃至政治肌肤之中了，以至造成富者愈富、穷者愈穷的两极分化的势头一发不可遏止，从而造成了西方一些发达国家一系列的社会和政治危机乃至灾难后果。资本向政治权力的渗透的发展势头在中国已然初步显现，公开报道的人大代表贿选事件可能只是冰山一角，在各级人大的代表和常设机构中，在政治协商会议的组织结构中，资本势力的强势增长已经是有目共睹的事实。宪法学对此绝不可以予以漠视，作为国家根本的政治制度和政治协商会议及相关制度，是我们国家的政体中最根本的制度元素，如何保持国家政体的纯洁性、广泛的民众代表性、民主政治权力和民主协商的社会各阶层的平衡性，永远值得宪法学的关注和作为宪法学理论与实践学术研究中的重中之重。但这需要从时空的视角去理解和诠释在传统宪法学视域里不曾存在的全新社会景象和相关的宪法问题。在传统的宪法学视域中，所关注的通常都是一个特定的国家区域内某种特质化的经济结构、关系和行为，而市场化的影响又超越了传统宪法所确认的权力边界、权力模式以及各种政治、法律行为规范，非以超国家的、没有鲜明边际线的时空视域去理解和诠释上述种种因市场化而引起的社会变迁和权力渗透和转移，无疑只是将宪法学当成隔岸观火的看客，也就失去了宪法学的历史使命和责任担当。

第三，网络化的虚拟空间亟待宪法学参与研究。传统宪法学从来都是

"入世"的人文科学,只关注应当如何去看待和对待现实世界,从不过问虚拟世界的事情,不错,宪法也规范宗教或信仰事务,但宗教和信仰也是真实世界的一部分,即人的精神、思想自由与受规范的限制方面。而现今微电子技术的高速发展,用无形无象的电磁波已然创造了一个庞大的网络帝国。这个帝国无需国家疆界,全世界乃至外太空都在它的疆界之内;这个帝国也无需有子民,全地球人类甚至外太空可能存在的智慧生命都是它的子民;这个帝国虽然需要基本建设,但简单得只要建立一些基站,设立一个发送电磁波的发端,剩下的数以亿万计的终端就由市场自行配置了;这个帝国无需建设高速公路、快速铁路和飞机场,只要手指轻轻一点再或轻轻一划,瞬间就架起一座座空中高速公路,任你畅游。但网络成就的虚拟世界终究是人为建立起来的,也是最终要服务于人类的。人世间一切事务总会在虚拟世界以另一种形态或形式再现,就以传统宪法学所重点规范的权力行为、政治治理、社会治理、个人权利的行使、个人隐私权的保护、信息和表达自由,等等,在虚拟世界都以特殊的形式存在。除了这些之外,人世间的各种犯罪现象特别是一些严重的刑事犯罪,也会在网络世界中发生,故也有打击网络犯罪问题存在。所有以上这些对传统宪法学来说,完全可以说是全新的问题,传统宪法学的分析理论和实践经验基本上无用武之地,需要用全新的时空视角去审视和分析,从而对虚拟世界存在的各种与宪法密切相关的事实和现象提供新的洞察力。因此,宪法学的时空转向不是愿意不愿意、想不想进行的问题,而是情势使然,势所必然。否则,宪法学就会因严重脱离现实而丧失其生命活力。

第四,全球化和区域化引发的空间拓展。当代全球化和区域化的发展势头越来越强劲,不论地球上遍布五大洲的国家大小各异、社会性质和国情有多大差异,也不论各个国家的发达程度如何,无不主动地或被动地裹挟在全球化和区域化的大潮中。特别值得关注的是,全球化并没有影响地区化的发展势头,大大小小的和或松或紧的共同体、经济联合体、军事同盟、地区国家联盟等政治、经济实体纷纷涌现,一时间你方唱罢我登场,令人目不暇接。特别是最近几年,由中国作为全球新兴力量提出和倡导的几项大的国际经济大战略中的"一带一路"、"金砖国家银行"、"亚投行",在世界范围内引起极大关注,连日本、澳大利亚这两个与美国结成针对中国的牢固军事同盟的国家也纷纷参加"亚投行"中来,表明这些以合作共赢为宗旨的经济实体具有多么大的影响力。然而,毋庸讳言,全球化、区域化也好、经济联盟与共同体也罢,对传统的以边界为空间的国家结构乃至各国各自内部的事务,也造成了重大的冲击,这就是为什么在全球化、区域化的大潮中,也或明或暗地涌动着反全球化和反区域化的浪潮。有些国家或由于其在全球化、区域化的过程中利益受损,或至少对于一些习惯于生活在传统国家模式中的一些国民来说,还不能很快作出调整以适应新的国际情境中营造的新的生活方式。无论如何,这都是一个亟待面对和解决的现实问题,需要知识界加以研究。

首先,从宪法学的立场上看,全球化、区域化等情势对传统国家影响最大的方面,莫过于对传统国家主权的冲击了。国家主权的观念是欧洲人在神圣罗马帝国解体过程中,随着欧洲分裂成为几十个独立国家而由启蒙学者提出的,这个观念与理论不仅适应了欧洲各民族独立建国的需要,而且在近现代也成为亚洲、非洲、拉丁美洲中的殖民地、半殖民地的"国家要独立,人民要解放"的战斗旗帜;第二次世界大战以后成立的联合国,在其宪章中明确规定国家的主权原则,受到国际社会的承认和维护,并确立了国家主权神圣不可侵犯的国际法原则。然而,在全球化和区域化的当代,国家主权原则受到了重大的冲击,一些西方国家利用自己的强势话语权,鼓吹主权原则已经过时,甚至竟称"人权高于主权",等等,但我们认为,在现今国家规模大小,发展水平如此不平衡的国际社会,为了抵御外部强权特别是超级大国的欺侮和侵略,主权仍是弱小国家保卫自己的重要武器,也最能博得国际社会的同情和支持。尽管如此,我们也许不得不承认,过去那种主权绝对神圣的品性确实已不复存在,在全球化和区域化的大背景下,为了实现合作共赢的目标,任何国家都不得不对国际社会或交往的对等国家作出妥协,妥协的方式就是适当地让渡自己国家的一部分主权,主要表现在降低关税,便利人员往来的签证政策、国内的税收和福利政策以及重大的经济改革举措等方面,都要向国际社会或地区内其他国家利好的方面进行调整。

然而,从传统宪法学的立场上看,过去通过宪法确认的国家主权原则神圣不可侵犯的内容和精神,包括外交原则和国内重大国是的自主决定的人民主权原则,都没有留下可以在变化了的国际情势下可以变通不实行或不需实行的余地。从这个意义上说,传统宪法学的理论体系和诠释系统已经不再能够适应当代全球化和区域化的情势,必须重开新的理论体系和诠释系统。在这种情势下,宪法学的"空间转向"势在必行,引进空间理论和超越国家的国际平台的分析框架,我们才能将传统宪法学的优势资源转化为现代新的智识资源,从而获得宪法学认识国际关系的真知灼见。否则,宪法学只能做学术井底之蛙,看不到外面的广阔世界的真相。

其次,全球化和区域化对一个国家的法律体系和地位的冲击同样必须面对。传统的宪法理论认为，一个国家立什么法，建立什么样的司法体制，怎样执法等，都是国家主权范围内的事，别的国家无权干涉。然而在国际联合的新常态下，一个国家的法律体系和法治绝不仅仅是本国的事了，在贸易法、海关法以及打击跨国犯罪和追捕外逃犯罪人员等诸多方面，都需其他相关国家乃至国际社会的紧密配合与合作。这就引出了相应的法律调整问题，即一个国家的法律体系和法治如何能够让对方国和国际社会的理解和承认，而国际交往的规则如何确定，甚至怎样实现国际或国家间的司法协作，等等，这些都需要国际或国家间的法律磨合与协调。在这个过程中，对于一个国家的法律体制和机制作出必要的调整势在必行。当然，一个国家宪法学的"空间视域"势必在场，只有以全新的空间视野才能获得对国家法与国际法相互关系的洞见，从而作出相应的调整。

全球化和区域化对国家宪法体系和宪法原则的冲击绝不止这些，都需要通过宪法学的"空间转向"——予以诠释，为国家作出相应的调整打下宪法学的智识基础。

（四）立足长远

前述宪法学"时间转向"的三个方面的必然性，即宪法科学本身的内在必然要求，究实说来，都是基于现实的考虑。然而，时间和空间所具有的无限延展性和广阔性，在本性上是超越过去的、现代的，内含着遥不可及的未来时空状态。我们之所以提出宪法学的"时空转向"以及建构"时空宪法学"的研究意向，立足长远、面向未来是一个重要的考量。这种未来不仅仅是一个可以预期的时空状态，更是一个遥不可及的空灵状态。换句话说，是一个至远至广的概念，说到至远，远得直至地球或许太阳系从太空消失，或远至人类作为一个生物物种彻底灭绝；说到至广，广得直至浩瀚的没有边际的宇宙。这听起来似乎太过夸张，甚至近乎疯狂。怎么能设想，作为传统意义上的人类文明之一环的宪法现象和宪法学，充其量也不过是二三百年至多也就再多几百年的启蒙历史，将来无论是以共产主义或其他"大同世界"形式存在人类社会，至多也可能只是几百年，最多几千年可以期待实现的，到那个时候，高度发达的人类共同体的组织形式肯定会出现，现代的国家模式及其附带的宪法现象是否还会存在，或衍化成为更高级的变体形式都未可料及。而在"时空转向"和"时空宪法学"的背景下来看，不仅超越了现今的时间和空间概念，而且将宪法现象放远至千万年之后，放大到无穷无界的浩渺无垠的太空之中。这看似过于夸张和疯狂，实则具有充足的科学根据和潜在的人文要求，绝不应当视为妄言。

先说科学根据。现在的人类已经足够强大，未来只能是越来越强大，只要人类还没有丧失理智而自我毁亡（如有的"疯子"悍然发动核战争），其高级的智慧与能力所能创造的未来世界是当代的我们无法限量甚至难以想象的。我们在一百多年前能够乘上飞机，在空中飞翔；在46年前就已登上月球；未来20年左右，我们还将登上火星；人类的航天器已经废除了太阳系日球层的边界；随着动力系统的改进与完善，人类终有一天要飞出太阳系，进入浩瀚无垠的银河系乃至飞出银河系。据报道，现在包括中国在内的一些国家，已经接近完成"离子引擎动力"系统的改进与完成，只要有足够强大的动力系统，人类飞得更远更久绝不只是个梦想。单就目前高速发展的科学与技术水平，完全可以设想，人类迟早都会解决飞向外太空或移居至其他星系的类地的星球上，以延续人类的文明。

在天体物理学和宇宙哲学的双重指引下，如前所述，人类终有一天能够在弯曲的时空中通过找到可以利用的"变光速"或"宇宙弦"之类的"时空隧道"，从而可以超越现有可知的速度而通过"捷径"实现外太空的飞行。

接下来的问题是，我们人类即使有这个能力，难道有这个必要花费如此高昂的智力和财力、物力去外太空做旅游式的外太空飞行，以满足人们感官和心理需要吗？现在只有少数人有财力进行的太空旅行也许就是这样。然而，在"时空"视域下的未来人类，也许不得不做这样不情愿但值得尝试的飞行。

不知是否存在"地球灾难学"这一学科，但现在的确有一批天体物理学家正致力于研究地球灾难的问题。我们这里所说的"地球灾难"并不是指火山爆发、地震、洪水、台风和飓风之类的灾难，也不是指通过发动核战争而自毁家园。地球最致命的灾难实际存在于外太空，或某颗超新星爆发释放出的致命辐射，或某颗中子星释放的致命的中子流，或日后变成盛暮之年的太阳耗尽了内部的核子反应能量而变成红巨星吞噬地球及其他行星，将地球上的一切乃至地球本身化为乌有；再或者从外太空飞来的足够大的球体撞向地球而致将地球撞成碎屑。即使像6500万年前地球遭受的直径不过20多公里的天外来客那样小规模的撞击，都导致统治地球近2亿年的恐龙灭绝那样的灾难，人类是否还能存活下来都是一个未知数，如此等等。太空科学家已经详尽论证了以上种种可能对地球造成的毁灭性灾难，言之凿凿，不容置疑，不是可能会发生，而是迟早必然会发生。如此一来，同人的天然寿命一样，地球、太阳系、银河系乃至整个宇宙总有一天要毁灭殆尽，最终归于"无"，即有人类曾经生存过的宇宙什么都不会再有。

但人终归是人，人类并不会甘心坐以待毙。现在自然科学家正在致力于研究在上述任何一种可能毁灭地球的灾难，策划在这些灾难中的某一个来临之前，设法"逃出"灾难的现场，或者文雅一点说，移居到适宜人类生存的类地星球上。前述天体物理学家正致力于寻找的"时空隧道"，就是这种努力的一部分。不过，最现实也是最可能实现的"逃离"方式，非美国天体物理学家创意的"星际方舟"莫属。

"星际方舟"的创意是由美国太空科学家提出来的设想。简单说来，就是建造一艘类似传说中的"诺亚方舟"那样的太空飞行体。其体积要足够大，大到能容下 25 万左右的人口在其中生活。在地球遭遇毁灭性的攻击之前，就载着 25 万人飞向浩瀚的星空而远离灾难现场。届时即使已经探测到在外太空有一个或一些适宜人类居住的类地行星，但由于距离过于遥远，"星际方舟"即使按光速飞行，也需要经过几十、几百乃至上千光年才能到达。而在此期间，"星际方舟"上的 25 万人要生活，要工作，要过文化和精神生活，要解决人类自身的生老病死等，犹如在地球上经历的一系列的问题，这都需要大量的高科技的技术支持。这种技术支持再难，也无需我们过于担心，不仅不担心，我们还应当对人类满怀信心，因为随着科技的高速发展，自然科学家们终究会解决一个又一个可能遭遇到的任何技术难题。

"星际方舟"的美国创意者们还提出一个十分有趣但又特别重要的问题，那就是在一个有 25 万人生活的相对狭小的太空舱内，如何组织人们的社会生活，如何建立有效的社会管理乃至政治制度？是原封不动地把美国宪法运用到"星际方舟"上，还是制定一部新宪法？对此，我们不得不感佩自然科学家的非凡想象力，而与此同时，我们社会或人文学家——就我们所知——还没有谁提出过这样的问题，自愧弗如，令人汗颜。然而，从现在开始设计一部适合"星际方舟"所用的宪法，其实一点也不为晚。自然科学家们有非凡的才智和能力解决"星际方舟"上的所有技术难题，如果有一个技术问题不解决，"星际方舟"就可能在外太空遭遇解体的灾难性后果。但要解决"星际方舟"上的社会或人文问题，还是应当交给社会或人文学家们吧！因为他们的知识对解决社会或人文问题更在行。当然，"星际方舟"上的宪法设计问题，当然非宪法学家莫属。只要放飞宪法学家的专业想象力，利用现有的知识体系及理论平台，设计一部适用"星际方舟"上的宪法，当不是一件可望而不可即的难事。不过，这不是我们眼下需要做的事。万事总有个开头，还是让我们从宪法学的"时空转向"做起吧！没有这个"转向"，莫说为未来的"星际方舟"设计一部宪法，就连目下一些常识性的宪法现象和问题都整不明白，甚至连当前中国宪法学术界在一些宪法入门问题上还存在种种匪夷所思的模糊现象，都难以澄明起来。

我们把自然科学家提出的适用于"星际方舟"上的宪法问题，与其看成对宪法学家的一种挑战，不如看成对包括中国宪法学家的"邀请"。为了我们人类子孙后代能在"星际方舟"上过正常的政治和社会生活，我们也许真的需要做些事情，或许应当从宪法学的"时空转向"做起。并不讳言，我们关于宪法学的"时空转向"以及建构"时空宪法学"的期待，其中一个重要的思想启迪，如前所述，正是来自天体物理学最新成就和自然科学家们的"邀请"。

（五）克服局限

这里的局限是指宪法学研究者个人学术视域的局限。并不否认，有些学者个人天分高，学功扎实，因而学术视域开阔。但总的看来，学者们基本上都存在个人学术视野局限的问题，从而造成每个学术领域从整体上看都存在或大或小的局限问题。有些局限是时代造成的，科学总是历史的，在历史长河中产生、发展和进步，因而时代局限不可避免。科学的局限还源自人类在漫长的进化过程中形成的人性局限。我们现实中的每个人，包括从事科学研究事业的人都是进化的产物，所以每个人包括学者都必然存在这种在进化中形成的局限。从个人到整个人类无论多么自恋和抱有高傲的优越感，都不能逃脱人类进化过程中形成的人性局限，所以需要自觉地克服。然而，更大的问题还在于，并不是我们每个人都清醒地认识到存在自己身上的人性局限，除了少数生物学家和神经学家之外，我们大多数人都习以为常，对进化中形成的人性局限浑然不觉，所以克服起来更为困难。我们人类有很多手段挑战和超越人类这一物种在进化中形成的局限，而在目前只有科学研究才是克服人性局限最新也是最有效手段。[①]

回到宪法学的"时空转向"上来，宪法学在现今的局限是显而易见的。别的不谈，目前宪法学术界对宪法的时空跨度就是极其"短视"的，在时间上，我们只看到二百多年左右的时间段，对于宪法现象贯穿大部分人类文明史全然不予理会；从空间上看，只看到欧亚几个制定宪法和创建宪法制度的

[①] 关于人性局限及其克服的科学手段的详细论述，可参阅美国斯坦福大学生物学和神经学教授萨博斯基（Robert M. Sapolsky）发表 *Scientific Americanz* 中文版《环球科学》上的文章：《突破人类进化的局限》，转载于《南方周末》2012年10月4日第15版。

国家，对全球范围内的所有人类社会和文明国家的立宪和宪法制度毫不顾及。

我们宪法学的短视形成的原因，除了先祖除了其他方面以外，就是根源于人类在进化中形成的人性局限。人类的先祖在几百万年的进化中，都以狩猎和采集为生，他们只关注今天能否获得食物以填饱肚子或者挨饿，食物的短缺使他们养成了只关注眼前的与生存有关的事物，形成了所谓的"时间贴现"（tempoeal discounting）即很陡的惯性，即个人对事件的价值量估计随着时间的流逝而下降。源于此种进化过程形成的思维惯性，我们人类无论从哪个角度看，在思维中都不喜欢思考长时间跨度，更远距离的过程和事物，或者说对这样的过程和事物毫无兴趣。举例说，除了少数地质学家或气象学家外，普通人有谁会去关心下一个冰河期何时到来？或者冈瓦纳大陆（Gondwana，地质学中大陆漂移说所假设的南半球超级大陆，包括现今的南美洲、非洲、澳大利亚以及印度半岛和阿拉伯半岛）会不会再度合并起来？中国古籍《列子·天瑞》所记载的"杞人忧天"的故事之所以流传至今，正是因为杞国中的那位极富远见之人，"忧天地崩坠，身亡所寄"的危机感太过极端，令常人匪夷所思，被视为一个反讽的典型而流传于世。事实上，他所忧之事终究必然会发生，他只是不该如此地"近忧"罢了。真正值得反思的是，我们常人仅以不像"杞人"那样对遥远的过程和必然发生的结果丝毫不以为然，反倒讽刺起有远见之人呢？宪法学的科学研究同其他学科一样，要求我们要超出一般的常人之见，仔细推敲和研究某些在时间跨度上在远古乃至太古时期发生过的宪法现象，当然也要求仔细推敲和研究在遥远的未来，甚至在地球毁灭之后的宪法现象，但前提是人类能及时地逃离灾难性毁灭的现场。作为常人，我宁可用稀粥烂饭填饱肚子，以防今天挨饿，也不愿被强制禁食三天后才能享受一顿丰盛的大餐，哪怕"满汉全席"也没有吸引力。但是，作为宪法学人，我可以用一年的时间收集、阅读文献和资料，用半年的时间进行思考和构思，在此期间完全放弃可以发表的论文写作，而用半年的时间全力写作，最终完成近一百万字的《宪法人类学》的写作。这就是一个常人和一个学人之间的不同。何以至此？端赖科学的精神和力量所指引和驱使。

总之，宪法学的科学研究要求业内学人超越人类进化过程中给我们人性所造成的局限，去探索和研究许多不被人所感知的宪法现象，包括时空两个维度中的宪法现象。从这个意义上来说，实现宪法学研究中的"时空转向"以期待建立一个全新的"时空宪法学"，正是宪法学克服"短视"局限的一个极可欲的视角和途径。

总之，宪法学的"时空转向"和"时空宪法学"的建构期待，绝不是一个"疯子般"的怪念头或痴人说梦。有了上述四方面的分析,相信这种创意和倡导应当具有深厚的学理基础和理论说服力。宪法学发展到今天,需要适应时代的使命和人类未来的需要,有所创新,有所作为。究实说来,宪法学的"时空转向"以及倡导建构"时空宪法学"完全是一种必然逻辑性使然,势所必然。

四 宪法学具体的"时间转向"和"空间转向"

这一部分从"时间转向"和"时空转向"两方面分别进行分析,先谈"时间转向"问题。

(一) 宪法学具体的"时间转向"

前已指出,传统宪法在时间上长期以来存在节断化的固定之见,即认为宪法是西方资本主义国家首先搞起来的,一直延续至今;而社会主义性质的宪法则是自苏俄十月革命成功之后才出现的事,其远源至多可以追溯到法国大革命时期短暂出现过80多天的"巴黎公社"。这一固定之见在宪法学术领域长期占据牢牢的主流地位,以致几乎所有的东西方的宪法著述、教材都是这么写的;一代又一代的宪法学人,从经典作家、大师到莘莘学子包括我们自己,都是在这个节断化的教义中接受宪法专业素养的教育,然后又次递传授给自己的学生和其他研习宪法学的后来人。尽管在中国的宪法学术界有少数学者曾经著文称,宪法并非只是近现代的产物和现象,认为自古以来,凡有人群生活的地方,即使是初民社会,只要社会以组织的形式出现,必定会有此等社会中的某个或某些主要组织原则出现。这个或这一些主要组织原则就是类似宪法的体制与机制,至于初民社会转变为后来的大型社会和国家,包括奴隶社会和封建社会和国家,无论其组织多么严密,国家结构多么复杂,有一些称为"洪范"或"会典"之类的成文基本法性质的文件或文献,统统都可以视为宪法性文件,为能够与近现代宪法区别开来,最多可以称为"古代宪法",至少是作为宪法现象的存在,是不容置疑的。简单地罗列以下几点理由就能支持上述观点。

第一,现在我们称为"宪法"的词及相关词组如立宪主义(或宪政)等都可以溯源到西方的古希腊时代。现在我们视为非比寻常的宪法,早在西方古代,其实就是指一般的"组织"上的意义,其辞源于拉丁文的"Constitutio",本意是在"组织"意义的确立、确认的意思。后来在英语世界里,"Constitutio"演变为"Constution",但其意义并没有变化。在古希腊时代,史书记载亚里士多德曾集58个城邦国家的宪法为一书,称为《比较宪法》,但并未留存下来。但在其名著《政治学》等著作中,他的确提到过埃及、巴比伦、波斯、迦太基、克里特等古代国家和希腊城邦国家的政府组织方法和运作机理,也是亚里士多德第一次明确提出:"人天生就是一种政治动物。"① 他还说:"政体和政府表示的是同一个意思。"② 他进而把"政体"分为三个基本类型以及三个变体,并对各自的优劣之处进行过详尽的对比分析。③ 他尤其对"共和政体"表示出明显的推崇倾向,并对共和政体下了一个经典的定义:"即自由人对同自己出身一样的人的统治。"④ 亚里士多德被现代学术界称为"政治学鼻祖",其实就是指他在古代政府组织或政体研究方面的成就。这些成就按现代的政治智识水平来说,不仅有些过时,而且也显得过于粗糙,但他用以分析政治和政体所用的基本概念和论理框架,仍然被当代的包括宪法学在内的各人文学科所利用。

从以上简单梳理不难看出,在古希腊时代确实存在丰富的宪法文化和宪法现象,并奠定了后世宪法学的基础。如果不是持极端的现代严苛的宪法定义的偏见,承认古希腊时代就产生了初始时代宪法的定义、概念和形制,当不是学术上容不得的宪法见识。

第二,在中国特别是上古时代的初民社会中,已然形成了确切的宪法观念,甚至出现并保存下来流传至今的神形俱与当代宪法几乎一般无二的宪法性文献。

首先,在上古典籍中,最常见的作为规范意义的"常",即"常理",就内含某种确定性、自然法意义上的法理,这种法理性的"常理"具有现代意义上的合法性和至上性,它来源于自然天成的"秩序"和植根于人的"本性"之中,这种"常理"是不能违背的,违背了,就会遭到上天的惩罚和民众的唾弃。《洪范》为说明这个道理,举了两个鲜明对比的例子。当周武王向箕子请教"彝伦攸叙",即治国"常理"所规定的大法时,箕子回答说:"我闻在昔,鲧陻洪水,汩陈其五行。帝乃震怒,不畀洪范九畴,彝伦

---

① [古希腊]亚里士多德:《政治学》,颜一、秦典华译,中国人民大学出版社2003年版,第82页。
② 同上书,第84页。
③ 同上书,第84、114、117页。
④ 同上书,第79页。

攸斁。鲧则殛死，禹乃嗣兴，天乃锡禹洪范九畴，彝伦攸叙。"① 为父为子，由于"畀"与"不畀洪范九畴"，结果导致"彝伦攸斁"与"彝伦攸叙"的天壤之别。而两人的个人命运则是父被流放至死，而子"禹乃嗣兴"进而天下称王。

至于《洪范》中的"五行"、"五事"、"八政"、"五纪"、"皇极"、"三德"、"稽疑"、"庶征"、"五福"、"六极"，都是当时治国理政的九条重大国是，体现了作为宪法内容的国是之本以及作为宪法精神的至上性和权威性。完全有理由视为一个典范的古代宪法性文件。然而，在中国法史学界利用其在法史学术上的地位与影响，有的史学家将其视为中国第一部刑法典，而另有史家对将其解读为宪法性文件的学术意见竟斥之为"无稽之谈"。值得宪法学术界反省的是，由于长期以来囿于传统教义学的固定之见，对于史学界在《洪范》文件上的种种偏见与谬误，竟全然不在意。这其中的一个重要原因，就是中国宪法学者缺乏"时空"的专业意识与自觉，以致让学界的上述偏见与谬误流传至今而得不到澄清。

在中国的上古、中古、近古的大量文献中，还有很多需要宪法学术界认真清理和研究的宪法信息、文件，如果能全部梳理出来，完全可以写成一部"大书"。限于篇幅，我们在此不再继续梳理和分析下去了。②

除了成文的典籍、文献之外，在不成文的神话、传说乃至惯例、习俗等方面，都存在大量的宪法类信息，都值得认真地分辨、梳理和研究。

除上述方面外，近几十年来重要的考古发现、地下出土文物，远古留存下来的几乎遍布全国各地的岩画、凹穴符号等，都需要从深历史的宪法视角去整理和分析。③

第三，在古印度文明中，古代梵语中就同时出现两个有关"正义"的词，一是"niti"，另一个是"nyaya"，前者译为"正义"，后者译为"正理"。虽同表"正义"，但两者的意义还是有区别的，"前者意为组织规范且行为正确，而后者表述现实的正义这一全面的概念，即认为制度、规则以及组织的重要作用必须在更广阔且更具包容性的正理范围内加以衡量。正理不可避免地是

---

① 江灏、钱宗武译注，周秉钧审校：《今古文尚书全译》，贵州人民出版社1990年版，第233页。

② 关于《洪范》从宪法意义上的分析，笔者已写就一长篇专论，已作为现代宪法的历史智识背景，发表在近日出版的个人专著《改革开放三十七年的中国宪法学——亲历的体验与感受》。

③ 关于上古神话，笔者也写就一长篇专论，参见本书第十七篇。

与现实世界相联系的,而不仅仅与我们所面对的制度和规则相联系"。① 从早期的印度法理学家到当代的印度法学术界,对"正理"的研究都极为重视。早期就有古印度法学家马努(manu)有著述留存,而在当代,就在 2013 年左右印度学术界还专门成立了"正理"研究的学术团体,以 1998 年诺贝尔经济学奖获得者阿马蒂亚·森领衔,在印度和全球范围内对"正理"进行全面、深入的研究。

由于学术背景的局限,我们没有能力对古印度"正义"与"正理"的深刻含义进行研究,更无能力追踪现今印度在印度和全球范围内的"正理"研究的进展与现状。但我们却可以尝试从宪法学的意义上对"正义"与"正理"进行解读。按照阿马蒂亚·森的分析脉络,我们认为,体现制度、规则规范性的"正义",即相当于规范意义上宪法及相关政体,而体现包容性并与现实相联系的更全面的"正理",可以视为宪法的原则、精神及至立宪主义。如果用美国人汉密尔顿等人对美国宪法进行分析的框架,也可以视为"正义"为"常规政治"的表征,而"正理"则为"立宪政治"表征。如按中国法学家罗豪才所提出的"硬法"和"软法"的划分,则"正义"也可以视为"硬宪法",而"正理"则视为"软宪法"。但不论怎样,两者密切相关,都说明包括宪法在内的一般制度和规则,在其背后都有庞大的法理和宪理体系与理念在支撑。这个支撑所体现的权威性和至上性,不待说是在特定的社会环境和国情中形成的,必然是在古远的历史中渐渐积淀而成为内含实质性、永恒不变的正义的理念与体系。

第四,再从美国宪法上看。美国宪法是近代第一部由国家正式制定的成文宪法,还被西方世界视为宪法中的模范或典型。然而,就这样一部宪法,也可以追溯到古远的历史中去。尽管美国立国不过 200 多年,但美国作为欧洲的北美殖民地时,就把西欧的传统思想和观念、制度等带到了美洲新大陆,并落地生根、开花、结果。最终成就了北美大陆独特的美国文化,其中就包括宪法、民主政治和宪法文化。

运用历史视角来分析美国宪法的历史渊源,特别是美国宪法的合法性和至上性渊源最成功的宪法学者,非美国人爱德华·S. 科文莫属。他所著《美国宪法的"高级法"背景》一书,尽管只是一篇加长了的论文,但却成为宪法学的经典名著,也为中国宪法学者所熟读。

---

① 引自［印度］阿马蒂亚·森《正义的理念》,王磊、李航译,刘民权校译,中国人民大学出版社 2012 年版,第 16—17 页。

科文在其书的引言中，丝毫不掩饰其对美国宪法历史背景的兴趣和探索意向。他说："由此，美国宪法的合法性、至上性以及它对尊崇的要求，同样奠基一个共同的、已经确立的基础之上，即人们深信有一种法高于人间统治者的意志。这样就产生一些疑问：这种'高级法'的观念从何而来？它何以能持续存在？其中又经历了哪些转变？它的哪些特殊形式对美国宪法史和宪政理论史更有意义？这种观念经由何种媒介、基于何种原因才传到美国，并塑造了美国的政府体制？本文下面要回答的主要就是这些问题。"[①] 在接下来，他对美国宪法的"高级法"背景进行了详尽的追溯。从古希腊到英国的普通法，从"大宪章"到柯克和洛克的理论贡献，直到美洲各殖民地的立宪实践，都进行了详尽而全面的分析。正如克林顿·罗西特在该书的序言中所指出的："他既是其他老师们的老师，也一直是使其他学者们受益的学者，他在思想史和宪法史的深处探幽钩玄，眉目清晰地整理出大量非常珍贵的资料供我们放心使用，而我们中可能很少有人有时间或有天资自己去挖掘这些资料"。科文教授在完成所有这些工作时所展示的彻底性和精确性在美国政治学界还未能超越。如同学术巨匠奥特·冯·祁克一样，他也倾向于认为："在将来相当一段时间里，还不太可能有人会分毫不差地踏上我已艰辛跋涉许多年的同一条路径。"因为他已使得哪些重蹈此径的人们发现，此路已变为坦途。[②]

以上的论述表明，近现代宪法本来就是从古远的历史中走来，宪法天然地就带有时间的面向，只是中国宪法学术界缺乏这种意识和自觉，才造成了宪法学研究中的时间的节断化现象的弊端，反宪和反民主政治人士恰恰就利用宪法学研究中的这个缺失，做足了文章，以致最终造成了宪法学研究中的困厄与挫折。假如我等宪法学人能从这种困厄和挫折中自省、自立、自强，就应该毫无迟疑地实现宪法学研究的"时间转向"，从古远的历史中发掘学术信息和资源，俾使宪法学更向精进方向发展；倘使如此，就无需费力劳神地面对民主政治持异议的挑战与误导。因为在"时间转向"之后，大概有关的偏激异议所依据和反民主政治的观念就不攻自破了，根本就没有理论立足之地了。

从"时间转向"的维度上看，当然还有向未来的"时间转向"问题。这又可以从两方面进行分析。一方面是指未来情势的发展变化，包括国际社会

[①] [美] 爱德华·科文：《美国宪法的"高级法"背景》，强世功译，生活·读书·三联书店，1996年版，引言第 v—vi 页。

[②] 同上书，序言第 lv—v 页。

和国内情势。

在国际社会方面，我们虽然不能准确地预期未来发展的全部细节，但大致的走向是完全可以把握的。首先是全球化和区域化的发展趋势肯定会向不断深入的方向发展，原有的合作平台会更加牢固，新的合作体系还会陆续建构起来；由中国提出和领导的国际合作的几项大的战略会在不断调整和磨合中得以顺利实施；新型大国之间的关系虽然走得可能很曲折，但终究会向互利共赢的方向发展；在国际人权保护、知识产权保护等领域终将取得更多的共识，并在国际社会共同努力下取得更大进展；只要有效地消除国际霸权主义偏私利己的干涉主义，遏止国际种族和宗教歧视现象的蔓延，国际反恐斗争就能取得进展。诸如此类的更多进展和变化，当然在此不能一一尽言。至于在更遥远的未来是否能建构一个许多有识之士所期待的"世界政府"，以及自古以来就不断有人倡导的至美至善至富的"大同世界"是否能或何时出现，也可以视为美好的社会理想而加以期待。

如前所述，国际情势的发展变化，除了必然引起人们交往方式和生活方式的巨大变化外，也会相应地改变传统民族国家长期以来形成的主权表达方式、国际关系和人权保护的共同课题也会影响国与国之间的交往方式和国家间的合作关系。至于在国际政治、经济、文化等领域出现的新关系和新交往方式更会对传统关系和交往方式产生巨大的冲击。所有以上的发展变化，都需要社会或人文学科从各个知识领域进行研究，以收未雨绸缪之功。目前，国际政治领域、国际关系和外交领域、经济和商贸领域、科技和教育领域都已从各自的学科知识领域进行了深刻的研究。但宪法学领域对以上发展变化的研究还缺乏必要的自觉，虽有介入，但既不深入也不普遍，基本上处于一种缺席或失语的状态。宪法学术界应当清醒地意识到，传统教义式的宪法基本理论体系只关照一国门户之内的事情，而非国际事务。这是传统宪法学的固有缺失，是随着民族主权国家兴起和盛世出现的特定历史时期而形成的产物。现在的国家情势和国际关系都发生了重大变化，如果宪法知识体系仍然固守原来的传统和格局，就会失去活力，宪法学就会变成"跛脚"的学科了。毫无疑问，宪法学也应当与时俱进，通过"时间转向"，宪法学可望在这个领域取得更大的发展。

在国内情势发展变化方面，目前的各种重大社会转型的方向是正确的、可以预期的，正如前面所提及的，主要是随着全面改革开放的深入推进，社会转型的趋势有增无减，深刻的变化主要集中在城市化进度加快，与之相随的是城乡二元结构的解体，特别是农村的结构变化巨大，原来单纯地视乡镇、农村为人口居住地的空间地带和人口分布地域的观念和社会结构方式，在城乡一体化的大格局中受到了严重的冲击。全新的政治关系、社会关系、文化和教育关系，以及人们的生活方式都已经和将要发生根本性的转变。在这种情势下，传统宪法教义学建立在城乡二元化结构之上的理论体系和宪法制度，已经不再适应新的社会和国家情势的需要了，亟须调整和改变。目前，宪法学术界从总体上看，这方面的改变意识还相当薄弱。我们应当像其他人文学科特别是社会学科那样，对这些重大的变化首先要敏感起来，进而进入自觉状态，将自己的研究面向及时地转向已经出现并将日益明显的社会空间领域。从这个意义上看，宪法学的"时间转向"就不只是个势之使然的事，而是要宪法学术界主流群体提高自觉性而勉力为之的大事了。

空间概念不同于时间概念的最大之处，在于空间概念中能辟出一个"虚拟空间"来，时间则不能。"虚拟空间"是高科技的产物，通过用网络联系起来的电信信息传导方式，除了发送端和接收端，最多再加上一些中转站，便在全球的范围内乃至浩瀚的太空建构一个理论上无限广阔的"空间"，这一"空间"之所以称为"虚拟空间"，是因为它是用电磁波建立起来的，是我们人的感官察觉不出来的，除非遭遇致命或严重致伤的电磁暴。天体和电磁学家也许不会同意用"虚拟空间"来表达这种无线电方式的传导系统。因为在他们看来，无线电也好电磁波也罢，都是天体物理一种基本元素的存在方式，天体物理学家甚至认为，电磁力同引力一样，一旦形成"场"的存在，就具有人类难以想象的伟力和威力，就是这种伟力和威力创造了我们身居的太阳系、银河系乃至整个宇宙，因而被他们视为宇宙的设计师和创造者。然而在人文或社会科学家看来，同现实物质世界相对比，其存在的特点显著有别于有形的世界，故而喻为"虚拟空间"。然而这一并非一定确切的概念表达，却实实在在地影响乃至改变我们人类的生活。想想罢，只要用手指一点或轻轻一划，就能实现地球两端乃至空间站与地球如此遥远距离人们之间的相互联系；网络还能使我们及时地了解世界各地发生的大小事件，只要不是刻意隐瞒，几乎人人都可以做到，除非他对此不感兴趣；网络还能为我们购物和提供各种消费服务；网络甚至会改变我们看问题的方式和态度，多元化的世界万象见得多了，会使我们变得更宽容地对待世上各色人等和事物，但与此同时，也失去了很多宝贵的亲情和友情。网络在提供诸多利好于人类个人和社会生活的同时，也带来了大量的弊端，使人更容易受到人格攻击乃至刑事犯罪伤害；被网络诈骗使人的生命、财产受到严重伤害；在网络世界中，人们几乎无隐私可言，即使连最隐秘的个人隐私都有可能被人偷录、偷拍而曝光于天下，如此等等，无论是利好还是有害，网络世界对现代人类来说，却是真真切切、实实在在的。

"虚拟空间"在人文或社会科学的研究上还引发了一场影响深远的范式革命，以往科学分工越来越细密、学科间的壁垒越筑越坚固的状况，被"虚拟"的网络空间所打破，无论是从信息的传播与共享，还是网络的管理与监控，抑或打击网络犯罪，不仅需要在国内和国际社会协调进行，而且还要各学科的密切合作，包括自然科学与技术的广泛参与与支持；人文或社会科学各学科联合研究与对策设计。任何一项有关"虚拟空间"的发展与进步，以及负面问题的解决，都不是任何一些学科，无论是自然科学学科还是人文或社会科学学科中的哪一个可以独自进行或所能解决的。其中，作为法学中重要一支的宪法学科，不仅应当积极参与"虚拟空间"的研究，而且以其独特的学科优势，当会在该领域的研究中作出自己独特的理论贡献和实践参考意见。

总之，空间在现代视野下，早已不是人们单纯的安身立命的场所了，它所关联的社会结构、社会关系、权力体系、文化模式和人们的思想观念，对现代人及今后的人类所产生的影响，其深刻程度可能还没有作出足够的估计。现代社会乃至后现代社会中已经发生或即将发生的种种事态与现象，都需要从一个全新的空间视角去解读和诠释，并在此基础上作出新的政治、社会、经济、文化，特别是法治的调整。否则，我们人类社会就可能在现代性的社会情境中却过着迷茫的生活，贸然前行而不知所终。宪法学在此事关人类福祉和前途的问题上，绝不应当满足于传统教义学的自足自乐，通过理论上的"时空转向"面对全新的宪法问题，刻意进取，下工夫进行研究。

五 "时空宪法学"的建构期待

我们提出和倡导建构"时空宪法学"，其实只不过是在上述"时空转向"的思考中作出的合于逻辑的推导。目前笔者尚没有成熟的建构设计方案，而且笔者也认为，作为一个可以站得住脚的、有可期待的完整概念和理论体系的"时空宪法学"，无论是作为宪法学的一个分支，还是作为一门全新的宪法学，都不是哪一个学人所能独自完成的，同任何其他成型的学科一样，都是在众多的学者更可能是在一代又一代的众多学者在长期的研究成果积累中，逐渐建构起来的。限于本人的学识基础的浅薄，加上年事已高，不可能再像倡导建构"宪法人类学"那样亲力亲为而写成近百万字的著作。现在除做些力所能及的相关研究外，尚可提出一些不成熟的思路，期许能为时学和后学提供些许参考，如能在建构"时空宪法学"的进程中做一块铺路砖或一块垫脚石，则视为本人学术生涯的一大幸事，足慰平生了。

(一) 认真发掘和梳理、诠释已有的学术资源

从前面远非系统的对古希腊、古印度、古中国和美国宪法的"高级法"背景的简单介绍中，不难看出，在宪法学领域绝不乏"时空"视角和"时空"智识。在两千多年后的当代宪法学人看来，古人关于宪法的概念和智识，本身就构成了绝佳的历史视角；而遍布欧亚大陆的不同国度的宪法现象，也天然地处在不同地区的"空间"地位上。从这个意义上来讲，当代宪法学人不必要去刻意寻找宪法现象的"时空"视角和智识，只要认真地去追寻、去梳理和研究，自然就实现了宪法学当代的部分"时空转向"。如前所述，由于时下宪法学受传统社会教义学的深刻影响，对那些古远、中远和晚近的宪法智识资源没有引起必要的重视，充其量也只是作为传统宪法教义学的理论背景，点到为止或浅尝辄止即可，根本意识不到那些古代的宪法观念和智识是如此的宝贵，尽管受古远的"时空"限制，那些概念和智识都有其新生的稚嫩与不足，但这绝不能构成我们轻视乃至忽视的理由。正如一个人是由幼年、童年、少年、青年、壮年、老年这些阶段连贯起来，才构成一个人完整的人生一样。当一个人长成之后，不论是否取得事业成就，童稚之年都是他人生不可分离的一部分。中国民间俗话说，看一个人"从小看大"或"从幼看老"，不论是否严谨，但总是将一个人的成长看成一个从童稚到老年的完整过程。我们认为，宪法学的成长也是一个"从小看大"或"从幼看老"的连续发展的构成过程。俗话说："天上不会掉馅饼"，其实，西方资本主义社会和国家的"天上"何尝会"掉下"宪法？我们承认社会的不同阶段都有自己需要解决的问题，表现出的特点也各个有异，但我们也坚信，人类共同生物生理机能以及由此形成的基本共同的人性，决定了不论何时何地人类总会以某种或大或小的群体结合的方式共同生活，必要的社会组织和后期阶段的国家结构总是必须的，又无论社会组织和国家结构或简或繁，总需要以某种组织和结构理念为先导，某种组织和结构形式来实现，这种理念与形式就是我们现在所称的"宪法"，不论人们是否叫它"宪法"，或叫它"洪范"，叫它"宪章"、叫它"基本法"，叫它"正理"或叫它什么，都是指那种作为社会和国家的根本组织原则和基本事项的东西。从这个意义上来说，宪法是一种具有共同本质的社会和国家的组织体系，它从历史、从人类居住的世界各地

的社会和国家中走来，还将继续走下去，去往世界各地乃至宇宙中能去的地方。即使到了人类共同体的"大同世界"到来之后，或乘"星际方舟"遨游天穹之际，它依然会存在下去，以组织和实现人类"大同世界"和"星际方舟"的运转。

基于以上对宪法现象的基本认识，我们主张彻底摈弃资本主义社会和国家之前无"宪法"的陈旧观念，重新认识前资本主义的宪法现象，包括宪法理念与形制。大量存世的中外各种古代典籍和文献就含括丰富的宪法信息、观念甚至形制的学术资源。只要我们潜下心来认真发掘和梳理、诠释，定会大有收获。

（二）充分利用友邻学科的研究成果，借鉴它们的时空视角，学习友邻学科学者微密纤察的治学态度

友邻学科特别是法理学和人类学的学科，作为近现代显学，已在各自领域取得了丰硕的成果。其中有些重大的成果直接地或间接地与宪法学有关，可以直接地或间接地为我们所吸收和利用。

在法理学的研究中，最为关注的和恒常不易的主题，非"秩序"和"正义"的理念与机制莫属。关于"秩序"的概念，美国已故著名法理学家埃德加·博登海默给出如下的定义："意指在自然进程和社会进程中都存在着某种程度的一致性、连续性和确定性。另一方面，无序（disorder）概念则表明存在着断裂（或非连续性）和无规则性的现象，亦即缺乏智识所及的模式——这表现为从一个事态到另一个事态的必可预测的突变情形。历史表明，凡是在人类建立了政治或社会组织单位的地方，他们都曾力图防止出现不可控制的混乱现象，也曾经试图确立某种适于生存的秩序形式。这种要求确立社会生活有序模式的倾向，决不是人类所作的一种任意专断的或'违背自然'的努力。"[①] 关于"正义"，他解释说："正是正义观念，把我们的注意力转到了作为规范大厦组成部分的规则、原则和标准的公正性与合理性之上。秩序，一如我们所见，所侧重的乃是社会制度和法律制度的形式结构，而正义所关注的却是法律规范和制度性安排的内容、它们对人类的影响以及它们在增进人类幸福与文明建设方面的价值。从最为广泛的和最为一般的意义上讲，正义的关注点可以被认为是一个群体的秩序或一个社会的制度是否适合于实现

[①] ［美］埃德加·博登海默：《法理学：法律哲学与法律方法》，邓正来译，中国政法大学出版社 2004 年版，第 227—228 页。

其基本的目标。如果我们并不试图给出一个全面的定义,那么我们就有可能指出,满足个人的合理需要和主张,并与此同时促进生产进步和提高社会内聚性的程度——这是维系文明的社会生活所必需的——就是正义的目标。"[1]其实,关于秩序与正义问题及其内在的相互关系,也是宪法学应当重点关注和研究的重大理论与实践问题。法理学在这方面的广泛而又深入的研究成果,完全可以为宪法学所吸收和利用。

西方法律史的研究也有很多的成果可供宪法学利用和借鉴,仅举德国关于古希腊法律史的研究成果就可以说明。德、意等西欧国家基于地理位置和文化认同等方面的原因,在开启人文运动之后,曾对古希腊文明着迷地掀起了研究热情,特别是先自14—17世纪兴起于意大利的欧洲文艺复兴运动,后由德国在18世纪掀起的以理性主义为目标的启蒙运动中,对古希腊文明进行了空前大规模的研究。人文学者和启蒙学者们在肯定和承认古希腊文明的重要地位和作用的同时,也希望通过对古希腊文明的理想化阐述,抒发他们的现代性的理想和渴望,从而引领西欧社会摆脱神性主义和经院哲学的禁锢,走向理想主义的现代化大道。就是在这一称为"古希腊理想化"的文化运动中,德国的古希腊法律研究成为重要的一翼。

德国的古希腊法律史研究最早可追溯到17世纪初期,但系统化研究却始于19世纪前后。其时学者们的研究重点竟是与宪法学密切相关的政治制度史和宪政史。近代以来第一个对古希腊法律展开系统研究的德国学者朔曼,一生致力于古希腊法律史研究,尤其擅长于古希腊的宪政和司法制度研究。在《论民众雅典》(*De comitis Atheniensium*, 1819)一书中,朔曼分析了雅典公民大会的运作方式,包括参加公民大会的公民任职资格、议事会和主席团的组成和权限、投票选举办法,演说家在公民大会中的作用、对政治家的陶片放逐制度等,第一次真实地展现了雅典政治生活的法律组织形式。除此之外,朔曼还出版了《雅典宪法》(1854)、《对格罗特〈希腊史〉中有关雅典宪政历史论述的评论》(1854)和《希腊古物:斯巴达、格尔蒂、雅典的宪法制度》(1855、1859)等著作,重点研究和阐释了古希腊的宪政民主制度。到了20世纪,德国古希腊法律史研究进入黄金时期,整个学科的系统化研究逐渐确立,法律碑铭资料得到广泛的搜集与整理,国际学术交流日益频繁,同时借助大量的新出土文献不断开拓新的研究领域。这一时期领军人物是汉斯·沃尔夫(Hans Julius Wolff),在他诸多的著作中有一部是关于古希腊的立法、

---

[1] 同上书,第261页。

违法违宪审查的,名为《雅典民主政治中的立法和违法违宪审查》。20世纪后期至今,德国古希腊法律史研究更向专业化、精细化方向发展,其代表人物是沃尔夫的继承人吉哈德·提尔(Gerhard Thur),在他的诸多著作中,有四部与古希腊宪法密切相关:它们是《雅典陪审法庭的证据》、《庇护申请的司法审查》、《公元前四世纪雅典的司法制度》和《古希腊法中的宣誓和正义解决》等。[①]

对于笔者而言,上述的阐释和资料使我感叹个人学识的短浅和信息的闭塞,然而更觉得应当受到启迪和鼓舞。中国宪法学术界的主流群体长期身陷在自己营造的狭小的"封闭式天井"中自娱自乐,而不知外面的世界天有多高,地有多厚。长期处在这种学术氛围中,竟不知德国早在二三百年前就开始了古希腊宪法和民主政治的研究,并一直持续至今。这是一件令宪法学术界多么尴尬的学术窘境!情何以堪?着实值得认真反思,再不能故步自封、不思进取了。与此同时,我们也情不自禁地想到,几位反民主政治的勇士们,如果提前得知这些国外学术信息,那么在他们将民主政治邪恶化、妖魔化的时候,肯定会增加不小的学术困难。因为民主政治的邪恶本质就不只是源于近代西方的资产阶级和资本主义政治制度,还须奋力证明早在两千年前的古希腊就种下了民主政治邪恶的"原罪"了。除此之外,还要精心地论证,德国法律学术界早在17世纪初叶,就通过对古希腊宪法和民主政治的理想性"美化",就预设了民主政治的"话语圈套"和"政治陷阱"了。

至于人类学的成果,从老一代的人类学家摩尔根到当代的一些著名的人类学家,在200年左右的时间内,积累了丰硕的研究成果。从早期的对少数与世隔绝的小族群的"他者"进行的研究,到如今面向城市、乡村乃至网络世界的无所不包的研究成果,其中就蕴涵着大量的社会组织与运作的法律信息,包括具有根本性的组织和运作机理的信息,这些信息其实就是宪法类或类宪法性信息,都值得我们加以借鉴或直接为宪法学所利用。

友邻学科的"时空视角"的运用,已相当娴熟和广泛。只要看一看美国法理学家博登海默的《法理学:法律哲学与法律方法》、美国法哲学家列奥·施特劳斯的《自然权利与历史》和美国宪法学家爱德华·S.科文的《美国宪法的"高级法"背景》等经典著作,就不难发现他们站在怎样的历史深度去诠释法律和权利以及宪法本身的历史。

---

① 本部分的观点和资料均摘编和引用于胡骏《德国的古希腊法律史研究》,载《中国社会科学报》2015年7月8日。

据报道，英国剑桥大学出版社将于 2015 年 11 月推出剑桥大学古代哲学与科学研究名誉教授 G. E. R. 劳埃德的新书《类比调查：历史和跨文化视域下的人类推理》(Analogical Investigations: Historical and Cross—Cultural perspectives on Human Reasoning)，该书主要批判有关内在逻辑和科学方法的某些西方假设。劳埃德借鉴古希腊和中国的思想以及民族志学最近的一些材料，说明不同的古代文化和现代文化中不同推理模式的产生过程。他在书中提出两个新的但具有争议的观点：一是语义延伸，二是多维度现实。[①]

此类的例子，比比皆是，可信手拈来，这些都能为厚重宪法学的学理基础，并扩张其"时空视角"，实现"时空转向"，以为启迪和借鉴，何乐何利而不为？

友邻学科微密纤察的治学态度，更应当值得宪法学学习和借鉴。如果认为宪法是国家的根本大法，只能在宏言大义上做文章，就大错特错了。没有聚沙不能成塔，没有积腋不能成裘的道理，完全适用于宪法学的研究。仅举一例加以说明，在希腊早期，法律和宗教在很大程度上是合一的。法律是神意的表现，具有极大的权威性。其中主管宗教事务和传达神意的祭司在其中发挥着至关重要的作用，而国王、君主自然被视为神在人间的总代表，同时也是代天立言的最高立法者。神法——葬礼也是神法——不能违背，违反者将会遭到神的诅咒和惩罚性报复。当时一出著名的悲剧——《安提戈涅》(Antigone)，描述的是作为妹妹的安提戈涅违反国王的命令，用希腊宗教所规定的仪式安葬了生前违反了国家法律的兄弟浦雷尼克（polyneiks），并没有理会国王不许用宗教葬礼埋葬死者的命令，也不惧可能遭受的惩罚。就是这一简单的悲剧情节，法理学家博登海默从中解读出，当时就已经出现两种法律秩序的冲突，暗含着自然法高于以国王代言的神法机理。[②] 同样的分析还可见于美国著名宪法学家爱德华·S. 科文的分析，他更在"高级法"的理念上对上述悲剧进行了分析。他说："然则，并非每一个宣布，即使是最尊贵的人类权威的宣布，都必然是这个意义上的法律。这种看法在古代就有人主张过。比狄摩塞尼斯早一个世纪的安提戈涅，因不服克瑞翁的敕令而诉诸'诸神固

[①] 王悠然、吕泽华编译：《类比调查：历史和跨文化视域下的人类推理》，载《中国社会科学报》2015 年 7 月 1 日。

[②] ［美］埃德加·博登海默：《法理学：法律哲学与法律方法》，邓正来译，中国政法大学出版社 2004 年版，第 4—5 页。

定不变的、不成文的习惯'，已经将古老的习惯法置于人类制定的规则之上。"①

至古至远的古希腊的一出悲剧，竟得到法理学家和宪理学家探赜索隐、极深研几的解读，我们在感佩之余，又颇受启迪和教益。我本人就是在这种启迪和教益之下，如前所述，尝试对上古典籍《洪范》作出宪理与宪法形制的解读；并从上古神话传说中，显微察密地解析出，在体现于现实民族区域自治法和制度中的民族平等的价值观，其实就蕴涵在上古神话传说中的史影和史实素地之中。只要我们具备了时空意识，就不难运用学术想象力。将古今和各地域的宪法事理和宪法现象连成一个没有间断的整体。正是这一整体理念，构成了我们高于宪法没有节断化的学理基础。

（三）开垦"时空宪法学"的处女地

"时空宪法学"要赢得证立，就必须从更广阔的"时空视角"去厚重其智识体量。就历史的维度来讲，西方学术界长期满足和陶醉在"西方中心主义"的成就感和优越感中，但由于人类学的破冰之旅，这种封闭的学术现象早已被打破，西方学术界的眼界扩大到了世界其他地区乃至全球范围，这是一个大可赞赏的里程碑式的进步。在中国学术界，学术情势较为复杂，中西参半、中西合璧皆有之，当然也间或出现偏中或偏西的学术流派，中西摇摆，至今把持不定恰当的平衡还是时下的学术常态。无论是"西方中心主义"，还是中国的"东西摇摆"，从"时空视域"的意义上看，都存在一个短板，那就是没有将自己的"时空视域"投向欧亚以外的更为广阔的地区以及各该区域的历史深度。不难理解，文化的隔膜、语言的障碍，尤其是可供研究的史料的缺乏，是造成以上学术短板的重要原因。但这绝不意味着，具有无限探索能力的学术界精英们可以据此等理由放弃科学研究。尽管困难重重，但人类从未停止过自己的前进脚步，同样，它们之中的学术群体也绝不会轻言放弃对那些处女地的"时空"探索。

就以古埃及为例，一个民族，一次能动员十几万、几十万的奴隶和民众，能在公元前4000年到前2000年的漫长时间，建造了令今人叹为观止的十几个金字塔，这是何等光辉的古代成就？只要我们静下心来想一想，组织和动员这么多的人力和物力修建金字塔，想必只有强大的古代王朝才能做到，这

---

① [美]爱德华·S.科文:《美国宪法的"高级法"背景》，强世功译，生活·读书·三联书店1996年版，序言第1页。

个王朝的存在现在已是一个不争的事实，而这个王国的强大，一定有其政治上、法律上、社会上和宗教精神上的超凡组织力、建构力、动员力，这其中难道不会存在某种带根本性的精神号召力和组织动员力？如果有，那肯定就是宪法性的或类宪法性的东西，西方发达的"埃及学"肯定蕴涵了大量的这类信息，特别是在王位继承和祭司制度中蕴涵的相关信息，只是我们还没有关注更无研究成果表述出来而已。但我们的想象和推测，应当不会是毫无根据的虚妄之语。

同样的古代情景也存在于古巴比伦、苏美尔、迈锡尼、索尔兹伯里的巨石阵时期的英格兰古文明，以及晚近消失的古印加帝国等玛雅文明中，这些地区的古人能创造如此辉煌的古代文明，绝不可能是在没有他们超凡的宪法性组织和动员能力的情境下做到的。只是中外宪法学术界对此还没有深入地进行研究而已。

在中国，有着5000年以上直至12000年左右的旧石器时代的文明史，同样创造了灿烂的古代文化，其中当然不乏宪法文化，也只是我们没有深入地从"时空视域"去研究罢了。

只要具有深入细致的探索精神，将我们的研究视角转向"时空"维度，我们就会发现贯穿在整个人类文明发展进程中，都会存在各色各样的宪法文化和宪法现象，尽管它们之间千差万别，但作为人类社会生活组织和制度建筑的本质是相同的、连贯的，无论是远古的质朴，还是近代的粗犷，抑或现代的精细，本质上是"各类同性"的那些是为人类的政治、法律、经济、社会文化等生活提供最根本性原则、规范体系和可以运行的机制。我们现在称之为"宪法"的东西，其实并不稀奇，更不神秘，它经伴随我们人类从诞生之日起一直走到今天，还将伴随我们走向遥不可知的未来。在这个意义上，宪法是"人择宇宙"理论中永久的"时空"现象，将其节断化，看成资本主义社会和国家阶段的产物，并没有充分的理论支持和事实根据；而建立在这一主观认定理念上的宪法、宪政，也是站不住脚的；当然，将宪法及其宪政妖魔化，视为陷人类社会和国家于万劫不复的"罪魁"，更是危言耸听的无稽之谈，除了见识之短之外，当是别有用心而已矣！

我们清醒地意识到，作为宪法学的"时空转向"和"时空宪法学"的建构来说，上述三个方面的思考是远远不够的。但请不要忘记，我们在这里只是要提出和倡议而已，如果能得到学术同人的认可和支持，大家齐心协力，共同致力于宪法学的"时空转向"，相信工夫不负有心人，经过长时期的协力推进，相关的宪法学的时空概念和理论体系会逐渐成熟和丰满起来，有了厚重的学理基础,届时"时空宪法学"的建筑就是水到渠成之事了。

宪法天然就是"人择宇宙"理论中的"时空"产物,现在提出和倡导宪法学的"时空转向",只是顺应宪法自身的时空维度的本性认识而已,本质上是一种宪法学研究中的科学理性回归罢了。待到宪法学顺利实现了倡导中的"时空转向"之后,"时空宪法学"的建构完全是可以期待的,或迟或早,宪法学将以一个全新的理论体系和实践品格超越传统宪法教义学而实现实质上的升华和华丽转身。我本人对此充满信心与期待。

编 后 感 言

　　学问人恐怕无人不冀盼出版个人文集的，然而最终能出个人文集的，毕竟只是其中的极少数。我有幸成为这极少数人之一，确实值得欣慰。如果不是到了应当做到老年持重的年龄段，说不定会为自己文集的出版大大地骄傲一番。

　　本打算利用这一机会，在这里痛快淋漓地发表一些感言，一为与读者共享，二为给自己再作一次总结，以利日后继续前行。然而一旦提起笔来，千头万绪竟不知从何处下笔，也不知道该表达些什么和如何表达了。我自知不是一个感情丰富的人，又不善于表达，几近木讷。要让我写出一篇惊天地泣鬼神般的感言，实属不可能。但如果写些发自肺腑的心里话还是做得到的。本人于 2011 年 11 月出版的一部新著《宪法监督的理论与违宪审查制度的建构》的后记，就是我用心写出来的感言。在此本《宪法起信论》中再写出那样的感言，似乎也难以做到了。一者距那本专著出版的时间只有短短的四年，平淡的生活和繁重的科研任务使我不能也无暇静下心来细细整理自己的心绪，所以不能即时地写出发自内心的感言；二者我又是一个极执著和认真的人，事情不做则已，做起来常常极为投入，不能自拔，欲罢不能。前一本专著后记中的感慨，真真地掀动了我情感的波澜，使我久久不能平静和忘怀。我知道人到了我现在的年龄段应当淡定、平静，以保持心绪的安宁。大喜大悲乃至情到深处不能自拔于身心健康都极为不利。基于以上考虑，决定此次不再劳心费神去写那些发自肺腑之感言了。然而既已用"编后感言"立题，总要说些什么，一不致让读者失望，二不致因没有尽心而感到自责。于是决定将《宪法监督的理论与违宪审查制度的建构》著作中的"后记"原文照录在当下，聊补不再动情写出新"感言"之缺憾。

　　每有新作的完成，望着自己含辛茹苦、殚精竭虑写成的作品，抚今追昔，心中难免生出几许的感慨。只不过这次的感慨比以往更加刻骨铭心，久久不能释怀。

感慨之一：在笔者完成这部拙著之时，忽然发现自己的身体与心境发生了显著的改变。坚持了三十多年的每天十公里的长跑早已是心有余而力不足了。无奈之下，只好以"慢跑"代替疾跑，以长时间暴走弥补运动量的不足了。原先的"正气主内，邪不可干"，如今随着正气的衰减，隐于体内而不能发的邪气逐渐发威，老年人常见的慢性病也开始侵蚀肌体和心理了。又及至我本人，竟在不知不觉中走上了"结构性怀旧"的心路，仿佛一个外星人闯入一个全新的世界，原本熟悉的一切都变成了陌生了。以致多年来都不敢去逛商场，因为那里有太多的我既不认识，也根本用不着的东西；也不敢去酒楼、饭店用餐，因为那里有太多的不知是用什么食材，也不知怎样烹饪出来的，以及不会吃也不敢吃的食物和饮料；我甚至不会也不敢用手机，因为那里边有太多我既不感兴趣，又于我的科研与日常生活毫无用途或相关的信息，等等，诸如此类不一而足。所幸的是，在这个星球上还多少保留一些未被开发也未被严重污染的深山、老林、河湖与荒原，所以近些年来都利用一切可能的机会到那些地方去走走，于回归自然中放飞自己的心情，舒缓一下紧张、焦虑和有些抑郁的胸怀。更可幸的是，探索真理的心志却全然始终为我敞开，那真是一片广阔的学术天地，任我在其中翱翔、畅游。"生在当下，却活在另一个世界"，也许是我人生此时此景的真实、恰当的写照。

感慨之二：对于生来并非很健全的身体和心智的笔者来说，至愚且懦，不谙人情世故。虽经历这许多光阴岁月，并未使自己的心智成熟起来，更无什么城府可言。所幸的是，人生际遇却也往往同情和偏爱"弱者"，让我走上了社会科学中宪法学和法学的研究之路。这真是为我等"另类"之人量身定做的安身立命和实现自我人生价值的绝佳设计。对于百无一能、简直无药可救的笔者来说，恰似如鱼得水，从此一发勇往直前，不再彷徨，亦无他可以旁顾，也无路可退。明知宪法学科研之路荆棘丛生，坎坷不平，也丝毫没有停住我前进的脚步。又明知这样的治学生涯，犹如航行在大海上的一叶扁舟，孤帆远航、颠覆沉浮、险象环生而不知所终。漫漫航程上，海空茫茫、寂寥无涯，何处是彼岸？其实，何必要苦寻学海的彼岸！也不必苦攀学术的巅峰！学术研究早已熔铸在我的生命之中，变成我生命的有机组成部分。没有彼岸，也没有巅峰；没有尽头，也没有终点。学术的海洋和丛林就是我安身立命、治学、励志、自我人生价值实现的精神家园。

感慨之三：艰辛备尝，但又苦中求安、觅静。近来听电视中的《百家讲坛》，商传先生讲明史上的永乐皇帝朱棣时，言有美国人写的朱棣传记中，记述他在位8026天，数十年如一日，天天奉公勤政，终于成就了"远迈汉唐"

的帝王大业。作为一个现代书生,本不应该也不必要与永乐大帝相比。唯一能够与那位皇帝搭上点关系的,也许是我二十多代前的先祖曾是他治下的一个草民。不过,如果非要比一比的话,我想在奉事、敬业、勤勉等方面倒可以一比。自1978年入道以来,至今已历37年。对我而言,这37年来每天苦读、写作不止,年复一年、月复一月、日复一日,从未停顿,没休过周末和各种节假日。世上的浮华喧嚣,争名逐利、尔虞我诈、钩心斗角的暗流汹涌也好,惊涛骇浪也罢,都被我挡在自己精心修炼的"学术气场"和"人生哲域"之外,兀自将自己封闭在学术研究的自我营造的天地之内,苦中求乐、安中觅静、淡定清为、明志修远,也算求得属于我个人的欢愉与快乐。传统上的人生的至高境界当无非是无欲无求,质朴无华,顺乎自然,诚如《菜根谭》所言:"人品做到极处,无有他异,只是本然。"而对于治学而言,其极处当如孟子所言:"学问之道无他,求其放心而已矣!"这不是矫情,我自信通过世态炎凉、人情冷暖的锤炼,通过长达37年治学的苦修、历练,已经慢慢接近这两个人生的崇高境界了。

感慨之四:是对于我的老伴刘淑珍教授的感激与眷恋。是她无怨无悔地陪伴我走过37年的学术生涯。我的每一篇文稿、每一本著作无不浸透着她的心血和辛劳,从打字、编辑、校对、接发电子邮件,全赖她一个人承担。这使我大大地减轻了学术负担,更专注地从事一个接一个新的学术领域的探索。其他著述如此,本书亦然。

末了,还不要忘记此类后记中常说的一句话:"疏漏之处在所难免,敬请读者不吝指正",话虽老套,我说出确实是出于至诚。

最后,我还想对中国社会科学出版社表达我的谢意。早在2003年就出版了我的《走向人权与法治》的专著,此次又裕纳了这本个人文集,这些对我的学术研究无疑是一个极为宝贵的支持。资深编辑任明先生此次又亲任本文集的责任编辑,以他丰富的学识和高度的责任心,不仅改正了文稿中一些疏漏和错误,还为本书总体品质的提升作出了重要贡献。对此,理所当然地应当表示我个人诚挚的感谢。

是为编后感言。

作者于北京新源里寓所半步斋
2015年4月6日